Anonymous

Geschichte des Herzogtums Würtenberg

Band 10

Anonymous

Geschichte des Herzogtums Würtenberg
Band 10

ISBN/EAN: 9783743692992

Hergestellt in Europa, USA, Kanada, Australien, Japan

Cover: Foto ©ninafisch / pixelio.de

Weitere Bücher finden Sie auf **www.hansebooks.com**

Christian Friderich Sattlers

Herzoglich-Würtenbergischen Regierungs-Raths und Geheimden
Archivarius, des Königl. Groß-Brittannischen historischen
Instituts zu Göttingen und der Königl. Preußischen
gelehrten Gesellschafft zu Frankfurt an der Oder
wurklichen Mitglieds

Geschichte

des

Herzogthums

Würtenberg

unter der Regierung

der

Herzogen.

Zehender Theil.

Mit 72. Urkunden und einigen Kupfern bestärket.

Ulm, bey Aug. Lebr. Stettin. 1779.

Vorrede.

Nun kommt endlich der zehende Theil meiner Herzogl. Würtenbergischen Geschichte zum Vorschein, worauf die Freunde diser Arbeit mit Ungedult gewartet haben. Ich kan nicht in Abrede seyn, daß es wider meine bißherige Gewonheit geschehen, daß ich länger als zwey Jahre anstehen lassen einen Theil zu liefern, da ich sonsten jährlich wenigstens einen unter die Presse gegeben. Ich hoffe aber, daß meine Entschuldigung statt finden werde. Dann mit disem Theil habe ich ungleich mehr Mühe gehabt, als mit den vorigen, da ich sehr vieles lesen und aufsuchen müssen, bis ich etwas taugliches gefunden. Je näher man zu den neuern Zeiten kommt, je weniger Stoff findet man zu einer particular = Geschichte eines einzelen Fürstlichen Hauses in offentlichen Schrifften. Ich schreibe nicht nur für meine Mitbürger, sondern meine Arbeit kommt auch auswertigen unter die Augen. Mit Erzehlungen habe ich niemand beschwerlich fallen wollen, welche villeicht zum Eckel werden könnten, sondern ich habe bey meinem Plan bleiben wollen jedermann in die Hände zu liefern in welchem Verhältnus das Herzogl. Hauß Würtemberg mit dem ganzen Teutschen Reich gestanden und was seine besondere Schicksale gewesen. In solcher Absicht habe ich in die Reichstags Geschichte mich wieder hineinwagen und zeigen müssen in was für Umständen auch das Reich sich befunden. Dises ist aber ein beschwerliches Geschäfft gewesen, weil sich dieselbe nach allen

)(2   Au=

Ausſichten betrübt genug gezeiget haben und man keine Hoffnung zu günſtigern Umſtänden vorausſehen können. Es wird auch meinen Leſern manche Nach-richt verdrüſſlich ſcheinen, beſonders wann man bemerket, daß bey der Krank-heit des Teutſchen Staats-Körpers die Symptomata ſo anhaltend geblieben. Vielleicht dörffte aber Gelehrten dannoch nicht mißfällig ſeyn von den Reichs-Tags-Geſchäfften etwas nähere Umſtände zu vernehmen, welche ſie nur aus vielen zerſtreuten Schrifften und offt nicht zuſamenhängend auffuchen müſſen, oder auch gar nicht erlernen können. Wenigſtens ſind ihnen die erſtaunliche Fehler der damahligen Reichs-Tags-Verfaſſung nicht bekannt worden, in welcher man gleichwohl die Verfaſſung des Reichs, wie in einem Spiegel, er-blicken kan. Meinen Landsleuten aber hab ich von ein und andern Landes-Geſchichten Erleuterungen gegeben, welche ihnen nicht unangenehm ſeyn dörff-ten. Solche Umſtände nun zu ſammlen hat mehrere Zeit, als vorhin erfor-dert, zumahl ſolche aus öffters ſehr zerſtreuten Schrifften zuſamen geſucht wer-den müſſen, damit ich einen Zuſammenhang oder Erleuterung der Umſtände her-ausziehen können. Mit meinem Alter darff ich mich nicht entſchuldigen, in-dem mir GOtt zu ſeinem Lob bißher ſolche Lebenskräffte geſchenket, daß ich nicht allein diſen zehenden Theil ausarbeiten, ſondern auch an der Fortſetzung mehr als die Helffte zurucklegen können, ſo daß ich zu deſto bäldern Auslieferung deſſelben Theils Hoffnung zu machen mir getraue. Ob aber, weil das zuneh-mende Alter vielen Beſchwerlichkeiten und Veränderungen unterworfen iſt, ich ſelbſt oder ein anderer zu ſolchen künfftigen Kräfften ein Gewährsmann zu ſeyn wagen dörffte, muß ich dahin geſtellt ſeyn laſſen, zumahl die Arbeit ſelbſt je länger, je beſchwerlicher gefunden wird und viele Nachrichten von den fol-genden Zeiten von ſolchen Leuten unterdrückt worden, welche ihre Schande nicht auf ſpätere Zeiten kommen zu laſſen rathſam befunden haben. Entzwiſchen lie-fere ich hier den Beſchluſſ der merkwürdigen Regierung eines der vortreffich-ſten Regenten diſes Herzogthums, welchen die widrigſte Schickſale betroffen, die er unter göttlichem Beyſtand durch ſeine Klugheit überwunden, zumahlen er das Glück gehabt die vortrefflichſte Räthe in ſeine Dienſten zu bekommen, daß er ſich aus den verwirrteſten Umſtänden herauswickeln und dem ganzen Reich mit ſeinem Rath glücklich beholffen ſeyn können. Sein Nachfolger leb-te zwar nicht lang, aber ſeine Regierungs-Jahre fielen ebenmäſſig in unglück-ſelige Zeiten, worinn er ſolche patriotiſche Geſinnungen gegen dem Reich zeig-te, daß man ſich die Hoffnung machen konnte unter ſeiner ruhmwürdigen Re-gierung glücklich zu ſeyn, indem er bey ſeinen Unterthanen ein vollkommenes Zutrauen und Liebe und bey dem Reich eine allgemeine Hochachtung, wie ſein Herr Vater, ſich erwarbe.

Von

Von den Münzen dises Herzogs kan ich nur fünf vorlegen, weil die Kriegs-Zeiten und kurze Regierung mehrere zu prägen nicht gestatten wollen. Es sind meistens Medaillen. Die erste ist auf die Heimführung seiner Gemahlin Magdalenen Sibyllen, einer gebohrnen Landgrävin von Hessen-Darmstatt und also noch zu Lebzeiten Herzog Eberhards gepräget worden. Sie hatte den Wehrt einer Ducaten und stellet auf der einen Seite die beede gegen einander sehende Gesichter des Herzogs Wilhelm Ludwigs, dessen Haupt mit einem Kranz gekrönet ist, und seiner Gemahlin, zwischen welchen zween über ein ander stehende Sterne zu sehen sind, die zwo unten stehende in einander geschlungene und zwo Korn-Aehren haltende Hände mit ihren Stralen beleuchten mit der Umschrifft: CONJVNCTIO BENEFICA. Dise Seite deutet eigentlich auf die Vermählung diser beeden Fürstl. Personen und das Vergnügen, über die Hoffnung einer fruchtbaren Ehe, weil dise Fürstin bey der Heimführung schon schwanger gewesen, wie sie dann in diser kurzen Abführung der Ehe eine Muter von 3. Kindern worden. Die vollkommene Erklärung hat der damalige Lehrer in dem Collegio illustri zu Tübingen D. Johann Ullrich Pregizer in der Rede, welche er auf das Absterben dises beliebten Fürsten gehalten, gegeben. Dann, nachdem er die prächtige Einholung dises Fürsten-Paares erzehlt hatte, fuhr er endlich mit disen Worten fort: Sed ista quasi in oculis adhuc & auribus omnium nostrum recentia supergredior, quæ ne ulla oblivione intercidant, ivit Memoria Tegagogiæ Wirtembergia-Hassiacæ in Gentes & populos: ivit auro & argento in memoriales nummos: ivit in Annales & historiarum monumenta. Hæc fuit illa BENEFICA CONJVNCTIO: hic ADVENTVS FELICISSIMVS. Sic stetit Semen & Nomen Wirtembergicum & Hassiacum florens & fœcundum instar Palmitis ac spiræ. Sic & utrumque in altero suam originem, suaque incrementa per septemplicis matrimonii nexus concordiam invenit hactenus & reservavit. Numquid enim Mechtildis Wirtembergica filia Ludovici Probi Comitis Wirtembergiæ & Mompelgardiæ, Soror Eberhardi I. Barbati Ducis Wirt. & Tecciæ duobus abhinc seculis Conjux Ludovici Pii & Liberalis, Landgravii Hassiæ, Mater ex hoc audit totius serenissimæ Familiæ Hassiacæ &c. Nach welchem er die sibenmahl widerhohlte Vereinigung der beeden Fürstl. Häuser durch Vermählungen erzehlet und darunter vornemlich erinnert, daß des Landgrav Philipps des Großmütigen 3. Söhne sich 3. Töchtern des Herzog Christophs zu Würtenberg zu Gemahlinen erwählet haben. Davon die zwo erstere, nemlich Sabina die Stamm-Muter der Hessen-Casselischen und die Hedwig der Darmstättischen Linie worden. Auf der Ruckseite, welche auf die Heimführung deutet, sind zwo auf Pferden reutende Personen, den

)(3   Her-

Herzog Wilhelm Ludwig und seine Gemahlin vorstellende zu sehen, welche sich gegen einem Altar nähern, worauf ein Feur brennet. Auf dem Altar selbst stehen die gewönliche Buchstaben: VOT. P. P. über den Personen flieget ein Engel mit einer Fackel ihnen den Weeg zu beleuchten mit der Aufschrifft: ADVENTVI FELICISSIMO. Unten ist ein W. und ein M. in einander geflochten zu sehen, welche eine Art eines Gegitters vorstellen, und die Namen der beeden Fürstlichen Personen ausdrücken, indem auf der rechten Seiten des W. ein kleines L. und auf der linken des Buchstaben M. ein kleines S. zu sehen ist. Auf beeden Seiten ist die abgebrochene Jahrzal 1674.

Die andere Münze ist ein Thaler, so kurz vor seinem Absterben geprägt worden. Sie stellt das Brustbild des geharnischten Herzogs vor Augen mit der Umschrifft: WILHelm LVDwig Dei Gratia DVX WIRTEMBergæ ET TECCæ. Auf der Ruckenseite das mit dem Fürstenhut bedeckte vierfeldige Wappen in einem Lorbeerkrantz mit dem seinen Regiments-Umständen gemäßen Wahlspruch: IN DEO SPES MEA. Die zu Anfang und Ende der Umschrifft abgetheilte Jahrzahl ist: 1677.

Die dritte Münze ist eine Medaille, worauf des Herzogs geharnischtes Brustbild stehet mit einer Masche an dem Halßtuch und der Umschrifft: WILHelm LVDwig D. G. DVX WIRTEMB. ET TEC.

Auf der andern Seite stehet ein Palmbaum, woran der Würtemb. Wappenschild hangt, und welchen der auf der Seite stehende Name יהוה mit seinen Stralen beleuchtet. Unten am Palmbaum sind Schlangen, Krotten und dergleichen Ungezifer zu sehen, welche den Stamm desselben fliehen und in der ferne erblicket man einen Haufen Cavallerie mit der Umschrifft: Dominus Protector vitæ meæ. Ohne Zweifel hat der Herzog seine Ruckficht auf die viele Durchzüge fremder Völker genommen, da man ihn noch über solche mit harten Winterquartieren bedrücken wollte, welchen er sich aber stark widersetzte, ungeacht seine Krapß-Mitstände sich sehr dawider aufliessen und zum theil ihn am Kayf. Hof anzuschwärzen suchten, welche er villeicht unter den Schlangen und Ottern als seinen Feinden vorstellen wollte. Villeicht mochte er auch manchmal bey seinem Widerstand in nicht geringer Lebensgefahr gestanden seyn.

Es

Es ist auch eine kleinere Medaille gepräget worden in der Grösse eines Guldens, wo der Herzog in eben der Gestalt, wie in der vorigen und mit derselben Umschrifft zu sehen. Auf der andern stehet wieder der Palmbaum mit dem anhangenden Wappenschild und mit dem oben stehenden Namen Jehovah und unten den Schlangen und Ottern, wobey aber die Cavallerie-Trouppen weggelassen, und die Umschrifft einiger massen geändert worden: DOMINVS PROTECTOR MEVS.

Die fünfte Münze ist wiederum eine auf sein frühzeitiges Absterben geprägte Medaille, worauf sein geharnischtes Brustbild mit einem Spitzen-Halsstuch und einer daran gehefften Schlauffe zu sehen mit der Umschrifft, wie bey den vorhergehenden: auf der andern Seite in einem Lorbeer- und Cypressen Kranz stehet die Aufschrifft: NATVS STVTGARDIÆ VII. JAN. MDCXLVII. DENATVS HIRSAVGIÆ XXIII. JVN. MDCLXXVII. ANNO REGIMINIS III. ÆTATIS XXX. SI ADDAS MVIDXVI. CVIVS MEMORIA SIT IN BENEDICT. Zwischen dem Kranz ist ein Band eingeflochten mit den Worten: IN DEO SPES MEA. Unten ein Todenkopf.

Bey Erwähnung diser Münzen kan ich nicht unterlassen zu erinnern, daß solche von Zöglingen aus der Herzoglichen Militär-Pflanz-Schule gestochen worden und daß auch ein junger Mensch von diser Academischen Anstalt von besonderen Natur-Gaben, welcher der Kupfer-Stech-Kunst sich unter der Anweisung unsers vortrefflichen Herrn Müllers gewidmet hatte, hier an den breeden Portraits des Herzog Wilhelm Ludwigs und Herzog Friedrichs, des Stiffters der Würtemberg-Neustättischen Linie seine in unbegreifflich kurzer Zeit erlangte Stärke mit diser erstern Probe zu zeigen Gelegenheit gefunden, und sowohl der Gnade des Durchleuchtigsten Stiffters diser Anstalt sich würdig, als auch der Stiftung selbst und deren Anstalten, wie auch seinem geschickten Lehrer Ehre gemacht habe. Weil aber die Zeit zur Oster-Messe herangedrungen, ehe das zwepte Portrait fertig werden können, so findet man sich schuldig die Anzeige zu thun, daß zwar denen in die Messe gehenden oder den Buchhändlern ausgelieferten Exemplarien solches noch nicht bepgelegt werden können, aber mit dem nächstfolgenden Theil mitgetheilt werden solle, da man dasselbe dannoch füglich disem zehenden Theil einverleiben lassen kan. Denen Herrn Liebhabern aber, welche etwan bis gegen oder nach Ostern Gedult zu tragen belieben, dienet zur Nachricht,

richt, daß solche es alsdann mit dem Exemplar des Buchs zu erhalten sich die Hoffnung machen dörffen. Womit sich der Verfasser unter demüthigstem Dank gegen dem Grundgütigsten Barmherzigsten GOtt für die unverdiente Gnade, daß er bißher zu Ausarbeitung dises Theils die Kräffte und Gesundheit verliehen hat, auch dem publico zu fernerm Wohlwollen empfiehlet.

Stuttgardt,
den 5. Martij. 1779.

Christian Fridrich Sattler,

Herzogl. Würtemb. Regierungs-Rath und Geheimder Archivarius, des Königl. Groß-Britannischen historischen Instituts zu Göttingen, und der Königl. Preuß. gelehrten Gesellschaft zu Franckfurt an der Oder wirkliches Mitglied.

fig. 1

fig. 2

Zwölfter Abschnitt.

§. 1.

Nunmehr war Herzog Eberhard von Würtenberg der Rheinischen Allianz beygetretten, mit welcher Handlung ich den vorigen Theil beschlossen habe.

Die Angeordnete Reichs-Deputation währte noch zu Frankfurt, wankete aber sehr, weil keine Kaiserliche Commissarien derselben mehr beywohnten, die meiste deputierte Stände aus Verdruß, daß bey so grossem aufgewandtem Unkosten in so langer Zeit gleichwohl nichts ausgerichtet worden, sich derselben entzogen und der Kaiser dieselbe nach Regenspurg oder Nürnberg verlegen wollte. Die Feuers-Flammen in Norden brannten noch liechterloh und bedrohten das ganze teutsche Reich zu ergreiffen, indem der Kaiser und Churfürst von Brandenburg sich unglücklicher Weise in solche Unruhe verwickelten. Die Reichs-Deputation hatte bey solchen Umständen genug zu thun derselben möglichsten Widerstand entgegen zu setzen. Der König in Schweden hatte an dieselbe ein Schreiben ergehen lassen, worinn er sich über den Einfall der Kayserl. Armee in Pomern, als einen offenbaren Friedens-Bruch sehr beschwerte und Hülfe verlangte. Der Resident dieser Krone schickte

1660 ſolches auch Herzog Eberharden zu. Dieſer beantwortete aber ſolches unter dem 6. Januarii, daß die mehreſte Stände, welchen er ſein und ſeines
Königs Schreiben mitgetheilt habe, daſſelbe, wofern es nur bey der Deputation vorgetragen würde, dergeſtalt zu unterſtützen gedächten, damit des Königs Frieden-
ſchluſſinäſiger Zweck erreicht würde und man verſpüren ſollte, daß ſie das im Reich
ſelbſt auch aufgegangene Kriegs-Feuer zu dämpfen ihre äuſſerſte Kräfften anzuwenden
geſonnen ſeyen, welchem zu folge er ſich beſtreben würde der anverlangten Garantie-
Leiſtung über die in dem Reich erhaltene Schwediſche Lande dem Frieden-Schluß gemäß ein Genüge zu thun und alles dasjenige, wozu ihn diſer Fride, der Nürnber-
giſche Executions-Receſs und arctior modus exequendi verbinde, kräfftig und
mit thätigem Entſchluß zu erfüllen. Entzwiſchen trage er aber doch das Zutrauen zu
dem König, daß er ihm nicht zumuthen werde diſes Gewährungswerk inſonderheit wegen der ſo entfernten Abgelegenheit allein zu erheben, weil ſolches nicht in ſeinem Vermögen ſtehe und ein ſolcher einſeitiger Entſchluß dem König wenig helffen, dem Herzog aber zu nicht geringer Gefahr und Nachtheil gereichen würde. Und weil bey dermaliger getrennter Deputation, da die wenigſte Stände ihre Geſandten mehr zu Frankfurt hatten, beſorglich dieſes Garantie-Werk auf einen Reichstag verwieſen werden
dörffte, damit ein allgemein verbindlicher Schluß erfolgen könnte, ſo erbiethe er ſich
in dem Fall, wann nur einige andere Chur- und Fürſten zu ſolcher Gewärleiſtung
einen nachdrückſamen Entſchluß faßten und würkliche Hand anlegen wollten, das ſelnige
nach äuſſerſtem Vermögen beyzuſetzen und die Vollziehung des Fridens handzuhaben,
zumahl er ſich ſeiner Verbindlichkeit gegen der Kron Schweden wohl zu erinnern wiſſe.

§. 2.

Bey der Reichs-Deputation ſollten nun ſo wohl die Schreiben von Frankreich,
als auch Schweden in Berathſchlagung gezogen werden. Dann ich habe ſchon im
nächſtvorhergehenden Theil das franzöſiſche Schreiben an die bemeldte Deputation
vorgelegt, worinn nur eine Bedenkzeit bis auf das Ende des Hornungs zur Erklärung
gegeben war. Der Kapſer verlangte aber neuerdings von dem Herzog, wie auch von
andern Reichs-Fürſten, daß er ſeinen Geſandten von Frankfurt abruffen und nach
Regenſpurg ſchicken ſollte, und diſer bemerkte daraus, daß das ſo nothwendige Ge-
ſchäft der erhaltenen Ruhe und Fridens gänzlich abgebrochen würde, weil die Stände
nicht mehr ſo leicht nach dem uralten Herkommen wieder zuſamen kommen dörfften, als
es die Notturfft erforderte. Gleichwohl war die Deputation zu ſchwach einen nachdrücklichen Schluß zu faſſen. Er ſtimmte deßwegen mit andern dahin, daß man ſolche königliche Schreiben auch an die abweſende Deputierte, wie auch an die Reichs-
Kranſe ſchicken und ihre Meynung vernehmen, dabey aber denſelben zu verſtehen geben

den möchte, daß die noch immer zunehmende Gefahr keinen Verzug leyde. 1660
Bey dieser Gelegenheit aber riethe er auch den abwesenden die höchstbedaurliche
Trennung der Deputierten zu Gemüth zu führen und auf die Ergänzung der Deputation
zu dringen. Und weil die Krone Frankreich durchaus nach den damahligen Umständen
eine Entschliessung in dem künstigen Monat Februarii erwartete und diese bey der so sehr
verwickelten Reichsversassung nicht so bald zu hoffen war, so meynete der Herzog, daß
man den König um einen Aufschub ersuchen und entzwischen auch den Kayser und Chur-
Brandenburg ersuchen müßte alle Feindseligkeiten einzustellen. Nun wollten die Churfürsten zu Mainz und Cölln die Ehre der Vermittelung zwischen den Nordischen Kronen
und dem Kayser an sich ziehen, da einige fürstliche zweifeln wollten, ob man ihnen dieselbe ohne Nachtheil des Fürstenstandes einräumen könnte. So sehr wachsam aber der
Herzog über die Vorrechte der Fürsten war und seine Empfindlichkeit über dieselbe
zeigte, so war er doch dermahl ganz anderer Meynung, weil nicht das ganze Churfürstliche Collegium das Recht des Kriegs und Fridens sich anmaßte und gleichwohl der
Zweck erhalten würde, zumahl wann auch die gesamte Krayse dieser beeden Churfürsten fürleuchtendem Beispiel zu folgen vermocht werden könnten. Man hätte aus der
Kron Frankreich Drohungen Stoff genug die Gefahr des Reichs dem Kayser und
Churfürsten zu Brandenburg vor Augen zu legen und besseres Vernehmen mit der Kron
Schweden anzurathen. Wenigstens hätte man seinem Gewissen genug gethan und der
Nachkommenschaft ein Zeugnis hinterlassen, daß getreue Chur-Fürsten und Stände das ihrige redlich gethan hätten und zugleich ihr Ansehen, welches sonst sehr geschwächt würde, aufrecht erhalten könnte, zumahl man doch endlich beeden Kronen einige Genugthuung verschaffen müßte. Dise dörffte aber nicht besser
erhalten werden, als wann nach dem französischen Begehren und vorgeschlagenem
Plan zu erst der Weeg der Gütlichkeit, und wann solche nicht verfangen wollte, die
würkliche Gewährleistung ergriffen würde. Nun gefiel zwar der Vorschlag des Herzogs den anwesenden Deputierten, daß auch die Krayse zur Vermittlung des Nordischen
Krieges die Hand anlegen sollten: Bey den meisten aber hatte man schlechte Aussichten dazu, weßwegen die Deputierte an den Herzog durch seinen Gesandten gelangen
liessen bey dem Schwäbischen Krayß es dahin zu leiten, worzu ihm das führende Directorium das Hefft in die Hand gäbe, daß derselbe die Vermittlung zwischen dem
Kayser und der Krone Schweden auf sich nehmen und allenfalls eine Abordnung an
den Kayserl. Hof thun möchte, welches ihm zu grossem Ruhm gereichen würde und
andere Krayse zur Nachfolge veranlassen dörfte. Der Herzog bezeugte aber keinen
sonderlichen Lust darzu, theils weil er wegen Verlegung der Reichs = Deputation bey
disem Krayß keine erwünschte Erklärung erlangen konnte, theils weil er voraus sehen
mußte, daß er bey den vielen Catholischen Ständen, welche den Evangelischen an der
Mehrheit weit überlegen waren und noch einen hefftigen Groll in ihrem Herzen wider

1660 die Kron Schweden führten, mithin nichts mehrers, als derſelben Umſturz
wünſchten, nicht durchbringen würde, zumahl dieſer alleinige Krayß wenigen Nachdruk geben dörffte und der Churfürſt von Sachſen dem Schwediſchen Geſandten wegen der Gewährleiſtung eine ſolche Antwort ertheilt haben ſollte, welche jedermann als unanſtändig und unvorſichtig beurtheilte.

§. 3.

Es wurde aber die Begierde nach dem Friden nicht nur von unterſchiedlichen Reichs-
Ständen, ſondern auch von der Kron Frankreich und ſo gar von Spanien dem Kayſerl. Hof einzuflöſſen geſucht, als König Carl Guſtav von Schweden d. 13. Febr.
unverſehens in die Ewigkeit verſetzet wurde. Die Deputation hatte nun nach ihrer
obhabenden Pflicht Schreiben an den Kaper und an den Churfürſten von Brandenburg ergehen laſſen, als an einem andern Ort in Teutſchland eine Kriegs-Unruhe
auszubrechen drohete. Dann die viele nach dem Biſtum Münſter durch das Reich
gehende Truppen machten den unruhigen Biſchoff, Bernhard von Galen, verdächtig, daß er in dem Weſtphäliſchen Krayß ein Kriegs-Feur anzünden wolle. Die
Reichs-Deputation erinnerte deßwegen ſowohl den Churfürſten von Cölln, als auch
den Pfalzgraven von Neuburg keinen Paß oder Durchzug durch ihre Lande zugeſtat-
ten und jener hatte ſchon allbereits dem Kayſerl. Harantiſchen Regiment den Paß
nach den Münſteriſchen Landen abgeſchlagen. Die in der Rheiniſchen Allianz ſtehende Chur- und Fürſten aber glaubten, daß, da Herzog Eberhard kaum derſelben beygetretten, der Fall ſich ſchon ereigne der Alliirten Hülf aufruffen zu können.
Auf einer andern Seite ließ der franzöſiſche Geſandte den 12. Martii der Deputation ankündigen, daß ſein König Anſtalt mache der Kron Schweden zu Hülf zu
kommen, welcher ſie wieder ſo viele Feinde ſehr bedürfftig wär, und eine Armée
in Teutſchland zu ſchicken. Er verlangte nun einen Entſchluß von derſelben, weſſen
man auf einen ſolchen Fall wegen der von Schweden begehrten Garantie geſonnen
ſey. Weil man aber getachter maſſen durch Schreiben den Kayſer und den Churfürſten von Brandenburg erinnert hatte Friden zu machen und die wegen bemeldter Gewährleiſtung von den Krayſen erforderte Erklärungen noch nicht eingekommen waren, ſo ertheilte man ihm nur die verzögerliche Antwort, daß man ſich von ſeiten der Deputation
noch nicht erklären könne, bis ſowohl von dem Kayſer und Brandeburg eine Antwort, als auch die Krayß-Gutachten eingelangt wären. Entzwiſchen wurden von
den Rheiniſchen Alliirten Verfügungen verabredet ſich zur Zuſammenführung der
Contingenten bereit zu halten und die nöthige Gelder in die gemeinſchaftliche Caſ-
ſe zu liefern. Herzog Eberhard ſollte 1500. Reichsthaler ſchicken, an welchen
auch der Kirchen-Raſt ſeinen Antheil beytragen muſſte, weil diſe Gelder zur Rettung Land und Leute angewendet würden. Bey welcher Gelegenheit er auch nunmehr

mehr seinem Landschafftlichen engern Ausschuß den Beytritt zur Rheinischen 1660
Allianz nebst den Beweg-Ursachen beybringen und ihm den vorgefaßten
irrigen Wahn benehmen ließ, als ob diese Allianz den Verträgen mit dem Erzhauß Oesterreich zuwider wär, indem er solche in dem Ratifications-Receß aus-
trucklich ausgenommen habe. Dise Anstalten hatten die gute Würkung, daß die
Lande der Verbündeten mit den verderblichen Durchzügen verschonet wurden, und
die Nordischen Kronen machten unter sich Friden, indem Polen den 3. May. zu
Oliva und Dänemark den 23. dieses Monats zu Coppenhagen mit den Schweden
einen Friden schlosse. Wie es mit den meisten Kriegen gehet, so nahm auch diser ein solches Ende, daß nach vergossenem vielem Menschen-Blut, Verheerung
der Länder, Auswentung grosser Geld-Summen und Erschöpfung der Vorräthe
bey nahe nichts gewonnen wurde. Dann obwohl dem König in Preussen die souve-
raineté über seinen Theil bestetigt wurde und Schweden sich im Besitz der vermög
des Rothschilder Fridens ihme von der Kron Dänemark abgetrettenen Lande jenseit
des Sunts befestigte, so mußten sie doch solche Eroberungen mit allzutheurem
Menschenblut und grossen Geld-Summen erkauffen. Der Kayser und Chur-Brandeburg wurden in den olivischen Frieden eingeschlossen, nachdem der letztere von
den Chur- und Fürsten Maynz, Cölln, Pfalz, Wolffenbüttel, Würtemberg und Cassel
bittere Vorwürfe eingenommen hatte, indem sie ihm nicht undeutlich die gegenwärtige Unruhe im Reich, die Handlung wider den Westphäl. Friden und andere Reichs-
satzungen, die Hindernussen der Vergleichung aller entstandenen Mißhelligkeiten zur
Last legten und ihn ersuchten seine Völker aus Pomern wieder abzuführen, die eingenom-
mene Plätze wieder abzutretten, die Kron Frankreich von der entschlossenen Leistung
der Garantie abzuhalten, Pomern unangefochten zu lassen und das Reich in keine
neue Unruhen zu verwickeln, indem er seinen Truppen den Namen einer Reichs-Armee beylegte und unter solchem Vorwand von den benachbarten Landen eine Schatzung verlangte. Sie setzten noch hinzu, daß es Chur-Fürsten und Ständen unverantwortlich fallen wollte ihre Lande und Leute in einen blutigen und kostspiltigen
Krieg einzuflechten, sondern vielmehr sich schuldig befänden alle dienstame Reichs-
Constitutions-mässige Mittel zu ihrer Sicherheit zu ergreiffen. Vorwürfe von dergleichen Art konnten ihm nicht gleichgültig seyn, weßwegen er sich entschuldigte,
daß er von der Kron Schweden vielfältiges Unrecht erleyden müssen und er nichts,
als einen sichern Besitz seiner Lande und keineswegs Eroberungen zu machen begehre. Es verdroß ihn aber, daß man ihn auf Veranlassung der Kron Schweden
von der Rheinischen Allianz ausgeschlossen hatte, seine an dise Kron geschickte Gesandte
etwas spöttisch behandelte und ohne erlangte Audienz fortschickte. Seine Antwort
war also nur, daß die Chur- und Fürsten diese Kron zu einer Fridens-Beglerde
ermahnen sollte. Es erfolgte aber bald darauf, wie ich schon gedacht habe, der

B 3

Olivi-

1660 Olivische Fride (a), welcher bey Herzog Eberharten eine solche Freude
     erweckte, daß er zu Stuttgard ein sogenanntes Fridens = Fest hielte, zumahl
     ihm den 13. Junii der zehende Prinz, Albrecht Christian, gebohren wurde, welcher
     aber den 20 Januarii 1663. wieder das Zeitliche segnete.

§. 4.

Nun war also der Herzog beruhigt, weil sowohl der Fride zwischen Spanien
und Frankreich, als auch in Norden befestigt war. Teutschland hatte von aus=
wärtigen Feinden nichts mehr zu besorgten. Aber desto mehr Verwirrung stund
dem Reich aus seiner innerlichen Verfassung zu besorgten bevor. Entzwischen erin=
nerte sich Herzog Eberhard von selbsten derjenigen Treue, welche Ulrich Albrecht
von Gaißberg dem Herzogthum Würtenberg und dem Herzoglichen Hauß inson=
derheit in der Zeit, da der Herzog und dessen ganzer Stamm seiner Land und
Leute entsetzt im grösten Elend zu Straßburg leben muste, erwiesen hatte. Zu
deren Belohnung gab er ihm das durch Absterben des Nippenburgischen Geschlechts
heimgefallene Lehen, nemlich das Schloß und Burg zu Schöcklingen, wie solches
mit Mauren und Brettern umgeben war, mit den darzu gehörigen beträchtlichen
Gütern und Grundstücken nebst der nidern Gerichtbarkeit daselbst und dem Jagen
nach Füchsen, Haasen und Hünern in einem gewissen Bezirk, wie auch einen Hof
zu Gebersheim zu Lehen. Er wurde aber auch von dem kleinen Ausschuß seiner
Landschafft erinnert nicht allein sein Hofgericht dahin anzuweisen, im Urtheilsprechen
die Landes = Verträge, Gesetze und Ordnungen besser, als geschehen, vor Augen zu
haben. Dann die Communen zu Zell und Altbach waren in einem Rechts = Streit
mit dem Spital zu Eßlingen wegen der Steurbarkeit der diesem zugehörigen, aber
auf ihrer Markung liegenden Gütern, und deren Auslosung, und die Commun zu Mün=
ster wegen einiger von auswärtigen besessenen Gütern auf dem Freyberg bey Bazzenhau=
sen wegen gleichmässigen Besteurungs = Rechts verfangen, wo das Hofgericht die
Landes = Verträge und Ordnungen auf die Seite setzte. Bey welcher Gelegenheit
auch die Kirchen = Ordnung, Canzley = Ordnung, Landrecht und Ordnungen bestetigt
und erneuert wurden (*). Bey damahligem erfolgtem Landtag beklagte sich der Her=
zog sehr gegen seiner Landschafft über das mit Schulden beschwerte Cammer = Gut,
ausstehende Reste an Besoldungen und Uebertragung der künfftig anfallenden star=
ken Hofstaats = und Regiments Auslagen angesonnenen Geld = Beytrags, weswe=
gen ihm die Landschafft zwar 50000. fl. bewilligte, derselbe aber wegen Beytrags
des geistl. Guts zu der Landschafft und besserer Verwaltung seines Cammerguts gute
                                                                      Ver=

(a) Puffendorf rer. Brandeb. L. VIII. §. 75. pag. 412.
(*) vid. Würtemb. Lands = Grund = Verfass. pag. 653. seq.

Vertröstung von sich gab. Und weil die Zeit der Rheinischen Allianz ver- 1660
flossen war, so bemühte man sich, dieselbe … Mann, als das Haupt derselben solche wieder auf 3. Jahre zu verlängern. Ungeacht der von der-selben
Potentaten angesicherten Ruhe stimmten doch alle Mitglieder auf die Fortsetzung,
welche sich auch Herzog Eberhard, als welcher eine so kurze Zeit darinn stunde,
nicht mißfallen ließ, zugleich aber nichts destoweniger von denen auf den Beinen
habenden und in zwoen Compagnien bestandenen 300. Mann Infanterie 100. Mann
abtankte und solche in eine Compagnie verwandelte. Die 100. Mann Cavallerie setzte er
auf 60. Köpfe herab, welche der Ober-Vogt zu Göppingen und Obrist-Lieutenant
Klenk doch nur unter Genuß seiner Ober-Vogtey-Besoldung commandieren und
den Capitain Lieutenant von Eyb zum Gehülfen haben sollte. Die Erlängerung der
Allianz wurde also im Augstmonat würklich beschlossen und der Bischoff zu Münster trat unter der Bedingung derselben bey, daß er beeden Kronen Frankreich
und Schweden zur Hülfe nicht verbunden seyn wollte. Er hatte sich aber vorgenommen seine Ansprach auf das Besatzungs-Recht in der Stadt Münster mit Gewalt geltend zu machen, welchem sich dieselbe widersetzte und von den General-Staaten unterstützt wurde. Nun zog er sein Vorhaben auszuführen Kaiserliche Völker
an sich und wollte von seinen Punctsgenossen die allianzmässige Hülfe haben, welche diese nicht schuldig zu seyn erachteten. An Ausflüchten ermangelte-es nicht.
Dann sie sagten, daß er ohne Noth den Anfang an den Feindseligkeiten gemacht
und der Kayser eine Commission verordnet hätte, welcher sie nicht vorgreiffen könnten,
wie auch daß der vorgebliche Fall einer Rebellion nicht in dem Allianz-Receß begriffen wär und durch den Beystand der Alliierten erst eine Unruhe im Reich er-
weckt werden könnte, welche sie doch vermittelst der Allianz auf alle Weise zu vermeiden schuldig wären, weil die Staaten sich darein mischen und die Stadt nicht
hülflos lassen würden. Im Gegentheil hatten sie auch gute Ursachen dem Bischoff
beyzustehen. In solcher zweifelhaften Ueberlegung behielte sich Herzog Eberhard bevor sich mit Zuschickung seines Contingents in disen Münsterischen Strittigkeiten
nicht zu übereylen, indem er sich zu würklichem Beystand nicht verstehen könnte.

§. 5.

Den 3. Septembr. schickte der Herzog seinen Regierungs- oder damahls also genannten Ober-Rath Wolfgang Forstner nach Frankreich um dem König, dem
Cardinal Mazarini, den Prinzen vom Geblüt und einigen Generaln zu dem zwischen dieser Kron und Spanien getroffenen Friden und zur Vermählung des Königs
mit der Spanischen Infantin Glück zu wünschen, wordurch die Ruhe in Teutschland und in der ganzen Christenheit wieder hergestellt wurde. Die Krankheit des
Car-

1660 Cardinals verschwerte aber die Audienz bis auf den ... Novembr. weil er
jolus zu erst bey disem Minister erlangen mußte, da der Cardinal dem
Gesandten neben seinem Bett einen Sessel anbothe und sich bedecken ließ. Ehe
der Forstner sich seiner Aufgabe entledigen konnte, kam ihm der Cardinal mit
entblößtem Haupt zuvor, entschuldigte die so lang verweigerte Audienz und versicherte, daß der Herzog keinen getreuern Diener, als ihn, hätte, welches er bey
sich ergebenden Fällen in der That beweisen wollte, zumahl die Kron Frankreich
sich schmeichlete an dem Herzog, welcher in grossem Ansehen bey derselben stünde,
einen getreuen Freund und Bundsverwandten zu haben. Den 2. Dec. erlangte
er auch bey dem König und der Königin Audienz, wozu er durch eine Königliche
Gutsche abgehohlt und von 9. teutschen Edelleuten, welche sich auf der Reyse in
Frankreich befanden, begleitet wurde, da dann einer von Degenfeld und einer von
Seckendorf bey dem Introducteur in des Königs Gutsche sassen und die andere mit
dem Vice - Introducteur in dem zweyten Königlichen und der Königin Wagen
nachfolgten. Weil die Königin noch schlieff, durffte er nicht in den Hof des Louvre
fahren, sondern mußte zu Fuß durch denselben gehen. Zu dem König wurde er
so aufgeführt, daß der Vice - Introducteur mit den Gesandtschaffts - Junkern
vorangieng und der Gesandte selbst mit dem Introducteur folgte. Hinter des Königs Sessel stunden der Duc de Crequy und der Aufseher der Garderobe, welche mit der einen Hand denselben hielten und die andere an die Seite setzten. Als
Forstner in das Königliche Zimmer kam, rief der Conducteur überlaut: Voila le
Roy. Bey der dreymahligen Neigung im Annäheru zu dem König nahm
der König jedesmahl den Hut ab bis an das Knie und antwortete dem Gesandten
mit entblößtem Haupt kurz, daß er mit Vergnügen des Herzogs Gesinnung aufgenommen und denselben seiner vorzüglichen Freundschafft versichere. Im Abfahren
stiegen sie in dem Hof des Louvre vor der Treppe in die Gutschen. Zu den beeden
Königinnen wurde er Abends um 5. Uhr aufgehohlt und mit den 3. Wagen bis durch
den Hof des Schlosses an die Stiege geführt. Die junge Königin mußte in spani-
scher Sprache angeredet werden, welches Forstner selbst zu verrichten auf sich nahm.
Sie antwortete aber so leis, daß man sie nicht hörte und nur aus der Bewegung des Mundes bemerkte, daß sie redete. Nach überall abgelegten Complimen-
ten hielte des Cardinals Krankheit die Unterschrifft dessen Recreditivs auf, daß der
Gesandte noch einen ganzen Monat bis wenige Tage vor des Cardinals Ableiben
nach schon überall gehabten Abschieds-Audienzen warten mußte, da endlich auch
der König durch die beede Introducteurs dem Gesandten ein Angedenken überreichen ließ, welches in einem mit Diamanten besetzten Portrait - Büchßlein mit einem
daran hängenden goldenen Kettelein bestunde. Als er bey dem Schwedischen Am-
bassadeur Biörenklau aufwartete, erfuhr er, daß die Königin Christina unter dem
Vor-

Vorwand der zu berichtigen nöthigen Deputat-Geldern nach Schweden ge- 1660
reyſſt ſey, die wahre Abſicht aber gehabt habe durch Vermittlung der Kron
Frankreich die Vormundſchaft des jungen Königs Carls XI. auf ſich zu nehmen.
Erſt den 26. Febr. des folgenden Jahrs konnte der Geſandte von Paris abreyſen.

§. 6.

Weil nun die Rheiniſche Allianz erneuert worden, ſo wechſelte man den 16;
Novembr. die Beytritts-Receſſe gegeneinander aus und der Würtemb. Geſandte
Georg Wilhelm Bidenbach von Treuenfeld wohnete nicht nur allein als ordentlicher
Geſandter der Reichs Deputation, ſondern auch als ein Rath eines verbündeten
Fürſten den Allianz-Verſammlungen zu Frankfurt bey. Die Beſchwerden der Evangeliſchen wegen ihrer Reſtitution ex capite Amniſtiæ und Gravaminum wurden
jetzo gar nicht mehr berührt, welche gleichwohl dieſem Convent vorzüglich anbefohlen
ware, ſondern man beſchäftigte ſich nur noch mit Ergänzung und Verlegung der
Deputation, welche bey den meiſten noch anweſenden Geſandten Beyfall ſande, wofern nur auch den beſchwehrten Evangeliſchen Städten geholfen würde. Und weil
die Fürſten auch über die Churfürſtliche Eingriffe in ihre Vorrechte klagten, ſo
kam der ehmals ſchon vorgeſchlagene Fürſten-Verein wieder auf die Bahn, welcher
ſich Herzog Eberhard um ſo weniger mißfallen ließ, weil man ſolchen den Chur-
fürſten-Verein entgegen ſetzen konnte, wollte aber doch zuvor auch der übrigen Anweſenden zu Frankfurt Gutachten darüber vernehmen und erinnerte nur dabey, daß
man die Aufſätze geheim halten ſollte. Dann obſchon die Abſicht dabey wohlge-
meynet war, ſo beruffte er ſich auf die Erfahrung, daß dergleichen heylſame und
wohlbefugte Unternehmungen öfters auf das ärgſte mißditten worden und allerhand
unverſchuldeten Widerwillen nach ſich gezogen hätten. Inſonderheit hielte er eine
genaue Behutſamkeit bey der Einladung zu dieſem Verein ſehr nöthig, daß man
den Neben-Receß nicht eher jemand eröffnete, bis man des Beytritts zum Haupt-
Verglich genugſam verſichert wär und deſto vertrauter handeln könnte, wobey er
ſeine Ruckſicht auf die beede Häuſer Braunſchweig und Heſſen-Caſſel nahm, ob dieſe die Vereinungs-Entwärfe genehmigten, auf welchen Fall er ſeinem Geſandten aufgab,
ſeinen Beytritt zu verſichern, inſonderheit wann auch Schweden wegen Vor-Pom-
mern und Pfalz-Neuburg ſich einzulaſſen geneigt wäre. Die damahlige Zeiten, da faſt jedes rauſchendes Blatt einen neuen Krieg anzudrohen ſchiene, brachten den Herzog zugleich auf die Gedanken ſein Land mit einer Veſtung auf den
Gränzen zu verwahren, wo er glaubte, daß von den Seiten des Rheinſtroms die
Gefahr am gröſten werden könnte. Dann die Feinde gebrauchten gemeiniglich
den Paß durch den Kniebis zu ihren Einfällen. Die an denſelben ſtoſſende neue Statt

X. Theil.　　　　　　　　B　　　　　　　　Frey-

1661 Freudenstadt wurde demnach ausersehen bevestigt zu werden, ob sie schon wegen der ringsum liegenden Berge nicht darzu taugte. Nichts destoweniger wurde in disem Jahr der Anfang darzu gemacht und mit grossem Eyfer daran gearbeitet.

§. 7.

Der gemeldte Fürsten-Verein kam aber damahl noch nicht zum Stand und wäre bey nahem gar vereitelt worden. Dann der Pfalzgrav von Neuburg, der Braunschweigische, Würtenbergische und Hessische Gesandte gaben dem Französischen Gesandten Gravell Nachricht von ihrem Vorhaben sich wegen Erhaltung ihrer Freyheiten und Vorrechte zu vereinigen. Diser berichtete solches an den Königl. Hof und erhielt zwar gute Vertröstung, bezeug aber die Unvorsichtigkeit, daß er es zu frühzeitig dem Churfürstl. Collegio; als er dem Churfürsten von Mainz aus habendem besondern Befelch der Fürsten Rechte wohl und ohne Beeinträchtigung zu beobachten einprägte, entdeckte. Dagegen gab man sich alle Mühe, weil schon einige Gesandte der deputierten Stände zu Regenspurg waren oder wenigstens einige Stände solche abzuordnen versprochen hatten, dise Zusammenkunfft mit der noch in geringer Anzahl der Gesandten bestehender Reichs-Deputation zu Frankfurt zu vereinigen, damit man die derselben aufgegebene Materien wieder angreiffen und zu Ende bringen könnte, da man hingegen bey einer solchen Trennung keinen Weeg finden konnte etwas zu berathschlagen oder einen rechten Schluß zu machen. Herzog Eberhard wußte sich nicht zu entschliessen seinen Gesandten von Frankfurt abzuruffen, weil er disen Convent für gesetzmäßiger hielte, als welcher vermög des Reichstags-Abschieds nach Frankfurt bestimmet war, da hingegen zu dem Regenspurger-Convent der Kayser die Einwilligung durch Schreiben und Gesandte bey einzeln Ständen gleichsam von Hauß zu Hauß einzuholen sich bestrebte. Die Türken waren damahl in Sibenbürgen eingefallen und man beförchtete zu Wien, daß diser Feind auch in Ungarn eindringen dörffte, weßwegen der Kayser an verschiedene teutsche Höfe seine Gesandten schickte und eine Geldhülfe verlangte. Grav Carl Ferdinand von Wallenstein war an den Bayrischen, Pfälzischen und Würtenbergischen Hof bestimmt (b). Herzog Eberhard fertigte ihn mit einer aufzüglichen Antwort ab in der Absicht sich vorher mit andern Ständen zu vergleichen und das Gutachten seiner Landschafft zu vernehmen. Dise aber war nicht nach dem Geschmack des Kayserl. Hofs, zumahl auch der Grav von Windischgrätz sich über die Resolutionen anderer Fürsten beklagte, welche dahin zielten, daß dergleichen Anbringen auf einen allgemeinen Reichstag gehörten und man ohnehin nicht wüßte,

(b) conf. Theatr. Europ. Tom. IX. pag. 296.

ob die Türken würklich die Kayserl. Erblande anzufallen gesonnen wären, 1661 weil sie in Siebenbürgen genug zu thun hätten. Die Reichsstände wünsch-ten ohnehin einen Reichstag, als der Kayser eine Vereinigung der Reichs-De-putation und Verlegung derselben nach Augspurg beliebt hatte. Herzog Eberhard stimmte mit andern Ständen wegen eines Reichstags ein, verlangte aber nur, daß zuvorderst die Deputation wieder ergänzt und der Reichstag zugleich ausgeschrie-ben würde. Dann er besorgte, daß sonst die dem Kaiserl. Hof verhaßte Deputa-tion durch allerhand Weege zu grossem Schimpf der noch vorhandenen Deputirten aufgehoben und gleichwohl kein Reichstag gehalten werden dörffte. Es wurden deßwegen dem Kayser neue Vorstellungen gemacht, auf welche aber lang keine Re-solution erfolgte. Weil aber gleichwohl im Reich Friede und eine Aussicht zu des-sen Fortdauer vorhanden war, so machte der Herzog auf die Bitte seiner Landschafft den 22. Martii die Verordnung wegen der Land-Auswahl, woraus man dersel-ten damahlige Verfassung erlernen kan. Dann er befahl, daß 1.) Die Musque-tier ihre Röcke, und die Reuter ihre Kleidung, Gewöhr, Sattel und Zeug aus-ser dem Herren-Dienst nicht gebrauchen, abnutzen oder zum Dienst untüchtig ma-chen, auch die Reuter ihre von andern angeschaffte Pferde wohl inachtnehmen, wie auch nicht allein diejenige, welche noch keine Montur haben, gleichwohl damit versehen, sondern auch die Compagnien der Außerwählten in vollzäligem Stand er-halten werden sollen. 2.) Daß die zur Auswahl bestimmte Pferde nicht mehr von der ganzen, sondern nur von der halben Frohn befreyet seyn sollten. 3.) Wur-den die bey würklicher Führung der Waffen vorgehende Verbrechen den allei-nigen Officiern, andere bürgerliche und peinliche Mißhandlungen aber den Amts-leuten zu bestraffen überlassen, dagegen die im Zurückziehen vor Ablegung der Ge-wöhr begangene Händel von den Amtleuten und Officiern gemeinschafftlich unter-sucht und bestrafft und die Geworbene, sie wären Burger oder nicht, von der Amts-leute Gerichtbarkeit gänzlich befreyet und diesen nur der Gewalt bey verübter Un-gebühr überlassen wurde solche beyzufahen und dem Verschulden nach handvest zu machen, welche aber den Officiern ausgeliefert werden müßten.

§. 8.

Entzwischen starb der Cardinal Mazarini, welches der König sogleich an seine allierte Fürsten berichtete und denselben seine Wehmut über den Verlust ei-nes Dieners, welcher seiner Krone die wichtigste Dienste geleistet, zu erkennen gab, zugleich aber sich erklärte, daß er das Ruder der Regierung keinem andern mehr überlassen, sondern solches selbst führen wollte. Dergleichen Schreiben ließ er nun auch an Herzog Eberharden gelangen, welchen er versicherte, daß er das Bünd-

1661   uns mit den Teutschen Fürsten und die Ruhe Teutschlandes sein vorzügli-
ches Augenmerk ohne Ansehung der Religion seyn lassen wollte (c). Diese Versicherung war nun dem Herzog sehr angenehm, weil die Nachricht einlief,
daß der Kaiserliche General-Major Lucas von Spieck die Ordre erhalten habe mit
2. Regimentern und 3000. Mann von den vor der Stadt Münster liegenden Kayserlichen Völkern aus den Niederlanten wider den Erbfeind anzuführen. Die Alliierte Chur-und Fürsten waren sehr verlegen darüber, zumahl der Kayser verlangte, daß solche Völker unentgeltlich bey ihren Durchzügen von den St.lnden unterhalten werden sollten. Die Kayserl. Ersuchschreiben kamen auch viel zu spät ein,
da dise Truppen schon in der Fürsten Landen stunden, und verschiedene Ausschweiffungen begiengen. Obwohl nun die Alliierte sich über solche Durchzüge beschwehrten,
daß sie wider die Reichs-Gesetze und den Westphäl. Frieden vorgenommen würden,
und zugleich droheten, daß sie sich solchem Verfahren mit zusammengesetzter Macht
widersetzen wollten: so beharrte doch der von Spieck auf seiner Ordre unter dem
Vorwand, daß, weil die Völker wider den Erbfeind geführt würden, jeder Stand
verbunden wär im Durchzug denselben freyen Unterhalt zu geben und daß die bey
dem vorhabenden Widerstand erforderliche Unkosten auf dise Weise besser verwendet
werden könnten, welcher Meynung auch Herzog Eberhard beypflichtete, wofern die
Völker nur gute Mannszucht beobachteten, obschon ein und andere Ausschweiffung nicht
gänzlich zu vermeiden wär. Der Kayser verlangte aber auch eine Türken-Hülfe
von den Rheinischen alliierten Chur-und Fürsten, wobey sich der französische Gesandte sogleich willig erklärte, wofern man nur vorher gewiß wäre, daß der Erbfeind mit einem würklichen Einfall drohete. Obwohl nun das französische Vorum
sonsten die Mehrheit der Stimmen nach sich zu ziehen pflegte, so konnte sich doch
der Herzog nicht so schlechterdings damit vereinbaren, weil er vorher wissen musste,
wohin der Schwäbische Krayß wegen der an denselben begehrten Türken-Hülfe aus-
stimmte, zumahl man von einem bevorstehenden Türkenkrieg noch keine sichere Nachricht erlangen konnte. Der französische Gesandte war aber darum so freygebig
mit seiner Bewilligung, weil er das Herkommen im teutschen Reich wusste, daß,
wann es zur Vollziehung des Versprechens kommen würde, dieselbe sich wohl so
lang verziehen dörffte, bis man der Hülfe nicht mehr nöthig hätte und sein König
gleichwohl dem Papst auf sein Ansuchen vorspiegeln konnte, daß man das seinige gethan habe. Die Alliierte waren aber eben so wenig mit diser Bereitwilligkeit zufriden, sondern sagten ihm unter die Augen, daß man aus Wien die Nachricht habe, als ob die Kron Frankreich vielmehr die Ottomannische Pforte wider den Kayser aufzubringen suchte, als eine würkliche Hülfe thun wollte. Wiewohl sich nachgehends zeigte, daß bey würklich ausgebrochenem Krieg die französische Hülfe in-
son-

(c) vid. Beyl. num. 1.

sonderheit in der Schlacht bey St. Gotthard vieles zu dem Sieg beygetra- 1661
gen habe. Gleichwohl hinderte das am Kayserl. Hof wider den König gefaßte
Mißtrauen Herzog Eberharden nicht, als ihm den 14. Aug. der zwölfte Prinz gebohren wurde, denselben und dessen Gemahlin zu Gevattern zu erbitten und ihm den
Namen Ludwig beyzulegen. Bey der den 22. Aug. vorgenommenen Taufhandlung
vertraten aber Marggraf Albrecht von Brandenburg und dessen Gemahlin der beeden Königlichen Personen Stellen. Und weil der Herzog auf alle Weise seinen
Unterthanen die Gottesforcht und Erkanntnuß seines heiligen Worts beyzubringen
suchte, so wurden zu solchem Gebrauch die sogenannte biblische Summarien, welche noch jetzo unter dem Namen der Zellerischen Auslegungen bekannt sind, von den
Theologen zu verfertigen und in den sogenannten Vespern vorzulesen verordnet und
weil bey dem Neu-Jahr-Anschiessen sich vieles Unglück aus Unvorsichtigkeit ereig-
te, da mancher dardurch beschädigt oder um das Leben gebracht wurde, oder auch
Feuers-Gefahr entstund, so wollte zwar der Herzog solches nicht gar verbiethen,
befahl aber den 26. Nov. daß solche vermeynte Freudenschüsse in den Städten o-
der Dörffern gar unterbleiben und nur auf den gewöhnlichen Schieß-und Zielstät-
ten erlaubt seyn sollen.

§. 9.

Die Vereinigung der getrennten Reichs-Deputation machte aber noch immer
dem Reich vieles zu schaffen, zumahl keine Kayserliche Resolution erfolgen wollte.
Dann man wendete alle Gedanken an dem Kayserl. Hof nur auf die Polnische
Thronfolge und den Türkenkrieg, wobey man unter den Kayserl. Staats-Räthen
eine grosse Uneinigkeit bemerkte. Die Reichs-Angelegenheiten wurden bey solchen Umständen gänzlich hintangesetzt. Als man zu Anfang des Septembers der
Churfürst zu Cölln den Churfürsten von Bayern besuchen wollte, kam derselbe auch
nach Stuttgard und wurde prächtig empfangen. Der Churfürst war der Meynung,
daß man zwar darauf sehen müßte, wie man sich dem Kayserlichen Verlangen
möglichst nähern und die deputierte Chur und Fürsten wenigstens an einem dritten Ort
wieder zusammenkommen sollten, damit die Gemüther wieder vereinigt und des Reichs
Notturften desto besser beobachtet werden könnten, da er sich übrigens gleichwohl
von dem Churfürsten von Mainz und den noch zu Frankfurt stehenden Ständen
nicht absondern, noch dero Gesandten absordern wollte. Worauf der Herzog sich
nur vernehmen ließ, daß er vor der Zeit dem Kayser zu willfahren geneigt gewesen,
weil bey so getrennter Deputation nichts fruchtbares geschafft werden könnte und
dabey die Zeit und Kosten vergeblich verschwendet würden. Er habe aber nachmals bey den veränderten Umständen und von Chur-Mainz hervorgebrachten statt-
licher

1661 · lichen Gründen für beſſer gehalten ſich von temſelben nicht abzuſonbern.   In
der Hauptſach waren ſie einerley Meynung (d).   Allein der Churfürſt
faſſte des Herzogs Meynung unrecht und gab ihr die Deutung, als ob er zur Aufhebung und Trennung des Frankfurter-Convents ober zur Verſetzung derſelben nach
Angſpurg geneigt wär.   Diſes verurſachte nun dem Herzog unangenehme Folgen.
Dann ob er ſich ſchon durch ſeinen Geſandten öffentlich erklären ließ, ſo blieb er
boch in dem Verdacht, daß ſeine Entſchuldigung nicht ernſtlich gemeynt geweſen,
weil er ſeinem Geſandten auf ſein Anſuchen bey ſolcher Unthätigkeit des Convents
auf vier Wochen nach Hauß zu reyſen erlaubte und denſelben bis auf den Februar
des folgenden Jahrs bey ſich behielte.   Endlich kam im September entzwiſchen die
Reſolution des Kayſers wegen des dritten Orts zu Frankfurt an.   Es war aber
nun zu ſpät ſolche anzunehmen, weil ſich die Geſandte zu Frankfurt eher die Sache
in dem Stand, worinn ſie ſich damahl befand, zu laſſen den Schluß gefaßt hatten,
und gleichwohlen die Klüffte ſo beſchaffen waren, daß zu Beveſtigung der gemeinen
Reichs-Sicherheit und Abwendung der bevorſtehenden Türken-Gefahr weder zu
Frankfurt, noch an einem andern Ort einige Handlung hinlänglich, noch diſe Materie dahin gehörig ſey, ſondern eine allgemeine Reichs-Verſammlung unumgänglich erfordert werde, wo alle Stände mit gemeinſchafftlicher Einſtimmung gehört werden
müſſten, die übrige zur Deputation verwieſene Materien auch alſo beſchaffen wären,
daß ehe und dann darinn zu dem künfftigen Reichstag gewiſſe Einrichtungen gemacht werden könnten, man, wie die Erfahrung bißher gelehrt hätte, nichts fruchtbarliches verrichten können und alſo im Werk ſelbſt ſolche Verlegung nur zu unnöthigem Wortſtreit und koſtbarem Zeit-Verluſt, wo nicht gar zu einer Trennung zwiſchen dem
Chur-und Fürſtlichen Collegio tienen würde.   Entzwiſchen würde die Zeit des
Reichstags heranrücken, bis die erforderliche Verhaltungs-Befehle einlaugten, die
Stände ſich zu Angſpurg verſammleten und in den Berathſchlagungen der Anfang
erfolgte, da um deſſen willen ſich nichts thun laſſen würde (e).   Tacitus ſchreibt
ſchon zu ſeiner Zeit von den Teutſchen c. 11. Illud ex libertate virium, quod
non ſimul, nec juſſi conveniunt, ſed & alter & tertius dies (menſis) cun-
Atatione coëuntium abſumitur.

§. 10.

Mit dem Anfang des folgenden Jahrs ſchrieb der Kayſer endlich einen Reichstag aus, welcher den 8. Junii ſeinen Anfang nehmen ſollte.   Die meiſte Stände
wünſchten ſolches.   Es würde aber ſolches doch nicht erfolget ſeyn, woſern nicht die
Tür-

(d) Theatr. Europ. Tom. IX. pag. 306.
(e) ibid. pag. 306.

Türken das Königreich Ungarn mit einem Einfall bedroheten und die Stän- 1662
de des Reichs ausser einem allgemeinen Reichstag sich zu keiner Hülfe verstehen wollten. Der Kayser verwahrte sich bey solchem Ausschreiben, daß, weil
die Abhandlung der vorgesetzten Materien keinen Verzug litten, er diesesmahl von
dem Herkommen mit Einwilligung der Churfürsten abgegangen und einen kürzern
Termin, als die gewöhnliche sechs Monate ansetzen müssen, welches aber gleichwohl
dem alten Gebrauch nicht nachtheilig seyn sollte. Herzog Eberhard war deßwegen
sehr sorgsam, was andere deputierte Höfe wegen der Abreyse der Gesandten von
Frankfurt zu thun gesonnen wären und schickte seinen Witenbach den 23. Febr. nichts
destoweniger dahin mit dem Wunsch, daß vor angehendem Reichstag alle Präce-
denz-Stritte insonderheit mit den Hessischen Häusern verglichen werden möchten.
Der Chur-Maynzische Hof-Marschall von Boineburg entdeckte aber verdeckter
Weise dem Würtenbergischen Gesandten die Aussichten zu dem künfftigen Reichstag, daß nicht nur das Hauß Würtenberg wegen der Präcedenz, sondern auch das
Fürstl. Collegium mit dem Churfürstlichen genug würde zu kämpffen haben. Diese Nachricht war dem Herzog desto unangenehmer, als unter den Fürsten kein
Anschein vorhanden war, daß sie ihr Ansehen, Freyheiten und Rechte aufrecht
zu erhalten gesonnen wären und er allein solchem schweren Stein anzuheben die
Kräfften nicht hatte. Und die beede Hessische Häuser machten immerzu neue Ansprüche auf neue Vorzüge und setzten zum Nachtheil ihrer Mit-Fürsten alle Vergliche auf die Seite. Herzog Eberhard meynte deßwegen, daß nicht nur solchem
Vorhaben durch Berichtigung des in Vorschlag gebrachten Fürsten-Vereins die
nöthige Schranken gesetzt, sondern auch nehrere Zusammenhaltung der Fürsten zu
erlangen seyn würde. Das Hauß Hessen-Cassel suchte aber alle mögliche Ränke
hervor solche Vereinung anzuhalten, damit es vorher seine Absichten wohl unterbauen
könnte. Nicht weniger war auch der Herzog betretten, als die Nachricht von dem
grausamen Zwang der Unterthanen zur Catholischen Religion in Hungarn einlieff
und ein Geistlicher auf öffentlicher Kanzel zu Wien sich vernehmen ließ, daß die
Kayserl. Waffen wider den Türken darum so schlechten Fortgang hätten, weil man mit
Verfolgung der Evangelischen Lehre so geringen Eyfer blicken ließ. Er befahl deßwegen
seinem Gesandten mit andern sich vertraulich zu besprechen und sie zur Behutsamkeit in
Bewilligung der Türken-Hülfe zu erinnern, damit man sich mit der unter anderm
Vorwand suchenden Hülfe nicht übereylen und den Feinden der Evangelischen Religion das Schwerd in die Hand geben möchte. Es schien ihm verdächtig, daß der
Kayser noch über dises von ihm und andern Evangelischen Fürsten eine Werbung
in ihren Landen begehrte. Dann obschon der Vorwand gebrauchet wurde, daß seine Kriegs-Verfassung schlecht bestellt wär und die Hungarn unter sich selbst habende Mißhelligkeiten den Türken selbst ermunterten mit einer stärkern Macht im Feld

1662 zu erscheinen: So erinnerte er sich doch, daß der Kayser vor dem Anfang
des dreyßigjährigen Kriegs eben auch durch dises Mittel seine Macht verstärket und hingegen der Evangelischen Kräffte geschwächet habe. Der Churfürst
von Mainz benahm ihm aber einiger massen solchen Verdacht, indem er gegen den Würtembergischen Gesandten seine Unzufridenheit über den Kayserl. Hof bezeugte und
denselben also schilderte, daß der Kayser selbst noch ein junger Herr sey und nicht
„ selbst in allen Sachen die nöthige Fürsehung thun könne. Unter den hohen Mi-
„ nistern sey nicht allweg die Einigkeit zu finden, wordurch sowohl der Kay. May.
„ als dem gemeinen Wesen kein grosser Nutz geschaffet werde und es überhaupt da-
„ selbst besser gehen könnte. Man sey sparsam des Churfürstlichen Beyraths sich zu
„ bedienen. Wann aber eine oder andere Sache verdorben sey und man darunter
„ das rechte Trumm nicht mehr finden könne, so ermangle es nicht an höflichen Brief-
„ lein. Damit sey es aber nicht ausgerichtet, sondern wäre besser, wann man
„ zu Zeiten eines oder des andern oder der gesamten Chur-Fürsten und Stände-
„ Raths pflegte. Wann es aber, wie es das Ansehen habe, zu einem Türken-
„ krieg komme, so würde man dem Kayser mit allen Kräfften beysteben müssen,
„ damit man den Erbfeind so weit möglich von den Teutschen Gränzen entfernen
„ könnte. Jedoch würde man dabey beobachten müssen, daß die verwilligende
„ Hülfe gebührlich angewendet würde und man darüber auch etwas zu sprechen ha-
„ ben müßte. Dann es sey sehr zu bedauren, daß im verwichenen Feldzug man-
„ cher rechtschaffene Soldat, welcher sonst seinem Feind das weisse in den Augen
„ zu zeigen nicht gescheuet haben würde, bey so schlecht gemachter Anstalt und
„ ermangleten Lebens-Mitteln so elend hätte sterben und verderben müssen. Wie
auch der damahls Landsäßige Abt von Zwifalten allerhand unruhige Händel anfieng, indem er die Reichs-Unmittelbarkeit zu behaupten suchte.

§. 11.

Weil vor zwey Jahren König Carl den Englischen Thron wieder bestieg, so
wünschte ihm damahl Herzog Eberhard Glück darzu durch ein Schreiben, welches
bißher unbeantwortet blieb, weil allem Vermuthen nach diser König ungütig aufgenommen hatte, daß der Herzog ihm in seinem Elend mit Geld-Beyträgen nicht
besser beygestanden hatte (f). Endlich erfolgte ein Dankschreiben vom 29. Januar.
unter dem Datum 166¹ welches vielleicht manchem Liebhaber der Diplomatischen
Wissenschaft verwunderlich seyn dörffte, da man fast nicht wissen kan, auf welches
Jahr man dises Schreiben setzen soll (g). Zu dessen Erlenterung aber dienet
vil

(f) siehe den neunten Theil diser Geschichte. pag. 129.

(g) vid. Beyl. num. 2.

villeicht, daß man in Engelland von den Zeiten Königs Wilhelms des Eroberers an das Jahr von dem Fest der Verkündigung Mariä zu berechnen pflegte (h), welches König Karl noch beybehalten zu haben scheinet, da in allen offentlichen und Staats=Sachen dise Epoche, im gemeinen Leben aber die sonst gewönliche vom 1. Januarii beobachtet wird, wie er dann auch seine Regimentsjahre nach beeden Epochen berechnete, nach welchen er das dreyzehende Jahr von der Hinrichtung seines Vatters und erhaltenen Anspruch an die Krone bestimmte. Auf einer andern Seite begehrte Herzog Franz von Lothringen und sein Sohn Karl an den Herzog Eberharden sich bey dem König von Frankreich dahin zu verwenden, daß der zwischen disem König und dem alten wunderlichen Herzog Carln III. getroffene Vertrag, vermög dessen das Herzogthum Lothringen nach des letztern Absterben an dise Krone fallen sollte, wieder aufgehoben würde. Dise Herzoge wendeten sich darum an unsern Herzog, weil er mit dem König in der Rheinischen Allianz und in sehr gutem Vernehmen stunde (i). Er war aber zu schwach ein solches wichtiges Werk auf sich zu nehmen und die Hoffnung zur Erbfolge in solchen beträchtlichen Landen einem König fruchtloß zu machen, dessen ganze Absicht dahin gieng seine Macht durch Erweiterung seines Reichs forchtbar zu machen. Die Antwort fiel demnach dahin aus, daß man mit der Herzoge Schicksal Mitleyden trage, aber für besser hielte ihr Anliegen allen in der Rheinischen Allianz stehenden Chur= und Fürsten vorzulegen (k). Der Erfolg zeigte, daß alle Bemühungen diser Herzoge vergeblich gewesen. Dann obschon sich der Churfürst von Mainz solchen Rath des Herzogs in so fern gefallen ließ, daß die 3. alliirte geistliche Churfürsten in einem Gesamt=Schreiben, die Fürsten aber jeder besonders an den König ihre Fürbitten gelangen lassen möchten, damit man des beschwerlichen Vorzug=Stritts von seiten Hessen in der Unterschrift überhoben seyn könnte, welche sämmtliche Schreiben der Churfürst durch einen Gesandten überbringen und die Entwürffe der fürstlichen Schreiben selbst in seiner Canzley aufsetzen lassen wollte, damit sie desto gleichförmiger seyn und bessern Eindruck machen möchten, wie auch der Lothringische Gesandte von Hennigen mit solcher Mainzischen Resolution den 20. Apr. selbst nach Stuttgard käm und der Herzog dieselbe genehmigte, so wurden doch solche Schreiben hinterstellig gemacht, weil man von dem französischen Gesandten so viel Nachricht hatte, daß der Königliche Hof dergleichen Schreiben nicht wohl aufnehmen und die Lothringische Lande nichts desto weniger und desto eher in Besitz nehmen dörffte. Durch dise Vorstellung wurde nun der Churfürst von Mainz schüchtern gemacht, daß er von seinem Vorhaben abgieng und dise Fürbitte in das Stocken geriethe. Hingegen war Herzog Eberhard am Kaiserl. Hof mit seinem Gesuch

desto

(h) Haltaus Calend. medii ævi. pag. 24.
(i) vid. Beyl. num. 3. und 4.   (k) vid. Beyl. num. 5.

X. Theil.   C

1662 deſto glücklicher, als er ſeinem daſelbſt habenden Geſandten auftrug eine Verringerung ſeines allzuhohen Matricular - Anſchlags auf 30. Jahre zu begehren.
Unter andern Gründen führte er an, daß zur Zeit der errichteten Matricul nur zween Herzoge von Württenberg geweſen, dermahl aber ſolche Unzahl auf vier und zwanzig ange-
wachſen ohne die Fräulen, welche er insgeſamt bey ſeinem noch ſehr öde liegenden Land
zu unterhalten habe. Weil nun ohnehin in den Reichsgeſetzen enthalten wär, daß, wo ein
Stand an Kräfften und Vermögen abnähm oder demſelben wegen erlittener Kriegs-
Trangſalen dem Reich beyzuſtehen unmöglich falle, ſein Anſchlag gebührend gemildert werden ſollte. Es habe auch ſchon Kayſer Ferdinand III. verſprochen, daß, wann ein oder der ander Stand ſolche Moderation beſonders ſuchte, derſelbe eine willfärige Reſolution erhalten würde. Nun habe er die vorhin von dem Reich bewilligte 12. Römer- Monate dem
Kayſer zu Ehren ſo bereitwillig vor der beſtimmten Zeit eingeſchickt und gehofft, daß
er deſto eher gewärtiges Gehör finden würde, als andere Schwäbiſche Krayß- Stände
mit gleichmäſſigem Nachlaß erfreuet worden. · Die Verdienſte des Herzogs gegen dem
Kayſer und die dem Vice- Cantzler erwieſene Gnaden- Bezengungen hatten hier eine ſolche gute Würkung, daß der von Walterstorf verſprach in ſeinem Voto denjenigen
Grund, welchen der Herzog in ſeinem Memorial nicht berührt hätte, hinzuzuthun,
wie nemlich derſelbe dardurch in den Stand geſetzt würde der Kay. May. deſto beſſere
Dienſte mit Geld- und Volkhülfen erweiſen zu können. Aber erſt den 12. Junii erfolgte das würkliche Kayſerl. Decret, daß es zwar bey dem Anſchlag der Wormſer- Matricul unveränderlich bleiben, jedoch aus beſondern wegen von dem Herzog geleiſteten und
noch künfftig leiſtenden Dienſten zugedachten Kayſerlichen Gnaden dergeſtalten demſelben
willfart würde, daß in den nächſtfolgenden 15. Jahren der Herzog in Reichs- Anlagen
nur 2. Drittel an baarem Geld der Proportion nach zu bezahlen ſchuldig und das übrige
ein Drittel demſelben nachgelaſſen ſeyn ſoll.

§. 12.

Weil nun entzwiſchen ſich der Termin zum Anfang des Reichstags nähern wollte, ſo erinnerte der vortreffliche Herzog Ernſt von Sachſen-Gotha den 10. Martii den
Herzog, daß, weil weder auf dem letztern Reichstag, noch bey der Franckfurter-De-
putation die Beſchwerden der Evangeliſchen erörtert werden wollen, derſelbige zu
dem künfftigen Reichstag auf einem Krayß- Convent Vorbereitungen machen und mit
den Evangeliſchen im Schwäbiſchen Krayß eine gewiſſe Entſchlieſſung mit guten Gründen faſſen möchte, damit jeder Stand ſeine Geſandte darauf inſtruiren könnte. Worauf der Herzog den 2. Apr. antwortete, daß er ſeinen auf den Reichstag erſehenen
Geſandten allbereits den gemeſſenen Befehl ertheilt habe mit andern vertrauten Evangeliſchen ſich von dergleichen Materien ſorgfältig zu unterreden und gute Vor-
bereit

bereitungen zu machen, damit nun sich zu Regenspurg ohne sonderbare weit- 1662
läuffige Berathschlagung so gleich lassen und nach hingelegter Materie der Tür-
kensteur auch der Reichstag in puncto gravaminum mit Nutzen und Nachdruck ab-
lauffen möchte. Und mit gleichem Verhaltungs-Befehl wollte er auch seine Räthe
auf den nächstbevorstehenden Kraytz-Tag zu Ulm abfertigen. Nun wurde zwar den
10/0 April. der schon lang im Vorschlag gewesene Fürsten-Verein wegen Behauptung
der fürstlichen Vorrechte und Freyheiten ingeheim zwischen Pfalz-Neuburg, den Braunschweigischen Häusern, dem Herzog von Würtenberg und den beeden Hessischen Häusern zu stand gebracht, worinn sie sich vorbehielten auch andere Fürsten von beeden Religionen zum Beytritt einzuladen: (1) Es berichtete aber der noch zu Frankfurt anwesende Bibrabach, daß die Braunschweig- und Hessischen Gesandten wegen Erledigung
des puncti restituendorum keine sonderliche Achtsamkeit bezeugen. Herzog Eberhard
muffte solches mit Bedauren dahin gestellt seyn lassen und antwortete seinem Gesandten,
,, daß, wann man zurück denke, was denen um den Schaden Josephs nicht beküm-
,, mert gewesenen Ständen so wohl bey währendem Westphäl. Friedens- und Nürn-
,, bergischen Executions-Tracktaten, als auch nachgehends auf jüngster Reichs-
,, Versammlung von den um das bonum publicum mehrers besorgten auf dergleichen
,, bezeugte Kaltsinnigkeit öffters zu Gemüth geführet werden, daß nemlich die durch Got-
,, tes Gnade von selbst noch in guter Verfassung stehende sich der bedrangten Mit-Stän-
,, de, deren Interesse und Aufnahm von solchem puncto restitutionis dependierte, um
,, so viel epfriger und nachdrücksamer billig annehmen und bedenken sollten, daß, wann
,, den schwächern Ständen auf solche Weise und mit Zurücklassung ihres Rech-
,, ten die Hände gebunden würden, mit der Zeit das beneficium ordinis gar leicht
,, auch die mächtige treffen und die Nachseh- und Verwahrlosung dises Haupt-Punc-
,, ten dem ganzen Friedens-Werk leichtlich noch mehrern Nachtheil bringen könnte,
,, so würde nicht schaden, wann man dergleichen Vorstellungen gegen einem und an-
,, dern mit guter Art wiederhohlte, da dann, wie zu hoffen, der Königl. Schwedische
,, und Vor-Pomerische Gesandte mit gutem Nachdruck solche unterstützen und für
,, die Restituendos epfrig zu sprechen sich angelegen seyn lassen dörffte.

§. 13.

Entzwischen hatte Herzog Eberhard die Freude unter seinen Regiments-Sorgen,
daß er seine dritte Prinzessin, Christina Charletta, mit dem Fürsten Georg Christian
von Ost-Friesland vermählte. In der Heuraths-Abrede wurde von dem Herzog das
bey den Fräulein eines regierenden Herrn gewöhnliche Heuratgut von 32000. fl. ver-
spro-

C 2

(1) vid Beyl. num. 6.

1662 sprochen, wovon 12000. fl. auf den Tag des Beylagers und das noch übrige in zwoen Terminen erlegt werden sollte. Dagegen der Bräutigam ihro
6000. Reichsthl. Morgengab zu geben und das Heuratgut mit 64000. zu widerlegen und
zu versichern auf sich nahm, wie auch das Hauß und Amt Pepsund zu einem Wittums-
anwiese. Weil aber in selbigem Amt kein Holz zu finden, so erbothe sich der Fürst
seiner Gemahlin etliche Moräste einzuraumen, woraus sie genugsamen Torff nehmen
könnte. So sonderbar dises zu seyn scheinet, so merkwürdig ist auch, daß der Herzog dise
Heuraths-Notul zu mehrer Sicherheit nachmals den 20. Julii durch den Kayser bestäti-
gen ließ. Der Fürst kam selbst den 28. April nach Stuttgard und den 4. May wurde das Beylager vollzogen. Die Princeßin war aber sehr unglücklich nicht nur wegen
so grosser Veränderung der Lebens-Art, als auch und noch vielmehr, weil sie schon
im Jahr 1665. durch einen unglücklichen Tod ihres Gemahls in den Wittibstand gesetzt wurde, welchem sie gleichwohl nach seinem Absterben einen Sohn gebahr, über
welchen sie hernachmahls unter Beystand des Herzogs von Braunschweig-Zell, des
Bischoffs von Oldenburg und Herzog Eberhards die Vormundschafft unter vielen von
dem Bischoff von Münster erlittenen Trangsalen mit grosser Klugheit und Großmuth
führte (m).

§. 14.

Nun machte dagegen die Ottomannische Pforte dem Kayser ängstliche Sorgen,
weil er zu widerstehen zu unmächtig war. Solch sein Anligen entdeckte er unterm 13.
May durch ein Schreiben, worinn er zugleich meldete, daß er wegen solcher Türken-
Gefahr dem Reichstag nicht in Person beywohnen könne, sondern den Erzbischoff zu Salzburg aus dem Geschlecht der Graven von Thun zu seinem Principal-Commissarien
ernennt habe und hoffe, daß der Herzog solche Entschließung nicht allein sich nicht zuwider
seyn lassen und gedachten Erzbischoff für einen bevollmächtigten Kaiserlichen Principal-
Commissarium erkennen und aufnehmen, sondern auch bey herannahendem Termin
entweder in Person, oder durch bevollmächtigte Räthe den Reichstag besuchen würde.
Der Herzog übergieng in der Antwort die Bestellung des Principal-Commissarien
„ als ungewönlich mit Stillschweigen und dankte nur dem Kayser für seine Sorgfalt
„ um die Wohlfart des Reichs und wünschte, daß Gott die Berathschlagungen see-
„ gnen wolle, damit dem blutdürstigen Feind des Christlichen Namens Einhalt gethan
„ und so dann zwischen Chur-Fürsten und Ständen die noch in der Asche gloschende
„ Mißhelligkeiten und Beschwerden aus dem Grund gehoben, das alte gute teutsche
„ Vertrauen durchgehends wieder angerichtet, der mit so vielen Unkosten, Mühe,
„ Sorgfalt und Blutvergiessen erlangte Reichs-Friden je länger, je mehr festgestellt
und

(m) Von diser Fürstin habe ich gleichwohl eine bey uns seltene Münze in dem vorigen 9ten Theil vorgelegt.

„ und das ganze Reich in Ruhe und Aufnahm gesetzt werden möchte. Die De- 1662
putations - Geschäfte aber hörten gänzlich auf und die noch anwesende Gesandte
stellten nur noch einen Allianz-Convent vor. Der dabey interessirte französische Gesandte meynte beßwegen, daß diser dannoch nicht eher nach Regenspurg verlegt werden
sollte, bis die Kayserliche Commissarien vorhanden wären und man Hofnung hätte,
daß die Proposition gewiß und bald eröffnet würde. Der Kayser hingegen eylte so wenig, als der Erzbischoff mit dem Anfang des Reichstags, weil er vorher wegen der
Türkischen Unternehmungen mehrers versichert seyn wollte um die Proposition nach
den Umständen desto besser machen zu können. Als daher auch von dem Allianz-Rath
nichts destoweniger zu Frankfurt beschlossen wurde dem Kayser von den allierten Rheinischen Chur- und Fürsten eine Türken-Hülfe von ohngefähr 10000. Mann anzubieten, erachtete Herzog Eberhard solches noch voreylig und unrathsam zu seyn, weil
von diser Materie auch auf dem Reichstag gesprochen würde und diselbe durch solche
Anerbietung nur in eine Verwirrung gebracht werden dörffte, zumahl der Kayser oder
vielleicht dessen Generale und Staats-Räthe lieber eine starke Geld-Summe wünschten,
auch bey andern Chur-Fürsten und Ständen es nur das Ansehen gewinnen könnte,
als ob die Allierte sich von ihnen trennen und großsprechen wollten. Weßwegen er
riethe das anerbieten auf sich beruhend zu lassen und den Reichstag zu erwarten, weil
ohnehin verlauten wollte, daß bey so langer Verzögerung der begehrten Hülfe mehr
Undank, als Dank zu erwarten stünde. Der Würtembergische Gesandte mußte aber
den mehrern weichen, weil man noch nicht wußte, wie bald der Reichstag seinen Anfang nehmen dörffte und der Kayser disen Feldzug wenig Staat auf eine Reichs-Hülfe machen könnte. Wollte es der Kayser nicht annehmen, so hätten sie das ihrige gethan
und könnten sich auf dem Reichstag desto besser darnach richten, als man ohnehin aus
der Erfahrung wüßte, daß starke Geld-Summen nicht sowohl dem Kayser, als andern zu gutem verwendet würde.

§. 15.

Ich habe schon berührt, daß der Fürsten-Verein den 10. Apr. verglichen worden. Die vereinte Fürsten verabredeten sich aber auch über die Art und Weise, wie 1.)
andere darein ebenmäßig eingeladen werden könnten, 2.) wie die beede Kronen
Frankreich und Schweden zur Genehmigung und Beystand vermocht werden, und
3.) wie insonderheit die Kron Schweden wegen ihrer teutschen Lande zum Beytritt
zu ersuchen wär und 4.) ob und wie man den Verein den beeden Churfürsten zu Maynz
und Cölln beybringen sollte. Ueber dise Puncten wurde den 8. May. ein Neben-Receß errichtet, woraus ich hier nur berühre, daß, weil der Schwedische Gesandte Snoll-
ky nach Schweden vereyßt war und dem Würtenbergischen Gesandten seine Angele-

C 3   gen-

1662 genheit und Votum aufgetragen, tiser bey längerm Ausbleiben des Schwedischen ersucht worden, der vereinten Fürsten Anbringen an ihn gelangen zu
lassen (n). Die Landgraven zu Hessen bekamen solchen Receß aus versehen bälder
zur Unterschrifft, als der Herzog und setzen sich demselben vor ohne ihm Platz zu lassen, ungeacht dises Hauß in dem Aussatz selbst nachgesetzt stund, weßwegen der Herzog
sich nicht entschliessen konnte disen Receß durch seine Unterzeichnung zu genehmigen. Ingleichem fieng man zu Frankfurt an sich wegen Aufhebung des Deputations-Convents
zu berathschlagen. Hier war nun eines theils zu bedenken, daß man durch langsame Aufhebung tises Convents den Aufang des Reichstags verhindern und zu einem Verweiß
den Anlaß geben dörffte, als ob man disen so stark betrieben hätte und jetzo keinen Ernst
mehr darzu bezeugte. Auf der andern Seite wollte man dem Vorwurf ausweichen,
als ob man tie Deputation zu früh aufgehoben hätte, da man doch aus der letztigen Erfahrung wüßte, wie langsam tie Gesandte auf den Reichstägen zu erscheinen pflegten
und die bald ankommende mit grossem vergeblichem Unkosten auf die andere und auf
die künfftige Proposition warten müßten. Der mehrere Theil der Gesandten liesse
sich aber die Erinnerung des französischen Envoyé, Granvels, gefallen, daß man
die Zeit der Eröffnung ter Reichstags-Proposition wachtnehmen müßte. Herzog
Eberhard beliebte solche Meynung auch, daß man sich nicht übereylen und sein Gesandter
entzwischen sich von den mehrern Stimmen nicht trennen sollte, wobey ihn auch nicht entgegen war, wann man bis zur gewissen Nachricht von der Ankunfft der Kayserl. Commissarien zu Frankfurt blieb und sich so dann mit gesamter Hand nach Regenspurg verfügte, entzwischen aber wegen ter noch unerledigten Beschwerden und Restitution ex
capite Amnistiæ vorbereitungsweise arbeitete, damit man auf dem Reichstag die
Zeit gewinnen und auf seiten der Evangelischen gefaßt seyn könnte. Die Braunschweigische wollten aber aller bündigen Zurede ungeachtet solches Geschäffte nicht berühren
und Herzog Eberhard erklärte sich vor Gott und der ganzen wohldenkenden Welt entschuldigt zu seyn und nichts versäumt zu haben, was nur immer zu Erhaltung des Reichs
und insonderheit des Evangelischen Wesens Ruhe, Sicherheit und Gerechtigkeiten er-
sprießlich seyn möchte. Allein im Julio kamen schon einige Kayserl. Commissarien zu Regens-
spurg an, weßwegen Bidenbach den 18. Julii berichtete, daß der frankfurtische Convent auseinander gehen werde. Die dort anwesende Gesandte setzten nicht nur bißher
wegen derselben Verlegung, sondern auch wegen ter Allianz ihre Versammlungen fort
die Angelegenheit des unter sich geschlossenen Bündnusses zu besorgen. Und nun kamen die
in ter fürstlichen Vereinung stehende besonders zusammen. Alle dise Conferenzien gescha-
hen aber sehr selten und der Gesandten fast alleiniges Geschäft bestunde in Besuchen, durch
welche sie Staats-Neuigkeiten von einander erlernten und ihre Gedanken darüber aus-
forschten. Ungeacht das Reichs-Directorium tise Deputation bißher so viel möglich
                                                                und

(n) vid. Beyl. num. 7.

und dessen Interesse gestattete, im Stand zu erhalten beflissen war, so bekam es 1662
doch nunmehr das Ansehen, als ob dasselbe durch allerhand einwerfende Hindernüs-
sen deren Würksamkeit zu hintertreiben suchte. Man beliebte demnach dise drey Zusamenkünfften auf dem Reichstag fortzusetzen und die Deputations - mit den allgemeinen Reichsgeschäfften abzuwechseln, wobey der zur allgemeinen Reichs-Beruhigung
sonst sehr geneigt scheinende Churfürst zu Maynz den Herzog durch seinen Gesandten
unter Versicherung beständiger wahrer Freundschafft und freund-brüderlicher Affection
ersuchen ließ, daß, wie er desselben auf die Erhaltung des Fridens und Ruhestands
abzweckende Rathschläge und Handlungen bißher wahrgenommen, er also bey dem instehenden Reichstag nicht ermüden, sondern des Churfürsten hierunter führende Absichten unterstützen möchte. Man konnte aber voraus sehen, daß die Reichstags-
Proposition, als welche erst mit Zuziehung dieses Churfürsten abgefaßt werden müsse,
schwerlich vor dem Ende dieses Jahres eröffnet werden dörffte.

§. 16.

Den 6. Aug. machte der Wolffenbüttel - und Würtenbergische Gesandte dem Churfürsten zu Maynz den fürstl. Vereinungs-Tractat zu wissen. Bey welcher Handlung
sie sich vernehmen ließen, daß die in der Allianz stehende Fürsten die ihrem Stand vermög des Westphälischen Fridens mit andern Mit-Ständen gemeinsam gebührende Vorrechte, Ehren, Würden und Hoheiten zu sonderbarer Beruhigung des Reichs zu bevē-
stigen und zu versichern nöthig erachtet hätten. Weil nun ohnehin jedem Stand oblie-
ge solchen Friden in seinen vollen Kräfften zu erhalten, so hätten dieselbe sich eine nähere Verständnüß untereinander aufzurichten entschlossen, indem sie aus voriger Erfahrung wahrgenommen hätten, was ihnen der Mangel einer vertraulichen Zusamensetzung für Schaden gebracht habe. Sie hätten aber nicht die geringste Absicht
dabey der Kayserl. May. oder dem Churfürstl. Collegio an dero Reichs-Verfassungs-
mäßigen Rechten und Vorzügen einigen Eintrag zu thun. Wobey sie sich erinnerten, daß
die beede Churfürsten zu Maintz und Cölln bey dem verwichenen Wahltag und nach dem
selben die Versicherung von sich geben lassen, daß sie auf bevorstehendem Reichstag sich dahin
bearbeiten wollten, damit dasjenige, was in letzterer Wahl-Capitulation der Fürsten
Befugsame zum Nachtheil vorgegangen wäre, zurückgetrieben und künfftige dergleichen
Vorgriffe abgewendet werden. Weßwegen sie dem Churfürsten dise vertrauliche Eröffnung zu thun nicht ermangeln wollten in der Hoffnung, daß solches Mittel die gemeine Reichsgeschöffte mit besserm Nachdruck befördern dörffte. Nun wurden zwar
dise Abgeordnete in einer Churfürstlichen mit 6. Pferden bespannten Gutsche durch einen
Cavalier abgeholt und in den Churfürstlichen Garten geführt, wo der Ober-Hof-Mar-
schall von Boineburg dieselbe empfieng und sie nicht nur bey der Churfürstl. Mittags-Ta-

fel

1662   fel behielte, sondern auch ein Zimmer im Schloß einraumte: Der Churfürst stuzte aber bey dem unvermutheten Vortrag und konnte sich nicht so gleich
in der Verwirrung zur Antwort fassen, sondern blieb nur bey allgemeinen Ausdrücken,
daß, was im zehenden und dreyzehenden Articul der Wahl-Capitulation stunde, nicht
in seinen Mächten gewesen wär, weil er der Mehrheit der Stimmen nachgeben
müssen, ob er es schon anderst gewünscht hätte, wobey er sie erinnerte, daß man auch einigen geistlichen Fürsten Nachricht davon geben möchte, welches sich Herzog Eberhard
gefallen ließ, weil er nicht zweifelte, daß dise gemeinschafftliche Sach mit ihnen machen
und auf ihren Vorrechten nach ihrer Gewohnheit hartnäckiger, als die weltliche bestehen dörfften. Es war eben dazumahl auch der Schwedische Groß-Admiral Wrangel, welcher sich des Schwalbacher Bronnens bediente, zu Maynz gegenwärtig, welcher bey dieser Gelegenheit den Herzog durch seinen Gesandten ersuchen ließ seinen Sohn
in das Fürstliche Collegium zu Tübingen aufzunehmen, welches auch sogleich bewilligt
und dem Oberhofmeister befohlen wurde ohne weitere Anfrage dasselbe zu besolgen. Und
weil man zugleich auch dem französischen Hof von disem Fürsten-Verein Nachricht gab,
so ertheilte derselbe seinem Residenten bey der Deputation zu Frankfurt den Befehl den
Fürsten dessen Wohlgefallen zu erkennen zu geben und zu versichern; daß, weil ihr Vorhaben in dem Westphäl. Friden wohl gegründet sey, sie seines Schuzes und Beystands
bey dem künfftigen Reichstag sich getrösten könnten (o).

§. 17.

Es entstund aber damals in der christlichen Kirche zwischen den A. C. Verwandten und Reformierten eine Unruhe, welche grosses Aufsehen verursachte. Dann gleichwie vor einigen Jahren der Churfürst Carl Ludwig eine Vereinigung diser beeder Religions-Verwandten suchte, also wagte es nun auch der Hessen-Casselische Hof und veranlasste schon im vorigen Jahr ein Religions-Gespräch zwischen den beeden Hohenschulen
zu Rinteln und Marpurg zu Cassel, über deren Verhandlung die Theologische Facultät
zu Wittenberg eine so genannte Epicrisin im öffentlichen Druck ausgehen ließ. Sie
bediente sich nicht nur harter Ausdrücke, sondern schickte solches auch überall hin und insonderheit an die Theologen und Kirchendiener der Mark Brandenburg. Dann sie wusste,
daß daselbst viele Mißvergnügte oder sogenannte Zeloten waren. Der Churfürst wollte
sowohl dem hefftigen Eyfer der A. C. Verwandten, als auch der Reformierten Einhalt
thun und ließ eine Verordnung an seine zänkische Theologen und Kirchendiener ergehen,
daß sie nur die H. Schrifft fleissig treiben und übrigens hoher philosophischen Disputa-
tionen und Distinctionen sich enthalten, die Religionsstritte an solche Orte, dahin
sie nicht gehören, nicht ziehen, sondern die göttliche Warheit in Lauterkeit und Ein-
falt

(o) vid. Beyl. num. 8.

fast vortragen und den Reformierten keine andere Meynung aufbürden sollten, 1662
als welche in ihren offentlichen Bekanntnussen, insonderheit in Churfürst Johann Casimirs Confession, ingleichem in der im Jahr 1631. zu Leipzig und 1645. zu
Thoren bekandt gemachten Bekanntnuß enthalten seyen. Ferner sollten sie aus verschiedenen Auslegungen der H. Schrifft keine neue Trennung ganzer Kirchen machen,
auf die Wichtigkeit der Stritte besonders sehen, des unseligen Verdammens, Werke
zerns, Benennung der Personen und Lehrer oder höhnischer Vorstellung ihrer Lehren,
oder Verkehrung derselben enthalten, vielmehr aber den Friden und brüderliche Liebe
suchen. Ein Mitglied der gedachten Facultät selbst wollte keinen Antheil an der Epi-
crisirnehmen und hatte einen Abscheu an dem allzuhitzigen Verfahren seiner Collegen, und
der Churfürst zu Brandenburg ließ den 21. Aug. 1662. ein scharffes Patent in seinen
Landen und sonsten ausgehen, worinn er seinen Unterthanen bey ernster Straffe ver-
both, daß keiner die Theologie oder Philosophie zu Wittenberg studieren und daß die
würklich dort studierende schleunig abgeruffen werden sollten. Der hitzige Brandenburgische Geheimde Rath D. Jena wurde für den Verfasser desselben gehalten, ungeacht verschiedene Staats-Räthe und Theologen den Churfürsten warneten oder wenigstens das Patent mit glimpfigern Ausdrücken zu verfassen rietheu. Dann es wurden
in demselben als Ursachen angegeben, daß die Professores zu Wittenberg die Unterthanen durch Briefe zum Ungehorsam und Widersetzlichkeit aufgewiegelt, wider den Kir-
chenfriden vergallte, untheologische Bücher und Epicrises geschrieben, selbige in seinem Churfürstenthum an die Ministeria herumgeschickt, ja den Churfürsten selbst
wider die Reichsgesetze und den Westphäl. Friden von dem Namen eines Evangelischen
ausgeschlossen und dadurch bey den Unterthanen Haß und Ungehorsam gegen die
Obrigkeit, Meuterey und Spaltung angerichtet hätten. Der Churfürst von Sachsen
bezeugte selbsten auch sein Mißfallen über der Wittenbergischen Lehrer Unbedachtsam-
keit und ließ ihnen nicht allein einen harten Verweiß geben, daß sie solche Schrifften
ohne seine Erlaubnus ausgehen lassen, sondern befahl auch dieselbe zu unterdrücken und
zurück zuforderu. Man meynte zwar durchgehends, daß der Churfürst zu Brandeburg
mit diser Genugthuung zufriden seyn und dergleichen harte Patent nicht ausgehen lassen sollen. Es gewan aber vielmehr das Ansehen, weil beede Churfürsten wider einander sehr aufgebracht zu seyn schienen, als ob dise Händel zu grossen Unruhen Anlaß geben dörfften (p). Der zum Friden geneigte Herzog Eberhard wurde wenigstens sehr aufmercksam darüber, daß, da kaum der grausame Krieg wegen der Evangelischen und Catholischen Religion gelöschet wär, jetzo solche ärgerliche Mißhelligkeiten unter den Protestantischen beeden Religionen wegen allzuhitziger Theologischer
Zänkereyen entstehen wollten. §. 18.

(p) Thulden. contin. Histor. Brachel. p. VII. lib. 3. P. 248. Buchholzers Versuch einer Geschichte der Chur-Mark Brandeb. 4. Band. p. 162. Acta publica.

X. Theil,   D

1662   §. 18.

Man wurde zwar dises Feur noch bey Zeiten gedämpfft. Es schiene aber ein neues in den Niderlanden aufzugehen. Dann es wurde dem Pfalzgraven von Neuburg von dem Cammergericht aufgetragen Gr. Johann von Virmund in den Besitz eines dem Grafen Balthasar von Flodorf gehörigen Schlosses, Leuthe genannt, einzusetzen, welches auch der Pfalzgrav verrichtete und das Schloff mit 25. Mann besetzte. Weil aber der von Flodorf ein Lehenmann der General-Staaten war und Beystand bey ihnen suchte und fand, so belagerten und eroberten sie das Schloff wieder, bey welcher Gelegenheit die Staatische Soldaten in der Herrschafft Ravenstein sehr grosse Ausschweiffungen begiengen und des Pfalzgraven Unterthanen vielen Schaden zufügten. Diser wandte sich an seine Alliirte um Hülfe, unter welchen auch Herzog Eberhard zwar dieselbe billich erachtete, aber auch dabey erwoge, daß einestheils der Alliirten Hülfe wider die mächtig gewordene Staaten nicht hinlänglich wär dem Pfalzgraven Genugthuung zu verschaffen und anderntheils eine Unruhe im Reich entstünde, welche er abzuwenden wünschte. Und weil gleichwohl das Executions-Mandat von dem Cammergericht ergangen war, so hielte er dafür, daß vielmehr der Kayser und das ganze Reich zur Hülfe verbunden wär, welche auch mehrern Nachdruck haben würde, zumahl die Staaten einen so unbefugten Einfall in das Reich gethan, welches Genugthuung fordern könnte, indem auch des Pfalzgraven Gefälle in Ravenstein mit Arrest belegt worden. Diese Meynung fand bey den übrigen Alliirten Beyfall und, weil der Reichs-Deputation oblag alle Unruhen im Reich nach Möglichkeit zu stillen, so nahm dieselbe auf sich im Namen des Reich wiederholte Schreiben an die Staaten ergehen zu lassen. Man sahe ernstlichen Auftritten entgegen, welche aber dennoch in der Güte beygelegt wurden.

§. 19.

Entzwischen kamen die Kayserliche Commissarien zum theil zu Regenspurg an, weßwegen Herzog Eberhard sogleich seinen damals so genannten Ober-Rath, Johann Eberhard von Stockheim, als Interimsgesandten den 15. Septembr. jedoch mit dem Vorbehalt dahin schickte, daß, wann der Kayser selbst auf den Reichstag käme, er ebenmäßig erscheinen wollte. Der Erzbischoff Quidobald von Salzburg, als Principal-Commissarius empfieng disen Gesandten mit ausnehmender Freundlichkeit und versicherte in allen Stücken, wo das Würtenbergische Interesse es erforderte, so viel in seinem Vermögen stünde, ein gehorsamer und getreuer Diener zu seyn mit Begehren solche Ausdrücke an den Herzog getreulich zu berichten. In einem an disen abgelasse-

nen

nen Schreiben erbothe er sich auch dem Gesandten die gauze Zeit dises Convents 1662
nicht allein wegen des gemeinen Wesens und des Herzogs besondern Angelegenheiten willfärigen Zutritt zu geben, sondern auch mit ihm gutes Verständnuß zu halten. Dises
schien demselben günstige Aussichten zu einem guten Reichstag zu verschaffen, zumahl auch
der Kayser den Churfürsten zu Maing erinnerte nicht nur die Reichs-Tags-Geschäffte
zu befördern, sondern auch bey fürnehmender Begreifung einer beständigen Wahl-Capitulation die mit den Churfürsten auch allen übrigen Fürsten und Ständen des Reichs
gemeinschaftlich zukommende Vorrechte in genaue Obacht zu nehmen und alle zur Trennung
Anlaß gebende Strittigkeiten zu verhüten, sondern gutes beständiges Vertrauen zu stifften und zu unterhalten. Wie wenig solches befolgt worden, hat man nachgehends erfahren. Zu Frankfurt hingegen war alles in der Unthätigkeit, so, daß, weil das geringste von den dahin verwiesenen Materien nicht mehr in Berathschlagung genommen wurde, der Herzog die grosse Unkosten mit Unterhaltung eines Gesandten daselbst nimmer
vergeblich verschwenden wollte. Gleichwohl war ihm bedenklich dise Deputation zu verlassen, sondern er wartete mit Verlangen, daß andere und insonderheit Sachsen-Altenburg den Anfang zum Aufbruch machten, zumahl der Chur-Mainzische Hof über
solch Abreysen sein grosses Mißfallen bezeugte und um die noch anwesende davon abzuhalten eine Berathschlagung zu halten sich erbothe. Dises war aber dessen gewönlicher
Kunstgriff dergleichen Zusammenkünffte zu versprechen, aber solche entweder gar nicht
zu bewerkstelligen, oder so lang möglich zu verzögern. Sein Vorwand war, daß er
nicht allein die Nachricht habe, als ob der Kayser nur auf eine Geldbülfe bringen und,
wann dieselbe bewilligt wär, die übrige Materien zu anderwertigen Conventen und Zeiten verschieben würde, sondern daß er auch noch die Zurückkunfft einiger abwesenden
Gesandten erwarten müsse. Der einige Vortheil des längern Auffenthalts war, daß
sich sowohl Sachsen-Gotha zum Beytritt in den Fürsten-Verein geneigt erklärte und
Hoffnung machte den Sachsen-Weymarischen Hof darzu zu vermögen, als auch der
Münsterische Gesandte ein gleiches von seinem Bischoff vertröstete. So wohl der Französische, als auch Pfalz-Neuburgische Gesandte riethen deßwegen um so mehr den
Frankfurter-Convent um der Rheinischen Alliang und des Fürsten-Vereins willen noch
beyzubehalten, weil derselbe erst mit angehendem Reichstag erlösche und diser nicht angefangen wär. Man habe eine Zeit von 2. Jahren bestimmt, unter welchen der vorige abgebrochene Reichstag fortgesetzt werden sollen, diser Termin aber schon längst erloschen wär. Wollte man nun die Ordinari-Reichs-Deputation vor Eröffnung der
Reichstags-Proposition für aufgehoben halten, so würde dise noch langen Aufschub
leyden, weil die meiste Gedanken nur auf die Aufhebung der Deputation gerichtet seyen. Dagegen bey noch längerer Daur derselben die Proposition und Anfang des Reichstags be-
fordert werden dörffte, welches der Herzog sehr wünschte, weil der Kaiserl. Principal-
Commissarius gegen dem von Stockheim die Versicherung gab, daß in der künfftigen

Pro-

1662 Proposition vorderist der Ruhestand und Sicherheit des Reichs, so dann der punctus gravaminum und erst zuletzt die Türken-Hülf vorgetragen werden solte und daß er nach seinem Vermögen dahin geneigt sey den Evangelischen so wohl, als den Catholischen zu gleichdurchgehendem Recht verholfen seyn wollte. Der Pfalz-Neuburgische, Braunschweigisch-Zellische und Hessen-Casselische Gesandten waren damit nicht zufrieden, sondern meynten, daß die Capitulatio perpetua nach der Proposition zuerst berührt werden solte. Obwohl nun Herzog Eberhard dieselbe in allweg für sehr wichtig hielte, als von disen Puncten gründlicher Erörterung andere nicht geringe zugleich entschieten würden, so betrachtete er doch, daß nach dem kundbaren und Reichsüblichen Herkommen die von dem Kayser beliebte Ordnung der abzuhandlenden Materien beobachtet würde und durch etliche wenige fürstl. Gesandte schwerlich unterbrochen werden könnte, daneben aber der in Vorschlag gebrachte Punct der Reichs-Sicherheit, als eben so nothwendig, gar wohl bestehen könnte. Ueber disen ließ der Herzog den punctum gravaminum, restituendorum und Jurium principum insonderheit dem Braunschweig-Zellischen bestens anempfehlen, als worauf damahl der ganze Wohlstand des Reichs beruhete, welches auch guten Eingang fand. Entzwischen hatte man Hoffnung, daß die Reichstags-Proposition bald eröffnet werden dörffte, weßwegen der Herzog nöthig fand auf allen Fall einen außführlichen Verhaltungs-Befehl seinem Gesandten zugehen zu lassen, welcher aber ohne Beyrathung des Bidenbachs nicht wohl verfaßt werden konnte, zumahl diser ebenmäßig nach Regenspurg bestimmt war, weßwegen er denselben von Frankfurt abforderte und an seine Stelle einsweilen seinen Ober- oder nach heutiger Titulatur Regierungs-Rath Wolfgang Forstnern dahin abordnete, bis der Convent vollends aufgehoben würde. Den 2. Dec. ließ der Kayserl. Principal-Commissarius die samtliche anwesende Gesandte durch einen seiner Truchsessen Fabricius von Eleßheim in einer Gutsche zu einer Conferenz einladen, worinn er ihnen zu vernehmen gab, daß auf den 20. Januarii des nächst künfftigen Jahrs die Proposition eröffnet werden solte mit Erinnerung, daß die noch abwesende Stände ihrer Gesandten Abreyse beschleunigen und die anwesende solchen Termin sich gefallen lassen möchten. Der Erzbischoff ließ auch wegen des letztern Begehrens an den Herzog ein besonders Schreiben ergehen. (q) Gleichwie aber hier der Anfang eines Reichstags jetzo bevorstunde: also endigte sich hingegen in disem Herzogthum ein Landtag dessen ganze Verhandlung in Bewilligung angesonnener Geldhülfen bestund, indem der Herzog ungeacht der grossen Armuth der Unterthonen nicht allein zu Fortführung seines Hof- und Regiments-Staats einen Beytrag von 50000. fl. und zu Unterhaltung seiner Gesandtschafft auf den bevorstehenden Reichstag 10000. fl. erhielte, sondern auch die Verehrungen an die Kayserl. Minister wegen gesuchter Moderation des Wormischen Matricular-Anschlags von der Landschafft dergestalt über-

nom-

(q) vid Beyl. num. 9.

nommen werden, daß die Helffte mit 6000. fl. jetzo gleich baar erstattet, zur andern 1662 Helffte machte man aber nur die Hoffnung auf den Fall, wann die Landschafft den Nachlaß würcklich genieffen würde.

§. 20.

Nun reyßte Bidenbach erst den 6. Jannar. von Franckfurt ab in der Absicht dennoch vor Eröffnung der Proposition zu Regenspurg zu seyn. Die Abordnung des Forstners wurde von der Kron Franckreich und dem Churfürsten zu Maintz sehr wohl aufgenommen, daß der Herzog bis zu Ende der Deputation derselben immer jemand beywohnen laßen. Und der Gesandte Gravel versicherte, daß sein König auf den Herzog bey der Allianz mehrere Achtung, als auf andere machte. Er beharrte noch immer darauf, daß man abwarten sollte, bis die Proposition eröffnet würde, welches auch auf den vorbemeldten Termin geschahe. Mithin hielte diser Gesandte selbst davor, daß zu Franckfurt wenig zu thun seyn dörffte, als daß die Rheinische Allianz noch vor ihrer Abreyß verlängert würde, weil gleichwohl eine erneuerte Allianz mehr Achtung, als eine zu Ende gehende habe, zumahl schon einige darinn begriffene zu wancken anfiengen. Zu Regenspurg, sagte er, würde mancher aus Furcht jemand zu beleydigen gar zuruck gehen, weil daselbst viele und mächtige Stände sich dawider setzen dörfften. Die Allianz hätte hin und wieder groffen Nutzen gehabt und der Holländische Gesandte zu Paris sich ausdrücklich vernehmen laßen, daß die Staaten aus Rucksicht auf dieselbe der Stadt Münster wider disen Bischoff keine sonderliche Hülfe mehr zu thun entschloffen seyen, welche sonst mächtig genug gewesen seyn würde. Ingleichem wäre der Kayser zuruckgehalten worden ein ansehnliche Anzahl Völcker nach Westphalen oder in die Niderlande zu schicken, als wordurch auch Spanien bewogen worden mit der Kron Franckreich Friden zu machen, weil der Kayser den Münsterischen Friden zu beobachten durch dise Allianz vermocht ware und folglich Spanien sich keines Beystandes mehr getrösten konnte. Dann die Kron Franckreich habe nur die vorzügliche Absicht den Westphäl. Friden zu behaupten. Er wollte anderer Ausbrüche gefährlicher Unruhen, welche verhütet worden seyn dörfften, nicht gedencken, weil sie im verborgenen geblieben und in der Glut erstickt worden. Es wär aber sehr nöthig, daß, weil man auch zu Regenspurg Allianz-Conferenzien halten müßte, solche Räthe dahin abgeordnet würden, welche die Erfahrung und gnugsamen Unterricht hätten. Unangeacht diser französischen beweglichen Rede waren dennoch die meiste Fürsten nicht zur Fortwährung diser Allianz geneigt, weil noch anderthalb Jahr bis zu deren Endigung abzuwarten waren, da entzwischen sich vieles ereignen könnte, wornach man seinen Entschluß nehmen müßte. Der französische Gesandte Gravelle ließ sich in diser Sache durch Chur-Maintz und insonderheit den von Bolneburg leiten. Dann der Braunschweigische ent-

deckte

1663 deckte, daß er Mayntzsche mit dem Französischen nach Belieben etwas verabredete, welches man geraume Zeit hernach für die lange weil den übrigen Allierten vorträge, weil Maynz vornemlich an diser Allianz gelegen wär. Wann diser Churfürst derselben Fortwährung schon zu Frankfurt versichert sey, und seine Absicht erreicht habe, so wär auch zu befürchten, daß derselbe zu Regenspurg in puncto jurium principum keinen Zug mehr thun würde. Wann aber die Fürsten mit der Prorogation zuruckhielten, so müßte er doch die Fürsten besser behandlen, weil er sonst in Gefahr stünde, daß er mit der Kron Frankreich allein gelassen und der Haß des Hauses Oesterreich auf ihn allein fallen dörffte. Herzog Eberhard liesse sich die von Braunschweig angeführte Gründe nicht mißfallen, daß man sich wenigstens mit der prorogation nicht übereylen sollte. Damit aber nichts destoweniger der Unglimpff gegen Frankreich und Maynz vermieden blieb, so müßte Forstner es vorher mit den andern Gesandten wohl unterbauen und sich eines abschläglichen Voti vergleichen, auch bey nächster Allianz-Conferenz mit denjenigen einstimmen, welche die Aufhebung dises Convents und Versetzung desselben nach Regenspurg anrathen, zumahl man auf den Fortgang des Reichstags sein Absehen richten müßte, indem jeder Fürst, welcher sich beschwert befinde, den Westphäl. Frieden zu behaupten und solche Mittel zu ergreiffen Ursach habe, welche zu Aufrechterhaltung der Fürstenstands-Rechte dienen könnten. Die Allianz könnte über dises verstärket werden, wann sie den Nutzen und Würkung derselben vermerkten. So sehr aber Pfalz-Neuburg und andere wider die Prorogation diser Allianz bißher geredet hatten, so änderte sie doch jählings ihre Sprache und zur Braunschweig blieb allein auf seiner Meynung. Weil nun Herzog Eberhard die Ursach diser so unvermutheten Veränderung nicht erforschen konnte und allein die Braunschweigische Stimme nicht durchtreiben konnte, so wollte er sich zwar den mehrern nicht widersetzen, stellte aber doch denselben zur Ueberlegung anheim, ob die beschleunigte Prorogation der Allianz mehr Schaden oder Nutzen bringen dörffte und bath wenigstens nur noch zween Monate still zu stehen, bis man sähe, wie die Reichsgeschäffte liessen. Allein Pfalz-Zweybrücken erbothe sich der Allianz auch beyzutretten. Und weil nicht allein die meiste Gesandte nach Regenspurg auszubrechen im Begriff stunden, sondern auch der Churfürst zu Maynz der Gesinnung der meisten Alliierten versichert war, so wurde mit der Prorogation schleunig vorgeschritten und den 25. Febr. sowohl wegen des Zweybrückischen Beytritts, als auch der Prorogation selbsten die Recesse unterschrieben und besiglet, wie auch dem Graven von Waldeck, welcher der Allianz sich ebenmäßig theilhafftig machte, wegen Ungleichheit seines Stands nur ein Protections-Attestat ertheilt und der Braunschweigische so wohl, als der Württembergische erbothen sich den Receß unter anhoffender Gevehmhaltung ihrer Principalen noch vor ihrer Abreyse zu unterschreiben und zu besiglen. Solchemnach hatte diser Convent ein Ende und der Forstner erwartete nur die noch von dem Herzog ausgebethene Pferde seine Heimreyse zu beschleunigen.

§. 21.

§. 21. 1668

Entzwischen wurde auf dem Reichstag die Türkenhülf ganz übereplt und wider
das Herkommen schneller, als man vermuthen konnte, beschlossen, welches den für
ihre Rechte und Freyheiten besorgten Fürsten sehr nahe gieng, weil sie sich im
Junio des abgewichenen Jahres untereinander verglichen hatten, daß wegen dieser Hülfe nichts geschlossen werden solte ehe und dann die Freyheiten des Fürsten stands in Sicherheit gesetzt wären. Pfalz-Neuburg betriebe solches am hefftigsten und fand bey Herzog
Eberharten Beyfall, welcher seinen Gesandten aufgab sich fleissig mit dem Neuburgischen zu unterreden und wo möglich vor jedem Rathgang sich eines einmüthigen Voti
mit ihm zu vergleichen, wie auch andere nicht eben in dem Verein stehende Fürsten
zur Miteinstimmung zu vermögen, damit nach dem Inhalt des hochbetheurten Westphäl. Fridens die so sehr in Gefahr gesetzte Fürsten-Rechte und Sicherheit des Reichs
bey gegenwärtigem Reichstag berichtigt würden. Dann man hatte noch keine sichere Nachricht, was es mit der vergebenen Türken-Gefahr für eine Beschaffenheit habe. Weßwegen
um deren aufrichtige Entdeckung gebethen wurde, damit, biß dise erfol. te, die gera t te Puncten
ten in Berathschlagung gezogen werden könnten. Man hatte Grund genug zu vermuthen,
daß bey dermaliger Vernachlässigung man nicht mehr so leicht darzu gelangen würde,
weil die Churfürsten darum so sehr mit disen Puncten epleten, damit, wann diser
geschlossen wär, man den Reichstag abbrechen und die übrige Materien zu einer abermaligen Deputation verweisen könnte, wo die Churfürsten durch die Mehrheit der Stimmen durchzudringen pflegten, oder die Fürsten von den wichtigsten das ganze Reich betreffenden Berathschlagungen ausgeschlossen blieben. Man glaubte auch deßwegen, daß diser Reichstag ein baltiges Ende nehmen dörffte, da sich jetzo erzeiget, daß er nnn 115.
Jahre fortgesetzet wird. Den Reichs-Ständen war verdächtig, daß der Kayser die
Türkengesahr so groß und seine Macht so klein schilderte und gleichwohl derselbe 6000.
Mann, welche er in solcher Noth gebrauchen konnte, nach Italien schickte, wo man
sie nicht nöthig hatte. Und weil sich derselbe in Fridenshandlungen mit der Ottoma-
nischen Pforte eingelassen hatte, so wollte man vorher deren Erfolg gesichert seyn. Bey
welchen Umständen die Evangelische Fürsten sich feyerlich ad protocollum verwahrten,
daß man sich durch die Mehrheit nicht überstimmen oder verbindlich machen lassen könnte. Zwar erinnerte sich Herzog Eberhard dessen, was er dem Kayser versprochen,
schränkte aber solches dahin ein, daß es nicht dahin gemeynt gewesen die Reichs-Sa-
chen, woran so vieles gelegen, hintansetzen zu lassen. Unglücklicher Weise waren noch
den 9. Februar. die wenigste Evangelische anwesend und die gegenwärtige wenige hatten
das Vermögen nicht der Stärke ihres Gegentheils zu widerstehen. Demnach war nur
noch die Hoffnung übrig, daß die im Fürsten-Verein stehende Stände mit Handhabung der ihnen gebührenden Vorrechte fest beysammen stehen würden. Sie hatten auch
an dem, wiewohl Catholischen, Pfalzgrafen von Neuburg einen guten Vorgänger,
welcher bey seiner Stimme wegen der Art, wie die Türkenhülfe neulich an Volk oder Geld

solches

1663 geſchehen ſollte, zur Vollziehung ſeines Anerbietens nicht verbunden ſeyn wollte, bis
dann auch die übrige Puncta der Kayſerl. Propoſition und dahin einlauffen-
de Materien entledigt wären. So gleich hatte er unter ſeinen Glaubensgenoſſen eine zimliche Anzahl der gleichſtimmenden zu Beyſtändern. Nun waren die Allierte entſchloſſen dem Kayſer ein Corps von ohngefähr 10000. Mann zu Hülf zu
ſchicken, woran auch der König in Frankreich als ein Bundsgenoſſ ſein Contingent ſtellen ſollte. Es war beträchtlich, aberdem Kayſer verdächtig, weil er meynte, daß
er in ſeinem eigenem Hauß nicht mehr Meiſter ſeyn dörffte. Gleichwohl durffte er es
nicht verweigern. Endlich erklärte er ſich, daß ihm Geldhülfe angenehmer wär. Obwohl aber die meiſte Geſandte und der Kayſerliche Principal-Commiſſarius ſelbſt dafür
hielten, daß die Geldhülfe doch im wenigſten Theil dahin verwendet würde, worzu ſie
verwilligt worden, ſo wurde doch letzterervon den andern Kayſerlichen Commiſſarien
dahin vermocht ſeine Gedanken zu ändern, damit man deſto eher durch die Mehrheit
die auf die Volkhülfe ſtimmende Stände nach dem Kayſerlichen Willen lenken könnte.
Diſe ſetzten aber ſolchem Vorhaben ihren Vorbehalt entgegen ſich durch dergleichen
majora zu nichts verbinden zu laſſen, wie ſie hingegen den andern ihre Meynung
auch nicht aufdringen wollten,

§. 22.

Solches und andere dergleichen Vorbehälte der Fürſten gaben zu einem hefftigen Wortſtreit mit dem Churfürſten Anlaß, welche jenen den Vorwurf machten, als ob
ſie nur zu verſtehen geben wollten, daß, weil die übrige Proyeſitions-Puncten nicht,
ſo leicht vorgenommen und verglichen werden könnten, ſie unter ſolchem Vorwand
gar keine Hülfe dem Kayſer thun wollten. Die Fürſten hingegen entdeckten ihr Mißtrauen nunmehr deutlicher, daß, wann die Türkenhülf beſchloſſen wär, die Churfürſten die übrige Puncten nicht berühren, ſondern auf andere Zeit und Ort verweiſen.
würden, wie ſie es ſchon mehrmalen gemacht hätten und die Erfarung ſie nöthigte
auf ein Gegen-Mittel bedacht zu ſeyn. Sie wurten auch von dem Städtiſchen Collegio tapfer unterſtützt, zumahl der Stätte Bedingungen in dem verfaſſten Reichs-
gutachten nicht eingebracht oder berührt werden wollten. Der Kayſer ſtund damahls
noch mit dem Groß-Vezier in Tractaten, welcher aber ſolche verzögerte und allzuhar-
te Forderungen machte, damit er die Zeit gewonnen eine förchterliche Macht zuſam-
menzubringen. Man brachte beßwegen das Verglichs-Mittel auf die Bahn, daß
die Fürſten und Städte nur auf den Fall, wann ſich ſolche Fridenshandlungen zer-
ſchlagen und die Türken die Feindſeligkeiten anfangen wollten, ſich verpflichten möchten ohne Rückſicht auf die Vorbehälte dem Kayſer mit dem entzwiſchen verglichenen
Geld-Beytrag beyzuſtehen. Aber auch biſes wollte nichts bey ihnen verfangen, weil
                                                                                        ſich

sich die Churfürstliche durchaus nicht erklären wollten, wie sie die gebrauchte 1663
Worte suo loco & tempore und die Erörterung der übrigen Propositions-
Puncten verstanden haben wollten.   Herzog Eberhard gab deßwegen seinen Gesandten
ernstlich auf neben andern Fürstl. Gesandten sich den Churfürstlichen Absichten zu widersetzen und fest auf ihrem Widerspruch zu bestehen, weil dieselbe den Fürsten-Stand
mit einem wichtigen Nachtheil betroheten.   Diser heftige Stritt wurde aber endlich
doch den 25. Febr. verglichen, daß die Vorbehälte und Bedingungen mit dem Zusatz,
daß solche nur von einigen Ständen bedingt worden, in dem Reichsgutachten stehen
könnten.   Der Oesterreichische Fürsten-Raths Director Hocher hielte sich aber jetzo
darüber auf, daß die Stände solchen Beytrag eine freywillige Hülse nennten, weil
man doch vermög der Execution-Ordnung dem Hauß Oesterreich als einem Mit-
glid des Reichs seine Hülfe schuldig wär.   Solcher Einwurf wurde aber keiner Antwort gewürdigt, weil seine Gründe nicht erkennt werden wollten, daß Oesterreich
ausserhalb Oesterreich am besten vertheydigt werden könnte, ob sie übrigens schon
ganz richtig waren und nicht nur auf Oesterreich, sondern auch auf andere Lande verstanden werden könnten.   Aus dem ganzen Hergang aber machte der Herzog den Schluß,
daß die Feinde der Evangelischen Kirche noch eben diejenige gefährliche Grundsätze
„ führen, welche zu dem breyssig jährigen Krieg so grossen Anlaß gegeben und wie
„ man noch immerzu dahin dichte und trachte die Evangelische durch die Mehrheit der
„ Stimmen zu allerhand unbilligen Auflagen zu zwingen und daß man solches nicht al-
„ lezeit werde ändern können.   Nichts desto weniger erinnerte er seine Gesandten das
„ ihrige für das allgemeine Wesen möglichst einzuwenden und auch getreue vertraute
„ durch allerhand Mittel und Weege aufzumuntern, daß sie standhaft auf derglei-
„ chen sich ereignende mehrere Begegnussen allerseits zusammen stehen und sich von
„ einiger anderer Einverleibung der hochadeligen so wohl insgemein dem ganzen Röm.
„ Reich, als auch insonderheit den Evangelischen zu einem Fürstand und Erleuchte-
„ rung oder Erhaltung der so theur erworbenen Freyheiten und Gerechtigkeiten ausrei-
„ chenten Particular-Erinnerungen in die Reichsgutachten, insonderheit, wann nicht nur
„ ein oder anderer geringer, sondern so viel beträchtliche Stände, auch wohl ganze Col-
„ legia, wie bey disem Vorgang das Stättische gethan, zusammen einstimmen, sich
„ keineswegs verdringen, noch in dergleichen Materien durch die Mehrheit das we-
„ nigste abstimmen lassen möchten.

§. 23.

Unter diser Zerrüttung auf dem Reichstage belohnte Herzog Eberhard zu Hauß
die Verdienste seines Raths und Lehrers in der Französischen Sprach zu Tübingen,
Ludwig du May, indem er ihn und seine eheliche Nachkommen mann und weiblichen Ge-
X. Theil.   E   schlechts

1663 ſchlechts den 20. Martii mit dem Schloſſ zu Metzingen im Göw und darzu ge-
gehörigen Gütern, wie auch mit dem Jagen auf Metzinger Feltern nach klei-
nem Waydwerk, Füchs, Haaſen und Feder-Wildprett nebſt der nidergerichtlichen
Obrigkeit in dem Schloſſ nach der Vorſchrifft der Würtenbergiſchen Lands-Ordnun-
gen belehnte, wobey ſich dieſer neue Lehenmann verpflichten muſſte die Lehengerichte zu
beſetzen, wann er erfordert würde, verſchwiegene Lehen, welche er erſühre, zu ent-ecken,
Landes-Rettung wider jedermann, wer der wäre, zu thun und zu ſolchem End ein
zum Streit gerüſtetes Pferd und Mann zu ſchicken, wie auch, wann ſich diſes Le-
henshalb Spänn und Irrungen ereigneten, ſolche vor Landhofmeiſter und Räthen
ohne vorbehaltende Appellation entſcheiten zu laſſen, und wann es auf weibliche Erben
fiel, jederzeit durch einen Wappensgenoſſen zu empfangen und zu tragen. Die von Auweil
hatten es bißher als ein Lehen ingehabt, durch deren Abſterben es dem Herzogthum als
ein eröffnetes Lehen heimfiel. Dann Eberhard Friderich von Auweil hatte das Schick-
ſal der letzte diſes Geſchlechts zu werden (r). Dagegen mengte ſich ein Umſtand auf
dem Reichstag ein, welcher den Herzog in eine Verlegenheit ſetzte, weil der Adminiſtrator des Stiffts Magdeburg von ſeinem Bruder, dem Churfürſten von Sachſen,
die Herrſchafft Querfurt mit der Vertröſtung erhalten hatte, daß er in Anſehung derſelben Sitz und Stimme auf den Reichstägen bekommen ſollte. So wohl Herzog
Auguſt, als der Churfürſt wendeten ſich deßwegen ſo wohl an verſchiedene Fürſten,
als auch an Herzog Eberharden ihren Beyfall zu erlangen. Diſer erinnerte ſich des mit
dem Adminiſtratorn gepflogenen vertraulichen Verneuhmens und daß gleichwohl die Anzahl der Evangeliſchen Stimmen in den Fürſten-Rath vermehret würde. Auf der
andern Seite ſtund auch im Weeg, daß ſo viele aus Churfürſtlichen Häuſern abſtammen-
de und mit Land und Leuten abgefertigte Fürſten ebenmäſſige Anſpruch auf ſolchen
Sitz und Stimmen machten oder allbereit ſolches Vorrecht hätten. Dann in ſolchem
Fall ſtund zu beſorgen, daß, weil dergleichen Fürſten meiſtens von dem Intereſſe des
Churfürſtlichen Hauſes abhiengen, die übrige Fürſten in den mit Churfürſten habenden wichtigen Zwiſtigkeiten und andern Churfürſtlichen Angelegenheiten immerzu durch
ihre Mehrheit der Stimmen nachgeben und ihre Vorrechte um ſo mehr zernichtet ſehen müſſten, als die Churfürſten ohnehin im Fürſten-Rath Sitz und Stimme führten. Nun hatte ſich zwar Herzog Auguſt bißher in ſeinen Meynungen und Stimmen
ſo betragen, daß er den Churfürſten zum Nachtheil des Fürſtenſtants nichts einraumte. Man kounte aber deſſen von ſeinen Nachfolgern nicht verſichert ſeyn. Weil aber
der Churfürſt und Adminiſtrator die Hoffnung hatten mit ihrem Geſuch durchzudringen, ſo wollte der Herzog wenigſtens auch einen Dank dabey verdienen, zumahl auch
der Kayſer darein willigte. Dagegen ließ er bey beeten Geſandten durch die ſeinigen un-
ter-

(r) Weil oben im 5ten Theil pag. 59. der Druckfehler eingeſchlichen, daß das Jahr
    1668. geſetzt worden, ſo kan ſolches dort verbeſſert werden.

trbauen, daß ihm wegen des Herzogthums Teck solch Vorrecht ebenmäß 1663
fig gegönnt werden möge, weil das Hauß Würtenberg eben sowohl mit diesem, als mit dem Herzogthum Würtenberg belehnet wurde und das letztere deßwegen einen so hohen Matricular-Anschlag auf sich habe, aber dessen ungeacht nur ein
einziges Votum habe, da der samtlichen fürstlichen Sächsischen Häuser Reichs-Anschlag sich nicht wohl auf 1000 fl. erstrecke und gleichwohl dieselbe so viele Stimmen,
wie auch so viel kleine Catholische Fürsten dieselbe erlangt hätten, welche von ihren
Landen nichts beytragen könnten. Allein der Churfürst konnte nebst seinem Bruder
dannoch nicht durchbringen, weil die Catholische Stände unter dem Vorwand
Schwürigkeit machten, daß so viele secularisierte Stiffter vermög des Westphälischen Fridens eingenommen worden, da sie den Verlust ihrer bißher überwägenden
Mehrheit der Stimmen zu besorgen Ursach hatten.

§. 24.

Bey solchen Umständen, da man noch nicht wusste, ob Geld oder Volk
dem Kayser angenehmer wär, befahl Herzog Eberhard seinem Gesandten 40. Römer-Monate in seinem Namen zu bewilligen, aber die Bedingung beyzusetzen, daß
man solches auf einen würklichen Ausbruch des Kriegs wollte verstanden haben und
daß dem Herzog seine schon vorgeschossene 12. Römer Monate abgezogen und der Rest
an Volk angenommen würde, wie auch, daß die Stände, welche dem Kayser noch
nichts beygetragen hätten, ihm gleichgestellt würden. Bey den übrigen Ständen hatte man zwar so viel Einsicht, daß die Hülfe nöthig und billig wäre, man konnte aber
dessen ungeacht lange Zeit zu keinem Schluß gelangen, welches dem Kayser verdrüßlich
genug war, weil er einen beträchtlichen und schleunigen Geld-Beytrag erwartete, damit er die auf den Beinen habende, obschon schwache, Armee unterhalten und dem
Feind bey sich zerschlagenden Friedenshandlungen begegnen könnte. Weil die Rheinische Alliierte meistens schon einen Verschuß an Geld gethan hatten, so erbothen sie sich
nunmehr ein Corpo von 8000. Mann und zwar mit hohen und nidern Officiern und
mit gnugsamer Artillerie ein Jahr lang auf ihren Kosten zu schicken und zu unterhalten.
Herzog Eberhard aber bewilligte noch über diß 25. bis 30. Römer-Monate, doch,
daß damit die gegenwärtige und künftige Geldhülse abgetilget würde. Weil nun andere Gesandte mit ihren Erklärungen nicht herausrucken wollten, so konnte sich der Gesandte auch nicht entschliessen sein Wort zu geben, damit Würtenberg nicht den Vorwurf auf sich laden möchte, als ob man die übrige Stände zur Nachfolge bringen
wollte, zumahl die meiste Stände zu einem sehr geringen Beytrag geneigt zu seyn
schienen, welches der Kayser, der sich zu wenigstens 50. Monaten die Hoffnung
machte, sehr empfand, daß ihm in seiner Noth und übergroßen Mangel der Un-

1663   erhalts-Mittel ſeiner zum Beſten des Reichs haltenden Kriegs-Macht
von ſo vielen und meiſtentheils Evangeliſchen Fürſten ſo gar nicht an die
Hand gegangen, ſondern ihm ſolche wider gethane Zuſage gegenwärtig ſchleunig erforderte Hülfe ſo ſchwer gemacht würde. Der Kayſerliche Principal-Commiſſarius erinnerte deßwegen die Württembergiſche Geſandte, daß der Herzog ſich bey dem
Kayſerlichen Hof nicht aus derjenigen Achtung ſetzen möchte, worein er denſelben
durch ſeine günſtige Berichte gebracht hätte, zumahl er gewiſſe und glaubliche Nachricht habe, daß der Zuſtand der Kayſerlichen Kriegs-Verfaſſung nicht ſchlechter ſeyn
könnte und elende Gegen-Mittel ergriffen werden müſſten. Worauf der Herzog ſich
erbothe alles mögliche anzuwenden und nur bathe, daß der Mehrheit der Stimmen
nichts eingeräumt, ſondern jeder Stand bey ſeiner freywilligen Erbietung dem Reichs-
Herkommen gemäß gelaſſen werden möchte. Weil nun der mehrere Theil 50. Römer-Monate bewilligt hatte, ſo ließ ſich derſelbe ſolche Zahl auch gefallen, doch, daß die
ſchon vorgeſchoſſene 12. Monate davon abgezogen werden ſollten. Ungeacht er aber
darauf beharrte, daß die Mehrheit der Stimmen den andern nicht nachtheilig ſeyn,
ſondern jeder ſeinen freyen Willen in Anſehung dieſer Hülfe haben ſollte, was er
beyzutragen belieben würde, ſo beruffte er ſich doch offentlich darauf, daß andere
gleiche Laſt mit ihm zu tragen verbunden wären, wordurch eben dasjenige umgeſtoſſen
wurde, was er ſelbſt behauptete, daß nemlich eine freywillige Gabe ſey. Er
ſtund aber dabey nicht allein in ungezweifelter Hoffnung, daß man das uralte Herzogthum Teck mit Sitz und Stimme im Fürſten-Rath würdigen wollte, weil andere alt-
fürſtliche Häuſer, die dem Herzogthum Württemberg gleichwohl in dem Reichs-
Anſchlag durchaus nicht gleich ſtünden, unterſchidliche Stimmen hätten und die Herzoge mit dem gedachten Herzogthum belehnet würden: ſondern verlangte auch, daß,
weil die Kayſerliche Hof-Kammer ihm noch 10000. fl. an der Greiffenbergiſchen
Forderung ſchuldig verblieben, dieſe ebenmäſſig abgezogen und weil Kayſer Ferdinand
III. ſeinem Bruder, Herzog Ulrichen, ein Geſchenk von etlich tauſend Thalern verſprochen hatte, ſo erbothe ſich der Erzbiſchoff von Salzburg, als Kayſerlicher Principal-
Commiſſarius, es dahin einzuleiten, daß der Herzog ſolche gleichmäſſig in Abzug bringen und ſich mit ſeinem Bruder vergleichen könnte. Dieſe Handlung verweilete ſich
bis auf den ½ May. dieſes Jahres, als das Reichsgutachten endlich zum Stand gebracht werden konnte (s). Wegen Einführung der Teckiſchen Stimme ließ ſich
der Erzbiſchoff von Salzburg vernehmen, daß der Herzog ſolches Begehren nochmahls bey dem Kayſerlichen Hof anbringen und ihm dadurch Gelegenheit machen ſollte,
daſſelbe füglich auf dem Reichstag zu unterſtützen, wiewohl er beſorgte, daß, weil
noch mehrere Evangeliſche Fürſten von dem Kayſer dergleichen Befehle ausgewürket
hätten, ein Geſuch dem andern verhinderlich ſeyn dörffte.

§. 25.

(s) vid. Beyl. num. 10.

§. 25. 1663

Man berichteten die Würtembergische Gesandte, daß es mit dem Türkenkrieg gefährlich würde und obschon der Kayserliche Gesandte in den Tractaten mit dem Groß-Vezier sich öffters auf die Reichshülfe beruffen, so habe doch diefer spöttisch geantwortet,
daß er auch wiffe, wie es auf den Teutschen Reichstägen hergehe und er, bis die
Teutsche Reichs-Hülfe herkommne, nicht nur dem Kayfer ganz Hungarn, fondern
auch Wien und feine benachbarte Länder wegnehmen könne. Der Kayfer verlangte
deßwegen keine Geldhülfe mehr, fondern eine schleunige Volkhülfe von jedem Fürsten
insbefondere und verwarff eine verfammlete Reichs-Armee, weil es sich mit dem Anzug verweilen möchte. Hier hatten nun die Gefandten reiche Materie, deren sie sich
zu Aufzüglichkeiten bedienen könnten, damit dem Herkommen nichts zuwider geschähe.
Wenigstens entschuldigten sie sich lange Zeit mit den ermangelnden Instructionen, ob
und wie man dem nothleydenden Kayfer, welcher nur 18000 Mann wider einen drey-
bis viermal stärkern Feind anstellen könnte, willfahren sollte? Herzog Eberhard erbothe sich an den allianzmässig stellenden 100. Mann zu Pferd und 200. Mann zu Fuß
nichts ermangeln zu laffen, befahl aber feinem Gefandten wegen der künftigen und gegenwärtigen Hülfe sich nicht anderst heraus zu laffen, als daß ihm die 3. verlangende
Beyträge bey feinem Land, welches sich von feiner Verödung noch nicht genug erholet
hätte, dermahl unmöglich wären. Es befremdete ihn aber fehr, als Chur-Cölln,
Trier, Pfalz-Neuburg und Zweybrücken jetzo erst ungeacht der Alliierten gefaßten wohl-
bedächtlichen Schluffes ihre Contingenten nicht mehr nach dem Allianz-Fuß, fondern
nach der Reichs-Matricul liefern und die übrige Alliierten gleichmäffig darzu bereden
wollten. Dann es würde das Anfehen gewonnen haben, als ob die Alliierten in Worten groß zu sprechen, viel zuzufagen und nichts zu halten gedächten, welches sich die
übrige nicht zu schulden kommen laffen konnten, da die Noth vorhanden wär. Er meynete, daß diefe Chur- und Fürsten ihr Abfehen auf ihn gerichtet hätten, damit er eine
stärkere Anzahl Truppen verwilligen möchte. Aber er blieb einmahl defto eher dabey,
daß er dermahl nicht mehr aufstellen könne und bey dem Allianzmässigen Anschlag beharren wolle, dagegen er vielmehr darauf drang, daß die schon verfprochene 8000.
Mann marschfertig gemacht würden. Der Kayfer begehrte aber nun an den bewilligten Hülfsgeldern und Kriegskosten einen beträchtlichen Vorfchuß, indem er fonst bis
zu Ankunft der Hülfs-Völker dem Erbfeind keinen Widerstand thun könnte. Und
an den Herzog geschahe die Anfinnung, daß er anstatt der Reuter das Fußvolk auf
500. Mann verstärken möchte. Diefes fetzte ihn in eine Verlegenheit, weil ihm durch
Werbungen fo viel Leute aufzubringen unmöglich fchien und der Geld-Vorfchuß ebenmäffig fehr schwer fiel. Dann der Zulauf an Leuten war bey den Werbungen fehr gering, und es hatte das Anfehen, als ob man schwerlich zu der verfprochenen Anzahl ge-

E 3 langen

1663 langen dörffte, wobey ſich noch andere Schwürigkeiten einmengten, indem der Kayſer ſeinen Generaln zum Belieben ſtellen wollte, ob und wiefern die Reichs-Generaln
zur Berathſchlagung der Kriegs-Unternehmungen gezogen werden ſollten.   Der Herzog wollte ſelbſt vorher wiſſen, wie es mit dergleichen conjunctionen der Völker gehalten werden müſſte, damit man den Hauptzweck erhielte, zumahl dergleichen Bedingungen jederzeit vor dem Anzug der Hülfs-Völker verglichen worden.   Unter denſelben war aber die erſte, daß man ſogleich nach verglichener Türkenhülf auch die andere
in der Kayſerlichen Propoſition enthaltene Puncten zur Berathſchlagung ziehen ſollte.
Nun hatte man ſich eines gemeinſchafftlichen Reichs-Gutachtens verglichen, daß man
nur noch die Kayſerliche Reſolution erwartete, und der andere Punct betraff die allgemeine Reichs-Sicherheit.   Weil aber der Kayſerliche Hof wünſchte, daß die Stände ſich auf mehrere Jahre zu einer Türkenhülf hätten verbinden ſollen, ſo hielt Herzog
Eberhard nebſt andern dafür, daß eben biſer Punct um ſo eher angegriffen werden könte,   als ſolcher mit der verlangten fortwährenden Hülfe ſehr genau verbunden war.
Dann er gedachte, daß, wann die Gefahr wegen des Türken fortwähren und nicht nur
dem angränzenden Königreich Hungarn,   ſondern auch dem Reich obgelegen wär
wachſam zu ſeyn und alle angedrohete Verheerung abzuwenden, ein ſolcher Laſt nicht
nur von etlichen wenigen, ſondern von allen Ständen getragen und der höchſtwichtige
Punct der allgemeinen Sicherheit auf einen feſten Fuß geſetzt werden müſſte, wann
man anderſt einem ſo mächtigen Feind mit Nachdruk begegnen und nicht alles auf die
gefährlichſte Spitze ſetzen wollte, indem man aus der leydigen Erfahrung wüſſte, daß
man in der gröſten Noth gewohnt wäre mit unnöthig einverſendeu Schwürigkeiten die
allgemeine Wohlfart des Vaterlands hintan zu ſetzen und ſich gleichſam zur Pflicht
zu machen, den Nothleydenden die erforderliche Hülfe zu erſchweren. Und weil der Tür-
kiſche Kayſer nicht nur dem Königreich Hungarn, ſondern auch ausdrucklich dem Teutſchen Reich den Krieg angekündet hatte, ſo wurde auf dem Reichstag wegen der ſo
groſſen Gefahr beſchloſſen, daß die hiebevor gebrauchte Türken-Glocke wieder Mittags um 12. Uhr im ganzem Reich gebraucht und die Unterthauen zur Buſſe und
Gebeth ermahuet werden ſollten.

§. 26.

Den 5. Julij kam ein Kayſerlicher Geſandter, Leopold Wilhelm von Königseck-
Rotenfels zu Stuttgard mit nur 2. Bedienten an, als eben Herzog Eberhard zu
Kirchheim von den beeden Marggraven von Anſpach und Barenth einen Beſuch hatte.
Der Geſandte wurde ſo gleich bey ſeiner Ankunſt von dem Erb-Prinzen Wilhelm Ludwig ſelbſt in einem ſechsſpännigen Wagen von dem Poſthaus abgehohlt und in das Alta-
neu-Zimmer im Schloß einlogiert.   Diſer hatte nun den Auftrag den Chur-Fürſten
und

und Stände, die Einigkeit und getreue Zusammensetzung zwischen Haupt und 1663
Gliedern anzurathen, indem der Türk alle seine Kriegs-Unternehmungen nach
der Christlichen Potentaten und der Reichsstände Einigkeit oder Uneinigkeit abmesse,
wie neulich der Groß-Vezier sich selbst vernehmen lassen   Und weil die Gefahr ein
eylfertig Gegenmittel erforderte, so getröste sich auch der Kayser einer schleunigen Hülfe.   Nun beschleunigte sich der Herzog mit der Werbung und, weil dem Kayser mehr
am Fußvolk gelegen war, so erboth er sich solches herbey zu schaffen und die Hülfe an
Geld möglichst zu beförtern, bath aber es auf dem Reichstag zu befördern, daß der
die Ruhe und Sicherheit des Reichs betreffende Punct bäldest angegriffen und richtig
gemacht würde.   Und weil verschiedene Fürsten neue Vota verlangten, so ersuchte er
den Erzbischoff zu Salzburg den 22. Julii nicht allein bey dem Kayser die Einführung
des Teckischen Voti zu unterbauen, welches auch diser bestens zu thun auf sich nahm,
sondern auch bey demselben dahin zu bringen, daß er die Werbungs-Kosten der Mannschafft zu Fuß, welche er über sein Contingent zu stellen zugesagt hätte, von den 50.
Römer Monaten abziehen dörffte, indem es ihm zu schwer fallen würde neben Auf-
bring- und Erhaltung der Völker in Zukunfft, auch mit den noch über die gethane Vor-
schüsse restierenden 18000. fl. aufzukommen, zumahl das seither einem ganzen Viertels
Jahr angehaltene und noch schädlich fortwährende Regen-Wetter nicht nur das heurige
Futter an vielen Orte zernichtet, sondern auch die im Früling an dem Weinstock gehabte
Hoffnung abfällig gemacht, die Früchten im Feld zu Boden gelegt und in den Thälern über-
schemmt hätte, daß sie bey so seltenem Sonnenblick wenigsten theils zur ergiebig und voll-
ständigen Zeitigung gelangen können. Zu Ende des Julii verlangte der Kayser an Herzog
Eberharten, daß er seinem für die Wohlfart des allgemeinen Christlichen Wesens tragenden hochrühmlichen Epfer nach nicht allein die zur Hülf versprochene Völker in dem
Anzug setzen, sondern auch seinem Gesandten zu Regenspurg aufgeben möchte in seiner Stimme dahin anzutragen, damit dem Erbfeind durch eine allgemeine rechtschaffene Zusammensetzung mit äussersten Kräfften begegnet werden könne.   Obwohl nun
die Truppen marschfertig waren, so ereigneten sich doch neue Hindernuße, weil einestheils die Kayserliche Patenten und Ersuchschreiben an die Stände noch ermangelten,
durch deren Lande sie geführt werden sollten.   Anderntheils mußten erst dise Mann-
schafften in gewisse Regimenter eingetheilt werden, worüber man sich erst zu vergleichen hatte.   Herzog Eberhard meynte, daß man sein Contingent zu den Hessischen stoffen und ein
Regiment daraus formieren sollte.   Der Schwedische Hof wollte aber auch den Brey-
mischen Antheil damit vereinigt haben, damit man ein völliges Regiment zu Fuß
und eines zu Pferd aufstellen könnte. Allein die Ernennung der Obristen zernichtete dise
Vorschläge, indem Schweden einen und die beede Gesamt-Häuser Hessen auch einen bestellen, der von Würtenberg vorgeschlagene Ober-Vogt zu Göppingen aber
Herbert Balthasar Kleuk, nicht wohl unter einem Obristen stehen wollte.   Zwar
wür-

1663 wurde beliebet, daß Schweden einen Oberſten und Heſſen einen Oberſten und Obriſt-
Wachtmeiſter, und Wůrtenberg einen Obriſt-Lieutenant bey der Cavallerie auſſtel-
len ſollte, welches ſich der Herzog nicht mißfallen ließ. Die Wůrtembergiſche Anzahl zu Pferd wurde von dem Rittmeiſter von Eyb angefůhrt. Die Infanterie war
mit Piquen und Musqueten, die Reuter aber mit Bruſt- und Rucken-Stucken und
offnen Casqueten bewaffnet. Die Fahnen waren weiß mit dem Wůrterbergiſchen Wappen bemahlt und die Standarte gelb und ſchwarz. Wegen der Zuſammenſtoſſung der
Contingenten ånderte es ſich aber wieder, weil verſchiedene Alliirte und inſonderheit
Heſſen ihre Cavallerie nach dem Kayſerlichen Wunſch in Fußvolk verwandelten, ſo, daß
die Wůrtenbergiſche Mannſchafft zu dem Bremiſchen geſtoſſen wurde. Der Marſch
derſelben wurde aber durch den Kayſer noch immer gehindert, indem er den Beyſtand
der Kron Frankreich, als welcher ihm verdåchtig war, anzunehmen ſich nicht entſchlieſſen konnte. Der Zweifel wurde ihm aber endlich doch benommen, als die Alliirten dem
Kayſer ein Bedenken zuſchikten, warum derſelbe die von der Kron Frankreich wider die
Tůrken auerbottene Hůlfs-Vôlker nicht verwaigern ſollte (t). Bey diſer Gelegenheit
fand der Herzog nôthig wieder eine Kriegs-Expedition oder jetzt ſo genannten Kriegs-
Rath anzuſtellen, worzu er ſchon ſeinen Kirchen-Raths-Expeditions-Rath Tobias Schôcken zu Fůhrung der Rechnungen und andern dergleichen ſchreibriſchen Ge-
ſchåfften verordnet hatte und diſem ſeinem Ober- oder Regierungs-Rath Julius Frie-
berichen von Wolſſkeel beygab. Das ganze Corps der Alliirten wurde dem Commando Gr. Wolfgang von Hohenloh anvertraut.

§. 27.

Entzwiſchen wurde den 18. Julii. den Reichs-Stånden von dem Kayſer der
Vortrag gethan, daß die Sicherheit des Reichs môchte zur Berathſchlagung gebracht
werden. Es war aber nicht hinlånglich die ganze Materie aus dem Grund zu einer Voll-
ſtåndigkeit zu bringen (u). Gleichwohl erkannte derſelbe das Recht der Fůrſten
vermôg des Weſtphål. Fridenſchluſſes über Krieg und Friden ſich neben den Churfürſten zu berathen. Weil aber der Kayſer auch der eylenden Tůrkenhůlfe erwåhnte
und der Herzog beobachtet hatte, daß man dergleichen Beytråge nicht eines jeden Standes
freyem Willen überlaſſen, ſondern wider das Reichs-Herkommen durch die Mehrheit der Stimmen behaupten, dieſelbe aber unter dem Namen der conformitet verdek-
ter Weiſe einfůhren wollte, erinnerte er ſeinen Geſandten hierinn ſehr behutſam zu gehen. Inſonderheit bezeugte er eine Unzufridenheit über diſe Propoſition, daß man die
Stånde im Hauptwerck von der ſo viele Jahre im Reich hergebrachten Executions-
Ord-

(t) Lunigs Codex Germ. diplom. Tom. II. pag. 729.
(u) vid. Beyl. num. II.

Ordnung, als einem Grundverfassungs-Gesetz gar ableiten und solche beyseit setzen 1663 wollte, weil besorglich die Rechte der Stände und insonderheit das Jus armorum hernachmahls noch weniger aufrecht erhalten werden könnten. Es zeigte sich ohnehin noch eine andere Schwürigkeit, weil einige Stände zugleich auf die Abhandlung der beständigen Wahl-Capitulations-Materie unter dem Vorwand trugen, daß das Jus armorum als ein Theil des Sicherheits-Puncten in der Capitulation zuvor berichtiget und der Fürsten Befugsame festgesetzt werden müßte, dahingegen die Churfürsten disen Puncten unter der Sicherheits-Materie nicht behandlen laßen wollen. Die Würtenbergische Gesandten bestunden nach ihrem habenten Befehl darauf, daß die Einrichtung einer beständigen Wahl-Capitulation und Feststellung der Fürstlichen Gerechtsamen das zulänglichste Mittel seyn würde das schädliche Mißtrauen zwischen Haupt und Gliedern und diser unter sich selbsten zu verhüten und dagegen die innerliche Ruhe zu befestigen, wodurch auch der Grund zur äusserlichen Ruhe gelegt würde. Gleichwohl habe man eine Materie neben der andern zu behandlen sich nicht zu beschweren, weil beede auf disen Reichstag verwiesen worden und wann sie jetzo nicht berichtigt würden, villeicht keine Hoffnung mehr so bald darzu gemacht werden dörffte. Und obschon die Executions-Ordnung freylich in vielen Stücken und insonderheit bey der Besolgung derselben und würcklich benöthigter Hülfschickung gute Verbesserung nöthig habe, so sey doch keine Ursach vorhanden solche gar wegzuwerfen, sondern dieselbe als eine Richtschnur der auf die jetzige Zeiten besser passend verfassenden Ordnung bey der Hand zu behalten. Nur blieb noch zweifelhafft, ob sie auf den Fuß der Matricul eingerichtet werden könnte, indem bekannt genug sey, wie unproportionmäßig derselbe wär, auch kein beständiger gemacht werden könnte, weil zu einer Zeit der Staat eines Landes in gutem Aufnehmen stehe, zur andern Zeit aber durch allerhand Unfälle dergestalt herabgesetzt sey; daß er die Kräfte, welche er zur Zeit der aufgerichten Matricul gehabt, nimmer gebrauchen könne. Entzwischen erforderten die Umstände gleichwohl auf eine Interims-Matricul bedacht zu seyn. Es entstund aber eine neue Zwistigkeit unter den Ständen über der Frage: Ob die Reichs-Executions-Ordnung oder die beständige Wahl-Capitulation zu erst abgehandelt werden sollte? Herzog Eberhard tratt derjenigen Parthey bey, welche die letztere Materie der ersten vorzogen, weil er dieselbe für den rechten Grund zu der inner- und äusserlichen Reichs-Sicherheit hielte. Und weil die Churfürsten droheten eher den Reichstag aufstoßen, als die Wahl-Capitulation zu erst vornehmen zu laßen, so überließ der Herzog solches ihrer Verantwortung, stellte aber zu des Churfürsten zu Mainz und Brandenburg Gedenkungs-Art ein solch Zutrauen, daß sie ihre für die Wohlfart des Reichs bißher gethane Aeußerungen fortsetzen und sich davon nicht abwendig würden machen laßen. Dann ersterer vertröstete die Fürsten, daß er sich zwar nach allem Vermögen dahin verwenden wolle, damit ihrem Verlangen wegen erhaltender Rechten ein Genüge widerführe, die Churfürsten aber sich bevorbehielten,

X. Theil.   F   daß,

1663. daß, wann bey einer Kayser-Wahl sich Umstände äusserten, entweder in Ansehung der Zeit oder der zur Wahl vorgeschlagenen Person, welche in der beständigen Wahl-Capitulation nicht berührt wären, oder auch bey ihrer Errichtung nicht vorausgesehen werden können, sich durch dieselbe nicht einschränken zu lassen, sondern ihre Rechte hand-habem sich bestreben würden.

§. 28.

Herzog Eberhard wußte aber, wie wenig dergleichen Vertröstungen zu glauben wär und hoffte nur, daß andere Fürsten sich disen Grundstein nicht verrücken lassen wür-den, weil gleichwohl die Abfassung einer beständigen Wahl-Capitulation mit klaren ausdrücklichen Worten dem Friedensschluß eingerücket wär und eben dises unter an-derm ein Hauptstück sey, durch welches die Rechte der Fürsten und Stände befe-stigt werden könnten und müsten. Dann, wie man den Churfürsten in ihren herge-brachten und sowohl in der güldenen Bulle, als auch andern Reichs-Gesetzen gegrün-deten Vorzügen keinen Eintrag zu thun verlangte, so könnten die Fürsten auch dasjeni-ge, was ihnen das Friedens-Instrument, welches eben so wohl, als die güldene Bul-le, ein Reichsgesetz sey, zueigne, behaupten und auf dessen Vollziehung bringen. Man könne leicht den Schluß machen, daß, wann man in gegenwärtigem so gefähr-lichem Nothstand, da man der Fürsten und Stände Beystand nicht entrathen könne, in demjenigen, worauf sie gleichwohl gerechte Ansprache machen, so schlechte Gewäh-rung bezeuge, daß bey mehrere beruhigten Umständen des Reichs wo.b schwerer wer-den dörfte durchzudringen. Und weil die Türken in den Kayserlichen Erblanden unmensch-liche Grausamkeiten verübten, so bekümmerte Herzog Eberhard, daß man so viele Zeit mit so vielem unnöthigem Wortgezänk verderbe und einen so grausamen Feind nicht mit mehrerer Zusamensetzung begegnete. Nun erklärte sich das Churfürstliche Collegium, daß die Noth, da der Feind allbereit in die Reichslande eingedrungen, in allweeg erfor-dere mit Hintansetzung aller anderer Materien die allgemeine Reichs-Kriegs-Verfas-sung fürzunehmen und zu Ende zu bringen, wobey solches die Versicherung von sich gab, daß man alsdann auch die Wahl-Capitulations-Sache anzugreifen entschlossen sey. Die Fürsten beharrten aber darauf, daß ungeacht sie die gegenwärtige Gefahr nach ih-ren Pflichten beherzigten und die Sicherheit des Reichs zu besorgen nicht im Weege-stünden, sie nichtsdestoweniger auch nicht fänden, daß die Capitulations-Materie nicht zugleich abgehandelt werden könnte, wie sie dann, weil der Erzbischoff zu Salzburg solches Mittel vorgeschlagen hätte, sich unterreden wollten, wie eine Materie die an-dere nicht hindern sollte. Ihr Mißtrauen gegen dem Churfürstlichen Collegio gab ihnen aber ein, daß, wann die Reichs-Verfassung in Richtigkeit gebracht wär und die Capitulations-Sache zum Schein vorgenommen würde, man dannoch aller Ver-

sich-

ficherungen ungeacht so viele Schwürigkeiten auf die Bahn bringen dörffe, daß 1663
keine Hoffnung solche zu überwinden gewonnen und die Fürsten so verdrüßlich
gemacht werden möchten, daß sie aus Eckel vor den vergeblichen Kosten und dem Verlust
der so edlen Zeit die Sache selbst auf einen andern Reichstag und ad Calendas Græcas
verweisen dörfften. Die Folge zeigte, daß die Fürsten in solcher Meynung nicht gefeh-
let haben, obschon des Kaysers Aeusserung dahin gieng, daß man auf alle Weise und
Weege trachten sollte zwischen Chur-Fürsten und Ständen das alte teutsche Vertrauen
wieder herzustellen, welches aber ohne Vergleichung einer solchen Wahl-Capitulation,
wie sie das Friedens-Instrument erforderte, nicht erfolgen könnte. Das Fürstliche
Collegium ließ auch deßwegen dem Kayserlichen Principal-Commissarien anzeigen,
daß sie daraus bestünden und unter solcher Bedingung nicht nur ihre Türkenhülfe theils
an Volk, theils an Geld bereits verwilliget und abgeschickt hätten, sondern auch sich
ferner zu Kayserlichem Gefallen erklären würden. Wofern aber die Churfürsten
auf ihren Erklärungen beharrten, daß die beede gedachte Materien nicht zugleich abgehandelt werden sollten, so verlangten sie, daß die Wahl-Capitulation so gleich allein
fürgenommen und nach diser zum puncto securitatis publicæ fürgeschritten werden
sollte. Endlich kamen aber doch den 14. September die beede höhere Collegia dahin überein, daß, weil die Churfürsten ein besonders punctum honoris daraus
machten, zwar beede Materien zumahl vorgetragen, aber die allgemeine Reichs-
Verfassung allein abzehandelt und wann sie innerhalb sechs Wochen ihre Endschaft nicht
erreichte, alsdann beede Materien abwechslungsweise berathschlagt werden sollten. Worüber Chur-Cölln dem Mainzischen Directorio einen Verweiß gab, und sich dises ei-
nigermassen entschuldigen und der Fürsten Ansinnen für billig erkennen mußte (w).
Das Städtische Collegium bezengte auch eine Unzufriedenheit, weil man schon seither zwey Monaten nichts an dasselbe gelangen lassen.

§. 29.

Entzwischen hatte der Herzog den 20. Augusti seine Truppen unter Anführung
seines Capitains Thomas von Hof nach Hungarn abgehen lassen und dagegen von dem
Kaiserlichen Hof eine moderation seines Matricular-Anschlags auf einige Jahre erhalten. Als aber derselbe seine Türkenhülfe in Geld nach solchem verringerten Matri-
cal-Fuß, da ihm ein dritter Theil des Anschlags nachgelassen war, und obberührten
Abzügen, wie auch dem Gesandten Bidenbach zu Gefallen der Rest seines Vaters bey
dem Kayser noch ausstehender Besoldung abgezogen werden wollte, mit 17459. fl.
20. kr. abzutragen vermeynte, so wollte der Principal-Commissarius es nicht auf sich
nehmen solche Summe nach diser Verringerung anzunehmen. Dann er wollte nicht
begreif-

F 2

(w) vid. Beyl. num. 12.

1663 begreiffen, warum der Herzog Urſach gehabt hätte wegen ſeiner anſehnlichen und ſtattlichen Lande eine ſolche moderation zu ſuchen, da er vielmehr bey gegenwärtigen Umſtänden ſeine Geldhülfe ſelbſt erhöhen ſollen. Und wegen der Würtembergiſchen Völker Durchmarſch in den Bayriſchen Landen bekam der Geſandte Bidenbach ebenmäſſig Verdrüßlichkeiten, weil einige derſelben Gänſe und Hüner erſchoſſen und verzehret hatten. Diſer aber wieſe endlich den Bayriſchen Commiſſarien damit ab, daß die Bayriſche Soldaten nicht nur Geflügel, ſondern viele Ochſen und Pferde aus den Würtenbergiſchen Landen ehmals genommen hätten und niemals einige Entſchädigung erlangt werden könnten. Inſonderheit aber gieng dem Herzog der Fürſtlichen Geſandten Nachziebigkeit gegen dem Churfürſtlichen Collegio zu Gemüthe. Er ſchrieb zwar ſolche dem damaligen ſeydigen Zuſtand des Reichs zu, gab aber ſeinem Geſandten auf, wann die beſtimmte Zeit der 6. Wochen zu Ende gieng, feſt und unbeweglich auf der Capitulations-Materie, als woran dem Fürſtenſtand in Anſehung ſeiner Gerechtſamen, folglich aber dem ganzen Reich zur Erlang- und Befeſtigung der innerlichen Einigkeit ſo vieles gelegen, zu beſtehen und allen Churfürſtlicherſeits hervorſuchenden Ausflüchten ſich möglichſten Fleiſſes zu widerſetzen, auch, wann die Türkengefahr gröſſer würde, bey einem ergreiffenden erleuben Hülfs-Mittel den mehrern Stimmen beyzutretten, aber die Bedingung ausdrucklich beyzufügen, daß neben der allgemeinen Sicherſtellung der ſämmtlichen Reichslande auf künfftige Fälle auch das punctum capitulationis und reſtituendorum betrieben und darinn gar nicht ausgeſetzt werden ſollte. Entzwiſchen nahm die Gefahr würklich überhand, wodurch der Herzog veranlaſſt wurde den 10. Julii alle ſeine Lehenleute zu erinnern, daß ſie ſich zu Beſchützung Land und Leute mit guter diſer Zeit üblicher Rüſtung, wie es zum Feldzug und Ernſt gehört und des Lehenmanns Stand gebühret, wie auch in der Anzahl der Pferde, ſo er zum Dienſt des von dem Herzog tragenden Lehens halber zu halten verbunden wär, in Perſon dergeſtalt bereit halten ſollte, daß man auf den Nothfall und ſerners Erfordern ohne Hinterſicht oder einwendende Entſchuldigung bey Verluſt des Lehens ſo Tags, ſo Nachts deſſen geſichert wär. Dann die Türken und Tartarn waren würklich wegen ſchlechter Anſtalten bis in Mähren tief eingedrungen und ganz Teutſchland ſtund in Schrecken und Furcht, weßwegen Herzog Eberhard vorſchlug, daß alle Krayſe ſich ſchleunig in eine rechtſchaffene Verfaſſung ſetzten, damit man im Stand wär einem ſo grauſamen und ſchnell eindringenden Feind Widerſtand zu thun. In diſer Abſicht veranlaſſte er eine Zuſammenkunſt der Schwäbiſchen Stände und erbathe auch die benachbarte Bayr- und Fränkiſche Krayſe ihre Geſandte nach Ulm zu ſchicken um ſich wegen eines gemeinſamen Beyſtands zu vergleichen. Die Würtenbergiſche Geſandte hielten zu ſolchem Ende Vorbereitungs-Conferenzien mit ihren anweſenden Krayß-Verwandten zu Regenſpurg, weil man von den übrigen Krayſen ſtarke Widerſprüche wegen ſuchender Matricular-Moderation vermuthen konnte, obſchon bey

ſo

so grosser anscheinender Noth dergleichen Handlungen sehr unnöthig schienen.　1663 Als deßwegen nichts destoweniger solche Einwürfe wegen der allgemeinen Sicherheits-Materie auf die Bahn gebracht wurden, da man im Fürsten-Rath den Anschlag nach der Wormser-Matrical, doch mit dem Vorbehalt ansetzte, daß diejenige, welche gerechte Klagen führten, daß sie zu hoch angelegt wären, einen Nachlaß zu hoffen hätten, und sich Herzog Eberhard und der ganze Schwäbische Krayß beschwerten, daß sie in dieser Matricul gar zu hoch angesetzt wären und im letztern Krieg dermassen herabgekommen, daß sie zweifeln müßten, ob sie jemahlen wieder zu vorigen Kräfften kommen dörfften: so befahl der Kayser den 3. Oct. daß man dermahl in der so grossen Türken-Gefahr keinen beständigen, sondern nur einen den Kräfften eines jeden Landes angemessenen Matricular-Fuß machen sollte.　Weil aber bißher die Gesandte nur überhaupt an den Herzog berichteten, was bey Berathschlagung ein oder anderer Materie vorgefallen und was für Schlüsse bey dem Fürsten-Rath gemacht worden, so befahl derselbe ihnen, daß sie hinfüro vollkommene Abschrifften der Protocollen einschicken sollten, damit er auch zuverläßig wissen könnte, was nicht nur von andern Ständen, sondern auch von ihnen votiert worden.

§. 30.

Es ereigneten sich aber ungeacht der obberührten Kayserlichen Resolution noch grosse Schwürigkeiten, indem man von dem ganzen Reichs-Anschlag nicht abgehen, noch jemand den Betrag desjenigen, welche eine Moderation erhalten, auf sich nehmen wollte.　Die vom Kayserlichen Hof erhaltene Nachläße wurden als ungültig erkannt, weil sie nach dem §. Gaudeant des Friedenschlusses und nach denen Reichs-Absch. von 1541. 1551. 1566. 1576. und 1582 mit des ganzen Reichs Bewilligung geschehen müßten.　Der Brandeburg-Halberstädtische Gesandte D. Jena, sagte dabey, daß, wann ein jeder einen Nachlaß zu Wien auswürkte, die Stelle des Evangelisten Lucä cap. II. v. 1. wieder brauchbar würde, daß nach dem Gebott des Kaysers Augusti ein jeder sich schätzen ließ und in seine Stadt (Wien) gienge.　Gleichwohl raumte man dem Kayser die Freyheit ein einen Nachlaß zu thun, wo er selbst über die Einnahm und Verwaltung der Gelder die freye Hand und Willen hätte etwas zu schenken und sich seines Rechts zu begeben.　Aber bey einer so ausserordentlichen Noth hielte man davor, daß die Pflichten nicht allein gegen Kay. May. sondern auch gegen dem Reich eine Ausnahm machten.　Indem man sich nun über solche Anschläge nicht vergleichen konnte, so konnte der Bischoff von Costanz und andere Stände des Schwäbischen Krayses sich nicht entschliessen einen Kraißtag zu halten und zu würklicher Verfassung zu schreiten, indem, wann auch schon der Krayß einen Nachlaß erhielte, man doch wegen der Umtheilung bey demselben vielen Strittigkeiten entgegen sehen könnte, weil

F 3　　　einig

1663 einige eine Arithmetiſche, andere aber eine Geometriſche Gleichheit verlangen würden. Und als endlich zwiſchen den beeden höhern Collegiis der Schluß durch die mehrere Stimmen gemacht wurde, daß man in der ſo groſſen Türkengefahr keinen Nachlaß thun könnte, zumahl auch die Schwediſche Fridensgelder ebenmäſſig nach der alten Matricul ohne Nachlaß bezahlt worden, als der Krieg unter den Chriſten geführt worten und nunmehr es um die ganze Chriſtliche Religion, Leben und Freyheit zu thun ſey: ſo proteſtierte Herzog Eberhard und die ſammtliche Schwäb- und Ober-Rheiniſche Stände, daß ſie hinfüro, nachdem man ſie durch leere Vertröſtungen ſchon mehr als hundert Jahr aufgehalten und in groſſen Schuldenlaſt hineingeſetzt, nach ſelchem alten Wormſer-Fuß nichts beytragen oder ſich durch die mehrere Stimmen verfluden laſſen könnten, weil ihnen eine lautere Unmöglichkeit aufgebürdet werden wollte. Man muſſte temnach Fürſtl. theils auf andere Vorſchläge gedenken, wobey der Herzog zu bedenken gab, daß diſer Türkenkrieg nicht in einem Jahr beygelegt werden törfte und, wann man auch ſchon den beſchwerten Stäuden einen dritten Theil von ihrem Matricular-Fuß abnähm, denſelben dannoch ihr Beytrag, wo nicht unmöglich, doch überſchwer fallen dörffte. Man müſte ſolche bekanntlich beſchwerte alſo anlegen, damit ſie auch auf das künftige dem Reich und gemeinem Weſen zum beſten wieder beyſtenten könnten. Weil er aber vernahm, daß unterſchiedliche andere Stände, als Bamberg, Eychſtett, Teutſchmeiſter, Paſſau, Freyſingen und Regenſpurg ſowohl, als er von dem Kayſerlichen Hof eine Particular-Moderation erhalten, deren Vorgang er gefolget hätte, ſo erhielten ſeine Geſandten den Befehl ihren bißherigen Inſtructionen deſto eyferiger nachzugehen und, woferu jenen ihre erlangte Nachläſſe gegönnet würden, eben ſo wenig zu weichen, inſonderheit aber diejenige Evangeliſche, welche ihm widerwertig wären, durch vernünftigen Zuſpruch zu beſäuftigen und ihnen zu Gemüth zu führen, was Würtenberg dem gemeinen Evangeliſchen Weſen in letztern Krieg zu gutem angeweudet und was es dagegen vor allen andern erleyden müſſen. Es ſey demnach ein groſſer Undank, wann Glaubensgenoſſen ein ſolches Hauß vollends zu grund richten helffen wollten, da ihnen vielmehr gebührte einem ſolchen beſchwerten Stand wieder zu Kräfften zu helffen und daburch des Evangeliſchen Weſens Wohlfart auch auf künftige Zeiten vor Augen zu habeu.

§. 31.

Als aber beſſen ungeacht weder die Chur- noch die Fürſten anderer Krayſe von einem Nachlaß wiſſen, noch von der in Vorſchlag gebrachten breyfachen Steur abgeben wollten, die Schwäbiſche und Ober-Rheiniſche Krayß-Stände hingegen auch nicht welchen wollten, ſo verſuchten die beederſeitige ſowohl Chur- als Fürſtliche Directoria die letztere dahin zu bereden, daß ſie wenigſtens bey der Re- und Correlation mit dem

Ständ-

Städtischen Collegio ihre Protestation nicht verbringen möchten, indem man sie 1663 versicherte, daß sie nicht über 2. Drittel an der Türkenhülf zu geben verbunden seyn sollten, weil man das ganze fürnemlich darum begehre, weil man besorgte, daß auch andere Krayse einen Nachlaß begehren und dardurch die erforderliche schleunige Hülfe erschweren oder gar vereiteln dörften, welches wegen der höchsten bevorstehenden Feindes-Gefahr unverantwortlich wär. Auf solche Vorstellung liessen sich endlich die Stände bewegen sich nunmer zu widersetzen unter der Bedingung, daß das Reichs-Directorium ihnen deßwegen ein schrifftlich Attestat geben möchte, indem bey dessen Verweigerung sie sich ihre Protestation vorbehielten, daß sie sich durch die mehrere Stimmen zur Unmöglichkeit nicht verbinden lassen könnten. Man war aber auf seiten der Directorien in Versprechungen freygebiger, als man zu halten gedachte und sie hätten mehrers zugesagt, wann die Stände es verlangt hätten. Dann das Churfürstl. Directorium entschuldigte sich nachmals, daß es nicht im Stande sey seiner Zusage ein Genügen zu thun, indem in solchen Sachen Attestaten zu ertheilen und gleichsam in der That eine Ausnahm oder Nachlaß zu ertheilen wider das Reichsherkommen wär und folglich auch nicht in der Churfürsten oder des Reichs-Directorii Vermögen stünde, sondern, wofern es offenbar würde, ihnen übel ausgelegt werden dörfte. Sie könnten übrigens dannoch dabey sicher seyn, wann sie die zween Römer-Monate beytrügen, aber reinen Mund hielten und ihre Protestationen unterliessen. Dann zu gutem Glück hatten die Reichs-Stätte sich noch nicht erklärt. Man konnte also noch die Hoffnung fassen mit einer feyerlichen Protestation fürgehen zu können, zumahl man vernahm, daß der Kayser auf des Oesterreichischen Directoris Bericht von des Schwäbischen Krayses schlechtem Zustand die Resolution ertheilt habe niemanden über seine Kräfften und Vermögen und insonderheit einem so sehr beschwehrten Krays eine Unmöglichkeit zuzumuthen, wobey hingegen hoffte, daß andere Krayse, welche nicht so vieles gelitten, einen solchen Nachlaß nicht verlangen würden, weil sonst der Zweck einer Reitung wider einen so mächtigen Feind nicht erreicht werden könnte. Bey diser Gelegenheit wurde die Frage wieder auf die Bahn gebracht, ob die Mehrheit der Stimmen in Bewilligung der Reichsschazungen statt finde oder nicht? Der Magdeburgische Administrator, Herzog August, bezeugte sich hierinn sehr sorgfältig die Rechte und Freyheiten der Stände unverletzt zu behalten und begehrte von Herzog Eberharten seine Gedanken in hergebrachtem Vertrauen und eröffnete seine Meynung dahin, daß die Mehrheit der Stimmen in caussis religionis, collectarum & quando Status ut singuli considerantur, im Reich nicht statt haben könnten, indem er unbillig zu seyn erachtete, daß Chur-Fürsten und Stände, deren Lande durch Krieg oder andere Unglücksfälle erarmet, so viel als die vermögliche beysteuren sollen, auch der natürlichen Freyheit entgegen lauffe, daß ein Reichs-Stand seinem Nebenstand durch seine Stimme das quantum, wie viel er beytragen sollte, auferlegen könne, weßwegen auch insonderheit die

1663 die Evangeliſche Chur-Fürſten und Stände von Anfang der Reformation dem
andern, welche die majora einzuführen bemüht geweſen, ſich jedesmahl tapfer und
mit Beſtand widerſetzt haben.   Der Herzog antwortete ihm, daß er vom Anfang des
Reichstags beſorgt habe, daß man bey vorſeyender Türkenhülfe mit ſolcher Mehrheit
durchzudringen ſuchen dörfte.   Er hätte die Vermuthung aus dem obberührten Kayſerl. Schreiben und deſſen gebrauchten Worten einer allgemeinen rechtſchaffenen Zu-
ſammenſetzung gefaßt, daß man diſen Entzweck zu erreichen und gleichſam verdeckt die
Gültigkeit der mehrern Stimmen einzuführen begehre. Nun habe er zwar neben verſchiedenen andern Ständen die bewilligte Hülfe auf 50. Römer-Monate wegen des vergangenen und gegenwärtigen Beytrags genehmigt, aber darneben auch ausdrücklich bedingt,
daß er ſich eben nicht an die majora verbinden, ſondern allein der Kay. May. ſeine
devotion bezeugen wolle, weil Sie zweymahl ihm durch Geſandte und Schreiben die
Gröſſe der Türken-Gefahr beweglich zu erkennen gegeben.   Wie er dann ſeinem Geſandten inſonderheit aufgegeben habe auf ſolchem Entſchluß beharrlich zu beſtehen, und
mit andern, inſonderheit aber mit dem Magdeburgiſchen Geſandten ſich vertraulich zu
unterreden, wie auch dahin zu bearbeiten, damit in einer ſo wichtigen Sache die höchſt-
nothwendige Einmütigkeit der Rathſchläge, ſonderlich bey den Evangeliſchen erhalten
werden möge.

§. 32.

So wohl der Kayſer, als der Churfürſt zu Brandenburg bezeugten ihre Unzufriedenheit über ſolche Verwirrung gegen Herzog Eberharden. Dann jener ließ an
denſelben unterm 25. Octobr. ein Schreiben abgehen, darinn er ihm die Nachricht gab,
daß er geſonnen ſey in Perſon auf den Reichstag zu kommen, weßwegen er ihn erſuchte ſich ebenmäſſig mit geringem Gefolge nach Regenſpurg zu begeben, indem er ſich
ſelbſt auch nur mit geringem Hofſtaat den 15. Decembr. da einfinden werde, alles zu
beſchlieſſen, was zu Abwendung äuſſerlicher Gefahr und nach dem Inhalt des Weſtphäliſchen Friedens und letztern Abſchieds zur Befeſtigung des Reichs Ruheſtants und
Widerſtellung vorigen guten Vernehmens und alten teutſchen Vertrauens immer
dienlich ſeyn möge.   Der Herzog meynte aber, daß von ſeiten aller anweſenden
Fürſtlichen Geſandtſchaften eine gemeinſchafftliche Antwort dahin, weil an andere
Fürſten ebenmäſſige Schreiben ergangen waren, erlaſſen werden möchte des Inhalts,
wie beſchwehrlich und bedencklich ihnen falle, wann bey ihrer perſönlichen Erſcheinung
die bey jüngſter Reichs-Verſammlung bey ein und andern ſeyerlichen Zuſammenkünfften der Chur- und Fürſten in Perſon und auch bey Ihrer Kay. May. Begleitung ſo
wohl von den Churfürſten ſelbſt, als auch deren Principal-Geſandten den Reichs-Fürſten in Perſon zu Nachtheil und merklicher Beſchimpfung auf die Bahn gebrachte
Neue-

Neuerungen wieder hervorgesucht und beharret werden wollten. Wofern aber 1663 die Kay. May. sie Fürsten versicherte, daß solche Mißbräuche abgestellt und die Fürsten ihrem Stand gemäß in solchen Zusammenkünfften mit den Churfürsten und deren Gesandten tractiert würden, so wär kein Zweifel, daß ein jeder zur persönlichen Erscheinung sich desto eher entschliessen dörffte. Der Churfürst von Brandenburg ließ unter gleichem Datum ein Schreiben an den Herzog ergehen, worinn er sehr beklagte, daß bey so grosser einbrechender Gefahr die Rettungs-Mittel wider einen so grausamen Feind verzögert würden und gab ihm dabey zu bedenken, was bey auswärtigen und dem Erbfeind selbst es für ein Ansehen gewinnen müßte, wann das Römische Reich, welches bißher wegen seiner Tapferkeit und ungefärbten Treue bey allen andern Nationen respectabel gewesen, so geringen Eyfer in Beschützung der so bedrangten Christenheit und seines Oberhaupts blicken liesse und mit solchen Sachen, die nicht so bringend seyen, die Zeit zubrächte. Seine Meynung sey aber dabey gar nicht, daß man nicht auch andere im Fridenschluß und letztern Reichs-Abschied auf disen Convent verwiesene Materien, welche gleichmäßig von Gewicht wären, zur Richtigkeit befördern sollte, sondern wollte nur die dringende Gefahr, welche schleunige Mittel erfordere, zu Gemüth führen und begehrte an den Herzog nur seinem Gesandten zu befehlen, daß er durch seine Verwendung dise ausserordentliche Vertheydigungs-Materie so bald möglich zu Ende bringen helffen wollte. Ueber beede Schreiben bath sich der Herzog des Landgraven von Hessen-Darmstatt Gedanken aus, welcher die persönliche Erscheinung der Fürsten für sehr dringend beurtheilte nicht nur wegen der übergrossen Türken-Gefahr, sondern auch weil dermahl der Punct der Rechten des Fürstenstands fast in der höchsten Crisi zu Regenspurg stehe, indem dem Verlauten nach die mehreste Churfürsten in Person erscheinen wollten und unschwer zu ermessen wär, daß, wann nicht auch Fürstliche Personen sich gegenwärtig befänden, unwiderbringlicher Nachtheil entstehen dörffte, indem die Gesandte solchen zu hintertreiben nicht im Stand wären, wobey aber zu bedenken sey, daß, wann nur einer oder der andere in Person dahin käme, solche einen grossen Widerstand finden und sich eine grosse Last aufladen würden. Solchemnach übergieng der Herzog in dem Antwortschreiben an den Churfürsten vom 12. Nov. die gedachte mit den Churfürsten habende Mißhelligkeiten mit Stillschweigen, sondern dankte ihm nur für den wachsamen Eyfer um das gemeine Wesen und berichtete ihm, daß er nicht allein dem Kayser schon mit Volk und Geld nach seinem dermaligen Vermögen beygestanden, sondern auch gerne bey dem vorsehenden provisionalen Reichs-Verfassungs-Werk, wann dasselbe nur auf eine Erträglichkeit gesetzt würde, seinen Antheil nehmen wollte, und zu solchem Ende allbereit seine Lands-defensions-Völker mit Muster-und Waffenübung neben einiger geworbener Mannschafft in gute Bereitschafft zu stellen im

X. Theil.   G   Begriff

1663 Begriff stehe (x). Nun machten sich würklich viele Fürsten zu persönlicher
Erscheinung auf dem Reichstag gefasst, als nicht allein eine widrige Nachricht sie wieder wankend zu machen vermochte, als ob die Churfürsten darauf beharten bey
öffentlichen Ceremonien sich mit den Fürsten durchaus nicht gleich zu stellen, sondern auch
dieselbe eine so genannte Erklärung wegen der Capitulationis perpetuæ den Fürsten
angehen liessen, worinn sie zu verstehen gaben, daß sie das Recht Capitulationen zu machen sich mit Ausschliessung anderer vorbehielten. Dises machte unter den patrioti-
schen Fürsten ein allgemeines Aufsehen und der Pfalzgrav von Neuburg schrieb unter
dem 28. Nov. an den Herzog, welcher demselben gleichmässig seine vertrauliche Gedanken
über das Kayserliche Ausschreiben entdeckt hatte, daß er allweg auch wünschte, daß
mehrere Fürsten sich in Person zu Regenspurg einfinden möchten die Fürstliche Rechte behaupten zu können. (y)

§. 33.

Dann es wurde schon den 19. Nov. nach der obberührten Verabredung, daß
nach verflossenen 6. Wochen die Capitulations-Materie angegriffen werden sollte,
dieselbe in Berathschlagung genommen. Die Churfürstliche schienen sich darinn günstig zu erklären, daß sie den Fürsten gern gönnten, was ihnen nach dem Fridenschluß,
dem alten Herkommen und den Reichsgesetzen zukäme, zumahl sie versprachen bey
allen künfftigen Capitulationen den ausdrücklichen Innhalt des Fridenschlusses art. 8.
vers. ut autem und vers. Gaudeant. ꝛc. worinn die dem Chur- und Fürstlichen
Collegio zukommende communia, decisa & liquida jura enthalten, einzutragen.
Herzog Eberhard konnte sich aber damit nicht vergnügen. ,, Dann er verwunderte
,, sich sehr, daß man sich ungeacht der bißherigen so wohl vor, als nach dem Friden-
,, schluß vielfältig vorgegangener höchstnachtheiliger Beeinträchtigung dennoch um die
,, Aufrechterhaltung der Fürsten und Stände Ehre, Freyheit und Rechte besorgt zu
,, seyn Churfürstlicher Seits sich zu rühmen unterstehen wolle. Das Widerspiel so
,, wohl bey jüngst fürgegangener Wahl zu Frankfurt, auch seit der Zeit und insonder-
,, heit jetzo das neueste Exempel der Erfurtischen unförmlichen Achtserklärung ligen
,, gleichwohl vor Augen. Weßwegen er darvor hielt, daß Fürsten und Stände
,, um so weniger gerathen seyn wolle sich mit einer so weitschweiffigen Vertröstung
,, von eines oder des andern Umstandes wörtlichen Einverleibung in den Schluß und
,, Abschied gegenwärtigen Reichstages also bloß hinweisen und den klaren Innhalt des
,, Fridenschlusses, welcher ohne einige Einschränkung die Abfaß- und Vergleichung
,, einer beständigen und gewissen Wahl-Capitulation erfordert, gleichsam verdunkeln
,, und bedecken, ja so gar zerstümmeln zu lassen. Weil dann dises eine Sache von
,, unüberdenklicher Wichtigkeit sey und den Fürsten und Ständen nicht zustehe zum

Schimpf

(x) vid. Beyl. num. 13.   (y) vid. Beyl. num. 14.

„ Schimpf und Nachtheil der Fridenstiffter in ein so nachtheiliges Ansinnen 1663
„ sich herabzugeben, zu geschweigen auch gegen der lieben Nachkommenschaft nim-
„ mermehr verantwortlich seyn wolle sich seines mit so vielem unschätzbaren Blut
„ und Guts Anwendung endlich bey des Westphälischen Fridens Abhandlung so müh-
„ samlich erhaltenen und erfochtenen juris communis suffragii in der Würklichkeit
„ entsetzen zu lassen: So wolle nun um so viel mehr höchstnöthig und eben jetzo die
„ rechte Zeit seyn auf würklicher Vollziehung dessen, was das Fridens-Instrument
„ Fürsten und Ständen des Reichs bißfalls einraumt, unabwendlich zu beharren.
„ Er könne auch um deßwillen mit Herzog Ernsten von Sachsen-Gotha ihm mitgetheil-
„ ten Meynung in dem Stück wohl einstimmen, daß man sich vor allen Dingen auf Sei-
„ ten der gesammten Fürsten und Stände eines einhelligen Schlusses in diser Capitu-
„ lations-Materie zu vergleichen allen Fleiß anwenden sollte, was eigentlich dem Fri-
„ benschluß gemäß begehrt werden könnte.   Solchemnach gab er seinem Gesandten
auf unverweilt auch mit andern Gesandten sich zu verabreden, wessen sich dieselbe vernehmen
lassen würden und ob nicht auch einige von der Geistlichen Bank den Evangelischen wegen des gemeinschafftlichen Interesse beytretten dörfften.   Nun schlossen die Fürstliche
Weltliche unter sich die præjudicial-Frage nicht zu berühren, ob das jus capitulandi den alleinigen Churfürsten mit Ausschluß der Fürsten und Stände zukäme? weil
man den daraus besorgenten grössern Zwist vermeiden, sondern nur insgemein obige
Churfürstliche Erklärung beantworten wollte, daß man disem Collegio an seinen Vorzügen und Rechten, welche in der güldenen Bull gegründet wären, keinen Eintrag
zu thun begehrte.   Oesterreich und die mehrere Catholische verfochten hingegen die
vorstehende Frage hefftig, welchen auch die im Fürsten-Rath befindliche Churfürstliche Stimmen beyfielen. Ich lege dises Votum hier zur Beurtheilung des Lesers selbsten bey (z). Es hatte aber auch keinen Nachdruck und es blieb dabey die obbemeldte præjudicial-Frage unberührt zu lassen.   Weil der Bischoff zu Bamberg zu dem
Evangelischen Voto übergieng, so machte sich der Herzog die schmeichlende Hoffnung,
daß auch andere Catholische nachfolgen würden. Es blieb aber ein allzufrüher Wunsch,
weil jene der Oestereidischen und Catholischen Churfürsten Meynungen gemeiniglich bey-
tratten. Entzwischen trugen die Evangelische ihre Erinnerungen über diel Churfürstliche
Erklärung wegen der Capitulation zusamen, dagegen die Catholische keinen Lust darzu bezeugten.   Wegen der Türkenhülf wurde auch ein Schluß gemacht, wobey die Ver-
schuldete und einer moderation ihres Anschlags benöthigte Stände gleichwohl durch-
drangen, daß sie nur einen zweyfachen Anschlag an statt der 3. Römer-Monaten
beyzutragen hatten, wobey sich aber der Herzog nicht genug verwundern konnte, daß
in allen wegen der allgemeinen Reichs-Verfassung gemachten Schlüssen kein Wort von
der Bestellung der Krayß-Kriegs-Aemter gedacht worden, ungeacht man keine

G 2   Ver-

(z) vid. Beyl. num. 15.

1663 Verfassung ohne dieselbe in den Kraysen zur Reichs-Armee besorgen könnte. Der Würtenbergische General-Feldzeugmeister und Ober-Commendant der Würtenbergischen Land-Völker und Bestungen, Georg Friderich von Holz bedaurte solches am meisten, weil er nach abgelegten Proben seiner Kriegs-Erfahrenheit in Kayserl und Bayrischen Diensten und erworbenem grossem Ruhm nichts mehrers wünschte, als seine noch übrige Leibs-und Gemüthskräften auch zum besten seines Vaterlands wider den Erbfeind der Christenheit anzuwenden. Herzog Eberhard hatte sich entzwischen auch wegen der Antwort auf die Kayserl. Einladung zu dem Reichstag verglichen, welche dahin ergienge, daß er geneigt sey persönlich auf dem Reichstag zu erscheinen, wofern nur die Kay. May. vermitteln wollte, daß den Fürsten ihre von alten Zeiten hergebrachte und von ihren Voreltern auf sie und ihre Nachkommenschafft vererbte Ehre, Respect und Würde, welche in den verwichenen Zerrüttungen im Reich von den Churfürsten manche Eingriffe erlitten hätte, aufrecht erhalten bliebe (a).

§. 34.

Es ereignete sich aber in disem Jahr etwas, bey dessen Erzehlung ich auf den Anfang desselben zurruckgehen und wegen des Zusammenhangs der Geschichte bis fast an das Ende des folgenden Jahres fortsetzen muß. Dann als Bischoff Leopold Wilhelm zu Straßburg in vorigem Jahr in die Ewigkeit eingegangen war und Grav Franz Egon von Fürstenberg den 19. Januar. 1663. zu seinem Nachfolger ausersehen wurde, schickte Herzog Eberhard sogleich seinen Ober-Vogt zu Bahlingen, Tuttlingen, Rosenfeld und Ebingen, Grav Carln Philipert von Cantel, an ihn zu solcher Wahl und Würde Glück zu wünschen mit dem Erbieten, daß, wofern der Bischoff ihn mit dem prædicat Durchleuchtig nach dem Vorgang der meisten Geist-und Weltlichen Fürsten beehren wollte, er demselben dagegen das prædicat Hochwürdigster Fürst zu geben geneigt wär. Dises gab dem Bischoffen Anlaß bey dem nehmenden Abschid des Gesandten der Auslösung der Herrschaft Oberkirch zu gedenken. Er war aber von der Beschaffenheit diser Pfantschafft etwas widrig berichtet, als ob das Bistum Straßburg Herzog Friderichen von dem Marggraven von Brandenburg abgetretten worden wär. Gleichwohl erboth er sich die daraufstehende 30000 fl. zu bezahlen. Dem Herzog kam solches Bezehren befremdlich vor, weil er sich die Hoffnung machte dise Herrschafft behalten zu können, indem sie ihm zur communication mit den Mömpelgardischen Landen, der Stadt Straßburg und dem ganzen Elsaß sehr dienlich war, von welchen er durch dise Auslösung ganz abgeschnitten wurde. Dagegen die Einkünfte der Herrschafft dem daraufstehenden Capital eben nicht gemäß waren, so, daß er zu zweiseln

(a) vid Beyl num. 16. und 17.

feln Ursach hatte, ob das Capitul und der Bischoff dieselbe zurückbegehren würde. 1663
Er wußte auch, daß weder der Bischoff, noch das Capitul mit dem erforderlichen Geld
versehen war. Weil nun der Bischoff mit dem französischen Gesandten Gravelle zu
Rastatt eine Unterredung gepflogen, so fiel der Verdacht auf dise Kron, als ob sie den
Bischoff darzu veranlaßte ihn daturch zum Beytritt zur Rheinischen Allianz zu bewegen, zumahl der Gesandte allen Alliirten von solchen Beytritt, nur dem Würtenbergischen nicht, Eröffnung gethan hatte. Den 24. Febr. schickte der Bischoff seinen
Rath Franz Victor Glöcklern von Münchenstein an den Herzog und verlangte, daß
man ihm die Verbesserungs-Kosten nachlassen möchte, weil der Herzog die Einkünffte
genossen habe. Nun reichte ober, wie gedacht, die Nutzung der Herrschafft nicht zu
dem landläuffigen Zinß aus dem Capital der 380000. fl. zu erheben, wehnwegen er
öffters selbst die Auslösung gern gesehen hätte, wofern ihm die vorberührte Vortheil-
le aus dem Besitz nicht das Gegentheil eingerathen hätten, als worzu er wieder zu
gelangen keine Hoffnung sahe. Der Herzog war aber aller Schrifften beraubt, welche ihm zu Beharrung seiner Absicht dienlich seyn konnten. Er erinnerte sich gleichwohl aus dem Westphäl. Friden, daß, gleichwie man ihm vermög der Annistie die
Herrschafft zurückgeben müssen, der Bischoff auch die samtliche darzu gehörige Schrifften und Urkunden hätte ausantworten sollen. Nun suchte aber diser allerhand Ausflüchten hervor solchem Begehren auszuweichen und beruffte sich auf die schon im Jahr
1651. gehaltene Conferenz, welche er jetzo fortzusetzen verlangte. Man konnte aber damal so wenig, als jetzo wegen ermangleuder schrifftlichen Nachrichten zu einer Auskunfft
gelangen, weßwegen der Herzog desto eher auf die Auslieferung der Documenten drang,
weil er die Vermuthung faßte, daß er dieselbe nicht erhalten und damit die Auslösung verzögern, wo nicht vereiteln könnte. Mühe und Unkosten würden ohne dieselbe ohnehin verge-
lich gewesen seyn, zumahl der Bischoff die Absicht führte die ganze Summe des Pfand-
schillings nicht zu bezahlen, sondern behauptete, daß der Herzog mehr als ihm gebührte, daraus gezogen und sich solche Uebernutzung abziehen zu lassen erbotten hätte. Der
Herzog konnte sich solches Anerbietens nicht erinnern und beharrte eben deßwegen darauf, daß man ihm eine Uebernutzung und Zusage erweisen möchte, weil die bischöff-iche
Räthe sich auf diejenige Schrifften bezogen, welche der Bischoff verlohren zu seyn vorschützte. Diser machte sich entzwischen mit dem erforderlichen Geld zur Auslösung gefaßt und schickte eben dazumahl, als der Herzog zu Heydenheim seine Truppen dem
Kayser wider den Türken fortschickte, seinen Glöckler wieder nach Stuttgard. Der
Abgeordnete reyßte aber so gleich in größter Eyl dem Herzog nach. Weil nun der Bischoff nichts von der Pfand-Notul wissen wollte und der Herzog solche auch nicht hatte,
gleichwohl aber die Auslösung nach dem Buchstaben derselben vollzogen werden sollte,
so diente wenigstens diser Mangel darzu, daß dieselbe wieder aufgeschoben und der Herzog die Einkünffte entzwischen benutzen konnte. Als aber derselbe auch die auf die

Verbeß-

1663 Verbefferung verwendete Koften fordern wollte, so behielte sich der Bischoff dagegen
bevor die von dem Stifft entzwischen erlittene Reichsbeschwerden dagegen abzuziehen, welche eine unerschwingliche Summe ausmachten und solche Forderung nach ge-
schehener Auslosung und Abtrettung der Herrschafft rechtlich auszuführen. Difer
Vorbehalt schien dem Herzog sehr befremtlich, weil er sich nicht allein erst in einen
Proceß einlaſſen ſollte, ſondern auch nach dem Herkommen der Eigenthümer der
Pfandschafft ordentlicher weiſe, woferu nicht ein anders verglichen worden, diſe Beſchwerden zu tragen ſchuldig war und die Unterthanen ſolche erſtatten muſſten. Weßwegen er verlangte, daß der Bischoff ſich ſolcher Anſprach bezeben ſollte, zumahl diſer ſich der Kayſerl. Reſolution von 1636. bedienen wollte, nach welcher der Herzog dem Stift die Herrschafft unentgeltlich zurück geben ſollte und nichts deſtoweniger ſolches in dem Friedensschluß abgeändert, wie auch die Herrschafft von dem da-
malligen Bischoff Leopold Wilhelmen ohne Widerrede dem Herzog abgetretten
wurde.

§. 35.

Es wollte aber auch die Kron Frankreich in diſen Handel gezogen werden,
welcher der Bischoff diſe Herrschafft gegen Abtrettung der Landvogtey Hagenau überlaſſen ſollte, damit ſie einen Fuß in dem Reich hätte. Der Bischoff drohete würklich mit diſem mächtigen Nachbar und erboth ſich ſeinen Bruder Wilhelm Egon
Graven von Fürſtenberg abzuordnen, aber nicht die ganze Summe des Pfandſchillings zu bezahlen. Der Herzog verbath ſich aber ſolche Abſchickung, weil er wegen der groſſen Türken-Gefahr einen allgemeinen Buß-Beth- und Faſt-Tag in
ſeinen Lauden mit durchgängiger Begehung des Heil. Nachtmahls ausgeschrieben
hatte und ſolches ſelbſt auch genieſſen, mithin zu deſſen würdiger Vorbereitung ſich ſo viel
möglich aller weltlichen Geſchäffte entſchlagen, hernach aber auf alle Nothfälle eine
allgemeine Landmuſterung vornehmen und derſelben in Perſon beywohnen wollte. Man
entdeckte auch indeſſen, daß das Amt Oberkirch und inſonderheit das darinn gelegene
Schloß Fürſteneck ehemals dem Gräflichen Hauß Fürſtenberg gehört habe und von
demſelben an das Stifft Stroßburg veräuſſert worden. Weil nun der Bischoff ſo
eyfrig auf diſe Auslosung brange und zu Aufbringung des Pfandſchillings die Fürſtenbergiſche und nicht die Stifftiſche Güter verſändet werden wollten, ſo entſtund der
Verdacht, als ob die Herrschafft nicht dem Stift zu gutem ausgelöſet, ſondern wider
in die Fürſtenbergiſche Lände geſpielt werden ſollte. Weil aber die Bischöffliche Abgeordnete ſchon unterweegs waren und verſicherten, daß ſie den Herzog an ſeiner
Andacht und Geſchäfften nicht hintern wollten, ſo kounte der Herzog die faſt auf-
gedrungene Conferenz nicht mehr in die Länge verſchieben. Solchemnach wurde
den 13. Oct. ein Präliminar-Receß verglichen, daß I.) Beederſeits auf alle ge-
                                                                                        gen

gemeinander habende Forberungen und Ansprachen Verzücht gethan werden solle. 1665
2.) Bewilligte Herzog Eberhard dermahl auf Abschlag zwo Tonnen Golds anzunehmen, dagegen der Rest mit 180000. fl. und die bereits liquidierten und noch zu liquidieren seyende Verbesserungskosten, samt den von dem Haus Würtenberg zu der Herrschafft erkaufften und sonst erworbenen Gütern, deren Summe in nächster Conferenz bestimmt werden soll, innerhalb drey Jahren in guter Reichs-Münz zu bezahlen seyen. 3.) Indessen bliebe der Herzog in vollkommenem Besitz der Herrschafft mit aller Landesfürstlichen Obrigkeit, wie er solche bißher gehabt und genossen habe, jedoch, daß dem Bischoff frey stund eine Verzeichnuß aufzunehmen, was das Amt an ausserordentlichen Einkünfften mehr, als bißher geforbert werden, ertragen möchte und die Unterthanen entzwischen zum Beytrag zu der Auslosung beyzuziehen, zu welchem Ende 4.) die Amtschaffner zur einen Helffte von Würtenberg und zur andern Helffte von dem Bischoff besoldet worden. 5.) Soll der Herzog auch das Eisen-Bergwerk noch ferner, jedoch ohne sonderbaren Schaden des Gehölzes gebrauchen. In einem Neben-Receß aber wurde wegen der sich zur Augspurgischen Confeßion bekennenden Beamten, Dieneru und Unterthanen, welche in dem ganzen Amt gesessen oder mit Güter kauffen sich eingelassen, verglichen, daß sie bey ihrer Religion und deren Uebung in benachbarten Orten gelassen und nicht daran gehindert, noch anzuziehen oder ihre Güter zu verkauffen gedrungen, noch mit Anlagen, Fronen und andern Beschwerden härter als die Catholischen belegt, sondern beederley Religions-Genossen, einander durchaus gleich gehalten werden sollen. Demnach wurde wegen der meliorationen eine zweyte Conferenz zu Oberkirch gehalten, wobey sich wegen der auf Würtenbergischer Seiten ermangleuder Schrifften grosse Schwärigkeiten ereigneten, so, daß es auf der Spitze eines Aufbruchs stund, zumahl man die Verbesserungskosten glaubte auf 63863. fl. setzen zu können, welche die Bischöffliche nicht annehmen wollten. Weil aber der Bischoff äufferst begierig war diser Auslosungs-Sache eine baldige Endschaft zu geben, weil er das entlehnte Geld nicht ohne Nutzen wollte da ligen haben und noch Zinnß daraus reichen, und sowohl derselbe, als auch der Herzog wegen ihrer bevorstehenden persöhnlichen Erscheinung auf dem Reichstag sehr eyleten, so erfolgte den 9. Dec. ein Receß, vermög dessen an den Herzog 182000. fl. baar und 18000. fl. mit Auweisungen auf Regenspurg bezahlt, die Summen der Verbesserungskosten auf 20000. fl. herabgesezt und verglichen wurde, daß der Rest des Pfundschillings und dise benennte Summe innerhalb drey Jahren abgetragen und entzwischen verzinnßt werden solle.

§. 36.

Sonst machte der Herzog in disem Jahr verschiedene Verordnungen, indem er sich mit den fünf Vierteln der Schwäbischen Ritterschafft wegen des von ihnen eingenom-

1663   zunehmen berechtigten Zolls vergliche und den 4. Junii seinen Amtleuten und Zollern den Befehl zugehen ließ, daß, weil er dieselbe aus Gnaden und aus keiner Gerechtigkeit der Abreichung des Zolls von ihren erkaufften und aus eigenem Einkommen habenden Gefällen, Weinen, Früchten und andern Lebensmitteln, Materialien und Hausrath, so sie zu ihrem Hausbrauch bedürfftig und nicht zum Verkauff und Gewinn anwenden, erlassen habe, dieselbe solchem gegen gebührend aufweisendes Patent nachkommen sollten. Und unter dem 4. May ließ er den Befehl ergehen, daß nicht allein die Beamte den Pflegern der armen Kästen bey Eintreibung ihrer Gefälle besser, als bißher, beyhelffen, sondern auch, weil die Rechnungen derselben in vielen Jahren nicht abgehört werden wollen und dieselbe theils in Sorgen eines ihnen unschuldiger Weise aufbürdenden Rests stehender Pflege um Gotteswillen um solche Abhör und Sicherstellung gebenhen, theils keiner zu Uebernahm solches Amts vermocht werden können, die Beamte solche innerhalb Jahresfrist berichtigen oder gewärtig seyn sollten, daß dise Rechnungen durch ausschickende Commissarien auf der nachlässigen Kosten abgehört würden. Nicht weniger ließ der Herzog den 3. Aug. ein Normal Rescript ergehen, wie sich die Beamte mit Beysitzung, Verhör, Folter und sonstiger Führung der peinlichen Processe verhalten sollten, wobey insonderheit der zweyte Punct dahin ziehte, daß, weil ausserhalb Stuttgard und Tübingen auf den Landstädten wenige oder gar keine gelehrte Advocaten zu finden, mithin nur die wenige in bemeldten Haupt-Städten wohnende öffters mit vielen andern Bürger- und peinlichen Processen überladene darzu gebraucht werden müssen und die Beförderung dadurch sehr gehindert werde, in die Land- und Amt-Städte nach und nach geschickte und gelehrte Advocaten gezogen und die angehende dahin angewiesen werden sollen, daß sie in schwer und wichtigen Leib, Leben, Ehr- und Gut betreffende Sachen bey nächst- oder auch in Reichs-Städten gesessenen, erfahrnen und gelehrten Leuten sich Raths und Unterrichts bedienen und, weil damahls noch die articulierte Klagen gebraucht wurden, sich aller unnöthigen und ungeschickten Articul und zu Abkürzung der Processe der Probationsschrifften so viel möglich bemüßigen sollen. Und weil, wie in vorigen Theilen schon berühret worden, die Meichßner Tuchhändler vieles Geld aus dem Herzogthum führten und sonst ausländische Kauffleute schlechte Tücher einbrachten, so wurde jenen verbothen ihre fremde Tücher vermittelst Ausmeß- und Abschneidung zu verkauffen und überhaupt verordnet, daß kein Tuch, es wäre dann zur Nadel bereitet, genetzt und geschoren, wie auch bey der deßwegen angeordneten Tuchschau gerecht erfunden worden, von solchen Kauffleuten verkaufft werden sollen. Zugleichem wurde das so genannte warme Pressen abgeschafft und dagegen alles Tuch, welches für just und Kauffmannsgut erkennt worden, auf offentlichen Jahrmärkten auszuschneiden und anzumessen erlaubt, doch, daß sie keine geringere graueingesprengte Tücher, welche man hiebevor für eine

Seiten

Seltenheit gehalten, verkauffen, als welche wenigstens einen Reichsthaler werth 1663
wären. Eine der schönsten Anstalten in disem Herzogthum, auf welche auch die weisen
Regenten jederzeit ihr Augenwerk gerichtet haben, ist der Vorrath an Früchten, welcher so
wohlvon den Fürsten, als Communen in Bereitschaft auf alle Nothfälle unterhalten würde. Herzog Eberhard hatte als löblicher Regent so gleich unter andern vortreflichen
Zeugnissen seiner Vorsorge für seine Unterthanen nach erlangtem Westphälischen Friden den 24. Nov. 1651. dafür Sorge getragen, und verordnet, daß, weil damahls
das Herzogthum meistentheils noch wüst und ungebauet lag und auch die Einwohner
in ihrer Anzahl gegen der vorigen Zeit fast um zwey dritteile abgenommen hatten, auch
dise Frucht-Vorräthe auf den vierten Theil herabgesetzt, jedoch beständig in ihrem
Wesen erhalten werden sollten. Die gefährliche Aussichten aber erinnerten jetzo den
Herzog auf alle Fälle Land und Leute auf einen völligen grössern Vorrath bedacht zu seyn,
zumahl er in der Hoffnung stund, daß bey der entzwischen erfolgten mehrerer Be-
völkerung und Anbau seines Landes man solchen vermehren und auf die Helffte des
ehmaligen Ansatzes erhöhen könnte, weßwegen er den 23. Sept. darzu die Befehle
ergehen ließ.

§. 37.

Entzwischen setzte die persönliche Erscheinung der Fürsten auf dem Reichstag
wegen des wider das vorgebene Herkommen von den Churfürstlichen angemassten Vor-
zugs in desto grössere Unruhe. Der Pfalzgrav von Neuburg war nebst Herzog Eberharden noch immer um die Fürstliche und hergebrachte Freyheiten besorgt. Beede
waren noch unentschlossen, ob sie dahin reysen und gleichwohl war jener so nahe bey
der Stadt Regensburg, daß er sich nicht wohl ohne Beleydigung des Kaysers entbrechen konnte demselben aufzuwarten. Endlich berichtete er den 12. Januarii an den
Herzog, daß er von guter Hand versichert worden, als ob die Churfürsten, wann
man nur Fürstlichen theils über dessen Rechten und Vorzügen fest zusamen hielte, sich in
Ceremonial-Angelegenheiten eines bessern bedenken würden. Obwohl er aber durch
seine Gesanten fleissig daran arbeiten lasse, so sey er doch nicht gesonnen sich in Person bey dem Kayser einzufinden, ehe und bevor er eines bessern Tractaments so wohl
am Kayserl. Hof, als von den Churfürsten vollkommen versichert wär. Herzog E-
berhard vertröstete ihn beßwegen, daß er gleiche Gesinnung führe und fernere Nachricht erwarte. Zugleich beunruhigte ihn, daß, ungeacht die Ottomannische Pforte
in ihrer Kriegserklärung ausdrücklich auch das Teutsche Reich mit eingeschlossen hatte, dannoch das Reichs-Vertheydigungswerck sehr nachlässig betrieben wurde und
man sich bey den meisten Kraysen zur Bestellung eines Krayß-Obersten und übriger
nachgeordneter Aemter nicht entschliessen wollte, ja so gar das Wort Krayß-Obersten

X. Theil.   H   aus

1664 aus einem Reichsgutachten ausgestrichen werden muste, weil es den geistlichen Bancks-Verwandten anstößig schiene. Der Vorwand war zwar, daß solche Amtsbestellung noch unnöthig wár. Der wahre Grund bestund aber auf einer
Mißgunst, indem sie nicht darzu gezogen werden konnten und den Weltlichen etwas
mehrere Gewalt und Anordnung in den von solchen Aemtern abhangenden Sachen
nicht gönnen oder einraumen wollten. Bey einigen Weltlichen hinderte eine blinde
Eyfersucht dise Ersetzung. Herzog Eberhard gab deßwegen seinem Gesanten auf mit andern,
insonderheit Evangelischen Kraysen, wo dergleichen Stellen schon ersetzt waren, es zu
unterbauen, wie nöthig es sey auch in andern und insonderheit in dem Schwäbischen
Krays jener Vorgang nachzufolgen, weil die grösste Verwirrung bey so vielen Ständen in
zunehmender Gefahr zu besorgen wár. Denn es war gewiß unbegreiflich, daß man
keine Anstalten zu Entfernung eines Feindes machen, sondern demselben eher Thür
und Thor gleichsam aufthun und, wann man ausser Stand der Vertheydigung wäre,
durch langes Zaudern aus Mißvergunst Zeit lassen wollte den ganzen Krayß zu verwü-
sten. Der Herzog meynte deßwegen, daß es dem Krayß von des ganzen Reichswegen auferlegt werden sollte. Nicht weniger stund er in Sorge wegen der Begegnus der Churfürsten gegen die Fürsten, daß diejenige Gesandte, deren Principalen
nicht persönlich erscheinen wollten, von den andern die Hand abziehen und dem Fürstenstand seine hergebrachte Vorzüge in Gefahr setzen dürfften. Dann obschon alle
Fürsten wegen ihrer guten Gesinnung gute schrifftliche Vertröstungen eingeschickt hatten, so waren doch einige Gesandten verdächtig, ob sie nicht von dem Gegentheil durch
allerhand Ränke und Vorspieglungen eingenommen wären. Disen befahl der Herzog wohl einzuprägen, daß die Rechte des Fürstenstants allen Fürsten gemeinschafftlich
wären und ihnen Fürstlichen Gesandten als eine Pflicht oblige dieselbe zu vertheidigen
und, wann dermahlen etwas nachtheiliges vorgienge, solches in Zukunfft so wohl auf
die abwesende, als gegenwärtige angezogen werden könnte. Wofern nun die Churfürsten ihre neuerliche Ansprüche auf einen ungewöhnlichen Vorzug sowohl in Ansehung
ihrer selbst in ihren Logimentern, als ihrer Gesandten in offentlichen Zusamenkünfften nicht verlassen wollten, so hatte der Gesandte den Auftrag, sich mit andern gut
gesinnten wenigstens bey dem Kayserlichen Principal-Commissario, den Fürsten
von Portia und Auersperg dahin zu verwenden, daß der Sache durch ein Kayserl. Decret ohne Weiterung oder eines und des andern Mißvergnügen abgeholffen werden möchte, weil dise dem Fürstenstand die Vertröstung darzu gegeben hätten und ohne solche
Kayserl. Entscheidung wenige Fürsten in Person ankommen dürfften, welche sich gleichwohl gefaßt hielten dem Kayserlichen Willen zu folge dahin abzureysen und nur dem
Kayserlichen Versicherungs-Decret entgegen sehen. Entzwischen bekam zwar der
Pfalzgrav von Neuburg gute Vertröstung von dem Kayser und dem Churfürsten
von Bayern um seiner Anverwandtschafft willen wegen des Ceremoniels, so, daß der
letz-

letztere nur noch wegen des erſten Beſuchs einige Schwürigkeiten machte: Al- 1664
lein man war noch nicht verſichert, ob auch andere Fürſten auf ſolche Weiſe
aufgenommen werden dörfften, zumahl die Entſcheidung wegen des angeſprochenen
Vorgangs der Churfürſtlichen Geſandten vor dem ankommenden Fürſten von dem Kayſer nicht erfolgen wollte, indem er in der Meynung ſtund, daß diſe ſich ſelbſten das
Recht verſchaffen und hingegen die Churfürſtliche Geſandte ſolche Zuſammenkünffte
vermeiden würden.

§. 38.

Eben damahl wurde auch die Bitte des Herzogs auf das Verlangen des Chur-
Mainziſchen Reſidenten zu Wien, Lindenſpürs, und des Churfürſten ſelbſt wegen
Erlangung des prædicats Durchleuchtig wieder hervorgeſucht, weil letzterer jetzo eine
bequeme Zeit darzu zu ſeyn erachtete. Dann der vorher am Kayſerlichen Hof anweſende Würtembergiſche Geheime Rath und Kirchen-Raths Director D. Myler von
Ehrenbach hatte ſchon beßwegen ein Memorial übergeben und bey ſeiner Heimreyſe
dem gedachten Reſidenten anbefohlen diſe Sache zutreiben. Dem Herzog war faſt
unglaublich und es ſchiene widerſprechend zu ſeyn, daß jetzo der günſtige Zeitpunct
wär, da man ſich am Kayſerlichen Hof vermerken ließ und würklich zeigte dem
Fürſten vielmehr dasjenige je länger je mehr zu entziehen, was ihnen von alten Zeiten her gebührte, und ſie herunter zu ſetzen, zumahl der Herzog ſich feſt entſchloſſen hatte, es möchte auch diſer Vorzugs-Strit beygelegt werden, wie er wollte,
den Churfürſtlichen Geſandten bey keinen öffentlichen Zuſammenkünfften zu weichen
oder nachzugeben. Gleichwohl mochte auch der Kayſerliche Hof dem Herzog eine gute
Neigung zu erweiſen Urſach haben, damit er dem Erzherzog Sigmund Franz ſein
Verlangen gewähren möchte. Dann als diſer bißherige Cartinal und Biſchoff zu
Augſpurg nach Abſterben ſeines Bruders Erzherzog Ferdinand Carls die Regierung
der Inſprugiſchen Lande antrat, bewarb er ſich bey Herzog Eberharden um ei ne
ſeiner Princeſſinen Töchtern unter der Bedingung, daß ſie ſich in der Stille zur Catholiſchen Religion bekennen müßte. Ungeacht aber diſer Werber der Princeſſin die
Privat-Uebung der Evangeliſchen Lehre zu geſtatten verſprach und diſe Vermählung
dem Herzoglichen Hauß zu groſſem Vortheil dienen konnte, ſo wollte ihm doch ſolche nicht
gefallen und er ſuchte diſe Ehre zu verbethen, worüber man ſich ſehr verwunderte,
daß er ein ſo zartes Gewiſſen hätte eine ſo vertheilhaffte Verbindung mit einem ſo
vornehmen Hauß von ſich zu weiſen. Den 18. Januarii übergaben aber nach des
Herzogs obberührtem Vorſchlag der Pfalz-Neuburgiſche und Würtembergiſche Geſandten dem Fürſten von Porcia ſowohl im Namen ihrer Principalen, als auch anderer beygetretener Fürſten ein Memorial an die Kay. May. wegen des ſtrittigen

Cere-

1664 Ceremoniels, dessen Entscheidung sie suchten, indem sonst kein regierender
Fürst sich so leicht zu erscheinen entschliessen dörffte; ungeacht sie nichts neues
begehrten, sondern nur das alte Herkommen sich nicht nehmen lassen konnten, weß=
wegen der Herzog den 20 Januarii von Stuttgard aufbrach und zu Heydenheim
ferneren Bericht von der Vergleichung diser Mißhelligkeiten erwarten woll.e. Es
kam aber auf dem Reichstag ein wider die Fürsten sehr verfänglicher Auffsatz zum
Vorschein, welcher dieselbe sehr verlegen machte (b). Man urtheilte aus der Schreib=
Art, daß dise Arbeit von dem sonst berühmten Straßburgischen Rechtslehrer Böck=
ler herrührte, von welchem man wußte, daß er eine faile Feder hätte. Herzog E=
berhard beobachtete aber, daß dieselbe sehr leicht widerlegt werden könnte und gab
seinem Gesandten auf solches den übrigen Fürsten zu überlassen und dem Verfasser
einen Verweiß zu geben. Dann es wollte ohnehin fast das Ansehen gewinnen, daß
dem Kayserlichen Hof und den Churfürsten ungeacht des Kayserlichen Schreibens und
Verlangens das Erscheinen der Fürsten eben nicht gar angenehm wär und wann
die Türkenhülse zum Schluß gekommen, der Kayser weggehen und wegen der unaus=
gemachten Puncten die Chur=Fürsten und Ständen sich untereinander herumzan'en
lassen dörffte, bis sie dessen müde dieselbe auf andere Zeiten und Zusammenkünfften
ausstellen würden, zumahl die angeführte unter der Hand herumgehende Schrift deut=
lich zu erkennen gab, daß die Fürsten von der Besorgung des Reichs=Wohlfart
ausgeschlossen und solche den Churfürsten allein in die Hände gespielt werden wollte.
Entzwischen erwartete der Herzog noch immer zu Heydenhehn von dem Pfalzgraven
von Neuburg, welcher sich in der Obern=Pfalz aufhielte, die Nachricht von dessen
Aufbruch nach Regenspurg, indem er seinen Hof=Juncker Christoph von München=
gen dahin schickte um zu vernehmen, ob der Pfalzgrav von dem Ceremoniel=Stritt
und dessen Vergleichung keine vergnüglichere Berichte empfangen hätte. Und weil
des Kaysers Bruder Ferdinand Carl Joseph das Zeitliche verlassen hatte, so ließ
er sich zugleich wegen der Trauer erkundigen und war willens dieselbe nur für seine
Person und seine fürnehmste Dienerschafft anzulegen, die übrige gemeine in die Li=
vree gekleidete Diener aber dabey zu lassen.

§. 39.

Weil nun auf obgedachtes Memorial noch keine Kayserliche Resolution erfolgen
wollte, so ließ der Herzog an den Erzbischoff von Salzburg und den Fürsten von
Portia Schreiben ergehen, worinn er ihnen zu vernehmen gab, daß er zwar würk=
lich dem Kayserlichen Willen gemäß auf der Rays begriffen wär, aber Bedenken trage
solche fortzusetzen, wofern der Fürsten wohlhergebrachte Vorzüge geschmählert und das
Chur=

(b) vid. Beyl. num. 18.

Churfürstl. Anmuthen beharrt werden sollte. Der Pfalzgrav musste aber so 1654 wenig, als der Herzog von der Lage der Sache und kaum nur kisen in seiner Residenz heimzusuchen, welches derselbe auch bewilligte. Man erfuhr nun, daß man sowohl von Kayserl. als Churfürstl. Seiten die Sach auf den langen Banck schieben und unter solchem Ceremonien-Vorwand die Fürsten vom Reichstag entfernen wollte, welchen man doch keinen Glauben zustellen konnte, weil solches bey damahligen so dringenden Kriegs-Umständen, da man sich nach der Fürstlichen Hülfe so sehr sehnete, ganz widersprechend schiene, aber nichts destoweniger eine Aussicht zeigte, wie die Fürsten bey günstigern Zeiten so gering geachtet werden dörfften. Der Erzbischoff zu Salzburg hingegen gab bey Ueberlieferung des obberührten Würtembergischen Schreibens zur Antwort, daß der Kayser sich entschlossen hätte die Fürsten ihrem Begehren gemäß unten an der Treppen durch den Ober-Hof-Marschalln, bey der Ritterstuben durch den Obristen-Hofmeister und so dann weiter durch den Obristen Cämmerer empfangen zu lassen. Der Kayser würde ihnen in dero Zimmer etwas weiters, als sonsten gebräuchig gewesen, entgegen kommen und sie solcher Gestalt wieder begleiten, so, daß sie in disem Stück mit mehrerer Unterscheidung vor den Churfürstlichen Gesandten aufgenommen und tractiert würden. Die beede Bischöffe zu Straßburg und Münster, wie auch die beede Marggraven zu Baaden-Baaden und Durlach bezeugten ihr Vergnügen, daß sie auf diese Weise bey dem Kayser Audienz erhielten, zumahl die Haischier-Garde durch den ganzen Hof auf beeden Seiten, sodann den Schnecken hinauf und oben sowohl die Kayserliche, als des Fürsten von Portia, als Obrist-Hofmeisters Räthe, Cavalliere und Edelknaten aufgewartet und einen Spallier gemacht hatten. Von den geistlichen Churfürsten wurde bewilligt, daß sie die Fürsten an der Gutsche empfangen und wieder bis dahin begleiten, auch ihnen in ihren Wohnungen die rechte Hand gestatten, aber von disen die erste Besuchung erwarten wollten. Und bey den Einzügen erlaubte der Kayser den Fürsten sich der Heer-Paucken zu bedienen. Der vorangeschickte Würtenbergische Landhofmeister, Grav von Castell, erhielte zugleich von dem Churfürsten von Maynz die willfärige Antwort, daß er den Fürsten in ihren hergebrachten Vorzügen keinen Eintrag zu thun, sondern vielmehr zur Begünstigung in ihren rechtmäßigen Forderungen beförderlich zu seyn gemeynt wär. Weßwegen er nur wünschte, daß der Herzog seine Karß beschleunigen möchte, damit er die alte zwischen ihnen wohl hergebrachte gute Freundschafft und Vertrauen mündlich erneuren könnte. Der Herzog ließ ihn hingegen nur ersuchen, daß er die zwischen Churfürsten und Fürsten noch übrige Mißhelligkeiten beyzulegen behälflich seyn möchte, weil die Reichstags-Geschäfften merklich dadurch verhindert würden: Wie ingleichem, daß auch die vertröstete Kayserliche Erklärung wegen Begleitung des Kaysers zur Kirche und in und aus dem Kayserlichen Zimmer, wie auch mit Eingebung in das Kayserliche Cabinet bald erfolgen möchte. Diser Landhof-

meis-

1664   meister hatte aber auch den Auftrag sich bey der Stadt Regenspurg dahin
       zu verwenden, daß sie bey des Herzogs Einzug die Begrüssung mit Canon-
schüssen nicht länger verwaigern und ihm einige Mannschafft vor sein Logis zur Aufwartung gegeben werden möchte.

§. 40.

Bey solchen günstigern Aussichten gedachte der Herzog seine Rayse von Heydenheim durch die Ober-Pfalz fortzusetzen. Die Kayserliche Staats-Räthe machten
aber eine neue Verwirrung, indem sie die Kayserliche Resolution nur auf gegenwärtigen Reichstag einschränken wollten, welches man dahin gestellt seyn ließ. Und
weil der Erzbischoff von Salzburg sich für die Fürsten viele Mühe gegeben, so
machten sie die Cabale, daß man ihm als einem Erzbischoff ein besseres Tractament,
als den Fürsten versprach, welches ihn ausser Stand setzte den Fürsten hinfüro beyzustehen. Diser begieng ohnehin den Fehler, daß er dem Herzog zu verstehen gab,
als ob die Churfürsten kein mehrers Ceremoniel, als die Fürsten haben, sondern beede gleich gehalten werden sollten, welches sich nachher ganz anderst befand, indem
jenen der Obrist-Hofmeister bis an die Gutsche und der Kayser bis unter die Thür
der Ritterstube und folglich durch zwey Vorzimmer entgegen gieng. Nichts destoweniger setzte der Herzog seine Reyse fort und kam bey grossem Gewässer den 10.
Febr. zu Neuburg an. Wegen des Ceremoniels mit den Churfürsten erinnerte sich
der Herzog, daß, als er ehmahls den alten Churfürsten von Bayern zu München besuchte, diser als ein alter Herr, welchen er als einen Vatter verehrte, ihn nicht nur
unten an der Treppe empfangen, sondern auch im Hinausgehen ihm die Oberhand
gelassen und als er einsten den Erzherzog Leopold Wilhelm zu Mergentheim besuchte, diser ihn unten im Hof an der Gutsche empfangen und die Vorhand anerbotten,
welches letztere aber der Herzog nach langem Complimenten-Stritt endlich aus besondern
Rücksichten von sich abgeleinet hätte. Als solches dem Churfürsten von Mainz hinterbracht
wurde, so beharrte er nur darauf, daß der Herzog seine Rayse fortsetzen und guten Empfangs
gewärtig seyn, übrigens aber den Pfalzgrafen von Neuburg mit sich bringen wollte, indem
derselben Gegenwart mehr gutes, als aller Gesandten Verwendungen fruchten würde. Hingegen entschuldigte sich die Stadt Regenspurg noch immer, daß sie den Fürsten
nicht nach ihren Vorzügen begegnen könnte, indem ihro so wohl von der Kayserl. May. als
auch von den Churfürsten noch keine Erlaubnus dazu gegeben worden. Der Herzog ließ
derselben aber bedeuten, daß er den 15. Febr. Mittags um 3. Uhr seinen Einzug zu
halten gedenke. Weil sie ihm nun bißher die Versicherung von ihrer Zuneigung gegen
dem Herzoglichen Haus Würtenberg gegeben, so hoffe er, daß er solche jetzo in der That
verspüren und mit Canonenschüssen begrüsset werde, indem sie als eine freye Reichs-
Stadt nicht Ursach habe einen Churfürstl. Befehl zu erwarten. Damit seine Diener-

                                                                    schafft

hafft ihre Livree anziehen konnte, nahm er in dem Closter Brüel den Abstand, wo 1664 er auch seinen Bruder, Herzog Ulrichen, welcher schon den 4ten dises Monats zu Regenspurg eingetroffen war, und seine drey vorangeschickte Räthe mit der Stadt Erklärung erwartete. Dise war noch immer abschläglich, weßwegen die Gesandte derselben einen Verweiß und aus Befehl des Herzogs zu verstehen gaben, "daß einer jeden freyen Reichs-Stadt sich in dergleichen Fällen nach eigenem Belieben zu verhalten unbenommen und zumahl in dem Heyl. Reich, so viel ihm wissend, gar nicht Herkommens sey, daß die Bescheidserholungen, sondern vielmehr solche Begrüssungen nicht nur bey Reichs-sondern auch Chur-und Fürstlichen Residenz-Städten, wo die Gelegenheit und Mittel darzu vorhanden, üblich und gegen ihm Herzog würcklich bezeuget worden seyen. Uberdiß wären die jetzige Zeiten gar nicht darnach bewandt, daß man solchermassen gegen die regierende Reichs-Fürsten, bevorab diejenige, welche pro salute patriæ mit ihrer höchsten Unbequemlichkeit und Aufwendung grosser Kosten auf zweymalige Kayserliche Einladung bey gegenwärtiger Reichs-Versammlung in Person zu erscheinen sich entschlossen, ein so widriges Gemüth gleichsam im Angesicht des ganzen Reichs zu bezeugen Ursach haben könnte. Er und der Pfalzgrav von Neuburg hätten sich einer mehrern Höflichkeit versehen und würde ihnen nicht zu verdenken seyn, wann man einen starken Verweiß zu geben veranlaßt würde, zumahl wann sie ihrerseits dasjenige, was der Herzog mit Recht von ihnen forderte, andern nicht abschlagen, sondern willfährig an die Hand gehen wollten. Er mußte sich aber auch zu Abach noch verweilen, weil der Pfalzgrav noch ein abermaliges Schreiben an die Stadt ergehen ließ, worinn er aber nur seinen vorhabenden Einzug zu wissen machte, da er eine solche Bezeugung von ihro erwartete, woraus er ihre zugesicherte Zuneigung in dem Werck verspüren könnte, welches er mit guter Nachbarschafft vergelten würde. Obwohl nun die Stadt darzu geneigt war, so konnten solche Schreiben doch nichts verfangen, weil ihro solche Begrüssung verbotten worden. Beede Fürsten mußten demnach ohne dieselbe ihren Einzug halten.

§. 41.

Nun war Herzog Eberhard über den Empfang bey dem Kayser und den beeden Churfürsten zu Maynz und Trier sehr wohl zufriden. Der Churfürst von Bayern machte hingegen Schwürigkeiten, indem er den Herzog bey der ersten Visite nicht an der Gutsche empfangen, sondern nur bis an die unterste Treppe entgegen gehen, im begleiten aber sich nur einige Staffeln der untersten Stiege herunter bemühen wollte. Die meiste Zeit seiner Anwesenheit zu Regenspurg wurde mit dergleichen Besuchungen zugebracht, davon ich unter andern mehrern nur diser zwo gedenke, nemlich daß der
Marg-

1664 Marggrav Chriſtian Ernſt von Brandenburg-Bareuth ihn bey der erſten feyerlichen Viſite ebenmäſſig an der Gutſche empfangen, und als derſelbe nachgehends auch
bey der Marggrävin den Beſuch ablegte, von ihrem Gemahl bis an ihr Zimmer begleitet wurde.　Dieſe Dame empfieng ihn vor der Thür ihres Gemachs.　Bey dem Abſchied blieb ſie in demſelben und der Marggrav ließ ſich durch den Hof-Marſchallu entſchuldigen, daß er ihn wegen anderwertigen habenden Beſuche nicht auf die Weiſe
begleiten könnte, als in Franckreich üblich wär und gegen Chur-Sachſen, dem Erzbiſchoff zu Saltzburg und andere Fürſten beobachtet hätte.　Als er aber bey Erzherzog Sigmund Frantzen die Abſchieds-Audientz abſtattete, kam ihm diſer zwo Stiegen
herab entgegen und empfieng ihn auf der dritten mit der Entſchuldigung, daß er nicht in
ſeiner, ſondern des Kayſers Wohnung ſey und ihn deßwegen nicht unten empfangen
können.　Woſern er aber den Herzog in ſeinen Landen zu ſehen das Glück hätte, würde er ihm alle Satisfaction geben.　Im Weggehen begleitete er ihn wieder bis an die
Treppe des Empfangs, da der Herzog ihn erſuchte ſich zurück zu begeben. Am folgenden
Tag morgens um 7. Uhr beehrte ihn der Erz-Herzog mit einem Gegenbeſuch in der
Kayſerl. Leib-Gutſche und wurde neben ſeiner eigenen auch von der Kayſerl. Dienerſchafft begleitet.　Der Herzog empfieng ihn am Wagen, welches er als eine groſſe
Höflichkeit aufnahm und verlangte bey dem Abſchied, daß der Herzog ſich vor ſeinem
vollkommenen Einſetzen zuruckbegeben möchte. Als aber ſolcher diſes nicht thun wollte,
neigte ſich der Erzherzog ſo lang zum Wagen heraus, als er den Herzog im Geſicht
hatte.　An diſem Tag nemlich den 28. Martij nahmen auch der Churfürſt zu
Maynz, die Biſchöffe von Paderborn, Münſter und Straßburg, beede Marggraven
von Baden und verſchidene Kayſerliche Staats-Räthe Urlaub von ihm, woraus
gleichwohl abzunehmen war, in welcher groſſer Achtung der Herzog auf dem Reichstag geſtanden, zumahlen ihm auch der Kayſer das Diplom wegen des den 6. Martij
zugedachten Prädicats Durchleuchtig von den Kayſerl. Cantzleyen und Reichsgerichten,
noch zuſchickte (c).　Durch ſolch Anſehen wurde er angefriſcht, darzu zu verhelffen,
daß nunmehr eine Reichs-Armee wider die Türken aufgeſtellt werden ſolte, wobey
ſein Bruder Herzog Ulrich nach vielen eingeworfenen Schwürigkeiten als Reichs-General über die Cavallerie bey ſolcher Armee ernannt wurde.　Und weil vor einigen
Jahren ſein Erb-Prinz, Herzog Johann Friderich mit Tod abgieng, folglich ſein im
Jahr 1654. gemachter letzter Wille einige Aenderung erforderte, ſo errichtete er den
14. Martij wider ein Teſtament, wie vormals auf einem Reichstag, worinn er nochmals nach Anrühmung der Evangeliſchen Lehre als ein Grundgeſetz vorausſetzte, daß er
die Zertrennung des Herzogthums als demſelben verkleinerlich und dirsputierlich ver-
warf und ſeinen Nachkommen die Unzertrennlichkeit als das koſtbarſte und unſchätzbar-
ſte Kleinod einprägte mit dem Befehl, daß hinfüro das „ Fürſtenthum und Lande
ſamt

(c) vid. Beyl. num. 19.

„ famt allen Grab-und Herrfchafften, Städten, Aemtern, und andern Rechten ,1664
„ und domanial-Gütern, fo bereits der Fürftl. Cammer, geift- und
„ weltlichen Gütern und getreuer gehorfamfter Landfchafft einverleibt oder ins künfftig
„ adquirirt werden oder fonft zuruckfallen und der Landfchafft einverleibt werden
„ möchten, als ein einig wohlgeftaltes corpus in feinen vollkommenen Würden ganz und
„ gar unzerbrochen verbleiben folle (d). Obwohl abwefend erkauffte er auch den halben
Theil an dem Dorf Stetten im Ramsthal von Philipp Conrad und Philipp Reinhard von Liebenftein. Es gehörte fchon ehmals ein Theil des Dorfs den Graven
zu Würtenberg, indem Hauß von Yberg im Jahr 1443. folchen mit einem Viertel der Vogtey und Gerichts an Grav Ulrichen verkauffte, welchen aber Herzog
Ulrich feinem Liebling Conrad Thumben von Neuburg im Jahr 1508. käufflich überließ. Sein Sohn Hannß Conrad gab allen Widertäufern dafelbft Auffenthalt. Johann Fritrich Thumb gab die eine Helffte davon im Jahr 1645. feinem Tochtermann
Philipp Conraden von Liebenftein und die andere Helffte dem andern Tochtermann
Jacob Bouuen, Kayferlichen General-Quartiermeifter, als ein Heurathgut. Die
beede obberührte Verkäufer überliefen den von ihrem Vater ererbten Theil alfo an Herzog Eberharden mit ihren zu Schambach, Oberoth, Kromart und Bach befitzenden
Gütern und Gefällen um 31000. fl. unter der Bedingung, daß die Unterthanen zu
Stetten auf ewige Zeiten bey der Lehre der Augfpurgifchen Confeffion und die Ritter-
fchafft bey dem dafelbft gehabten Befteurungs-Recht gelaffen werden follen. Als Herzog Eberhard von Regenfpurg abrauffte, hinterließ er den Befehl die Belehnung mit
dem vom Reich zu Lehen rührenden Blutbann dafelbft zu begehren. Diefelbe verweyl-
te fich aber, weil feit 1622. keine Belehnung erfolgte und fich gleichwohl in difer Zeit
viele Lehenfälle ereigneten, fo daß wegen ausftehender vielen Lehen-Taxe geftritten wurde,
bis endlich erft den 9. Sept. 1665. der damalige Würtembergifche Agent difes Lehen
empfieng. Nicht weniger ließ er auch eine Policey-Ordnung den 4. Febr. ausgehen,
worinn er die den 8. Oct. 1660. ausgegangene beftetigte und infonderheit noch verordnete, daß die Vögte, Keller-Verwalter und andere unedle Beamten und ihre
Weiber aufs höchft halbfeitener Zeuge und anderer in vorbemeldter Ordnung erlaubter
Gewandte fich bedienen und nicht darüber fchreiten, die erbare Burger aber, ihre Weiber
und Töchter fich des Sarge de Londre und der koftbaren Franckfurter Häublen bey
Straff der confiscation enthalten follten. Und weil man fich bawider auf die
Mode beruffte, fo erinnerte der Herzog, daß zwar jeder fich nach Standsgebühr an
erbarer Kleidung und Manier begnügen follte: wofern er aber nicht fo gleich mit ge-
ringern Kleidern, welche ihm fein Stand und Amt erlaubte, verfehen feyn könnte,
fo wurde ihm 6. Wochen Zeit zu Veränderung- und Aufbringung der verordneten Kleidung fowohl in materia als forma angefetzt. Zu Ende difes Gefetzes wurden die Beam-

(d) vid. Corpus Compact. Wirt. pag. 791.

X. Theil.　　　J

1664   te mit einer ſcharfen Ahndung angeſehen, daß ſie ſelbſt die Fürſtlichen Verordnungen ſo ſchlecht beobachteten und die Uebertreter derſelben nicht gebührend
beſtrafften. Diſes zu unterbrechen, wurde den Special-Superattendenten aufgetragen auf
die Beamten und deren Weiber und Kinder, den Beamten aber befohlen auf der Spe-
ciala und anderen Geiſtlichen Weiber und Töchtern genaue Anſicht zu tragen, ſolche
beſcheidenlich zu erinnern und auf nicht erfolgenden Gehorſam ſolches an die Behörde
zu berichten.

§. 42.

Herzog Eberhard rayſſte demnach den 28. Martij von dem Reichstag weg und
kam ſchon den 1. April zu Stuttgard an, wo er ſeine Räthe mit der Abtrettung der
Herrſchafft Oberkirch beſchäfftigt fand.   Dann das Stifft Straßburg hatte ſchon den
1. Febr. die Ablöſung der noch rückſtändigen 180000. fl. und der wegen der Verbeſſe-
rung verglichenen 20000. fl. angekündet.   Die Abtrettung ſollte den 1. May. geſchehen, weßwegen der Herzog den geheimen Rath Chriſtoph Mantenfeln, den Vice-Canz-
ler D. Daniel Imlin und den Cammer-Procuratorn Joh. Ulrich Zellern ernannte auf
ſolchen Termin der Auslöſung zu Oberkirch beyzuwohnen.   Weil aber der Herzog ſowohl an den Biſchoff, als an den Stifft vor der Abtrettung einen Verzücht verlangte,
daß beede wegen des Genuſſes der Einkünfften, oder ſonſt, wie es Namen haben
möge, an den Herzog und ſeine Nachkommen keine Anſprach machen ſollen und der Bi-
ſchof ſich damahl noch zu Regenſpurg befand, ſo verzögerte ſich die Auslöſung um ſo mehr,
als diſer diejenige Räthe, welche ſolcher Handlung beywohnen ſollten, bey ſich hatte
und wegen anderer Geſchäffte nicht von ſich laſſen konnte.   Es war freylich unhöflich
genug, daß das Capital nicht bey Zeiten, ehe die Herzogliche Abgeordnete ſich nach O-
berkirch begaben, ſolche Hinderung berichtet hatten.   Demnach wurde ein zweyter Termin auf den 2. Junij beliebt, welcher aber ebenmäſſig fruchtlos ablieff, dann es zeigte ſich
bey der Zahlung, daß ſie in ſchlechten Holländiſchen Thalern gethan werden wollte.
Weil nun der Herzog auch bey der in vorigem Jahr gethanen Zahlung an Souverainen
und Duc d'or einen zimlichen Schaden erlitten, ſo wurde verlangt, daß jetzo die Gelder an guten Receſſmäſſigen Reichsgültigen Sorten beygeſchafft wärden, zumahl
die anerbottene Sorten auf dem Sprung ſtunden auſſer dem Curs geſetzt zu werden.
Nun erbothe ſich zwar der Kauffmann, welcher dem Stifft die Gelder vorgeſtreckt hatte, dem Herzog zu aller Genugthuung, wovon aber die Biſchöffliche nichts hören, ſondern ihm noch 22000. fl. dergleichen Gelder aufbürden wollten, worüber ſich diſe Handlung wieder zerſchlug und die Würtembergiſche Abgeordnete ihren Abſchied mit Hinterlaſſung diſer Gelder im Wirthshauß und einer Proteſtation, daß, weil ſie ſchon zweymal vergebliche Unkoſten mit dem hin und her rayſen aufwenden müſſen, ſie dieſelbe erſetzt haben wollten, Der Biſchoff entſchuldigte ſich ſehr, daß er im Elſaß und zu Frankfurt

furt so viele Ducaten und Reichsthaler, als zur Auslösung erforderlich, nicht 1664
wohl aufbringen könne, und der Herzog bewilligte ihm zu Gefallen einen dritten theil an guten Souverains und die übrige 2. Drittel an gewichtigen Ducaten und
Reichsthaleru oder Louis blancs anzunehmen und, wofern auch dise nicht vollkommen
zu erheben wären, unter der Bedingung den Rest mit Albrechts- und Burgundischen Thalern zu empfangen, daß das surplus ihm gleichmäßig erstattet würde. Demnach wurde auf den 1. Octobr. wieder eine Zusamenkunfft verabredet. Als man aber bey derselben vermeynte in allen Stücken verglichen zu seyn, legten die Thum-Capitularen
eine neue Schwürigkeit in den Weeg, indem sie den Verzichtschein auf alle künfftige
Ausprachen nicht unterschreiben wollten, wie doch solches der Herzog ausdrücklich an sie
verlangt hatte, sondern behaupteten, daß es wider ihrer Canzley Herkommen wär und
sie sich nicht aus dem Besiz dises Canzleystyls setzen lassen könnten. Nun antwortete
die Würtenbergische, daß sie solches vor angetrettener Conferenz hätten berichten sollen,
damit man solche Schwürigkeit vorher hätte aus dem Weeg raumen können, wordurch
sie endlich dahin vermocht wurden nach langem Wortstreit dem Verlangen des Herzogs gemäß einen unterschriebenen besigelten Revers anzustellen, aber dagegen einen
Versicherungs-Schein verlangten, daß dise Handlung ihnen an ihren Gebräuchen
und Canzley-Styl unnachtheilig seyn und in größtem Geheim bleiben sollte, welchen sie
auch erhielten. Wegen der Religions-Freyheit der in dem Amt Oberkirch gesessenen
A. C. Verwandten bezeugten sich die Bischöffliche desto willfähriger, indem man dieselbe vorforderte, in Gegenwart der beckerseitigen Deputierten deren versicherte und ihnen des Bischoffs hierüber gegebene schriftliche Erklärung verlase und zustellte. Nach
welchem die Würtenbergische die Unterthanen den ¼ Octobr. ihrer Pflicht gegen dem
Hauß Würtenberg erliessen und sie wieder an den Bischoff verwiesen und, weil sie bey
der neuen Huldigung nichts zu thun hatten, in ihre Herberg fuhren, wo die Bischöffliche dieselbe hernach mit einer kostbaren Mahlzeit bewirtheten.

§. 43.

Kaum war Herzog Eberhard von dem Reichstag abgerayßt, so kam von den
Catholischen ein Vorschlag zu einem einförmigen Interims-Calender auf die Bahn,
welcher den Gregorianischen zum Grund legte. Der Herzog ließ aber einerley Sprache
mit andern Evangelischen führen, deren man sich auch schon bey dem vorigem Reichstag
bediente, daß nemlich am fürträglichsten seyn würde, wann man vorher die sowohl im
Julian- als Gregorianischen Calender enthaltne viele und grobe Fehler in reiffliche Erwägung zöge und verbesserte. Und obschon dem Angeben nach das Ansehen nur auf ein
Interim gerichtet sey, so könnte man dennoch um der bösen Folgen willen schlechterdings nicht darein williegen, weil es nichts destoweniger auf ein immerwährendes hin-
J 2 aus-

1664 auslauffen würde. Wann man aber allerſeits auf einen ganz neuen vollkom-
menern Calender gedenken, mit den benachbarten Reichen und Republiken,
welche ſich noch des alten Calenders bedienen, vergleichen und dieſes wichtige Werck
etwas reiffer überlegen wollte, ſo würde ſich der Herzog der Gebühr nach vernehmen
laſſen. Beſchwehrlicher war ihm aber die den 13. April. eingeloffene Nachricht, daß
von denen Franzöſiſchen dem Kayſer wider die Türken zu Hülf geſchikten Völkern die
Cavallerie einen zimlichen Theil des Herzogthums berühren würden, indem ſie Pfaf-
fenhofen Lauffen am Neckar, Botwar, Oberſtenfeld, Winnenden und Schorndorf
paſſieren ſollten. Der Herzog war um ſo mehr über ſolchen Durchzug betretten, als ſie
ſelbſten ſich darüber beſchwerten, weil ſie durch viele Ab- und Umwege ihren Zug und
zwar durch ſolche Ort vorgeſchrieben fanden, wo wegen der vielen Weingebürge kein
Graß, noch gnugſam Futter für die Pferde, auch wegen kürzlich erſtandener zwey
Fehl-Jahre wenig Wein und gar kein Bier, überhaupt aber wenige Lebens-Mittel
vorhanden waren. Die Kron Frankreich war als ein Mitglied der Rheiniſchen Allianz
dem Kayſer Beyſtand ſchuldig, aber auch dem Herzog verbunden ſeine Lande ſo viel
möglich mit Durchzügen zu verſchonen oder wenigſtens ihm vorher Nachricht davon zu
geben, zumahl die Marſchruthe vorhin ganz anderſt eingerichtet und ein wohlbedächt-
licher Receß mit dem Franzöſiſchen Geſandten Gravelle gemacht war, mithin durch
ſolche Abänderung die Franzöſiſche Parole ſehr groſſe Noth leyden konnte. Der Herzog ließ ſolches dieſem Geſandten durch den Bidenbach nachdrücklich bedeuten und daß
man ihm nicht zumuthen oder verdenken könnte, wann die Franzöſiſchen Völker bey
beſorglich erſcheinender Widerſetzlichkeit der Stadt Heylbronn zu der Truppen und der
Unterthanen gröſter Beſchwerde und Verderben über die Neckar-Brücke zu Lauffen oder
ſonſten in das Herzogthum einrücken und alle möglichſte Anſtalten zu einem Widerſtand antreffen würden. Dann er wüßte wohl, daß ſolche Abänderung dem Königlichen Willen ſchnurſtraks zuwider ſey und bey den Völkern ſelbſt um ſo mehr viele Unordnung veranlaſſen dörffte, als zu Donawerth die Schiffe zur Abfahrt nicht aufgebracht werden könnten. Er wollte es alſo demjenigen zur Verantwortung heimſtellen,
wann die Königlichen Truppen bey ſolcher unbeſonnener Abänderung eines wohlbedächt-
lich abgeretten Receſſes in ſolchem Durchzug einigen Nachtheil und Schaden litten.
Solchemnach wurde zwar der Plan würklich abgeändert, doch, daß die Würtembergiſche Lande nicht gänzlich verſchonet wurden und weil kein Bier zu bekommen, auf den
Wein ein Tax verglichen werden muſſte. Es konnte aber wieder nicht dabey verbleiben und der zu erſt verglichene Plan muſſte beobachtet werden, daß dieſe Truppen
bey Breyſach über den Rhein und durch die Oeſterreichiſche Lande gehen ſollten. Das
meiſte aber darzu hatte beygetragen, daß Chur-Pfalz und der Marggrav von Anſpach ſich bey dem Churfürſten von Maynz, welcher ſolche erſtere Abänderungen mit
dem Gravelle heimlich in ſeinem Zimmer veranlaßt hatte, ſehr beſchwerten, daß man
über

über anderer Chur-Fürsten und Stände Lande sich solche eigenmächtige Disposi- 1664
tion anmasse und dergleichen Quartier ohne Vorbewußt und Communication
aufbürden wollte.

§. 44.

Den 25. April. berichteten die Würtembergische Gesandte, daß der Fürst Portia auf das ausserordentlich starkes Betreiben des Kaysers, des Churfürsten von Maintz
des Erzbischoffen zu Salzburg und aller Catholischen gegen Ausstellung des gewöhnlichen
Reverses in dem Reichs-Fürstenstand zu Siß und Stimm zugelassen worden, so, daß
auch diejenige, welche darwieder instruiert gewesen oder noch keinen Verhaltungs-Befehl erhalten, über solchem widerholten Anlauffen und fast bedrohlichen Ansprüchen
veranlaßt worden, solches ebenmässig zu bewilligen, wobey aber die Würtenbergische
Gesandten wegen noch anderer Stände Ansuchens um die Zulassung in Ansehung des
Herzogthums Teck sich die Einführung darzu vorbehielten. Dann es suchten solches
Recht Brandenburg wegen Camin, Maynz wegen Lorsch, Herzog August von Sachsen
wegen Querfurt, Pfalz-Sulzbach wegen seiner innhabenden Lande, Chur-Cölln und
Herzog Julius Heinrich von Sachsen wegen Eugern und Westphalen, der Bischoff von
Münster wegen Stromberg und andere, welches dann ein grosses Aufsehen machte.
Herzog Eberhard befahl deßwegen seinen Gesandten auf ihrem Vorbehalt zu beharren,
daß sie auch wegen Teck zum Siß und Stimme gelassen werden möchten, im wirigen
Fall aber keine Bewilligung zu thun und fest darauf zu bestehen, wie sie dann auch
würklich den 13. Maji also ausstimmten und dabey zu Gemüth führten, daß, wann ein
jeder wegen der Fürstenthümer und Lande die vor langer Zeit oder etwa vor zwey oder
treyhundert Jahren einige absonderliche Fürstenthümer oder gefürstete Abteyen gewesen
und vielleicht damahl Siß und Stimmen im Fürstenrath gehabt haben sollen, hernach
aber andern Fürstenthümern und Landen einverleibt oder mit demselben vereinet worten wären, anjeßo erst derenthalben wieder absonderliche Sessiones und Vota hervorsuchen wollten, der Herzog von Würtenberg unter und neben dero Herzogthümern
Würtenberg und Teck auch einige dergleichen vor der Zeit gewesene absonderliche Grav-
schafften inhabe und also derenthalben absonderliche Siß und Stimmen demselben verstattet werden müßten, zumahl er ohnediu im Churfürstlichen Anschlag stehe und mithin ihm gebühre. Es hatte aber bey allen obgedachten suchenden Votis vielen Widerspruch ausserhalb Camin, weil solchem vermög des Westphälischen Friedens dises Recht
gebührte, indem der Ort des Sitzes solche Ansprüche schwer machte, wie insonderheit dem Administratorn zu Magdeburg begegnete, welcher wegen Querfort zur
Einführung der Stimme gute Hoffnung hatte, aber nicht darzu gelangen konnte, weil
er den Siß gleich nach den Sächsischen Häusern verlangte und mithin sehr vielen vor-

gezo-

1664. gezogen werden mußte. Herzog Eberhard ertheilte seinen Gesandten Befehl, sich hierinn in nichts einzulassen, wofern ihm nicht wegen des Teckischen Voti genug gethan würde, damit, wann das Hauß Sachsen wegen einer Grafschaft eine so vornehme Stelle verlangte, er wegen des uralten Herzogthums Teck auch einen Vortheil in der Anweisung des Sitzes erhalten könnte, zumahl Baden-Durlach wegen Hochberg gleich nach Baden-Baden bey letzterm Reichstag aufgeruffen zu werden das Recht erhielte.

§. 45.

Bey der immer mehr andringenden Türkengefahr, da sie schon bis in Böhmen eingedrungen waren, drang der Kayser bey so langweiligem Zaudern auf dem Reichstag bey den Reichsständen besonders auf eine schleunige Hülfe. Herzog Eberhard dachte vernünftiger, als andere und wollte disen Erbfeind Christlichen Namens aus den Gränzen des Reichs entfernet sehen, ehe er in die Eingeweyde desselben mit seiner Wuth eindrange. Er ließ solches an den grössern Ausschuß seiner Landschaft gelangen, welcher nicht allein die schon verfallene, sondern auch die gegenwärtige erforderliche Hülfe an Geld und Volck nach dem gedoppelten Ansatz nebst dessen Unterhalt auf ein Jahr lang zu übernehmen sich erklärte, wie dann die Anstalt gemacht wurde einen beträchtlichen Vorrath an Mehl nach Regenspurg zu verschicken und die neugeworbene zur Cavallerie und Ergänzung der Leib-Guardj bis zum würklichen Ausbruch zu verpflegen. Nur wollte die Landschaft solches nicht vermög eines Reichsschlusses und daher rührender Schuldigkeit, sondern als eine treuherzige Bezeugung gegen ihrem Landesfürsten gethan haben und protestirte deßwegen, daß ihre Handlung zu keiner Folge gezogen werden sollte. Wie dann auch dieselbe den Herzog bathe auf dem Reichstag darzu behülflich zu seyn, daß sie bey künftigen Reichshülfen nicht mehr angefochten würden. Und damit dise Türkenhülf à 22000. fl. desto schleuniger beygebracht würde, so wurde verglichen, daß die so genannte Ordinari-Ablösungshülff von den säumigen ernstlich eingebracht werden sollte. Zur persönlichen Erscheinung des Herzogs auf dem Reichstag wurde ihm 12000. fl. verwilligt. Mit Anfang des Sommers giengen nun die Völker zu Feld wider die Türken. Ich habe schon berührt, daß in Anwesenheit des Herzogs von dem ganzen Reich dem Kayser wider den Erbfeind eine Hülfe versprochen worden. Den Schwäbischen Krayß betraff solche 3000. Mann. Das Cavallerie Regiment wurde einem Grafen von Fürstenberg anvertraut und unter dem Fußvolck hatte Herzog Eberhard ein eigen Regiment, welches Pfalzgrav Christian zu Birkenfeld anführte. Der Herzog hatte demnach Truppen als ein Mitglied der Rheinischen Allianz und als ein Stand des Schwäbischen Krayses zu stellen. Erstere stunden unter dem Corpo der Allianz-Völker unter dem Grafen von Hohenloh, mit welchen er die Vestung Fünfkirchen eroberte. Und die Schwäbische

sche

sche Krahß-Völker unter Margr. Leopold Wilhelms von Baden als Reichs- 1664
Generaln Commando. Beede mußten sehr vieles ausstehen, indem die Officier sich über die schlechte Anstalten wegen der Zufuhr und Lieferung des Proviants
nicht genug beklagen konnten, da die Soldaten manchmal in 5. Tagen kein Brod
oder verschimmelt und unbrauchbares Meel bekamen und gleichwohl dabey starke Stra-
pazen hatten, so, daß viele davon krank und hernach von den Hungarn, insonderheit
aber von des Graven von Serini Leuten vollends totgeschlagen wurden (c). Damahls
waren noch die Kriegs-Räthe bey den Reichs-Armeen üblich, welche unter dem Befehl der Kriegs-Directoren stunden. Das Reich mußte solche im Feld erhalten.
Dise letztere waren der Bischoff von Münster und Margar. Friderich von Baden-Durlach, welche monatlich 1500. fl. empfiengen und dem Feltzug in Person beywohnten,
aber nicht zur Armee kamen, sondern zu Wien bleiben mußten. Die Reichs-Stände
wurden über solche Besoldungen und ausserordentlichen Unkosten sehr verlegen, zumahl
man diese Herrn und deren Gebrauch bey der Kayserlichen Armee nicht annehmen,
noch erkennen wollte, sondern davor gehalten wurde, daß dieselbe nebst den ihnen
untergebenen Kriegs-Räthen nur die Unkosten unnöthiger weise vermehrten. Man
machte deßwegen auf dem Reichstag aus der Historie und insonderheit aus den Hungarischen Kriegen die Anmerkung, daß sehr wenige Beyspiele von erfolgten glücklichen Kriegs-Unternehmungen angewiesen werden könnten, wann Erz- und Bischöffe oder andere Geistliche sich entweder zu dergleichen Kriegs-Aemtern eingedrungen hatten oder deren Rath besolgt worden. Wie dann auch ungeacht diser Directo-
ren bey der Kayserlichen und Reichs-Armee alle Erfordernussen an Artillerie, Munition, Proviant und Geld ermangelten, welches man insonderheit bey der Belagerung der Vestung Canischa erfuhr, deren Belagerung mit grossem Verlust wegen
solchen Mangels aufgehoben werden mußte. Die Kriegs-Zucht wurde von ihnen
vernachlässigt und ihre Anstalten waren bey so dringender Gefahr sehr schlecht, indem
die Reichs- und Krahß-Völker sehr langsam und zu spät auf den Sammel-Plä-
tzen ankamen und die Unterthanen der Kayserl. Erblanden dieser Truppen wegen ihrer
Ausschweiffungen sehr überdrüssig wurden, zumahl dieselbe ausser den Bayr- und
Schwäbischen Völkern nichts zahlen wollten. Und der commandierende General
der Kayserl. Armee, Montecuculi, kam mit dem Kayserlichen und Reichs-Succurs
erst nach aufgehobener Belagerung und Ersaz solcher Vestung bey der in der grösten
Gefahr stehenden ausgehungerten und abgematteten Armee an. Zu diesen Klagen des
Reichs kam noch hinzu, daß nicht allein Oesterreich behauptete, als ob die Besezung
der den Türken abgenommenen Vestungen und Städte nur den alleinigen Hungarn
überlassen und den Evangelischen Soldaten kein Geistlicher ihrer Religion gestattet
werden sollte, sondern auch die samtliche Sächsische Häuser zu gröster Verwunderung
dieser

(c) Theatr. Europ. Tom. IX. pag. 1150. seqq.

1664 biser Meynung mit ihren Stimmen beyfielen, ungeacht Herzog Eberhard, Culmbach, und andere sich sehr widersetzten. Dann es befrembdete diese um so mehr, als sie nicht begreiffen kounten, daß bey so starker und kostbarer dem Kayser zugegangener Hülffe den Evangelischen so gar keine Vortheile gestattet, sondern vielmehr dieselbe gedruckt werden wollten, ungeachtet die Evangelische Hungarn sich selbst auch zum höchsten beklagten, daß man ihren theur erkausten Freyheiten aus übertriebenem Eyfer zu nahe getretten wär. Der Herzog besahl deßwegen seinem Gesandten Bidenbach den 6. Julii fest auf seinem VOTO zu beharren und auch andere Vertraute dahin zu vermögen, daß sie unterbauen möchten, wie ein anderes Tractament den Evangelischen zum besten auf die Bahn gebracht werden könnte, damit man sie nicht gar von der Uebung ihres Gottes-Diensts ausschlösse, da gleichwohl derselbe den 4. Julii von Johann Sigmund von Hehlin, Franzöf. Rittmeister und seiner Schwester, Anna Johanna unter dem Beystand ihres Ehegatten Jobst Henrich von Heidupp, Johann Heinrichs von Gaißberg und Jacob Franzen Alphonsen von Avila, Würtembergischen Ober-Raths, Ober-Bau Inspectors und Obrist-Lieutenants das Rittergut des Obern von dem Herzogthum Württenberg zu einem Kunkellehen gegangenen und das Untere Bromberg mit Häusern, Mühlinen, Waltungen rc. um 10300. fl. und von Johann Philipp Pfauten von Kürnburg und seiner Ehefrau Christina, einer gebohrnen Bidenbachin ihr Schloß und Burggraben nebst einem Hofgut zu Bittenfeld um 2500. fl. baaren Gelts an gewichtigen Ducaten und Thalern und 3000. fl. landschaftliche Capitalien erkaufte.

§. 46.

Entzwischen kam nicht allein der Erztischoff von Salzburg als Kayserlicher Principal-Commissarius von seiner Residenz wieder zu Regenspurg an und wollte nach gefaßtem Schluß einer beständigen Wahl-Capitulation den Reichstag anheben, sondern es lieff auch die Nachricht ein, daß die Türken die Schanze Neu-Serinvar, welche der Grav Serini nur zu Ausschickung und Retirade seiner auf den Raub ausgezogener Partheyen ohne Erlaubnus des Kapsers erbauet hatte und grossen theils die Türken zu disem Krieg veranlaßte, mit stürmender Hand eingenommen hätten, wobey selbst die Kapserliche Armee wegen ihrer Nachlässigkeit in Gefahr stund von dem Feind überfallen und zu Grund gerichtet zu werden, wofern nicht die Brücke übern das Murr-Fluß durch die Uberladung der flüchtigen Besatzung gebrochen wär, indem kein einiges Regiment sich auf solchen Fall in Bereitschafft gesetzt hatte. Nun wünschten zwar einige Chur- und Fürstliche Höfe die Aufhebung des Reichstags: Herzog Eberhard aber verlangte dagegen, daß man vor Trennung des Reichstags nicht nur die obberührte Materie zu Ende bringen möchte, als worauf des Reichs Wohlfahrt vornehmlich

nehmlich beruhete, sondern daß auch der ....barden Beyßtand. 1664
brachte Restitutions-Punct ter noch beschwer..... ......r gefährlich
Stände wo nicht gänzlich erledigt, doch darinn ein .... Völker ge-
man bey nächstem Reichs- oder Deputationstag al... ...... n und
te. Sachsen-Altenburg, Culmbach Wolffenbüttel ... .aul...
eher ausdrücklich die Fortsetzung des Reichstags, weil die M...... ...... Ba...
bey 40000 Tatarn durch Polen in Schlesien einen Einfall ....
König solchen nicht abzuwenden vermöchte, sondern von dem Reich ......
Brandenburg Hülfe erwartete. Dises bewog auch den Herzog ....
anzutragen, daß er auf der Fortdaurung des Reichstags beharren sollte. Er ......
tachte zugleich einen Craßtag zu veranlassen und nebst Costanz eine m...... ......
faßung auf die Bahn zubringen, bedaurte aber dabey, daß sich mitgewe... ....
solcher Noth zu wiederstehen zeigen und man lieber den Schaden von dem Feind ......
her erwarten, als solchen entfernen wollte. Jedoch GOtt trat in das Mi...... .....
den 22. Julii (oder 1. Augusti Julian. Cal.) verliehe er der Christlichen Arme... ...
St. Gotthard einen vollkommenen Sieg. Das Treffen hatte zwar bey besser ...
fang ein sehr mißliches Ansehen, weil die neugeworbene und ausgehungerte Rau...
völker den ersten Anfall der Türken nicht aushielten, sondern die unzeitige Fluch...
nahmen, welche einem grossen Theil derselben das Leben kostete. Das Wür....
bergische Regiment zu Fuß unter dem Pfalzgraven von Bürkenfeld behielte fast all...
das Lob, daß es sich wohl und rühmlich gehalten habe (f). Die zur Rheinischen Ar...
mée gewidmete Völker wurden zu den Französischen Völkern gezogen, welche sehr
vieles zu dem erfochtenen Sieg beytrugen, wie man dann offentlich dem Graven von
Hohenloch den glücklichen Ausgang zuschriebe, ohne dessen Beyrath und Stanthaff-
tigkeit in der grösten Gefahr die ganze Christliche Armee verlohren gegangen wär.
Nichts desto weniger war der Verlust bey derselben insonderheit an tapfern Officiern
beträchtlich. Man gab dem Abgang der Artillerie schuld, welchen Vorwand der
Kayser sogleich ergriff auf dem Reichstag einen Beytrag an Geld zur Aufstellung
einer hinlänglichen Feld-Artillerie zu verlangen. Die wenigste im Fürstenrath be-
williigten selchen, weil man in Erfahrung hatte, daß der Kayserliche Hof solche Gelter nicht anwendete, wie es seyn sollte und es daran hafftete, daß es selbst der Kayserlichen Armee an der nöthigsten Munition fehlte, so, daß man der Türkischen Armee, welche das Kayserliche Lager beschoß, nicht einmahl antworten konnte, sontern seine Schwäche verrathen mußte, ja kaum gnugsamer Vorrath bey einem bevorstehenden Treffen vermerket wurde. Nichts desto weniger brachte man dem Kayser alles bey, was die Staats-Räthe wollten, und er glaubte, daß alles auf das beste

_____

(f) Theatr. Europ. Tom. IX. pag. 1220. 1221. und 1227.

X. Theil.   R

1664 sie veranstaltet sey, wobey doch die Armee Hunger leyden mußte. Die Nachricht des dennoch bey St. Gotthard erfolgten Sieges war deswegen fast unglaublich. Die Rheinische Alliirte faßten aber den Schluß um der üblen Nachrede auszuweichen, als ob sie andere Fürsten zu einer Widerspenstigkeit vermochten, daß, wie sie ihre Hülfe in Volk gegeben, auch hierinn dem Kayser zwar nicht an Geld, aber an Artillerie und Munition in natura an die Hand zu geben. Und weil nunmehr die so genannte Kriegs-Directores im Namen des Reichs selbst zur Armee zu gehen die Erlaubnis endlich erhielten, so verhoffte Herzog Eberhard, daß sie nunmehr besser für die Armee sorgen und an dem Kayserlichen Hof, auf dessen Zeughäuser man sich wenig verlassen konnte, eine mehrere Wachsamkeit erregen dörfften, zumahl man bey letzterer Schlacht wohl empfunden hatte, daß die Reichs-Völker ihr Leben nicht für das Hungerleyden aufopfern wollten, sondern sich bey Zeiten um die Flucht umsahen. Die Kron Frankreich, welche den vierten Theil der nach dem Allianzfuß beschlossenen Umlagen beytrug, erklärte sich ebenmäßig wegen der Artillerie das ihrige zu thun. Die Aussicht änderte sich aber unvermuthet, als die Nachricht von einem wieder aufkäumenden Frieden oder vielmehr von einem auf 20. Jahr erneuerten Stillstand der Waffen mit der Pforte einlief, weil dieselbe darum ansuchte, indem alle Berathschlagungen sowohl auf dem Reichstag, als dem zu Ulm gehaltenen Krepstag wegen des begehrten Artillerie-Beytrags und der vielen Schwürigkeiten unterworffenen Recruten-Lieferungen aufhörten, als Herzog Eberhard zu Anspach der Begräbnus Marggr. Albrechts Gemahlin Margarethen Sophien, einer gebohrnen Gräfin von Oetingen beywohnte. Es war ihm aber dabey sehr angelegen von den Friedenshandlungen einige Nachricht zu haben, welche er von dem Kayser mit Recht fodern zu können meynte, weil das Reich denselben mit so ansehnlicher Hülfe unterstützte. Ehe man es sich aber versahe, so war der Friede den 29. Septembr. geschlossen. Ehe und bevor aber die Hoffnung zum Waffenstillstand vorhanden war, so ließ der Herzog an den Kayser eine Antwort gelangen, auf seine Schreiben, worinn er disem zu erfochtenem Sieg Glück wünschte und um bessere Versorgung der Reichsarmee bathe, zugleich aber auch seine fernere Dienstwilligkeit anerbothe. (g)

§. 47.

Nun waren aber im Reich selbst die Strittigkeiten zwischen dem Churfürsten von Mayntz und der Stadt Erfurt in volle Flammen ausgeschlagen und letztere in die Acht erklärt. Der Churfürst wollte durch kriegerischen Gewalt mit Hülfe der Französischen und Lothringischen Truppen die Achts-Erklärung vollziehen, begehrte aber dann

(g) Beyl. 20.

dannoch auch von seinen Allierten und mithin auch von Herzog Eberharden Beystand. 1664
Die Evangelische und der Herzog sahen solche Unternehmung für ein sehr gefährlich
Werk an, weil er nicht nur zur Vollziehung einer Reichs-Acht fremde Völker gebrauchte, sondern auch zu befürchten war, daß ein Grund zu einem gefährlichen und
weit um sich greiffenden innerlichen Krieg gelegt werden könnte. Die Kron Frankreich sahe voraus, daß sein Beystand nicht wohl aufgenommen werden dürffte, weßwegen sich der König gegen dem Herzog entschuldigte, daß er seinem Bundsgenossen,
dem Churfürsten, die Hülfe schuldig zu seyn glaubte, (h) wobey er groß rühmens
machte, wie genau er seine Verbindung und Zusage hielte und daß er gegen dem Herzog in gleichen Fällen erböthig wär. Die Evangelische wendeten sich hingegen an
den Kayser, den Churfürsten zu Maynz, die Kron Frankreich mit ihren Vorstellungen, hatten aber überall wenige Hoffnung Gehör zu finden. Dann der Kayserliche
Hof war starck im Verdacht, daß solche Achts-Vollziehung von demselben begünstigt
würde und die Catholische Stände solche wider eine Evangelische Stadt betrieben
hätten. Und weil der Churfürst meistens von seinen Evangelischen Bundsgenossen
Hülfe verlangte, so wurde es aufgenommen, als ob es diser Religions-Verwandten
mehr zu spotten geschehen sey, als daß er solchen Beystand würcklich verlangte. Dann
der Churfürst meldete in seinen Schreiben, daß die Kron Schweden und Chur-Sach-
sen mit Vollziehung dises Banns gar wohl zufriden wären, da man vielmehr von diser Kron Gesandten des Widerspiels versichert war und wußte, daß, wer die Stadt
Erfurt in seinen vollkommenen Gewalt brächte, nicht nur ganz Thüringen, sondern
auch alle benachbarte Lande und Krayse in Forcht und Schrecken setzen könnte, welches Vortheils Schweden sich in letzterm Krieg wohl zu bedienen wußte. Und dem
ganzen Haus Sachsen mußte die Unterdruckung diser Stadt wegen dessen dabey ley-
denten Interessen entgegen seyn. Die Sache war überhaupt desto bedencklicher, weil
dise Execution wider eine Evangelische Stadt unter so schwerem Türkenkrieg wider
alle Reichsgesetze mit Beyziehung der Lothringischen Völker geschehen wollte, ungeacht diser Herzog dem Reich unterschiedliche Vestungen und Lande entzogen und noch
im Besitz hatte, auch deßwegen als ein Reichsfeind erklärt war und nichts desto weniger der Churfürst von dem Kayserlichen Hof darzu bevollmächtiget, wie auch von den
geistlichen Churfürsten unterstützt wurde, ja von dem Catholischen Theil keine Einwilligung zu Abwendung eines solchen widerrechtlichen und dem ganzen Reich grosse
Gefahr drohenden Verfahrens erhalten werden konnte, indem derselbe die Vorstellung
an den Kayser und Churfürsten nicht genehmigen, noch vorgehen lassen wollte, weßwegen die Evangelische dieselbe einseitig dahin gelangen liessen.

R 2   §. 48.

(h) Beyl. 21.

Als nun der Herzog eben auf der Reyß nach Anſpach begriffen zu Nörblin=
gen anlangte, meldete ſich ein Maynziſcher Geſandter, von Bettendorf, den 30 Aug.
bey ihm an mit vermelden, daß der Churfürſt, ſein Herr, wegen der Stadt Erfurt
bekandter derenſelben, ja der Kay. May. und dem ganzen Reich zugezogener Beſchim=
pfung und Widerſetzlichkeit einige Ahndung vorzunehmen entſchloſſen ſey und zu ſol=
chem Ende Frankreich 80. Compagnien zu Roß und Fuß und Lothringen 1500. Mann
darzn herzugeben verſprochen haben, welche aber das Herzogthum Württemberg nicht
berühren würden.   Nun habe er die Verſicherung, daß Schweden keinen Verdacht
darüber faſſen, Chur-Sachſen ſich der Sache nicht annehmen, ſondern ihn vielmehr
unterſtützen und die meiſte mit ihm verbündete Chur- und Fürſten, inſonderheit Cölln,
Trier, Münſter und Pfalz-Neuburg beyſtehen wollten, weßwegen er ſich verſichert
hielte, daß der Herzog als ſein Bundsgenoſſe ihm ebenmäſſig eine Anzahl Truppen
überlaſſen würde.   Weil aber der Geſandte ſich auf ein Schreiben beruffte, welches
der Herzog nicht empfangen haben wollte, ſo antwortete diſer nur, daß er ſich auf
der Reyſe ohne bey ſich habende Räthe (dann er hatte nur den Geh. Rath Chriſtoph
von Manteufel in ſeinem Geſolge) in der Haupt-Sache ſich nicht entſchlieſſen kön=
ne, hoffe aber, daß der Churfürſt ſeine angeſonnene Hülfe nicht beharren dörffte, weil
ihm bekandt wär, daß der Herzog ſowohl zu den Allianz-Völkern, als der Reichs=
Armee wider den Erbfeind ſeine Truppen nach Hungarn geſchickt und zu deren Un=
terhaltung nebſt dem, was ſonſt auf die Reichs- und Allianz-Völker gegangen, vie=
le ſchwere Auflagen gehabt, ſo, daß ihm ein mehrers zu verſprechen bey nahe un=
möglich fallen würde.   Sein des Herzogs Geſandter zu Regenſpurg bekam aber den
Befehl bey einigen vertrauten, inſonderheit den Schwediſchen, Chur- und Fürſtlichen
Sächſiſchen, Braunſchweig- und Caſſeliſchen ſich ingeheim zu unterreden und ihrer
Principalen Gedanken auszinforſchen, zumahl ter von Bettendorf den Herzog verſi=
chert habe, daß ſein Churfürſt eben nicht auf Stellung einiger Mannſchafft beharren,
ſondern ſich begnügen würde, wann er nur der Stadt mit Rath oder That keinen
Beyſtand leiſtete.   Der Herzog war ohnehin der gänzlichen Meynung, daß ſich diſe
Executions-Sach um ſo weniger auf die Allianz ziehen laſſe, als bey der Art zu ver=
fahren groſſe Fehler vorgegangen wären und wurde in ſolchen Gedanken durch die
Kron Schweden beſtärket, welche ihrem Geſandten Schnoilzky ernſtlich befohlen hat=
te wider ſolches Verfahren und alles, was dem Friden zuwider lieff, zu proteſtieren.
Man gab ſich auch zu Regenſpurg alle Mühe diſe Execution abzuwenden und ſolche
Mißhelligkeit in der Güte beyzulegen.   Die Execution hatte aber dannoch ihren Fort=

gang

gang und die Statt muffte eine Belagerung ausstehen, wordurch sie zur Ca- 1664
pitulation und Uebergab gezwungen wurde. Dann den 20. Oct. berichtete dieselbe an die Evangelische Stände auf dem Reichstag, daß, weil die von Maynz abgeschickte Völker mit ihren Approchen schon biß an den Stattgraben gekommen und
kein Entsatz irgendwoher zu hoffen wär, sie ihren vor Augen gesehenen gänzlichen Untergang zu vermeuten sich dem Churfürsten unterworfen, ihm die Burg und Thore
eingegeben und dagegen wegen der Religions-Freyheit für itzo und künfftige Zeiten
die Versicherung erhalten, ihro Gnade und Versöhnung angediehen und die Loßzehlung
von der Acht versprochen worden. Nun schienen die samtliche Stände beruhigt zu
seyn und begnügten sich damit, daß ihre Vorstellung und Fürbitt nur gleichsam im
vorbeygehen in dem wegen diser Execution gemachten Reichsschluß eingeschalten wurde. Die Kron Schweden war aber darüber sehr unzufrieden, daß die Stände die
Häute sinken liessen und sich so kaltsinnig bezeigten, indem dadurch jedem hinfüro
die Freyheit gegeben würde ohne Rucksicht auf den Westphälischen Friden und andere
Reichs-Ordnungen, ja schnurgrad wider diselbe nach Wohlgefallen zu schalten und
zu walten und dem stärkern Gewalt gestattet würde den schwächern zu unterdrücken.
Derselben lige ob nicht nur als einem Mitstand, sondern auch, als einem König,
welcher den Friden als Theilnehmende Partie stiften helffen und solchen zu gewähren schuldig sey, Sorge zu tragen, daß demselben nicht zuwider gehandelt würde. (i)
Dise Vorstellungen der Krone hatten aber keinen andern Nachdruck, als daß diejenige
Stände, welche bey dem Durchzug der Franzöf. und Lothringischen Völker Schaden
gelitten dem Churfürsten droheten, sich deßhalben an ihm zu erholen, aber es auch dabey bewenden liessen.

§. 49.

Nun war auf 20. Jahr mit den Türken der Waffenstillstand geschlossen und
man hätte Hoffnung gehabt die Ruhe in dem Reich auch zu geniessen, wofern die
Gesandte auf dem noch währenden Reichstag auch einig gewesen wären. Dann diejenige, welchen der Westphälische Friede nicht gefallen wollte und die alle Ränke hervorsuchten solchen zu entkräfften, machten daselbst noch immer Unruhe, weil sie solchen
nicht vollziehen wollten. Herzog Eberharden war solches nicht gleichgültig, als dessen
Wunsch nur dahin gieng, daß das Mißtrauen und Uneinigkeit der Reichsglieder auf
die Seite geraumt, die Ruhe und Sicherheit im Reich befestiget und der Westphälische Friede genau möchte vollzogen werden. Eine Freude muffte ihm seyn, als des
Kayser bey dem Rückzug aus Hungarn der Würtembergischen Völker diselbe mit dem

K 3

Zeug-

(i) Beyl. 22.

1664 Zeugnuß begleitete, daß ſie ſich in denen mit dem Erbfeind vorgegangenen Actionen zu ihrem immerwährenden Ruhm und ſeinem gnädigſten Gefallen tapfer und wohl gehalten, wodurch die obangeführte Stelle aus dem Theatro Euro-päo, eine untrügliche Beſtätigung erlanget hat. (k)   Die Frantzöſiſche Auxiliar-Völ-ker hatten ſolches zu genieſſen. Dann als diſe ihren Heimzug durch das Hertzogthum nahmen und der Kayſer den Hertzog erſuchte ſolchen unwaigerlich zu geſtatten und Wein, Bier, Fleiſch, Brod, Habern und Heu nebſt andern Nothwendigkeiten gegen Be-zahlung zu verſchaffen, da auf einen . . . er 12. Kreutzer und auf den Mann zu Fuß 4. Kreutzer gerechnet wurde, wie auch nöthigen Vorſpann und Labung der Kranken und Verwundeten für die dem Reich und ganzer Chriſtenheit erwieſene Dienſte zuge-hen zu laſſen, ſo ließ ihnen der Hertzog in ſolchem Betracht alle benöthigte Lebens-Mittel unentgeltlich reichen. Als aber damahls auch der Pfalzgrav von Neuburg zu Stuttgard den Hertzog beſuchte, nahm der Hertzog Gelegenheit ſich mit demſelben we-gen der beſtändigen Capitulation und darein verwickelten Vorrechts des Fürſtenſtands zu unterreden, wie auch denſelben zu bitten, daß er ſeinen Geſandten auf dem Reichs-tag befehlen möchte, noch vor deſſen Trennung die noch übrige Propoſitions-Puncten zu erwünſchtem Ausgang zu befördern, als woran des ganzen Reichs Wohlfart gele-gen wär. Dann es drangen auch damahl ſamtliche Evangeliſche Bevollmächtigte auf die Vornehmung der noch rückſtändigen reſtituendorum ex pace, weil zumahl das Chur-Mayntziſche Directorium darzu gute Hoffnung machte, wie auch die Capitu-latio perpetua, deren Entwurf ſchon vor 6. Monaten von den Churfürſtlichen dem Fürſtlichen Collegio übergeben worden, berathſchlagt werden ſollen. Die Catholi-ſche konnten aber nicht darzu vermocht werden auf deren Grund zu geben, ſondern berührten entweder die Haupt-Puncten gar nicht, oder giengen gar ſeicht unter dem Vorwand ermangleuder Verhaltungs-Befehle zu Werk. Sie hatten eben ſo wenig Luſt diſe Materie zu berühren, als ſie auch den punctum reſtituendorum zu hin-dern, dagegen alle Ausflüchten hervorſuchten. Pfalz-Neuburg ſtimmte nur allein, ob er ſchon der Gegneriſchen Religion zugethan war, mit der Evangeliſchen Verſam-gen überein und Hertzog Eberhard befahl ſeinen Geſandten ſich an den Neuburgiſchen anzuhängen und ihm Beſtändigkeit einzuflößen. Nun wurde zwar den 30. Nov. der punctus reſtitutionis angeſagt in Berathſchlagung zu nehmen: das Chur-Mayn-tziſche Directorium erſahe ſich aber vorher in den Frankfurtiſchen Deputations-Schrif-ten und bemerkte aus den damaligen Verhandlungen, daß man ſehr wenige Fälle be-rührt habe und beede Religions-Theile in partes gegangen ſeyen, da jeder Theil ſich auf dem Fridensſchluß und deſſen geſundem Verſtand gegründet zu ſeyn vorgab und keiner die Sach erſchweret zu haben den Vorwurf auf ſich legen wollte. Weil nun um das Directorium für schimpflich hielte, daß man solche Umstände berührte, 1664 so schlug er das Mittel vor, daß beede Theile sich über der Abhandlung dieses Puncten vergleichen möchten, wodurch er aber nur neuen Aufschub verlangte. Nun bewilligten zwar die Evangelische eine neue Aufage, verlangten aber zugleich Vorschläge, wie man zu einer Vergleichung gelangen könnte, indem der Buchstab des Friedens und des Nürnbergischen Execution= Recesses so klar sey, daß sie nicht vermerken könnten, wie ein Vergleich nöthig oder möglich wär, indem eben nur das Factum possessionis zu einer Richtschnur vorgeschrieben sey, wovon man nicht abgehen könnte. Der Würtemberg. Gesandte befand sich aber damahl neben andern in einer Allianz= Conferenz, weil soviele bey der Reichs= Armee in Hungarn gewesene Bediente und Officier eine billige Entschädigung ihres vorgegebenen Verlusts begehrten und ihre Treu und Verdienste herausstrichen.

§. 50.

Wegen der Capitulations= Materie aber sezte ein Kayserl. Schreiben vom 19. Nov. an unterschiedliche Fürsten die sämtliche Evangelische in grosse Verlegenheit, indem der Kayser sich über ihre Erinnerungen über den Churfürstlichen Entwurf sehr beschwehrte, als ob solche Zusätze nicht nur dem Kayserlichen Ansehen sehr verkleinerlich, sondern auch des Erzhauses Oesterreich von undenklichen Jahren hergebrachten Freyheiten, Rechten und Gerechtigkeiten nachtheilig und dem §. 8. des Friedens= Instruments zuwieder wären. Er bezeugte eine Befremdung darüber, weil er niemand beschweren, sondern jeden Stand des Reichs bey demjenigen, was ihm erweißlich gebühre, zu handhaben gedenke, aber auch die Kayserliche Würde und seines Hauses Rechte und Freyheiten aufrecht zu erhalten entschlossen sey, weil demselben als einem Mißstand eben das gebeyen müßte, was andere für recht und billig gegen sich selbst halten. Man gab zugleich vor, daß der Fürst von Portia so gar gegen einem Fürstlichen Gesandten gedrohet habe: wofern die Evangelische nicht andere Maß= Reguln ergriffen und den Kayserlichen Befehlen keine bessere Folge geschähe, so würde der Kayserl. Hof Zwangs= Mittel an die Hand nehmen, indem man wüßte, wie übel die A. C. Verwandte mit Volk, Munition, Geld und anderm versehen wären. Herzog Eberhard war neben andern Evangelischen sehr bestürzt darüber, zumahl sie sich nichts erinnern konnten, worinn sie in solchen Zusätzen dem Kayser oder dem Hauß Oesterreich zu nahe getretten wären, sondern nur der Billigkeit gemäß erinnert hätten, daß dieses Hauß in Strittigkeiten mit andern Ständen einen Richter erkennen müßte und an die Abschaffung sowohl des Rothweilischen, als auch des dem Hauß Oesterreich verpfändeten Landgerichts in Schwaben drangen, welche beede Puncten
nicht

1664 nicht neu, ſondern alte Klagen waren. Die Catholiſche konnten auch nicht dazu vermocht werden, daß ſie den Capitulations-und Reſtitutions-Puncten zur Berath-ſchlagung kommen lieſſen, ungeacht ihnen die Evangeliſche hart zuſezten, daß gleichwohl dieſe beede Materien in der Reichs-Tags Anzeige und Propoſition enthalten gewe-ſen und unbegreifflich ſey, daß ſie hierüber noch keine Inſtruction erhalten hätten, mit-hin es nur ſcheine, als ob ſie der Evangeliſchen zu ſpotten und ſie herumzuführen begehrten. Weil es aber nicht nur das Anſehen hatte, ſo trug der Herzog ſeinem Ge-ſandten auf beede Puncten zur Berathſchlagung bringen zu helffen, indem der Reichs-tag noch alleinig um derſelben willen fortgeſezt würde und deßwegen auch beederley Reli-gions-Verwandten den Kayſerlichen Principal-Commiſſarien, Erzbiſchoffen von Salzburg, erſucht hätten zu Berichtigung derſelben wieder nach Regenſpurg zu kommen. Er konnte zwar dem vorgeblichen Drohen des Fürſten von Portia keinen Glauben zu ſtellen, wie es dann durchgehens für erdichtet gehalten wurde, befahl aber deſſen un-geachtet ſeinem bevollmächtigten ſich allenfalls mit andern vertrauten zu unterreden und bey den Oeſterreichiſchen Geſandten vermittelſt einer Deputation ſich über dergleichen diſcurſe zu beſchweren, als welche zur Einigkeit zwiſchen Haupt und Gliedern nichts beytrügen. Es ereignete ſich damahl, daß Herzog Chriſtian von Mecklenburg-Schwe-rin zu Paris zur Catholiſchen Religion übergieng und ſich nicht allein durch den Papſt von ſeiner Gemahlin unter dem Vorwand einer nahen Bluts-Freundſchafft ſchelten und ſolchen Päbſtlichen Scheidungs-Proceß durch den Kayſer beſtätigen ließ, hernach-mals aber des Herzogs von Luxemburg Schweſter und Wittwe Caſpars von Coligny beurathete. Herzog Carl von Meklenburg wendete ſich an das corpus Evangelico-rum und bath nicht allein des Papſts Proceß und des Kayſers darüber ertheiltes ſo genanntes Indult als nichtig zu erklären und, weil es ein Reichs-gravamen, und wieder den Religions-und Weſtphäliſchen Frieden anſtöſſig war, ſolches in den Reichs-Räthen vorzutragen, ſondern auch ein Schreiben an die Kron Franckreich abgehen zu laſſen. Dieſe Sache machte nun ein allgemeines und inſonderheit bey den Evangeliſchen ein ſehr bedenckliches Aufſehen, weswegen Herzog Eberhard ſeinem Geſandten anfgab auf ſolchem Meklenburgiſchen Begehren ſteiff zu beſtehen.

§. 51.

Der Anfang des folgenden Jahrs ſchien den Reichs-Angelegenheiten ſehr gün-ſtig zu ſeyn, indem nicht allein der Churfürſt zu Brandenburg mit dem Pfalzgraven zu Neuburg ſich wegen der Jülch-und Cleviſchen Lande verglich, wodurch ein guter Grund zu des Reichs-Beruhigung und innern Frieden geleget wurde, (1) ſondern auch

(1) Pufendorf de reb. Brandeb. lib. IX. §. 74. pag. 485.

auch sowohl Evangelische, als Catholische Stände Z. E. Chur-Brandenburg,   1665
Pfalz-Zweybrücken, die Stiffter Straßburg und Basel ꝛc. in die Rheinische
Allianz einzutretten begehrten und willig aufgenommen wurden, wodurch sie wenigstens soviel erhielt, daß sie neben der Befestigung der Reichs-Sicherheit in grössere
Betrachtung kam.   Es gewann auch das Ansehen, als ob der Restitutions-Punct
wieder angegriffen werden dörffte, indem man den 2. Januarij zusamen kam sich wegen der Art und Weise zu vergleichen, wie solcher mit besserm Erfolg, als bißher zu
behandlen seyn möchte. Die gute Hoffnung wurde aber zugleich auch vereitelt. Dann
die Catholischen konnten oder wollten wenigstens nicht begreiffen, wie es anderst, als
durch gütliche Verglich geschehen könnte, indem sie vorgaben, daß kein Fall so lauter
sey, daß man nicht über dem eigentlichen Verstand des Friedens-Schlusses würde
zu kämpfen haben, da man wieder in diejenige Verwirrung eingesenkt werden könnte,
welche zu Frankfurt diese Sache in das stecken gebracht habe.   Dagegen liessen sich
zwar die Evangelische einen gütlichen Verglich nicht mißfallen, behaupteten aber daneben, daß man niemand darzu nöthigen könnte und die regulæ & principia des nudi facti possessionis nicht aus den Augen gesezt, sondern in Entstehung der gütlichen
Handlung allweg die Fälle nach jenen entschieden werden müßten.   Auf solche Weise könnte man nach dem klaren Buchstaben des Friedens, und Executions-Recesses verfahren, da man nicht noth hätte sich in viele Strittigkeiten über der Auslegung solcher
Verordnungen einzulassen, weil dieselbe zu dem petitorio und nicht zu dem possesso-
rio gehörten.   Ueber disem Stritt befahl Herzog Eberhard seinem Gesandten, daß,
weil nach der Erfahrung die restituendi in Ansehung des facti Possessionis nicht
wohl von der klaren Vorschrifft des Friedens, Nürnbergischen Executions-Receß und
Kayserl. Edicten abgehen können, ihnen auch solches zu thun nicht verdacht werden
könnte, er unbeweglich darauf bestehen sollte, indem sonst schlechterdings nicht möglich wär in dergleichen Fällen fortzukommen.   Und wann auch die Beschwerte selbst
nachzugeben geneigt wären, so habe er dannoch nicht Ursach sich dadurch irre machen
zu lassen.   Es kam dazumahl noch eine andere Strittigkeit mit den Kayserl. Kriegs-
und Proviant-Commissarien auf die Bahn, indem diese Leute einen gesezten Rest
zu verbergen, wie man vermuthete, aus den Kayserlichen Magazinen gegen die Reichs-
Armee und insonderheit gegen die Kranke und Verwundete einen Vorschuß gethan
und nebst diesen aus den Zeug-Häusern 500. Piquen hergegeben zu haben vorgaben.
Man konnte aber aus den verwirrten Soldaten-Rechnungen nicht klug werden, welchen Völkern sie gegeben worden.   Um sich nun von dieser Forderung loszuwickeln,
wurde auf dem Reichstag beschlossen wenigstens 6. Römer-Monate umzulegen, welches sich Herzog Eberhard endlich nicht mißfallen ließ, ungeacht alle seine Leute mit
diesem Gewöhr versehen in das Feld geschickt worden.   Entzwischen beruffte er seine

X. Theil.   L   Land-

1655 Landſtände zuſamen und klagte noch immer über den ſchlechten Zuſtand ſeiner
     Cammer-Einkünffte. Diſe waren auch ſo bereitwillig ihm 44090. fl. innerhalb
zwey Jahren beyzuſteuren und zu Unterhaltung ſeiner Geſandtſchafft zu Regenſpurg
3000. fl. einzuwilligen. Die Landſchafft wollte ſich damahls keinem Reichs-Schluß
unterwerfen, obſchon der Herzog dieſelbe mit vielen Gründen eines andern zu über-
zeugen bemühete; weßwegen er ſich verbehielte, daß, wann in dem künfftigen Reichs-
Abſchied den Unterthanen der Reichs-Stände die Unkoſten der Reichstäge oder anderer
Reichs-Conventen auferlegte, er ſich feſt daran halten und ſich keine Wiederrede hindern laſſen würde. Die Landſchafft fand aber für gut auf dieſen Vorbehalt ſich mit
keiner Antwort einzulaſſen, ſondern vertröſtete ihn nur dem engern Ausſchuß den
Gewalt aufzutragen, daß dieſer ſich wegen künfftiger Beyträge mit ihm vergleichen
könnte. Und weil die bißher in Hungarn geweſene Truppen wieder nach Hauß gekommen waren, ſo meynte der Herzog zwar die Infanterie abzudanken, aber die Cavallerie, deren größter Theil aus Officiern beſtunde, noch eine zeitlang beyzubehalten,
zu deren Unterhalt er 6000. fl. verlangte. Die Land-Stände berathen aber ſolches
und erbothen ſich demſelben 4500. fl. als einen freywilligen Beytrag herzugeben, dagegen ſie ſich mit dem Unterhalt nicht beladen wollten. Nun gedachte der Herzog bey
dermahlen noch mißlichen Ausſichten noch eine zeitlang zuzuſehen, in der Hoffnung,
daß ſich die Umſtände zu mehrer Ruhe anlaſſen dörfften, da im Gegentheil, wann
er wieder einige Mannſchafft anzuwerben genöthigt wär, ſolcher Koſt auf ſeine Cammer fallen dörffte, welcher größer, als dieſer Unterhalt wär. Gleichwohl begnügte er ſich alſo mit dem Landſchafftlichen Anerbieten und bewilligte, daß dieſe Cavalle-
riebis zu ihrer bäldeſter Abdankung in ihren Quartieren ſich ſelbſt verköſten und dasjenige, was ſie den Wirthen und ſonſten rechtmäſſiger Weiſe ſchuldig würden, unklag-
bar entrichten und nicht, wie bißher geſchehen, wann ſie zu Dienſten commendirt würden, unter Vorwand nicht genoſſener ſervicen ſolche von den armen Bauersleuten erpreſſen ſollten.

§. 52.

Die beſtändige Capitulation veranlaßte jezt zwiſchen beederley Religions-Verwandten deren jede von der andern Parthie ihre Anhänger hatte, einen lebhaften Auftritt, indem die Evangeliſche die Zeit zu gewinnen und das Geſchäfft zu befördern ſich ſogleich über
den Churfürſtl. Auffaz vernehmen laſſen, die Catholiſche aber die Sache aufzuhalten
den 13. Januar. nur über die Präliminar-Fragen ſtimmen wollten, wie ſolche
Materie behandelt und die rc. und correlation vorzunehmen werden ſollte. Als
n an der Magdeburgiſche Geſandte als der vorſitzende unter den Evangeliſchen dennoch
                                                                            ſein

sein Votum über die Materie selbst ablesen wollte, fiel ihm das Oester- 1665
reichische Directorium in die Rede und wollte nicht mehr gestatten solche vorzutragen, vergieng sich auch soweit, daß er den Protocollisten unter dem Vorwand,
daß nur die obbemeldte zwo Fragen in die Proposition gebracht worden wären, unter-
sagte solch Votum in das Protocoll aufzunehmen mit dem Begehren, daß der Magdeburgische sich auf das alleinige proponierte einlaffen sollte. Dieser befand sich darüber
sehr beleydigt, indem er behauptete, daß das Directorium die Macht nicht hätte in
die Rede zu fallen, zumahl er eben durch solch ablegend Votum die beede vorliegende
Fragen beantwortete. Die übrige Evangelische und sogar der Catholische Neuburgische Gesandte tratten ihm bey und dieser leztere legte ein gemeinschaftlich Votum im
Namen der Evangelischen ab, weil der Magdeburgische von seinem Principalen zu
solchem Schritt ausdrücklich befehlt war. Die Catholische Geistliche fielen dem Oesterreichischen Directorn, Hochern, bey und es gewann das Ansehen, daß sich der
Reichstag über dieser Mißhelligkeit zerschlagen dörffte. Herzog Eberhard war darüber sehr betretten und erachtete endlich besser zu seyn, daß dieselbe gleich zu Anfang,
als über der Berathschlagung der Materie selbst ausgebrochen, glaubte aber die Absicht
des Gegentheils und insonderheit des dabey hoch interessierten Hauses Oesterreich errathen zu haben, daß über alle anwendende Mühe sich keine Hoffnung zeigen würde in
dieser den Fürsten und Ständen so hoch angelegenen Materie und den hiebey führenden so billigen und in dem Friedensschluß durchaus gegründeten Verlangen zu dem vor-
gesteckten Ziel der einmüthigen Zusammensezung aller Stände zu gelangen. Nun war
„ der Hessen-Darmstättische in die Wort ausgebrochen: Man habe schon lang ver-
„ merkt, daß die Catholische die Berathschlagungen über die Capitulations-Materie
„ abzubrechen suchen und die Evangelische für so blind halten, daß man ihre Absich-
„ ten nicht errathe, da man doch handgreiflich verspüre, daß alles dahin angesehen
„ sey die Stände mit langweiligem Disputiren über jeden Articul lang aufzuhalten
„ und alsdann entweder gar abzubrechen oder wenigstens andere Materien auf die
„ Bahn zu bringen. Nebst dem Wolfenbüttelischen erklärte er sich endlich rund heraus,
„ daß man zwar die von den Directoriis gethane Protestation, als ob sie das Werk
„ zu beschleunigen suchten, auf sich beruhen lasse: die Evangelische hätten aber schon
„ lang angezeigt und gebe solches der Ausgang nunmehr selbst an die Hand, daß
„ durch den vorhabenden Weeg der gesuchte Zweck nicht erreicht werden könnte. Dann
„ nachdem man sich lang damit aufgehalten, ob die Sach in vollem Rath vorzuneh-
„ men wär? auch die Directoria solches erhalten, so wär der Sache wenig geholfen
„ worden, sondern man falle nur auf eine andere eben so verzögerliche Frage: Ob die Sach
„ articulatim oder auf einmahl vorzunehmen sey? Man finde aber, daß durch das ar-
„ ticulatim votieren oder durch solche Präliminar-Fragen nicht nur die Zeit ver-

lohren

1665 „ lohren, ſondern auch daß an ſich ſelbſt ſchwehre Werk noch ſchwehrer ge-
      „ macht werden dörffte. Das Directorium bedankte ſich für dieſe Erklärung
und erinnerte nur, daß man ſolches bälder hätte anzeigen ſollen mit dem Zuſatz, daß
die geiſtliche und zu ihnen getrettene weltliche die Sach noch einmal erwägen und ſich
nächſtens ferner erklären würden. Die Folge zeigte, daß dieſes wieder zu einem Anlaß neuer Verzögerung diente. Herzog Eberhard hingegen machte ſich die Hoffnung,
daß beede Theile noch einen Ausweeg zur Vergleichung finden dörfften. Im widrigen Fall befahl er ſeinem Geſandten auf der ihm ertheilten Inſtruction genaueſt zu
beharren, mit andern, welche gleiche Stimmen führten, ſich fleiſſig zu untereden
und dahin zu arbeiten, daß dasjenige vollzogen würde, was der Friedenſchluß ſo klär-
lich an die Hand gebe, damit die Rechte des Fürſtenſtands aufrecht bleiben möchten.
Zwiſchen beeden Theilen wurden heftige Schriften gewechſelt, da jeder ſeiner Parthey Gränze zu behaupten ſuchte.

§. 53.

Endlich legte ſich der Erzbiſchoff zu Salzburg in das Mittel und ſuchte die Gemüther beeder Partheyen durch Temperamenten wieder zu vereinigen, wobey die E-
vangeliſche eine Erklärung von ſich gaben, woraus ihre Begierde die Reichstags-Ge-
ſchäffte wieder in gang zu bringen gnugſam abzunehmen war. Die Catholiſche geiſtliche
blieben aber unbeugſam und gegen die Evangeliſche ſehr unhöflich, indem dieſen ei-
nigemahl zu Rath angeſaget wurde, aber dieſelbe vergeblich auf jene warten muſſten
bis die Zeit zum Rathgang verſtriche und endlich unter dem Vorwand, daß jene
ihre Schlüſſe noch nicht zu Ende gebracht hätten, die Evangeliſche erinnert wurden
mit Verſäumung der Zeit auseinander zu gehen. Weil nun die Chur-Fürſten eine
Neigung zur Aufhebung des Reichstags bezeugten, ſo veranlaſſte ſolches die Muth-
maſſung, daß die Mißhelligkeit als ein Mittel darzu ausgeſonnen worden. Die Evangeliſche aber drohten hingegen durch eine offentliche Schrifft der ganzen Welt aus
den Reichstagshandlungen bekannt zu machen, wie man bisher mit den Evangeliſchen und denen auf dieſen Reichstag verwieſenen Materien verfahren und welcher Theil
die Urſach und Anlaß zur Aufhebung des Reichstags geſucht und ſich darzu gedrungen habe, zumahl augenſcheinlich am Tage liege, daß ihr Gegentheil nur der Abhandlung der Capitulations-Materie und dem Reſtitutions-Puncten auszuweichen ſolche Mißhelligkeiten in den Weeg zu legen angefangen hätte. Die Churfürſten legten
aber die Schuld auf die Mißhelligkeiten der Fürſten und wollten den Vortheil ergreif-
ſen die Verhandlung der Capitulations-Materie entweder zu vernichten oder wenigſtens auf die lange Bank zu ſchieben. Dann ob ſie ſchon durch vieles Erinnern des
                                                                              Kayſerl.

Kayserl. Hofs den Entwurff der beständigen Capitulation verfaßt hatten, so 1665 trosten sie doch auf dem nun ergriffenen Weeg den Fürstlichen Absichten auszuweichen. Dagegen den Evangelischen die Entschuldigung selbst in die Hand gegeben wurde, daß man ihnen diese Unordnung nicht zur Last legen konnte, da vielmehr der harte Sinn ihres Gegentheils zu bedauren war, daß sie des Erzbischoffs Vermittlung sogar kein Gehör geben wollten. Bey solchen Betrachtungen müßte den Evangelischen die Aufhebung des Reichstags weniger nachtheilig seyn, als wann sie bey Angreiffung der Materie in Erhaltung des noch einigen den Fürsten und Ständen übrig gebliebenen iuris liberi suffragii ihre befugte Absicht nicht erlangen dorfften. Nichts destoweniger waren sie geneigt nur mit Vorbehalt dieses Rechts dermahl ihrem Gegentheil soviel nur immer möglich nachzugeben um dem Vorwurff zu entgehen, daß sie zur Auflösung des Reichstags Anlaß gegeben hätten und hingegen dem andern Theil seine Unbeugsamkeit desto besser vorlegen zu können. Sie erklärten sich demnach gegen dem Erzbischoff von Salzburg nochmalen, daß sie die Handhabung des Oesterreichischen Directorii mit Abbrechung des Magdeburgischen Voti und Verbietung des protocollirens als ungewöhnlich und dem libero suffragio sehr nachtheilig ansähmen, nichts destoweniger aber zugeben wollten, daß man sich ausser der ordentlichen Sitznehmung über die Art und Weise die Wahl-Capitulation abzuhandlen verglich, aber hernach so gleich den Eingang derselben nebst ungefähr zween oder drey Articuln in Berathschlagung nähme, wobey man sich doch vorbehielte, daß, wofern ein oder anderer Gesanter darzu befelcht wär, derselbe über die ganze Materie sich vernehmen lassen könnte. Und als der Gegentheil den Vorschlag auf die Bahn brachte, daß bis dieser Stritt aus dem Weeg geräumt würde, die Materie der Restitution oder andere zur Berathschlagung gebracht werden möchten, so liessen sich die Evangelische zu Beförderung der Geschäffte und wieder Zusammenbringung der Stände solches dergestalt gefallen, daß, wann ein Verglich über den Zwist erfolgte die restituenda dermahlen auf die Seite gesetzt und die Capitulations-Materie wieder unter die Hand genommen werden möchte. Weil nun die drey Evangelische Churfürsten und ihre im Fürsten-Rath habende Gesandten auf des Gegentheils Seite stunden, so hielte Herzog Eberhard für gut solche durch gute Vorstellungen davon abzuziehen und an dieselbe Schreiben ergehen zu lassen. Sowohl diejenige Erinnerungen, welche an die Churfürsten, als auch die, so an die Gesandte gebracht wurden, hatten wenigstens die Würkung, daß jene sich genauer erklärten, daß der Capitulations-Punct schon den 20. Febr. in die Umfrage kommen solle. Es geschahe aber nicht, indem jetzt die Directoria sich entschuldigten, daß der Principal-Commissarius eine nochmalige Resolution vom Kayserl. Hof erwarte, weßwegen die Evangelische sowohl bey den dreyen Directorn, als auch dem Chur-Brandenburg. Gesandten D. Jena ihre Vorstellung machten. Der Herzog

L 3 ließ

1665 ließ sich dieselbe insonderheit bey dem leztern wohlgefallen, weil er im Ver=
dacht stund, daß er wider seines Chur=Fürsten Willens=Meynung handel=
te und sich auch sonsten so bezeugte, daß man zweiflen konnte, welcher Religion er
mehr günstig wäre. Dann der Herzog hatte von dessen Principalen sowohl bey lez=
terer Anwesenheit auf dem Reichstag, als auch sonsten mund= und schrifftliche Ver=
sicherungen, welche mit dieses Gesandten Aeusserungen durchaus nicht übereinstimm=
ten. Und weil die Catholische noch weniger Hoffnung von sich blicken liessen den von
dem Erzbischoff zu Salzburg in das Mittel gestellten Temperamenten Gehör zu ge=
ben, so hielte der Herzog davor, daß die Evangelische mit fernerem glimpflichen Ex=
erinnern und Vorstellen aller diensamer Orten nicht nachliessen, damit der ganzen
Welt und insonderheit der Nachkommenschafft im Werk bezeuget würde, daß man die=
ser seits nichts erwinden lassen, was nur salvo iure liberi suffragii zu thun möge=
lich gewesen.

§. 54.

Entzwischen gab der Oesterreichische Director Hocher vor, daß er Befehl habe nicht
zu weichen, sondern darauf zu beharren, daß Magdeburg vorher sich ohne Berüh=
rung der Materialien der Wahl=Capitulation auf die alleinige vorgelegte Puncten
einlassen sollte, da er gleichwohl die Hoffnung machte, daß solche Materialien sogleich
angegriffen werden dörfften. Der Magdeburgische hingegen wollte auch nicht nach=
geben, weil durch des Hochers Unternehmung seinem Principalen ein unerträglicher
Schimpff zugezogen worden und allen übrigen Fürsten und Ständen ein grosser
Nachtheil bevorstünde, welchen er möglichst abzuwenden Befehl habe. Der Erzbi=
schoff schrieb selbst an den Administratorn und, damit wegen solchen Zwists we=
der der Reichstag getrennt, noch dem Fürstenstand die Schuld des Aufstosses aufge=
bürdet werden könnte, so entschlossen sich die Evangelische weltliche Fürsten auf den
Fall, wann der Administrator keine willfährige Antwort ertheilte, nachzugeben,
weil sie den Aufbruch des Reichstags sich nicht zu schulden kommen lassen wollten,
welches Herzog Eberhard sich desto eher belieben ließ, weil der Kayser selbst unter
dem 28. Febr. wegen solcher gefährlichen Irrung an ihn und andere Fürsten Schrei=
ben abgehen ließ. Nun wurde zwar von Magdeburg das von dem Erzbischufft
vorgeschlagene Temperament beliebet: als man aber nach der Abrede auch den er=
sten und zweiten Articul der beständigen Capitulation in Berathschlagung zog und so=
wohl Evangelischer, als Catholischer seits Erinnerungen vorfielen und ein Schluß
abgefaßt wurde, befand man, daß der Evangelischen monita allerdings über=
gangen und nur die Catholische eingebracht worden, ungeacht sie diesen durchaus
                                                                                    nicht

nicht entgegen waren, noch dieſelbe berührten, ſondern nur der erſte Articul 1665 einiger maſſen die Religion betraffen, in welcher die mehrere Stimmen nicht ſtatt haben konnten, auf welche man ſich nichts deſto weniger beruffte. Das Evangeliſche Weſen ſtund bey ſolchen Umſtänden in größter Gefahr, daß der Weſtphäl. Friedenſchluß, der Religions-Friede und andere Reichsgeſetze durch die Mehrheit ſolcher Stimmen über den Haufen geworfen werden und die Evangeliſche alle ihre Rechte und Befugſamen der Catholiſchen Willkühr überlaſſen müßten. Das bedenklichſte war; daß alle Catholiſche des Schwäbiſchen Krayſes ihre Mit-Stände verlieſſen, ungeacht ihre eigene Gerechtſamen und Freyheiten dabey in Gefahr ſtunden. Dieſe Zuſamenverbindung drohete eine Erſchütterung des ganzen Reichs. Herzog Eberhard erachtete demnach beſſer zu ſeyn die Berathſchlagung der Capitulation abzubrechen, als die zunehmende Beſchwerden der Evangeliſchen zuſehends ſelbſt vermehren zu helffen. Der Erzbiſchoff von Salzburg beſorchtete ebenmäſſig den Umſturz der ganzen Reichsverfaſſung und legte ſich als Kayſerl. Commiſſarius zwar wieder in das Mittel, indem er gar nicht billigte, daß man dasjenige, was von den A. C. Verwandten wegen der Religion bey dem erſten Articul erinnert worden, ſo gar in keinen Betracht ziehen wollte, erinnerte aber dieſelbe nicht allwegen ſolche Schwürigkeiten anzuwerfen, welche Sprache die Evangeliſche nicht verſtehen konnten, was er damit ſagen wollte, weßwegen ſich der Magdeburgiſche ſehr über das Verfahren des Oeſterreichiſchen Directoris Hochers bey dem Erzbiſchoff beſchwerte, daß er nicht nur der Evangeliſchen Erinnerungen ganz und gar und nicht einmahl Erzehlungs weiſe gedacht habe, ſondern auch wider ſeine Pflicht in die Stimme falle, anſtehe und damit bey der geiſtlichen Bank, welche ſich überhaupt zur Gewohnheit gemacht dem Oeſterreichiſchen Directorio ſo gleich auf den Wink beyzufallen, einen gleichmäſſigen Aufſtand veranlaſſe, welches dem bißherigen Reichsherkommen ganz ungemäß wär. Der Erzbiſchoff erkannte nochmalen ſolche Beſchwerde ſehr billig und verſprach ſolches Verfahren abzuſtellen. Nun meynte der Herzog, daß man auch an die Kron Frankreich ein Schreiben um Beyſtand für die Evangeliſche abgehen laſſen ſollte. Man bemerkte aber bey den andern Fürſten keine beſondere Neigung darzu, weil man ſich keiner groſſen Würkung getröſten konnte. Dann man verſpürte die Franzöſiſche Gedenkungs-Art ganz verändert und daß die auf die Evangeliſche Glaubensgenoſſen hiebevor gehabte günſtige Rückſichten ganz aus den Augen geſetzt würden, obſchon einige Franzöſiſche Staats-Räthe ſich verlauten lieſſen, wie ſehr ihrem König die Aufrechterhaltung der Evangel. Fürſten Gerechtſamen angelegen ſey, da man gerade das Gegentheil erfahren müßte. Widenbach machte dabey die Anmerkung, daß ſolches nicht zu ändern ſey und man die Leute annehmen müſſe, wie ſie ſeyen, weßwegen man ſich ihrer dennoch, ſo viel es ſeyn möge, pro forma bedienen könne,

damit

1665 damit ſie nicht, wofern man ſie überginge, deſto mehr auf die wichtige Seite zu tretten veranlaſſt würden.   Aber eben deßwegen deuchte den Herzog beſto nöthiger zu ſeyn, damit man dieſem Hof von der Evangeliſchen Fürſten führenden
Fridensſchluſmäſſigen Abſichten einen gründlichen Begriff beybringen und deren Un-
terſtützung um ſo eher begehrt und gehofft werden könnte.

§. 55.

Es machte damahls auch das Kayſ. Cammergericht wegen der erhöheten Cam-
merzielern zu deſſelben Unterhalt wiederhohlte Anerinnerungen, worauf ſich aber Herzog Eberhard erklärte, daß er bißher ſeinen Antheil nach dem alten Fuß bezahlt habe und nicht allein dabey zu bleiben, ſondern auch, wann die monitoria nicht anſchlagen wollten, die würkliche Execution wider die ſäumige von wegen des Krayß-Aus-
ſchreib-Amts zu gebrauchen entſchloſſen ſey. Allein bedünkte ihn bey genauerer
Unterſuchung, daß die gröſte Ausſtände nicht bey dem Schwäbiſchen, ſondern bey andern vermöglichern Krayſen zu betreiben ſeyn dörfften. Die gröſte Beſchwerde war
ihm hingegen der bekannte Wildfangs-Stritt zwiſchen dem Churfürſten von Pfalz
und den drey Rheiniſchen Geiſtlichen Churfürſten und andern benachbarten, näm-
lich den beeden Biſchöffen zu Speyr und Straßburg, dem Herzog von Lothringen,
zu welchen ſich auch die Ritterſchafften in Schwaben, Franken und am Rheinſtrom
geſelleten. Meiſtens wird dafür gehalten, daß der Churfürſt von der Pfalz das
Wildfangs-Recht allein habe, zu welcher Meynung diſer Stritt Anlaß gegeben,
weil die meiſte Gelehrte ſonſt von den Wildfängen nichts gehört oder geleſen haben (m).
Ich habe aber ſchon anderswo gemeldt, daß in dem Flecken Oßweil, Ludwigsbur-
ger Amts, in welchem vor Zeiten die adeliche Geſchlechter von Kaltenthal und von
Baldeck neben den Herzogen von Würtenberg die Mitherrſchafft hatten, das Wildfangs-Recht ſtatt habe. Dann als Herzog Ulrich im Jahr 1534. ſein Land wieder
einnahm, beſchwehrten ſich die Beamte über die Adeliche Mitherrn, daß dieſe alle
Frembdlinge, welche Weiber im Flecken nehmen, zu Leibeignen annehmen, welches
wider der Herrſchafft Würtenberg Ober-Herrlichkeit ſey. Der Stritt währte noch
viele Jahre, bis endlich, nachdem gedachter Herzog im Jahr 1536. deren von Baldeck Antheil an ſich erhandelt hatte, Herzog Ludwig im Jahr 1583. ſich mit Caſparn
von Kaltental verglieche und ein gemeinſchafftlich Vogtbuch verfaſſen ließ, da in dem
3ten Articul ſtehet: Zum dritten die Wildfäng betreffend die keinen vol-
genden Herrn haben und ſich zu Oßweil häußlich niederzulaſſen begehren,

(m) conf. Burgold. diſcurs. ad Inſtr. Pac. Succ. part. I. diſc. 26. §. 8. ſeqq. pag. 463.
Würtemb. Geſchichte unter den Graven. Contin. IV. pag. 134.

ten, die sollen uns Herzog Ludwigen allein zuständig bleiben und 1665 von uns angenommen werden. Sie sind demnach von andern Leibeigenen nur in der Art und Weise, wie sie in diesen Stand gerathen, unterschieden. Chur-Pfalz hatte das Wildfangs-Recht von jeher an vielen Orten, welche einem andern Landesherrn gehörten. Als nun Pfalzgrav Carl Ludwig unter andern Rechten, welche im 30. jährigen Krieg bey seiner Abwesenheit in Unordnung gerathen waren, auch dieses Recht wieder hervorsuchte und solches in vorigen Gang bringen wollte, beschwerten sich die obgemeldte Nachbarn und insonderheit der Churfürst von Mainz als zugleich Bischoff von Worms darwider. Vielleicht giengen seine Beamten weiter, als sie befugt waren. Der Churfürst hatte aber einen Staatsfehler begangen, daß er damals noch nicht in die Churfürstl. Vereinung wieder aufgenommen zu werden verlangt, sondern solche verachtet hatte. Er stund wegen Hervorsuchung seiner alten Gerechtigkeiten fast mit allen seinen Nachbarn in allerhand Mißhelligkeiten und wollte in keiner Sache einigen Richter oder Commissarien erkennen, so, daß der Churfürst von Mainz und seine Mitconsorten keinen andern Weeg mehr vor sich sahen, als demselben einen gemeinschafftlichen Absagbrieff zu übersenden. Der Anfang zu Feindseeligkeiten wurde also würklich gemacht, welches des Herzogs Wachsamkeit aufforderte, indem er zu besorgen Ursach hatte, daß sich noch mehrere Feinde und bevorab fremde Kronen darein mischen dörfften, woraus ein grosses Feuer entstehen konnte. Er ließ deßwegen nicht allein an beede Churfürsten zu Mainz und Pfalz Schreiben ergehen, worinn er sich unter würklicher Bezeugung seines Friedliebenden und zu Erhaltung der allgemeinen Reiche sorgfältigen Gemüths zur Unterhandlung einer gütlichen Vereinbarung erbothe, sondern er ersuchte auch den Landgrafen von Hessen-Darmstatt gleiche Mühe zu Dämpfung dieses aufgehenden Feuers auf sich zu nehmen (n). Nicht weniger gab er auch seinem Comitial-Gesandten auf sowohl bey dem Kayserl. Principal-Commissarien, als dem ganzen Fürsten-Rath es zu unterbauen, daß " weder die Kays. May. noch das ganze Reich hierinn ein Nachse-

" hen haben und einem jeden nach Belieben zu Behauptung seines vermeynten

" Rechts die Waffen zu ergreiffen und seinem Gegentheil zumahl mit Zuziehung fremder

" Potentaten und Völker zur sogenannten raison zu bringen gestatten könnte, weil durch

" solchen Proceß die Reichs-Geseze und der Friede auf einmahl durchlöchert und die Reichs-

" Gerichte ein blosser Schatten würden. Weil dann das ausgebrochene Feur in des Her-

" zogthums Würtenberg Nachbarschafft ausgegangen und die Eigenschafft des Krieges als

" so bewandt sey, daß auch bey wohlgezogenen Völkern der Nachbar seinen Theil des Un-

" gemachs dabey zu empfinden habe, so würde der Herzog in Bedenkung, daß hier so vie-

" lerley Völker austretten und bey denselben um so weniger eine Kriegs-Zucht zu vermu-

" then, vielmehr aber noch wohl eines oder des andern auswärtigen Potentaten Einmi-

" schung befahrt werden könnte, desto höher veranlaßt die Kays. May. und die gesamm-

" te unverwickelte Churfürsten und Stände des Reichs zu schleuniger Löschung diser Flam-

(n) Beyl. 24. und 25. " men

X. Theil. —M

1665 „ men welche gar leicht das ganze Reich in hefftigen Brand ſetzen könnte, zu er-
„ erbitten, damit durch erlaſſende Ernſt- und bewegliche Inhibitoria beede Theil
„ zu güt- oder rechtlichem Austrag ihrer Rechte angehalten und vermocht werden möchten. Er meynte, daß ſolches durch ein Schreiben oder Geſandſchafft im Namen des ganzen Reichs geſchehen könnte. Der Churfürſt von Brandenburg wollte aber, weil das Feur
noch nicht in ſeinem Hauß brannte, weder in eines, noch das andere willigen, weil er vermuthete, daß der Kayſer wenige Achtung daran haben und den Geſandten nur Schimpf
daraus entſtehen dörffte. Und der Sachſen-Altenburgiſche, welcher von wegen Baden-
Durlach das Votum zu führen im Austrag und den Befehl hatte, ſich dem Würtembergiſchen Betragen anzuhängen und ſolches zu unterſtützen, wollte ſolchem nicht nachleben,
ſondern wendete vor, daß, wann des Herzogs Meynung im ganzen Fürſten-Rath vorgetragen würde, Maynz ſich beleydigt finden würde, zumahlen Chur-Pfalz weder durch
recht- noch gütliche Mittel dieſe Sache beylegen laſſen wollte und Maynz die Stadt Ladenburg wieder zu verlaſſen auch keine Neigung verſpüren ließ.

§. 56.

Unter dieſen Sorgen verlobte ſich Herzog Eberhards Prinzeſſin Tochter den 28.
May. mit Grav Albrecht Ernſten von Oetingen unter der Bedingung, daß ſie in
der reinen Evangeliſchen Religion der Augspurgiſchen Conſeſſion verbleiben und wofern ſie in den Wittibſtand geſezt würde, ihro in ihrem Wittamſitz an der Pre-
digt des göttlichen Worts und adminiſtration der Sacramenten kein Mangel gelaſſen, ſondern ein annehmlicher tüchtiger Prediger zu allen Begebenheiten für ſie und ihre Dienerſchafft gegeben, auch ihre Kinder in der Evangeliſchen Religion anerzogen
werden ſollen. Das Heurathgut wurde ihro als einer Tochter eines regierenden
Herrn mit 32000. fl. nach dem Herkommen dieſes Hauſes in 3. Friſten abgeſtat-
tet, doch, daß man ſo gleich nach dem Beylager 12000. fl. auszahlte, dagegen ſie auf alles Väter- Brüder- und Vetterliche Erbe Verzücht thun mußte, indem ſie ihrer Frau Mutter Erbſchafft ſchon erhalten hatte. Ihr Gemahl verſprach ihro nebſt einem Kleinod 6000. fl. zur Morgengab zu geben und ſolche auf
das Schloß, Markt und Amt Harburg zu verweiſen, mit welcher Morgengab ſie
nach Morgengabs-Recht als mit ihrem Eigenthum zu handlen die Macht empfieng,
wie auch jährlich zu täglichem Handgeld 300. fl. zugeſagt wurden, welche aber nach
Abſterben des Graven nimmer gereicht werden und die Morgengab, woſern die Prinzeſſin mit Tod abgieng und keine Leibes-Erben oder ſonderbare Verordnung verließ,
an das Hauß Oetingen zurückfallen ſollte. Wann ſie aber ſolche Morgengab jemanden
verſchafft hätte, ſo behielte ſich der Grav das Einlöſungs-Recht bevor und verpflichtete ſich das Heurathgut und Wiederlage mit 64000. fl. auf benieldtes Amt zu ver-

ſichern

sichern und ihro nach seinem Absterben mit 3500. fl. zu verzinsen. Ueber 1665
dieses soll ihro das nöthige Holz zum brennen und zu Erhaltung der Gebäu an
Bau-und Bretter-Holz ohne ihren Kosten gegeben und herbeygeführt werden. Ingleichem
wurden ihro an Geflügel, Eyer, Wildprett, Fischen, Käß, Heu, Oehmd, und
Stroh in nöthiger Anzahl versprochen. Wann aber dieselbe nach seinem Absterben
in die andere Ehe tretten würde, so soll sie zwar befugt seyn ihr Heurathgut und
Morgengab zuruckzufordern, dagegen sie an die Wiederlage keine Ansprach mehr
machen könnte.

§. 57.

Nun brachte man die Nassau- und Sickingische Restitutions-Sache wieder
auf die Bahn, welche aber durch der Chur-Fürsten langwelliges Berathschlagen sehr
verzögert wurde. Man bezüchtigte sie, daß sie die Absicht dabey hätten die Fürstliche verdrüßlich zu machen, damit sie abreysen und zum Abbruch des Reichstags Anlaß geben möchten und ihnen die Schuld beygemessen, hernach aber die Capitulations-
Materie schwerlich mehr zur Handlung gebracht werden könnte. Es wurde auch
den Fürstlichen zu öfters wiederholten malen vergeblich zu Rath angesagt, so, daß
man wohl verspüren konnte, daß man dieselbe müde machen wollte. Aus Verdruß
reyßten würklich verschiedene Evangelische Gesandten, jedoch mit Uebertragung ihrer
Stimmen an andere, von Regenspurg ab und der Würtenbergische mußte dem zu
Augspurg veranlaßten Münz-Probationstag beywohnen. Solches gieng dem Herzog sehr zu Gemüthe, weil durch solches Abreysen die Churfürsten leicht Anlaß
nehmen könnten dem Reichstag ein Ende zu machen und die Schuld auf die Evangelische Fürsten zu legen, weßwegen er durch Schreiben an die Principalen der abrey-
senden die Bitte ergehen ließ solches zu verhüten. Der Kayserl. Hof wünschte aber
selbsten auch, daß die Capitulations-Sache unberührt bliebe, ob er schon dem Churfürstl. Collegio nicht gänzlichen Beyfall gab, weil es im britten Articul behauptete,
daß es auch ohne Wissen und Willen des regierenden Kaysers einen Römischen
König erwählen könnte. Da nun dieses ein wichtiger Articul wurde, wo die Churfürsten sowohl bei dem Kayserlichen Hof, als den Fürsten Widerspruch fand, so ergriffen
ihre Gesandte diese Gelegenheit begierigst die Berathschlagung solchen Articuls noch
länger unter dem Vorwand aufzuschieben, daß sie solches an ihre Höfe berichten und Verhaltungsbefehle einholen müßten, damit die Materie dahin eingeleitet
würde, desto leichter sich darüber vergleichen und einen Schluß fassen zu können.
Sie ersuchten demnach die Fürstliche noch eine Gedult zu tragen, damit ihrem Vorgeben nach nicht durch hitziges Anbringen die Sache übereilt und schwerer gemacht

würde.

1665 würde. Der Erzbischoff zu Salzburg erinnerte aber die Churfürstliche, daß
sie bey der güldenen Bull, wo ihre Vorzüge bestimmt wären, bleiben möchten, wodurch vieles Streiten verhütet werden könnte. Dann sein gewesener Canzler, Mozell, habe aus den Schrifften gesammlet, was nach Aufrichtung dieses
Grundgesetzes die Churfürsten sich für neue Vorzüge und Rechte selbst zugeeignet
hätten und durch die Nachsicht der Fürsten darzu gelanget wären. Dise setzten aber
entzwischen einen Entwurff des gedachten dritten Articuls auf:

     „ Insonderheit soll und will der erwählte Römische Kayser die Churfürsten,
     „ ihre Nachkommen und Erben zu jeglicher Zeit bey ihrer freyen Wahl eines
     „ Römischen Königs nach Innhalt der güldenen Bulle lassen, auch dieselbe
     „ bey Lebzeiten eines Römischen Kaysers, wann es desselben Alters, Lei-
     „ bes-indisposition oder anderer erheblichen Ursachen halben beim Röm. Reich
     „ nothwendig oder nützlich befunden wird, mit des lebenden Kaysers consens,
     „ auch wann übrige Fürsten und Stände selbiger Zeit ohnedem auf einem
     „ Reichstag versammlet wären, in solchem Fall mit deren einrathen secun-
     „ dum Instrumentum pacis vorzunehmen gestatten. Wann auch derent-
     „ wegen zwischen einem Römischen Kayser und den Churfürsten oder diesen un-
     „ ter sich selbst Strittigkeit vorfiel und sie sich per unanimia dero nicht ver-
     „ einigen könnten, wäre alsdann selbige an das gesamte Reich zu bringen.„

     Nun war Herzog Eberharden zwar angenehm, daß die Fürsten die Wahl-Ca-
pitulations-Materie emsig betrieben, konnte aber den gegebenen Anschub, welcher
den Churfürsten gestattet worden, nicht anderst als mißliebig ansehen, weil man im
Werk verspürte, daß die Churfürsten nur Zeit zu ihrem Vortheil zu gewinnen suchten, konnte sich aber auch nicht überwinden zu glauben, daß dieselbe den Anschlag der
Fürsten, ob dise jenen schon sehr viel nachgegeben hatten, beslieben würden. Sie
suchten aber in der That nur Zeit den Kayserl. Hof auf ihre Seite zu bringen,
welches ihnen gelunge, indem sie daselbst den Beyfall und eine Resolution auswürk-
ten, daß es bey demjenigen bleiben sollte, wie es hierunter bey Kaysers Matthiä.
und der drey folgenden Kayser Wahl gehalten worden, welches nichts anders, als
eine approbation des Churfürstl. projects war und bey den Churfürsten nur soviel
würkte, daß sie destoweniger zum Nachgeben geneigt wurden. Der geistliche Für-
sten-Bank unterwarff sich sogleich nach seiner Gewohnheit dem Kaiserlichen Willen
und man durffte es nicht wagen dise Sache wieder in Berathschlagung zu bringen,
weil man nichts gewissers voraussehen konnte, als daß die mehrere den Churfürsten
beytretten würden. Und auf diesem Weeg wurde nach derselben Absicht diese Ma-
                                                terie.

kerie wieder in das stecken gebracht. Die weltliche Fürsten faßten demnach den 1665 Entschluß eher den Reichstag abzubrechen und die Sache in statu quo zu lassen, als durch deren Fortsetzung und beförchteter Vordringung der mehrern Stimmen in dergleichen wichtigen Händeln sich einen Nachtheil aufzubürden und aus dem Genuß der ihnen im Friedens-Schluß zuerkannten Rechte setzen zu lassen, wordurch die Catholische nur mehrern Muth fassen würden denselben durch ihre Mehrheit hinaus zu votieren.

§. 58.

Bey solcher Lage der Umstände hohlten die Gesandte der weltlichen Fürsten eylends bey ihren Höfen Befehle ein, ob sie den Reichstag zum Aufbruch kommen lassen und wie sie sich verhalten sollten? oder ob man den Churfürsten und Catholischen nur immer auch in Sachen, welche sie öffters ohn habende Ursach durch die Mehrheit zu hohem Nachtheil und gefährlicher Folge der übrigen weltlichen und insonderheit der Evangelischen Fürsten durchzutreiben pflegten, nachgeben sollte? Man machte allerhand projecten, wie der dritte Articul der beständigen Capitulation eingerichtet werden könnte und insonderheit bemühte sich der Erzbischoff von Salzburg mit dergleichen Vorschlägen, welche aber bald diesem, bald jenem Theil mißfielen. Wie nun Herzog Eberhard den 12. Junii seinem Gesandten seinen Unmuth über die Verzögerung der Nassau- und Eidingischen Restitution wider den Herzog von Lothringen bezeugte, indem er glaubte, daß, wann ein Churfürst eine Anspruch an die von dem Herzog von Lothringen vorenthaltene Güter hätte, diese Restitution mit äußerstem Eyfer betrieben würde, so schmerzte ihn auch sehr das widrige Verhängnus der Wahl-Capitulations-Materie und daß der Streit über den dritten Articul immer in mehrere Verwirrung zu einer solchen Zeit gereichte, da man mit recht einmüthiger Zusamensetzung der Ruhe und Sicherheit des allgemeinen Vaterlands befördern sollte. Es blieb demnach bey dem Befehl eher diese Sache in statu quo zu lassen, als durch allzuvieles Nachgeben der Fürsten Rechte zu kränken. Entzwischen sollte der Gesandte sich von den Magdeburg-Pfalz-Neuburgischen und andern gleichstimmenden bißher geführten heylsamen Gesinnungen nicht trennen, sondern, wofern sie noch fest darauf bestünden, ihr über offberührten dritten Articul vorhabendes Votum gleichmäßig mit mehrerer Erleuterung unterstützen. Doch gab er solchem zusamenhaltenden Gesandten zur Ueberlegung anheim, ob nicht, wann es ja endlich den Churfürstl. und Catholischen Geistlichen allein darum zu thun seyn wollte, daß die Weltliche Fürstliche Gesandtschafften aus einem auf die Bahn gebrachten Vorschlag nur die Wort sub. sperati heraus ließen, denenselben zu willfahren wär, aber

1665 dagegen beygefügt werden solle, daß, gleichwie man disseits aus Liebe und Begierde zur Eintracht sich willfährig erzeige, man sich also die zuverlässige Hoffnung mache, daß die Churfürstliche den übrigen Fürsten und Ständen in Beschliessung der übrigen Articuln, wie auch des Epilogi hinwieder billiche Genugthuung angedeyhen und das Instrumentum pacis befolgen würden. Dann der Herzog besorgte, daß bey Unterlassung eines solchen Werbehalts die weltliche Stände von der Nachkommenschafft in Verdacht gezogen werden könnten, als ob sie selbst einen Bruch in den Friedensschluß gemacht hätten. Wann aber andere die Hände sinken liessen, so erinnerte er seinen Gesandten eben nicht der letzte im Nachgeben zu seyn, sondern, was dermahl nicht zu erheben, auf eine bequemere Zeit ausgestellt zu lassen, da man sich gleichwohl mit einer wohlausgeführten schrifftlichen Protestation in allweg zu verwahren und die Fürstliche Rechte darburch vorzubehalten hätte. Die mehrere weltliche Fürsten (o) beschlossen hingegen den 16. Junij, daß, weil man ihrer bißher nur gespottet und ihre Gedult mißbrauchet hätte und solches ihnen ferner zu leyden unverantwortlich fallen dörffte, sie sich mit solchen vergeblichen Handlungen nicht länger aufhalten, sondern sich nunmehr schlechterdings auf die hiebevor von ihnen an die Fürsten-Raths-Directoria und übrige Fürsten gebrachte Erinnerungen beziehen wollten. Zu welchem Ende in denen vorsitzenden Magdeburgischen, Neuburg und Bremischen Stimmen solche mit einigem Beysatz ein oder anderer dienlsamer Gründe wiederholbt und von den andern um beliebter Kürze willen damit zu conformieren beliebt worden. (p) Es gieng aber in dem nächsten Rathgang wieder ganz widrig und die meiste Stimmen fielen zu Guunsten des Gegentheils aus, so daß die 32. von den weltlichen und beträchtlichsten Fürsten vorgebrachte Vota in Gefahr stunden ganz übergangen zu werden und ihnen nichts als das flebile beneficium der Protestationen, Widersprüchen und Vorbehälten übrig blieb. Höchstbedaurlich fiel aber, daß unter diesen 32. Fürstlichen Gesandten sich Leute fanden, welche alles von ihnen im Vertrauen verabredete und geschlossene sogleich dem Gegentheil verriethen und dieselbe zur Entgegensetzung anderer listigen Ränke veranlassten. Dem Herzog gieng auch sehr zu Gemüthe, daß, was er schon lang beförchtet hatte, die weltliche Fürsten wegen der Mehrheit der geistlichen nicht durchdringen können und so gar in dem Fürsten-Raths-Schluß zu der 32. Stimmen nicht geringer Beschimpfung ihrer nicht einmahl gedacht worden. Weil aber die obgedachte Vota so wichtigen Innhalts waren, so meynte Herzog Eberhard, daß diese mehrere weltliche

Für-

(o) Diese weltliche Fürsten wurden mit dem Namen der mehrern Fürstlichen oder mehrern weltlichen Fürsten belegt, weil etliche wenige weltliche Fürsten es mit den Churfürsten und geistlichen Fürsten hielten.

(p) Beyl. 26.

Fürsten sich einer Protestation, contradiction und reservation vergleichen 1665
und dieselbe nicht allein im öffentlichen Fürsten-Rath ablegen, sondern auch
den Directoriis schriftlich ad acta einhändigen sollten. Wofern nun die anwesende,
bevorab Evangelische Städtische Abgeordnete noch vor der re-und correlation zum
Beytritt vermocht werden könnten, so hoffte er gute Würkung und wenigstens dieses zu erhalten, daß man ihre der Fürsten und Städte Stimmen zugleich in das ab-
faffende Reichs-conclusum zu nehmen sich gefallen laffen müffte, widrigenfalls wär
nöthig die protestation bey der re-und correlation zu wiederholen, indem gleichwohl beffer seyn würde dem Reichstag unverrichter Dinge ein Ende zu machen,
als mehrere vergebliche Kosten anzuwenden und der Nachkommenschafft so groffe
Nachtheile zu erhandlen. Magdeburg erinnerte noch dabey nebst vielen andern,
daß in dem von dem Gegentheil abgefaßten concluso nicht allein die Anmerkungen
wegen der Wahl eines Römischen Königs bey Lebzeiten eines Kaysers, welche sowohl von den Catholischen als auch Evangelischen beliebt worden, übergangen, sondern auch der in dem Salzburgischen Voto selbst angehängten und von vielen Ständen wiederhohlten clausulæ reservatoriæ nichts gedacht worden, wobey der Schweden-Bremische in Zweifel gezogen, ob die Churfürstl. Stimmen in eigener Angelegenheit eine gültige Mehrheit ausmachen können, da solches in keinem Baurens
Gericht gestattet würde und aller Vernunfft zuwieder wär.

§. 59.

Das Oesterreichische Directorium und die Churfürsten beharrten aber aus dem
nichtigen Vorwand auf dem Concluso, daß es nicht gebräuchlich sey einem abgefaßten Schluß erst noch Zusätze und Erleuterungen beyzufügen. Dann es waren
keinerley neue, sondern ihre vormahls abgelegte Vota, welche sie nur hier widerhohlten. Und wann die Catholische Zusätze und Erleuterungen bißher in einem
Reichschluß einzuschalten verlangten, so wurde solches niemals verwilligt. Nun faßten beßwegen die so genannte mehrere weltliche Fürsten unter sich den Entschluß vor
jedem Rathgang sich eines gemeinschafftlichen Voti zu vergleichen, welches Herzog
Eberharden wohl gefiel, indem er hoffte, daß sie standhafft darauf beharren und
endlich solche Vorschläge auf die Bahn bringen würden, wodurch weder der Reichstag abgebrochen, noch den Fürstlichen Rechten ein Nachtheil zugezogen werden könnte. Endlich erhielt er die Nachricht, daß die Churfürsten jemanden an den Kayserl.
Hof abgeordnet hätten ihre Absichten zu unterbauen, reßwegen er für sehr nöthig
erachtete, daß die Fürsten ebenmäßig schleunigst auf eine Abordnung bedacht wären
dem Kayser ihre auf den Friedenschluß und uraltes Herkommen gegründete Absich-

ten

1665 ten und die von dem Gegentheil zur Beſchimpfung und Schmälerung des Fürſtenſtands Ehre und Rechte abzweckende Unternehmungen zu Gemüth zu führen. Damit es aber mit deſto beſſern Glimpff geſchehen möchte, ſo meynte er, daß man den Erzbiſchoff zu Salzburg erſuchen ſollte, dergleichen Abſendung mitzubelieben und ſeine eigene hierunter verwickelte Ehre und Intereſſe als ein Reichs-Fürſt zu beobachten. Wegen des obberührten Bremiſchen Voti erachtete er für billig dem Ge-ſandten Enoilzky Dank abzuſtatten und ihn zu vermögen, daß er durch ſeine Berichte bey dem König die Beſchützung der Fürſtlichen Rechte nach Anleitung des Fridensſchluſſes unterbauen möchte. Und weil er endlich vertraute Nachricht hatte, daß der König in Frankreich den Entſchluß gefaßt habe der Reichsfürſten hergebrachte Rechte und Freyheiten beſtens zu unterſtützen, ſo hielt er für gut, daß auch der Gravelle dahin überredet würde ſeines Königs hiebeyführenden Abſicht durch einen ſchrifftlichen Aufſatz nachdrücklich zu erklären, ſelbigen dem Chur-Mayn-ziſchen Directorio einzuhändigen und zugleich auch den Kayſerl. Principal-Commiſſa-rien ſolches mündlich zu hinterbringen. Entzwiſchen wurde der 4. 5. und 6te. Articul des Capitulations-projects zur Berathſchlagung vorgenommen, wobey die Geiſtliche Catholiſche zur Verwunderung ſich abermals eine Pflicht daraus machten wider der Weltlichen Evangeliſchen Vota zu ſtimmen. Dann ſie wollten ſich nur den Beſitz ihres Rechts behaupten durch die Mehrheit ihrer Stimmen die Evangeli-ſchen zu unterdrucken, obſchon ihr eigener Vortheil erforderte aus gleichem Thon mit jenen zu ſprechen, weil ſie als Fürſten gleiches Intereſſe mit ihnen hatten. Und der Erzbiſchoff von Salzburg gieng von ſeiner bißherigen Geſinnung ganz zu der Kay-ſerl. und Churfürſtlichen Abſichten über, weil der Kayſer deſſen Brüdern das Bis-ſtum Paſſau und Gurk verſchaffte und ihm ſelbſten auch nebſt dem Erzbiſtum Salz-burg auch zu dem Biſtum Trient Hoffnung machte. Wegen Abordnung eines Ge-ſandten an den Kayſ. Hof ſand es aber unüberwintliche Schwürigkeiten, weil an-dere Fürſtl. Geſandten es nicht unternehmen konnten ſolche ohne Befehl ihrer Prin-cipalen zu rathen, da die weit entſeſſene erſt nach langer Zeit die Befehle erhalten dörfften, wo die Churfürſten ſchon ihren Zweck um ſo mehr erreicht haben könnten, als man wußte, daß der Kayſerl. Hof ganz nach dem Ton derſelben geſtimmt war. Man ließ daſelbſt ſo gar den Ausdruk, daß ohn Wiſſen und Willen eines noch leben-den Kayſers ein Römiſcher König erwählt werden könne, auſſer Acht. Und man glaubte gute Urſach zu einem Verdacht zu haben, als ob die Churfürſten dem Hauß Oeſterreich die Hoffnung gemacht hätten das ganze Capitulations-Weſen in das ſto-cken zu bringen, daß es nicht Urſach hätte ſich wegen diſer Sache zu bekümmern, weil ſie niemals geſonnen geweſen dieſelbe zum Stand zu bringen. Man konnte demnach, weil kein einiger Punct der Kayſerl. Propoſition wegen ſolcher Verwin-

rung

rung zu einigem Schluß gelangte, schlechte Aussichten zu einem Reichs-Ab- 1665
schied haben. Weil nun das Churfürstliche Collegium und die geistliche Fürsten durchaus die majora zu haben behaupteten, hingegen die mehrere weltliche solches nicht eingestehen wollten, sondern vielmehr erwiesen, daß von ihrem Theil die
majora gemacht worden, so befahl Herzog Eberhard desto eher seine Gesandten
auf dem Weeg der Protestationen und Reservationen zu bleiben und übrigens sich
äusserst zu bewerben, daß, wofern es nur ohne Nachtheil der Fürstlichen Rechte geschehen könnte, wenigstens das Capitulationswesen noch auf diesem Reichstag ausgemacht würde, wovon sich die Gesandte durch Einmischung anderer annoch zu erledi-
gen stehenden Haupt-oder incident-Puncten durchaus nicht ableiten lassen sollten.
Die vereinte Fürsten tratten solcher Meynung desto eher bey, als der Französische
Gesandte, welcher sich sonsten in dem vertrösteten Beystand sehr kaltsinnig erzeigte,
den Fürstlichen höchstens mißriethe sich mit Beyseitsetzung solcher Materie in andere
Berathschlagungen einzulassen, indem ihrer auf solche Weise nur gespottet würde. Unversehens gieng aber der zur Römischen Königs-Würde von dem Hauß Oesterreich
ausersehene Erzherzog Sigmund Franz in die Ewigkeit ein, durch welchen Fall die
Anschläge des Kayserlichen Hofes sich in Ansehung der Wahl-Capitulation sehr änderten und man wünschte nun, daß das von dem Oesterreichischen Directorio verfaßte conclusum nach dem Verlangen der mißvergnügten weltlichen Fürsten abgeändert würde, worüber diese sich die Hoffnung machten, daß dieser Hof den Churfürstlichen Absichten nicht mehr so günstigen Beyfall geben dörffte.

§. 60.

Entzwischen wurden bey dieser Unruhe die Reichs-Tags-Geschäfften sehr nachlässig und verzögerlich hintangesezt und die von den wohldenkenden weltlichen Fürsten
an das Maynzische Directorium geschehene Erinnerungen übel aufgenommen. Herzog Eberhard konnte nicht begreiffen, zu was Ende solche Verzögerungen dienen sollten.
Weil es nun nicht in seiner alleinigen Macht stund dieses Unwesen zu hindern, so befahl
er seinem Gesandten mit andern, welche es abdeuten, mit einzustimmen, zumahl,
als der Altenburgische Gesandte im Namen seines Principalen sich erklärte, wie
mißfällig die vermuthende Aufhebung des Reichstags wär, da in der Nachbarschafft
des Reichs nicht nur grausame Kriegs-Troublen ausgebrochen, sondern auch in dem
Reich weitaussehende Werbungen, conjuncturen und offentliche Kriegshand-
lungen zwischen Chur-Maynz und der Pfalz und forsten sehr bedenkliche Dinge
vorgiengen. Dann der Bischoff von Münster machte nicht nur mit seinen ausserordentlich starken und sein Vermögen weit übertreffenden Werbungen ein grosses Aufsehen, sondern hatte auch in der Stadt Höxter nach Absterben eines

X. Theil. N Pfar-

1665 Pfarrers den Evangeliſchen eine Kirche weggenommen und wider die ſich widerſe-
henbe Burgerſchafft durch ſeine Truppen bedenkliche Ausſchweiffungen begehen
laſſen. Weßwegen dieſer Sächſiſche Fürſt die ſamtliche Geſandſchafften als ein treuer
Patriot, der es mit dem Kayſer und ſamtlichen Reichsländen wohl meynte und von allem beſondern Intereſſe ſich weit entfernt anrühmte, erſuchen ließ ſolches und andere
mehrere zu Fortſetzung des Reichstags dienende Gründe ihren Principalen zu Gemüth
zu führen und, wo unnöthen, ſolche Aufhebung zu widerrathen. Wollte aber Gott
ein anders über das Teutſche Reich um deſſen Sünden willen verhängen, ſo könnte
er deſſelben Folgen nicht gnug bedauren und ſich damit getröſten, daß er das ſeinige
gethan und ſolchen Schritt widerrathen habe. Diſes Altenburgiſche Votum würkte
bey Herzog Eberharden ſo viel, daß er ſeinen Geſandten befahl nebſt andern ſich eyfrig angelegen ſeyn zu laſſen, damit die Berathſchlagungen mehrers beſchleunigt würden, weil die immer gefährlicher werdende conjuncturen von ſo wenigen zu Herzen
genommen würden und das Münſteriſche Betragen den Evangeliſchen Ständen ſolche Ausſichten hinterlieſſe, daß, wo man nicht durch näheres Zuſammentretten dergleichen Unternehmungen ernſtlich begegnete, immer ein Bruch nach dem andern
in dem Friedenſchluß befahrt werden müſſte. Und weil des Herzogs Tochter, die
verwittibte Fürſtin von Oſt-Frießland, von den Münſteriſchen Truppen ſehr hart be-
drohet wurde, daß diſe auch in ſolchem Fürſtenthum Ausſchweiffungen begehen dörfften, ſo ließ er wegen ſolcher Beſorgnus Schreiben an den Biſchoff ergehen, welche
aber wenig fruchteten. Entzwiſchen wurde gleichwohl in der Capitulations-Sache
bis auf den 14. Articul fortgefahren, worinn auch der Teutſchen Concordaten mit
dem Pabſt und der deßwegen obſeyenden Strittigkeiten gedacht wurde, aber von einigen Catholiſchen nicht geſtattet werden wollte, daß die Evangeliſche auch zu deren
Berathſchlagung gezogen werden ſollten. Der Würtembergiſche Geſandte, weil er
auch das Veldenziſche Votum vertratt, hatte von dieſem Hof den Befehl dahin zu
ſtimmen, daß zwar materialiter " davon zu reden diſe Materie die alleinige Ca-
" tholiſche beträffe: Weil aber ſolche in das Churfürſtliche Project alſo mit eingebracht
" und bißher alle Articul, obſchon in einem oder dem andern deren ein und anderer Re-
" ligions-Verwandten Intereſſe vornehmlich dabey eingeloffen oder ſolches berührt
" hätte, im Fürſten-Raths-Collegio zur propoſition gebracht worden, ſo wür-
" de dem zu folge und dem Herkommen nach ſolcher Articul auch in dem ganzen Für-
" ſten-Rath vorgetragen werden können, indem ſonſt kein Fürſten-Raths-Con-
" cluſum darüber gemacht werden können, wann nur ein Theil darüber ſich ver-
" nehmen laſſen wollte. Es würde auch bey deſſen Vornehmung jeder wiſſen,
" wie weit ſolcher einen oder andern Theil betreffen und ihm zu ſprechen gebüren
würde. " Diſes Votum würde von Sachſen-Altenburg, Gotha, Braunſchweig-

" Wol-

Wolfenbüttel und Calenberg, wie auch von Heffen unterftützt und wiederhohlt 1665 und infonderheit von Altenburg hinzugefetzt, daß gleichwohl im Churfürften-Rath die Evangelifche auch neben den Catholifchen miteingeftimmt hätten. Nun waren diefe letztere felbft unter fich getheilt, da einige und zwar die mehrere fich zu des Pabfts und der Röm. Kirche vermeyntem Vortheil neigten und mithin den Churfürftl. Auffatz geändert wiffen wollten, unter welchen auch der Erzbifchoff zu Salzburg gezehlet war. Andere hingegen lieffen fich für die Freyheit des Reichs und Aufrechterhaltung des gedachten Entwurffs vernehmen, wobey nichts defto weniger die zwar befchwerliche concordata aufrecht beftehen konnten. Es wurde aber dem Erzbifchoff eine falfche Nachricht darüber hinterbracht, als ob die Evangelifche fich in die Sache felbft einzulaffen gefonnen wären und demjenigen Theil die mehrere Stimmen und Ueberwägung zu verfchaffen, welcher dem Pabft und feinen Abfichten zuwider wär. Diefer Erzbifchoff gab deßwegen dem Magdeburg- und Würtembergifchen Gefandten einen fehr unhöflichen Verweiß, daß fie fich in Sachen mengten, welche die alleinige Catholifche beträffen, wobey er mit hefftiger Gemüths-Bewegung infonderheit meldete, daß er von dem Würtembergifchen Betragen ganz andere Begriffe gehabt hätte. Der Gefandte merkte aber gar wohl, daß, weil er durch fein Votum auch andere Gefandte auf feine Seite gezogen, der Verweiß auf ihn allein angefehen wär. Er war dadurch aufgebracht und antwortete deßwegen ebenmäffig etwas ftark, daß der Erzbifchoff durch eingenommenen ungleichen Bericht zu folcher Hitze verleitet worden, er aber noch beftändig darauf beharre, daß das Herkommen in allweg erfodere folchen Articul im ganzen Fürften-Rath vorzutragen, da die Evangelifche ihrigen widrigen Glaubensgenoffen groffen Eintrag zu thun gar nicht gemeynt feyen. In andern Articuln fey wegen des Pabfts und der Römifchen Kirche ebenfalls ein und anders verordnet, worüber die Evangelifche dannoch auch gehört worden und eben diefen 14. Articul hätten fich die Evangelifche Churfürften gar nicht von ihrem Beyrath ausfchlieffen laffen. Er Gefandter würde diefen Vorgang an feine Principalen berichten, indem es dem Reichsherkommen gar nicht gemäß wäre, daß freyer Reichs-Fürften Gefandten in ihrem freyen Stimm-Recht dergeftalt Einhalt gethan werden wollte, wobey er verhoffte, daß man ihn hinführo nicht mehr fo behandlen, fondern, wofern man mit feinen Aeufferungen nicht zufriden wäre, folches an feine Principalen gelangen laffen würde, gegen welche er fich zu verantworten getraue. Solcher Gegenverweiß dämpfte die übermäffige Hitze des eingenommenen Weins. Dann der Erzbifchoff wurde ganz gelaffen und bath nur fein erkanntes Vergehen nicht fogleich an feine Principalen zu berichten, worauf die gegenwärtige Magdeburg-Altenburg-und Heffen-Caffellfche Gefandte an des Würtembergifchen Antwort Antheil nahmen und behaupteten,

daß

1665 daß falsch geschloffen würde, wann man glaubte, daß die Evangelische
hierinn gar nichts zusprechen hätten, indem die Materie die Aufrechterhaltung
der Rechte und Güter der Teutschen Kirche und der Concordaten betreffe, welche,
wiewohl vor der Religions-Reinigung, mit gesamter Chur-Fürsten und Stände Willen und Wissen verglichen worden, und des ganzen Reichs Ehre, Nutzen und
Ansehen berühren.   Die Gährung des Weins und des Unmuts über solche Vorwürfe fieng hier wieder an aufzuwallen.   Dann, als der Bremische Gesandte auch herbey
kam, bewillkomme ihn der Erzbischoff so gleich mit der Frage: Wie kommts, daß
man mir die Parole nicht hält? Der Gesandte wußte sich nicht darein zu finden, indem
er sich keiner gegebenen Parole zu erinnern wußte, noch weniger, daß einige von
ihm verlangt worden.   Weil er aber von dem bißherigen Wortstreit vermuthlich
schon unterrichtet war, so antwortete er sogleich, daß er sich in der Catholischen Händel nicht zu mischen begehre.   Es habe jeder Theil mit seiner Pfafferey gnug zu thun
und keine Ursach sich fremder Händel anzunehmen.   Er finde auch nicht, daß es Glau-
bens-Sachen und Articul seyen, sondern nur zeitliche Gerechtigkeiten und Güter und
deren Ausübung und Geniessung betreffen.   Endlich liessen sich die Gesandten verlauten, daß sie wohl geschehen lassen könnten, wann die Catholische sich über diesen
Articul der beständigen Wahl-Capitulation miteinander unterredeten und verglichen,
aber nicht im Namen des ganzen Collegii einen Schluß faßten, weil, wann deßwegen entweder etwas in die Wahl-Capitulation oder in den künfftigen Reichs-Abschied eingebracht werden wollte, solches im ganzen Fürsten-Rath vorher durch einen gemeinen Schluß verglichen werden müßte.   Am folgenden Tag wurde der Würtembergische Gesandte von dem Erzbischoff zur Tafel eingeladen und ihm nach derselben die Erklärung gethan, wie er mit der Evangelischen Bezeugung sehr wohl zufrieden sey und man dessen, was vorigen Tags geschehen, nicht mehr zu gedenken,
oder einen Unwillen beyzubehalten Ursach habe unter schmeichelhafter Versicherung
der gegen Herzog Eberharden tragenden Freundschafft und Vertrauens und gegen ihm,
Gesandten grosser Betheurung gegen ihm tragender vorzüglicher Gnade.

§. 61.

Indem aber dieser Gesandte auf dem Reichstag mit so t vielen widerwärtigen
Leuten zu kämpfen hatte, so lag der Herzog zu Hauß mit dem Ritterstifft zu Bruch-
sal wegen unterschiedlicher Mißhelligkeiten im Stritt, aus welchem er sich jedoch den
12. Sept. durch einen Verglich herauszuschwingen den Weg fand. Die Sache betraff
den unter beeden Theilen gemeinschafftlichen Flecken Grossen-Gartach, wie es I.)
mit Umlegung der auf Reichstägen der Kayserlichen Majestät und dem Reich zu

gutem:

gutem beschloſſenen Reichsſchatzungen und Krayß-Anlagen gehalten werden 1665
ſoll, inſonderheit, wann ſie nur von einem Krayß, nemlich dem Schwäbiſchen oder Rheiniſchen, bewilligt worden. 2.) Sollte die Muſterung und Auflegung
der Waffen gemeinſchafftlich geſchehen, ein gemeinſchafftlicher Officier über die Auswahl aus der Burgerſchafft beſtellt werden, welcher die auserwählte zur Muſterung
führen und jedem Gemein-Herrn zu ſeiner Gebühr in Feinds-Nöthen Hülff leiſten
ſollte. 3.) Die Forſtliche Obrigkeit blieb dem Hauß Würtenberg, wie von Alters
hergekommen. Und, wann ein regierender Herr auf Gartacher Markung jagen
wollte, ſtund demſelben zu belieben, beederſeitige Unterthanen darzu zu gebrauchen,
doch mit der Einſchränkung, daß ſie nicht aus ihrer Markung geführt würden. 4.)
Und weil Würtenberg nur einen vierten Theil an dieſem Flecken beſizt, ſo wurde beliebt, daß ſolches Fürſtl. Hauß alle 4. Jahre einen gemeinſchaftlichen Schultheiſſen
und das Stifft die übrige 3 Jahre einen ſetzen ſoll, welcher bey Antrettung ſeines
Dienſts beeden Herrſchafften zu ſchwören verbunden wär. 5.) Wegen des Vorgangs aber wurde verglichen, daß bey gemeinſchafftlichen Handlungen, als Vogt-
Gerichten, Aufnehmung der Huldigung derjenige, ſo damahls den Staab hat, den
erſten Tag den Vorgang haben und den andern Tag der andere ſolchen einnehmen und beede Theile alſo, ſo lang die Handlung währt, von Tag zu Tag abwechſeln ſollen.
Wann aber ein Würtenbergiſcher Unter-Vogt und Stifftiſcher Amtmann zuſamen
kommen, ſoll der den Staab haltende den Vorſitz behaupten und im Fall, wann ein
Capitular mit dem Würtenbergiſchen Unter-Vogt zu thun hätte, ſoll dieſer jenem
nachgehen und hingegen vor den übrigen ſtifftiſchen Bedienten den Vorſitz nehmen.
Ingleichem vermehrte er ſein damahls aufgerichtetes Cammerſchreiberey-Corpus
mit Erkauffung der Commenthurey zu Winnenthal, welche in Anſehung der vielen
Streittigkeiten, welche ſie mit dem Hauß Würtenberg wegen des Juris patronatus,
collaturæ und anderer Gerechtigkeiten auf den Pfarren in dem Amt Winenden hatte, von Johann Cäſparn dem Adminiſtratorn des Hochmeiſterthums in Preuſſen
Teutſchen Ordens und einigen Commenthur-und Ordens-Rittern den 29. Sept.
an Herzog Eberharten mit allen Jurisdictionalien und Zugehörden um 48000. fl.
käuflich überlaſſen wurde, wobey dieſe Commenthurn dem Herzog alle von ihnen an-
geſprochene und zugehörige Jura patronatus und geiſtliche Lehen und Rechte in den
Kauf ſchenkten.

§. 62.

Nun machten die noch fortwährende ſtarke Werbungen des Biſchoffen zu Münſter je mehr und mehr bey den Evangeliſchen und inſonderheit bey dem über die Bey-

1665 behaltung der allgemeinen Ruhe in Teutschland so wachsamen Herzog Eber-
barden ein desto sorgsameres Ansehen, als man Nachricht hatte, daß der
Bischoff von dem Papst und vielen Catholischen Fürsten und Ständen starke Geld-
Beyträge erhalten habe, weßwegen auch dise Verbindung nur die heilige Liga genennet wurde. Ungeacht der Kayser, als im Nider-Sächsischen Krays damals auch
starke Werbungen vorgiengen, diese sogleich durch mandata inhibitoria niederlegte,
so wollte derselbe doch dem Bischoff solche nicht verbieten, indem er sich entschuldigte, daß man ihm seine Unternehmungen nicht untersagen könnte, weil er seine
Truppen nur zu Wiedereroberung dessen gebrauchen wollte, was seinem Bistum, und
Kirche entzogen worden. Man sagte demnach den Verdacht, als ob dergleichen Anschläge mehr auf die Entsetzung der schon in den Besitz durch den Frieden eingesezten,
als zur Restitution der widerrechtlich entsezten angesehen seyen und man deßwegen
Catholischer seits so viele Aufzüglichkeiten bey dem puncto restituendorum in den
Weeg legte. Herzog Eberhard hatte hohe Ursach seine Sorgen auf seine wieder in
den Besitz genommene Stiffter und Clöster zu verwenden, indem er argwohnete,
daß Münster den Anfang in Westphalen und in seiner Nachbarschafft machen und
wann es gelinge, andere solchem Vorgang nachfolgen dörfften. Er befahl beßwegen
seinen Gesandten zu Regenspurg auf alle Nachrichten genaue Acht zu haben und sich
mit andern Evangelischen bey zeiten zu unterreden, ob man bey eines einzigen Bischoffs so starker Kriegs-Rüstung länger still sitzen oder nicht vielmehr bey dem Kayserl. Hof das Aussehen und Besorgnus entdecken und dawider Vorstellungen thun
sollte. Der gefaßte Argwohn verlohr sich aber einigermaßen, als nicht nur der Bischöffliche, sondern auch der Pfalz-Neuburgische Gesandte auf dem Reichstag sich
sehr über die vereinigte Niderlande beschwerten und bey dem Reich Hülfe suchten.
Das Gemüth des Herzogs war aber noch nicht gänzlich beruhigt, sondern er w. dte
noch der Zeit erwarten, ob unter solchem Vorgeben nicht andere zum Nachtheil der
Evangelischen gemachte Anschläge verborgen wären, zumahl die Kron Schweden aus
gleichem Mißtrauen eine beträchtliche Anzahl Truppen mit vielem Kriegs-Geräthe
in ihre Teutsche Lande überführen ließ. Nebst diesem war ihm bedenklich, daß der
Bischoff von Münster und andere geistliche Fürsten aus Besorgnus, daß die Engli-
sche subsidien-Gelder aufhören und der Bischoff einen so schwehren Krieg auszuführen zu schwach seyn dörffte, das Reich unter dem scheinbaren Vorwand mitzuflech-
ten wollten, daß die Staaten der Niederlande verschiedenen Reichs-Ständen in den
vorgewährten Kriegszeiten Lande und Güter abgenommen und etliche Reichs-Städte dem Reich entzogen und noch vorenthielten, mithin jetzo die rechte Zeit vorhanden
sey sich Genugthuung zu verschaffen. Die Evangelische hatten aber keinen Lust dazu,
zumahl die Kron Frankreich in diesen Krieg verwickelt war und der Republic Hol-

laud

land nicht nur schon eine ansehnliche Hülse zugeschikt hatte, sondern auch auf erforderten Fall noch mehrere Völker absenden wollte, ungeacht dieselbe mit dem Bischoff noch in der Rheinischen Allianz stand und dieser unruhige Bischoff ohnehin auch von seinen Alliierten Beystand verlangt hatte. Weil er aber dise Händel sell st um alter verlegener Strittigkeiten willen mit den Staaten angefangen hatte, so wollten sich die Bundsgenossen weder durch Vermittlung, noch durch würkliche Hülse in die Sache mischen, damit das Reich in Ruhe bliebe und Frankreich kein Anlaß gegeben würde einigen Reichsstand zu befeinden. Nun meynten zwar die Catholische Alliierte und insonderheit Chur-Cölln und Pfalz-Neuburg, daß man deßwegen dem Bischoff einen Beystand schuldig wär, weil er bey Einnehmung der Thieler-Schanze von den Staaten empfindlichen Schaden und Beschimpfungen erlitten hätte. Maynz, Cölln, Trier und Straßburg hatten aber mit dem Pfälzischen Wildfangs-Handel ihrer Hände voll zu thun, so, daß man vermuthete, als ob der Bischoff die Hülse mehr zum Schein begehrte um seinen Feinden ein Nachdenken zu machen und desto vortheilhaftern Frieden zu erhalten. Herzog Eberhard war dabey in grosser Verlegenheit, weil sich der Churfürst zu Maynz ebenmässig sehr beschwerte, daß Chur-Pfalz ungeacht der zu Speyr angetrettenen Unterhandlungen seine Völker unvermuthet zusamen gezogen und ohn gegebene Ursach in die Maynzische Lande eingefallen, mithin von seinen Mitalliierten die Bundsmässige Hülse erforderte. Bißher hatten die Oesterreichische Gesandten immer vorgegeben, daß der Kayser niemanden verbieten könnte von einem fremden das ihm entzogene mit Gewalt wieder abzunehmen. Er hatte also kein Mißfallen an diser Münsterischen Unruhe. Einsmals änderte sich aber jetzo dise Sprache und dise Gesandte gaben jetzt vor, daß solcher Krieg der Kay. May. jederzeit mißbeliebig gewesen. Nun wollte zwar demselben niemand einigen Glauben zustellen: Herzog Eberhard hielte aber doch davor, daß man Evangelischer seits solch Vorgeben für bekannt annehmen und sich dessen wider des Bischoffs-Glaubensgenossen bedienen sollte.

§. 63.

Entzwischen fuhr man mit Berathschlagung der beständigen Wahl-Capitulation fort, wo aber sich viele Mißverständnusse noch immerzu einmengten. Insonderheit machte die Materie von der Achts-Erklärung den Herzog sorgsam, indem man sich mit dem Aufsatz des Oesterreichischen Directoris im Fürstenrath eines Conclusi nicht begnügen kunnte. Dann der Herzog hielte davor, daß solche Achtserklärungen nur auf allgemeinen Reichstägen und Ordinari-Reichs Deputations-Conventen zu entscheiden wären. Dann man hätte sich Evangelischer seits äusserst vorzusehen,

da-

1665 damit nicht zu Nachtheil und Unterdrückung dieser Religions - Genoſſen ein gefährlicher Schluß gefaſſet würde, weil man ſonſt leicht unter dem ſcheinbaren Vorwand der Gerechtigkeit einen oder andern Reichsstand überſtoſſen dörffte. Den E-
vangeliſchen könne deßwegen nicht verdacht werden, wann ſie einmüthig begehren und
darauf beharren, daß in Zuziehung derjenigen Chur - Fürsten und Stände, welche
hierinn die Entſcheidung geben ſollten, nicht nur die Gleichheit der Religion beobachtet, ſondern auch die ausſchreibende Krayß - Fürsten nicht überganzen würden.
Die Mißhelligkeiten der Stände dauerten über dieſen Articul noch lang fort, indem
die Churfürstliche und geistliche Fürsten ſich mit den mehrern weltlichen nicht vergleichen konnten, noch wollten. Endlich kam man den 13. Dec. zum Beschluß der Capitulation, wo ſich die Churfürsten vorbehielten bey folgenden Fällen nach Beschaffenheit der Zeit und der Umſtände desjenigen, welcher zur Wahl im Vorſchlag war, über
dasjenige, ſo in diſer Capitulation enthalten bey erforderndem Nutzen des ganzen Reichs,
geſamter Chur- Fürsten und Stände und des gemeinen Weſens alſo ferners zu pacti-
ren und capituliren nothwendig befinden werde, hinzuzuthun oder wegzulaſſen. Oeſterreich bezeugte ſich ſehr gleichgültig dabey, aber Salzburg tratt auf der mehrern
weltlichen Fürsten Seiten, ſo, daß es bey dem Fürsten - Rath ein gutes Anſehen gewann deſſen Abſicht erreichen zu können. Allein man hatte dagegen
auch gegründete Urſachen zu vermuthen, daß die Churfürstliche ſich ſehr stark widerſetzen dörfften, weil ihnen ſehr viel daran gelegen war und ſie dieſen Puncten bißher
am hefftigsten beſtritten hatten. Nichts destoweniger faſste Herzog Eberhard die beständige Hoffnung, daß, wann man Evangel- und Catholiſcher ſeits bey dem bereits durch die Mehrheit verglichenen Schluß unbeweglich ſtehen bliebe, man gegen
die Churfürstliche wohl durchtringen und die Fürstlicher ſeits wohlbedachte Meynung
desto eher behaupten könne und müſſe, weil, wann die Churfürstliche auſſer dem hierinn, wie zuvor, offene Hände behalten und die Fürsten dabey gänzlich übergangen
würden, es keine beständige Capitulation bleiben, noch heiſſen, auch alle bißherige
beſchwerliche Arbeit und Mühe vergeblich und leeres Stroh werden müßte. Weßwegen man ſich unter was Vorwand oder herfürſuchenden Vergleichs - Mittel es immer begehrt werden könnte, auf keine Weiſe von der einmahl gefaßten Meinung abwendig machen, ſondern dabey feſt zu beharren ſich angelegen ſeyn zu laſſen hohe
Urſach habe.

§. 64.

Das Ende dieſes Jahrs zeigte demnach ſchlechte Ausſichten auf das folgende
Jahr. Dann der unruhige Biſchoff zu Münster, Christoph Ferdnand von Galen,
war auf Anrathen König Karls von Engelland in die vereinigte Niderlanden würklich eingefallen. Man ſollte diſe Anſtifftung kaum glauben können, wann man die
Ehren-

Ehren-Bezeugungen betrachtet, welche ihm in seiner Durchreyse aus Frank- 1666
reich durch die Niederlande zur Einnehmung seines Throns hier mit kostbaren
Freudenfesten bezeiget wurden, wofern man nicht einen glaubwürdigen Brief von
ihm an Churfürst Carl Ludwigen aufweisen könnte, worinn er selbst gestehet, daß
der Münsterische Krieg mit seinem Wissen und Willen angesponnen worden und er
mit dem Bischoff in einem Bündnus gestanden, daß aber auch die Evangelische Religion nichts von demselben zu befürchten habe (q). Weil der Churfürst gebethen
war solches auch andern benachbarten Evangelischen Ständen zu wissen zu thun,
schickte derselbe auch eine Abschrifft dieses Schreibens an Herzog Eberharden. Nun
erfreute sich zwar dieser einerseits sehr, daß die Religion unangefochten blieb und er
wegen seiner Clöster und geistlichen Güter ausser Sorge seyn könnte: auf der andern
Seite war ihm aber dennoch wegen eines befürchteten grössern Kriegsfeuers nicht wohl
zu Muth, indem er besorgte, daß auch andere Potentaten, wie nicht weniger Chur-
und Fürsten in diesen Handel verwickelt werden, und folglich die Kriegsflammen sich
immer mehr ausbreiten dörfften, weßwegen er den Churfürsten ersuchte durch seine Gesandten auf dem Reichstag zu derselben möglichster Dämpfung alle Mühe
anzuwenden (r). Dann der Churfürst von Brandenburg und die Herzoge zu Braunschweig gedachten sogleich sich mit den General-Staaten in ein Bündnus wider den
Bischoff einzulassen, welches auch mit dem Ausbruch des Kriegs zustand gekommen
wär, wofern nicht der König in Engelland am erstern Hof durch seinen Gesandten
darwider stark hätte arbeiten lassen. Dann er konnte der Staaten gutes Einverständ-
nus mit dem Cromwell, ihr hartes Verfahren gegen seine Brüder und die Feindseeligkeiten gegen seinem Vetter dem Prinzen von Oranien nicht aus dem Sinn schlagen. Dieser Aufenthalt nöthigte das Hauß Braunschweig bey der Rheinischen Allianz Hülf zu suchen. Es war noch nicht gewiß, ob der Bischoff etwas feindliches
gegen dasselbe unternehmen würde. Nichts destoweniger schlossen die mehrere Alliirte
auf eine dreyfache Hülfe. Die übrige sahen dieselbe dermahl noch für voreilig an
und wollten sich durch die Mehrheit der Stimmen nicht darzu verpflichten lassen, damit man sich nicht den Feind auch auf den Hals zöge und den Krieg allgemein machte. Herzog Eberhard war auch der letztern Meinung und setzte noch hinzu, daß
dise dreyfache Hülfe sich auf 30000. Mann belauffen würde, welche gleichwohl bey
grösster Gefahr wider den Erb- und der Christenheit von dem ganzen Reich nicht
aufgebracht worden. Zwar meynte der Bischoff von Straßburg, Franz Egon von
Fürstenberg, daß nicht nur die Rheinische Alliirte, sondern auch der ganze Schwäbische Krayß sich wegen der noch immer gefährlicher werdenden Läufften in eine Kriegs-
Ver-

(q) vid. Beyl. num. 17.   (r) vid. Beyl. num. 28.

X. Theil.   D

1666 Verfaſſung ſetzen ſollte. Der Herzog antwortete ihm aber, daß, wann alle
　　　andere und inſonderheit diejenige, welche die Gefahr nicht ſo dringend erachten, einen gemeinſchafftlichen Schluß faßten, er ſich nicht davon entfernen wollte.
Wegen der Kriegs-Verfaſſung aber war zu wünſchen, daß das punctum securitatis publicæ eben ſowohl in dieſem Schwäbiſchen, wie in andern Krayſen mit mehrerm Ernſt betrachtet würde. Er Herzog habe an ſich nichts erwinden laſſen und
zu Bezeugung ſeines guten Willens einen ſeiner Räthe nach Biberach geſchickt um ſich
mit dem Coſtanziſchen Canzler verabredetermaſſen wegen ſolchem Verfaſſungs-We-
ſens zu vergleichen. Die meiſte Stände haben aber ſeine wohlgemeynte Abſichten
nur obenhin eingenommen und die Reichs-Executions- und Krayß-Ordnung, den
Weſtphäliſchen Friedenſchluß und jüngſten Reichs-Abſchied wegen Beſtellung der
Krayß-Aemter im geringſten nicht in Betracht ziehen wollen, ohne welche Anſtalten mit einigem Beſtand zu dem vor Augen habenden Zweck nimmermehr gelangt
werden könnte. Endlich wurde aber der Churfürſt von Brandeburg bewogen um
ſeiner Cleviſchen Lande willen auch mit den General-Staaten in eine Alliantz einzu-
treten, wobey er ſich nichts deſtoweniger die freye Hände bedunge zugleich durch
ſeine Vermittlung den Frieden zu befördern. Er fand aber nöthig Herzog Eberharden von ſeinen dabey führenden Abſichten freundſchafftliche Nachricht zu geben
und ihn zu erſuchen, daß er gleichmäſſig unermüdet zu Erhaltung der Ruhe in Teutſchland das ſeinige beytragen möchte, welches auch derſelbe zuſagte und den Churfürſten auf ſolchem friedliebenden Vorhaben zu beharren ermahnte. (ſ).

§. 65.

Ob man nun wohl entzwiſchen mit der Berathſchlagung der projectierten beſtändigen Wahl-Capitulation faſt zu Ende gekommen war, ſo konnten doch viele
darinn enthaltene Materien nicht zuſtand eines feſten Schluſſes gelangen. Dann
das Fürſtliche Collegium erſuchte zu einem Beyſpiel das Oeſterreichiſche Directorium den 9. Januarij das Chur-Maynziſche Directorium zu erinnern, daß
auch die von den 3. Reichs-Collegiis gemachte Schlüſſe über den 8. Articul
die Zölle und Münzweſen betreffend einſten zur Richtigkeit gebracht werden möchten.
Aus Anlaß der Zölle wurde auch der ſogenannten Licenten gedacht, (t) wegen
welcher ſich die Chur- und Fürſtlichen Geſandten nicht vergleichen konnten. Herzog
Eberhard wünſchte aber eher, daß die in zerſchiedenen, inſonderheit ihm benachbarten und zwar den vornehmſten Reichs-Städten in währendem letztern Krieg vermuth-
li.(h)

(ſ) vid. Beyl. num. 29. und 30.

(t) Speidel Spec. Polit. hiſtor. pag. 812. n. 105. voc. Licenten.

sich mehr aus eigenem angemaßten Gewalt, als mit Kayserl. Erlaubnuß   1666
eingeführte sogenannte consumtions-Mittel auf die Bahn gebracht und abgestellt worden wären, weil in dem Herzogthum der Weinhandel dardurch sehr gehemmet und schwer gemacht wurde. Er gab deßwegen seinem Gesandten auf, daß, wann
auf dergleichen neuerlicher und an sich selbst unbilliger und übermachten Auflagen
völlige Abstellung noch einige Hoffnung vorhanden wär, er allen möglichen Fleiß anwenden sollte solches zu erlangen oder wenigstens nur auf mehrere Erträglich- und
Billigkeit zu setzen, zumahl in dem Friedenschluß art. 9. das Absehen dahin genommen werden. Und weil die obberührte Mißhelligkeit nur darum in den Weeg gelegt worden zu seyn schiene, damit die Deliberationen über die übrige Capitulations-
Materie aufgehalten und entzwischen zu Ausführung ein und anderer Absichten die
Zeit gewonnen werden könnte, auch die Reichstags-Geschäffte sehr nachlässig und
langsam betrieben wurden, so bezeugte der Bidenbach seinen eckelhaften Verdruß gegen dem Herzog um so mehr darüber, als andere Gesandte, welche diese Verzögerungen ahndeten, von dem Oesterreichischen Directorio Verweise anhören mußten.
Herzog Eberhard gab aber demselben nur die Vertröstung, daß freylich dieser alte
Fehler der so eckelhaften Behandlung der allgemeinen Geschäffte in ein Reichs-Herkommen umgeartet und alle Hoffnung verlohren zu seyn scheine selbigen auf disem
Reichstag abzuthun. Entzwischen erinnerte er ihn gleichwohl, daß er sich mit dergleichen Vorstellungen verhaßt zu machen wohl unterlassen könnte. Die sogenannte mehrere Fürstliche Gesandten übergaben aber den 13. Jan. dem Kayserl. Principal-
Commissarien ein Memorial, daß er nicht nur die Abhandlung der auf disem Reichstag verwiesenen Materien und insonderheit die Berichtigung der Capitulation befördern,
sondern auch sie aus der Verantwortung bey dem Kayserlichen Hof setzen möchte, als
ob sie an der Aufziehung der Geschäffte Ursach wären, da sie sich auf ihn Commissarium selbst berufften, wie sehr sie dieselbe zu befördern gesucht hätten (u). Nun
ermangelte dieser zwar nicht, dem Reichs-Directorio die nöthige Erinnerung zu
geben: Es hatte aber keine Würkung, weßwegen viele Evangelische Gesandten aus
Verdruß sich von Regenspurg wegbegaben und der bißher für der weltlichen und
Evangelischen Fürsten Angelegenheiten sehr gutgesinnte Catholische Pfalz-Neuburgische wurde von seinem Principalen abgefordert, welches Herzog Eberharten sehr empfintlich fiel. Dann die wenige anwesende für des Reichs
Wohlfart wohldenkende Gesandten waren schuldig sich allein für den Riß zu stellen,
da sie im Gegentheil in Beobachtung ihrer Pflicht in Gefahr geriethen, daß aller Un-
will auf sie fallen mußte. Der Herzog ließ es an Vorstellungen nicht ermanglen,
mußte aber dagegen den Vorwurff einnehmen, daß er das Mömpelgartische Votum,
welches mit so vieler Mühe wieder eingeführt worden, nun eine geraume Zeit selbst

(u) vid. Beyl. num. 31.   D 2   zurück-

1666 zurückbleiben laſſe, ungeacht ſeinem Fürſtlichen Hauß ſelbſt nicht weniger, als den Evangeliſchen daran gelegen wär. Man verwunderte ſich deßwegen ſehr, daß man ein neues, nemlich das Teckiſche Votum, ſuche und die zuvorhabende vernachläſſige. Nun hatte man ſolchen Verweiß des Herzogs Georgen zu Mömpelgart Unentſchloſſenheit beyzumeſſen, welcher ſich von einer Zeit zur andern entſchuldigte, daß das verſäumte nächſtens nachgeholet werden ſollte. Herzog Eberhard konnte ſich aber nicht vorſtellen, daß dieſer Anſtand dem regierenden Hauß wegen der ſuchenden Stimme nachtheilig ſeyn könnte. Und wegen der Reichs-Städte ſo genannten Conſumtions-Gelder konnte ebenmäſſig nichts erhalten werden, weil ſie behaupteten, daß diſe Abgabe faſt das einige Mittel ſey, wordurch ſie ſich noch aufrecht erhielten und ſie das Recht vermög ihrer Landesherrlichen Obrigkeit jeden ſowohl, als die Fürſten, hätten Acciſe und andere dergleichen Auflagen in ihren Gebieten einzuführen.

§. 66.

Entzwiſchen übergab Marggrav Wilhelm von Baden-Baden als Cammer-Richter ein Erinnerungs-Schreiben an die Reichstags-Geſandte wegen Beſchleunigung der ſchon lang beſchloſſenen auſſerordentlichen Viſitation des Cammergerichts, welche meiſtens darauf beruhete, wer in die fünff Claſſen der Viſitatoren verordnet werden ſollten. Dann ich hab ſchon in nächſtvorhergehendem Theil (w) gemeltet, daß der Chur-Maynziſche Geſandte bey letzt-vorgehendem Reichstag es unternommen das von den Evangeliſchen beſchloſſene Schema eigenmächtig abzuändern und Bremen, Halberſtatt und Würtenberg aus der erſten in die dritte Claſſe zu verſetzen. Es wurde gleichbald nach erſehenem Reichs-Abſchied hefftig damahl darwider proteſtiert und man beſorgte auch jetzo, daß es die dermalige ſo höchſtnöthige Viſitation ſehr verhudern dörffte. Jedermann erkannte die Mängel diſes Reichsgerichts. Zu allem Glück war die Kron Schweden wegen Bremen und Chur-Brandenburg wegen Halberſtatt ſo beſcheiden, daß, ungeacht Magdeburg den von dem Chur-Maynziſchen Geſandten begangenen Fehler wieder in das Gedächtnß zuruckruffte, dieſelbe ſich zum Nachgeben erklärten. Der Würtenbergiſche Geſandte hingegen ließ ſich nur vernehmen, daß man damahl eben nicht darum wider das Maynziſche Unternehmen ſo hefftig proteſtiert hätte, als ob ſich Herzog von Würtenberg eben ſo viel an ſolcher Aenderung gelegen geweſen oder noch ſey, ungeachtet er aus guten Gründen in die erſte Claſſe geſetzt worden, ſondern weil dem Maynziſchen Reichs-und den Fürſten-Raths-Directoriis nicht gebühret habe dieſelbe ſich anzumaſſen. Wofern aber

(w) Würtemb. Herzoglicher. Geſch. IX. Theil. pag, 154.

aber ein Auskunffts-Mittel gefunden werden könnte, welches dem Hauß 1666
Würtenberg unnachtheilig wär, würde man sich nach befintenden Dingen ferner erklären und die so höchstnöthige Visitation nicht aufhalten, noch erschweren. Das
Salzburgische Directorium ergriff sogleich dise Erklärung dahin, daß solchemnach das
unterschobene Maynzische Schema dermahl beobachtet werden könnte, aber solches der
beschwerten Ständen zu keinem Nachtheil gereichen sollte, sondern nur dermahlen
um des gemeinen Besten willen nachgesetzt worden. Weil nun weder Bremen, noch
Halberstatt mehr einige Schwürigkeit machten, so mußte Würtenberg solches auch,
jedoch unter der Bedingung geschehen lassen, daß es dem Fürsten-Raths-Schluß
ausdrucklich einverleibt würde. Es zeigte sich aber eine andere Schwürigkeit den
Maynzischen Plan beyzubehalten, weil Mecklenburg-Schwerin im Jahr 1654. als
ein damahls noch Evangelischer Fürst in die erste Classe gesetzt wurde, und derselbe
Herzog aber hernachmals zur Catholischen Religion übergieng. Die erforderliche
Gleichheit der Religionen machte demnach eine Aenderung in den Classen nothwendig
und es mußte ein anderer Plan ausgesonnen werden, damit gleichwohl Herzog Christian von Mecklenburg in der ersten Classe bleiben könnte, wie der Catholi che Theil
verlangte, und der Schluß wurde von den mehrern beliebt, daß zu Gleichstellung
der Anzahl beederley Religions-Verwandten Würtenberg und Minten in die erste
Classe und anstatt Würtenberg das Hauß Hessen wegen Herschfeld in die dritte Classe
gesezt werden sollten. Obwohl nun der Würtenbergische Gesandte dabey einwendete, daß, weil er nicht wissen könne, ob eben für dißmahl seinem Principalen die
Zuziehung in die erste Classe gefällig seyn dörffte, er nur unter anhoffender Geneh-mi-
gung desselben darein willigen wollte: so beharrten doch die Fürsten-Raths-Directoria und sämtliche Stände auf solchen Schluß in der Hoffnung, daß der Herzog sich
dise Mitordnung belieben lassen würde, indem er jetzo dasjenige erhielte, was er bey
vorigem Reichstag selbst verlangt hätte. Es dörfften auch bey abermaliger Aenderung
des Plans neue Schwürigkeiten und Verwirrungen entstehen, wann er sich nicht
darzu verstehen wollte. Und weil das Cammergericht noch zu Speyr war, so glaubte
man um so eher berechtigt zu seyn auf diesen Umstand eine Rücksicht zu nehmen, daß
er diesem Reichsgericht so nahe gesessen wär und von desselben Beschaffenheit bessere
Nachricht, als die entferntere habe, folglich bey dem Anfang einen guten Grund zu
diser ausserordentlichen Visitation legen könne. Der Herzog war auch desto mehr damit zufriden gestellt, weil es bey lezterm Reichstag viele Mühe gekostet hatte, in die
erstere Classe aufgenommen zu werden und er es für eine Art der Genugthuung anrech-
nete durch solchen Schluß wieder in das Recht eingesezt zu seyn, dessen er unrecht-
mäßig entsezt worden.

§. 67.

Ingleichen wurde auch ſeither obgedachter maſſen in dem Capitulations-Weſen das Geſchäfft in ſo fern zu Ende gebracht, daß man gleichwohl noch vieles bey ein und andern Articul zu vergleichen übrig ließ, womit man in der erſten Berathſchlagung nicht einig werden konnte und zu weiterer Ueberlegung verſparte. Um dieſes zu be- ſchleunigen verfaßten die ſogenannte mehrere weltliche Fürſten den 12. Martij alle noch ſtrittige Puncten in ein Verzeichnß, damit man dieſes Vergleichungs-Geſchäfft beſto bequemlicher vor Augen haben und befördern könnte. Die geiſtliche Fürſten verzogen aber ihre Erklärungen darüber, als man ihnen ſolchen Entwurff unter der Hand durch den Erzbiſchoff von Salzburg mitgetheilt hatte mit der Bitte, durch ſeine Vorſtellungen das beſte dabey zu thun. Diſer entſchuldigte ſich aber gegen dem Pfalz- Neuburgiſchen, daß er zwar mit einem und anderm davon geredt und ſie zu beſſern Gedanken erinnert hätte, aber diſen Leuten dasjenige, was ihnen ſelbſten vortheil- hafftig wär, nicht beybringen können, weil, wie er ſagte, auch allerhand ſeltſame Köpfe und Partheyen unter diſen Geiſtlichen wären, mit welchen man mit guter Vorſicht handlen müßte. Er entdeckte ſolches auch dem Würtenbergiſchen Geſandten, mit welchem er beynahe einen ganzen Tag davon zu reden beliebte und ihn auch deßwe- gen bey der Tafel behielte, dieſelbe aber kurz abbrach, damit er ihm der Geiſtlichen Fürſten Bedenklichkeiten zu eröffnen die Zeit gewinnen könnte. Aus ſolcher Unter- redung konnte man leicht abnehmen, daß beede Theile ſehr weit in ihren Abſichten und von einer Vergleichung entfernt wären. Herzog Eberhard konnte aber, ungeacht man diſer Widerſprüche gewohnt war und die Triebfeder wohl errathen konnte; nur nicht begreiffen, daß diſe Fürſten um die Erhaltung derjenigen Rechte, welche doch alle Stänben und folglich auch ihnen nicht wenig angelegen ſeyn müſſen, gleichwohl mit ſo groſſer Nachläſſigkeit beſorgt wären, oder ſich zum Theil ſelbige gar zu verlieren ſo hartnäckig bezeugten, worburch ſie, als welche nur eine zeitlang den Hirtenſtab in der Hand führten, aus unzeitiger Forcht oder beſondern Abſichten andern ihren Mit- fürſten ein unverantwortlich Nachtheil zuzögen und ihre führende gute Bemühungen ſchwehrer oder gar unmöglich machten. Inſonderheit wünſchte Herzog Eberhard, daß mit der Wahl-Capitulations-Materie auch der Reichs-Vicariats-Streit auf diſem Reichstag entſchieden werden möchte. Die Geiſtliche Fürſten lieſſen ſich hingegen jetzo ſo gar verlauten, daß ſie ſich diſes Capitulations-Geſchäffts nichts mehr anzuneh- men, ſondern es gehen zu laſſen gedächten, wie es wollte. Solche Uneinigkeit in dem Fürſten-Rath verhinderte nun auch, daß man mit dem Churfürſtlichen keine re-und correlacion antretten konnte, welches diſe um ſo lieber ſahen, als es ihnen zur Entſchuldigung und Gelegenheit diente die Verzögerung dieſer Materie dem Für-

ſten-

fenstand zur Last zu legen. Die mehrere weltliche Fürsten wußten bey diesen 1666
Umständen zu Betreibung diser Materie kein ander Mittel mehr auszufinden, als mit dem Erzbischoffen zu Salzburg in gutem Vernehmen zu bleiben und den
Glimpff beyzubehalten, daß man ihnen keinen Vorwurff machen könnte. Und wegen
Beylegung des Vicariats-Stritts war ebenmäßig keine Hoffnung übrig, weil mehrere solche Materien, welche vermög ausdrucklicher Verordnung des Friedensschlusses
und letztern Reichs-Abschiedes auf gegenwärtige Reichs-Versammlung verwisen worten, nicht allein zu keiner Abhandlung oder Schluß gebracht werden kennten, sondern auch Chur-Bayern dise Sach dem Reich nicht zur Entscheidnug überlassen wollte, zumahl solche in dem Churfürstl. Entwurff der beständigen Wahl-Capitulation
nicht berühret worden. Man glaubte ohnehin gefährlich zu seyn, wann man mehrere
Materien hineinbrächte, da die schon darinn enthaltene gnug zu schaffen machten und
man zur zweifeln Ursach hatte, ob dieselbe zur Richtigkeit gebracht werden dörfften.
Und weil die Berathschlagungen sehr spät, wann die Zeit darzu bey nahe schon meis-
stens verflossen war, angetretten wurden, so hielt der Herzog um so mehr für nöthig,
daß sowohl bey dem Erzbischoff, als auch den Fürstlichen Directoriis mit gesamter
Hand Beschwerde darüber geführt und zu verstehen gegeben würde, daß man von
Seiten allerseitigen Principalen an der unnöthigen und kostbaren Verlängernng des
Reichstags nicht schuldhafft seyn wollte. Dann der Pfalz-Neuburgische hatte es zwar
schon offentlich geahndet, mußte aber von dem Oesterreichischen Directorn und Hof-
Canzler Hochern eine sehr unhöfliche Antwort eluuehmen, welcher die Schuld
auf das Churfürstliche Collegium legte. Herzog Eberhard empfand aber solches
sehr, daß die Evangelische, ungeacht der Pfalzgrav als ein Catholischer Fürst sich von
seinen Glaubens-Genoffen in Behauptung der Fürstl. Vorrechte getrennt hatte und
seinen widrigen Religions-Verwandten beygetretten war, denselben wider den Oesterreichischen Directorn nicht unterstützt hatten und fast unbegreiflich war, warum diser sich auf das Neuburgische beschwehren so hoch aufgelassen und denjenigen, welche
über ihn Klage führten, gleichsam die Thüre gewisen hätte, weßwegen er sich ebenmäßig durch ein Schreiben an den Principal-Commiffarien darüber beschwehrte und
insonderheit begehrte, daß die Haupt-Puncten der Wahl-Capitulation, welche noch
zwispältig wären, mit mehrerm Ernst angegriffen und berichtiget würden.

§. 68.

Nun kam zu Anfang des Merzen aus Veranlassing diser Materie auch das
Post- und Münzwesen wieder auf die Bahn. Und weil bey dem lezten Puncten vorgetragen wurde, ob es vor einer Deputation oder vor dem gesammten Reich abge-

handel-

1666　handelt werden ſollte, ſo hielte Herzog Eberhart davor, daß der erſte Weeg
beſſer ſeyn dörffte, weil ſonſt die übrige wichtige auf diſen Reichstag verſcho-
bene Materien und inſonderheit der Reſtitutions-Punct deſto leichter auf die lange
Bank geſchoben werden könnte, welches man aber auf alle Weiſe und Weege vermei-
ten müſſte. Er gab beßwegen ſeinem Geſandten auf denſelben möglichſt zu betreiben, damit ſolcher wegen der Münz-Materie nicht hintangeſetzt würde, ſondern die
annoch beſchwehrte Stände die gerechte Hülfe einſten verſpüren möchten. Der Schluß
fiel aber ganz anderſt und das Batiſche Hauß ſtimmte ſehr hefftig wider die Deputation, weil es kein Deputierter Münz-Stand war und man überhaupt bemerkte, daß
es dem Hauß Würtenberg in allen ſeinen Vorzügen, Beſugſamen und Meynungen
jederzeit Schwürigkeiten in den Weeg legte. Der Pfalz-Neuburg-und Würtenbergiſche Geſanten hatten aber entzwiſchen die Differentias, worinn die Churfürſtliche und Geiſtliche Fürſten mit den mehrern weltlichen in dem Capitulations-Weſen
nicht einig werden konnten, zuſammengetragen und dem Erzbiſchoff übergeben um einen
Verſuch zu thun, ob durch ſeine Vermittlung beede Theile ſich näher vereinigen könnten. Als aber der Erzbiſchoff dieſelbe mit diſen Geſandten einſten durchgieng und
der Geiſtlichen Erklärungen darüber eröffnete, befand ſich, daß nichts ſonderliches
in denen von dem Principal-Commiſſarien mit diſen Geiſtlichen gehaltenen Conferenzien verrichtet, die Haupt-Puncten unberührt gelaſſen und immerhin ausgeſtellet
worden, und der Würtenbergiſche ließ ſich endlich verlauten, daß auf diſe Weiſe dem
Werk nicht geholfen würde, noch dem Friedenſchluß ein Genügen geſchähe oder die
gemeinſaime Rechte und Vorzüge des Fürſten-Stands aufrecht erhalten werden mögen, weßwegen er davor hielte, daß, wann die Geiſtliche nicht mehrers nachgeben
wollten und es zu keinem Schluß kommen könnte, beſſer wär, das Werk in gegenwärtigem Stand zu laſſen, als mit vielem Einwilligen und Nachgeben ſich ein ſolches
unerſetzliches Nachtheil zuzuziehen. Eine gleiche Anſicht hatte man bey dem Reſtitutions-Puncten. Dann obſchon den 19. April die Kayſerl. Reſolution auf die beede
Reichs-Gutachten ſowohl wegen der Beſchwerden einiger Reichsſtände über die
General-Staaten, als auch wegen von den Evangeliſchen geſuchter Beſchleunigung
und Antrettung des puncti reſtituendorum den Ständen eröffnet wurde, worinn
der Kayſer nichts mehrers zu wünſchen ſich erklärte, als daß inſonderheit wegen des
letztern Puncten der Reichs-Abſchied von 1654. dem Friedenſchluß gemäß gebührend
vollzogen würde und ſolches unverlängt geſchehen möchte: ſo ſahe man doch voraus,
daß ſolches nicht beſolget würde. Man wußte aus der Erfarung, daß die Catholiſche
des Evangeliſchen Theils aus dem Fridenſchluß und Nürubergiſchen Erecutions-Re-
ceß bey dergleichen Reſtitutions-Fällen führende Gründe des nudi facti poſſeſſionis nicht anerkennen würden. Kein unpartheyiſcher unverfangener Richter konnte aus-
　　　　　　　　　　　　　　　　　　　　　　　　　　　　　　　　　　　　geſun-

gesunten worten, und eben so wenig wußte man ein Execution-Mittel wider 1666 tiefen mächtigern Gegentheil auszudenken, zumahl einige der fürnehmsten Evangelischen selbst sich in diese Materie nicht einlassen wollten, sondern eher zum Nachgeben lu klaren Umständen geneigt waren, solche Beschwerden so gut möglich durch Vergleiche bey zulegen und dadurch von allen rechtlichen Grundsätzen und deutlichen Friedenschlüssen abzuweichen. Weil nun solches dem Gegentheil unverborgen seyn konnte und derselbe in seiner Unbeugsamkeit dadurch bestärket wurde, so gedachte Herzog Eberhard noch immer, daß sowohl den beschwerten Theilen, als auch dem gemeinen Evangelischen Wesen weit nützlicher wär gänzlich davon abzustehen und das Werk in gegenwärtigem Zustand zu lassen, aber sich zugleich alle Nothdurfft vorzubehalten, als durch allerhand dem Fridenschluß und Reichs-Verordnungen zuwiederlauffende Vergliche der Sache einen Nachtheil zuzuziehen. Man hatte von solchem Verfahren des Catholischen Theils eben dazumahl einen Beweiß, als die Gemeinde zu Menroth wider den Bischoff von Bamberg nach dem Nürnbergischen Receß und Fridenschluß die Restitution suchte und nur zum ewigen Angedenken einige Zeugen verhören zu lassen bathe. Dann der Bambergische wollte keine Commission erkennen lassen, man hätte ihm dann die impetranten benennet um sie als Aufwiegler und Rebellen bestraffen zu lassen. Die Commun sollte vermög des gedachten Recesses und der darinn verglichenen Lislæ restituendorum in den Besitz der Religions-Uebung gesetzt werden, wie sie im Jahr 1624. gewesen. Die Zeugen-Verhör auf alle Fälle in künfftigen Zeiten konnte dem Gegentheil im geringsten keinen Nachtheil bringen. Sie wurde aber nichts destoweniger sehr erschweret. Der Sachsen-Altenburg-und Würtenbergische nahmen sich der Gemeinde sehr an, worüber es den 20. April zu einem harten Wortwechsel kam und der leztere dem Bambergischen unter die Augen sagte, was man damit Catholischen Theils zu verstehen geben wollte. Und als der Sachsen-Altenburgische verlangte, daß dasjenige, was wegen dieser Menrodischen Commission bey damaliger Zusamenkunfft verhandlet worden, in das Reichs-Protocoll aufgenommen werden sollte, so verwaigerten solches die Directores und giengen davon. Nun hoffte man, daß, wofern der Altenburgische diesen Handel noch weiters betriebe, auch die übrige Evangelische und insonderheit der Schweden-Bremische als ein Haupt-paciscent des Nürnbergischen Schlusses denselben nachdrucklich unterstützen dörffte. Herzog Eberhard wollte aber daran zu zweifeln Ursach haben, weil beede Kronen Frankreich und Schweden wegen der Restitutions-Angelegenheiten sich sehr kaltsinnig erwiesen, da man ihren Beystand besser, als geschehen, hätte ersuchen sollen.

1666   §. 69.

Einsmahls wollte verlauten, daß der Reichstag aufgehoben werden ſollte und man hatte ſcheinbare Urſachen ſolches zu glauben. Dann den 9. April wurde zwiſchen den Staaten und dem Biſchoff von Münſter ein Friede geſchloſſen. Dagegen der Kayſer einen Krieg zwiſchen Spanien und Frankreich vermuthete, in welchem er der erſtern Kron ſeinen Beyſtand nicht verſagen konnte, aber die Mittel darzu durch Beſchatzung der Reichs-Stände erheben wollte. Der Reichstag muſſte demnach noch fortgeführet werden, biß man andere Ausſichten vor ſich hatte. Weil nun der König in Frankreich ſich erklärte, daß er die Waffen wider einen minderjährigen König nicht ergreiffen wollte, wofern er nicht darzu genöthigt würde, mithin der Kayſerliche Hof keinen Vorwand mehr hatte, eine Reichshülſe zu begehren, ſo konnte er deſto eher die Aufhebung des Reichs-Convents geſchehen laſſen, als er bey deſſen verwirrter Lage ſelbſt verdrüſſlich darüber wurde und mit den Churfürſten wünſchte, daß die beſtändige Wahl-Capitulation niemals zu ſtand gebracht würde. Es war nichts ausgemacht, weßwegen Herzog Eberhard ſeinem Geſandten nur befahl mit andern vertrauten fürſtlichen ſich zu unterreden, wie ſich dieſelbe bey der Nachkommen-ſchafft verwahren wollten, daß ſolcher Aufſloß ihnen nicht zur Laſt gelegt würde, in ſonderheit aber wohl zu unterbauen, daß, wann je diſe Materie auf einen andern Reichs-Convent verwieſen werden wollte, gleichwohl der Reſtitutions-Punct noch vor Endigung diſes Reichstags mit Ernſt angegriffen und ſo weit möglich nach Er-forderung des Friedenſchluſſes ausgemacht werden möchte. Der Herzog empfand deß-wegen eine beſondere Freude, als der Erzbiſchoff von Salzburg ſelbſt über ſeiner Glaubensgenoſſen und etlicher ihnen anhängig gemachten weltlichen Fürſten Hartnä-ckigkeit verlegen wurde. Dann als man ihm diſe zu Gemüth führte, antwortete er, daß er jenen ausdrücklich vermelden laſſen wolle, wann ſie auf ſolchen Meynungen und Extremitäten alſo zu beharren entſchloſſen wären, er neben andern Fürſten ſich von ihnen trennen und wegen Aufrechterhaltung der gemeinſchafftlichen Rechte und Vorzüge der fürſtlichen Würde den gegenſeitigen weltlichen Fürſten beyzutretten ge-müſſigt ſeyn dörffte. Nun war nöthig diſen Erzbiſchoff bey ſolcher guter Lanne bey-zubehalten und je länger, je mehr zu deren Beharrung anzufriſchen. Obwohl aber die vereinte weltliche Fürſten zu einer Verwahrungsſchrifft nicht ungeneigt waren, ſo konnten ſie ſich doch dermahlen zu deren Verfaſſung nicht entſchlieſſen aus Beſorgung, daß dieſelbe dem Gegentheil doch nicht verborgen bleiben würde, da man vermuthen konnte, daß der Kayſer, die Churfürſten und die mit ihnen verbundene geiſtliche Für-ſten es dahin ausdeuten würden, als ob man diſſeits ſelbſt ſolche Capitulations-Be-rathſchlagung abzubrechen und dadurch den Reichstag aufzuſtoſſen oder wohl andere

Ente

Entschlüsse gefasst hätte. Der Gegentheil bekomme dadurch erst einen scheinbaren Vorwand solch: Aufstossung ihnen aufzubürden, welches man äussersten Fleisses zu verhüten habe. Aber eben dise Besorgnus des Kaysers und der Churfürsten Unwillen auf sich zu laden hinderte auch den Erzbischoff seine Zusage in Erfüllung zu bringen, wiewohl man sich auch sonst nicht allzeit darauf verlassen konnte. Nun war es dermahlen nicht sowohl um die Materialien der Capitulation zu thun, sondern die Evangelische und mehrere weltliche Fürsten verlangten nur, daß man ihre Erinnerungen über dieselbe eben sowohl, als der Catholischen in den Fürstenraths-Schluß einrücken sollte, indem beederley Religionsverwandte sich getrennt hatten, in welchem Fall die Mehrheit der Stimmen in keinen Betracht gezogen werden konnte, zumahl es unter anderm fürnemlich auch Religionssachen betraff, daß die Evangelische Gesandte, Reichs-Hof-Räthe, Agenten und Solicitanten die freye Religions-Uebung am Kayserlichen Hof haben sollten. Bißher wurde der Würtembergische Gesandte neben dem Pfalz-Neuburgischen als ordentliche Deputierte von den mehrern weltlichen zu den Verhandlungen mit dem Erzbischoff gebraucht. Er wurde aber jetzo unter dem Vorwand davon ausgeschlossen, daß man ihm dise verdrüßliche Abordnung nicht so lang aufbürden könne, welches Herzog Eberharden sehr bedenklich fiel, obschon der Gesandte derselben gar gern entladen war, weil er sich wenige Hoffnung zu einiger Ehre versprechen konnte und es abermahl das Ansehen hatte, als ob die geistliche Herrn nur mit den Evangelischen ihr Spiel treiben und sie ermüden wollten. Indessen kam ein Schreiben zum Vorschein, nach dessen Inhalt die geistliche Fürsten und ihre Anhänger das Mittel ergriffen haben sollten den Kayser durch unstatthaffte und verleumderische Berichte wider der weltlichen und besonders Evangelischen Stände Verhandlungen anzugehen. Und weil sie wider den Erzbischoff zu Salzburg den Verdacht gefasst hatten, als ob er ihrem Gegentheil zu viel Gehör gäbe, so bathen sie disem Principal-Commissarien entweder den Befehl zu ertheilen, daß er sich so verhalten möchte, damit den geistlichen und ihren zugewandten nichts verfängliches zuwachsen möge oder den Erzbischoff von der Vermittlung zwischen beeden Theilen zu entfernen und den fürstlichen Directorn die Ausmachung dises Werks in der Capitulations-Materie zu übertragen, und wann sich die weltliche Fürsten solches nicht gefallen lassen wollten, das Kayserliche Amt in das Mittel zu legen und durch einen Machtspruch diser Sache eine Erledigung zu geben. (x) Das ganze Schreiben war sehr ungeschickt verfasst und, der Inhalt der Warheit durchaus ungemäß. Man verwunderte sich, daß dise geistliche Fürsten die weltliche nur unter dem gebrauchten Vorwand an dem Kayserlichen Hof anzuschwärzen suchten, als ob dise der Kayserlichen Hoheit und dem Hauß Oesterreich ihre Befugsame entziehen wollten und

(x) vid. Beyl. num. 32.

P 2

1666

1666 und gleichwohl in ihrer Bitte nur diſes begehrten, daß der Kayſer ihre Aeuſ-
ſernng ſchlechterdings ohne Anhörung des Gegentheils genehmigen und ihnen
geiſtlichen nichts verfängliches zuzeben laſſen möchte. Die Schwärmerey in der Religion miſchte ſich bey diſem Geſuch gar zu deutlich ein, da diſe Herrn hofften durch
Untergrabung der fürſtlichen Vorrede um ſo mehr auch die Evangeliſche Warheit
zu unterdrücken oder gar auszutilgen, als die meiſte weltliche Fürſten ſich zu derſelben bekannten.

§. 70.

Ich hätte diſes Memorial nicht würdig geachtet deſſen zu gedenken oder daſſelbe
vorzulegen, wofern es nicht bey den Evangeliſchen und ſelbſten auch bey den Catholiſchen und inſonderheit bey dem Erzbiſchoff von Salzburg ein ſo groſſes Aufſehen gemacht hätte. Ich kan mich auch nicht überwinden zu glauben, daß alle Catholiſche
ſich unterſtehen können ſolche Unwarheiten an die Kay. May. gelangen zu laſſen.
Gleichwohl hatte Herzog Eberhard ſchon lang vermuthet, daß die geiſtliche ſich eines ſo unglimpflichen Schritts unterfangen und damit einen Anfang zu einer höchſtſchädlichen Trennung und neuem Mißtrauen machen würden. Er ließ ſich aber zugleich in ſeinem Reſcript an den Geſandten vernehmen, wie er hoffte, "daß die
„ weltliche Fürſten ſich hiemit angeſagt ſeyn laſſen dörfften ſich mit einer wohlge-
„ gränteten Widerlegung gefaſſt zu halten und damit bey der Kay. May. einzukom-
„ men, weil ihn ſehr nothwendig deuchte ſolchen ungütlichen Eintragungen beyzeiten
„ zu begegnen. Weil aber die geiſtlichen und die zu ihnen haltende Halberſtättiſche,
Hinter-Pommeriſche, Münken- und Pfalz-Lauteriſche Geſandten ſich zu ſolchen
Schreiben durchaus nicht bekennen wollten, ſo fiel es den meiſten weltlichen bedenklich ſolches zu beantworten, weil ſie beſorgten, daß die Trennung gefährlicher werden könnte. Der König in Schweden ſchickte aber einen Geſandten, Baltizky, an
den Kayſerlichen Hof, welcher den Antrag hatte wegen der Capitulations-Materie
und Reichs-Beſchwerden Vorſtellungen zu thun, daß ſolche zu Ende gebracht würden. (y) Obwohl aber demſelben die Vertröſtung ertheilt wurde, daß der Kayſer
ſehr geneigt wär ſein Anſuchen zu gewähren, ſo erfolgte dennoch, weil es des Kayſerlichen Hofes Abſichten nicht gemäß war, eine ganz widrige Würkung. Dann der
Kayſerliche Hof war nichts weniger als geneigt ſolcherley Vorſtellungen Gehör zu
geben. Ich weiß nicht, ob der Kayſerliche Principal-Commiſſarius aus diſer Urſach die Parthie ergriffen die weltliche Fürſten zu bereden, als ob er ſelbſt zweifelte,
daß die beſtändige Capitulation zum Stand kommen dörffte und überzeugt wär, daß
den

(y) vid. Beyl. num. 33.

ten weltlichen und Evangelischen Fürsten gerathener seyn würde, wann man 1666
die Abhandlung diser obschon wichtigen Materie gar auf sich beruhen ließ. Er
gab solches insonderheit dem Würtembergischen Gesandten aus besonderm Vertrauen
zu verstehen und wollte ihn überreden, daß die weltliche Fürsten nichts desto weniger grosse Vortheile erlangt hätten. Dann die Churfürsten seyen gleichwohl verpflichtet worden einen Entwurf der besänftigen Capitulation heraus zu geben, welchen man auch in allen 3. Reichs-Collegiis in Berathschlagung genommen habe,
zu welchen beeden Stücken sie weder bey vorigem Reichs- noch Frankfurtischem De-
putations-Tag sich verstehen wollen. Man habe auch die von ihnen wider das Herkommen angemaßte Vorzüge zu widersprechen Gelegenheit erlangt, welches in künftigen Zeiten nicht ohne nützliche Würkung und Erfolg seyn würde. Die fürstliche
Gesandte traueten aber solchen scheinbaren Verspieglungen nicht und weil sie den Namen nicht haben wollten, als ob sie zur Hintansetzung diser in dem Friedensschluß
so nöthig erachteten Capitulations-Materie oder zur Auflössung des Reichstags Anlaß gegeben hätten, so ersuchten sie vielmehr den Erzbischoff nochmal den Oesterreichischen Directorial-Gesandten dahin zu vermögen und selbsten auch als Con-Di-
rector es dahin einzuleiten, daß der Evangelischen Monita so wohl, als der Catholischen mit disen zugleich den Churfürsten übergeben würden, weil dieselbe einen
Vorwand zu ihrer Entschuldigung nahmen, daß sie an der Aufzüglichkeit keinen Theil
nehmen könnten, indem von dem fürstlichen Collegio nichts zu re- und corrigieren
an sie gebracht würde, weßwegen die fürstliche protestierten, daß sie das Capitulationswesen nicht eher auf sich beruhen lassen können. Die geistliche Fürsten wollten
aber die Schuld eines Aufstosses auch nicht auf ihre Schultern nehmen und schlugen
eine Bauschhandlung vor, deren Möglichkeit die Evangelische hingegen nicht begreiffen konnten. Herzog Eberhard meynte dabey, daß man äussersten Falls dieselbe,
wofern nur nichts nachtheiliges darunter versteckt wär, nicht gar hintansetzen, sondern die an die Hand gebende Vorschläge anhören und damit den Versuch machen
könnte, ob nicht auf kürzerm Weeg und unbeschadet der fürstlichen Rechte aus der
Sach zu kommen wär, damit gleichwohl der Unglimpf verhütet würde, als ob man
fürstlich-weltlicher seits unterlassen hätte durch alle ersinnliche Mittel sich aus solchen Mißverständnussen herauszuschwingen.

§. 71.

Die weltliche Fürsten kamen aber dem Herzog damit zuvor, daß sie dem Erzbischoff ihr Vorhaben entdeckten die fürstliche Directoria öffentlich zu ersuchen, sowohl der geistlichen, als weltlichen Meynungen und Erinnerungen in gehörigen Auf-

saß

1666 ſatz zu bringen und dem Churfürſtlichen Collegio per re- & correlationem
         vorzulegen, folglich demſelben wenigſtens den gedachten Vorwand zu beneh-
men. Sowohl der Erzbiſchoff als der Herzog lieſſen ſich ſolches gefallen und der erſtere erbothe ſich nicht allein die weltliche Fürſten zu unterſtützen, ſondern auch das
Oeſterreichiſche Directorium darzu zu vermögen und, wann daſſelbe Bedenken tragen wollte, es ſelbſt zu übernehmen. Der Herzog hielte es auch für den beſten Weeg
die geiſtliche und ihre Evangeliſche Anhänger auf beſſere Gedanken zu bringen. Weil
aber der Erzbiſchoff ſich zugleich erinnerte, daß es ſich in der re- und correlation
mit den Churfürſtlichen gleich im Anfang bey dem dritten Puncten von der Wahl
eines Römiſchen Römigs bey Lebzeiten des Kayſers ſtoſſen würde, ſo ſtellte der Herzog zur Ueberlegung anheim, ob diſer Articul nicht dermahlen noch auszuſetzen und
zu den übrigen Puncten zu ſchreiten wär, da man villeicht Hoffnung hätte, weil
die Evangeliſche Churfürſten das Jus belli & pacis, banni, exercitii religionis
in aula Cæsarea und dergleichen Puncten mit den Fürſten gemein hätten, daß
ſolche und andere dem Evangeliſchen Weſen viel mehr angelegene Sachen zu beeder-
ſeitigem Belieben verglichen werden dörfften. Dann er meynte, daß hernach wegen
des ausgeſetzten Articuls ebenmäſſig eine Auskunfft gefunden werden könnte. Aber
weder das Oeſterreichiſche Directorium, noch die geiſtliche Fürſten konnten ſich entſchlieſſen, das Begehren der weltlichen Fürſten ihre Monita zur re- und correlation kommen zu laſſen zu genehmigen, ſondern als den geiſtlichen ihr hergekomme-
ner Vorwand, daß ſie ſolches an ihre Principalen berichten und Verhaltungs-Befehle einholen müſſten, durch die Vorſtellung benommen wurde, daß man von den
geiſtlichen keine neue Erklärung verlange, ſondern nur von den Directorien erwarte, daß ſie ihr Amt verrichteten, beeder Theile Meynungen in einen Aufſatz brächten,
ſolchen ihnen zur Einſicht mittheilten und ſo dann die fernere Gebühr beobachteten,
ſo nahmen die Directorien Bedenkzeit zu ihrer Erklärung, welche niemal erwartet
werden konnte. Einsmahls ließ man aber das Gerüchte ergehen, daß der Kayſerliche Hof den Reichstag aufheben oder wenigſtens denſelben auf eine andere Zeit ausſetzen wollte und daß auch die Churfürſten nicht ungeneigt darzu wären. Diſe Nachricht ſetzte den Herzog in groſſe Verlegenheit, daß die mit ſo übergroſſem Unkoſten
und unſchätzbarem Zeitverluſt nun in das vierte Jahr wider alles hiebevorige Reichs-
übliche Herkommen fortgewährte Reichs-Berathſchlagungen vergeblich und alle Bemühungen den mit ſo vielem Blut und Gut theuer erworbenen Reichsfrieden zu vollziehen fruchtlos ſeyn ſollten, da eben die mitten im Reich anglimmende und zum theil
würcklich ausgebrochene neue Kriegsflammen viel eher der Stände Zuſamenbeſchrei-
bung, als eine ſo ſchädliche und unzeitige Trennung erforderten. Man verſpürte
aber bey einigen unruhigen und friedhäſſigen Ständen vielmehr die alte Begierde
                                                                        lieber

lieber Holz, als Wasser zu disem anflodernden Feur beyzutragen und den bee-　1666
ten fremden vormahls in den Krieg verwickelten Kronen zu gleichmäſſigen
Anschlägen Anleitung zu geben.　Der Herzog hielte demnach sehr rathsam zu seyn,
„ daß die bisher in guter Verständnus beysamen gestandene weltliche, bevorab Evan-
„ gelische fürstliche Gesandten mit Zuziehung einiger vertrauter aus dem Stättischen
„ Collegio ohne Zeitverlierung besonders zusamentretten und vertraulich sich verab-
„ reden sollten, was auf den Fall, wann gleichwohl die Kayserliche und Churfürst-
„ liche unbedacht, daß einstheils die bisher vorgehabte Materien nicht ausgemacht
„ und andernseits die beste und wichtigste Puncten, nemlich die Restitutions-Sache
„ der in vorigem Krieg des ihrigen entsetzten und sonsten beschwehrten Stände und
„ die allgemeine Reichs-Sicherheit nicht einmahl angegriffen worden, mit Tren-
„ nung des Reichstags losbrechen wollten, samtlichen disen Reichsständen in Erwä-
„ gung der vormahls auf dergleichen Trennungen erfolgter und noch empfindlicher
„ schädlicher Ausbrüche zu thun seyn möchte.　Das Gerüchte verlohr sich aber bald
und ungeacht man nachgehends noch öfters von dergleichen Trennungen geredet, so
währet diser Reichstag noch fort.　Es machte auch unsern Herzog, wie andere Fürsten, das Postwesen aus Gelegenheit der Wahl-Capitulation verlegen.　Ich hab
schon anterwärts berührt, was es unter Herzog Friderichs Regierung damit für eine Beschaffenheit gehabt und wie sehr nicht allein der Kayser sich bestrebt dises Regals
als eines Reservats anzumaſſen, sondern auch der Herzog als ein den Fürsten gehörig
Recht zu behaupten. (z)　Man betrachtete damals das Post-Wesen nicht sowohl
als ein Regalienstück, sondern vielmehr als ein Reservat des Kaysers, welches er mit
Ausschlieſſung der Reichsstände an sich ziehen und das Taxische Hauß damit belehn-
nen könnte. (a)　Die Fürsten hatten demnach Ursach sehr behutsam zu gehen, weil
sie solches als ein Stück ihrer Landsfürstlichen Obrigkeit ansahen, ob sie schon in ihren Lehenbriefen keine ausdrückliche Meldung des Post-Regals bemerken konnten.
Sie waren deßwegen mit dem Churfürstlichen Aufsatz des 29. Articuls nicht zufrieden, sondern wünschten, daß derselbe nach ihrem gemachten Entwurff geändert würde, worinn sie begehrten, daß der Kayser nicht gestatten möchte den von ihnen in
ihren Landen und Gebieten krafft ihrer Landsfürstl. und herrlichen Obrigkeit der Posten halber gemachten Verordnungen einigen Eintrag zuzufügen.　Zumahl die geistliche Fürsten über disen Articul mit leichten und wenigen Erinnerungen dahin giengen, (b) weil der Kayser sich vernehmen ließ, daß die Stände es nicht mit dem
General-Postmeister, sondern vielmehr mit ihme zu thun hätten.

§. 72.

(z) Siehe im fünfften Theil diser Geschichte pag 197.
(a) vid. Stammler de reserv. Impar. pap. 240.
(b) Hier finde ich nöthig die verschiedene Monita der geist- und mehrern weltlichen

§. 72.

Ich habe auch schon gemeldt, daß die wohldenkende Fürsten die Fortsetzung des Reichstags wegen der innerlichen Kriegs-Unruhen für nöthig gehalten. Dann ausserhalb des Wildfangsstritts, da der Herzog von Lothringen den Reichslanden sehr beschwerlich fiel, sammelte die Kron Schweden eine Armee unter dem General Wrangel die unmittelbare Reichsstatt Bremen dahin mit Gewalt der Waffen zu zwingen, daß sie ihrer Freyheit und Reichs-Standschafft entsagen sollte. Sie suchte Hülfe bey dem Reich und dieses beschloß solche durch unternehmende Vermittlung angetreten zu lassen. Weil aber der König nicht als Herzog von Bremen und als ein Reichs-Fürst, sondern als ein gekröntes Haupt und compacitent des Westphäl. Fridens wollte behandelt seyn, so loderte der alte Haß des Hauses Oesterreich wider die Kron Schweden wiederum auf. Es wollte zwar das Ansehen nicht haben, als ob es die beschlossene Vermittlung vereiteln wollte, drang aber darauf, daß entzwischen nach dem Innhalt des Fridenschlusses und der Reichs-Gesetze die darinn zu Hintertreibung solcherley Gewalts vorgeschriebene Mittel nicht aus den Augen zu setzen, sondern zu Behuff der Statt die Waffen zu ergreiffen wären, damit dieselbe bey demjenigen, was ihro der Friden einraume, ruhig verbleiben möge. Die meiste Catholische fielen theils aus Gewohnheit, theils aus gleichem Haß gegen die Schwedische Kron disem Oesterreichischen Voto bey, dagegen die Evangelische behaupteten, daß der Statt durch die langsame gewaffnete Reichs-Hülfe wenig geholffen wär, weil nicht allein dieselbe biß zu erfolgender solcher Hülfe verlohren gehen, sondern auch die Kron durch solch Mittel nur aufgebracht würde grössere Gewalt gegen die Statt zu gebrauchen und die Bezwingung desto mehr zu beschleunigen. Sie blieben demnach bey der einmahl beschlossenen Unterhandlung, welche viel geschwintere und nachdrücklichere Würkung haben würde. Ungeacht diser vernünfftigen Vorstellung drangen aber die Catholische mit ihrer Mehrheit der Stimmen durch. Herzog Eberhard konnte solches nicht billigen, noch eine gute Folge, sondern vielmehr dises vermuthen, daß dem Reich unangenehme Unruhen und unüberdenkliche Ungelegenheiten daraus entstehen dörfften. Er gab deßwegen seinem Gesandten den widerhohlten Befehl in allen seinen führenden Stimmen auf die Beybehaltung guten Glimpfs und was zu beständiger Ruhe und Sicherheit des Reichs

lichen Fürsten von 1664. über das Churfürstl. project der Capitulation nachzuholen und solche so, wie sie ad dictaturam gekommen, vorzulegen in der Beol. 34. weil ich mich nicht erinnern kan dise ausgestellte monita irgends gefunden zu haben. Das Churfürstl. project ist aber zu lesen in Wildvogels diff. de capital. perpetua. pag. 88. und in Henniges Med. ad Instrum. pac. Suec. Mantiff. I. ad Specimen VII. pag. 1017.

Reichs und dessen eingesessener Chur-Fürsten und Stände einmer dienlich seyn möch- 1666
te, anzurathen, was aber nicht zu erheben wär, gleichwohl dahin gestellt zu lassen.
In seiner Nachbarschafft braunte noch das Kriegsfeuer zwischen Maynz und Pfalz wegen des Wildfangsrechts und wurde je länger, je hefftiger. Er und andere Nachbarn
hatten hohe Ursach aller Wachsamkeit anzubieten und sich wohl in Acht zu nehmen,
daß man wegen dieser Unruhe gesichert bleiben und sich nicht darein verwickeln möchte.
Endlich ersuchte der Würtenbergische Gesandte, Bidenbach zu Ende des Septembers seinem habenden Befehl nach den Schwedisch-Bremischen Gesandten sich dahin zu bemühen,
daß zwischen der Kron Schweden und der Statt Bremen die schon weit gebrachte Unterhandlungen zu Ende gebracht würden. Dann die Statt hatte sich schon erbothen bis
auf das Jahr 1700 die Reichstäge nicht mehr zu besuchen. Nur beruhete es darauf,
daß Schweden sich damit begnügen möchte. Bidenbach stellte ihm vor, welche schädliche Trennungen und Ungelegenheiten sich ereignen möchten, indem man Kayserl.
seits die Sache auf alle mögliche Weise dahin einzuleiten suchte, damit die Evangelische mit dieser Kron in Mißhelligkeiten verwickelt werden möchten. Obwohl nun der
wenigste Theil darzu Lust trage, so könne man doch auch nicht zu Abrede nehmen,
daß der von der Krone in dem Teutschen Reich ausübende Gewalt bey einem grossen
Theil der so Catholischen, als Evangelischen Fürsten ein grosses Aussehen machte,
welche um ihres eigenen Interesse willen nicht gern geschehen lassen würden, wann die
Kron Schweden die Stadt unter solche Bottmässigkeit zu bringen trachten wollte,
wobey der Kayser nicht ermanglen dörffte solche Stände immer mehr wider die Kron
Schweden aufzubringen und ein solch Feur anzuzünden, welches schwerlich mehr aus-
zulöschen und dem Schwedischen General Wrangeln, welchem die alleinige Schuld
solcher gewaltthätigen Unternehmung beygemessen wurde, weil die wenigste Reichs-
Räthe solche einratshen wollten, hinderlich und nachtheilig werden dörfften. Obwohl nun
der Bremische Gesandte alle solche Vorstellungen nach seiner Pflicht zu widerlegen sich
befliße, so fiel ihm doch die fernere Erinnerung schwer zu beantworten, daß gleichwohl
Chur-Brandenburg über der Kron Schweden zunehmende Macht in Teutschland eine
Eyfersucht bezeuge und gar leicht geschehen könne, daß die Kayserliche Vorstellungen
den Churfürsten zur Ankündung des Kriegs bewegen dörfften. Die Schwedische Reputation stünde dabey in Gefahr, wann der König alle Vorschläge verwerffen wollte
und die angefangene Belagerung nicht ausgeführt werden könne. Nun hatte der Kayser so wohl an etliche nahe gelegene Evangelische Chur- und Fürsten, als auch an die
Schwedische Regierung zu State, an den General Wrangel und andere Schwedische
Feld-Obristen, ja auch an den König in Schweden selbst allerhand excitatoria, avo-
catoria, inhibitoria und dehortatoria ergehen lassen. Und der Würtenbergische
Gesandte verwandte sich auch bey dem Kayserl. Principal-Commissarien seine Stim-

X. Theil.   O   me

1666 me und die nöthige Beybehaltung des Fridens mit Schweden begreiflich zu machen. Der Herzog befahl ihm aber auch dem Chur-Brandenburgischen wohl zu Gemüth zu führen, was bey solchen von den Catholischen anzuspinnen suchenden feindlichen Unternehmungen zwischen Schweden und den Evangelischen Ständen, ja dem gesamten Reich für unerdenkliche Gefahr entstehen dörffte, indem es das Ansehen gewinnen wollte, als ob dieselbe ihr vornehmstes Absehen dahin gerichtet hätten die Evangelische wider Schweden aufzubringen, welche noch in dem grösten Ansehen stunden, damit dieselbe ihre zu des Evangelischen Wesens Aufrechterhaltung noch übrige beste Kräfften zu erst vollends aufreiben und schwächen möchten. Dann es war ohnehin sehr bedenklich, daß auf dem Reichstag der Catholischen Angelegenheiten so gleich zur Dictatur und Berathschlagung gebracht wurden, und die Evangelische zu keinem von beeden in ihren Gesuchen gelangen konnten. Dises wurde also der Zunder zu einem neuen Mißtrauen, welches die patriotische Stände wegzuraumen alle mögliche Mittel zu ergreiffen suchten. Es gelang auch dem Würtenbergischen Gesandten, daß den 15. Oct. die Meynungen und der Schluß sich änderten, daß man nicht zu den Waffen greiffen, sondern, weil entzwischen einige Reichs-Deputierten nichts destoweniger abgeschickt waren und die Unterhandlungen eine gute Aussicht gewannen, solche fortgesezt werden sollten. Zu gutem Glück wurde die Strittigkeit wegen der Stadt Bremen den 16. Nov. verglichen, worüber die wohlmeynende Stände des Reichs ihr Wohlgefallen bezeugten. Nur der Kayserl. Hof bezeugte sein Mißvergnügen darüber, daß von den unterhandlenden Reichs-Deputierten, nemlich dem Chur-Cöllnischen, Oßnabrügischen und Lüneburgischen Gesandten die Suspension der Unmittelbarkeit der Statt gleichsam abgedrungen worden, wordurch der Kayserl. und des Reichs Respect hintangesezt und den Reichs-Schlüssen ganz ungemäß gehandlet worden, zumahl sie Unterhändler in dem Verglich keine Meldung gethan, daß sie von dem Kayser und Reich den Auftrag zur Vermittlung gehabt hätten. Weil nun auch die Französische und Schwedische Gesandte zwischen Maynz und Pfalz an einer Aussöhnung arbeiteten, worzu die leztere Kron den berühmten Rechtsgelehrten und damahligen Schwedischen Geh. Rath und Vicepräsidenten des Tribunals zu Wißmar D. David Mevium und einen Hofrath D. Martin Böckel gebrauchten, so unterlieff Herzog Eberhard auf seiner Seiten auch nichts die Ruhe in hiesiger Gegend herzustellen, indem er sowohl an Maynz, als Pfalz wohlmeynende Schreiben abgehen lieff sie zum Friden zu bewegen.

§. 73.

Entzwischen ermanglete Herzog Eberhard nicht den Fußstapfen seiner Voreltern in Erweiterung seiner Einkünffte durch Erkauff- und Eintauschung der Güter nachzufolgen.

folgen. Dann er hatte schon einen Theil an dem Dorff Täbingen, Rosenfel- 1666
ter Amts, und vermög eines im Jahr 1538. errichteten Verglichs die hohe
Landesfürstliche Obrigkeit ausser der dem Adelichen Geschlecht von Ehingen gehörigen
Burg, das Recht den Dorfs-Vogt und das Gericht zu wählen und das Schatzungs-
Recht, wie auch die Unterthanen allein der Herrschafft mit der Huldigung verbunden
waren. Die von Ehingen hatten entgegen nebst der Burg oder Schloß daselbst die Helffte
an allen grossen und kleinen Freveln, Bussen, Fällen, Umgeld, Abzügen, Fron-
diensten und Gülten zu geniessen. Christoph von Türk folgte denen von Ehingen im
Besitz dises Guts und Einkünfften und suchte solches zu verbessern und Herzog Eberhard
behauptete ein Losungs-Recht darzu zu haben und tauschte dasselbe gegen Uebergebung
des Hofes Ramstein den 14. Aug. an sich. Wie er auch den 27. Julij von Hierony-
mus Klöpfers, Syndici zu Schwäbisch-Hall Erben den im Backnauzer Amt gelegenen so genannten Fürstenhof um 1800. fl. an sich erkauffte. Nicht weniger brachte er
auch den 10. Octobr. von Georg Raaben, Zacharias Bechtlin und David Rothen, als
Bonnischen Tochtermännern die andere Helffte an dem Gut Stetten im Ramsthal,
nebst einigen Gütern zu Schombach, Obern-Roth, Krumart und Bach an sich gegen
Bezahlung 31382. fl. Dise Güter gehörten ehmals den Thumben von Neuburg ei-
genthumlich zu. Aber die gedachte Verkäuffer als Thumbische Abkömmlinge trugen
dieselbe im Jahr 1664. der Herrschafft Würtemberg gegen Bezahlung 3000. fl. zu Lehen auf, und verkaufften jetzo das Lehen mit dem Eigenthum an denselben. Nicht
weniger erkauffte er den 29. Decembr. von Fridrich Albrecht Thamben von Neuburg
die ihm zuständige Helffte an dem Dorff Röugen mit allen Gattungen der Obrigkeit um
26000. fl. bey welchem Kauf ich nicht unbemerkt lassen kan, daß dises Dorff ehmals den Graven von Hohenberg gehöret hat, welches Grav Hug und Heinrich im Jahr 1336. an Gr. Albrechten von Aichelberg nebst Unterbohyngen und
dem Kirchensatz daselbst und zu Hirnholz um 4000. Pf. hlr. verkaufften. Merkwürdig ist auch, daß dise beede Dörfer ein Theil einer ehmaligen Herrschafft gewesen, welche in dem Kaufbrief die Herrschafft Boyhingen genennet wird, zu
welcher auch Lehenleute gehörten, welche zugleich an Gr. Albrechten verkaufft und
übergeben wurden. Dise Urkunde belehret uns ferner, daß damit eine Gravschafft und
Landgericht verbunden gewesen, welche zur Helffte Grav Albrecht durch den Kauff erhielte. Als aber Hanuß Thumb von Neuburg gedachten Grav Albrechts Tochter,
Anna, heurathete, so kam dises Dorf auf das Geschlecht diser Edelleute, welche solches
bis auf dises Jahr besassen. Endlich verdienet noch bemerket zu werden, daß Herzog
Eberhard in disem Jahr die auf dem Schwarzwald ligende Statt Freudenstatt zu befestigen anfieng, und über eine Tonne Gelds darauf verwendete, wobey die Bollwerke
und übrige Vestungsbau ziemlich weit gebracht wurden. Er vermeynte einen Bey-

trag

1666　trag von ſeiner Landſchafft zu ſolchem Bauweſen zu erhalten. Eben zu dem
Ende beruffte er ſeine Land-Stände zuſamen, welche aber aller Vorſtellungen ungeacht ſich zu nichts verſtehen wollten, ſondern ſich theils mit dem Mangel der
Inſtruction, theils mit der Unmöglichkeit und daß ſie zu Beſtungsgebäuden nicht verbunden wären, entſchuldigten: Nachdem ſie aber gleichwohl ſich zu einem Beytrag
von 50000. fl. zur Erleichterung ſeiner Cammer erklärten, ſo muſſte er ſich begnügen,
daß ſie der Sache weiter nachzudenken die Wertröſtung von ſich gaben. Weil aber damahl einige Clöſter mit Prälaten nicht beſezt waren und viele Stätt und Aemter nicht
erſchienen, ſo proteſtierte man, daß ſolche Vacatur ihnen an ihrem Recht bey Land-
gen zu erſcheinen unnachtheilig ſeyn ſolle, wemit ſie nach Hauß entlaſſen wurden. Als
aber im Jahr 1674. der Obriſt-Lieutenant Rieſer ſolche Arbeit zu beſichtigen dahin reiſ-
te, hielt er davor, daß aller ſolcher Koſten vergeblich und dieſer Ort zu einer Beſtung
ganz untauglich ſey, weßwegen der Herzog davon abließ.

§. 74.

Mit dem Anfang des folgenden Jahres fieng man auch an ſich zu erinnern, daß
die Rheiniſche Allianz im Angſt deſſelben zu Ende gehen würde. Es war ſehr nöthig
bey zeiten ſich zu entſchlieſſen, ob man dieſelbe erneuren ſollte? Der franzöſiſche Geſandte erklärte ſich ſo gleich geneigt für dieſelbe unter dem Vorgeben, daß ſie zur Aufrechterhaltung des Weſtphäliſchen Fritens ſehr vieles beygetragen habe. Herzog
Eberhard erkannte ebenmäſſig derſelben Reichs- und weltkundigen Nutzen und hoffte, daß ſie in künfftigen Zeiten noch beſſere Würkung haben dörffte, womit auch die
ſamtliche Catholiſche Bundsverwandten einſtimmten. Es mengten ſich aber ſo viele
Schwürigkeiten ein, daß die Erneurung noch ſehr lang aufgezogen wurde. Dann
die unrichtige Beyträge der Biſchöffe zu Strasburg, Münſter und Baſel an ihren
Geld-Contingenten machte die übrige Alliirte verdrüßlich neben ihnen in dieſem Bund
zu ſtehen, zumahl ſie auch einen beſondern Vorzug vor den weltlichen Fürſten im
Sitzen, Votieren, Unterſchreiben und Siglen verlangten, welchen ihnen weder die
Catholiſche, noch Evangeliſche Fürſten einraumen wollten, ſondern ſie an die Ordnung,
wie im Fürſten-Rath gebräuchlich, verwieſen. Der Kayſerliche Geſandte am Chur-
Brandenburgiſchen Hof wollte dieſen Churfürſten abwendig machen und überhaupt die
ganze dem Kayſerl. Hof gehäſſige Allianz trennen. Und an dem Schwediſchen Geſandten bemerkte man, daß man von ſeiten dieſer Kron mit den franzöſiſchen Betragen und Anſchlägen nicht vergnügt ſey, ſondern zu zeigen gedenke, daß man nicht von
dem Willen dieſer Krone abhangen müſſe, ſondern ohne die franzöſiſche Subſidien-
Gelder ſich von ſelbſt aufrecht erhalten und Frankreich entbehren könne. Dieſe unter-

schie-

schiedene Gesinnungen machten aber entlich Herzog Eberharten nachdenklich, 1666 welche Parthey er ergreiffen sollte, zumahl der Französische Gesandte über diesem Berzögern der Bunds-Erneuruug ungedultig wurde und bey dem den 17. Ju- lij gehaltenen Allianz-Rath sich vernehmen ließ, daß man verhoffentlich seinem König nichts zur Last legen würde, weil im widrigen Fall geschehen könnte, daß die erfolgende Trennung der Allianz entweder allen oder doch einigen Bunds-Verwandten nachthei- lig werden dörffte. Entzwischen lieff der Termin der Allianz zu Ende und die fürnehmi- ste Gesandte entschuldigten sich nichts destoweniger unter dem Vorwand der ermanglen- den Verhaltungs-Befehle sich dermahl noch vernehmen zu lassen, weßwegen der Fran- zösische Gesandte den Vorschlag auf die Bahn brachte, daß man wenigstens die Al- lianz nur auf sechs Wochen erstrecken möchte, da entzwischen die Verhaltungs-Be- fehle einlauffen könnten. Aber auch dieses wollte der Schweden-Bremische nicht be- willigen, und der Churfürst von Brandenburg und das Hauß Braunschweig hatten grosse Rücksicht auf die Kron Schweden, ohne welche sie sich zu nichts erklären wollten. Nun erhielte zwar diser Gesandte den Befehl sich in die Erneuerung einzulassen, wie er gegen dem Würtenbergischen im Vertrauen sich vernehmen ließ: Weil aber die Kron Frankreich und Chur-Maynz solche gleichsam erzwingen wollten und sich die stolze Ein- bildung machten, daß alle andere von ihrem Willen abhangen müßten, so hielt er noch einige Zeit mit der Erklärung zuruck. Herzog Eberhart erwartete also dieselbe, weil andere Evangelische sich auch nach solcher richten wollten, da er dann von dem Kayserl. Hof desto weniger Ungunst zu befahren hatte. Der Französische Gesandte schien aber darüber eyfersichtig zu werden, daß man mehreres Absehen auf Schweden, als auf Frankreich hätte, welches dem Herzog ebenmäßig ein Nachdenken verursachte, weil er wegen der Lage seiner Lande mehrere Achtung gegen der Kron Frankreich schuldig war. Den grösten Antheil an der Verzögerung auf seiten der Evangelischen hatte die Betrachtung, daß Frankreich mit der Kron Spanien und mithin auch mit dem Hauß Oesterreich wegen dessen dabey habenden Interesse einen neuen Krieg angefan- gen hatte, da bedenklich fallen mußte auf dem noch währenden Reichstag gleichsam offentlich eine neue Allianz mit diser Kron zu schliessen, obschon dieselbe nur den West- phälischen Frieden und die Ruhe und Frieden aufrecht zu erhalten den Namen und Ab- sicht hatte. Dann die Kron Frankreich machte bekantermassen Anspruch auf die Spa- nische Niderlande und drang nur deßwegen so stark auf die Erneurung der Allianz, daß mit Oesterreich nicht so leicht Völker nach den Niderlanten schicken könnte. Dise Al- lianz kam demnach zum Ende.

§. 75.

Auf dem Reichstag gieng es auch den bisherigen langsamen Weeg fort, indem der Churfürstlichen und geistlich-fürstlichen Erklärung in dem Capitulations-Puncten nicht zum Vorschein kommen wollte. Der Erzbischoff von Salzburg ersuchte deswegen die weltliche fürstliche noch immer um Geuld, zumahl er Nachricht haben wollte, daß zwischen ihnen und den Churfürstlichen Gesandten Handlungen gepflogen und so gar schon ein Entwurff der neuen Capitulation verglichen seyn sollte. Die beede zu ihm abgeordnete Magdeburg- und Neuburgische Gesandte wollten aber solches nicht geständig seyn, sondern stellten es dahin, ob nicht etwan ein oder anderer der Chur- und fürstl. Gesandten von diser Materie miteinander gesprochen, wie man aus solchen Mißhelligkeiten kommen möchte. Dann obschon würklich Conferenzien zwischen beeden Collegiis über die noch strittige Puncten gehalten wurden, so hielte man doch alles in größtem Geheim. Zu gleicher Zeit arbeitete man an einer Aussöhnung der beeden Churfürsten zu Maynz und Pfalz zu Heylbroun. Der Churfürst von Maynz war selbsten auch gegenwärtig, zu welchem sich Herzog Eberhard verfügte an der Beylegung des Wildfangsstritts Antheil zu nehmen. Den 26. Jannarii war es mit der Ausgleichung so weit gekommen, daß so wohl der Churfürst, als auch der Herzog wieder nach Hauß reyßten und den 7. Febr. das so genannte laudum compromissale zum Vorschein kam. Der Herzog erkauffte damahls sogleich den so genannten Bronnhaupter Hof von den Stozzingischen Glaubigern, wurde aber sehr bestritten, als der Kayserl. Hof durch den Erzbischoff zu Salzburg eine vorhin nie erhörte Forderung von 20. Römer-Monaten an die Reichsstände machte unter dem Namen eines Hochzeitgeschenks, weil der Kayser sich zu Ende des vorigen Jahres die Infantin von Spanien beylegen ließ. Weil aber, wie gedacht, dergleichen Geschenke niemahls gebräuchlich gewesen, so konnte sich der Herzog auch nicht entschliessen einen Eingang zu einem künfftigen Herkommen zu machen, zumahl an keinen Fürsten einiges Notifications-Schreiben, sondern nur an die Churfürsten ergangen war, welchen er heimstellte ein Geschenk für solche Ehre zu thun. Gleichwohl ließ der Herzog auch seines Landschafftlichen engern Ausschusses-Gutachten erfordern, welcher aber solch Geschenk verbath und sich, wie gewöhnlich, mit der übergrossen Armuth der Unterthanen entschuldigte. Andere Fürsten machten zwar Hoffnung zur Bewilligung, setzten aber die Bedingung hinzu, wann der dermalige langwürige Reichstag mit einem guten Erfolg, insonderheit in der Materie der beständigen Wahl-Capitulation ein baldiges Ende nehmen und den Fürsten und Ständen nach dem Inhalt des Fridenschlusses genug gethan würde. Es wurden aber auch andere Materien in den Berathschlagungen gehindert, weil das Oesterreich. Directorium nichts zur Proposition bringen, sondern vorher gern genauere Einsicht
von

von demjenigen haben wollte, was zwischen den Chur- und fürstlichen in dem 1667
Capitulationswesen abgeredt und allenfalls unter Vorbehalt der Genehmhal-
tung ihrer Principalen beliebet werden um sich wegen dises Erzhauses Interesse darnach richten zu können. Dann obschon dises Directorium überhaupt ausgekundschaff-
tet hatte, daß dergleichen Hantlungen vorgegangen, so wollte es ihm doch mit deren
genauerer Erforschung nicht gelingen. Ingleichen machten auch die beede Badische
Häuser nur mehr eine neue Verwirrung, indem sie aus einer Vorzugs-Begierde sich
über andere Mitfürsten hinauf zu schwingen und die ganze Alternations-Ordnung
zu stören den Versuch machten. Nach disem Plan sollte der Vorsitz nach dem Alter
eines regierenden Fürsten beobachtet werden, da sie hoffeten, daß immerzu von einer
oder der andern Linie ein älterer Regent vorhanden seyn und folglich der Vorsitz mehrentheils bey dem Baadischen Hauß bleiben müsste. Man wusste ganz eigentlich,
daß sie solchen Vorschlag durch kostbare Verehrungen durchzutreiben suchten und fanden dardurch bey dem Hessen-Casselischen Gesanten um so mehr Beyfall, als auch
das Hessische Hauß gleiche Erbbegierde bezeugte und ebenmäßig in zwo Linien vertheilt Sitz und Stimme auf Reichstägen führte. Herzog Eberhard widersetzte sich
solchem gefärlichen Project sehr und schickte einen Gesanten bey zeiten an den Darmstättischen Hof disen gefährlichen Absichten zu begegnen und ließ auch dem Mecklenbur-
gischen Gesandten zu Gemüth führen, daß nach sich äuffernden Fällen Würtenberg,
Hessen und Mecklenburg in 300. Jahren nicht zum Vorsitz gelangen dörfften, da
man hingegen wüsste, wie ungegründet das Badische Begehren sey.

§. 76.

Endlich brachten die fürstliche Directoria den 8. Martii den vertrösteten Aufsatz und Erklärung in dem Capitulations-Puncten zum Vorschein. Sie war aber
so unvollkommen, daß das ganze Wesen im vorigen Stand blieb, weil der mehreru
weltlichen Fürsten Erinnerungen über den Churfürstlichen Auffatz mit keinem Wort
gedacht wurde. Solchernnach konnten sich dise nicht darüber vernehmen lassen, biß
die Churfürsten sich auch auf ihre monita erklärt hätten. Dann ungeachtet der geheimen Tractaten wurden die offentliche nichts destoweniger fortgesetzt. Der Chur-Brandeburgische Gesandte D. Jena warf aber eine neue Hinternuß in den Weeg, indem er begehrte, daß der bekannte dritte Articul besser erläutert und etwan nach Erforderunß der
Zeitumstände dem Kayser noch andere Gesetze vorgeschrieben werden könnten. Man
hatte Urlach zu glauben, daß der au disen Hof abgeschickte Reichs-Hof-Rath von Goyß
die Hintertreibung des Capitulations-Wesens negotiere. Dann der Brandeburgische
Gesandte ließ sich gegen andere vernehmen, daß die Churfürsten dennoch Churfürsten
blei-

bleiben würden, wann ſchon diſe Materie nicht ausgemacht, ſondern in ſtatu quo verbleiben würde. Und weil die Fürſten-Raths-Directoria dem Kayſerl. Principal-
Commiſſarien verſprochen hatten in Preponierung der Materien fleiſſiger zu ſeyn, wie
er ſolches von ihnen verlangt hatte, von ihnen aber demſelben nicht nachgelebet wurde,
ſo beklagten ſich die mehrere weltliche bey ihm, daß jene ihr Amt nicht der Gebühr nach
verrichtet, noch den gethanen Vertröſt- und Verſicherungen Genüge gethan hätten.
Weil aber entzwiſchen Chur-Maynz nebſt beeden übrigen geiſtlichen Churfürſten und
Bayern dem bisher entworfenen Vereinigungs-Zweck ſich allbereit ziemlich genähert
hatten, ſo hoffte Herzog Eberhard, daß auch Chur-Sachſen und Brandenburg ebenmäſſig zulängliche Befehle ihren Geſandten ertheilen dörften, wiewohl man diſe bezüchtigte, daß ſie ihren Principalen keine aufrichtige Berichte erſtatteten. Es ereignete ſich aber ein neuer Zwiſt auf dem Reichstag, welcher verdrüßlichen Auffenthalt der
Geſchäffte verurſachte. Dann als der Kayſerl. Commiſſarius, der Erzbiſchoff, den
Cardinals Hut erhielte, und in dem wegen der Münz-Sachen an ihn gerichtete Reichs-
Gutachten bey deſſen völligen Titul die Worte der Heyl. Römiſchen Kirchen
„ Cardinal eingerückt wurden, wollten ſich die Evangeliſche vermög der von dem Bi-
„ ſenbach gebrauchten Ausdrücke durchaus nicht dazu verſtehen, noch eine ſolche Kirche
„ für heilig halten, welche die Evangeliſche Religion im höchſten Grad für ketzeriſch
„ erklärte, ſelbige verdammte und verfluchte, ja mit Feur und Schwerd zu vertilgen
„ aller Witz und Ränken auſtrebe, mithin die Geſandte ſolche Nachſetzung gegen ih-
„ ren Principalen nicht verantworten konnten. Weil aber ſolch Gutachten dennoch
ſo wohl im Namen der Evangeliſchen, als Catholiſchen übergeben werden muſſte, ſo
verlangten jene nur, daß man das Wort Heylig, als welches ohnehin dem Reichs-
Styl nicht gemäß wär, gar auslaſſen, oder der völlige Titul übergangen, und derſelbe
nur alſo geſetzt werden möchte: Der Röm. Kay. May. unſers allergnädigſten Herrn höchſtanſehnlichen Herrn Commiſſarii Hochfürſtl. Eminenz ꝛc.
inmaſſen auch in denen an die Kay. May. auf Reichstägen übergebenden Bedenken der
Titul nur alſo gebraucht würde: Der Röm. Kay. May. unſerm allergnädigſten Herrn. Allein ſo gemäſſigt diſes Begehren war, ſo wollten doch weder das Reichs-
Directorium, noch die Fürſten-Raths-Directoria, welchen man ſolche Beſchwerden glimpflich vorbrachte, noch die ſamtliche Catholiſche davon hören, noch weniger
das Wort Heylig weglaſſen, ſondern ſchlugen nur den Weeg vor, daß die Evangeliſche ſich ad protocollum de non conſentiendo verwahrten, indem ſie nicht
gemeynt wären ſolch Wort auszudringen oder ſie zu nöthigen auch ihres theils die Rö-
miſche Kirche für heylig zu erkennen, dagegen man Catholiſcher ſeits nicht anderſt
ſchreiben, noch ſprechen könne. Diſes Mittel wollte aber den Evangeliſchen nicht
hinlänglich bedünken, woferu einer dergleichen Verwahrung nicht zugleich in dem

Reichs-

Reichs-Gutachten selbst gesetzt würde, wie solches in den Kayserl. Capitu- 1667
lationen ebenmäßig zu geschehen pflege.   Nichts destoweniger beharrten die
Catholische auf ihrem Vorhaben und wollten auch nicht geschehen lassen, daß entweder
des Reichs-Gutachten an die Kayserl. May. selbst unmittelbar gerichtet oder das datum auf eine Zeit zurückgesetzt würde, da der Ertzbischoff noch nicht zu solcher Würde
erhoben war.   Hertzog Eberhart billigte solche der Evangelischen Meynung und befahl
seinem Gesandten, daß, wofern nicht vor Einlangung dieser Instruction ein Aus-
weichungs-Mittel gefunden werden, er sich mit denjenigen, welche auf die Auslassung dieser der reinen Evangelischen Lehre und Kirche höchstnachtheiligen neuerlichen
Worte bestehen, gäntzlich anschließen und zu deren Mittheilung sich im Namen des
Hertzogs keines Wegs versehen sollte, indem er ohne Verletzung seines Gewissens die
Römische Kirche so wenig, als den Stul zu Rom für heilig erkennen könne.   Nach
langem hartnäckigem Streiten ließen endlich die Catholische gleichwohl geschehen, daß
am Ende des Gutachtens nachfolgende Worte angefüget würden: Wobey jedoch
lieben die oben befindliche Worte: der Heyl. Röm. Kirche ꝛc. betreffend der A. C. verwandten Chur-Fürsten und Stände hier anwesende
Gesandte sich zu dem Zusatz des Worts Heylich nicht verstanden, sondern ihren dissens hiermit contestiert haben wollen.   Die Evangelische mußten
sich solch Auskunffts-Mittel desto eher gefallen lassen, als der Chur-Brandenburgische Gesandte, dessen Religion sehr zweifelhafft war, denselben die Schuld der verzögerten Reichstags-Geschäfften aufbürden wollte.

§. 77.

Ueber dieses alles berichtete der Würtembergische Gesandte, daß, nachdem die
geistliche und ihnen anhangende etliche weltliche fürstliche vernommen, daß die sogenannte weltliche fürstliche sich mit den Churfürstlichen in Conferentzien eingelassen, dieselbe sich ebenmäßig hierzu durch abgeordnete anerbothen und daß die Churfürsten entzwischen vorgeschlagen hätten die Policey-Materie anzugreiffen.   Nun merkten die
mehrere weltliche wohl, daß dieses eine neue Erfindung der Churfürstlichen sey die
Capitulations-Materie schwer zu machen und auf den langen Banck zu schieben.   Das
Fürsten-Raths-Collegium wollte sich aber zu Vornehmung dieses Puncten um so weniger verstehen, als es genug zu seyn erachtete, wann man nur auf der schon vorhandenen Policey-Ordnung besser hielte, und auch für unmöglich erachtete wegen der verschiedenen Beschaffenheiten der Länder eine allgemein durchgehende Ordnung zu machen, weßwegen man solches Geschäfft jeder Obrigkeit überlassen müßte.   Nichts des-
stoweniger beharrten die Churfürstliche zu Erreichung ihrer Absichten auf der Berath-

X. Theil.   R   schla-

1667 ſchlagung diſer Materie. Herzog Eberhard fieng bey ſolcher übergroſſen Verwirrung an gleichgültig zu werden, was man vornähme, wann nur auch etwas
endliches dabey gemacht und zur Richtigkeit gebracht würde, zumahl noch ſo viele
wichtige Materien erlediget werden muſſten. Er gab deßwegen ſeinem Geſandten auf
„ ſich äuſſerſt dahin zu bearbeiten, daß vor allen Dingen die nunmehr durch viele Mü-
„ he und Arbeit ſo weit gebrachte Capitulations-Sache mit den Churfürſtlichen ver-
„ glichen und dabey wohl verhütet werde, daß man ſich ohne Noth nicht erſt wieder
„ mit den geiſtlichen und bey ihnen ſtehenden weltlichen Geſandſchafften iu ein weitläuf-
„ figes neues Diſputat einlaſſen, ſondern den Churfürſtlichen ſo viel möglich nachgeben
„ möchte um in den übrigen den Fürſtenſtand mehr berührenden und angelegenen Punc-
„ ten deſto mehr Vortheile zu erlangen und endlich mit GOttes Hülfe aus diſer ſchwer-
„ wichtigen Sache ſich heraus zu ſchwingen. Diſem hange der noch unerörterte pun-
„ ctus reſtituendorum an, als iu welchen beeden dißmahl die Wohlfart und Sicher-
„ heit des ganzen Reichs beſtehe, worinn man auch billich mehrern Eyfer ſcheinen und
„ zu voller Erörterung nicht eine Stunde, geſchweigen ſo viele edle Zeit und übergroſſe
„ Unkoſten und zwar faſt allerdings umſonſt hingeben lieſſe und verſplitterte, indem
„ er mit bedauren wahrnähme, daß mit Vorträgen zur Berathſchlagung erſt der
„ Anfang gemacht würde, wann man bald wieder von den Rathgängen ſich wegbege-
„ ben müſſte. Nun konnte man die geiſtliche nicht ſo leicht von den Conferenzien und
Abhandlung der Capitulations-Sache mit Glimpf ausſchlieſſen. Die mehrere weltliche Fürſtliche verlangten aber nur vorher von ihnen zu wiſſen 1.) ob alle Geiſtliche und
mit ihuen haltende weltliche ſolche Tractaten beliebten? 2.) Ob diejenige, welche ſich
bißher mit dem Mangel der Inſtruction entſchuldiget und die Handluugen damit aufzuhalten geſucht hätten, nunmehr damit verſehen wären? Und 3.) ob man verſichert ſeyn
könne, wann die Tractaten den erwünſchten Erfolg nicht hätten, daß beeder Theile
ausgefallene Meynungen ohne neuerdings machenden Schwürigkeiten in die concluſa
gebracht, mit den Churfürſtlichen das Werk angefangen und zum Schluß gebracht werden könne? Ueber diſe Anſinnuugen war nun der Kayſerliche Commiſſarius ſehr unzufriden und die Geiſtliche verzögerten ihre Erklärungen hierüber, welches die mehrere
weltliche ſich endlich nicht mißfallen lieſſen in Hoffnung entzwiſchen ſich mit den Churfürſtlichen zu vergleichen und von Chur-Brandenburg den Beytritt zu erhalten. Herzog Eberhard konnte ſich wohl damit vergleichen und erwartete nur, ob man ſolche Bedingungen und Vorbehälte annehmen und mit was für Frucht ſolcher Verſuch abgehen
würde. Dagegen er aber die Kayſerl. Entſchlieſſung wegen Oſt-Frießland deſto mehr
ſeine Unzufridenheit bezeugte.

§. 78.

§. 78. 1667

Dann es sollte damahl das in den Fürstenstand erhobene Ost-Frießländische Hauß in den Fürsten-Rath eingeführt werden. Der Herzog sahe sich verbunden theils als Groß-Vater, theils als Vormünder des unmündigen jungen Fürsten Christian Eberhards mit den beeden Herzogen von Braunschweig demselben beyzustehen, als solche Introduction von dem Hauß Fürstenberg wegen gleichen Gesuchs und der damit verwickelnden Prácedenz schwer gemacht wurde. Samtliche Catholische nahmen sich dises letztern an, ungeachtet Ost-Frießlaub ein grosses Vorrecht vor jenem Hauß zu haben behauptete. Der Herzog wendete sich mit Vorstellungen an den Kayserl. Hof, konnte aber keine andere Resolution erhalten, als daß der Kayser wünschte, daß beede Theile sich einer Alternation verglichen, indem er keinem seinen Beystand zu geben wüßte. Der Herzog konnte solches nicht begreiffen und machte neue Vorstellungen, da sich dann äusserte, daß die angeführte vorgegebene Resolution gar nicht nach dem Willen der Kay. May. sey, indem dieselbe vielmehr dero Gesandten befohlen habe sich in seiner Stimme nicht wider Ost-Frießland vernehmen zu lassen. Woraus der Herzog den unfehlbaren Schluß machte, daß mithin der Kayser auch nicht befohlen das Wort für Fürstenberg zu führen. Nichts destoweniger wußten nun die Catholische auf einer andern Seiten eine widerwertige Resolution auszuwürken, daß dise Introductions-Sache nochmals auf dem Reichstag berathschlagt werden sollte, wo man voraussehen konnte, daß die Catholische durch die Mehrheit der Stimmen dem Hauß Fürstenberg wider das Reichs-Herkommen und vorher ergangene Kayserl. Resolution den Vorzug beylegen würden. Die Braunschweigische Häuser wurden dadurch sogleich schüchtern gemacht und wollten von dem Herzog ebenfalls erzwingen, daß er sich die Alternation schlechterdings gefallen lassen möchte, ehe er sich mit seiner Tochter vernehmen lassen konnte. Es ereignete sich ohnehin damahl eine andere Introductions-Strittigkeit, welche nicht weniger Ansehen machte. Dann das fürstl. Salmische Hauß war auf letztem Reichstag zum Siz und Stimme zugelassen, aber unter der Bedingung, daß es erweisen sollte, ob und was es für unmittelbare Reichs-Güter besiße? und entzwischten den geringen Lobkowizischen Anschlag übernehmen. Als nun Fürst Leopold Philipp Carl im Jahr 1663. mit Tod abgieng, wollte sein Sohn Carl Theodor Otto sich dises Stimm-Rechts auch bedienen und schickte einen Gesandten auf den Reichstag, welcher würklich Siz nahm. Die Evangelische weltliche Fürsten protestierten dawider, weil er gemeldten Bedingungen noch kein Genügen gethan hätte. So gleich hatten sie aber die samtliche Catholische wider sich aufgebracht, welche das Salmische Votum unterstüzten und mit betroblichen Worten sich vernehmen liessen, daß sie solches zu behaupten wüßten, worü-

1667 worüber auch das Salzburgiſche Directorium mit dem Braunſchweig-Zelli-
ſchen Geſandten in einen heftigen Wortwechſel geriethe. Herzog Eberhard
genehmigte die Reichsverfaſſungsmäſſige Vermahrung deſto mehr, "als man bey ſol-
„ chen Ausſichten ſich wohl vorzuſehen hatte, daß nicht ſo leicht neue und inſonderheit
„ Catholiſche Fürſten zum Sitz und Stimme gelaſſen würden, ſie hätten dann nach
„ dem üblichen Reichs-Herkommen vorher dasjenige, was ihnen obgelegen, in Er-
„ füllung gebracht, damit bey Einnehmung mehrerer bey ſo unfürſtenmäſſigem An-
„ ſchlag die Evangeliſche nicht gar aus dem Fürſten-Rath hinausgeſtimmet würden.
Nun ſuchte man zwar ein Auskunftsmittel zu finden, daß dem Salmiſchen Geſandten ein Termin beſtimmt würde, in welchem er præſtanda præſtieren ſollte. Der
Herzog zweifelte aber, ob, wann ſolches nicht geſchähe, die Catholiſche geiſtliche ihr
Wort halten und ſich nicht vielmehr unter dem Vorwand, quod turpius ejiciatur,
quam non admittatur hoſpes, dennoch trennen dörfften, und ließ ſich endlich auch
die Alternation des Oſtfrießländiſchen Vorſitzes mit Fürſtenberg, doch dergeſtalt gefallen, daß bey der erſten Sitzung Oſtfrießland den Vorſitz haben ſollte. Der Geſandte aber hatte guten Grund auch zu begehren, daß Oſtfrießland zweymal und Fürſtenberg nur einmahl ſolchen Vorzug haben ſollte, wogegen ſich der Chur-Cölniſche
ſehr aufließ, welchen aber der Würtenbergiſche dadurch zum Schweigen brachte, daß
gleichwohl bey vorigem Reichstag in dergleichen Introductions-Sachen der ganze
geiſtliche Bank, wie auch Fürſtenberg ſelbſt auf dem Schwäbiſchen Grafen-Bank
mit äuſſerſtem Eyſer für die ancienneté und nach derſelben beſtimmenden Vorzug
eingeſtimmet haben, welches Protocoll er offentlich im Rath vorzulegen und die Fürſtenbergiſche Parthie zu beſchämen trebete, nach welchem Schluß dem Hauß Oſt-
Frießland der unſtrittige Vorzug gebühre. Der Chur-Cölln-und Fürſtenbergiſche
verwilligten demnach diſem Hauß den Vorſitz auf die vorgeſchlagene Weiſe und muſſe-
ten noch froh ſeyn, daß man Fürſtenberg den dritten Vorgang einräumte, weil das
Oſt-Frießländiſche Decret von dem Kayſer älter, als das Fürſtenbergiſche war,
worauf auch endlich der Verglich erfolgte.

§. 79.

Entzwiſchen gab der König in Frankreich den 15. May dem Herzog durch ein
Schreiben Nachricht von ſeinem Einfall in die Spaniſche Niderlande, worinn er ſolchen zu rechtfertigen ſuchte. Der Herzog antwortete ihm aber nur, daß, gleichwie
der König die mehrmalige Verſicherung gegeben das Teutſche Reich in guter Ruhe
erhalten zu helffen, ſo viel ihm möglich ſey, er alſo auch hoffe, daß derſelbe auch weder
gemeynt ſeyn werde die angränzende Lande unter einigem Vorwand in diſen neuen
Spani-

Spanischen Krieg zu verwickeln, noch daß ein oder anderer Stand des Reichs 1667
sich desselben theilhafftig machen oder den König in diser particular-Sache zu hindern begehren würde. Wie er dann auch seinem zu Regenspurg befintlichen Gesandten aufgab nicht allein selbst gleiche Sprache zu führen, sondern auch andere darzu zu bereden, insonderheit aber dem Kayser zu rathen, daß er friedliebende Mittel ergreiffen möchte. Dann man halte den Kayserlichen Hof im Verdacht, daß die Reichstags-Geschäffte nur darum so lang angehalten und der Reichstag nicht zu Ende gebracht werden wollen, weil man bey Voraussehung dises Kriegs immer gehofft von dem Reich unter dem Vorwand für Spanien einen Beystand zu erlangen und das Reich darein zu mengen, weil gleichwohl die Niderlanden einen Reichs-Crayß ausmachten. Man hatte also, weil auch an andere Reichsfürsten dergleichen Schreiben eingelieffen, neue Materie nachzusinnen, wie solcher Unruhe begegnet werden könnte, da indessen die geistliche Fürsten bisher verzogen hatten ihre Erklärung auf obige Fragen von sich zu geben. Damit nun die Capitulations-Sache wieder in Bewegung kommen möchte, so wollten die mehrere weltliche nicht erwarten, bis ihrem Gegentheil mit der Sprach herauszurücken beliebte, sondern übergaben den Churfürstlichen den 15. Julii ihre Gegen-Erklärung auf das Churfürstliche Project, da es schiene, als ob ein Vergleich nicht mehr entfernet wär, indem die gröste Schwürigkeit noch auf dem Epilogo beruhete. Nur beklagte Bidenbach gegen dem Herzog, daß auch unter dem sogenannten mehrern, obschon wegen der vielen abwesenden kleinen Häuslein, etliche widerwertige seyen, welche den Bogen zu hoch spannen wollten und man fast eben so sehr mit disen zu schaffen hätte, solche in der Mittelstrasse zu behalten, da zu bedauren wär, wann ein solch Werk, welches seither einem ganzen Jahrhundert nicht so weit gebracht werden können, jetzo erst um des Epilogi willen zernichtet werden sollte. deßwegen die mehrere weltliche fürstliche meynten, daß man eher die strittige Stelle gar weglassen möchte. Endlich verfaßten sie zu End des Angsts ein Project eines Vergleichs wegen des Epilogi, worinn sie den Churfürsten so weit nachgaben, daß zwar dise im Fall eines neuen in der Capitulation nicht enthaltenen, unvorgesehenen und wichtigen Umstands etwas hinzuthun könnten und der neuerwöhlte Kayser daran gebunden seyn, aber solcher Zusatz auf dem nächsten Reichstag, welcher innerhalb eines Jahresfrists nach der Wahl zu halten wär, dem fürstlichen Collegio zur Genehmigung vorgelegt werden sollte. Die Churfürsten wollten aber weder ein, noch das andere Mittel annehmlich erklären. Um aber die Zeit zu gewinnen dises Geschäfft in die Länge zu ziehen, wurde von den Churfürstlichen der Policey- und Commercien-Punct unter vielem Widerspruch des Fürsten-Raths angefangen, da dise jenen den Vorwurf machten, daß sie viele Materien auf die Bahn brächten und gleichwohl nichts ausgemacht würde. Nichts destoweniger gab Herzog Eberhard seinem

1667 Gesandten nochmals die Beschwerde in den Mund, daß einige Reichs-
Städte unter währender Verwirrung des dreyßigjährigen Kriegs die soge-
nannte Consumtions-Mittel und übermässige Accise eingeführt hätten, welche dem
Commercien höchst schädlich wären. Er wurde von andern in dem Fürsten-Rath
unterstüzt, aber die Reichs-Städte wendeten dagegen ein, daß dise Erfindungen der
Einkünffte auch von den Chur- und Fürsten in ihren Landen eingeführt wären und
die Reichs-Städte eben so wohl ihre Landesherrliche Obrigkeits-Rechte in ihrer
Maaß hätten und sich deren bedienen könnten, auch solche Einkünfften fast das einige
Mittel wären ihren Staat und Stadtwesen aufrecht zu erhalten. Nun wußte sich
der Herzog wohl zu bescheiden, daß den Reichs-Städten der Gebrauch ihres Rechts
nicht abzusprechen wär. Er wußte aber auch, daß einem Dritten nichts zu seinem
Nachtheil aufgedrungen und einem Mißbrauch des Rechts vermittelst allzuhoher Stai-
gerung solcher Abgaben durch eine Einschränkung könnte Einhalt gethan werden, wie
dann zu Augspurg von zween Aymern der Wehrt des einen Aymers abgefordert würde, wodurch der Weinhandel des Herzogthums Würtemberg und anderer Weinlän-
der gänzlich zu Boden geschlagen würde, welches insonderheit disem Herzogthum desto nachtheiliger wär, weil der Weinhandel dessen fast einiges Narungs-Mittel bißher gewesen.

§. 80.

Der französische Einfall in den Burgundischen Crayß zwang aber fast alle dise
Gedanken auf die Seite zu legen, zumahl eine starke Anzahl Cöllnischer Völker mit
Gewalt den Durchzug durch die Chur-Pfälz- und Durlachische Lande genommen und
sich in der Herrschafft Oberkirch einquartiert hatten und eine andere Anzahl Kayßer-
licher gegen dem Breyßgau in Anzug war. Nun hielten einige am Rhein gelegene
Chur- und Fürsten zu Cölln eine Zusamenkunft den nachbarlichen Unruhen Einhalt
zu thun oder wenigstens ihre Lande in Sicherheit zu setzen, womit aber andere gar
nicht zufriden waren, sondern vorgaben, daß solches Unwesen zu berathen das ganze
Reich angieng und mithin auf dem Reichstag berathschlagt werden müßte. Chur-
Cölln entschuldigte sich aber, daß man aus der Erfarung gnugsam erlerne, wie bey
dem allgemeinen Reichstag in solchen der nächstgesessenen Chur- und Fürsten Sicherheit und Ruhe betreffenden Angelegenheiten so gar nichts gethan oder geschlossen würde, weßwegen sie um so mehr Ursach hätten auf ihrer Lande Erhaltung besonders zu
gedenken und auf alle Mittel die Gefahr abzuwenden bedacht zu seyn. Kein besseres
sey hingegen dermahl auszufinden, als allen kriegführenden Parthyen die Durchzüge
abzuschlagen, weil sonst das Reich in disen Krieg verwickelt werden könnte. Uebrigens

gens sey weder er, noch andere gemeynt, dem Reichstag vorzugreiffen. Die 1667
ser Convent wurde aber nach Braunschweig verlegt mit der Abrede, daß nach
der daselbst getreffenen Vergleichung solcher zu Cölln seinen Fortgang wieder haben
sollte. Herzog Eberhard wünschte hieben nur, von allem Vorgang versicherte Nachricht zu haben und zu solchem Ende auch darzu eingeladen zu werden, indem er so nahe, oder theils näher, als die Rheinische Chur- und Fürsten dem Feur gesessen sey,
da er gleichwohl besorgte, daß es ihm am Kayserl. Hof mißdüttet werden dörffte und
deßwegen nur zu Braunschweig einen Secretarium oder tüchtigen Cantzellisten haben
wollte, welcher vermittelst eines dortigen Gesandten das daselbst verhandlende erfahren und berichten könnte. Nun bemerkte man auf dem Reichstag abermahls eine
fast allgemeine Unzufriedenheit über die Directoria, als ob sie ihre Obliegenheiten
sowohl in diser so wichtigen, als andern Sachen mißbrauchten. Den Herzog veranlaßte daher die Ungedult seinem Gesandten aufzugeben, weil der Fridenschluß insonderheit auch erfordere, daß von Abstellung der Gebrechen auf Reichstägen geredet
werden sollte, sich dahin zu bearbeiten, damit dise so nöthige Materie auf die Bahn
gebracht und würklich unter die Hand genommen würde, indem nicht allein jetzo die
rechte Zeit darzu zu seyn anscheinen wolle, sondern auch die Directoria immer weiter
greiffen dörfften, und man aus der Erfahrung wüßte, daß bey gegenwärtigem noch
immer fortwährendem langwürigem Reichstag öffters weit weniger angelegene Puncten zur Handlung vorgenommen würden. Der Burgundische Gesandte an dessen Klagen dem Kayser selbst und dem Reich sehr vieles gelegen war, mußte lang
warten, biß er Gehör fand und sein Gesuch um Beystand in Berathschlagung gebracht wurde. Eine zimliche Anzahl weltlicher und theils geistlicher Stände riethen
einen Versuch zur Vermittlung. Oesterreich und die ihm beyzupflichten schon gewoh-
net waren, begünstigten hingegen das Burgundische Begehren. Der Erzbischoff von
Salzburg bemühete sich dabey äusserst jene Parthey zu gewinnen, daß sie von ihren
Stimmen auf die Oesterreichische Seite übertretten möchten und nahm ihre Entschuldigung mit den habenden Verhalts-Befehlen sehr empfindlich und mit Drohungen
auf, wie er sich dann gegen dem Würtembergischen Gesandten vernehmen ließ,
„daß wann den Würtenbergischen Landen eine Ungelegenheit zustieff und dieselbe
„ Hülf und Rettung suchen würden, Oesterreich wohl auch so kaltsinnig sprechen dörff-
„ te, als jetzo in der dem Erzhaus so sehr angelegenen Sache und schwerer Bedrä-
„ ckung Würtenbergischer seits gesprochen und bezeugt würde. Man sollte nur die
„ Franzosen durch dergleichen Nachsichten grösser machen helffen, so werde man den
„ Dank hiernächst von ihnen dergestalt zu empfangen haben, daß man solches zu spät
„ bereuen würde." Der Erzbischoff ließ dabey den Herzog inständig und, wie er
sich ausdrückte, auf alle Freundschafft ersuchen, "daß derselbe das Werk mit seinem
„ viel-

1667 „vielvermögenden guten Beystand es dahin lenken und die Oesterreichische
„ Absichten unterbauen wollte, damit gleichwohl das so hart bedrückte und
„ mit so unrechtmässiger Kriegsgewalt gekränkte Hauß Oesterreich nicht so gar ver-
„ lassen, sondern durch ein zulänglich Rettungs-Mittel zu statten gekommen werden
„ möchte. " Der Gesandte nahm zwar auf solches zu hinterbringen, entschuldigte aber zugleich den Herzog, daß er wegen der Lage seiner Lande und Nachbarschafft mit Frankreich in einem guten Vernehmen stehen und diese Krone nicht zu viel
beleytigen müßte, welches er Erzbischoff nicht zu befürchten habe. Als der Herzog das
von Nachricht erhielte, ließ der Herzog dem Erzbischoff bedeuten, daß, wie seine fürnehmste Sorge bißher nur auf die Ruhe und Wohlfahrt des Reichs gerichtet gewesen,
und seine ganze Absicht jederzeit auf die vollständige Erfüllung des Westphälischen Friedens, welche bißher von den unruhigen Köpfen verhindert worden, gegangen, er um
so mehr darauf beharren würde, als auch der Schwäbische Krayß sich von dem Unwesen nach des langwürigen letztern Kriegs noch nicht erholen können. Ob man aber schon
dem Burgundischen Krayß, als einem Mitglied des Reichs, den Beystand nicht wohl
versagen könnte, so hielte er doch dafür, daß solches vorher durch vorschlagende gütliche Vermittlung versucht werden könnte, damit der Lauff der Waffen unterbrochen
und sowohl der Krayß, als auch das Reich in Ruhe erhalten und außer aller jalousie
gesetzt werden möchte, wohin auch seinem Erachten nach der eigentliche Verstand des
Westphälischen Friedens abziele und dieser Weeg schon öfters mit Nutzen betretten
worden, daß sich das Reich in das Mittel geschlagen habe, dahingegen die Erfahrung bezeuge, daß durch Beyseitsetzung dieses friedfertigen Mittels und Ergreiffung der
Waffen die Flammen eines entstandenen Kriegsfeuers nur pflegen genähret, vermehrt
und die Gemüther allerseits gegeneinander mehrers verbittert zu werden. Woferu
aber der Erzbischoff wegen der so wohl dieß- als jenseits Rheins offenen und in der
Nachbarschifft der Kron Frankreich liegenden Lande des Herzogs zulänglichere Mittel
zur Sicherheit vorzuschlagen wüste, so gedächte dieser solche nicht hintanzusetzen, sondern zu beweisen, daß er einigen Krayß oder Stand nicht zu verlassen gemeynt wär.
Der Churfürstliche Schluß kam mit dieser Meynung vollkommen überein, dagegen
die fürstl. Directoria eine starke Unzufriedenheit vermerken liessen. Der Herzog hatte aber um so mehr Ursach behutsam zu gehen, als eben damahl auf dem Reichstag etwas vorgieng, welches die Kron Frankreich sehr empfindlich aufnehmen konnte. Dann
als der französische Gesandte den Burgundischen Memorialien eine Antwort entgegen
setzte und solche zur Dictatur gebracht werden sollte, so wollten der meisten geistlichen
fürstlichen Gesanten Schreiber und Diener solche nicht nachschreiben, sondern liessen,
davon.

§. 81.

§. 81. 　　　1667

Bey solcher Lage der Umstände schlug Churfürst Ferdinand von Bayern Herzog Eberharden den 30. Aug. zwischen den obern Kraysen ein engeres Verständnus vor bis man mit einer Krayß-Verfassung etwas ganzes machen und sich eines wechselseitigen Beystandes vergleichen könnte. Nun wünschte zwar der Herzog, daß dises Werk von dem ganzen Reich in Ueberlegung genommen und alles, was zur Erhaltung der Ruhe im Reich diente, an die Hand genommen würde: Solche Anstalt wurde aber vernachläßigt und die der Executions-Ordnung gemässe Kraysverfassung war immer zu mehr zu wünschen, als zu hoffen, weßwegen sich der Herzog den Churfürstl. Vorschlag nicht mißfallen ließ in größtem Geheim sich mit dem Churfürsten in ein Bündnus einzulassen. Es zeigte sich aber mehr als eine Schwürigkeit. Dann der Herzog stund noch mit Frankreich in der Rheinischen Allianz, welche wieder erneuert werden sollte und disem Bündnus mit Bayern gerade entgegen stund. Der Churfürst stund über dises im Verdacht, als ob er die zu Cölln schon anderwerts im Werk seyende und zugleich die dem Kayserl. Hof bißher so verhaßt gewesene Rheinische Allianz vernichten und dem Kayser dadurch unter so scheinbarem Vorwand einen Gefallen thun wollte. Und die Umstände der Geld-Vorräthe waren auch nicht so beschaffen, daß sie die zu einem Bündnus erforderliche Unkosten ertragen konnten, zumahl die Landschafft solche auf sich zu nehmen verwaigerte, indeme dise nöthig erachtete die Krou Frankreich zu schonen und wegen der so nahen Nachbarschafft mit derselben in gutem Vernehmen zu stehen, wobey zu überlegen war, daß, wann Bayern seinen gesuchten Vortheil gefunden, alsdann wieder abtretten und der Herzog sich schwerlich aus dem Handel herauswickeln könnte. Solcherley unüberwindliche Schwürigkeiten dem Bayrischen Hof vorzustellen und die Last dem ganzen Reich anzubürden wurde der Geh. Rath und Hof-Marschall Christoph von Manteufel nach München geschickt mit dem Auftrag eine Particulier-Zusammensetzung als ein äusserstes zurück zu behalten, übrigens aber, wann kein Friede disen bevorstehenden Winter erfolgte, vermittelst der von dem Reich zwischen Spanien und Frankreich anerbottenen Vermittlung sich dahin zu bearbeiten, daß man sich in keinen Krieg einlassen, sondern eine Neutralität erhalten, Einquartierungen und Durchzüge abwenden, der Executions-Ordnung gemäß die Krayse in Verfassung setzen und die Krayß-Stände dahin vermögen möchte, damit ein jeder sein Contingent gedoppelt bereit halte. Disem Entwurff widersetzten sich aber die beede Bischöffe zu Augspurg und Costanz nebst vielen von der Graven- und Prälaten-Bank, weßwegen der Manteufel den Churfürsten ersuchen mußte sich durch sein Ansehen bey ihnen zu verwenden und sie zu besserer Einsicht zu erinnern. Hier wurde nun ferner verabredet, daß, weil ein Krayß dem Feind nicht stark genug wär, einer dem andern im Fall eines Angriffs

X. Theil.　　　S　　　so

1667 sogleich zu Hülf eilen und allenfalls auch der fränkische Krayß darzu eingeladen werden soll. Dem Churfürsten hingegen wegen einer Particular-Zusamensetzung die Meynung zu benehmen mußte diser Gesandte demselben zu Gemüth führen, daß solche nur Verdacht und Widerwillen erwecken und den Feind erst auf den Hals ziehen dörffte, welches man gleichwohl äusserst zu vermeyden hätte, dahingegen eine Krayß-Verfassung mehrern Nachdruck hätte und weniger Offension dabey zu besorgen wär. Um nun die Gesinnungen der Schwäbischen Stände auszuforschen und dem Churfürsten die Gelegenheit zu verschaffen, damit er denselben alle widrige Eindrücke wegraumen möchte, mußte schleunig ein Krayßtag gehalten werden, ungeacht so wohl der Churfürst, als der Herzog wenige Hoffnung hatten die Stände auf ihre Seite zu bringen. Weßwegen beede sich verabredeten, daß, wann auch kein gewühriger Schluß erfolgte, der Herzog sich wenigstens bearbeiten sollte wo nicht alle, doch die vornehmere und stärkere in ihre Absichten zu ziehen und daß Bayern und Würtenberg nebst den gutgesinnten Ständen allen Beystand einander zu thun schuldig wären, welchen Schluß sie den kriegenden Partheyen eröfnen könnten. Woferu aber auch dises mißrathen wollte, so wär zwar nichts mehr, als eine Particular-Zusamensetzung übrig, wobey aber der Herzog verlangte, daß man sich vorher einer genauen Neutralität versicherte, welche niemand zur Beleydigung oder üblen Aufnahm dienen könnte. Nun betriebe aber auch Chur-Pfalz eine besondere Zusammensetzung der benachbarten Stände, weil man sich keiner Krayßhülfe zu versehen hatte. Die Widerspenstigkeit der Krayß-Stände, und insonderheit der Prälaten zernichtete alle dise Anschläge, worüber Herzog Eberhard einen solchen Unwillen faßte, daß er dem Krayß zu verstehen gab für die Wohlfart desselben keine Sorge, noch Wachsamkeit mehr zu bezeugen und deßwegen nur zur Sicherheit seiner eigenen Lande Werbungen anstellte, ausländische Hauptleute in seine Dienste nahm, welche mit einer Anzahl guter Leute ankommen mußten, seine aus 200. Mann zu Pferd bestehende Leibgarde verstärke und seine Landschafft zusamen beruffte in dem vesten Entschluß mit Bayern in einer genauen Verbindung zu bleiben, wie dann auch, als dem Herzog den 13. Octobr. ein Prinz gebohren wurde, derselbe den Churfürsten und seine Gemahlin ersuchte die Pathenstelle bey der Taufe auf sich zu nehmen und dem Prinzen den Namen Carl Ferdinand beylegte, welcher aber den 23. Junii des folgenden Jahres in die Ewigkeit einging. Die Krayß-Stände sahen aber die Gefahr nicht so groß an, weil sowohl die Staaten von Holland den Frieden betrieben und das Churfürstl. Collegium sich als Mittler zwischen den kriegführenden Kronen anerbotten und die Kron Frankreich solche angenommen hatte, auch der Churfürst von Bayern selbst nach Spanien gereyset war, daß man gute Hoffnung zum Frieden haben konnte. Die Landschafft erbothe sich aber die zur Verfassung erforderliche Mittel anzuschaffen.

§. 82.

§. 82. 1657

Es waren aber fast alle Chur- und Fürsten um dser Niderländischen Unruhen willen mit Allianzen unter sich zur Sicherheit ihrer Lande beschäfftigt. Dann auf dem obberührten Convent zu Braunschweig wurde die Erneurung der zu Ende gegangenen Rheinischen Allianz wieder auf die Bahn gebracht. Weil aber Frankreich auch darinn stund, so fand solches nur darum Schwürigkeit, indem die Kron Spanien die von den Ständen des Reichs angebottene Vermittlung dergleichen Fürsten, welche mit ihrem Gegentheil in einem Bündnuß stunden, nicht annehmen konte. Die Verlängerung derselben wurde also dermahlen noch auf eine andere Zeit verschoben und diser Punct an die auf dem Reichstag anwesende Alliirte Gesandte gewiesen. Die beede Churfürsten von Cölln und Brandenburg hingegen errichteten mit dem Bischoff zu Osnabrüg, mit beeden Herzogen Georg Wilhelm und Rudolph August zu Braunschweig und mit der Landgrävin von Hessen-Cassel ein besonders Bündnuß ihre Lande vor aller Gewalt zu schützen, da man aber noch erwarten muffte, ob und wie fern dise Allianz neben der Rheinischen bestehen könnte, indem man vermuthete, daß auch die Kron Schweden wegen der besitzenden Teutschen Lande beytretten würde. Noch ein anderes Bündnus wurde zwischen Maynz, Cölln, Trier, Münster und Pfalz-Neuburg geschlossen, welche durch-aus keinen Durchzug durch ihre Lande nach den Spanischen Niderlanden gestatten wollten, dagegen die vorgemeldte erstere Bundsgenossen davor hielten, daß sie nach den Reichsgesetzen und Westphäl. Friden weder einem oder andern Particular-Stand, noch dem Kayser, wann er auch als Erzherzog einen Durchzug verlangte, denselben verweigern könnten. Nun hatte zwar das Reich in allen Collegiis den Schluß gefaßt die Vermittlung den kriegenden Kronen anzubiethen: Es ereigneten sich aber deswegen große Hindernussen, weil das Churfürstliche Collegium sich dises Geschäffts allein mit Ausschliessung der übrigen Stände zueignen wollte und deswegen die re - und correlation so viel möglich verzögerte. Die Kron Frankreich ließ sich vernehmen, daß ihro die Vermittlung des ganzen Reichs nicht angenehm sey, sondern dieselbe eher des gesamten Churfürstl. Collegii Anerbietung zur Interposition unter Zuziehung einiger weniger Fürsten wünschte, weil sie die Beförderung des Werks vorschützte und im Gegentheil wuffte, daß die Theilnehmung des ganzen Reichs dasselbe nur schwer mache und wie langsam es mit dergleichen Geschäfften hergienge. Bey den Churfürsten fand solche Einwendung leicht Beyfall, als welche in den wichtigsten Reichs-Handlungen das Hefft allein zu haben suchten. Sie durfften sich aber dessen aus Beysorge einer Beleydigung des Fürstenstands nicht vermerken lassen, sondern erbathen die Braunschweigische Häuser, Würtenberg und Hessen-Cassel dem Cöllnischen Convent beyzuwohnen. Dises wollte hingegen den übrigen Fürsten nicht gefallen, deren Absicht dahin gieng, daß nicht allein unter dem Vorwand der interposition des ganzen Reichs dasselbe auch mit allen seinen Gliedern eine Neutralität zu geniessen hätte, sondern auch damit bey

Aner-

1667 Anerbietung eines oder andern Stands der Kayser und ein grosser Theil der Fürsten
die freye Hand nicht behielten nach Beschaffenheit der Umstände sich für einen oder
andern Theil zu erklären und in den Krieg verwicklen zu lassen, wodurch das ganze Reich
in Unruhe gesetzt würde. Als nun Herzog Eberhard von dem Churfürsten zu Mayntz
durch Abordnung eines Cavalliers zur Beschickung des Cöllner-Convents eingeladen
wurde, so hatte derselbe bedenken solches kundbar werden zu lassen und fasste nur entzwischen den Entschluß einen Secretarien ad audiendum & referendum dahin zu schicken und zu erwarten, was daselbst wegen der Interposition für ein Schluß abgefasst
werden dörffte, weil er noch immer des ganzen Reichs Vermittlung für rathsamer
hielte, damit das ganze Reich die Neutralität geniessen könnte, zumahl auch die Churfürsten selbst ihre anmassende Vorrechte in Gefahr setzen konnten, indeme man aus
der Erfahrung wusste, daß sie ausserhalb des Reichs in schlechtem Betracht seyen,
wie man biebevor aus ihrer versuchten Vermittlung zwischen Spanien und Frankreich
wie auch zwischen Schweden, Dänemark und Polen erlernen könne. Die Maynzische Einladung des Herzogs könnte aber nicht verschwiegen bleiben und der Französische
Gesandte kützelte sich damit, daß ein beträchtliches Hauß dazu ernennet worden. Die
Krone Frankreich bezeugte äusserlich eine Begierde zum Frieden, indem auf des Kaysers Ansinnen an den Französischen Gesandten wegen eines Waffenstillstands der König sogleich seine Armee die Winterquartier beziehen ließ, ob es schon das Ansehen hatte, daß noch viele Vortheile im Feld zu machen wären. Er ersuchte den Kayser auch
die Kron Spanien zu Beförderung des Friedens zu vermögen. Man fand aber, daß
der Französischen Armee Zustand erfordert habe die Armee in die Winterquartier zu
legen.

§. 83.

Entzwischen lebte auch die Wahl-Capitulations-Handlung wieder auf, bey welcher
sich aber ein neuer Auftritt zeigte. Dann der Kayser wollte jetzo als König in Böhmen
und mithin als Mit-Churfürst sich auch bey der Handlung einmengen und begehrte von
allem bißher vorgegangenen Nachricht zu haben und daß man in Zukunfft ohne ihn nichts
verhandeln oder schliessen sollte. Er konnte die geheime Tractaten zwischen den Chur-
und Fürsten nicht genau durchschauen, woran doch dem Hauß Oesterreich sehr viel
gelegen war. Bißher fühlte der König in Böhmen keine Stimme im Churfürsten-
Rath, beruffte sich aber darauf, daß gleichwohl demselben nicht allein die erste Auf-
sätze der Wahl-Capitulationen noch vor der Wahl, sondern auch der Entwurf der
beständigen Wahl-Capitulation demselben zugeschickt worden, damit er seine Erinnerungen beysetzen könnte. Die Churfürsten bekamen hier Ur ach wohl aufzusehen,
weil ihm die communicationes nur aus Höflichkeit und gar nicht aus Schuldigkeit geschehen, daß das Hauß Oesterreich nicht ein gegründetes Recht daraus machen dürffte.
Der Kayser gab aber seinem Principal-Commissarien zu erkennen, wie dieser solches

dem

dem Würtenbergischen Gesandten im Vertrauen entdeckte, daß, obgleich bey 1667
dem dritten Articul wegen der von den mehrern weltlichen Fürsten begehrten
Bestimmung einiger Special-Fälle bey Errichtung einer Wahl-Capitulation eines
Römischen Königs nicht befunden werde, daß auf dergleichen Fälle jemahls in vorigen
Zeiten reflectiert worden, dannoch derselbe zu Bezeugung seiner Bereitwilligkeit geschehen lassen könne denselben hierinn nachzugeben, und wegen der Achtserklärung ebenmässig geneigt sey ihnen zu willfaren, daß dergleichen, wann ohnehin eine Reichs-Versammlung gehalten werde, daselbst, im widrigen Fall aber von einer anzuordnenden
Ordinari-Reichs-Deputation erörtert werden könnte. In Ansehung des Epilogi
hingegen wollte der Ertzbischoff nur die Hoffnung schöpfen, daß auch hierinn eine Auskunfft gefunden werden könnte. Hertzog Eberhard aber hatte guten Grund zu vermuthen, daß unter diser Kayserl. Nachgibigkeit etwas anders verborgen sey und erinnerte nur sowohl seinen, als auch andere Fürstl. Gesandte zu grosser Behutsamkeit, damit zu Nachtheil der Fürsten und Stände nichts widriges eingegangen, sondern derselben durch den Westphäl. Frieden erlangte Befugniß wegen Vergleichung einer beständigen Wahl-Capitulation auch auf die Nachkommenschafft erhalten werden möchte. Eine grössere Sorge verursachte aber der eingeloffene Bericht, daß der Churfürst
von Bayern mit der Kron Frankreich in Tractaten stehe und der Französische Gesandte Gravell einen Ordens-Geistlichen P. Priani darzu gebrauche. Weil er sehr vieles
Volck warbe, so stund er im Verdacht, daß die Krone ihm das Geld darzu vorschösse.
Der Ertzbischoff von Saltzburg war so dreuste solches dem Churfürsten, als beede sich zu
Geisenfeld miteinander unterredeten, unter die Augen vorzuwerfen. Man konnte es
für keinen Staatsfehler betrachten, weil Spanien bey dem Churfürsten von Brandenburg und andern Teutschen Reichs-Fürsten auch wegen überlassender Völker sich bewarb und zimlichen Eingang fand, wiewohl solcher Versuch vergeblich ausblieff.

§. 84.

Bey solchen Umständen und da Chur-Brandeburg sich äusserte, daß er auf die
zu Cölln vorhabende Vermittlung einiger Stände wenig halte, so wurde Hertzog Eberhard dadurch desto mehr erinnert behutsam zu gehen, zu mahlen man es auf dem
Reichstag noch immer empfindlich aufnahm, daß, ungeacht man die von Burgund
an das Reich verlangte Hülfe daselbst in allen Reichs-Collegiis berathschlagte und
Schlüsse darüber abfaßte, man dannoch nur allein darum solche Sache von dar weg-
gezogen, weil einigen Churfürstlichen nicht gefallen wollen darunter zu Regenspurg
weiter fortzufahren, damit ihnen und etlichen darzugezogenen Fürsten die Hoffnung zu
erlangendem Ruhm und præminenz zu Cölln durch die auf dem Reichstag geschlossene
Vermittlung zwischen beeden Kronen nicht verrücket würde. Dann obschon einige Fürsten darzu gezogen worden, so war doch dem gantzen Fürstenstand das besorgte Nach-

theil

1667 theil noch nicht wraageraumt und úberhaupt das ganze Unternehmen tem Reichs-
        Herkommen zuwider.   Der Herzog betrachtete daneben, daß denen zu dem
Cölniſchen Convent beruffenen Fúrſten dasjenige ebenmáſſig widerfahren kónnte, was
allbereit den auf dem Reichstag verſammleten Fúrſten begegnete, daß nemlich ihrer
nicht geachtet und ſie bey den Handlungen úbergangen werden dórfften und es denſelben
nicht nachgeſehen werden kónnte ſolches herkommenswidrige und den úbrigen nachtheil-
lige Verfahren alſo ungeahndet zu laſſen.   Auf der andern Seite ſahe er die hóchſte
Nottnrfft nichts deſto weniger den Convent zu beſchicken.   Dann es zeigte ſich noch mit
der Vermittlung des ganzen Reichs nirgendsher ein Ernſt, daß er ſich denſelben wohl
wider ſeinen Willen gefallen laſſen muſſte, indem bis alle drey Collegia einig wúr-
ten, und ſich zur Abſchickung einer aus Reichs-Deputierten beſtehenden Geſandtſchafft entſchlieſſen kónnten, auch dieſe wúrklich die Reyſe antrátten, noch ſo viele Zeit
hingehen dórffte, daß die Kriegsflammen entzwiſchen alles aufzehren kónnten.   Der
Herzog hatte entzwiſchen ſeinen Regierungs-Secretarien Kirchner nach Cölln geſchickt
um zuzuſehen, ob und wie des Convents Abordnung von ſtatten gehen wúrde, dabey
deren gutem Erfolg man ſich mehr zu erfreuen, als anſeiten der Abweſenden wider die
zu Wiederherſtellung der allgemeinen Ruhe zuſammengerettete ſich zu beſchweren Urſach
hátte.   Der Papſt gab ſich aber viele Múhe ſich als Mittler gebrauchen zu laſſen,
welchen auch beede Kronen ſich belieben lieſſen.   Und der Franzóſiſche Geſandte zu
Regenſpurg proteſtierte wider das von den mehrern weltlichen fúrſtlichen gemachte
Concluſum oder vielmehr nur wider die Worte, daß Burgund als ein Reichs-glied
angeſehen wurde, weil er meynte, daß die Verordnung des Múnſteriſchen Fridens
art. 2. §. Et ut eo ſincerior &c. zu nicht geringem Nachtheil ſeines Kónigs ausgelegt wúrde, wodurch ſich auch das Reich von der Fridens-Unterhandlung ſelbſt aus-
ſchlóſſe und ſich als partheyiſch verdáchtig machte, mithin dieſe Kron ihre Anſprúche durch
andere Mittel geltend zu machen veranlaſſt und entſchuldigt ſeyn wúrde, wann dem
Reich oder deſſen Stánden eine Ungelegenheit zügienge.   Der mehreren weltlichen
vermelte Worte waren aber nicht dahin zu verſtehen, daß man zu den Waffen greiſ-
ſen, ſondern dieſem Krayß durch gútliche Handlung zu Húlf kommen ſollte, wie dann
das Reich durch eben dieſes Fridens-Inſtrument §. Circulus quidem Burgundi-
cus &c. von dem Beyſtand durch Waffen ausdrúcklich entledigt worden, obſchon
úbrigens der Krayß als ein Reichs-Mitſtand erklárt war.   Die mehrere Fúrſtliche
behaupteten demnach deſto mehr die Beybehaltung diſer Worte wider die Franzóſiſche
Proteſtation und die Churfúrſtliche, weil nicht nur die Reichsſtandſchafft des Bur-
gundiſchen Krayſes unwiderſprechlich war, mithin die Auslaſſung ſolcher Worte zwar
nicht dem Kónig, aber dem Krayß nachtheilig werden kounte, ſondern ſich auch eine
Eyferſucht einmengte, als ob ein fremder Geſandter mit Beyſtimmung der Churfúr-
ſten ſich das Recht anmaſſen wollte dem Fúrſten-Stand ſeine Stimmen und Worte
vorzuſchreiben, damit diſe mit der Cölniſchen Vermittlung durchdringen móchten.
                                                                                        Weß-

Weßwegen der Herzog seinem Gesandten aufgab dem Französischen Gesand- 1667
ten eine dergleichen Erleuterung von sich zu geben, aber sich nicht allzutief in
einen Wortstreit einzulassen. Der Churfürst von Maynz empfand aber sehr übel, daß
man ihn bezüchtigte, als ob er dem Reich mit der zu Cölln beschlossenen Vermittlung vorgreiffen und als Reichs-Director das Reich davon ausschliessen wollte, weßwegen er sich
durch eine zur öffentlichen Dictatur gegebene Information entschuldigte, daß man gleichsam gezwungen in Ansehung der so langsamen Handlungen auf dem Reichstag zu dem Entschluß schreiten müssen einstweilen von seiten der zu Cölln zusamen getrettenen Chur- und
Fürsten einen Versuch zu gütlicher Hinlegung der zwischen Frankreich und Spanien ausgebrochenen Widerwertigkeiten zu thun bis und dann das Reich die Vermittlung auf sich zu
nehmen beschlossen hätte und den Schluß vollführte, da man Cöllnischer Seits geneigt wär
alles von ihnen verhandelte dem Reich vorzulegen, welche Meynung auch der Kayser gebilligt habe, damit durch das Zaubern das vor Augen stehende Verderben nicht
befördert würde. Die zu Cölln versammlete Chur- und Fürsten wären auch allbereit
Schreiben an die kriegführende Theile ergehen zu lassen im Werk begriffen. Herzog
Eberhard aber blieb dennoch auf seiner Meynung bestehen, daß durch des Reichs Vermittlung dasselbe bey der Neutralität bleiben konnte, wofern man nur die Entschliessungen beschleunigen wollte, womit auch der Churfürst von Bayern einstimmte.

§. 85.

Nun betrieben auch die Graven von Nassau und die Edle von Sickingen ihre
Restitution. Der Herzog von Lothringen hatte einige Landesstücke denselben in dem
30. jährigen Krieg abgenommen, welche er ihnen vermög des Westphäl. Friedens
wieder zurückgeben sollte. Ungeacht des vielen Erinnerns, Klagens und Bittens
konnte man diesen Herzog nicht darzu vermögen und es ist nicht zu begreiffen, was
den mehrern Theil der Reichs-Stände bewogen mit ihm noch um eine anerbottene
Summa Gelds sich in Tractaten einzulassen. Niemahls wollte ihm dieselbe hinlänglich seyn und niemahls wollte sich ein Ernst zeigen disen Herrn zur Erfüllung dessen
zu bringen, was er ohne Geld zu thun schuldig war. Jetzo kam dise Sache wieder
auf das Tapet und man fasste durch die Mehrheit der Stimmen den abermahligen
Schluß Geld anzubieten, welches die sämtliche Reichs-Stände hätten auf sich nehmen sollen. Der Churfürst von der Pfalz konnte solches nicht genehmigen, noch begreiffen, wie es der Ehre des ganzen Reichs gemäß wär seine Schwäche gleichsam
vor der ganzen Welt darzulegen, daß man disen Herzog nicht sollte zur Schuldigkeit
zwingen können, zumahl man allenfalls der gewährenden Kronen Beystandes versichert seyn konnte. Er entdeckte seine Gedanken dem Herzog, welcher gleich gesinnet war, (c) und sehr betretten wurde, als er von seinem Gesandten vernahm,
daß, ungeacht der Herzog von Lothringen das Reich mit allerhand Plackereyen in

(c) vid. Beyl. num. 35. und 36.   Un-

1667 Unruhe setze und sich als einen Feind des Reichs aufwarf, die Catholische ihm dennoch alle Gunst zuwandten, weil er mit den Evangelischen Grafen von Nassau und denen von Sickingen zu thun hatte, kann die Begierde eine neue Unruhe im Reich zu stiften war bey ihnen noch nicht erloschen, nur damit der ihnen verhaßte Westphälische Friede wieder zernichtet würde, worzu sie den Herzog von Lothringen für tüchtig erachteten. Sie sollten an die rechtmäßige Herrn zurückgeben, was ihnen nicht gehörte. Solche Pflichts-Erfüllung fiel ihnen zu schwer, überhaupt denenjenigen, welche ex capite amnistiæ oder gravaminum zu fordern hatten, nachzugeben. Das bißherige principium das bloße factum possessionis nach der Vorschrift des Fridens schlusses, des arctioris modi exequendi und des Nürnbergischen Executions-Recesses, aufzuheben mußte ihr Stichblatt bleiben, dargegen sie allerhand nichtige, zur Sache ganz nicht gehörige Ausflüchten hervorsuchten, womit sie sonnenklare, aber noch nicht exequierte Fälle in das unklare zu setzen sich bemüheten. Herzog Eberhard ermahnte bey solchen Umständen die sämtliche Evangelische Stände zur eyfrigen Zusammensetzung, weil er zumahl besorgte, daß, wann von obgemeldten Fridens-und Reichsschlüssen und der darinn gesetzten unveränderlichen Richtschnur abgewichen würde, dise Religions Verwandte es auch auf ihr Gewissen nehmen würden dises Gesetz aufzuheben und die schon geschehene Restitutionen wider zweifelhafftig zu machen, wobey sie auch seiner nicht verschonen dörfften. Zugleich machte sowohl der Epilogus der beständigen Wahl-Capitulation, als auch der neuerdings auf die Bahn gebrachter Titulatur-Stritt wegen des Erzbischoffs zu Salzburg eine Hin ernus in den Reichstags-Geschäfften. Dann ob die Catholische schon den Schein haben wollten und vorgaben, als ob sie den A. E. Verwandten nichts wider ihr Gewissen zumuthen wollten, so konnten sie doch wegen der Worte der heyligen Röm. Kirche nachzugeben sich nicht entschliessen, dagegen die Evangelische nur von ihnen verlangten sich des gebräuchlichen kürzern Tituls, wordurch ihnen nichts benommen wurde, zu bedienen. Man hatte dem Gegentheil der Evangelischen Gründe sehr begreiflich gemacht Bidenbach beklagte sich aber, wie bey andern, also auch bey disem Puncten, daß die trifftigste Gründe keinen Eingang in das Gemüth des Gegentheils finden wollten, sondern diser seine eigensinnige Absichten mit Gewalt durchzusetzen suchte, wie dann die Fürstl. Directoria selbst erkannten, daß Gründe und Gegengründe dise Sache nicht ausmachen würden, und es manchmal heissen müßte: stat pro ratione voluntas. Herzog Eberhard blieb aber auch bey seiner einmahl gefaßten Meynung, daß die Evangelische von ihrer Erklärung nicht weichen sollten, indem er aus seiner Canzley bewie e, daß bereits seit mehr als 100. Jahren der Röm. Kirche Cardinäle, welche zugleich Bischöffe in Teutschland gewesen, und an Evangelische Fürsten geschrieben, sich solchen Tituls selbst nicht gebraucht, ja so gar auch gar keinen Titul vor der Unterschrifft gesetzt haben. Wegen des Epilogi machte zwar diser Cardinal den mehrern weltlichen

Fürst

Fürstlichen die Hoffnung ein gutes Vergleichs-Mittel ausgefunden zu haben: 1668
Man mußte aber dergleichen Vertröstungen öffters von ihm vernehmen, wobey
keine Erfüllung zu spüren war, da entzwischen dise Fürstliche das äufferste zu thun entschlossen waren um nur ein Ende an diser wichtigen Sache zu machen, damit doch auch
etwas auf disem Reichstag, dessen Endigung man damahl noch entgegen sahe, ausgemacht würde. Disem Verlangen aber auszuweichen liessen sich die Churfürstlichen nun
so gar vernehmen, daß sie bedaurten mit den Fürstlichen sich soweit eingelassen zu haben
und wann es nicht schon geschehen wär, es nimmer geschehen und den Fürsten so vieles
eingeraumt werden dörffte. An dem ganzen Verlauff und Ausstellung des Churfürstl.
Projects diser Capitulation sey nur der Cahr-Maynzische Geheime Rath von Brines-
burg schuldig, welcher den Churfürsten die gewisse Versicherung gegeben, daß die Fürsten sowohl wegen des dritten Artikuls, als auch des Epilogi sich nicht bewegen, noch
widersetzen würden.

§. 86.

Unter disen widerwärtigen Umständen des Reichstags erfreuete sich Herzog Eber-
hard über eine unvermuthete Nachricht von Ausbreitung der Evangelischen Kirche in
Landen, welche man damahls unter die Barbarische zehlte. Dann den 18. Sept. 1667.
kam ein Abgeordneter Kirchendiener M. Joh. Gottfrid Gregori von der Evangelischen
Teutschen Gemeinde in der Teutschen Slobota der Stadt Moskow nach Stuttgard
um eine Beysteur zu der von dem Czaar Alexio Michaelowiz zu erbauen erlaubten
Kirche zu begehren. Die Reformierte hatten gleiche Erlaubnus und wurden von den
Kaufleuten in Holland reichlich unterstützet, daß sie bald in blühenden Umstände ge-
riethe, dahingegen die A. C. Verwandte Gemeinde durch die aufgewandte Kosten
bald in Schulden und Gefahr fiel, daß ihr angefangen Werk beynahe scheiterte, weil
sie keine Zinse und Besoldungen für ihre Kirchen- und Schuldiener mehr bezahlen kunnte. Sie wandte sich an den Churfürsten von Sachsen, welcher dem Abgeordneten ein
Patent gab und die künfftige Kirchendiener zu Dreßden ordinieren liess. Von einigem
Geld-Beytrag meldete der Abgeordnete nichts, sondern beschwehrte sich nur, daß in
Nider-Teutschland die Beysteuren sehr kärglich gewesen. Als er aber sich an Herzog
Eberharden wandte, fand er alle Unterstützung, indem derselbe nicht nur eine Collecte
in den besten Städten und Aemtern Stuttgard, Tübingen, Urach und Kirchheim
veranstaltete und bey seinen beedey Cammern verordnete, daß, was an der resolvierten
Collecte von 600. Reichsthaler abgieng, von denselben ersetzt werden sollte und dem
Abgeordneten selbst eine Medaille von 9. Ducaten schwehr verehren liess, sondern auch
denselben Empfehlungsschreiben an die Marggraven von Brandenburg-Onolzbach und
Baden-Durlach und an etliche der fürnehmsten Evangelischen Reichs-Städte in Schwaben mittheilete, dagegen aber ihm wegen eingefallner Traur über das Absterben Marggraven Albrechts von Anspach bis Abschieds-Audienz nicht gestattete. Die demselben

X. Theil.   T   ge-

1668   gegebene Reſolution gibt Zeugnus von der Liebe und Verehrung ſeiner Religion, wie auch von der Freude einer in ſo fernen Landen aufkeimenden A. C. Verwandten Kirche ſeine mildfürſtliche Hülfe erweiſen zu können. Die Gemeinde hatte ſchon Canzel, Altar und Taufſtein aufgeſtellt und hielten ſchon ihren Gottesdienſt, worüber die damahls noch in ihrer Roheit geweſene Ruſſen ein beſonderes Wohlgefallen bezeugten. Diſe Hülfe und Bereitwilligkeit des Herzogs, wobey ſich der damahlige geheimden Raths- und Krayß-Secretarius Keller ſehr geſchäfft- und dienſtfertig erwieſe, erweckte bey ſolcher armen Gemeinde eine ſolche Freude, daß, als der Abgeordnete Prediger ſeine Antritts-Predigt in diſer neuen Kirche ablegte und die Gnaden-Bezeugungen des Herzogs nebſt der zugeſagten Vorſorge gegen dieſelbe rühmte, ſeine Zuhörer ganze Thränen-Quellen flieſſen laſſen und die Vorſteher der Gemeinde im Namen derſelben den 1. Julij 1668. ein Dankſchreiben an den Herzog ergehen lieſſen, worinn ſie ſich verpflichteten, daß ſo lang das Evangelium in diſer Kirche gepredigt würde, auch für das Herzogl. Hauß Württenberg gebethen werden ſollte. (cc) Hätten diſe Leute vermuthen können, daß nach Verfluß eines Jahrhunderts eine Prinzeſſin diſes Hauſes an einen Thronfolger des Ruſſiſchen Reichs vermählet und eine Stammmuter diſes Kayſerl. Hauſes werden dörffte, ſo würde ohne zweifel das Gebeth und Freude für daſſelbe verdoppelt worden ſeyn. Und weil auch der oberſte Vorſteher diſer Gemeinde, welcher beynahe ſein ganzes Vermögen auf diſe Kirchen-Einrichtung verwendet hatte, nemlich der Ruſſiſche General und Obriſt über die Teutſche Cavallerie und Infanterie, Niclas Baumann, ein beſonders Schreiben mitſchickte und darinn äuſſerte, daß er ſich zwar ſehr ſehnte wieder in ſein Vaterland zu kommen und dem Herzog kniefällig für die der Kirche erwieſene Gnaden und Gutthaten zu danken, aber dermahl noch ungeacht der angebottenen anderwärtigen Dienſten diſer aufkeimenden Gemeinde zu Troſt und Beyſtand annoch in diſen Nordiſchen Landen zu bleiben entſchloſſen ſey, ſo lieſſ ſich der Herzog unterm 15. Octobr. dagegen antwortlich vernehmen, daß er nicht unterlaſſen würde, " dieſer ſeiner lieben Glaubensgenoſſen, ſo viel ihm die allzuweite Entfernung zulaſſe, ſich getreulich anzunehmen. Die Gemeinde aber ver-
„ ſicherte er, daß er die verhoffende Beförderung des Wohlſtands ihrer Kirche von
„ Zeit zu Zeit zu erfahren herzlich verlange und mit chriſtlicher Zuneigung derſelben
„ beygethan bleiben werde.

§. 87.

Mit dem Anfang des folgenden Jahres wurden aber dannoch die Tractaten zwiſchen den Chur- und mehreru weltlichen Fürſtlichen wegen Berichtigung des Epilogi fortgeſetzt. Derſelb wurde auch in Anſehung der bisher zwiſpältigen Meynungen zwar verglichen: Die Churfürſtliche hatten aber nichts weniger im Sinn, als diſe Capitulation

(cc) vid. Beyl. num. 37. und 38.

lation zum Stande kommen zu laffen. Sie verlangten demnach in den schon 1668
verglichenen Anfaß neuertings, tamit alles mit fo vieler Mühe erhandelte turch
andere Ränke wieder über den Haufen gestoffen würde, einige den Fürstlichen fehr
anftöffige Worte und Clanfulu einzurucken, worüber sich tife fehr ärgerten, taß man
ihrer nur fpotten wollte. Der Chur=Bayrische Gesandte konnte es eben so wenig billi=
gen und entbeckte denselben, daß nur die Chur=Trier=und Sächsische Gesandten aus
Privat=Absichten auf solchen Neuerungen bestünden, weßwegen Herzog Eberhard noch
hoffte, daß, wann nur die Fürstliche bey ihrer bißher bezeugten Einmüthigkeit fest behar=
ten, tife beide Churfürstliche mit ihren machenten Schwürigkeiten ihre Absichten nicht errei=
chen würden das ganze Werk schwer zu machen oder zum Anstoß kommen zu laffen.
Der Schwedisch=Bremische Gesandte veranlaffte aber den Residenten feines Hofes zu
Dresden und der Maynzische Prinzipal=Gesandte von Stadion feinen Herrn fich bey
den Churfürsten zu Trier und Sachsen zu verwenden, damit die beiderseitige Gesand=
te zu Regensburg anderwärtige Verhaltungs=Befehle erhielten und man einsten aus
solcher nun anderthalb Jahr zwischen den Churfürstlichen und mehrern weltlichen vor=
gewesene und so weit gebrachter Handlung zu gänzlicher Vergleichung gelangen möchte.
Dann man hoffte, daß, wann wenigstens difes Capitulationswesen richtig wär, der
Reichstag gleichwohl zu Ende gehen könnte. Der Chur=Sächsische Hof war aber gar
nicht zum Weichen geneigt und man wollte entbeckt haben, daß nur einige dafige Rä=
the der Meynung feyen den Capitulations=Puncten gar auf fich beruhen zu laffen,
damit fie bey einer Wahl deffo freyere Hände hätten nach ihrem Gutdünken zu hand=
len. Die sogenannte mehrere Weltliche drohten beßwegen, weil das Churfürstl. Col=
legium so gar nicht wegen der neueingerückten Worte in gemeinen Reichsgeschäf=
ten weichen wollte, solche Beharrlichkeit an ihre Principalen zu hinterbringen, übri=
gens aber dahin zu stellen, wann sich über solcher Clausul und Wort=Zusaß das Werk
anfgestoffen habe und sich durch eine offene Schrifft zu verwahren, woraus die ganze
unverfangene Welt sehen und urtheilen könne, daß es sich nicht über einige die gemei=
ne Wohlfart und Sicherheit des ganzen Reichs, sondern der Churfürsten oder viel=
mehr ihrer Staats=Räthe bloffes Privat=Intereffe und Vortheil betreffende Sache
willen zerschlagen und aufgestoffen habe. Herzog Eberharden war entzwischen unbe=
greiflich, daß bey der von wegen des zwischen Frankreich und Spanien in der Nach=
barschafft des Reichs entstandenen hefftigen Kriegs=Feuers und um sich greiffender
Flammen dem Reich angedroheten Gefahr entweder die edle Zeit ganz unnutzlich auf
dem Reichstag verschwendet oder doch mit Einmengung anderer nicht so nöthiger Ma=
terien die allgemeine Wohlfart und Sicherheit hintangefetzt würde. Insonderheit hin=
derte des Erzbischoffs von Salzburg Titul noch immer die Reichshandlungen, weil
sich die Evangelische zu dem Wort Heilige Röm. Kirche nicht verstehen wollten
und mithin die abgesaffte Reichs=Gutachten verligen bleiben mussten. Difer neue Car=
dinal wendete fich deßwegen selbst an den Herzog den angemafften Titul von ihm zu

K 2 erlan=

1668 erlangen. Diser bewiese ihm aber aus seiner Canzley Titulatur-Büchern, daß seine Voreltern bey einigen Cardinälen zwar die Worte: Der Römischen Kirchen beybehalten, das Wort Heilig hingegen ausgelaffen, bey andern aber mit Uebergehung der Worte: Der heiligen Röm. Kirchen das alleinige Wort Cardinal gebraucht haben. Und weil der Coßlanz. Gesandte nichts besto weniger vorgab, daß der Herzog sich mit seinem Bischoff verglichen und das von disem vorgeschlagene Auskunffts-Mittel, nemlich die Worte: Der Heyligen und Römischen Kirche Cardinal, angenommen habe: so ließ er dagegen protestieren, indem der Bischoff gegen dem Würtemb. Geh. Rath Zeller zwar im Discurs disen Vorschlag gethan, diser aber solchen nicht genehmigt, sondern sich nur erklärt habe, daß von dem Herzog ein mehreres nicht einzewilligt worden, noch ein anderes zu gewarten sey, als daß er den Erzbischoff der Römischen Kirche Cardinal nennen wollte.

§. 88.

Es wurde auch den 18. Januarij von den Rheinischen Alliierten ein so genannter Allianz-Rath gehalten, worinn man sich wegen Fortsetzung der zu End gegangenen Allianz erklären sollte. Die Catholische widerholten sogleich mit einem Mund in der Umfrage auf die Frage, ob man dieselbe erneuern sollte? Das Jawort: Churbrandenburg, Bremen und die beede Heßische Häuser ließen sich solche Fortsetzung auch gefallen und behielten sich nur bey der Frage: Wie? ihre Nothurfft bevor, welchen dann Herzog Eberhard nachfolgte. Aber eben dazumahl drohten die General-Staaten dem Bischoff von Münster mit einem Einfall, indem sie einen Durchzug von einigen Tausenden Lüneburgischer Truppen durch seine Lande verlangten und ihn mit Gewalt zwingen wollten, daß er der zwischen ihnen und der Kron England geschlossenen Allianz, welche die Einschränkung der Französischen Macht zur Absicht hatte, beytretten sollte. Er begehrte deßwegen von disem zur Austrebung bestimmten Bund die Allianzmäßige Hülfe, welcher aber dieselbe noch nicht schuldig zu seyn erachtete, weil er schon den 5. Aug. vorigen Jahrs zu Ende gegangen und die Erneurung noch sehr weit entfernet war. Er hatte über dises die Hülfe nur von Herzog Eberhard begehrt, da die andere Gesandte der Alliierten von einer solchen Aufforderung nichts wissen wollten, welches bey allen ein besonderes Nachdenken verursachte. Der Herzog hielte ohnehin dafür, daß man sich eben nicht übereylen dörffte, weil man zwischen Frankreich und Spanien zu einem nahen Frieden gute Hoffnung hatte, weßwegen die Allianz zwischen Engelland und den vereinigten Niderlanden keine Verstärkung erforderte und die Lüneburgische Völker sich schon zuruckgezogen hatten. Der Kayserl. Principal-Commiſſarius fieng hingegen auf dem Reichstag an den Fürstlichen Gesandten seine Sorgfalt zu entdecken und sie zu erinnern, wie nöthig es sey die Augen wegen der zunehmenden Macht der Kron Frankreich, aufzuthun, damit derselben zur Sicherheit des gemeinen

nen Vaterlands Einhalt gethan werden möchte, indem jetzo noch die rechte Zeit **1668** wär, ehe sie zu solchen Kräfften käme, welchen nimmer zu widerstehen wäre und ein Stück des Reichs nach dem andern von ihr verschlungen würde, in welchem Fall der Kayser zusehen könnte, wann manchem der angenehme Liliengeruch unter dem Französischen Joch unangenehm und zu stark werden dörffte. Engelland und die General-Staaten seyen dem Wachsthum der Französischen Macht Schranken zu setzen nicht ungeneigt. Nun war zwar diser Gedanke nach den Grundsätzen der Staatskunst sehr vernünfftig. Er war aber hier auf solche Absichten gebaut, welche Herzog Eberharden eine grosse Vorsichtigkeit auferlegten. Dann obschon demselben ohne solche Erinnerung angelegen war, daß diser Nachbar nicht zu einer solchen forchtbaren Macht käme, so lag ihm doch wegen der nahen Nachbarschaft auch ob mit dieser Krone in stetem gutem Vernehmen zu stehen und sie zu keinem Unwillen zu reitzen. Dann auf die übrige Stände des Reichs konnte er im Nothfall kein Vertrauen setzen, daß sie ihm zu rechter Zeit die benöthigte Hülfe zuziehen liessen. Und des Kaysers Absehen gieng dahin, daß man sich mit der Krou Spanien wider Frankreich in ein Bündnus einlassen sollte, wodurch das Teutsche Reich sich in einen neuen Krieg verwickeln müsste. Dises hatte aber den Friden noch sehr nöthig, weil die wenige Jahre noch nicht zur Erholung von dem letztern verderblichen Krieg und Ruin der Lande hinreichten. Der Würtemb. Gesandte ließ sich auf dises Ansinnen des Cardinals nicht weiter ein, als daß er denselben hinwiederum erinnerte, wie nöthig es schon längst gewesen wär die Sicherheit des Reichs vor Augen zu haben und solche Materie vor allen andern auf den Reichs- und Deputations-Conventen in Berathschlagung zu nehmen und auf festen Fuß zu setzen, welches aber redlich gesinnte Stände nicht erhalten können. Bey disem Krieg zwischen Spanien und Frankreich hingegen hätten sich schon so viele ansehnliche Chur- und Fürsten zur Vermittlung anerbotten, auf deren Verrichtung man jetzo warten müsste, ehe man bey der einen oder andern Kron einen Verdacht erweckte.

§. 89.

Nichts desto weniger fand der Herzog sehr nöthig seine Landmacht durch geworbene Völker zu verstärken und, weil seiner Cammer Vermögen schwer fiel solche anzubringen, so nahm er seine Zuflucht abermahl zu seiner Landschafft, welche er auf den 6. Febr. zusamenberuffte und ihro zu vernehmen gab, daß der zwischen den beeden mächtigen Cronen Spanien und Frankreich in den Niderlanden entstandene Krieg ihn sowohl als andere Chur- und Fürsten sorgfältig mache, indem ihn die vorherige Zeitläufften erinnerten sich zu Vorkommung aller besorgenden Gefährlichkeiten bey zeiten in Verfassung zu setzen, indem leicht geschehen könnte, daß dises Kriegs-feur sich weiter ausbreiten und sowohl andere Herrschaften, als auch dises Herzogthum wo nicht hauptsächlich, doch mit Durchzügen, Quartieren und andern milita-

T 3

rischen

1668 riſchen Ausſchweiff-und Erpreſſungen ergreiffen dörffte. Nun wäre er entſchloſſen nach dem Exempel anderer Chur-und Fürſten nicht zur Beleydigung jemanden, wer der auch ſeyn möchte, noch ſich diſes Kriegs theilhafftig zu machen, ſondern nur
eine redliche und wahrhaffte Neutralität, wie auch die Ruhe und Sicherheit ſeines
Fürſten-Hauſes, Herzogthums und Landen unbeweglich zu erhalten neben ſeiner
Land-Ausmahl auch eine geworbene Mannſchafft zu Roß und zu Fuß aufzuſtellen.
Und weil die unumgängliche Notturfft zu Beſchützung Land und Leute ſolche Anſtalt
erfordere, ſo hielte er ſeiner Landſchafft vor, daß in ſolchen Fällen alle getreue Unterthanen ſchuldig wären die hierzu nöthige Mittel herbey zu ſchaffen und Leib, Gut
und Blut dabey aufzuſetzen.   Nun ſahe zwar diſe anfänglich ſolche Gefahr nicht ſo
dringend an ſolche Koſten auf ſich zu nehmen und meynte, daß eine ihrem Vermögen gemäſſe Anzahl Völker gegen einer gröſſern Gewalt nicht binlänglich und mithin ſolcher Aufwand vergeblich, zu Abwendung aber der befahrenden Ausſchweifun-
gen von feindlichen Partheyen die gewählte und wohlgeübte Landvölker gnugſam im
Stand wären: Nachdem aber der Herzog die Exempel anderer Chur- und Fürſten,
ja ganzer Krayſe, welche ſich unter die Waffen begeben hätten, zu Gemüth führte, ſo erklärete ſich dieſelb gewähriger und wollte nur ihren Beytrag als eine freywillige Handlung gehalten wiſſen.   Solchemnach verwilligte ſie zu Bezeugung ihrer
gegen dem Landsfürſten tragender aufrichtiger Liebe und ungeän erter Treu und zu
Schutz Land und Leute innerhalb 6. Monaten 35000. fl. in gewiſſen Terminen zu
bezahlen und überlieſſ ihm nicht allein die Sorge noch 15000. fl. durch Anlehnungen
aufzubringen, welche ſie auf ſich zu nehmen, zu verzinſen und in zwey Jahren wieder abzutragen verſprach, ſondern wollte auch den gröſſern Ausſchuß bevollmächtigen
ihm bey gröſſerer Gefahr entweder allein, oder nach Beſchaffenheit der Umſtände
unter Beyziehung eines Zuſatzes mit dem Herzog die Notturfft zu überlegen und einen der Sache gemäſſen Schluß zu faſſen.   Gleichwohl verwahrte ſich die Landſchafft,
daß ſolche Bewilligung den Landes-Compacten und beſondern Verträgen unnachtheilig ſeyn, noch zu einer Folge gezogen werden ſoll, daß ſie ſich in einige Werb- oder
Mundirung eingelaſſen hätten, wie auch daß die Städt und Aemter durch die geworbene Mannſchafft in den Quartieren über hergebenden Servicen mit Tach, Gemach
und Ligerſtatt weder mit weiterer Verpflegung, noch in andere Weege beſchweret oder
diſe für die nicht genoſſene Servicen Geld erpreſſen ſollten.   Und gleichwie die Landſchafft ſich die Hoffnung machte, daß bey erlöſchender Kriegsgefahr der Herzog die
geworbene Mannſchafft wieder abdanken und alles in den vorigen Stand ſetzen würde, alſo getröſtete ſich diſer hingegen, daß der Unterthan dem Soldaten neben Tach,
Fach und Ligerſtatt auch das benöthigte Holz und Lichter geben werde und erbothe ſich
aus Landesväterlicher Liebe gegen ſeinen gehorſamen Prälaten und Landſchafft die
Verordnung zu thun, daß an des geiſtlichen Guts gebührendem Beytrag bißmahl in
Abſchlag deſſen ſchuldigen dritten Theils ſo viel immer möglich herbeygeſchafft und
den

den Prälaten sowohl aus der Closter-Verwalter, als auch des Kirchen-Kasten 1668
Rechnungen und dem Engern Ausschuß von dem sogenannten Remanet des geistlichen Guts gehörige Nachricht gegeben, wie auch den Beschwerden mit Nachdruck
abgeholffen werde. Der Kirchen-Rath war aber sehr säumig und blieb für disen
Jahrgang 12600. fl. im Rest und sollte im nächsten Jahr 10000. fl. bezahlen,
weßwegen der Herzog demselben ernstlich befahl auf den Jahrgang 1669. nicht nur
den Rest, sondern auch die letztere Summe und zu Bezahlung der Zinse und Haupt-
güter 150. Eymer Weins und 400. Schöffel Dinkel und Habern aus den geistlichen
Verwaltungen und Stifftern der Landschafft herbeyzuschaffen.

§. 90.

Entzwischen schickte der Landgrav von Hessen-Darmstatt seinen geheimten Rath
D. Johann Peter Melchiorn wegen der Capitulations-Sache an den Herzog, weil
jener seinen Gesandten schon vor geraumer Zeit von dem Reichstag abgefordert hatte,
und wollte wissen, in welcher Lage dise Materie zu Regenspurg wär? Disem gab
er nun den Bescheid, daß durch unnachlässiges Betreiben der sogenannten mehrern
Weltlichen Fürsten unter göttlichem Beystand die Sache zimlichen Fortgang gewonnen und auch wegen des Epilogi mit den Churfürsten es bereits weit gebracht worden und nur Chur-Trier und Sachsen noch nicht einstimmen wollten. Man zweifle
aber nicht, daß beede Churfürsten ihren Beyfall auf eingenommenen redlichen und
beweglichen Unterricht nicht länger schwer machen dörfften, indem man vermuthete,
daß entweder der Gesandte D. Strauch oder die Churfürstl. Räthe dem Churfürsten
von Sachsen unrechte Begriffe beybrächten. Wobey gleichwohl der Herzog der Meynung war, daß man nichts destoweniger den Erzbischoff von Salzburg, als Kayserl.
Principal-Commissarien, dessen Vermittlung man ohnehin bißher gegen die geistliche Fürsten, wiewohl mit langsamen Fortgang, sich bedienet hatte, noch ferner auf
der Seite beybehalten und, wann solche Materie zur völligen Richtigkeit gebracht
wär, dennoch der Reichstag nicht abgebrochen, sondern vornemlich um der jetzigen
äusserst gefärlichen Zeiten willen noch eine Zeitlang fortgesetzt werden möchte. Uebrigens aber liess der Herzog den Landgraven freundlich ersuchen die so höchstnöthige Reichs-
versammlung wieder zu beschicken, damit die wenige ausgeharrte Evangelische Gesandte in den jetzmals vorfallenden sehr wichtigen Materien dessen Abgesandten Beystand geniessen und insonderheit wegen des allerdings zurückgesetzten puncti restituendorum einen gewissen und festen Schluff fassen, mithin die so hoch beschwehrte Evangelische Stände nicht gar bülflos gelassen, noch des Gegentheils eigenmächtigen An-
massungen und höchst ungerechten Unternehmungen und Eingriffen überlassen werden
möchten. Anstatt dessen beschwehrten sich patriotische Gesandten, daß man jetzo zur
Unzeit die Commercien-Materie auf die Bahn gebracht habe, wo man zur Beschim-

pfung

1668 pfung des Reichstags über Wochen-Märkte, Kraut-und Rüben-Verkäuffen
die Zeit verſplitterte und Ordnungen machen wollte, welche niemand beobachten
würde und hingegen die wichtigſte Angelegenheiten hintanſetzte. Ich bediene mich hier der
eigenen Worte der Geſandten, weil man die übelausgeſonnene Wahl der Materien
beynahe für unglaublich halten dörffte. Herzog Eberhard bezeugte dißwegen ſein eben-
mäſſiges Mißfallen und befahl ſeinen Geſandten den Cardinal von Salzburg zu erſuchen, vermög ſeines Kayſerl. Principal-Commiſſariats und dardurch habenden Gewalts nicht ſolche geringe, ſondern andere wichtige und theils dringende Sachen in
Vortrag bringen zu laſſen. Diſer reyßte aber von Regenſpurg ab nach ſeinen Landen,
wo er bald darauf, nemlich den $\frac{\text{1. Junii}}{\text{23. May}}$ in die Ewigkeit eingieng und dem Titulſtritt
ein Ende machte. Der für die Wohlfart des Reichs unermübet ſorgende Herzog
wuſſte demnach, wofern die Reichsberuhigung nicht beſſer zu Herzen gezogen werden
wollte, keinen andern Rath auszufinden, als daß man bey fortwährendem Krieg
zwiſchen gedachten beeden Kronen eine genaue Neutralität beobachten ſollte, worzu er
gleichwohl ſchlechte Hoffnung vor ſich ſahe, weil bey ſo groſſer Uneinigkeit der Stände und dem dadurch verurſachten Auffenthalt des Capitulations-Weſens das alte Mißtrauen zwiſchen den Chur- und Fürſten und diſer unter ſich ſelbſten nur wieder aufleben und mehrers zunehmen dörffte. Witenbach berichtete aber den 14. April an den
Herzog, daß der Friede zwiſchen den beeden kriegführenden Kronen ſehr nahe ſey und
faſt ſchon für geſchloſſen gehalten würde, wie er dann auch am folgenden Tag zu St.
Germain geſchloſſen und auf dem Congreß zu Aachen den 2. Maji unterſchrieben
wurde.

§. 91.

Nun lag dem Herzog faſt nur noch der Capitulations-Punct auf dem Herzen,
welcher noch immer in mehrere Verwirrung gerieth. Dann man war nun, wie gedacht, meiſtens verglichen und hatte auch wegen des Epilogi gute Hoffnung. Nur
die Worte: in gemeinen Reichsgeſchäfften 2c. welche man auf ſeiten der Churfürſtlichen hier einzurücken verlangte, machten noch eine Schwürigkeit, welche man
fürſtlicher ſeits zu überwinden hoffte, wann man ſolche gleichwohl ſtehen ließ und nur
an einem andern Ort einſetzte, wo ſie den Fürſtlichen weniger nachtheilig zu ſeyn
dünkte. Es ſtund auf dem Schluß, da man hoffen konnte diſes Geſchäfft glücklich
zu Ende gebracht zu haben, als wider alles Vermuthen der Braunſchweigiſche Geſandte, welcher jederzeit den Bogen zu hoch ſpannte, ſolche Vergleichung hinderte.
Herzog Eberharten gieng ſolches ſehr zu Gemüthe, daß um eines einzigen Hauſes und
Geſandten willen ein ſolcher Anſtoß diſe faſt zu Ende gebrachte Sache bey dem Beſchluß alles in tiefere Ungewißheit ſetzen ſollte. Er konnte auch nicht begreiffen,
warum die Mehrheit der Stimmen ſowohl bey den Fürſtlich- als Churfürſtlichen ſeinen

nen Schluß fassen wollte, welcher sowohl den allerseitigen Principalen, als 1668
auch deren Nachkommen und gesamten Fürstl. Häusern am wenigsten nachtheilig erachtet werden könnte. Gleichwohl wurde endlich nach langer Verzögerung
den 6. Junii von den Churfürstlichen und mehrern weltlichen Fürstlichen die Versetzung
und Aenderung der Worte: in andern Reichs-Geschäfften rc. vollkommen beliebt, daß nichts übrig schiene, als die noch vermuthende Differentias zwischen den
beederley Entwürffen der Capitulation durchzugehen und den sogenannten Anhang zu
vergleichen. Es verursachte aber entzwischen das unvermuthete Bündnuß zwischen dem
Kayser und der Kron Schweden ein allgemeines Aufsehen und Verwunderung. Man
wollte zwar schon lang von einigen Tractaten wissen, daß man in der Stille daran arbei-
te: Aber niemand wollte begreiffen, daß es möglich wär. Dann auf Seiten der Schweden wollte man zweiflen, weil dise Krone so genau bißher mit der Kron Frankreich
verbunden war und auf Seiten des Kaysers schien es unglaublich, weil der Haß, welchen
das Hauß Oesterreich gegen die Schweden bißher getragen, solches nicht vermuthen
ließ. Und dannoch machte die Eıfersucht über die zunehmende Französische Macht
alles möglich. Und obschon der Piostliche Nuntius und der Französische Envoyé zu
Wien sich nach allen Kräfften dawieder setzten, weil die Krone Schweden als der Römischen Kirche und Catholischer Religion abgesagtester Feind angegeben wurde: so
mußte doch das Staats-Interesse über alle solcherley Einwürfe siegen und die Genehmigung erfolgte Trotz allen Widersprüchen. Dann bey den Schweden wurde ein ganz
anderer Beweggrund angezeigt, daß sie nemlich den Stolz der Französischen Nation
zu dämpfen suchten, welche wegen ihrer zunehmenden Macht sich einbildete, als ob
die Schweden ihre bisherige Alliierte bloß allein von ihrem Wink und Willen abhangen
müßten, mit wem sie Bündnusse errichten dörfften. (d) In der Alianz-Nctu wurde aber die Ursicht vorgegeben den Westphälischen Friden zu behaupten und die leeter-
seitige im Teutschen Reich gelegene Lande einander zu gewähren, zu welchem Ende der
Kayser 10000. Mann der Kron Schweden und dise jenem 4000. Mann zu Roßund
Fuß zu Hülf zu schicken sich verpflichtete, und die Kron Spanien sollte auch darzu eingeladen werden und den Schweden Subsidien-Gelder bezahlen. (e)

§. 92.

Nun berichtete der Gesandte des Herzogs, daß der Kayser dem Reichstag ein
Ende zu geben wünschte, wann nur wenigstens das Münzwesen und die Capitulations-Sache gänzlich verglichen werden könnte. "Dann, schrieb er, daß in puncto
„ restituendorum den Evangelischen gravierten Ständen zu gutem bey den Catho-
„lischen

(d) conf. Theatr. Europ. Tom. X. pag. 799.   (e) vid. Beyl. num. 39.

X. Theil.   U

1668 „ lischen, als welche ohnehin die stärkste Parthie wären, etwas auszurichten
   „ seyn möchte, dazu scheine je länger, je weniger Hoffnung zu seyn, je län-
 „ ger, je mehr diser Gegentheil sich härter und untractabler erweise und ohne Zwang
 „ und gröste Noth nicht das geringste einwillige, noch denen im Fridens-Instrument
 „ und Executions-Receß enthaltenen Grund-Reguln und Richtschnur sich bequemen
 „ wolle, man auch nicht absehen könne, wo solche Zwangs-Mittel zu finden wären,
 „ weil auch weder die beede Kronen, noch die fürnehmste der Evangelischen Churfür-
 „ sten deßwegen einen Krieg anzufangen Lust hätten, welchen diser Gegentheil eben
 „ wünschte, damit der Westphälische ihm verhaßte Friede wieder abgeändert werden
 „ möchte. Derselbe werde in seiner Hartnäckigkeit auch desto mehr gestärket, weil bey
 „ dem Directorio der Evangelischen Parthey eine unüberwindliche Kaltsinnigkeit ver-
 „ spürt werde. Dasselbe halte die noch übrige Beschwerden der Evangelischen viel zu gering
 „ und lassen die geringere Stände unter ihrem erlebenden Unrecht schmachten und zu
 „ Grunde gehen." Bey welchen Umständen der Herzog für sehr nöthig erachtete sich mit einer sogenannten reservation-und protestations-Schrifft gefaßt zu halten und vor
Ausgang des Reichstags gehöriger Orten zu übergeben, damit wenigstens der Nachkommenschafft kein Nachtheil zurückgelassen würde. Der Kayser konnte aber jetzo dem
Reichstag wohl ein Ende wünschen, weil der Fride zwischen Spanien und Frankreich
hergestellet war, da er vorher in den Krieg verwickelt u werden besorgen muste und
darzu des Reichs Hülfe entweder mit Geld oder Volk benöthigt war, damit die Last
nicht auf das Hauß Oesterreich allein fallen möchte, welches wegen der Verbindung
mit Spanien diser Kron beyzustehen sich nicht wohl auf den Nothfall entbrechen konnte. Die Reichs-Verfassung hatte wegen der Verwirrung in dem Matricular-We-
sen ihre Gestalt nicht, daß sie dem Kayser und Reich einen Beystand gewähren konnte
und ein schleuniger Entschluß konnte in diser so höchstnothwendigen Materie bey der grossen Uneinigkeit der Stände und Mißgunst einiger Gesandten nicht bewürket werden.
Es scheint, daß der Braunschweigische Gesandte noch nicht vergessen hatte, daß der
Schwäbische Krayß den Abzug und Abdankung der Schwedischen Völker nach geschlos-
senem Westphäl. Friden wiewohl wider seinen Willen gehindert, worunter der Sächsische Krayß leyden muste. Sein Vorfahrer bedachte aber nicht, daß der Schwäbische
Krayß die Kräffte nicht hatte dise Execution des Fridens zu befördern, als er damals
drohete daß das Fürstl. Hauß Braunschweig solches in folgenden Begebenheiten rächen
würde. Weil nun diser Krayß sich jederzeit und insonderheit jetzo über den allzuhohen
Matricular-Anschlag beschwerte und wenigstens nur jetzo einen Nachlaß, bis er sich
wieder erholet hätte, verlangte, so widersetzte sich der Braunschweigische Gesandte am
befftigsten, ungeacht andere Stände wegen dises Krayses offenbaren Unvermögens ihm
einige Erquickung gönneten. Der Churfürst von Mayntz hatte aber vermuthlich auf des
Cardinals von Salzburg Erinnerung die Reichs-Sicherheits-oder Verfassungs-Pun-
                     cten

eten, so bald die Commercien-Sache berichtigt wär, zur Verathschlagung 1668
in Vorschlag gebracht, welches zwar Herzog Eberharden sehr angenehm war:
Er meynte aber, daß zugleich die Berichtigung der Matricul in Betracht gezogen und
daß die aufstehende Anzahl der Reichs-Völker sowohl durch das ganze Reich, als bey
jedem Krayß berichtigt werden müßte. Dann er hoffte, daß die zu hoch angelegte
Krayse und Stände ein Einsehen finden und dises zuerst durch einen gemeinschafftlichen Schluß beygelegt werden dörffte, mithin dise eine Erleichterung erhalten und nach
dem Inhalt sowohl der Reichs- und Krayß-Executions-Ordnung, als auch des letztern Reichs-Abschieds die bißher unersetzt gebliebene Krayß-Obristen-und andere
Stellen ersetzt werden möchten. Man erwartete deßwegen nur die Zuruckkunfft des
Erzbischoffs von Salzburg, welcher aber, wie schon erwehnt worden, entzwischen das
Zeitliche verließ, und wurde begierig, ob der Kayser seine Stelle eines Principal-Commissarien wieder ersetzen und sein Nachfolger gleichmässigen Eyfer bezeugen würde die
Reichstags-Materien noch vor dem Ende desselben zu einem guten Schluß zu bringen,
weil der heilige Titul-Stritt die Reichs-Gutachten nicht mehr hinderte. Diser To-
dessfall war aber auch die Ursach, daß der Chur-Fürst von Maynz oder dessen Gesandter wegen des Sicherheits-Puncten sehr kaltsinnig wurde und anstatt dessen die noch
nicht zur Richtigkeit gelangte Münz-Sache wieder auf die Bahn brachte, da man wegen der Wärung des alten Reichsthalers nicht einig werden und einem langweiligen
Geschäfft entgegen sehen konnte.

§. 93.

Der Würtemb. Gesandte bekam aber den Befehl, weil Herzog Eberhard neben dem Landgraven von Hessen-Cassel des minderjährigen Oelßbachischen Prinzen
und Prinzessinen Vormünder war, einer Zusamenkunfft der Vormünter beyzuwohnen
und einige wichtige Angelegenheiten dises Hauses zu überlegen. Der Hessische Gesandte erregte abermahl einen verdrüßlichen Vorzugsstritt. Dann obschon das Hauß Hessen auf dem Reichstag sich zur Alternation verpflichtet und der Herzog demselben aus
überflüssiger Freundschafft solche nicht schwer gemacht hatte, so wollte diser Gesandte
doch ausserhalb demselben eine Ausnahm machen. (f) Der Stritt war hier desto un-
schicklicher, als er nicht allein den Pupillen sehr nachtheilig, sondern auch wider das
Herkommen war, zumahl die Kayserliche Resolution auf dem letztern Reichstag nicht
nur auf die Reichs-Convente, sondern auch auf andere Zusamenkünfte abgefasset war.
Er wurde auch seiner ungebührlichen Ansprache dergestalt überzeugt, daß er sich zum
Weichen entschliessen mußte, so, daß in drey Exemplarien des Vormundschafft-Re-

U 2 cesses

(f) Man beliebe nachzusehen im 6.ten Theil diser Geschichte f. 85. §. 58. und im
8.ten Theil f. 119. §. 76.

1668. eſſes der Würtembergiſche Geſandte und erſt im vierten der Heſſiſche den
Vorzug in der Unterſchrifft behielte. Entzwiſchen wurde von ſeiten des Kayſers ſeinem einſtweilen verordneten Principal-Commiſſarien Grafen von Weiſſenwolf befohlen den Sicherheits-und Reichs-Verfaſſungs-Puncten in Vorſchlag und
das Capitulations-Weſen vollends zu Ende zu bringen. Jener erforderte bey dem hergekommenen weitläufftigen Plan zu handeln ſehr viele Zeit und Berathſchlagung, weil
man vorher nach Herzog Eberhards Erinnerung die Matrieular-Anſchläge berichtigen muſſte. Dann bey der einzigen Frage, wie man den bekanntlich allzuhoch ange-
ſchlagenen Ständen nur einsweilen, bis die Matricul eine feſte Verfaſſung bekäme,
einigermaſſen nach der Billigkeit helffen und einen Anſchlag zur Aufſtellung hinlänglicher Mannſchafft zur Behauptung der allgemeinen Ruhe machen könnte, wuſſte man
bey ſo vielerley Meynungen nicht einmal einen Schluß zu faſſen. Und gleichwohl war
man mit der Ueberlegung: ob? und wann der Reichstag ein Ende nehmen ſolle? bey
allen Collegiis beſchäfftiget. Des Würtembergiſchen Geſandten Gegenwart wurde
jetzo ſehr nöthig zu Regenſpurg, damit dem Schwäbiſchen Krayß kein Nachtheil zuge-
dacht würde, als welcher inſonderheit noch die Klage führte, daß er gar zu hoch angelegt wär und ſtarken Widerſpruch obgedachter maſſen anhören muſſte. Dann kein
Schwäbiſcher Krayß-Stand hatte einigen Geſandten mehr auf dem langweiligen
Reichstag, als der einige Biſchoff von Coſtanz, welcher aber ſeine Stimme dem Baun-
bergiſchen, mithin einem ſolchen Geſandten übertragen, der von des Schwäbiſchen
Krayſes Beſchaffenheit keine Kenntnuß hatte und der Baden-Durlachiſche führte allezeit ganz ſonderbare Meynungen. Widenbach könnte deßwegen wenige Hoffnung machen, daß er mit ſeinem und den ihm beyſtimmenden wenigen Votis viels erhalten dörffte. Solche Ausſichten hinderten aber die Reichs-Stände nicht endlich den 20. Octobr.
den Schluß abzulaſſen, daß der Reichstag innerhalb 4. Monaten ein Ende nehmen
ſolle. Weil aber der Kayer ihnen die Schande zu Gemüth geführt hatte, daß über
alle diejenige in der Reichstags-Propoſition enthaltene Puncten nicht das geringſte
innerhalb 6. Jahren berichtiget worden, ſo wurde dieſem Reichsſchluß angehänget,
daß zuvor alle bißher verhandelte und noch nicht abzuglich erledigte Sachen zu einem
allgemeinen Schluß gebracht werden möchten. Hier ergriffen die ſogenannte mehrere weltliche Fürſtliche die Gelegenheit befftig bey den Churfürſten auf eine Erklärung
wegen des Anhangs zu dem Epilogo der Wahl-Capitulation zu bringen, zu welcher
ſie ſeit etlichen Monaten nicht gelangen konnten. Dann ſie verwahrten ſich, daß ſie im
Fall eines Anſtoſſes vor aller ſchweren Verantwortung ſicher ſtehen wollten und alle
Schuld auf die Churfürſten fallen müſſte. Dieſe vereitelten aber auch dieſen Verſuch,
weil ſie nun auf das neue die Materie unerörtert bleiben zu laſſen den feſten Vorſatz
gefaſſet hatten. Es mengte ſich ohnehin ein anderer weit wichtigerer Handel mit ein,
als der Franzöſiſche Geſandte vermittelſt eines Memorials ein Schreiben von ſeinem

König

König an die Comitial-Gesandte einkündigte, worinn er ihren zu verneh- 1668
men gab, daß sein Absehen dahin gienge die in dem Aachischen Friden erlangte Niderländische Herrschafften in eben der Verbindung mit dem Reich zu behalten,
wie sie vorher Spanien gehabt, zumahl die Teutsche Reichs-Stände sehr vieles zu
diesem Friden beygetragen hätten, und er weit entfernt sey etwas von dem Reich ab-
zureissen, sondern vielmehr das seinige zur Reichs-Devotion beyzutragen verlange.
Der Gesandte fügte aber hinzu, daß der König schleunig wissen wolle, ob das Reich
ihn als einen Mit-Stand aufzunehmen oder die erhaltene Lande seiner vollkommenen
Bottmässigkeit zu überlassen geneigt wär? Diser so unvermuthete sehr stachelichte
Vortrag verwirrte die Gedanken der Gesandten ausserordentlich. Und der Würtembergische hielte ihn für so wichtig, daß er zu dem Herzog eylete sich Raths zu erholen,
ob er schon die Anzeige davon schon schrifftlich gethan hatte. Auf beeden Seiten zeigten
sich trifftige Gründe dem Begehren des Königs auf eine oder die andere Weise entgegen
zu geben. Die Würtemb. Räthe hofften noch, daß das Hauß Oesterreich Mittel finden würde solche zweyteutige Frage nicht zur Berathschlagung kommen zu lassen. Wollte man den König als einen Mit-Stand erkennen, so war gleichwohl zu besorgen,
daß er die Ansprache zur Kayser-Krone hervorsuchen und mit Gewalt oder durch seine Freunde geltend machen dörffte, welches insonderheit die Evangelische äusserst zu
vermuthen hatten. Der Gesandte aber bekam den Befehl seine Meynung so lang möglich zu hinterhalten, sich mit ermanglendem Verhaltungsbefehl zu entschuldigen und
anderer Höfe Gedanken auszuforschen. (g) Alle waren aber mit Herzog Eberhard
gleicher Meynung. Dann als dise Sache zu jedermanns Verwunderung schleunig in
die Umfrage gestellet wurde, so erwarteten noch alle Gesandte die nöthige Verhaltungs-
Befehle und es kamen Umstände endlich darzu, daß man, weil solche Instructionen
sehr langsam oder gar nicht einliefen, der fernern Umfrage überhoben seyn kounte. Entzwischen beschäfftigte man sich mit der Sicherheits-Materie, da man wegen der Aufstellung einer Reichs-Armee sich aus dem Zweifel nicht herauswickeln kounte, welchen Weeg man dazu betretten sollte. Endlich fassten die Churfürsten und der mehrere Theil des Fürstlichen Collegii den Schluß, daß jeder Reichs-Stand sich wegen
der Anzahl seiner stellenden Mannschafft selbst erklären sollte. Herzog Eberharten
gefiel solcher nicht, weil er wohl einsahe, daß diser Weeg nur zur Verwirrung und
Verzögerung diente. Er tröstete sich damit, daß man den begangenen Fehler einsehen und den von ihm angerathenen Weeg dennoch betretten dörffte. Er betaurte aber,
daß indessen so viele Zeit und vergebliche Kosten unnützlich verschwendet würden, indem
er vielmehr glaubte, daß man es jedem Krayß zur Erklärung überlassen sollte, da er
sich erbothe sein Contingent zu einem einfachen Römer-Monat auf zween Dritteile des
Wormser-Anschlags zu stellen. Der Kayser begehrte nichts destoweniger bey solchen
                                U 3   bevor-

(g) vid. Beyl. num. 40. 41. 42.

1669 bevorſtehenden Koſten eine Beyſteur von wenigſtens 50. Rõmer-Monaten von jedem Reichs-Stand, welches nach der damahligen Verfaſſung der Staats-Oeconomie, neben der Veranſtaltung einer Krayß-Verfaſſung, inſonderheit bey damahligem Geld-Manzel, nicht wohl ſtehen konnte. Weil auch der Kayſer den Vorwand brauchte, daß diſer Beytrag zu Erhaltung der Veſtungen in Ungarn angewendet werden ſollte, ſo bezeugten die meiſte Stände keinen Luſt darzu und Herzog Eberhard wollte vorher auf diſem langweiligen Reichstag die dahin verwieſene Materien und inſonderheit den punctum reſtituendorum und capitulationis perpetuæ berichtigt wiſſen, ehe er ſich zu etwas erklärte.

§. 94.

Mit dem Anfang des folgenden Jahres wurde verglichen, daß von dem Reich 20000. Mann zu Fuß und 10000. zu Pferd aufgeſtellt werden ſollten, wobey auch die Anregung geſchahe, daß die Kriegs-Aemter der Krayſe ebenmäſſig auf dem Reichstag erwählt werden könnten. Diſer Gedanke wollte aber dem Herzog nicht gefallen, weil er beſorchten muſſte, daß die Krayß-Obriſten-Stelle durch die Mehrheit der Stimmen ſowohl jetzt, als in Zukunfft ſeinem Hauß entzogen werden dörffte. Weil es aber auch wider das Herkommen lieff, ſo beharrte er nur darauf, daß man zwar zu Regenſpurg den Krayſen die Beſtellung ihrer Aemter auferlegen, aber keine Wahl vornehmen, ſondern dieſelbe den Krayſen überlaſſen möchte. Nun zeigte ſich bey diſem Reichs-Schluſſ ſogleich der vom dem Herzog vorgeſehene Fehler. Dann die meiſte Schwäbiſche Krayß-Stände erbothen ſich nur auf ein Drittel oder gar ein Viertel ihres Wormſer-Anſchlags. Und bey den übrigen Krayſen gieng es nicht beſſer, bey welchen Erklärungen die Zahl der 30000. Mann einen allzugroſſen Abgang erlitte und kaum 10000 aufgeſtellt werden konnten. Man muſſte dennach auf ein ander Mittel denken, wobey es aber ebenmäſſig langſam hergieng. Herzog Eberhard drang deßwegen neuerdings ſehr auf die Erſetzung der Kriegs-Stellen, durch deren Beyſtand er hoffte wenigſtens bey dem Schwäbiſchen Krayß eine beträchtlichere Anzahl Völker zuwegen zu bringen. Dann er bemerkte, daß die ganze Reichs-Verfaſſung unumgänglich auf die hiebevorige Reichs-Verordnungen, den Weſtphäl. Frieden und den jüngſten Reichs-Abſchied, mithin auch auf die wohlverfaſſte heylſame Execution-Ordnung gegründet werden müſſte, wann man anderſt den Zweck einer allgemeinen Ruhe erreichen wollte, wobey vornehmlich die Krayß-Obriſten-Stelle und andere Aemter zu erſetzen ſehr nöthig war. Er hoffte damahl, daß ein Reichs-Abſchied erfolgen würde und begehrte, daß diſer Punct demſelben mit Nachdruck einverleibet würde. Der Würtemb. Geſandte ſtimmte aber den 15. Febr. gegen dem Herzog, wie bißhero, die alte Klaglieder an, daß in diſem Reichs-Verfaſſungs-Puncten alles in mehr
als

als Babylonischer Verwirrung sey und man sich bey auswärtigen Staaten zu 1669 schämen Ursach habe, indem, was eines tags für gut und geschlossen angenommen worden, am folgenden wieder umgeworffen würde, niemand auf die allgemeine, sondern nur auf seine eigene offt nur vermeynte Wohlfart und Interesse sehe, welche doch hernach mit der allgemeinen Noth leyte. Er machte aus allem disem Vorgang den guten Schluß, daß die Kron Frankreich solche Verwirrung wohl durch ihren Gesandten Gravell bemerke und sich dieselbe zu nuß machen werde, wie hernach zu unwiederbringlichem Schaden des Reichs erfolget ist. Doch wurde endlich bey dem Fürstlichen Collegio der für beständig angegebene Schluß gemacht, daß das punctum securitatis, wie es in das reine zu bringen, an die Krayse verwiesen werden sollte, worzu sich auch die Churfürsten gleichwohl nicht ungeneigt erzeigten ein anderwärtiges Reichs-Gutachten zu vergleichen. Die Sache änderte sich aber wider Vermuthen, als verschiedene Gesandte von ihrer bißherigen Meynung abermals abgiengen und Baden-Durlach sich nicht mehr zur Verweisung an die Krayse verstehen wollte, sondern durch den Bremischen Gesandten unter Anrühmung des Durlachischen Eyfers und Sorgfalt für die allgemeine Sicherheit des Reichs gegen auswärtige Gewalt seinen Mißfallen über die viele dabey vorkommende Schwürigkeiten und Hindernusse bezeigte, endlich aber sich erklärte, daß, weil alle bißher vorgeschlagene Weege zu Erreichung des gesuchten Endzwecks nicht zulänglich seyn wollen und die Verweisung der Sache an die Krayse auch nicht dienlich sey, indem die Stände unter sich eben so wenig einig werden wollten oder könnten, das beste Mittel seyn würde, wann jeder Stand nach seinem alten Matricular-Anschlag beytragen wollte, wie er sich dann darzu selbst erbothe. Bidenbach bemerkte aber in seinem Bericht, daß dises Fürstl. Hauß nach jedermanns Vermuthen sich die Rechnung mache, daß einige Krayse und insonderheit der Schwäb- und Ober-Rheinische nicht bey dem Wormser-Anschlag bleiben und es folglich auch an seine Auerbietung nicht mehr gebunden seyn würde. Würklich wurde auch im Fürsten-Rath den benennten Kraysen ein zeitlicher Nachlaß bewilligt, bis eine vollständige Berichtigung der Matricul erfolgte. Das Churfürstl. Collegium zernichtete aber denselben den Genuß, indem es dise Gewogenheit nur auf diejenige einschränkte, welche etwas von Land und Leuten verlohren hatten, womit aber andern, welche durch Krieg oder andere Unfälle um ihre Kräffte gekommen, wenig geholfen war. Zu gleicher Zeit erhielte Herzog Eberhard auf Absterben Marggr. Albrechts von Onolzbach, welcher denselben neben dem Churfürsten von Brandenburg und Landgr. Ludwigen zu Hessen zu einem Vormünder seiner minderjährigen Kinder ernennt hatte, von dem Kayser ein Tutorium solche Vormundschafft im Namen desselben als obersten Vormunds zu führen, worüber der Würtemb. Agent Jonas Schrimpf die Vormundschaffts-Pflicht im Namen des Herzogs vor dem Reichs-Hofrath ablegte.

§. 95.

1669 §. 95.

Den 21. Januarij kamen die Deputierte der mehrern Fürftlichen nemlich Pfalz-Neuburg und Schwedifch-Bremen mit den Churfürftlichen Maynz und Bayern wegen der Capitulation zu einem fcharfen Wortwechfel, indem diefe fchlechten Luft bezeigten diefe Materie zur offentlichen Berathfchlagung kommen zu laffen und die Vereinigung mit dem Fürften-Rath zu beförodern, wobey fie von jenen den derben Vorwurff unter die Augen vernehmen muften, daß fie wider gegebenes Wort von demjenigen, was fie nun zwey Jahr her mit den Fürftlichen über die Differentias zwifchen beeder Collegien Schlüffe und Erinnerungen gehandelt und verglichen, fchlechterdings unter unzulänglichem Vorwand wieder zurückzehen wollten. Weßwegen die mehrere Fürftliche diefen zu verftehen gaben, daß, weil fie aus den Kaiferlichen Erinnerungen nur dasjenige, worinn der Kaiferl. Hof mit den Fürftlichen nicht einerley Gedanken führte, herausnähmen und hingegen, wo difer Hof eine Unzufridenheit über die Churfürftliche Säße bezeugte, folches nicht berührten, diefe ihnen nicht verargen könnten, aus dem nemlichen Grund in Sachen, welche das Churfürftl. Collegium betreffen, den nemlichen Pfad wider diefelbe zu betretten, worzu man Gelegenheit im Ueberfluß habe. Man erwartete damahl das Ende difes Reichstages und der Herzog bedaurte fehr, daß bey denen damahligen Ausfichten das punctum fecuritatis publicæ nicht zum Stand kommen follte. Dann man konnte fonft nicht begreiffen, warum die Churfürften noch immer fo unbeweglich auf den Particular-Erklärungen der Stände wegen ihrer Anzahl Völker zur Reichsarmee beharrten, ungeacht am Tag-Tage, daß damit nicht auszukommen wär, da man zu des Reichs nicht geringer Verfchimpfung und Verkleinerung bey allen auswärtigen Potentaten und Republiken gleichfam in finftern tappe und difes wichtige Werk mit folcher Erftaunnungswürdiger und beharrenter Kaltfinnigkeit behandle, wie auch in der Capitulations-Materie alles zwifchen den Chur-und Fürften verglichene von den erften wider umgeftoffen und die darüber zugebrachte edle Zeit mit fchwerem Koften zerfplittert werden wolle. Nun ftunde es weder in des Herzogs, noch anderer für die Wohlfart des Reichs forgfältiger Stände Kräften folchen fchweren Stein zu heben und es ftand ihnen nichts mehr übrig, als daß, wann alle fo erhebliche und billige Vorftellungen nichts verfangen wollten, fie fich wenigftens auf Anrathen Herzog Eberhards mit gutem Grund und Glimpf dahin verwahrten, "damit fie ihrerfeits an dem auffcheinenden Ausfloß und Nachleitung derglichen "höchftwichtiger und entweder der wahren Reichs-Ruhe Befeftigung oder Schwä-"chung nach fich ziehender Ungelegenheiten jetzo und ins künftige bey der Nachkom-"menfchafft entfchuldigt bleiben könnte." Er hatte aber insonderheit auch ein groffes Mißfallen, daß, als der Brandeburgifche Gefandte das punctum reftitutionis wieder aufleben machen wollte und wegen einiger der Reformirten Gemeinde zu Grüneubach

von

von den Catholischen anstringender Trangsalen und Beeinträchtigungen sich beklag- 1669
te, die übrige Evangelische ihm nicht zu unterstützen begehrten, ungeacht diser Tunct
einer der fürnehmsten war, welche auf disen Reichstag verwiesen worden. Er war auch um
so weniger gering zu schätzen, als man der Catholischen Eyfer von Tag zu Tag neuerdings
verspüren mußte, wie sie die vermög des Westphäl. Fridensschlusses restituirte Stände
des ihrigen wieder zu entsetzen suchten. Dann es beschwerte sich eben dazumahl auch die
Stadt Leutkirch, daß die Lantvogtey in Schwaben derselben wider den bemelten
Friden art. V. §. 11. bey Absterben Catholischer Burger anstatt eines Evangelischen
andere von ihrer Religion einzunehmen ausdringe und auf Verwaigerung sie durch allerhand Zwangs - Mittel darzu zwingen wolle. " Herzog Eberhard wurde dardurch
„ veraulaßt als Ausschreibender Krayß-Fürst an die Kay. May. ein Fürbittschrei-
„ ben ergehen zu lassen und seinem Gesandten zu befehlen, daß er sich mit andern
„ Evangelischen vertraulich unterreden und durch dises Exempel desto nachdrucksamer
„ erweisen solle, wie hart und wider alle Billigkeit aus blindem Eyfer die Evange-
„ lische Glaubensgenossen in dem Schwäbischen Krayß bedruckt werden wollen, da-
„ mit auch andere sich desto eher dahin vermögen lassen sich solcher nothleydenten Mit-
„ stände so viel eyfriger anzunehmen und ihnen die hülfliche Rettung von gesamter Haud
„ angedeyhen zu lassen, überhaupt aber den punctum restituendorum & grava-
„ minum desto mehr vor Entigung des Reichstags sicher zu stellen. " Anstatt dessen wurden einige und insonderheit die Chur-Sächsische Gesandten über der Unbeugsamkeit der Catholischen müde und verdrossen, welches Herzog Eberharden sehr zu
Gemüthe drang, indem er so gar nicht für rathsam oder vor Gott und der Nachkommenschafft verantwortlich, sondern dafür hielte, " daß es eben mit bißheriger wider
„ den Fridenschluff abgesehener Verzögerung einer denen noch beschwerhten und nicht
„ restituierten Stände schuldigen und Fridensschluffmässigen Genugthuung den bereits
„ Hülfe gefundenen Ständen und zumahl auch allen Evangelischen Chur-Fürsten
„ und Stänten um so viel mehr zu gehöriger Wachsamkeit angesagt sey nicht eben nur
„ sich selbst in der erlangten Restitution fest zu setzen, sondern auch seinen noch be-
„ schwerde leydenden Mitstänten zu gleichmässiger Erlangung ihres Rechten nicht we-
„ niger behülflich zu seyn. Wobey der Herzog seinen Gesandten erinnerte, daß es
„ immer ein und andern Orts Leute gäbe, welche mit den Catholischen umzugehen
„ nicht gewohnt seyen und deßwegen sich nicht wohl beybringen lassen, daß dise so un-
„ beugsam sich bezeugen, weßwegen von denjenigen Evangelischen Gesandten,
„ welche in vermischten Kraysen gesessen und auf allen Seiten mit Catholi-
„ schen umgehen, mithin ihrer harten Bezeugungen gewohnt seyen, den andern
„ ungeübten desto nachdrücklichern Unterricht und mit Beweisen aus dem Ver-
„ fahren im Schwäbischen Krayß der Glaube in die Hand gegeben werden müßte. "
Und weil der Chur-Brandenburgische nunmehr den Weeg es dahin einzuleiten
gefunden hatte, daß wegen der Grünenbacher Gemeinde ein Schreiben sowohl an

X. Theil.   X   den

1669 ben Kayser, als auch die beede ausschreibende Fürsten des Schwäbischen Krayses abgegeben wurde, so gab Herzog Eberhard den Vorschlag an die Hand,
daß der Brandenburgische Gesandte auch zur Mitwürkung wegen aller anderer A. E.
verwandten vermocht werden dörffte, damit auch zu diser noch Nothleydenden eben-
mäßiger Hülfe ein bewegliches Schreiben an die Kay. May. abgelassen werden möchte. Wann aber auch dises nichts verfangen und nach Entzigung des Reichstags nicht
allein den noch nicht restituierten Ständen ihre bißherige Hoffnung zu dem ihrigen wieder zu gelangen zerrinnen, sondern auch den schon restituierten mit Beeinträchtigung
und Betrückung noch ferner zugesetzt werden wollte, so meynte er, daß den Evangelischen nicht verdacht werden könnte, wann sie das äusserste Mittel ergriffen und an
die mit-pacisierende Kronen Frankreich und Schweden ihre Fridensschluß-mässige
Hülfe suchen würden, obschon aus erheblichen Ursachen diser Weeg sonsten bestmöglichst zu vermeyen und im Reich ohne Zuthuung auswärtiger Vermittlung in friedli-
chem und ruhigem Vernehmen zu leben sich mehrers zu befleissen wär. Es ereignete
sich eben dazumahl auch, daß eine Commission von dem Reichs-Hof-Rath auf
Baaden-Baden und die Stadt Worms wider die von Würtenberg und Costanz wegen der Pfarr zu Ober-Dewißheim gleich nach dem Fridenschluß verfügte Restitution erkannt und von den Catholischen solche wieder zu vernichten sehr stark betrieben
wurde. Der Beystand der auswärtigen Kronen wäre solchennach sehr nöthig gewesen, weil dises Reichs-Gericht auf sich nahm in solchen Fällen wider den Fridenschluß zu erkennen und solchen zu durchlöchern. Man gebrauchte das Mittel dabey,
daß man zwar Commissarien von beederley Religionen ernannte, aber gemeiniglich
aus den Evangelischen einen schwächern Stand erwählte, welcher dem mächtigern
Catholischen sich entgegen zu setzen das Vermögen nicht hatte. Allein es war fast unbegreiflich, daß sowohl auf dem vorigen und dermahligen Reichstag, als auch bey
dem Frankfurter Deputations-Convent die Kron Schweden als pars compacis-
cens principalis und die vornehmste Evangelische Reichs-Stände so schlechten Eyfer erwiesen ihren Glaubensgenossen den schuldigen Beystand angedeyhen zu lassen.

§. 96.

Weil nun wegen der Gemeinde zu Grünenbach ein Schreiben an Würtenberg
und Costanz gedachtermassen abgienge, so wurde zwischen disen und dem Brandenburgischen eine Conferenz veranlasse. Der Bambergische Gesandte, welcher dermahlen
das Costanzische Votum vertratt, bekam aber von Costanz den Auftrag eine Verwirrung zu machen, damit dise Sache erschweret oder gar zernichtet würde. Dann er
masste sich im Namen dises Bischoffs ein Condirectorium an, welches bißher niemahl gesucht worden. Der Herzog merkte die Absicht gar wohl und, obschon der
Gesant-

Gesandte solche Neuerung widersprach, befahl gleichwohl demselben, daß er 1669 dem Bambergischen bey Beharrung seines unbesagten Unternehmens die Ahndung nochmals ernstlich widerholen und wohl einprägen sollte, daß, gleichwie der Bischoff von Bamberg sich in seinem Krayß-Directorio wegen der habenden fränkischen Krayß-Kanzley von Onolz- oder Culmbach keinen Eintrag thun lasse, also der Herzog sich versehe, daß er in zeit seiner tragenden Costanzischen Substitution demselben in Ansehung des dißseitig erweißlich hergebrachten Directorii fernere Beeinträchtigung anzumaßen sich nimmer unterstehen würde. Nichts desto weniger fuhr diser Gesandte fort dem Bischoff ein Condirectorium beyzumeßen zu einem neuen Beyspiel, wie hart die Catholische in dem Schwäbischen Krayß auf den unbefugtesten Ansprüchen bestünden. Dann er entschuldigte sich, daß er ausdrücklichen Befehl darzu habe, indem der Bischoff dem Herzog zwar die Canzley und deren Beobachtung, übrigens aber kein vollkommenes Directorium geständig sey, sondern ein Condirectorium zu haben behaupte, weßwegen die Belieferung ein und anderer Schreiben eben sowohl an Costanz, als an Würtenberg geschehen könnte und gleichgültig wär, welchem Theil sie zu erst behändigt würden, indem jeder dem andern dieselbe zuschicken könnte. Der Herzogl. Gesandte protestierte wider solche Ansprach, weil er keinen Condirectorem jemals erkannt habe und von Jahrhunderten her das Hauß Würtenberg solches Recht allein hergebracht und ruhig dabey gelaßen worden, weßwegen sich der Herzog auch bey dem Bischoff von Bamberg beschwehrte, und sich auf den im Jahr 1662. getroffenen Verglich beruffte, worinn Costanz sich erklärte, daß es den Herzog und seine Nachkommenschafft alle bißhero gehabte Rechte unangehindert fort und fort ausüben laßen wollte und nur allein verhoffe, daß dieses Fürstl. Hauß des Worts Directorii in den Aufsätzen etwas sparsamer und da es die Stände etwa selbst an die Hand geben, gebrauchen wollte. (h) Diser Stritt wurde aber einiger maßen auf dem Reichstag unterbrochen, als der Principal-Commissarius von Weissenwolf einsmals ein Decret den 26. Febr. an das Reichs-Directorium ergehen ließ um zur Berathschlagung zu bringen, wie der Reichstag fortgesetzt werden könnte, nachdem der Termin zur Aufhebung desselben schon zu Ende gieng und man nicht voraus sehen könnte, wie bey der Lage der damaligen Umstände, da alles in die Länge gezogen wurde, solches mit guter Art geschehen und die angegriffene Materien ausgearbeitet werden könnten, indem es, wie die Worte des Decrets lauteten, sonst zu der ganzen Teutschen Nation Schimpf und Disreputation

X 2 gerei-

(h) Actenmäßiger gründlicher Bericht von dem Ursprung, Fortführung und wahren Beschaffenheit des Hochfürstl. Crayß-Ausschreibamts in Schwaben und des damit verknüpften, und dem Hochfürstl. Hauß Würtenberg von mehr als 200. Jahren privative zustehenden Directorii nebst dessen vorzüglichen Praerogativen, Functionen und Befugsamen.

1669 gereichen würde, wann man ohne Reichs = Abſchied und alſo unverrichter Din=
gen nach ſo langer Zeit von einander gehen ſollte. (i) Herzog Eberhard
konnte ſich aber ſchlechte Hoffnung machen, daß, da man nun in ſechs ganzen Jah=
ren nichts zum Schluß bringen können, jetzo bey ſo geringer Anzahl der Geſandten
in einem Viertel= oder halben Jahr etwas erhalten werden könnte. Er meynte dem=
nach, daß es beſſer wär, wann man gleichwohl den Reichstag aufheben und die ver=
geblich anwendende Koſten abſchneiden wollte, als ſich mit deſſen Fortwährung in
noch 'gröſſern Schimpf und Schaden ſetzte. Der Kayſerl. Hof ſtund aber in dem
nicht ungegründten Verdacht, daß es demſelben nicht um die unberichtige Sachen zu
thun ſey, ſondern, daß er vor Ausgang des Reichstags die begehrte 50. Römer=
Monate zu haben wünſchte, welche er ohne einen Reichstag nicht hoffen durffte.
Dann der Kayſer ſchrieb beßwegen ſelbſt an den Herzog, welcher ſich aber mit der
Armuth ſeiner Unterthanen entſchuldigte, zumahl das Rebwerk im verwichenen Früh=
ling durch den ganzen Theil des Landes, wo daßelbe nicht bezogen geweſen, von der
Kälte groſſen Schaden gelitten hatte. Nichts deſtoweniger erhielte der Geſandte den
Befehl, wofern die Frage: Ob man diſen Beytrag bewilligen ſollte? durch die Mehr=
heit beſchloſſen würde und man auf eines jeden Standes beſondere Erklärung ſtark
andringen wollte, um dem Unglimpf bey dem Kayſerl. Hof einigermaſſen auszuwei=
chen, ſich auf zwölf Römer=Monate heraus zu laſſen.

§. 97.

Den 8ten Martii wurde alſo wegen der Prorogation des Reichstags gehandelt,
da der Württemberg. Geſandte ſich ebenmäſſig ſehr beklagte, daß in ſo langer Zeit
nichts ausgerichtet und in puncto restituendorum nicht ein einiger Fall zu der
noch des ihrigen entſetzter Stände Friedensſchluß=mäſſiger Vergnügung erlediget wer=
den können, noch wollen, noch weniger aber es das Anſehen gewinne, als ob in der
kurzen Zeit, welche zur Endigung des Reichstags beliebet worden, inſonderheit von
ſo wenigen anweſenden Geſandten ein mehrers zu erhalten ſeyn dörffte. Bey wel=
cher Beſchaffenheit der Herzog eher der Meynung ſey den Reichstag zu ſchlieſ=
ſen, damit man ſich endlich des groſſen verderblichen Koſtens und des vor der gan=
zen Welt zu gewarten habenden Schimpfs entladen möchte. Er verwahrte
ſich aber zugleich im Namen ſeines Principalen, daß, wann aus der anſcheinenden
Uneinigkeit der Stände und Unthätigkeit des Reichstags unter jenen ein gröſſeres
Miſtrauen entſtünde und das Reich in Gefahr geſetzt würde, er entſchuldigt ſeyn
wollte, indem er bisher alles wohlmeynend gethan, was er geglaubt habe zu Abwen=
dung ſolcher Beſorgnuſſe nutzlich und nöthig zu ſeyn. (k) Diſes Votum wurde nur
von

(i) vid. Beyl. num. 43.   (k) vid. Beyl. num. 44.

von Halberstatt unterstützt. Man schmeichelte sich aber zum Schein dannoch in 1669
dem Chur- und Fürstlichen Collegio es auch andern beyzubringen, als ob mit ein
und anderer Materie es so weit gekommen, daß noch darunter zu einem gemeinen Schluß
zu gelangen Hoffnung vorhanden wär. Nun hatten zwar die Churfürsten einen Auffsatz
in puncto capitulationis den mehrern weltlichen Fürsten übergeben, woraus man hoffte
mit den Churfürsten einig zu werden: der einige 25ste Articul machte aber noch Besorgnus
eines Auffstoffes, indem die Evangelische die Uebung ihres Gottesdienstes für die Evangel.
Reichs-Hof-Räthe, Agenten und Sollicitanten am Kayserl. Hof begehrten und die Oesterr.
Gesandte sich vernehmen liessen, daß man sich Kayserl. Seits durchaus nicht darzu
verstehen wollte.   Damit nun dem Kayser die Schuld eines Auffstoffes nicht beygemessen werden könnte, so konnte man von den Oesterreichischen und ihrer Parthie
so viel vermerken, daß, ungeacht offentlich der Kayser die Berichtigung der Capitulation verlangte, er dieselbe dennoch heimlich gern vernichtet und dahin gebracht sähe,
daß, ehe man deßhalben etwas an den Kayser durch ein allgemeines Reichs-Gutachten gelangen ließ, es zu einem Auffstoß zwischen den Chur- und Fürsten kommen
möchte.   Man machte sich um so mehr die Hoffnung darzu, als man sich schmeichelte, daß die Fürstliche so wenig, als die Churfürstlich-Catholische solches der Evangelischen Monitum in den ausgelieferten Auffsatz bringen lassen dörfften, wann es zur
offentlichen Berathschlagung käme, in welchem Fall den A. C. verwandten nichts
übrig blieb, als dasselbe unmittelbar an die Kay. May. gelangen oder zum Auffstoff
kommen zu lassen, welches eine reifliche Ueberlegung erforderte, welchen Weeg man
erwählen sollte. Es fiel aber nach der re- und correlation der Schluß den 10.
Merz dahin aus, daß man keinen gewissen Termin zu Endigung des Reichstags bestimmen, aber die angefangene Materien zum Schluß bringen und zu Abfassung des Reichs-
abschieds Anstalt machen sollte. Des Kaysers Absicht war hingegen einen gewissen Termin
zu ernennen, damit dem Vorgeben nach den Churfürsten ihre Hoffnung benommen würde
bey einem unbestimmten Termin nach ihrem freyen Willen den Reichstag unverrichter Dingen zu verlassen. Weil man nun vermuthen konnte, daß die Churfürsten von ihrem und dem
per re- und correlationem gemachten Schluß nicht abgehen wollten und neuen Anlaß zu
Mißhelligkeiten geben dörfften, so blieben auch die Fürsten dabey, doch daß dise den erstern zu
verstehen gaben, wie man nicht hoffe, daß es bey ihnen die Meynung haben würde die
prorogation nicht so genau zu nehmen und etwan auf kürzere Zeit einzuschränken,
als etwan noch ein und anders zu verrichten und auszumachen erfordert werde, worauf
sich die Churfürsten erklärten, daß wenigstens so viel Zeit zugegeben werde, in welcher man die fürnehmste Materien ausmachen könnte.

§. 98.

Entzwischen drang sich bald dise, bald jene Materie zur Berathschlagung hervor.
Dann, wann die eine Schwürigkeit fand, so suchte man bey der andern den Lauf dises
X 3   Stroms

1669 Stroms in der Bewegung zu erhalten, oder brachte eine dritte auf das Tapet, da gemeiniglich auf das starke Betreiben der Graven von Nassau Angelegenheit wegen ihrer Restitution nach der Westphäl. Fridens-Vorschrifft erwählt wurde. Im Merz-Monat dises Jahrs wurde die Sicherheit des Reichs eines besondern Augenmerkts wieder gewürdiget und man sollte jetzo nur darauf bedacht seyn, wie viel jeder Krayß oder Staud zu der Anzahl der künfftigen Reichs-Armee stellen sollte. Der Schwäbische und Ober-Rheinische Krayß hatten sich aber noch nicht so von den erlittenen Trangsalen des letztern Kriegs erholet, daß sie gleichen Anschlag mit den übrigen Krayßen auf sich nehmen kounten und ersterer behauptete von je her, daß er zu hoch in der Matricul angesetzt worden. Das Unvermögen war so augenscheinlich, daß ein fast allgemeiner Reichsschluß beedes ines billichen Nachlasses bedürfftig erachtete. Nur der Braunschweigische Gesandte widersetzte sich und beruffte sich auf ältere Reichs-Abschiede, daß ein solcher Nachlaß nicht ohne genaue Untersuchung geschehen könnte. Der Würtenbergische Gesandte antwortete ihm aber, daß es nicht allein in ältern Zeiten eine andere Beschaffenheit damit gehabt, sondern auch von allen dreyen Collegiis ein Schluß abgefasst worden, von welchem nicht so leicht abgewichen werden könnte, zumahl einem oder etlichen wenigen Ständen nicht frey stehen könnte solcherley Reichs-Schlüsse umzustoßen, worinn er auch von Bayern und andern Ständen Beystand fand. Nun wurde dem Schwäbischen Krayß anstatt der ihm Matriculmässig obligenden 3000. Mann zu Fuß und 1600. zu Pferd dermahlen nicht mehr als 2000. zu Fuß und 1000. zu Pferd angemuthet. Herzog Eberhard wäre mit disem Nachlaß sehr zufriden gewesen seyn, wann sich nur bey Austheilung diser Mannschafft durch den ganzen Krayß nicht Ausssichten zu grossen Schwürigkeiten zeigten, weil die meiste Stäude einen stärkern Nachlaß verlangten, und das Churfürstl. Collegium sich hätte entschliessen können disen Sicherheits-Puncten an die Krayse zur Vergleichung zu verweisen. Es war ihm ohnehin bedenklich die 1000. Mann zu Pferd aufzustellen, weil die dem Krayß bey letzterm Türken-krieg auferlegte 600. Pferde mit grösster Mühe beygebracht werden kounten. Und als die Chur-Maynzische, Oesterreichische-Pfalz-Neuburg-und Culmbachische Gesandte zusamen tratten einen Plan zu verfertigen, wie viel jeder Krayß zu Aufstellung der objedachten 30000. Mann zu geben hätte, wollten sie auch den Würtenbergischen darzu ziehen und ihn dahin überreden im Namen des Schwäbischen Krayses 3500. Mann zu übernehmen, welches er aber zu thun verwaigerte und sich nur ohne Meldung des gedachten Schlusses auf seine bißherige Vota wegen dermahligen noch entkräffteten Zustandes dises Krayses beruffte und die Vermuthung äusserte, daß ein und anderer Stand noch einen ergiebigern Nachlaß verlangen dörffte. Und obwohl der Kayser sich den Nachlaß des Ober-Rhein-und Schwäbischen Krayses wohl gefallen ließ, so wollten sich doch die Braunschweigische Gesandte noch nicht beruhigen, sondern unterstunden sich offentlich wider disen Reichs-Schluß und Kayserliche Genehmigung

zu

zu protestieren. Die Directoria bezeugten sich dabey sehr gleichgültig, welches den 1669
Herzog um so mehr befremdete, als eben dazumahl der das Oesterreichische Directorium führende Speidel an denselben einen Trunk Neckar-Weins begehrte und solch
Geschenk als eine Schuldigkeit forderte, weil er im Jahr 1638. mit des Herzogs Im-
mission in seine Lande als ein Kayserlicher Regierungs-Mitbedienter meistens beschäfftigt gewesen und von Burkarden und Jägern die Versicherung erhalten hätte, daß er
von Zeit zu Zeit mit einem solchen Trunk erfreuet werden solle, worzu er sich jetzo desto
grössere Hoffnung machte, weil er eine Reichs-Hof-Raths-Stelle erhalten hatte,
wo er dem Herzog seinem Vorgeben nach wichtige Dienste leisten könnte. Er war ein
Schüler und Anhänger des Besolds, mit welchem er auch zur Catholischen Religion
übergegangen, in die Kayserliche Dienste getretten und bis in sein Ende darinn geblieben, dagegen Besold als ein Verräther von dem Kay. Hof erkannt andere Dienste suchen mußte. Den damahls in dem Fürstl. Collegio zu Tübingen studierenden jungen Grafen Georg Philippen zu Ortenburg erhielte hingegen Herzog Eberhard bey der
Evangelischen Religion. Dann als dessen zur Catholischen Religion übergetrettener
Vater gestorben war, so begehrte ihn sein gleichmässig Catholischer Vetter, welcher
die Ortenburgische Lande administrierte, sowohl diesen noch minderjährigen Grafen in
seine Gewalt und zu dieser Religion zu bringen, sondern dieselbe auch in dessen Landem
Gewalt einzuführen. Es war schon alles veranstaltet, als er unter Beystand anderer
Evangelischen Fürsten von Herzog Eberharden nach Schweden geschickt und seines Vettern Absichten vereitelt wurden.

§. 99.

Entlich wurde den 15. April die Kayserl. Resolution wegen Fortsetzung des
Reichstags den Gesandten eröffnet, daß IhreMay. sich dieselbe zwar bey den vorliegen-
den Umständen gefallen liessen, aber die Directoria und Gesandschafften angelegenlich erinnerten die bisherige Mängel des Reichstags zu verbessern, worüber die patriotische Stände vergebliche Klagen führten. Dann der Kayser ermahnte die Directoria die Deliberationen in allen Collegiis mit sonderm Fleiß zu befördern, diese aber
und die Gesandschafften zu rechter Zeit zusamen zu kommen, in dero Votis sich der
möglichsten Kürze zu befleissen, keine vorhergegangene unnöthiger Weise zu widerholen, die re-und correlationes zu beschleunigen und nach dem Exempel der bey vorigen Reichstägen gewesenen Gesandten, welche nicht nur die Deliberationes und Um-
fragen, sondern so gar die re-und correlationes in wichtigen Materien in einem
Rathstag angetretten und beschlossen hätten, sich nicht weniger rühmlich zu verhalten.
Er wünschte dabey, daß so gleich mit Aufsetzung eines Reichs-Abschieds ein Anfang
gemacht, und vor Beschliessung des Reichstags und ohne Kayserl. ausdrückliche Bewilligung nicht von einander getretten oder der Reichstag aufgehoben würde (1). Was

(1) vid. Beyl. num. 45.

diese

1669 dise Kayserl. Willens-Meynung für schlechte Würkung gehabt, wird die Folge zeigen. Dann es wurde derselben weder von den Directoriis, noch dem Chur-fürstl. Collegio nachgelebt und der Würtemb. Gesandte klagte in seinen Berichten noch immerzu, daß die Fürstliche Gesandte so viele edle und kostbare Zeit versplittern und mei-stens, wo nicht immerzu, bis gegen Eilf Uhr auf die Directoria und Churfürstl. Schlüsse warten müssten, da man nimmer zur Berathschlagung kommen konnte. Die Möglichkeit aber einen Reichs-Abschied zu verfassen, wo über alle die Puncten, wel-che in der Reichstags-Proposition enthalten waren, nicht das geringste geschlossen worden, konnte niemand begreiffen. Man verwunderte sich nur, daß, da der Kay-ser genaue Nachricht von den Reichstagshandlungen hatte, derselbe sogleich einen An-fang des Abschieds sehen wollte, und vermuthete, daß er dem Chur-Maynzischen Di-rectorio dardurch einen spöttischen Verweiß geben wollen. Die Churfürstliche Ge-generklärung auf der mehrern weltlichen Vorschläge wurde schon lang vergeblich er-wartet, weil die drey Evangelische Churfürsten die freye Religions-Uebung der Reichs-Hof-Räthe, Gesandten, Agenten und Sollicitanten am Kayserl. Hof in den er-sten Articul der Wahl-Capitulation eingerückt haben, die Geistliche aber solches nicht zugeben wollten, sondern das Mittel vorschlugen, daß die Evangelische solches Begehren besonders an disem Hof suchen sollten. Dise wurden darüber vertrüßlich und beschlossen untereinander, daß, wann der Kayser auf die Bewilligung der 50. Römer-Monate dringen wollte, sie sich zu nichts erklären wollten, als bis zuvor in den beeden Hauptpuncten der beständigen Wahl-Capitulation und Restitution der noch beschwehrten Stände etwas gewisses und vergnügliches geschlossen wär. Herzog Eberhard befahl beßwegen den 26. May seinem Gesandten mit den vorsitzenden ein-zustimmen, zumahl als dieser berichtete, daß sich die Churfürstliche vermerken liessen, als ob sie in der Capitulations-Materie fast eher zuruckgehen, als sich zur vollkom-menen Berichtigung derselben entschliessen dörfften. Man warf die Schuld auf den Kayserl. Hof, von welchem verlauten wollte, daß derselbe nicht nur an alle Catholi-sche Fürsten geschrieben haben sollte ihrer Seits dem obbemeldten Verlangen der Evan-gelischen weder etwas zu gestatten, noch dasselbe in das Reichs-Gutachten kommen zu lassen, sondern auch daß derselbe des Kaysers und der Churfürsten Hoheit, Würde und Vorzügen vorträglicher erachte, wann die Capitulations-Materie dermahlen in dem bißherigen Zustand gelassen und auf andere Zeiten und Reichstäge oder vielleicht ad Calendas graecas verwiesen werden könnte. In disem Fall nun besorgte man, daß der bißher zur Berichtigung diser Materie gut geneigte Churfürst zu Maynz irr ge-macht werden dörffte, indem man verspürte, daß er mehrere Achtung gegen dem Kay-serl. Hof zu bezeugen anfange, welchem dann der Churfürst von Brandenburg, der ohnehin von Anfang her keine sonderliche Begierde die Sache zu Ende zu bringen ver-merken lassen, nebst andern Churfürsten leicht folgen würden. Wegen der Römer-

Mona-

Monate aber wurde der Herzog sehr verdrüßlich gemacht, als daß Hanß Ba- 1669
ten sich zu der von dem Kayser verlangten ganzen Summe der 50. Monate
erklärte, da derselbe und mit ihm der ganze übrige Crayß sich über ein Unvermögen
beklagt und die so starke Forderung verbethen hatte. Man wußte auch gar eigentlich,
daß dieses Hanß sich eben in solchem Schicksal, wie die übrige Stände dieses Crayßes,
befand und deßen Kräfften weit nicht hinreichten eine solche Summe zu übernehmen.
Es setzte sich deßwegen selbst in den Verdacht, daß es sich nur dem Schein nach zu der
ganzen Summe erbothen um des Kayserl. Hofes Gunst zu gewinnen und andere zu
verleiten, solche Summ auch zu bewilligen und ihm nachzufolgen. Und wegen des
puncti restituendorum beklagte sich der Würtenbergische Gesandte über der Catholischen harten Verfahren, deßen Ausdrücke ich mich hier zu bedienen nöthig erachte. Seine Worte waren aber diese, " daß bey der Catholischen Parthey nichts, als große Bit-
„ terkeit und Verfolgung der Evangelischen auch in den gerechtesten Prätentionen
„ zu verspüren sey und so gar einige Hoffnung mit der Güte in den noch restirenden
„ Restitutionsfällen anzukommen nicht von denselben erhalten werden kunte, daß
„ vielmehr selbige omnibus modis & rationibus trachten auch ein und andere be-
„ reits erfolgte Restitutiones durch allerhand neuerliche Gesuche wieder umzustoßen
„ und übern Haufen zu werfen. Wie dann in dem Menrodischen Fall Bamberg
„ und der Würzburgische Subdelegirte mit den im Fridenschluß verbottenen und
„ unzuläßigen respective protestationen, und subterfugiis sich sehr widerlich und
„ partheiisch erwiesen und Catholischer seits man dannoch sich vernehmen laße, daß
„ daran gar nicht unrecht geschehe, noch dem Fridenschluß dadurch zuwider gehan-
„ delt werde. Der Haß und Bitterkeit wider die Evangelische und möglichste Un-
„ terdrückung deren Rechte und Befugßame finde sich aber auch im höchsten Grad am
„ Kayserl. Hof nicht weniger, indem wo nur einige Gelegenheit, Vorwand oder
„ Schein ersonnen werden könne, denselben wehe zu thun und sie um ihre Rechte zu
„ bringen nichts versäumt oder unterlaßen werde. Hingegen sey aber leyder an sei-
„ ten der Evangelischen Parthey und insonderheit solcher Orten, da wohl mit Nach-
„ druck in dergleichen Sachen am besten zu sprechen wär, auch darauf etwa von der
„ andern Parthey die stärkste Reflection gemacht werden sollte, der Eyfer und Ernst
„ so gar übermäßig nicht, indem man das Werk eben gehen laße, wie es könne und
„ möge. " Diese Kaltsinnigkeit gieng Herzog Eberharden sehr tief zu Herzen, weßwegen er seinen Gesandten mit diesen Worten antwortete, " wie er glaubte, daß man
„ dieser Bitterkeit Evangelischer seits nur desto eyfriger zu begegnen Ursach habe und
„ dem Gegentheil standhafftig zu zeigen, worinn er Unrecht habe, damit man sich
„ aller Verantwortung bey der Nachkommenschafft befreyen und dieselbe dem Ge-
„ gentheil zuweisen könne, welches man ihnen desto gründlicher mit den klaren Wor-
„ ten des Fridens-Instruments beyzubringen habe, worinn die Evangelische und Ca-
„ tholische in dergleichen Restitutions-Sachen gleiches Recht haben. "

X. Theil.   D   §. 100.

            §. 100.

Nun hatte er aber auch mit dem Abten zu Zwiſalten zu ſchaffen. Dann dieſer wuſſte es bey dem Reichs = Directorio dahin einzuleiten, daß er in vorigem Reichs= Abſchied unter die Chur = Fürſten und Stände mit eingerechnet worden. Der Herzog fand ſich demnach genüſſigt den damaligen Prälaten der Gebühr und Notturfft zu erinnern und von demſelben ſowohl, als ſeinem Convent eine ſolche Erklärung zu er= fordern, welche hinlänglich wär ſolche dem Reichs-Directorio vorlegen und die Un= terlaſſung der Anmeld=und Mitbenahmung im künfftigen Reichs = Abſchied bewürken zu können. Dann er wuſſte, daß auf ſeiten dieſes Directorii den Catholiſchen, und inſonderheit den geiſtlichen in dergleichen Sachen viele Vortheile eingeraumet würden, und es ſtund zu beſorgen, daß, wann die Erklärung des Abts und Convents nicht lauter, klar und ausdrücklich eingerichtet würde, Maynziſchen theils man leicht ein und anders einzuwenden wüſſte und unnöthiger Zweifel entſtehen dörffte, zumahl der Abt bey gegenwärtigem Reichstag ſich durch eingeſchickte Legitimation eines Abge= ordneten abermahlen einzubringen verſuchte. Diſe Vorſicht war aber in Anſehung der Unterſchrifft des Abſchieds überflüſſig, weil derſelb noch zu erwarten ſtehet: doch hoffte man ſolchen noch und der Revers wurde dem Chur-Maynziſchen Directorio ausgeantwortet. Entzwiſchen geriethe die Materie von der allgemeinen Reichs-Sicher= heit immer in mehrere Verwirrung und dannoch wollten die Directorien nicht da= von ausſetzen, damit man die Capitulations-Materie deſto leichter aufhalten koun= te. Der Kayſer ſchiene ſolche befördern zu wollen und die Churfürſten ſpiegelten dem= ſelben vor, als ob dieſes Werk ſchon weit gekommen wäre und ohne ſonderliche Schwä= rigkeit bald zu einem beſtändigen Schluß zu gelangen Hoffnung da ſeye, wobey ſie zu= gleich verſicherten, daß ſie wegen einigen Kayſerlichen Erinnerungen kein Bedenken hätten ſolche beyzubehalten (m). Sie bathen den Kayſer nur, es bey dem Oeſter= reichiſchen Directorio dahin zu vermitteln, daß diſe Angelegenheit nur bald wieder im Fürſtl. Collegio vorgenommen würde. Aber eben dieſes Directorium verlangte ſolches zu verhüten und der Oeſterreichiſche Director Speidel konute nicht in Abrede nehmen, daß ihm unverantworlich dünke, wann er oder Salzburg diſe Materie vor Einlanguug der Kayſerl. Reſolution auf das Churfürſtl. Gutachten wieder zur Pro= poſition bringen wollten. Die Folge zeigte aber, daß weder den Churfürſten, noch den Directoriis ein Ernſt geweſen diſe Sache zu befördern, ſondern eher die in gröſter Verwirrung ſtehende Sicherheits-Materie bey der Hand zu behalten. Dann nach den von dem Geſandten eingeloffenen Berichten hatten die Braunſchweigiſche auf die vormals unerhörte Anzahl von 30000. Mann einer Reichs-Armes augedrungen und

                                                                      von

(m) vid. Beyl. num 46.

von ihren Principalen gerühmet, daß sie eine sich auf etliche Tausende be- 1669
lauffende Mannschafft auf den Beinen hätten, gleichwohl aber einen gleichmäſſigen Nachlaß des Matricular-Anschlags verlangt, wie den Ober-Rhein- und
Schwäbischen Kraysen von dem ganzen Reich wegen ihrer faſt gänzlichen Verheerung
gegönnt worden, wovon sie sich in den 20. Jahren noch nicht erholen kounten. Dises
war der eigentliche Grund der ganzen Verwirrung, welcher nun verursachte, daß
die Churfürſten nicht mehr auf der Particular-Erklärung jeder Stände beharrten,
sondern die Austheiluug der einem jeden Krayß auferlegten Mannschafft an dieselbe
verwiesen. Herzog Eberhard hatte sich schon wegen der dem Schwäbischen Krayß an-
gemutheten 3000. Mann willfährig erklärt, aber der Bischoff von Coſtanz wollte
sich weder zu einer gewiſſen Anzahl erklären, noch zu einem Krayß-Convent verſtehen, welches der Reichs-Verſammlung sehr befremdlich schiene, weil nach dem gemachten Schluß, daß man sich Krayßweis erklären sollte, es weder in einer oder audern Krayses, noch weniger in eines besondern Standes Belieben mehr stunde mit Zu-
ruckhaltung oder verzögerter Heranlaſſung solchen Reichs-Schlüſſen sich zu widersetzen und damit das ganze Werk aufzuhalten. Es erfolgte aber den 15. Julij die
Kayserl. Resolution auf das obangeführte Churfürſtl. Gutachten in der Capitulations-
Materie, daß dem Kayser zu besonderm Gefallen gereiche, wann die Churfürſten wegen der über den 3. 16. 18. und 20. Articul vermittelst ihrer im Fürſten-Rath
führenden Stimmen und damit machender Mehrheit die widrige Meynungen über-
wägen und die Kayserl. Absichten durchtreiben wollten. Er mißbilligte die Mißverſtände zwischen den Reichs-Collegiis, meynte aber, daß ehe dise Sache dem ganzen Reich vorgetragen würde, man sich Vorbereitungsweise miteinander vergleichen
möchte (n). Nun wurden zugleich die Römer-Monate wieder von disem Hof verlangt, worüber sich die mehrere weltliche nicht vernehmen laſſen wollten, bis sie vorher sehen könnten, wie es sich mit Berichtigung des Capitulations-Wesens anlaſſen
würde und man Kayſ. Seits zu bezeugen geneigt sey, indem sie meynten vermerkt zu
haben, daß, wann man wegen der Römer-Monate die führende Absicht erreicht hätte, die zwar angefangene, aber noch unausgemachte Materien und insonderheit der
Capitulations-Punct in das stecken gerathen dörffte. Sie entschuldigten sich mit
ziemlich empfindlichen Vorwürfen, daß man mit den beträchtlichſten Verwilligungen
am Kayserl. Hof doch keinen Dank verdiene und bemerkten, daß, da man vor dem
30. jährigen Krieg sich mit 6. 7. 8. oder allerhöchſtens 40. Römer-Monaten be-
gnügt hätte, ungeacht auch damal gefährliche Türkenkriege auf dem Hals gelegen
wären und jetzo, da nicht allein das ganze Reich durch solchen förchterlichen Krieg ganz
ausgesogen worden und die Schwedische faſt unerschwingliche Satisfaction, und audere dergleichen Gelter bezahlt werden müſſen, sondern auch der letztere Türkenkrieg
                                                    D 2   einen

(n) vid. Beyl. num. 47.

1669   einen anſehnlichen Aufwand erfordert hätte und nun auch Venetig zu Behaup-
        tung der Veſtung Cautia einen Beytrag ſuche, dannoch ſo viele Römer-Mo-
        nate verlangt würden.

§. 101.

Um der ſo genannten mehrern weltlich-Fürſtlichen Mißtrauen zu begegnen, ſo
tratt man den 17. Julii ſogleich wegen der beſtändigen Capitulation die Conferen-
zen wieder an, wie man in einigen noch zwiſpältigen Puncten vollents aus der Sache kommen könnte. Die beete Oeſterr. Geſandte D. Hocher und Sala beſprachen
aber neben andern Fürſtlichen auch den Würtenbergiſchen Geſandten unter weitläuf-
ſizer Vorſtellung der Kayſerlichen Beweg-Urſachen zu den verlangten Römer-Monaten und wollten faſt für ärgerlich angeben, daß da ſo viele Chur- und Fürſten ſolche in Betracht gezogen und ihre Devotion in Anerbietung einer ergiebigen Anzahl
Monate bezeugt hätten, einige Fürſtliche Häuſer ſich gegen ihrem Oberhaupt ſo hart
bewieſen. Weil aber Herzog Eberhard ſich ſchon gegen dem Kayſer entſchuldigt hatte, ſo beruffte ſich der Geſandte nur auf ſolche Antwort, kunte aber nicht ermanglen den Oeſterreichern heimzugeben, daß vielleicht mit mehrerer Hoffnung und beſ-
ſerm Erfolg von dieſer Materie hätte geſprochen werden dörffen, wann vorher in den
noch unerörterten Materien und inſonderheit in der Capitulations- und Sicherheits-
Sache etwas nutzliches mit erforderlicher Einmütigkeit und Hintanſetzung der Neben-
Abſichten verrichtet worden wär. Nun kan man leicht erachten, daß dieſe Geſandte
zu Erreichung des Kayſerl. Entzwecks gute Vertröſtungen von ſich hören laſſen. Sie
erinnerten aber gleichwohl auch dagegen, daß man von Seiten der Chur-Fürſten
und Stände ſich zu mehrerer Einigkeit entſchlieſſen wollte, indem die Kay. May. einen und andern ſolchen Puncten gar nicht ſchwer zu machen gemeynt wären. Ungeacht ſolcher Zuſprüche und Vertröſtungen beſtund aber der Herzog auf ſeinen anerbottenen 25. Römer-Monaten und gab dabey zu vernehmen, wie er nicht hoffen wolte, daß man die Stände in Collecten-Sachen an die Mehrheit der Stimmen zu verbinden unternehmen wollte. Und wegen der von der Republik Venedig begehrten
Hülfe konnte er aus Urſache des ſeine Lande abermahls betroffenen Froſt- und Hagel-
Schadens eben ſowohl wenige Vertröſtung von ſich geben. Die mehrere weltliche
Fürſten hatten, wie ſchon gemeldt, ohnehin ſich verabredet bis zur Berichtigung der
Haupt-Materien nichts zu geben. Nun beruhete damahls die Capitulations-Sache
auf der Churfürſten bey letzter Conferenz vertröſteten Erklärung, welche aber nicht
zum Stand kommen wollte. Und bey der Sicherheit des Reichs ſteckte es ſich ebenmäſſig daran, daß einige Krayſe ſich zu keinem hinlänglichen Anerbieten entſchlieſſen
wollten. Der Fränkiſche, Bayriſche und der vermöglichſte Nider-Sächiſche Krayß
                                                                              wolle-

wollten sich nicht einmahl zu der Anzahl Völker, welche ihnen in der projectir- 1669
ten Autheilung zuerkannt worden, verstehen. Weil nun Herzog Eberhard
sich jederzeit zu dem Anschlag des Schwäbischen Krayses unter der Bedingung erbothen
hatte, daß auch andere Krayse nach ihren besten Kräfften ihr gebührendes Contingent
stellen würden, so wollte er auch nimmer zu seinem Anerbieten verbunden seyn, zumahl Costanz und andere Schwäbische Stände den Anschlag der 3000. Mann nicht
annehmen wollten. Er war sich keines Aufenthalts bewusst und wollte nur durch eine
voreylige Stimme an tern seinen Nachtheil zuziehen, sondern erkundigte vorher, was
andere vertraute für Gesinnungen hätten. Gleichwohl konnte sein Gesanter sich selten
und nur in stachelichten auf die Bahn gebrachten Fragen mit ermanglender Instruction entschuldigen. Er gab also den Verzug diser Anstalt denjenigen Kraysen zu verantworten, welche die Wichtigkeit der Sachen nicht erkennen und des Reichs Wohlfahrt nicht zu Gemüth ziehen wollten. Damit aber gleichwohl im Schwäb. Krayß
nichts durch ihn versäumt würde, so veranlasste er eine Conferenz nach Göppingen
auf den 4. Sept. mit dem Bischoff von Costanz um dises Krayses Contingent zu
verabreten, damit dessen Credit und Respect gleichwohl erhalten würde. Diser aus
dem Ehren-Punct rührende Grund war aber nicht vermögend das Herz dises Geistlichen zu rühren. Dann er suchte einen andern Termin zu erhalten und das ganze
Werk je länger, je mehr in die Länge zu spielen. Nichts desto weniger wurde endlich
disem langweiligen Handel ein Ende zu machen verglichen, daß der Schwäbische
Krayß bey dem Ansatz der 3000. Mann bleiben sollte, dagegen die mächtigere Krayse, welche in letztern Krieg viel weniger erlitten, ihren Anschlag auf ein weit geringeres herabsetzen.

§. 102.

Entzwischen suchte man die Römer-Monate den 4. Oct. wieder hervor, da sich
einige auf 50. 40. oder 30. Monate erklärten, aber jederzeit dabey ausdrücklich mel-
deten, daß man niemanten, was er bewilligen sollte, vorzuschreiben begehrte, wie
man sich hingegen auf der andern Seite verwahrte, daß man sich weder durch die
Mehrheit der Stimmen, noch auf einige andere Weise verbindlich machen oder etwas
nachtheiliges aufbürden zu lassen gestatten wollte. Weil nun der Würtemb. Gesandte
auf seiner Instruction nicht mehr als 25. Monate zu verwilligen beharrte, kam er
mit dem Oesterreichischen Directorn Speideln in einen hefftigen Wort-Streit.
Dann als diser jenem zu einem stärkern Beytrag mit unanständiger Hitze zure-
den wollte, und endlich drohete, daß man zwar hierinn niemand nöthigen,
aber doch ingedenk seyn könne, antwortete ihm Bidenbach, daß dieses die Mode nicht sey die Stände zu forcieren und ihm Speidel insonderheit als einem in Würt-
tenbergischen Landen angebohrnen nicht wohl geziemen wolle dergleichen zu gedenken,

D 3   als

1669   als welchem ſelbſt bekandt ſey in welchen erarmten Zuſtand und unerſchwinglichen Schuldenlaſt diſes Herzogthum unter der Oeſterreichiſchen Regierung
und Gewalt der Regenten, unter deren Zahl er ſelbſten das ſeinige gethan, geſetzt
worden. Nicht weniger griff man den 11. October. den fünfften Puncten des allgemeinen Verfaſſungs- und Sicherheitwerkes an, nemlich die Executions-Ordnung,
da man aber erſt fragte: 1.) Ob bey dermaliger Lage des Reichs rathſam ſey, ſolchen Puncten vor die Hand zu nehmen? 2.) Was man daben für eine Weiſe gebrauchen wollte? Der Würtenbergiſche Geſandte trat hier zuerſt auf und ſagte auf die
erſte Frage: "Dieweil nicht allein im Reichs-Abſchied von 1654. den Krayſen
„ aufgetragen worden ſich zuſamen zu thun und zu überlegen, wie die Executions-
„ Ordnung in einem und anderm zu verbeſſern ſeyn möchte, damit bey nächſt fol-
„ gendem, nemlich dem noch währendem Reichstag im Namen des geſamten Reichs
„ ein ganzes gemacht werden könne und ſolches nicht nur von einigen Krayſen geſche-
„ hen und deren darüber nothwendig befundene Erinnerung dictiert worden, ſondern
„ auch bey der verglichenen Sub-Diviſion des Puncti ſecuritatis publicæ ein Con-
„ cluſum gemacht worden, daß neben andern Materien auch die Art, wie die Exe-
„ cutions-Ordnung zu verbeſſern überlegt werden ſollte, ſo wäre nicht wohl abzuſe-
„ hen, wie ſolcher Schluſſ wieder geändert werden könnte. Die Art und Weiſe aber
„ dabey zu verfahren betreffend, habe man ſchon gute Anleitung in dem Chur-Sächſi-
„ ſchen Krayß-Project, als worinn alles dasjenige, was wegen der Executions-Ord-
„ nung ſowohl in dem Reichs-Abſchied von 1555. als in unterſchiedlichen andern zer-
„ ſtreut enthalten, zuſamen in ein Corpus oder Syſtem gezogen und in gewiſſe Ca-
„ pitul ab- und eingetheilt wär. Es würden auch zuverſichtlich wenige neue Monita
„ vorkommen, noch man ſich lang damit aufzuhalten haben. Uebrigens würde man
„ ſich Würtenbergiſcher ſeits den allerkürzeſten und ſchleunigſten Modum aus der
„ Sache zu kommen am beſten gefallen laſſen und mit andern ſich gern darunter ver-
„ gleichen. Das fürnembſte beſtehe aber darinn, daß man darauf bedacht ſey, wie
„ dasjenige, ſo bereits von diſer Materie in den Reichs-Conſtitutionen hin und wi-
„ der wohl verfaſſet und verordnet worden, auch würklich in die Ausüb- und Veſol-
„ gung gebracht würde." Diſem vorangehenden Voto fielen ſogleich die andere
und das Churfürſtl. Collegium einmüthig bey und obſchon hernach einige dem Herkommen gemäß Schwürigkeiten einwerfen wollten, ſo muſſten ſich dieſelbe eines beſſern wider ihren Willen belehren laſſen und ſich zur Ruhe begeben. Weil aber auch
Coſtanz ſich je länger, je mehr in das Directorium des Schwäbiſchen Krayſes ein-
zugringen beſtrebte, ſo machte ſolches wegen Beſtellung des Crayß-Obriſten und
der ihm nachgeſetzten Aemter einige Verwirrung. Dann, als die erſte Capitul des
Ober-Sächſiſchen Crayß-Ordnung-Projects, welches Syſtematiſch verfaſſt war,
in die Umfrage kamen, aber wegen gedachter Beſtellung noch gar nicht die Rede war,
                                                                                    brach-

brachte der Wormfisch-Bischöfliche Gesandte ganz voreylig und unschicklich 1669
schon den Vorschlag auf die Bahn, daß in den Krayſen, wo ſolche Aemter noch
nicht erſetzt wären, dieſelbe den ausſchreibenden Fürſten von Reichs wegen aufgetragen werden ſollten. So gleich ſtimmten Coſtanz, Augſpurg, Kempten und von den
weltlichen Ständen Baden-Baden, Zollern, das Schwäbiſch-Prälatiſche und Gräf-
liche Collegium mit ein in der Abſicht, daß Coſtanz als Mit-Ausſchreibender Fürſt
deſto ſüglicher unter ſolchem Vorwand ſich des Mit-Directorii bemächtigen oder
auch die Erſetzung diſer Stellen hintertreiben oder, weil in einigen Krayſen die Geiſtliche das Directorium führen, ihm das Ober-Directorium in die Hände geſpielt
würde. Man konnte aber nicht nur wohl vermerken, daß der Geiſtlich Banck nebſt
den ihm beyſtimmenden weltlichen Ständen ſich hierunter miteinander verabredet und
es alſo gleichſam aus einem Mund vorgebracht habe, ſondern vermuthete auch, daß
Oeſterreich auch in ſofern ſeine Abſichten dabey habe, damit eine von ſolchem Hauß ab-
hangende Generalität beſtellt werden möchte, wobey das Hauß Baden unter der
Decke lag, welches damahl bey dem Kayſerl. Hof in Anſehen ſtund. Herzog Eberharden konnte ſolches eben ſo wenig gleichgültig ſeyn, als, was zu End diſes Jahrs im
Capitulations-Puncten vorgegangen. Dann als den 13. Nov. ein Entwurff von demjenigen gemacht war, weſſen ſich zwiſchen den Churfürſtlichen und mehrern weltlichen
Fürſtlichen verglichen war, man aber auf diſer Seite ſolchen ſowohl dem Kayſerl. Commiſſarien, als auch den Geiſtlichen und übrigen Catholiſchen Fürſten vorzulegen nöthig
erachtete, ſo waren diſe gegen ihren Mitfürſten ſo unglimpflich, daß ſie ſolchen Aufſatz ganz verächtlich anzunehmen verwaigerten. Weil nun die mehrere weltliche ſolches als einen groſſen Schimpf aufnahmen, ſo gab ſolches zu groſſen Mißhelligkeiten
Anlaß, (o) welche aber der Principal-Commiſſarius wieder wegzuraumen ſuchte
und den Fürſtl. Directoriis einen Verweiß gab, auf deren und der Geiſtlichen Geſandten unſchickliches Betragen er alle Schuld legte, wie dann auch diſe Geiſtliche die Schwäbiſche Graven von den auſſerordentlichen Deputationen, zu welchen ſie vorhin gezogen
wurden, auszuſchlieſſen ſuchten, weßwegen ſie bey Herzog Eberharden Hülfe ſuchten,
welcher zwar ſolche Klage billich erachtete, aber deren Abthuung durch des Geiſtlichen Banks ſtarken Widerſtand, ſehr ſchwer fande.

§. 103.

Uebrigens muß ich noch bey diſem Jahr berühren, daß Sybilla Felicitas Schert-
lin von Burtenbach, eine gebohrne von Remchingen, nebſt ihrer Kinder Vormündern
an Herzog Eberharden den 11. Octobr. ihre bißher beſeſſene Weyler Garweiler und
Gangenwald mit aller Gattung der Obrigkeit um 8000. fl. verkauffte. Nebſt welchem

(o) vid. Beyl. num. 48. und 49.

1669　dem Kaufſchilling er ihro auch das adeliche Schloſſ und die dazu gehörige Güter zu Bittenfeld, jedoch ohne alle Obrigkeit, ſondern nur mit dem kleinen
Waydwerk in Bittenfelder Markung auf den Feltern übergab und noch auf ihre Lebenszeit jährl ich 20. Klaffter Holz aus dem Reichenberger Forſt auf ihre Koſten zu empfangen erlaubte. Und weil Herzog Julius Friderich den 16. Julij 1631. an den Grav
Egon von Fürſtenberg, welcher damahl die Kanſerl. Armee nach geendigtem ſo ge-
nanntem Kirchenkrieg wieder aus dem Herzogthum führte und ſonſten emſelben große
Gefälligkeiten erwieſe, einen großen Diſtrict zu einem Gnadenjagen eingeraumt hatte
und aber Herzog Eberhard befand, daß nicht allein diſe Jagens-Ueberlaſſung wegen
nicht erfolgter ſelbiger Zeit verglichener Bedingnuſſen niemahls zu völligen Kräfften
und vollſtändiger Ausfertigung gekommen, woraus von Zeit zu Zeiten allerhand Miß-
Verſtändnuſſe erwachſen und ein guter Theil ſolcher Jagen dem Luſt-Schloſſ Gra-
veneck und deſſen Jagen gar zu nahe beſtimmt geweſen, ſo verglieche ſich der Herzog
den 14. Octobr. 1669. mit Er. Hermann Egon von Fürſtenberg unter der Hoffnung, daß deſſen Nachkommen auch hinführo, wie ihr Groß-Vater gegen dem Für-
ſten-Hauß Würtenberg erſprießlich-nachbarlichen Willen erzeigen würden, daß diſem
von ſolchem Jagens-Gezirk ein beſtimmter eingeſteinter Theil zurückfallen und der übrige Theil der nun abgeſtorbenen Egoniſchen Linie bleiben ſollte. Es verdienet aber
dabey angemerkt zu werden, daß nach der Beſchreibung diſes Gnaden-Jagens-Di-
ſtricts deſſen Gränzen durch die Kirche zu Egelſingen hinter dem Altar durchgiengen.
Zugleichem wurden diſem Er. Hermann Egon gewiſſe Bedingungen vorgeſchrieben,
nemlich daß 1.) er und ſeine Nachkommen ſolches Jagen nach Waidmans-Recht
mit pürſchen und in andere Weeg nach hohem Waidwerk und das kleine Waidwerk
nur, wo es das Hauß Würtenberg hergebracht, gebrauchen ſollen. 2.) Wurde ihnen
erlaubt die Zwiſaltiſche Unterthanen zu Ober-Stetten, Fron-Stetten, Wilſingen,
Digelſeld, Dürreuwaltſtetten, Hauſen, Hohenberg, Mörſingen, Upfelmehr und
Gaumiugen zu Jagens-Zeiten durch die Würterb. Forſtmeiſter zur Frohn ziehen zu
laſſen, doch, daß ſie ſolches Recht mit Beſcheidenheit gebrauchen und wann die Herzoge von Würtenberg in diſen Gegenden um ſolche Zeit jagen wollten, diſe Unterthanen denſelben vor den Fürſtenbergiſchen die Dienſte thun müßten. 3.) Behielte ſich
der Herzog die Forſtliche Obrigkeit bevor, wie das Hauß Würtenberg ſolche biſher
in Fürſtenbergiſchen Orten hergebracht hätte. 4.) Wurde den Fürſtenbergiſchen aus
beſonderer Affection eingeraumt, doch ohne Nachtheil des Forſt-Obrigkeitlichen
Rechtens, daß wegen Beſtraffung derjenigen, welche ſich mit wildern oder verbothe-
nem Schießen in dem überlaſſenen Bezürk vergreiffen würden, diſer Unterſchied gehalten werden ſoll, daß, wann von einem Würtenbergiſchen Unterthanen, worunter
auch die Zwiſaltiſche zu rechnen, dergleichen Verbrechen begangen würde, dieſelbe von
den Fürſtenbergiſchen den Würtenb. Dienern bekannt gemacht und zur Abſtraffung

ge-

gebracht und hingegen, wann, ein Fürstenbergischer Unterthan sich vergieng,　1670
nachgesehen werden sollte, daß solcher von den Fürstenbergischen Bedienten,
jedoch nach der Würtenbergischen Forst-und Wilderer-Ordnung gerechtfertiget wär-
ten, es wäre dann, daß andere Verträge zwischen Würtenberg und andern benachbarten vorhanden wären.　5.) Verpflichtete sich Gr. Hermann Egon für sich und seine Anverwandte der Egonischen Linie die bederseitige Vörste in gutem Stand zu erhalten und in den an den Würtenbergischen nahe gelegenen Jagen niemanden von den
ihrigen das Wildpret-Schiessen zu erlauben, sondern solche nur zu ihrer eigenen Personen Ergötzlichkeit und Lust zu gebrauchen, wie auch 6.) bey jedem Fall einen Revers zu geben, daß nach Abgang solcher Linie dises Gnadenjagen ohne Entgelt, wie
es Namen haben möchte, dem Herzogl. Hauß wieder heimfallen und entzwischen dise
Bedingnussen wohl beobachtet werden sollten. Am folgenden Tag wurden auch die übrige zwischen Würtenberg und Fürstenberg obgeschwebte Strittigkeiten durch einen Verglich beygelegt, vermög dessen 1.) alle Fürstenbergische Hirten und Schützen, welche durch den im gedachten Gnadenjagen nicht begriffenen Zwifaltischen Forst wandlen
müssen, alle Jahr auf Georgii sich bey dem Würtenbergischen Forst-Verwalter zu
Urach oder Steinhülben verglübten lassen und 2.) diejenige Hirten, welche ihre Hir-
ten-Hund halten, der Würtemb. Obrigkeit den Hundhabern unnachläßlich liefern sollen.　3.) Wurde wegen des Noval-Zehenden zu Melchin zen verglichen, daß sie in
dem Besitz mit dessen Abstattung verbleiben und 4.) Das Fischen zu Mägerkingen
allein dessen Inwohnern in ihrem Etter, so weit nemlich ihre Zäun und Gärten gehen, gestattet werden und die straffbare ihre Strasse nach Trochtelfingen liefern sollen,
dagegen werden 5.) die Einwohner dises Fürstenbergischen Städtleins ihre wider
das Herkommen geführte Processionen mit Gesang durch das Würtenbergische Dorf
Mägerkingen zu unterlassen und solche den Fahrweeg neben demselben hinum und ohne Gesang in der Stille zu brauchen angewiesen, wie dann auch 6.) dasselbe dise
Gemeinde den Viehtrieb vermög eines im Jahr 1554. errichteten Vertrags gestatten
und 7.) das wider die Ordnung gemachte Mühlwöhr zu Mägerkingen abändern
solle.　8.) Endlich aber wurde dem Herzog und dessen Nachkommen gestattet, wann
sie in eigener Person nach Steinhülben kommen, den Evangelischen Gottesdienst aus-
zuüben.　Endlich belehnte Herzog Eberhard noch das Closter Zwifalten oder vielmehr
dessen Träger Philipp Bernhard Reichlin von Meldenburg mit dem Dorff Eichenlow,
welcher in dem unter seinem Namen und Sigill ausgefertigten Lehens-Revers versprach an statt des bemeldten Closters dem Hergogthum alles das zu thun, was nach
Lehen-Recht einem Lehen-Mann zu thun obligt.　In ältern Zeiten trugen die Spe-
ten solch Lehen für sich, von welchen es Hanß Caspar von Bubenhofen erkauffte, aber
solches hinwiederum im Jahr 1498. dem Gottshauß Zwifalten käuflich überliesse,
welches Herzog Eberhard nur in so fern als einen Lehens-Mann aufnahm, daß es

　X. Theil.　　　　　　　B　　　　　　　　　das

1670 das Lehen durch einer Wappensgenoſſen Träger empfangen und verdienen ſollte.   Diſer war aber kein Wappensgenoſſ des Cloſters, ſondern ein ſolcher,
welcher befugt war, ein Wappen und Schild zu führen, weil Bauren und gemeine
ſchlechte Leute kein Wappen haben durfften.   Er gehörte unter die Claſſe des ſechſten
Heerſchildes, wie ſolches die Familien der Träger anzeigen, indem bey der erſten
Belehnung Jörg von Stein, von Clingenſtein, im Jahr 1521. Conrad Thumb
von Neuburg, ferner Anno 1553. Wilhelm von Stozingen, nachgehends Melchior
Ludwig von Neuhauſen und endlich Wolf Philipp Reichlin von Meldeck des Gotthau-
ſes Stelle als Träger vertratten. Wobey noch angemerkt zu werden verdienet, daß, als
Herzog Ulrich ſein Herzogthum wieder eingenommen hatte, der Abt und Convent
zwar das Lehen erforderte, aber bis auf 1553. die Belehnung nicht ſuchte, Herzog Chriſtoph denſelben vor ſein nidergeſetztes Lehengericht erforderte und das Lehen als verwürkt
einzuziehen drohete, welches aber der Abt mit 3500. fl. abkauffte.

§. 104.

Mit dem Anfang des folgenden Jahres ſahe ſich der Herzog bemüſſigt auf den
11. Januarii einen abermahligen Landtag zu veranſtalten, wo er ſeinen Land-Stän-
den in dem Vortrag die Klagen wiederholen muſſte, daß wider ſeine geſchöpfte Hoffnung die Einkünfften ſeiner Cammer zu den Ausgaben nicht hinreichen wollen den Fürſtlichen Staat und Regierung aufrecht zu erhalten. Nebſt diſem hatte er angefangen die
Veſtungswerke zu Aſperg in beſſern Stand zu ſetzen, damit er bey den fortwährenden
ſo ſorgſamen Zeiten und Gefahren für ſeine und ſeiner Fürſtl. Familie, wie auch Beſchützung ſeiner Lande einen verſicherten Ort haben möchte.   Und über diſes waren ſeine beede ältere Prinzen auf Reyſen in fremden Landen, deren Unterhalt ihm zu ſchwer
fiele. Bey diſer Beſchaffenheit nahm er nun die Zuflucht zu ſeiner Landſchafft Gut-
herzigkeit und begehrte einen hinlänglichen Beytrag zu Ausführung ſeiner Abſichten.
Sie erbothe ſich auch unter gewiſſen Bedingungen zu einer freywilligen Hülfe, welche
aber zu Erfüllung ſeines Wunſches nicht hinreichte, weßwegen er noch weiter mit
Vorſtellungen in ſie drange, und ſie dahin vermochte, daß ſie auf diſes Jahr ihm
40000. fl. im Jahr 1671. bis 72. wieder eine Summe von 35000. fl. und in dem folgenden 30000. fl. beyzuſchieſſen ſich aus herziniger Liebe gegen ihrem Landesfürſten
erbothe und die ihm im verwichenen Jahr vorgeliehene 5000. fl. nachlieſſ. Solche
Verwilligung nun nahm der Herzog als eine freywillige Gabe an, unter welchem Namen ſie den Freyheiten und Landes-Verträgen der Landſchafft unnachtheilig und ohne
Folge ſeyn ſollte, wie er dann auch die Zuſage von ſich gab bey ſeinem Hof- und Cam-
mer-Staat die Verfügung zu machen, damit alles auf das genaueſte eingezogen und
die ſowohl bey ſeiner Fürſtl. Cammer befindliche, obſchon nicht viel auftragende Mittel,,

tel, als auch die von der Landschafft bewilligte Gelder wohl und nicht anderst, 1670
als zu dem destinierten Zweck angewendet werden sollen. Er machte sich die
Hoffnung, daß seine Cammer-Gefälle entzwischen ihn in den Stand setzen würden seine getreue Unterthanen mit fernern dergleichen Ansinnungen zu verschonen und seinen
Staat und Regierung ohne ihre Beyhülfe führen zu können. Wobey er sie versicherte,
daß er gar nicht gemeynt sey ihnen samt oder sonders einige wider die Saal- und Lagerbücher oder wider das alte Herkommen einige Beschwehrungen aufzubürden, wie er dann
zu dessen Versicherung nicht allein theils allbereit einigen Beschwerden abgestellt, theils
nach Einlangung der von den Beamten erforderten Berichte untersuchen und denselben
die abhelfliche Maaß geben, sondern auch seinen Prälaten und Landschafft jederzeit bey
Anbringung ihrer Nottdurfft gebührendes Gehör geben, hingegen aber auch sich versehen wolle, daß sie die ihm als Landsfürsten vermög der Lagerbücher und sonst hergebrachte Befugnisse und Schuldigkeiten nicht in Zweifel ziehen, schmälern oder gar
zu entziehen unternehmen würden.   Betreffend aber den von den Prälaten und Landschafft an das geistliche und Kirchengut suchenden Beytrag, so ließ zwar der Herzog
es bey demjenigen bewenden, was zwischen seinen Vorfahren und der Landschafft deßfalls verglichen worden: Wie aber diese die Unvermöglichkeit der Unterthanen zu Abwendung des von dem Herzog verlangten Zuschusses vorschützte, so bediente sich derselbe hinwiederum in Ansehung des Kirchenguts gleicher Entschuldigung, daß solches über
Abstattung der den Kirchen- und Schuldienern schuldige Besoldungen und anderer dem
Kirchengut obliegenden Beschwerden nicht hinreiche dem bedürfftigen Pfarrern, Schuldienern und andern Personen auf das nächste Quartal etwas zu reichen.   Nun wollte er nicht hoffen, daß seine Landschafft gemeynt sey wider den Innhalt der Stifftun-
gen und Verträge disen Leuten ihre bestimmte Nahrungs-Mittel zu entziehen und
anderwärts zu verwenden, was zu Erhaltung Kirchen und Schulen gewidmet sey. Gleichwohl entschloß er sich, weil das Kirchen- und Geistliche Gut den dritten Theil zu den
Landschafftlichen Obliegenheiten beyzutragen schuldig sey, daß über die von der Landschafft
von der Clöster und Stiffter Hintersässen jährlich einziehende Steur und Ablosungs-
Hülff auch von seinem Kirchenkasten in den nächstfolgenden drey Jahren jährlich 12000.
fl. der Landschafft-Cassa beygereicht und an dem noch vom verwichenen Jahrgang her-
rührenden Ausstand in solchen 3. Jahren den Quartaln nach der dritte Theil richtig abgestattet werden solle. (p)

§. 105.

Die vorhin gedachte Mißhelligkeit der Geist- und mehrern weltlichen Fürstlichen
Gesandten machte entzwischen einen Stillstand der wichtigsten Handlungen, weßwe-
gen
B 2

(p) Würtemb. Lands-Grund-Verfassung. p. 731. sqq.

1670 lungen, weßwegen der Kayserl. Principal-Commissarius, Bischoff Marquard von
Eychstett, solche aufzuheben den Fürstl. Directoriis den 25. Febr. ein Decret zugeben
ließ, daß sie schleunig die Capitulations-Materie wieder in Vortrag bringen und daran seyn
sollen, damit die Geistliche nebst den mit ihnen haltenten weltlichen zusammen tretten und die
materiam capitulationis, insonderheit aber den von den Churfürsten übergebenen
Entwurff und nicht all-in die von den mehrern weltlichen mitgetheilte, sondern auch
die von der Kay. May. eingeschickte Erinnerungen, wie nicht weniger die schon vor vier
Jahren durch die Mehrheit der Stimmen gemachte Schlüsse und das zwischen den
Churfürsten und den mehrern weltlichen Fürsten verglichene Project nebst den sich noch
enthaltenen Discrepantien gegeneinander halten und vermittelst eines gemeinsamen
hinlänglichen Schlusses die Sache dahin vorbereiten sollten, daß man sich hernach in
vollem Rath eines gesamten Reichsschlusses versichern könne. Nun erklärte sich zwar
das Churfürstl. Collegium mit Worten auch geneigt darzu, daß es nichts mehreres, als
die Vergleichung dieser Puncten verlange: Es begehrte aber nur einen Aufschub, weil
des Kaysers Gesundheit sehr wankete und sich eben damahls in mißlichen Umständen
befande, wordurch die Reichs-Tags-Handlungen in das stecken gerierben, zumahl
man damit umgieng, daß auf allen Fall ein Römischer König erwählt werden sollte,
da die Churfürsten ihr Capitulations-Recht mit Ausschliessung der Fürstlichen Erinnerungen ausüben zu wollen im Verdacht stunden. Als damahls der Französische
Gesandte Gravelle wegen seiner gegen die Kron Frankreich gehabten Verdienste im
Angesicht der ganzen Reichs-Versammlung den Michaels-Orden durch einen Teutschen Fürsten, nemlich den Herzog Christian von Mecklenburg-Schwerin, in der Ab-
tey Nieder-Münster erhielte, ließ deßwegen derselbe Gesandte eine dem Teutschen Reich sehr
schimpfliche Schrifft ausgehen, worinn er die Teutsche Fürsten zu bewegen suchte dem
König in Frankreich die Kaiserliche Krone aufzusetzen, (q) und in beissenten Ausdrücken dem Reich seine Schwäche und Fehler vorzurücken. Es zeigten sich noch andere
bedenkliche Aussichten auf dem Reichstag, welche den Herzog bewegten seinen eine
zeitlang bey sich gehabten Gesandten, Bidenbachen, den 16. Maji wieder nach Regensburg zu schicken, welchem er den Befehl mitgab, 1.) daß, weil Hessen und insonderheit Baden zu den übrigen alternierenden Fürstlichen Häuser Nachtheil es zu
einer durchgehends-gleichen Alternation zu bringen suchten, worunter der Kayserl.
Hof ihnen geneigt zu seyn schiene, der Gesandte auf den Fall, wann dergleichen etwas an ihn gebracht würde, die nöthige Vorstellungen thun sollte. 2.) Wurde ihm
vorzüglich aufgegeben alle Mittel zu ergreiffen, damit das Capitulations-Geschäfft
zu Ende gebracht und das gute Vernehmen und bessere Vertrauen sowohl zwischen dem
Oberhaupt des Reichs und dessen Ständen, als auch zwischen disen selbst gestifftet
und bevestigt, folglich auf solchen guten Grund der innerlichen Reichs-Einigkeit dessen
Sicher-

(q) vid. Beyl. num. 50.

Sicherheit mit gemeinsamer Zusamensetzung gegen Ausländische besser erhalten 1670
würde. Im Fall aber dises Geschäfft nicht zu End gebracht werden wollte, so werde man auf seiten der beträchtlichen mehreru weltlichen Fürstlichen mit geziementen mund, und schrifftlichen Refervationen, Proteftationen und Verwahrungen sich sicher zu stellen und denjenigen, welche solche Berichtigung hinderu, die etwan daraus entstehende weitere Mißverstände und anderes Unheil zur Verantwortung heimzustellen haben. Und weil 3.) unter dem Vorwand der Naffanischen Reftitution die von dem Kayser begehrende Römer-Monate wieder auf die Bahn gebracht werden dörfften, so wäre dem Gesauten wohl eingeprägt sich mit seiner Erklärung nicht zu übereylen, sondern vorher auf den Beschluß der Capitulations-Materie zu bringen und, nach dieser erft sich unter Beruffung auf den von Lezt-verstorbener Kay. May. erhaltenen Nachlaß auf ein Drittel, nemlich 18. bis 20. oder endlich auf 25. Römer-Monate mit der Einschräukung zu erklären, daß die Abstattung derselben auf gewisse Termine gesetzt würte, damit seine Lantschafft die Gelder aufzubringen im Staub wäre, und endlich 4.) die Anzeige zu thun, daß er zwar nebst Coftanz einen allgemeinen Krayß-Tag in der Hoffnung ausgeschrieben habe wegen der in puncto fecuritatis publicæ dem Krayß aufgelegten 3000. Mann eine Genehmigung von demselben zu erlangen: Seine Mit-Stände hätten aber aller möglichen Vorstellung ungeachtet sich zu nichts verstehen wollen. Zu Bezeugung seines Mißfallens an solchem wider die wohlgemeynte Kayferl. Absicht und der Reichs-Versammlung lauffenden Beginnen habe er proteftirt und seine Verwahrung einwenten lassen, wäre aber erbietig die an solchen 3000. Mann ihn betreffende Anzahl dannoch auf die Beine zu bringen in der Hoffnung, daß der Kayser und die Reichs-Versammlung seine Mitstände zur Befolgung des Reichs-Schlusses durch würksame Mittel vermögen werden. Der Baten-Batische Gesandte erhielte Nachricht von diser Anzeige und wollte nicht gutheissen, daß solche auf offentlichem Reichs-Convent bekaunt gemacht würte, weil alle andere Krayse bey dem ihnen auferlegten Contingent zu bleiben sich erbothen und mithin durch den Schwäb. Krayß nur irre gemacht werden dörfften, welches dem ganzen Krayß zum Unglimpf und Ungelegenheit dienen könnte. Diser scheinbaren Einwendung ungeacht blieb der Würtenbergische Gesandte bey seinem habenden Befelch, indem die Anzahl der stellenden Völker im Reich gewiß seyn müsse, damit man wissen könnte, was ein Krayß im Fall der Noth von dem andern sich zu versehen hätte, da er den Hergang der Krayß-Verhandlung unumgänglich erzehlen und dabey sagen müsse, daß die mehrere sich zu den 3000. Mann nicht verstehen, sondern einen beträchlichern Nachlaß haben wollten. Und weil sie auf dem Krayßtag ohne Scheu vorgegeben, daß man ihrerseits auf dem Reichstag in solche Anzahl nie gewilligt habe, so habe er desto mehr Ursach solchem unwahrhafften Vorgeben zu widersprechen, als die offentliche Protocollen zu erkennen gaben, daß man von seiten der Stiffter Augspurg, Kempten und Elwangen, wie auch

Z 3　　　　　　　　　　　　des

1670 des Gräflichen Collegii damit infriden gewesen und der alleinige Prälatische
Bank sich nur mit Ermanglung seiner Verhaltungs-Befehle entschuldiget habe.
Solche Stände würden demnach nicht übel deuten können, daß man die Wahrheit sagte
und zeigte, wessen man sich von ihnen getrösten und ihren Vorgeben glauben könnte. Herzog Eberhard bezeugte über solcher Antwort sein Wohlgefallen und befahl seinem Gesandten überall sowohl von seiner zum zweytenmahl auf dem Krayßtag gethanen Protestation, als auch von dem Umstand eine aufrichtige Nachricht zu ertheilen, wie verwirrt es auf disem Krayßtag zugegangen, damit andere Krayse einen bessern Eindruck bekommen möchten. Man hätte damahl auch wegen der Beschwerden dises Krayses wider das Landgericht und Landvogtey und anderer Angelegenheiten handlen sollen.
Weil es aber durch solche Verwirrung unterbrochen worden, so schickte der Herzog den
12. Martij seinen Geheimben Regiments-Rath Zellern nach Wöpfingen allerhand
Kayserl. Commissionen und Krayßgeschäffte beyzulegen: Es sollte deßwegen ein Schreiben an die Kayserl. May. abgelassen werden, da sich der Costanzische Gesandte unternahm das von seiten Würtemberg verfasste Concept ganz abzuändern und ein anders
zu machen. Obwohl nun in der Hauptsache nichts auszusetzen wär, so konnte es doch
dem Herzog nur darum nicht gleichgültig seyn, weil er es als einen Eingriff in seine
Befugsame des Directorii und davon abhangenden Canzley betrachtete, dessen sich
der Bischoff untersteng einen Schritt in das angemaßte Condirectorium zu thun und
davon Besitz zu nehmen. Er musste aber darüber eine Ahndung anhören. Weil ihm
nun sein Vorhaben nicht gelingen wollte, so erklärte sich dessen Gesandter, daß ihm
gleichgültig wär, welches Concepts man sich bedienen wollte, und das Würtembergische wurde in das reine gebracht und an den Kayser abgeschickt.

§. 106.

Das Münzwesen mengte sich jetzo auch ein und die Oesterreichische geringhaltige
Münzen machten um so mehr dem Reichstag zu schaffen, als alle Vorstellungen keine
Würkung an dem Kayserl. Hof hatten. Diser Verwirrung ein Ende zu machen, wurde den 31. Maji beschlossen eine Deputation dahin abzuordnen. Würtemberg wurde
auch darzu vorgeschlagen, welches anfänglich nicht beliebt werden wollte, bis endlich
die Fürstl. Bayrische, Neubargische und andere die Einwendung machten, daß gleichwohl der Schwäb. Krayß mit dem Bayrischen in einer Correspondenz stünde und beede sehr hoch dabey interessiert wären, wie auch Würtemberg sowohl bey den Münz-
Probations-Tägen, als auch bey der Reichs-Versammlung jederzeit sonderbaren
Eyfer zu besserer Einrichtung des so sehr zerrütteten Münzwesens erwiesen hätte und
mit Chur-Bayern in sehr vertraulichem Vernehmen stünde. Dise Erinnerung hielte
man nun für sehr gut und es wurde beschlossen den Bidenbach auch zu deputieren und

den Herzog darum zu ersuchen. Diser fand zwar viele Bedenklichkeiten insonder- 1670
heit, weil er ein Mißvergnügen bey einigen Kayserl. Ministern und denjenigen, so
bey der Hof-Cammer waren, besorchtete, welches auch die Oesterreichische Gesandte zu
Regensburg deutlich zu verstehen gaben, daß die Deputation am Kayserl. Hof nicht angenehm. seyn würde: Nichts destoweniger entschloß er sich derselben nicht zu entziehen,
damit es nicht das Ansehen haben möchte, " als ob er jetzo von demjenigen, was er
„ bey so vielen Münz-Probations-Tägen mitgesprochen und geschlossen und ein und
„ andere bewegliche Erinnerungs-und Abmahnungs-Schreiben in und ausserhalb des
„ Reichs dem eingerissenen sehr zerrütteten Münzwesen, so viel möglich, zu steuren
„ mitausgehen lassen, wieder abweichen, an denen von Zeit zu Zeit geführten Hand-
„ lungen Scheu tragen und sich darinn forchtsam erweisen wollte der Kay. May. ne-
„ ben andern Ständen alle nothwendige und nachdrückliche, doch glimpfige Vorstel-
„ lung wegen solcher ringhaltigen Oesterreichischen Münzen, wobey die 3. correspon-
„ tierende Krayse sehr interessiert wären, beyzubringen. " Er hatte auch Ursach gerade durchzugehen, weil verschiedene Fürsten und unter solchen auch seine beede Brüder Herzog Fridrich und Ulrich Au'prach auf hohe Stellen bey der noch in der Schöp-
fung stehenden Reichs-Armee, deren Daseyn noch sehr weit entfernet war, machten,
und der Kayser dem Marggr. Leopolden von Baden zur Obersten Generals-Stelle
die Hoffnung machte, welcher schon bey letztern Türkenkrieg seine Tapferkeit als Feld-
Marschall erprobet hatte. Es wurden aber solche Beförderungen dermahlen noch für
unzeitig gehalten, zumahl man bey so vielen Competenten alle widrige Ereignussen vermeyden wollte. Der Kayser schickte dazumahl seinen Reichshof-Rath von Walters-
torff nach Regensburg nicht allein die Abschickung der Deputierten im Münzwesen
rückgängig zu machen, sondern auch bey der Capitulations-Materie die Sache wegen
des Fori Austriaci in die Weege einzuleiten, wie sie der Kayser von den Churfürsten
begehrt hatte und zugleich die Stimmen wegen der verlangten Römer=Monate zur
Conformität, das ist, dahin zu bringen, daß die Mehrheit auf die Anzahl der 50.
Monate gesetzt und die nicht damit einstimmende auch darzu verpflichtet würden. Die
vielgültige Chur-Bayrische Stimme beharrte auf solch Kayserliches Verlangen auf
der Deputation und verlangte, daß das Reichs-Directorium für die Deputierte ein
Crebitiv und Instruction ausfertigen sollte. Herzog Eberhard war dabey der gänzlichen Meynung, daß in allweg dise Kosten vergeblich aufgewendet werden dörfften, weil
der Kayser ausdrücklich in seiner letztern Resolution geäussert hatte geschehen lassen zu
können, daß in andern Krayfen mit Herabsetzung der Oesterreichischen Münzen versah-
ren werden möge und die drey correspondierende Krayse nur auf solchem Schluff beharren sollten. Es ereignete sich aber wieder ein neues Mißverständnus zwischen dem
Chur=und Fürstlichen Collegio, indem ersteres behauptete, daß keine Instruction
unnöthen sey, und die Abgeordnete nur auf die Reichs-Gutachten verwiesen werden
möch-

1670 möchten, welches letztere das Fürstliche Collegium durchaus nicht räthlich erachtete, wobey insonderheit der Würtenbergische sich erklärte, daß sein Principal ohne Instruction sich nicht zu solcher dem Kayserl. Hof verhaßten Deputation gebrauchen lassen würde, so daß Chur-Maynz sich endlich zu einem Entwurf derselben bequemen mußte. So sehr aber die Oesterreichische Gesandte unter allerhand Einstreuungen, welche neue Entschliessungen des Reichs erforderten, die Abreyse der Deputierten zu hindern suchten und der Oesterreichische Director Speidel in solchen Eyfer geriethe, daß er auf dem Rathhauß mit einem Schlagfluß befallen wurde und den 10.
Julij daselbst seinen Geist aufgab: so sehr drang hingegen Bayern auf dieselbe, weil
er Nachricht haben wollte, daß dise Abordnung nicht umsonst geschehen würde, zumahl
der Kayserlichen Hof-Cammer nicht wohl dabey zu muth und zu weichen nicht ungeneigt wär. Die Deputation reyßte demnach den 8. Aug. nach Wien und Bidenbach
übertrug seine Stimme dem Schweden-Bremischen Snoilzky, welcher bey den er-
ten Aussichten solche sehr ungern übernahm, weil derselbe zu Regenspurg bessere Dienste, als zu Wien, thun kunte. Wie dann die Deputierte daselbst so kaltsinnig empfangen wurden und auf ihren Antrag so schlecht Gehör funden, daß man ihnen nicht einmahl ihren mitgebrachten Wein zollfrey passieren lassen wollte. Ehe er aber abreyß-
te, hatte er noch mit dem Badischen und Hessischen Gesandten wegen der von disen gesuchten durchgängigen Gleichheit in der Alternation zu kämpfen. Dann sie besorchteten, daß der Würtembergische am Kayserlichen Hof ihr gemachtes Project übern Haufen werfen dörffte und wollten solches vorher auf dem Reichstag berichtigt haben. Weil
ihnen eine günstig scheinende Kayserliche Resolution darzu Hoffnung machte, so trau-
gen sie bey dem Bischoff von Eystett darauf, daß derselbe sich bemühen möchte das
Hauß Würtenberg zu einem ihren Absichten gemässen Verglich zu vermögen. Dann
sie meynten, daß es so dann mit Pommern und Mecklenburg sich schon ergeben würde,
weil sie mit disen beeden Häusern schon in zimlicher Gleichheit stunden. Bidenbach
zeigte aber, daß weder der Bad- noch Hessische Gesandte gnugsamen Unterricht von
der ganzen Beschaffenheit des Stritts hätte, wodurch er ihnen alle gemachte Hoffnung vereitelte.

§. 107.

Entzwischen überreichten auch die Geistliche Fürsten durch den Bischoff zu Eystett den mehrern weltlichen Fürstlichen den 2. Junij ihre Erklärungen über die
in puncto capitulationis mit den Churfürsten abgehandelte und verglichene Materi-
en. Sie waren wider vermuthen so beschaffen, daß man sich auch meistens mit ihnen vergleichen konnte. Einige wenige erforderten noch einiges mehrers Nachten-
ken, wobey Herzog Eberhard der sogenannten mehrern weltlichen sonderbaren Fleiß und

Sorg-

Sorgfalt zu Ausmachung dieses dem Fürstenstand so hoch angelegenen und zur **1670**
Beruhigung des Reichs tüchtigen Puncten sich sehr wohl gefallen ließ.   Dann
sie hatten nicht nur sogleich ihre Gegen-Erklärung zu Beförderung dieses Geschäffts
ihrem Gegentheil wieder zugehen lassen, sondern auch dem Churfürstl. Collegio zugestellt.   Es änderte sich aber dise Scene gar bald und der Herzog erhielt sowohl von dem
Krayß, als auch von Regenspurg widrige Nachrichten.   Dann es wurde von dem
Reichs-Convent beschlossen, daß wegen der Verringerung des Matricular-Anschlags
von jedem Krayß vier Stände zu dessen Vergleichung abgeordnet werden sollten.   Die
Catholische Stände des Schwäbischen Krayses wollten aber die Gleichheit in der Anzahl der Religionsgenossen nicht erkennen, sondern drey Catholische gegen einem E-
vangelischen erwählen.   Sie trotzeten so gar, daß sie lieber das ganze Moderations-
Werk hintertreiben und auf sich beruhend lassen wollten, ungeacht in dem Fränk- und
Ober-Rheinischen Krayß die Evangelische die Mehrheit hatten und nichts desto weniger den Catholischen die Paritatem religionis einräumten.   Die Evangelische berufften sich auf den Reichstags-Abschied von 1582. und wußten noch andere wichtige Gründe ihnen zu Gemüth zu führen.   Allein alle Vorstellungen waren fruchtlos.
Der Krayßtag zerschlug sich, indem beede Partheyen einander die Verantwortung
aufbürdeten. Herzog Eberhard brachte solchen Vorgang bey dem Reichs-Convent an,
wurde aber nur von Bremen und Baden-Durlach unterstützt und die übrige Evangelische blieben dabey gleichgültig.   Nur bedaurten sie, daß des Zwispalts eines einigen
Krayses halber das ganze Werk in das stecken gerathen sollte._ In der beständigen
Wahl-Capitulationssache wollte es ebenmäßig ein widrig Ansehen gewinnen, indem
von den Churfürsten auf der mehrern weltlichen Fürstlichen Erklärung keine Antwort
erfolgte, sondern vielmehr von Cölln, Bayern und Brandenburg die Absicht dahin
genommen wurde es dahin zu bringen, daß die ganze Sach im alten Stand gelassen oder wenigstens der Epilogus, ob er schon zwischen ihnen verglichen war, weggelassen würde, damit ihnen die freye Hand bleiben möchte.   Chur-Maynz, Trier,
Sachsen und Pfalz erklärte sich auf bemerkten Ernst des Kaysers, daß dise Materie
verglichen würde, daß sie zwar geschehen lassen könnten, wann die mehrere weltliche
sich nachzugeben entschließen könnten, würden aber übrigens im widrigen Fall bey dem
verglichenen bleiben.   Weil nun Brandenburg der Meynung war, daß man schwerlich einig werden und deßwegen besser seyn dörffte zu Verhütung grösserer Trennung
und daraus erfolgenden Mißtrauens und Verbitterungen es in gegenwärtiger Lage zu
lassen, und durch solche Vorspiegelung auch den Churfürsten von Bayern, dessen Gesandter doch bißher zu den Unterhandlungen mit den mehrern Fürstlichen gebraucht
wurde, zum Zurücktritt vermochte, gleichwohl aber der Würtenbergische stark dagegen arbeitete, daß die Abhandlung dieser Sache nicht in das stecken gerathen möchte,
so erkundigten sich die mehrere Weltliche bey den Churfürstlichen, ob man es wegen der

X. Theil.   Aa   Geist-

1670 Geiſtlichen Erinnerungen bey dem zwiſchen jenen und den mehrern Fürſtlichen verglichenen Puncten verbleiben laſſen oder ob man ſich mit den Geiſtlichen
bey einer oder andern Erinnerung einlaſſen ſollte. Die Churfürſten beliebten das erſtere und meynten, daß man das verglichene in den Reichstags-Abſchied an gehörigen
Orten eintragen könnte. Um ſich aber ſicher zu ſtellen, ſo wollten nicht allein die weltliche Fürſtliche auch gewiß wiſſen, was man für verglichen halten könne, weil die Churfürſtliche wegen des Epilogi zuruckttratten, ſondern wendeten auch ein, daß man nach
dem Herkommen dasjenige, was verglichen worden, noch für keinen allgemeinen Reichs-
ſchluſhalten und folglich auch noch nicht in den Reichs-Abſchied eintragen könne, woraufa-
ber die Churfürſten die erſtere Frage übergiengen und es bey der Antwort bewenden ließen,
daß ihre Meynung gleichwohl nicht ſey der Geiſtlichen und mit ihnen haltenden Erinnerungen auf die Seite zu ſetzen, welches der obizen Erklärung ganz widerſprechend
ſchiene. Demnach gedachten die mehrere bey dem Fürſten-Rath auf eine Repropoſition anzutragen und die Anzeige zu thun, daß ſie auſſer diſer Materie keine andere berühren, oder ſich einlaſſen könnten. Sie konnten aber nicht begreiffen, daß
Maynz einen Anſang den Reichstags-Abſchied zu dictieren machte und gleichwohl
nichts in die Feder gab, als den gewöhnlichen Eingang und eine Erzehlung, wie der
letztere Türkenkrieg angeſangen und geentigt worden.

§. 108.

Nun begehrten die Churfürſten die mehrere Weltliche in neue Tractaten zu verwickeln unter dem Vorwand, daß verſchiedene Materien nicht in die Capitulation,
ſondern in den Reichs-Abſchied gehörten, mithin auch vor dem ganzen Reich verhandelt werden müſſen. Und die mehrere Fürſtliche hatten ſelbſt obgedachtermaſſen begehrt, daß man das zwiſchen einem Theil der Reichs-Stände verglichene vor das ganze Reich bringen ſollte. Weil aber die Churfürſten nur an einem Ort, neimlich in
dem Reichs-Abſchied und nicht in der Capitulation des Puncten von Erwählung eines
Röm. Königs und von dem Bann Meldung thun laſſen wollten, ſo beſorchteten die
mehrere Fürſtliche einen neuen Stritt, welcher diſe Materie hinderte und erſuchten
jene nur nach dem Kayſerl. ernſtlichen Verlangen ihre Gedanken über der Geiſtlichen
Erinnerungen zu eröffnen mit der Erklärung, daß man ihrerſeits in materialibus &
formalibus bey dem verglichenen zu bleiben und ſich in keine neue Hantlung einzulaſſen gedenke. Einsmahls verlautete aber, als ob verſchiedene Geſandte und inſonderheit der Cölniſche, Bayriſche und Brankenburgiſche ſich von Regenſpurg hinweg und
nach Hauß zu gehen Befehl hätten, welches der Kayſer ſehr mißfällig aufnahm und
deßwegen ſowohl an ſeinen Principal-Comiſſarien, als auch an Herzog Eberharden
Schreiben ergehen ließ die Aufſtoſſung des Reichstags zu verhüten, ſondern die dahir

verwirrete Materien der beständigen Capitulation und allgemeinen Reichs- 1670
Verfassung zu Ende zu bringen und den Reichs-Abschied zu erwarten (r).
Der Herzog antwortete aber nur, daß er zwar seinen Gesandten bißher dem Reichs-
Convent beywohnen lassen und derselbe als ein Reichs-Deputierter bereits zu Wien sey.
Er wollte aber demselben zu Beförderung und endlicher Ausarbeitung der noch ruck-
ständigen Materien dahin den Befehl zu geben lassen solchen vollends abzuwarten: und
weil der Kayser des puncti restituendorum in seinem Schreiben nicht gedachte, so
bath der Herzog demselben durch dessen Commissarium nachdrücklich zu verfügen, daß
neben der capitulatione perpetua und securitate publica auch der punctus restituendorum & gravaminum und was sonsten noch anstehen Reichstag verwiesen werden, vor die Hand genommen und damit dem Instrumento pacis ein Genügen geleistet würde, indem eben diser restitutions-Punct einer der vorzüglichsten Gegenstände
des Friedens sey. Dann der Herzog besorgte ohnehin, daß der Reichstag bey dem Abreysen so vieler Gesandten wie ein kleines Liecht verlöschen döfffte, wofern der Kayser
demselben nicht zu Hülf käme, zumahl man an dessen Hof wider Cölln, Bayern und
Brandenburg den Verdacht gefasst hatte, daß sie der Kron Frankreich zu Gefallen den
Reichstag abbrechen wollten, damit insonderheit das Verfassungs-Werk nicht zum
Stand käme, da hingegen der Chur-Brandeburgische Gesandte, von Jena, selbst
über die vorgegebene Abreyse spottete und sagte: Wann sie wegziehen, werden die klei-
nende singen: Laß fahren dahin, sie habens kein Gewinn, der Reichstag wird doch
bleiben. Und würcklich stimmten die meiste Fürstliche dises Lied mit ihm an und der
Bremische überredete den Oesterreichischen Directorem Schrer, welcher bißher den
Capitulations-Puncten nicht mehr zur Proposition bringen wollte, durch seine Vorstellungen dahin, daß er nur noch wenige Tage um Geduld bathe. Was aber den punctum restituendorum betraff, berichtete eben diser Schnellty, daß seit deme den Catholischen beygebracht worden, als ob die Evangelische deßwegen keinen Krieg anfangen würden, sie nicht allein keinen Zug mehr gethan, sondern auch an vielen Orten,
wo vermög des Friedenschlusses und Nürnbergischen Recesses einige restitutiones geschehen, dieselbe wieder zernichtet hätten.

§. 109.

Entzwischen lieff die Nachricht ein, daß Frankreich mit verschiedenen Potentaten,
Chur- und Fürsten ein Bündnus zu schliessen beschäfftiget wär und nicht allein dergleichen mit Münster wider die Staaten von Holland unter der Hand habe, sondern auch
den König in Dänemark und Chur-Brandeburg wider Schweden auszuringen suche.
Frankreich hatte den 26. Aug. die Statt Nancy eingenommen und besuchte die

Aa 2   Spa-

(r) vid. Beyl. num. 51. und 52.

1670 Spaniſche Niderlande mit einem neuen Krieg. Weil nun das Teutſche
Reich leicht in diſe Händel verwickelt werden konte, ſo erinnerten Maynz
und Trier durch Geſandten den Kayſer, daß er die allgemeine Kriegs = Verfaſſung zu
beſſen Sicherheit zu Regenſpurg beſſer betreiben möchte. Es hatten auch dieſe Ereig-
niſſen einigen Einfluß in das Capitulations = Geſchäfft, indem die Churfürſtliche den
26. Sept. ihre Reſolution auf der Geiſtlichen Fürſten Erinnerungen den mehrern
weltlichen übergaben, worinn ſie meiſtens bey dem mit diſen verglichenem blieben und
zu baldiger gänzlicher Vergleichung Hoffnung machten. Der Erfolg zeigte, daß es
nur geſpielt geweſen. Herzog Eberhard hatte zwar ein beſſeres Zutrauen zu diſem Collegio, beſorchtete aber, daß der Franzöſiſche Einfall in Lothringen diſer Sache einen
Auſtand geben dörffte, weil er allzuwichtig war, und gab ſeinem Gewaltträger
Schnoilßky auf mit den mehrern und vernünfftigern weltlichen Fürſtlichen einzuſtim-
men, indem er vermuthen konnte, daß eine Vermitlung (mediation) oder Unterhandlung (interpoſition) von Reichswegen beſchloſſen werden dörffte. Seine Abſicht war die Neutralität für das Reich zu erhalten, weil weder die Mediatores, noch
Interpoſitores ſich in den Krieg ſelbſt einmengen, noch eingemengt werden konnten.
Nichts beſtoweniger waagten der Neuburg = und Bremiſche Geſandte, welche der mehrern weltlichen Fürſten Angelegenheiten zu beſorgen den Auftrag hatten, den Kayſerl. Principal = Commiſſarien dahin zu erbitten, daß das Capitulationsweſen wieder
belebet werden möchte, weil das Oeſterreichiſche Directorium ſo ſchlechten Eyſer darinnen bezeugte, ungeacht der Kayſer den widerhohlten Befehl an ſie ergehen laſſen diſe
Sache zu Ende zu bringen, und der D. Raſſler, welchem nun das Directorium anvertrauet war, nicht in Abrede ſeyn konnte, daß der Kayſerl. Wille mit der mehrern
Fürſtlichen Begehren übereinſtimmte, damit man dem wegzugehen drohenden Churfürſten den ſonſt nicht ungegründeten Vorwand benehmen könnte, als ob man nichts
ſonderliches auf dem Reichstag thäte. Dann man glaubte, daß, wann diſe Materie wieder auf das Tapet gebracht würde, ſie ſich wohl anterſt beſinnen dörfften oder
den Vorwurf auf ſich laden müſſten, daß ſie die Sache, worüber man ſich ſo viele Jahre öffentlich und beſonders bemühet und welche unter den Chur = und ſowohl geiſt = als
weltlichen Fürſten bis auf ein weniges ausgemacht wäre, und worüber man ſich die
Hoffnung machte, daß es ſich dabey nicht ſtoſſen würde, nicht zum Ende bringen wollten. Man wollte aber nunmehr die Urſach errathen haben, warum man von ſeiten
des Oeſterreichiſchen Directorii ſo ungern an die Befolgung des Kayſerl. Willens käme. Dann ſie beſorchteten erſtlich daß durch die reaſſumirung diſes Geſchäffts faſt allein Fürſten = Rath durch die geiſtliche und weltliche von Churfürſtlichen Häuſern ab-
ſtammente Fürſtliche gemachte Schlüſſe über den Haufen fallen müſſten, welches ſie
als eine ärgerliche Sache verabſcheueten, indem es durch die zwiſchen den Chur = und
mehrern weltlichen Fürſten getroffene und von dem Kayſer meiſtens gutgeheiſſene

Ver-

Vergleichung nicht anders ist seyn könnte, als daß sich die bißher anders gesinnte 1670
darein ergeben müßten. Zweytens war ihnen nicht wenig bang, es möchten die
Evangelische Stände ihre bey dem Capitulations-Werk anfänglich hart betriebene Erinnerungen wegen der freyen Religions-Uebung der Reichshof-Räthe, Gesandten rc.
mit Gewalt behaupten wollen, welches man Oesterreichischer seits für einen unüber-
windlichen Puncten hielte. Dann der Bremische Gesandte ließ sich vernehmen, daß
die gegenwärtige Zeit-Umstände die bequemste wären mit dem Evangelischen Gesuch
durchzudringen, wann diese nur recht zusamen hielten. Wann es aber je brechen sollte,
so würden dieselbe mehr Ehre davon haben und aller Unglimpf auf den Kayser und dessen Staats-Räthe fallen, daß er den Evangelischen an dem Kayserl. Reichs-Hof-
Rath befindlichen Dienern, welche er doch zu halten schuldig wär, die Religions-Uebung nicht gönnen wollte. Weil nun die Directoria durch keinen Weeg sich zur Proposition der Capitulations-Materie bewegen liessen, versuchte der Neuburgische Gesandte den 19. September solches vor dem ganzen Reichs-Convent an sie zu begehren,
damit den Kayserl. Befehlen einmahl ein Genügen geschähe und erbothe sich im Namen
der mehrern weltlichen Fürstlichen an Befolgung des Kayserl. Willens nicht ermanglen zu lassen, wie sie dann mit der Reichs-Protocollen Zeugnus gerechtfertigt seyen,
daß sie solches bißher ernstlich zu thun begehrt hätten. Diese entschuldigten sich aber,
daß man wohl wüßte, woran der Anfang hafte und die Schuld nicht auf ihnen lige,
erbothen sich aber gleichwohl dem Werk nachzudenken, wie man zu dem verlangenden
Zweck gelangen möchte. Nun hatte aber der Bischoff von Eichstett neue Verhaltungs-
Befehle empfangen, woraus er die gute Vertröstung gab, daß es wegen der Oesterreichischen angemassten exentionen, worinn bißher die größte Discrepanz bestanden,
keine Schwürigkeit mehr haben sollte. Das Capitulations-Wesen war demnach, so
viel es die Fürsten unter sich betraff, fast ganz ausgemacht und man wünschte nur noch
den Beyfall von den Städten zu erhalten. Allein die drey Churfürsten Cölln, Bayern
und Brandenburg machten neue Schwürigkeit, indem sie auf ihrer Meynung beharrten, daß sie von keiner beständigen Capitulation hören wollten, ob sie schon sowohl
offentlich, als auch privatim etliche Jahr darüber gehandelt, der Westphälische Friede
eine beständige Capitulation anserleget und die Churfürsten nicht allein einen Entwurff
davon gemacht, sondern auch den Fürstlichen zur Ueberlegung und Anhörung ihrer Gedancken zu Handen gestellet hatten. Sie verlangten nur, daß alles, was darüber
gehandelt werden, als materiæ comitiales ohne Meldung einer Capitulation dem
Reichs-Abschied einverleibt werden, den Churfürsten aber nach, wie vor, das ihnen
allein zukommende Jus capitulandi uneingeschränkt und frey bleiben sollte. In solcher Absicht wollten sie auch den hievor so hoch betriebenen Epilogum, worüber
man sich fast ein ganzes Jahr zwischen den mehrern weltlichen des Fürstenstandes und
den Churfürsten ermüdet und geschlossen, nicht mehr zulassen, weil sie besorgten, daß

sie.

1670 sie ihr in demselben vermeintlich erlaubtes jus adcapitulandi, wie sie es damahls wider die Comitial-Sprache villeicht aus Versehen nennten, nicht fest genug gesetzt haben mochten, wie es dann auch ziemlich eingeschränkt war (s).

§. 110.

Anstatt der Capitulations-Materie wurde demnach zur Beschäfftigung der Gesandten das Reichs-Verfassungs-Werk und die damit sehr genau verbundene Matricular-Moderation wieder angegriffen. Die Chur- und Fürstliche Collegia treuneten sich abermahl da jenes die Moderations-Sache auf eine Ordinari-Reichs-Deputation verschobe, di es hingegen wollte, daß von jedem Krayß gewisse Moderatores ernennt werden sollten, welche diese Sach unter einander vergleichen könten. Nun wünschte zwar Herzog Eberhard, daß es bey disem Schluß bleiben möchte, weil inzwischenzeit Braunschweig-Calenberg solchen den 20. Septembr. mit sehr wohl ausgeführten Gründen behauptet hatte, daß er dem bißherigen Herkommen näher käme. Das Reichs-Stätti-sche Collegium tratt aber den Churfürsten bey, daß den Fürsten schwer fiel mit ihrer Meynung durchzutringen. Der Herzog trug demnach seinem Stuttgarter vierten Gesandten Enoißky auf den Evangelischen die Erinnerung an die Hand zu geben, daß, wie bey letzter Frankfurter Deputation auch geschehen, die Gleichheit der Religionsgenossen im Churfürstl. Collegio, wie in dem Fürstl. und Stättischen, beybehalten werden möchte, indem die Churfürsten villeicht nur darum auf ihre Meynung gerathen, weil bey einer Ordinari-Deputation das ganze Churfürstl. Collegium erscheine und mehrere Catholische sich darin befinden. Weil aber bey Aufstellung einer ausserordentlichen Deputation nach den Kraysen die Paritas religionis nicht beobachtet werden wollte und verschiedene, insouders Evangelische Stände darüber Beschwerden fühlten, so drang der Churfürstliche Vorschlag dannoch durch solche Moderations-Sach um dergleichen Schwürigkeiten und weitsichtigen Verwirrungen auszuweichen an die Ordinari-Reichs-Deputation zu verweisen, weil nicht allein das Evangelische Wesen weniger in Gesahr stunde, sondern auch die Appellationen gleichwohl an dise Ordinari-Deputation gelangen mussten. Nicht weniger theils

---

(s) Die Churfürsten prætendierten eigentlich das jus capitulandi in ihrer freyen Gewalt mit Ausschliessung der Fürsten zu haben. Degegen dise das jus adcapitulandi, daß ist das Recht ihre Erinnerungen zur Capitulation zu machen verlangten, daß solche in Betrachtung gezogen werden sollten. Jene behaupteten aber auch, daß bey gewissen Fällen sie der Capitulation nach Belieben etwas hinzu oder davon zu thun befugt seyn sollten. Obwohl nun dises adcapitulation genennt werden konnte, so war doch solches wider die Comitial-Sprache, weßwegen es die Fürsten auch ahndeten und den Churfürsten verwiesen, wie dann auch dise kein Jus adcapitulandi, sondern nur ein Jus capitulandi sich anmassten.

theilten sich die drey Reichs Collegia auch über dem Puncto extensionis des §. Und 1670 gleichwie 2c. 180. des letztern Reichs-Abschieds, deren der eine Theil die Interessenten gewann wurden, so daß das Capitulations- und das Verfassungswerk in das stecken geriethe. Man erwartete dennach eine Kayserliche Resolution wegen der Extensions-Sache und meynte die Gesandte mit neuen Materien zu beschäftigen. Die mehrere weltliche Fürstlichen beharrten aber auf ihrer den 9. Septemb. gethanen Erklärung, daß sie sich in keine andere Dinge einlassen wollten, wofern die Capitulations Materie im Fürsten-Rath nicht wieder vorgenommen würde. Am Kayserl. Hof hingegen beharrte man nach dem Vorgeben des Principal-Commissarien darauf, daß solche nicht eher in Vortrag gebracht werden sollte, bis vorher das ganze Werk ausserhalb des Collegii besonders unter den Ständen verglichen und man in vollem Rath nicht mehr disputieren könnte. Dises war zwar ein guter Wunsch, welcher aber bey damahliger Gewohnheit und herrschendem Widerspruchsgeist niemahlen zur Erfüllung kommen konnte. Der Bischoff von Erstett gab sich die Mühe einen Aufsatz zu verfertigen, wie er vermeynte, daß die noch übrige stritige Puncten beyzulegen wären. Er war aber so beschaffen, daß die mehrere weltliche des Fürstenstands solche Vergleichungs-Mittel nicht annehmen konnten. Sie dienten aber gleichwohl darzu, daß dise Materie noch länger nicht zu den Collegiis gelangen und, wie die Kayserl. Absicht dahin gieng, daß man wegen der sehnlich verlangten Römer-Monate eine mehrers vergnügliche Erklärung herauslocken könnte. Der Französische Einfall in Lothringen beunruhigte aber die für die Wohlfarth des Reichs besorgte Fürsten. Man hatte auf dem Reichstag den Kayser um die Uebernahm einer Vermittlung durch Schreiben ersucht und diser hatte schon den Graven von Windischgrätz als einen Bottschaffter an den Französischen Hof erneuet. Das Hauß Braunschweig machte aber eine wichtige Vorstellung sowohl bey dem Kayserl. Principal-Commissarien, als auch den Oesterreichischen Gesandten, daß solches Hauß nicht rathsam befinden könnte also darbey still zu sitzen, sondern höchstnothwendig befinde, daß das Reich sich in eine starke und schleunige Gegen-Verfassung setze. „Weßwegen die Krayse durch die Kays. „May. zu Ausschreibung gemeiner Convente zu erinnern und insonderheit auf dem „Reichstag das Reichs-Verfassungs-Werk zu richtigem Schluß zu befördern, „mithin sich des Hauses Lothringen nicht, daß es sich durch sein bißheriges Betragen um das Reich verdient gemacht hätte, sondern nur darum mit nachdrücklichem „Beystand abzunehmen wär, damit die Krone Frankreich, welche bißher bey dem „Zaudern des Reichstags gleichsam alle seine Absichten ausführen und allein durch „seine Gewaltthätigkeit rechtfertigen wollen, nicht weitern Fuß setzen, und noch mehrere Stände des Reichs, wie nicht unzeitig zu besorgen, beunruhigen möchte „und man gleichwohl allenfalls auch in einer Postur stehen und den Ernst zeigen „könnte. Wenigstens wär das Hauß Braunschweig, nicht gemeint zu warten

„bis

1670 ,, bis die Reyhe an daſſelbe komme, ſondern ſich in ſolche Verfaſſung zu ſtellen,
,, daß, wann andere Stände dergleichen thun, man außer ſonderlicher Gefahr
,, wir uns der König in Frankreich ſeine Gewaltthätigkeiten einzuſchränken ſich entſchlieſſen müſſte. ,, Dieſe Vorſtellung wurde doch mit einer nur geſchriebenen Schrifft
unterſtützt, welche die Franzöſiſche Kunſtgriffe ſich groß zu machen ſehr nachdrücklich
entdeckte. Sie war unter der Aufſchrifft: Veridicus Gallus. von einem Teutſchen
unter dem Namen eines Franzoſen verfaſſet und wurde durch den Weeg der Poſt an
die drey Reichs-Directoria überſandt um dem ganzen Reich die Augen zu öffnen und
ſolches aus ſeinem Schlummer in eine muntere Thätigkeit zu verſetzen (t). So
laut dieſe Schrifft aber die Teutſche Fürſten aufruffte, ſo wenig fand ſie dennoch Gehör, ſondern den 19. Nov. muſſte der Capitulations-Punct wieder hervorgeſucht
und in den Fürſten-Rath gebracht werden, weil der Kayſer es ungünſtig aufnahm,
daß deſſen Principal-Commiſſarius unerachtet gehabten anterwertigen Befehls die
repropoſition dieſes Puncten ſo lang verzögert hatte. Dann er konnte bey damaliger
Lage der Zeitläufften die mehrere weltliche des Fürſtenſtands in ihrem Begehren aufzuhalten nicht rathſam befinden. Es äuſſerten ſich aber gleichbald wiederum Hinderniſſen.
Dann obſchon die Fürſtl. Directoria glaubten, daß man nur die diſcrepantien zuſammen tragen und verſuchen möchte ſelbige gütlich zu vergleichen, da man das ganze
Werk re- & correſpondo an das Churfürſtl. Collegium bringen könnte und ſowohl
die mehrere weltliche, als auch die ſämtliche geiſtliche ſolche weiſe zu verfahren ergriſ-
ſen, weil es durch ſo viele Mühe und Fleiß ſo weit gekommen, daß der verlangte Zweck
entlich hätte erreicht und die innerliche Ruhe befeſtigt werden können, ſo, daß man
den 26. Nov. würklich damit zu Werk gieng und ſich freundlich untereinander zu vernehmen verſuchte: ſo konnte man ſich doch eins-theils bey den Erinnerungen über den
18.ten Artical von Juſtitz-Sachen nicht vergleichen und andern-theils waren die Churfürſten ſelbſt unter ſich nicht einig, ob nemlich, wie Chur-Mainz, Trier und Sachſen verlangten, das ganze Capitulations-Project, wie man bißher die mehrere weltliche vertröſtet, in einem ſyſtemate in den Reichs-Abſchied gebracht und mithin Treu
und Glauben gehalten, oder ob nach dem Begehren Cölln, Bayern und Brandenburg die abgehandelte Materien nur zerſtreut an ſchicklichen Orten dem Reichs-Abſchied eingeſchaltet und die mehrere Fürſtliche hintergangen werden ſollten. Dieſe Uneinigkeiten hinderten demnach die Reichsgeſchäffte ſehr, weßwegen Chur-Mainz die
Münz-Materie in die Umfrage bringen wollte. Nun hatten zwar die mehrere
weltliche Fürſtliche bewilligt ſolche neben der Capitulations-Materie abzuhandlen. Sie
lieſſen aber durch Pfalz-Neuburg die Fürſten-Raths Directoria erſuchen, weil die
Capitulations-Sache in guter Bewegung und friſchem Gedächtnuß wäre, davon je-
to um ſo weniger abzuſetzen, als man ohnehin des Würtenbergiſchen Geſandten nahe
Ruck-

(t) vid. Beyl. num. 53.

kunfft von Wien erwarten und seinen Bericht vernehmen müssie, ehe man et-   1670
was gründliches wegen des Münzwesens schliessen könnte.   Dise Erinnerung
hatte auch die Würkung, daß den 13. Dec. von dem Gesantten der Bericht einlief, daß
samtliche discrepantien erledigt und verglichen wären und obwohl sich wegen des Achtzehenden Articuls und der darinn enthaltenen Oesterreichischen Exemtions-Privilegi-
en grosse Bewegungen und Widersprüche ereigneten, man sich endlich doch dahin vereinigt hätte gewisse strittige Vorbehälte nur ad protocollum und nicht in den Auffatz
der Capitulation zu nehmen und solchen an das Churfürstliche Collegium zur re-und
correlation gelangen zu lassen.   Dises erfreute Herzog Eberharten sehr, als er eben,
als Kayserl. Commissarius und Crays-Ausschreibender Fürst unter dem Commanto
Johann Reinharts von Horneck, Obristen der Cavallerie und Ober-Vogts zu Kirchheim einige Mannschafft von 235. Mann theils von der Fürstlichen Leib-Garde, theils
von den Dragonern aus der Land-Miliz nach Babenhausen abordnete.   Dann die terti-
ge Einwohner hatten ihrer Herrschafft Joh. Franzen Fuggers drey minderjährigen
Söhnen allen Gehorsam aufgesagt.   Mit disen Truppen schickte er seinen Obern, oder
Regierungs-Rath D. Johann Ulrich Rümmeln und seinen Geh. Raths-und Schwäbischen Krayses Secretarien Kellern.   Weil nun keine gütliche Erinnerungen bey den
Aufrührern verfangen wollten, mußte man Gewalt brauchen, wobey ein Corporal
von Mörgelstetten, welcher 11. Kinder hinterließ, tod geschossen und 4. andere gemeine verwundet, wie auch etliche Pferde getödet wurden.   Die Bauern wurden aber
entlich gezwungen sich in die benachbarte Lande zu verlauffen und die Fuggerische Ver-
manschafft bezahlte des Corporals Wittib und Kindern 100. fl. und den verwundeten
den Arztlohn und Schmerzen-Geld, wie auch dem Herzog die Pferde.

§. III.

Mit dem Ende dises Jahres geschah die Verlobung der Princessin Sophien Loui-
sen mit dem Marggr. Christian Ernsten von Brandenburg-Culmbach in Herzog E-
berharts Gemach.   Weil diser jederzeit mit dem Brandenburgischen Hauß nur insonderheit mit disem Marggraven in vertrautestem Vernehmen stund, so mußte der damahlige Hofprediger D. Wölflin wegen solcher nähern Verbindung den 23. Nov. über
den Text 1. Sam. c. 18. v. 2. u. 3. eine Dankpredigt halten.   Das Heurathgut
wurde der Princessin als einer Tochter eines regierenden Fürsten nach den Hausverträ-
gen mit 32000. fl. versprochen und dagegen, weil ordentlicher weise die Morgengab der
vierte Theil des Heurathguts seyn soll, dieselbe auf 8000. fl. oder 400. fl. jährlicher
Renten verglichen und das Heurathgut sowohl mit der Widerlage, als auch dem Wittumb auf das Schloss, Stadt und Amt Neustadt an der Aysch versichert, daß aus solchen gewisse Gefälle erhoben würden.   Der Fürstl. Bräutigam legte aus besonderer

X. Theil.   B b   Lie-

1671 Liebe und Affection mit freyem Willen noch 3600. fl. hinzu und wollte aus
Freude nebst dem Wildbann an hohen und nidern Jagden, Kuchen- und Fron-
diensten, Atzung, Teichen, Fischereyen, Feder-Wildpret, Freveln, Strafen
und Gerichtsfällen auch das Brenn-Brau- und Bauholz nicht einrechnen, wobey zugleich die Besoldungen der Amtleut und Dienerschafft ohne Abgang der obbemeldten Wit-
tumbsverschreibung von der Marggrävlichen Cammer bezahlt werden sollten, obschon
der Prinzessin alle Gattungen der Obrigkeit überlassen und nur von dem Marggraven
die Erbhuldigung, Oeffnung der Stadt und Schlosses, Landsfürstliche Hoheit an Glai-
ten, Folge, Steuren, Ritter-Lehen und Diensten, wie auch die Vertheydigung der
Gränz-Strittigkeiten vorbehalten wurden. Bey Kirchen- und Schul-Diensten sollte die Fürstin das Recht der Ernennung haben und das jus confirmandi und inve-
stiendi dem Marggrävlichen Hauß verbleiben, wie auch diser Fürst über sich nahm
die Gebände im Schloß und Gütern im Stand zu erhalten, doch daß die künfftige
Marggrävin dieselbe in Tach und Schwellen baulich erhalten und disen Wittumb niemanden ohne des regierenden Marggraven Wissen und Willen öffnen oder in Schutz
und Schirm anvertrauen sollte. Der Verzücht geschahe gegen dem Hauß Wärtenberg auf alles Vätter-Brüderlich und sonsten zufallendes Erbe. Wofern aber die
Prinzessin vor dem Marggraven ohne eheliche Leibes-Erben abgieng, sollte zwar
das Heurathgut disem auf Lebenslang zum Genuß gelassen werden, aber nach dessen
Absterben dem Hauß Wärtenberg heimfallen, zu welchem Ende das Wittumgut biß
zur Auslösung disem Fürstl. Hauß verhafftet bleiben und die Amtleute sogleich nach dem
Beylager in Eyd und Pflicht genommen werden sollen. Jngleichem wurde verglichen,
daß der Prinzessin die freye disposition über die 8000. th. nach Morgengabs-Recht
bliebe. Wofern auch der Marggrav vor der Prinzessin mit Tod abgieng und minderjährige Erben von ihro hinterließ, so stund ihro frey ihren Wittumb zu beziehen oder die
Mit-Vormundschafft als eine Muter zu übernehmen. Würde sie sich hingegen anderwärts verehlichen, so solle zu des Marggraven Erben Willen stehen das Heurathgut
und Wittumb mit 32000. fl. abzulösen, doch, daß ihro 3200. fl. anstatt der Widerlegung jährlich ihr Lebenlang gegeben würden, worüber sie genügige Versicherung erhalten sollte. Und wann sie auch aus zweyter Ehe Kinder hinterließ, so soll das Heurathgut auf die Kinder von erster und zweyter Ehe und dise nach Ablösung der 32000. fl.
schuldig seyn das Leibgut und Wittumb wieder abzutretten. Und wann endlich die Prinzessin der Notturfft nach verreysen und mit adelicher Aufwartung versehen seyn wollte,
so wurde bedungen, daß ihro aus den Wittumbs- oder andern nahe gelegenen Orten
an Ritter-Diensten gnugsame Vorsehung geschehen sollte. Das Beylager wurde aber
erst den 30. Januarij 1671. vollzogen.

§. 112. 1671

Entzwischen veranlaßte die obgemeldte Vorstellung des Braunschweigischen Gesandten und die angeführte Schrifft bey dem Kayserlichen Hof ein Nachdenken, daß er den punctum securitatis und die Bestellung der Generalität bey der aufzustellen beliebten Reichs-Armee sehr dringend betriebe. Bey dem Reichstag hingegen nahm man solche Erinnerung nicht zu Herzen, sondern beschäfftigte sich noch immer mit dem Capitulations-Puncten, obschon der Feind vor den Thoren stund. Dann die Fürstl. Gesanten wollten bey so gutem Anschein denselben zu Ende bringen. Bidenbach berichtete auch deßwegen unterm 30. Januarij, daß man sich einstens im Fürsten-Rath wegen der Capitulations-Sache über die hiebevor gemachte Schlüsse und der mehrern weltlichen noch ferner erfolgte Erinnerungen verglichen habe, welches alles dem Chur-Maynzischen Directorio durch die Fürsten-Raths-Directoria zugestellt worden. Man hatte also besto bessere Hoffnung zur baldigen Beendigung einer so wichtigen Sache, weil das meiste auch schon zwischen den Chur- und mehrern weltlichen Fürstlichen also, ausser etlichen wenig bedeutenden Erinnerungen verglichen war. Nichts destoweniger vernahm man sogleich, daß die Churfürsten schlechten Lust bezeugten dise Materie zur Richtigkeit kommen zu lassen, sondern nur durch neue Einstreuungen verwirrt zu machen, insonderheit aber in Ansehung des Prologi und Epilogi einen solchen Aufsatz auf die Bahn zu bringen, durch welchen dasjenige, was ihnen im Epilogo zu einiger Einschränkung ihrer bißher sich angemaßten Befugsame bedenklich angeschienen, wieder auf solche Weege eingeleitet werden möchte, damit sie freye Hände behielten nach ihrem Gutdünken zu capitulieren. Der Würtenbergische Gesandte betrübte sich besto mehr darüber, als gedachtermassen der Epilogus zwischen den Chur- und mehrern Fürstlichen schon verglichen war und er sowohl in Ansehung diser Materie, als auch wegen der Römer-Monate bey seiner Anwesenheit am Kayserl. Hof manche verdrüßliche Vorwürfe anhören musste, daß man dises Werk und insonderheit den Kayserlichen Willen wegen der zur Abtretung der Bestung Homburg von Lothringen an das Hauß Nassau verwilligten Monate mit so schlechter Einhaltung befolge und zu nicht geringer Beschimpfung des Kaysers und Reichs so viele immer neue Einwürfe gemacht würden, daß dem Kayser nicht verdacht werden könnte, wann er die Hand abziehe und zwar die Sache gehen lasse, wie sie wolle, aber es den Ständen bey erfolgenden grössern Beschwerlichkeiten und Nachtheil des Reichs zur Verantwortung heimgeben werde. Wegen der militarischen Reichs-Verfassung sprach man aus gleichem Ton, als ob man am Kayserl. Hof zur Wohlfart des Reichs dieselbe sehr ernstlich wünschte und zu deren Beförderung grosses Verlangen trüge. Der Kayser hatte hohe Ursach dises Werk ernstlich zu betreiben, weil er dem Türken mit den Kräfften seiner Erb-

B b 2 lande

1671 lande zu widerstehen viel zu unvermögend war und sich wegen der langsamen Entschliessung des Reichs auf dessen Hülfe nicht verlassen durffte. Seine Cassen waren
noch von letzterm Krieg entkräfftet und wann er disen Erbfeind schwächte, so bekam er auf
der andern Seite die Kron Frankreich zum Feind. Nichts desto weniger zweifelte man
an dem vorgegebenen Ernst, weil er die Krayse durch bewegliche Schreiben darzu zu
ermuntern unterliess, ungeacht es damahl bey dem Schwäbischen Krayß eine ungezweifelt gute Würkung gehabt hätte. Die Churfürsten machten also sogleich einen neuen
Stillstand in der Capitulations-Materie unter dem Vorwand, daß in des Fürsten-
Raths Aufsatz einige neue Erinnerungen eingekommen, worüber sie auch neue Verhaltungs-Befehle einholen müßten. Man wollte aber entdeckt haben, daß der
Brandenburgische Gesandte an seinem Hof nicht so aufrichtig berichtet, als der
Verlauff der Sachen erfordert hätte. Und wann Widenbach den ganzen Hergang des Teutschen Reichstags berichten sollte, so meldete er nur, " daß, wann
„ man schon auf einiger und zwar der mehrerer weltlicher des Fürstenstands sei-
„ ten zur Erheb-und Ausmachung einiger dem gemeinen Wesen höchstnothwen-
„ diger und nutzbarer Materien vortrage und zu befördern suche, so werde doch
„ solches durch der andern Widerspruch aufgehalten und schwer gemacht, ja mehr
„ zur Vernichtung gearbeitet, als etwa mit Ueberwindung eines oder des an-
„ dern besondern Interesse auf die allgemeine Wohlfart das Augenmerk genom-
„ men werde, weßwegen nichts anders, als ein ewiger Reichstag vorauszusehen wer-
„ ten könne. Und am Kayserl. Hof besorgte man, daß, wann der Reichstag in der-
„ gestaltiger Uneinigkeit und ohne einigen guten Schluß zergehen sollte, ein Churfürstl.
„ Collegial-Tag daraus entstehen und dabey ein und anders vorkommen und durch
„ allerhand Weege durchgetrieben werden dörffte, welches dem Kayser und seinem
„ Hauß weit mehr Unheil, als der unnutzliche Reichstag zuziehen könnte. " Pfalz-
Neuburg ließ deßwegen ein nachdrückliches Schreiben an Chur-Brandenburg ergehen und demselben die von seinem Gesandten D. Jena oder sonst beygebrachte Meynung
benehmen, als ob die mehrere weltliche von dem mit den Churfürstlichen verglichenen
abgehen und mehrers, als vorhin, suchen wollten, ungeacht man solche Bezüchte vielmehr den Churfürstlichen auflegen könnte. (u)

§. 113.

Herzog Eberhard wurde über solche langweilige Hantlangen desto verdrüßlicher,
als auch seine oder seines und anderer patriotischer Fürsten-Gesandten Bemühungen
nichts fruchten wollten, zumahl an das Punctum restituendorum, auf welchem doch
der Bestand des so theur und mühsam erworbenen Reichsfridens unvereinlich beruhete,
nicht

(u) vid. Beyl. num. 54.

nicht einmahl gedacht und in den übrigen Puncten gar nichts zuverläſſiges geſchloſ- 1671
ſen wurde, auch die Gefahr, welche man Evangeliſcher ſeits aus Uebergehung biſer Reſtitutions-Materie nach der Endſchafft des Reichstags unnachbleiblich zu gewarten
hatte, von den mehrern Theil der noch anweſenden Evangeliſchen Geſandten nicht in
Betracht gezogen werden wollte, wodurch die bey ſo widrig anſcheinenden Ausſichten
ſo höchſtnöthige Zuſamenſetzung und Harmonie ſich je länger, je mehr entfernte. Er
gab deßwegen den 15. Martij ſeinem Geſandten auf mit einigen Vertrauten gutge-
ſinnten zu überlegen, ob nicht ein hinlänglich Mittel auszufinden wär diſes Unheil abzuwenden und ob die Reichstagshandlungen in beſſere Ordnung gebracht oder der Reichstag mit gutem Glimpf aufgehoben werden könnte? Nun waren verſchiedene Geſandte faſt gleicher Meynung, hielten aber doch davor, daß, weil gleichwohl die Churfürſtliche ſich in dem Capitulations- und andere im Verfaſſungs-Puncten mit ihren Erklärungen vernehmen laſſen müſſten, man ſo lang zu warten hätte. Die Churfürſten
ſchienen aber eher in der Capitulations-Sache von allem bißher verhandelten gänzlich
zurückgehen und inſonderheit den Epilogum auszumuſtern zu wollen, da andere wegen
der militariſchen Reichs-Verfaſſung groſſe Schwürigkeiten einwarfen. Die Erklärung der Churfürſten traff auch wärklich mit der Vermuthung ein, daß ſie das zwiſchen ihnen und den mehrern weltlichen Fürſtlichen verglichene wieder über den Haufen
zu ſtoſſen gemeynt ſeyen. Und es bekam das Anſehen, daß, wann ſie darauf beſtehen
wollten, der Reichstag ſich aufſtoſſen dörffte. Der Herzog wurde darüber ſehr beſtürzt,
zumahl auch die Catholiſche nunmehr das Principium aufſtellen wollten, daß die vermög des Weſtphäliſchen Friedens gerecht erkannte und vollzogene Reſtitutionen keine
ewige Währung hätten, ſondern ihre Gültigkeit verlöhren. Dann der Herzog muſſte beſorgen, daß man ihm ſeine Clöſter und Geiſtliche Güter anſprechen und ſeine erhaltene Reſtitution wieder zernichten dörffte, obſchon dieſelbe ſowohl ex capite Amniſtiæ, als gravaminum erlanget hatte und in dem letztern die Reſtitution auf die
Ewigkeit nach dem Buchſtaben des Friedens verglichen war. Die Stadt Regenſpurg
war ebenmäſſig wegen eines gewiſſen Rechts nach dem Inhalt des Nürnbergiſchen
Executions-Receſſes reſtituiert und der Churfürſt von Bayern entſetzte ſie wieder deſſelben, worüber am Kayſerl. Hof Klage entſtund und Herzog Eberhard nebſt dem
Biſchoff von Eyſtätt als Commiſſarius ernannt wurde. Weil aber diſe Strittigkeit
auch ſchon lang bey dem Reichs-Cammergericht anhängig war, ſo proteſtierte der
Churfürſt wider ſolche Commiſſion, welches dem Herzog ganz erwünſcht war. Es ſollte aber auch damahl die Cammergerichts-Pfenningmeiſterey-Rechnung abgehört werben, zu welcher Deputation der Herzog ebenmäſſig gezogen wurde, bey welcher Gelegenheit er durch ſeinen Geſandten zu bedenken gab, ob nicht zugleich auch der Cammer-
gerichts-Viſitation wegen der Reviſionen zu gedenken wär, zumahl dardurch auch der
punctus reſtituendorum auf die Bahn gebracht und einigermaſſen feſtgeſtellt werden,

Bb 3   wie

1671 wie auch der Reichstag wenigſtens ſo lang fortwähren könnte. Die Capitulations-
Materie kam ebenmäſſig wieder in das ſtecken, weil das Oeſterreichiſche Fürſten-
Raths-Directorium ſchon lang einen neuen Verhaltungs-Befehl erwartete, wobey den
mehrern weltlichen Fürſtlichen nicht wohl zu Muth war, weil ſie aus dem langen Verzug argwohneten, daß der Kayſerl. Hof auf die Churfürſtl. Seite tretten und die Ab-
weichung diſes Collegii von demjenigen, was zwiſchen ihm und den mehrern Fürſtlichen verglichen worden, genehmigen dörffte, welches wenigſtens die Auffloſſung diſer
Sache drohete.   Der Herzogl. Würtembergiſche Geſandte muſſte um obangeführter
Urſache willen den Reichstag verlaſſen, worüber die übrige noch wenige anweſende
Fürſtl. Geſandte ſehr betretten waren, zumahl einige ſehr kaltblütig zu werden anfiengen, welche durch den Würtenbergiſchen noch immerzu bey dem nötbigen Feur erhalten wurden.   Die Churfürſtliche lieſſen entzwiſchen ſich vernehmen, daß der Reichs-
Abſchied verfertiget werden ſollte, worüber ſich der Schwediſch-Breiniſche heraus-
lieſſ, daß er ſich zu einem Reichs-Abſchied, worinn die in der Propoſition enthaltene Materien gar nicht berühret, ſondern lauter nichts heiſſende Sachen angeführt wär-
ben, nicht verſtehen könnte, weil dem Reich vor der ganzen Welt nur Schimpf erwachſen
dörffte und beſſer wär über einer ſolchen Materie den Reichstag gar aufgehoben zu ſehen,
deren man Fürſtl. ſeits aus dem Fritenſchluſſ nicht allein ſowohl befugt wär, ſondern
da die Churfürſten ſelbſt gegen den Kayſerl. Commiſſarien eingeſtanden hätten, daß
ſie mit den Fürſtlichen in dieſen Sachen einverſtanden und verglichen wären, worüber
der Auffſtoſſ beſorget wurde.

§. 114.

Nun hatten die mehrere weltliche des Fürſten-Raths ſchon den 5. Junij Vorſchläge gethan, wie die Churfürſten auf ihre damahls gethane Erklärungen zu beantworten wären, worinn man ihnen allen Vorwand von dem verglichenen abzugeben
zu benehmen ſuchte, (w) als die lang erwartete Kayſerl. Reſolution endlich und zwar
ſehr günſtig für die mehrere Fürſtliche zum Vorſchein kam.   Mithin wurde den 15.
Auguſti die Capitulations-Materie wieder vorgenommen und den Prologum oder
vielmehr den Zuſamenhang derſelben mit dem damahls noch gehofften Reichs-Abſchied
bey dem Fürſten-Raths-Entwurff und Vorſchlag zu laſſen durch die mehrere Stimmen beſchloſſen.   Die Churfürſten wollten aber von ihrem Auffſaß doch nicht weichen,
ſondern ſprachen neuerbings von einem Peremtoriſchen Termin von 3. Monaten, inner welchem der Reichstag ein Ende nehmen ſollte.   Gleichwohl ſuchten ſie diſe Materie theils durch ihre Verweigerung des Beyfalls, theils durch unzeitige Einmiſchung
der Inſtruction für einen noch nicht erneuten commandierenden General der noch un-
          be-

(w) vid. Beyl. num. 55.

berichtigten Reichs-Armee auf den langen Bank zu schieben, als die mehrere 1671
weltliche auf der Beendigung der Capitulations-Sache beharrten, durch deren
Ausmachung sich alles übrige desto leichter ergeben dörffte. Das Churfürstl. Collegium
war aber auch noch immer unter sich selbst nicht einig, indem einige bey dem verglichenen
bleiben und andere und zwar die mehrere nicht daran gebunten seyn wollten. Des Kaysers
Resolution genehmigte der mehrern Fürstlichen Gedanken und versprach durch die Oesterreichische Gesandten alle Beförderung. Nichts destoweniger beharrten die Churfürstliche noch den 2. Octobr. auf ihrer bißherigen Erklärung. Entlich verfiel man
auf den Weeg der Temperamenten, deren eines der Kayserl. Principal-Commissarius selbst vorschlug, dahingegen der Kayser von keinen Temperamenten hören wollte
und die Fürsten gleichmäßig davon abmahnte, ja sich so gar vernehmen ließ, daß,
wann die Churfürsten nicht weichen wollten, er alsdann vermög des Kayserl. Amts
zu handlen wissen würde. Der Schwedische Hof wollte eben so wenig von Verglichs-
Vorschlägen wissen und ließ durch seinen Bremischen Gesandten dem Churfürstl. Collegio öffentlich bedeuten, " daß es den Fürstenstand in ganz unrechtem Verdacht
„ habe oder doch dessen bereden wollte, als ob die Fürsten demselben in dem
„ jure capitulandi zu nahe tretten oder dises mit ihnen gemein haben wollte. Dann
„ er bewiese, daß so lang man von diser Materie gehandelt hätte, weder öffentlich,
„ noch privatim Fürstlicher seits ein Wort von dem jure capitulandi gehört worden
„ wär oder daß jemand den Churfürsten weder halb, noch ganz oder auch sonsten ei-
„ nen Eintrag zu thun begehrte, welchemnach er schlosse, daß es ein vergeblicher
„ Stritt wär." Und weil man bey so nöthigen Reichs-Verfassungs-Puncten
schon vor einigen Jahren mit der Capitulations-Materie zugleich abzuhandlen und zu
schliessen beschlossen hatte, so ließ sich Herzog Eberhard durch eben disen Gesandten vernehmen, daß man von solchem Schluß durchaus nicht abgehen könne. Nun wollten
die Churfürsten das verglichene nicht mehr für verbindlich halten, so lang noch einige
Discrepantien vorhanden wären, ob sie schon die Ursächer derselben waren, weilen sie
immerzu dem verglichenen etwas abzubrechen oder hinzuzuthun versuchten. Sie schmei-
chelten sich aber nicht nur durch den Beyfall der aus Churfürstl. Häusern abstammen-
den Fürstlichen die Obhand zu erhalten und dadurch die mehrere Fürstliche zu trennen,
sondern es schlagen auch Cölln, Bayern und Brandenburg abermahl die Abbrechung
des Reichstag vor unter dem Vorwand, daß gleichwohl kein gutes Ende zu hoffen wär
und die Befugsamen des Churfürstl. Collegii von einigen zweifelhafft gemacht werden
wollten. Der Chur-Maynzische stellte ihnen aber die damahlige gefährliche Aussichten vor und suchte sie dardurch auf bessere Gedanken zu führen, daß wenigstens der
punctus securitatis publicæ zu Ende gebracht und die so nöthige einmüthige Zusamensetzung der Stände beybehalten würde. Und die mehrere weltliche des Fürsten-
Raths erklärten sich ein für allemahl, daß sie bey demjenigen verbleiben wollten, was
eine

1671. einmahl unter Iren und Glauben verglichen worden, da ſie hingegen den Churfürſtlichen zur Ueberlegung überlieſſen, was ſie für Schimpf davon trügen,
wann ſie von verglichenen Sachen abgiengen und den Reichstag über einer Materie,
welche bey nahe zu Ende gebracht worden, zum Aufſtof kommen lieſſen, wie ſie dann
auch nicht geſtatten könnten, daß drey oder vier Churfürſten ſich unterſtünden alles nach
ihrem Gutdünken zu widerruffen oder einzurichten. Diſes veranlaſſte die Churfürſten
etwas näher zu tretten, ob ſie ſchon nur geſonnen waren bald nachzugeben, aber unter
anderm Vorwand zuruckzugehen und durch ſolche Handlung ihren Gegentheil in übe
zu machen. Die Fürſtliche erklärten ſich dagegen den 1. Dec. daß man zwar an ſeiten deſſelben Collegii gern vernehme, " daß die Churfürſtliche von demjenigen, was
„ bey den gepflogenen Tractaten vorgegangen, nicht abzutretten begehre, aber ſich auch
„ nicht entſinne, daß man den Epilogum anderſt auszulegen begehrt habe, ſondern
„ es ebenmäſſig bey dem abgehandelten bewenden laſſe und ſich gegen dem Churfürſtl.
„ Collegio verſehe, daß daſſelbe den Epilogum, wie ſolcher verglichen, nicht ſchwer
„ zu machen begehren, ſondern von dem Prologo zu abſtrahieren und ſelbigen in
„ puris terminis connexionis einzurichten ſich gefallen laſſen würde." Worauf
die Churfürſtliche noch an ſelbigem Tag ihre Gegenantwort auslieferten, aber mit der
in mento vorbehaltenen Ausflucht auf die Hinter-Beine tratten, " daß, weil die jetzt
„ geſchehene Erklärung des Fürſtl. Collegii ſo viel ergebe, daß daſſelbe ratione
„ Epilogi mit des Churfürſtlichen dabey jederzeit gehabter und in deſſen nach und nach
„ ertheilten Erklärungen mit mehrerm zu erkennen gegebener Abſicht einig ſeye, ſo
„ wolle man ſich hinwiderum Churfürſtl. ſeits verſehen, es werde ermeldtes Fürſtl.
„ Collegium um ſo weniger Bedenken tragen mit dem von den Churfürſtlichen extra-
„ dierten prologo, als worinn der eigentliche Verſtand des Epilogi ſchon allbereit
„ begriffen, ſich zu conformieren, wie man ſich dann auf obberührte Erklärungen
„ nochmahls bezogen haben wolle." Beete Theile beſtunden aber wieder auf diſe
Weiſe bey ihrer Meynung und hatten ſich vielmehr entfernet, weil der Prologus
dem Epilogo ganz entgegen war. Entzwiſchen betrieben ſowohl der Kayſer, als
auch die Bewegungen der Kron Frankreich die Beendigung des puncti ſecuritatis
publicæ. Der Widerſpruchs-Geiſt zeigte ſich aber wieder in gewöhnlicher Geſtalt,
als nicht allein einige Fürſtliche ſolchen Puncten für überflüſſig erklärten, weil die
meiſte Kranſe eine Verfaſſung gemacht hatten, wo ſich zeigte, daß man nur die Exe-
cuticus-Ordnung auch gegen auswärtigen Gewalt anwenden und beſolgen ſollte, ſondern auch die mehrere weltliche widerſprachen, daß ſie mit den Churfürſtlichen Erklärungen und Abſichten einig ſeyen, da ſie vielmehr bey den verglichenen Worten des E-
pilegi blieben. Der Reichstag war ſolchemnach in diſer Verwirrung zwar geſchäffe-
tig, aber nichts deſto weniger unthätig, weil nichts beſchloſſen werden konnte.

§. 115.

§. 115. |1671

Und so gieng es auch mit seinen Regierungs-Angelegenheiten. Dann die Oester-
reichische Beamte suchten immerzu in der Oesterreichischen Herrschafft Nellenburg neue
Strittigkeiten und Ansprachen hervor, so, daß endlich nun solche zu untersuchen und
beyzulegen beliebet wurde auf den 24. Octobr. zu Zell am untern See zusammen zu treten. Von seiten des Hauses Oesterreich war der Insprugische Regiments-Rath D.
Johann Peter Baber, Joh. Franz Dieterich von Landsee und zween Gebrüder von
Rost und von seiten Würtenberg der Geh. Rath Zeller und der Obrist-Lieutenant
Spindler zu solchem Geschäfft ersehen. Vor der erstern Conferenz legten die Würtembergische Abgeordnete ihren Besuch bey ihrem Gegentheil ab und wurden sehr höflich
empfangen, indem die Oesterreichische denselben vor die Gutsche entgegen giengen und
durchaus die rechte Hand liessen, bey der Conferenz aber die Obere Hand gegen den
Fenstern anwiesen, so, daß sie Oesterreichische auf der andern Seite der Tafel dennoch
die rechte Hand behielten. Aber die Vestung Hohen-Twiel machte ihnen zu schaffen.
Das Hauß Oesterreich hatte immer Begierde nach dem Besitz derselben, weil sie die
samtliche Nachbarn im Zwang halten konnte. Weil es aber das Eigenthum nicht
erlangen konnte, so suchte es durch Ansprachen an die Obrigkeit solche wenigstens dem
Hauß Würtemberg weniger nützlich zu machen. Es waren solche Ansprachen, woran
die Vorfahren der Oesterreichischen Inhaber der Herrschafft Nellenburg niemahl, und
auch zu solchen Zeiten nicht gedachten, als sie dergleichen geltend zu machen die Ueber-
macht hatten. Die Verjährung stund disem Erzhauß im Weeg. Die Gesandte
sprachen sogleich aus ihrem hohen Ton in der gänzlichen Einbildung, daß die Stände
des Reichs nur aus besonderer Ehrfurcht nachzugeben und alles zu verwilligen verbunden wären. Herzog Eberharden waren solche Ansinnungen und die eingebildete Gründe unerwartet, indem sowohl er, als seine Vorfahren jederzeit eine freund-nachbarli-
che Rucksicht auf dises in seiner Macht zunehmende Hauß hatten, zumahl die Kayserl. Würde auf demselben ruhete. Er konnte sich in keinen Verglich einlassen, wordurch er seinen Besitz und Rechte als strittig anerkennen musste. Erst nach der zweyten Session gaben die Oesterreichische Abgeordnete die Gegen-Visite in einer Gutsche,
welche von ihrem Secretarien, dem Ober-Amtmann von Nellenburg, dem Vorst-
meister von Liebdingen, dem Wirth zur Kronen und ihrer ganzen Dienerschafft, bis
zu der Würtenbergischen Gesandten Logis zu Fuß begleitet wurden. Hier wurden
sie mit gutem Zuspruch bis in die Nacht bewirthet und dem ganzen Oesterreichischen
Gefolge mit dem ihnen sehr beliebten Hohen-Twieler Trunk fleissig zugesprochen. In
der fernern Abhandlung der nachbarlichen Strittigkeiten brachten sie aber eine als die
fürnehmste vor, vor deren Vergleichung sie nicht zu den andern schreiten wollten. Sie
war neu und die Würtenbergische hatten niemahl etwas davon vernommen oder

X. Theil.   E e   sich

1672 ſich ſolche vorſtellen können, weßwegen ſie ſich auch nicht darauf gefaſſt machen
konnten. Sie konnten daraus wohl abnehmen, daß man ſie übereylen
wollte, zumahl man durchaus nicht geſtatten wollte Verhaltungs = Befehle einzuholen
und nur immer den Vorwurf widerholte, daß man ſonſt nicht glauben könnte, daß der
Herzog ernſtlich gemeint ſey den verſicherten Reſpect gegen dem Kayſer zu beobach=
ten und die aufrichtig angegebene Freundſchafft mit dem Hauß Oeſterreich zu pflegen.
Endlich rückten doch die Oeſterreichiſche mit den übrigen Puncten heraus, welche ſie
aber gleichwohl auch nicht zu vergleichen getraueten, ſondern eine anderwärtige Zuſa=
mentrettung bewilligen muſſten.

§. 116.

Mit dem Anfang des folgenden Jahres brach der Krieg zwiſchen Frankreich und
den vereinigten Niderlanden aus. Man behauptet insgemein, daß diſe Kron ſich an
den General = Staaten rächen wollen, weil diſe ſeinen Abſichten die Spaniſche Nider=
lande an ſich zu ziehen Gränzen geſetzt hatte. Es mag aber auch die Schwäche der
Republik den übergroſſen Ehrgeitz und unerſättliche Begierde des Königs gereitzet ha=
ben dieſelbe unter ſein Joch zu bringen. Dann man weiſſt doch, daß der franzöſiſche
Grav von Eſtrades, welcher die Staatsfehler diſer Republik mit Augen angeſehen,
an ſeinen König berichtet habe, daß die ſieben Provinzen ſein wären, ſo bald er ſie
verlangte. Seine unbegränzte Herrſchſucht würde es ſelbſt zu einem ſeiner gröſten
Staatsfehler ausgelegt haben, wofern er ſich diſe angebottene Gelegenheit nicht zu
nutzen gemacht hätte. (x) Er wuſſte aber auch die Staats = Krankheit des Teutſchen
Reichs und fiel eine Provinz deſſelben nach der andern an in der zuverſichtlichen Hoff=
nung, daß er das ganze Reich verſchlungen haben würde, bis ſich daſſelbe zum Wider=
ſtand entſchlieſſen und ſeinen Entſchluſſ vollziehen würde. Auf dem Reichstag wenig=
ſtens betriebe man das Verfaſſungswerk, aber nicht mit ſolchem Ernſt, als die Um=
ſtände und vor Augen ſtehende Gefahr es erforderten. Dann die franzöſiſche Völker
machten im Cöllniſchen ſo viele feindliche Ausſchweiffungen, daß alles unter und über
gieng. Viele Teutſche Lande waren ſchon von diſer Krone verſchlungen, als man ſich
                                                                                      zu

(x) Obſchon das Schreiben des Eſtrades nicht in deſſen Memoires ſtehet, ſo iſt doch
ein Schreiben daſelbſt Vol. VI. pag. 433. d. d. 24. Maji. 1668. welches meldet,
daß die General = Staaten ſolche Eroberung ſelbſt beſorgt haben: Tout ce, que
je puis dire par avance, c'eſt, que les Eſpagnols & les Anglois echauffent fort les
Villes & les Provinces ſur la maladie du Roy d'Eſpagne & font courir le bruit, qu'
il ne peut pas vivre & qu'il ſe faut precautioner contre les deſſeins du Roy, qui
ne manquera pas de pretendre tous les Pais Bas en cas de mort du dit Roy, & c'
eſt ce, qui diſpoſe ici ſi facilement les eſprits à cette triple ligue & il n'y a rien, qu,
ils ne faſſent pour eviter que le Pais Bas ne ſoient au Roi, car on ne peut leur oter
de l'eſprit, que ſi cela etoit, leur Etat ne fut perdu en deux ans.

zu Regensprug noch mit der Berathschlagung über der Instruction der Reichs-   1672
Kriegs-Räthe aufhielte. Dann man kennte sich damahls noch nicht entschliessen den althergebrachten Gebrauch diser unnützen und überflüssigen Leute abzuschaffen.
In der Berathschlagung erinnerte man Herzog Eberharten und den Herzog von Mecklenburg mit den Krayß-Obristen und deren zugeordneten fleissige Correspondenz zu führen
und die hier und da bemerkte Mängel zu berichten, damit denselben bey Zeiten vorge-
bengt werden könnte. Der Herzog kounte sich aber nicht darein finden und gab dißwegen seinem Gesandten vielmehr auf sich dahin zu bearbeiten, daß vorher den Krayßen
vermög des Westphäl. Fridens und letztern Reichs-Abschiets ernstlich auferlegt werten möchte die Obristen, und andere Krayß-Stellen zu ersetzen und die sowohl verfaßte
Executions-Ordnung thätig zu machen. Entzwischen wurden wegen der beständigen
Capitulation verschiedene Schrifften gewechslet und Temperamenten vorgeschlagen und
zu Beschäfftigung der Gesandten berathschlagte man sich von Abschaffung einiger Hand-
werks-Mißbräuch und Bezahlung einiger Römer-Monate zur Beförderung der
Nassauischen Restitution. In Abwesenheit des Pfalz-Neuburgischen und des Würtenbergischen Gesandten sahen die mehrere Weltliche des Fürsten-Stands zu. Als
aber der erstere wieder nach Regensburg kam und des Wärtenbergischen Stelle durch
den Culmbachischen vertretten wurde, betrieben dise die Capitulationis-Materie wieder und die Churfürstliche unternahmen einen Vorschlag zu thun, wie man aus der
bißherigen Zwistigkeit wegen des Prologi und Epilogi sich herauswickeln könnte, so,
daß die mehrere so genannte weltliche sich die Hoffnung machten, daß ihr Gegentheil
keinen Ehren-Punct daraus machen, sondern sich so erklären würde, damit die fernere
Abhandlung nicht abgeschnitten werden dörffte. Der Chur-Brandenburgische vereitelte aber alles, welcher durchaus nicht mit solchem Vorschlag zufriden seyn wollte.
Weil nun der Schweden-Bremische Gesandte Schnoilßky aus diser Zeitlichkeit abgefordert wurde und sehr wenige Gesandte bey solcher Verwirrung anwesend waren, so
ersuchten dise Herzog Eberharten, daß er seinen wohlgesinnten Bidenbach wieder ab-
ordnen möchte. So wohl diser, als der Herzog hatten aber wenige Neigung darzu,
weil unter so vielem Geräusch gleichwohl nichts außgemacht und der grosse Kosten
nur vergeblich aufgewendet wurde. Die Sache wurde dennach bis auf das Ende des
Junij verzögert, da die Churfürstliche den mehrern Fürstlichen ihren Vorschlag durch
den Kayserl. Principal-Commissarien wegen des Epilogi vorlegten, worauf aber dise nur antworteten, daß sie sich nicht einlassen könnten, "sondern entschlossen wären
„ einmahl bey demjenigen, was mit dem Churfürstl. Collegio unter offentlicher
„ Treu und Glauben mit so vielem Kosten und Zeit-Verlust verglichen worden, be-
„ ständig zu bleiben, angesehen Churfürstl. theils mit solchem neuen project nichts an-
„ ders gesucht würde, als die Fürstliche von dem vorigen Verglich ab- und in neue
„ Tractaten einzuführen und wann man sich hernach nicht miteinander vereinbaren

köun-

1672 „könnte, deſto füglicher die Fürſtliche zu blamieren, als ob ſie die Urſach
     „alles Anſtoſſes wären.“   Welchemnach ſie den Biſchoff zu Eichſtett ba-
then ſich bey den fürſtlichen Geiſtlichen dahin zu bemühen, daß ſie ihnen um ſo mehr
beytretten möchten, als ſie ja nicht weniger, als die weltliche Fürſten dabey intereſ-
ſiert wären.   Der Biſchoff muſſte ihnen deſto eher Beyfall geben, als die mehrere
weltliche bonam fidem vor ſich und gerechte Urſach hatten von dem verglichenen nicht
abzuweichen, ſolches auch von dem Chur-Maynziſchen Directorio als eine verglichene Sache der Kayſerl. Commiſſion überreicht und von diſer in ſolcher Geſtalt an den
Kayſer überſchickt worden.   Er erkannte auch, daß ſich das Churfürſtl. project wi-
derſpreche, indem die Churfürſten mit der zur Wahl vorgeſchlagenen Perſon capitulieren und dieſelbe in denen die communia jura der Stände nicht betreffenden Sachen
gleichwohl zu des Reichs Beſtem und Wohlfart verbinden wollten.

§. 117.

Entzwiſchen kamen die ſowohl von dem Churfürſten zu Cölln wider die vereinigte
Niderlande, als auch diſer wider jenen eingekommene Beſchwerden auf den Reichstag zum Vorſchein.   Man fand aber daſelbſt Anſtand dem Churfürſten Gehör zu geben, weil der Kayſerl. Hof wegen eingenommener franzöſiſcher Völker demſelben nicht
günſtig war.(y) Der Churfürſt von Bayern war eben ſo ſehr durch den von Fürſtenberg
für die Kron Frankreich eingenommen, welche keine Koſten ſparte denſelben bey guter Geſinnung zu erhalten.   Dann man nahm zu Regenſpurg wahr, daß, als der
Franz. Geſandte Grauvell einſten in geheim von dar nach München reyſſte, er groſſe
Summen Gelds mit ſich dahin genommen.   Der Churfürſt zu Cölln war ebenmäſſig
ein Bayriſcher Prinz, deſſen ſich Chur-Bayern anzunehmen hatte, mithin ſtimmte
deſſen Geſandter für denſelben und ſchilderte die Unbilligkeit, wann man einen ſolchen
vornehmen Stand unverhört verdammen und ihm keine Genugthuung verſchaffen wolte, indem er Beyſpiele anführte, daß man kurze Zeit vorher Stände zur Verhör kommen laſſen, deren Verdienſte doch mit des Churfürſten den ſeinigen nicht zu vergleichen
waren.   Diſes hatte auch die Würkung, daß die meiſte Stimmen demſelben folgten, aber gleichwohl verlangten, daß er ſeine Verantwortung wegen bevorſtehender Gefahr und Verhinderung der Reichs-Geſchäfften in kurz angeſetzter Zeit einſchicken ſollte.   Dann der Churfürſt ließ auch unterm 14. April an Herzog Eberharden und andere Reichs-Stände ein Schreiben abgehen, worinn er dieſelben erſuchte dem Chur-
Cölniſchen Verlangen beyzupflichten, zumahl die General-Staaten demſelben die
Statt Reinbergen wider Recht vorenthielten und drohten, daß, wann er ihren Feinden den Durchzug durch ſeine Lande, welchen er doch abzuwenden viel zu ſchwach wär,

ge-

(y) Eben daſelbſt pag. 519.

gestatten würde, sie wider solche mit Feur und Schwerd verfahren wollten. 1672
Nun seyen bemelkte Staaten solche Leute, welche ihre Worte wahr zu machen pflegten, weßwegen der Herzog gebethen wurde nicht allein mit Chur-Cölln in
gutem vertraulichem Vernehmen zu bleiben, sondern auch sich in disen Holländischen
Krieg nicht zu mischen. (z) Worauf der Herzog unterm 24. April antwortete, daß
er zwar gewünscht hätte, "daß dise Witrigkeiten vor dem in der Nachbarschafft des
"Reichs aufgegaugenen sehr gefärlich aussehendem Feur und in das Reich eindringen-
"der grossen Macht durch zulängliche gütliche Weege gedämpfet und dardurch das Teut-
"sche Reich in desto sicherer Ruhe, worzu alle getreue Chur-Fürsten und Stände
"nach obhabender schweren Pflicht, womit sie dem heil. Reich verwandt und ver-
"bunden seyen, nach allen Krässten das ihrige beyzutragen angelegen seyn lassen soll-
"ten, erhalten worden wär. Weil aber den Churfürsten von Cölln vorher nach sei-
"nem Verlangen gnugsam anzuhören die Billigkeit erforderte, so wollte er seinem
"dermahlen nachgesetzten Gesandten aufgeben solch Ansuchen nach Möglichkeit zu un-
"terstützen. Und gleichwie er bißher sich dises Wesens, wofern nur auch andere
"Chur-Fürsten und Stände gleichmässiges thäten und zu keinen gefährlichen Wei-
"terungen Anlaß gäben, im wenigsten theilhafftig zu machen gedächte, so würde
"ihm auch nichts angenehmers seyn, als wann er mit dem Churfürsten von Cölln in
"bißheriger guten Verständnus und Vertraulichkeit beständig bleiben könnte, wie er
"sich dann auch ein gleiches von ihm getröste. "

§. 118.

Es kam aber ein Kayserlich-mandatum excitatorium unterm 26. Martij endlich
an den Herzog daß auch der Schwäbische Krayß sich wegen solches Kriegs und Unrring-
lichkeit der Kron Frankreich in eine Kriegs-Verfassung setzen sollte, welches ihn veranlaßte den 21. Majii einen allgemeinen Krayßtag auf den 4. Julij auszuschreiben, wo
berichtigt werden sollte 1.) wie die Krayß-Contingenter aufzubringen und unter die
Stände vertheilt und 2.) wie die Krayß-Aemter bestellt werden sollten? Und den
22. April schrieb er zugleich auch einen Lauttag in seinem Herzogthum auf den 30.
May. aus. Er selbsten aber reyßte mit dero Gemahlin und seinem ganzen Hof-Staat
nach Hohen-Twiel, wohin er auch wegen der Nachbarschafft nicht allein den Bischoff
von Costanz, sondern auch den Marggraven von Baden-Durlach einlude. Bey seiner Unwesenheit wurde dem alten drey und siebenzig jährigen bißherigen Commendanten Hauß Georg Widerholden der Rittmeister von Roth unter dem Prädicat eines
Obrist-Wachtmeisters als Vice-Commendaut an die Seite gesetzt. Und weil der
Bischoff von Costanz sich wegen einer Unpäßlichkeit entschuldigte auf dise Vestung zu

E e 3

kom-

(z) vid. Beyl. num. 56.

1672 kommen, ſo ſchickte er den 30. April ſeine beede Geheimte Räthe Bidenbach
und Zeller nach Mörßburg mit dem Befehl den Biſchoff dahin zu vermögen,
daß 1.) dem erhaltenen Kayſerl. excitatorio zu Folge ein Krayß-Tag gehalten wür-
be und 2.) derſelbe die Stände zu Bewilligung der 3000. Mann, welche der Reichstag diſem Krayß zuerkanut hatte, bewegen ſollte, weil die andere Krayſe ſich im Unwillen über der Stände Widerſpenſtigkeit ſchon vernehmen laſſen, daß, wann die
Schwaben den Nachlaß eines dritten Theils an ihrem ganzen Matricular-Anſchlag
nicht annehmen wollten, ſie ſolchen widerruffen und den Krayß ihres guten Willens unwür-
tig erklären würden. Und weil 3.) der Biſchoff dem Herzog die Hoffnung gemacht hatte
ihm zur Krayß-Obriſten-Stelle behülflich zu ſeyn und derſelbe dem Krayß den obgedachten Nachlaß durch ſeine Bemühung und Koſten ausgewürket hätte, ihn diſer Zuſage genieſſen zu laſſen. Nun wurde zwar den 2. May eine Conferenz gehalten, wo
aber der Biſchoff die Kriegs-Verfaſſung noch immer unter dem Vorwand zu verwaigern ſchiene, als ob ſolcher Vortrag bey den Ständen keinen Eingang finden würte,
zumahl weder er Biſchoff, noch andere die Gefahr ſo groß erachteten und andere Krayſe ebenmäſſig keine Anſtalt zur Kriegs-Verfaſſung machten. Diſe ſtunden im Verdacht, daß die franzöſiſche Geſandten dieſelbe auf diſe Meynung geleitet und durch
ihre Louis d'ors die meiſte gewonnen hätten. Als aber die Würtenbergiſche Geſandte ihnen zu Gemüth geführt hatten, daß Hannibal nicht nur vor den Thoren, ſondern ſchon innerhalb derſelben wär und ein Reichs-Stand nach dem andern in Gefahr
lauffe von der Kron Frankreich verſchlungen zu werden, wie auch erwieſen wurde,
daß andere Krayſe theils würklich ſchon unter den Waffen ſtunden, theils gleiche
Schlüſſe, wie von dem Kayſer verlangt worden, machten und der alleinige Ober-
Rheiniſche Krayß wegen tüchtiger Urſachen nicht darzu gelangen könnte, wie auch,
daß der Schwäbiſche der Gefahr am nächſten wär und man nicht nöthig habe auf andere etwan nachläſſige Stände zu ſehen und indeſſen in Forcht und Gefahr zu ſtehen,
ſo bewilligte endlich der Biſchoff des Herzogs Begehren um ſo mehr, als gleichwohl
der ausſchreibenden Fürſten Schuldigkeit erforderte über des Krayſes Wohlfart und
Aufrechterhaltung wachſam zu ſeyn und die möglichſte Mittel darzu bey zeiten zu ergreiffen. Nebſt dem Marggraven von Baden war aber auch der Erb-Prinz von Anſpach auf der Veſtung, von welcher der Herzog und der gedachte Prinz auch wegen der
Nachbarſchafft die Stadt Schaffhauſen beſuchten und prächtig empfangen wurden. Von
hier aus nahmen ſie den Weeg über Rheinfelden, Baſel und andere Orte in Breyßgau
nach Hauß und kamen über Frendenſtatt, Nagold und Böblingen bey zeiten wieder
zu Stuttgard an. Dagegen reyſſten die zween älteſte Prinzen Wilhelm Ludwig und
Fridrich Carl nach ihrer vollbrachten Reyſe auch nach Bareuth ihren neuen Schwager
und Schweſter zu beſuchen.

§. 119.

§. 119.

Entzwischen wurde der Anfang mit dem Lanttag gemacht und die Proposition durch den Geh. Rath Zeller abgelegt, daß weil von dem Reich wegen der noch immer von dem Erbfeind des Chriſtlichen Namens beſorgenden Gefahr und der an und in den Gränzen Teutſchlands ausgebrochenen Kriegs-Unruhe dem Schwäbiſchen Krayß 3000. Mann aufzuſtellen befohlen worden und ihm nach ſeinem Contingent ungefähr 300. Mann zu Fuß und 150. zu Pferd betreffe, nach den Reichs-Verordnungen und denen zwiſchen ſeinen Voreltern und der Lantſchafft vorhandenen Verträgen aber ſolche Unkoſten ſeinen treugehorſamen Prälaten und Lantſchafft zu tragen oblige, ſo verſehe ſich der Herzog, daß dieſelbe dasjenige, was zu Anwerb-Montierung und Unterhaltung derſelben, wie auch der Reichs-Generalität, ſo dann der Artillerie, Munition, Proviant und dergleichen Ausgaben erfordert werte, beytragen werten. Er ſchlug ihnen wieder die auſſerordentliche Mittel vor und inſonderheit diejenige, welche zu Abtragung der auf dem Herzogthum ligenden Schulden gewidmet und allenfalls erhöhet werden könnten. 2.) Verlangte er wieder von ſeiner Lautſchafft einen freywilligen Beytrag von 40000. fl. wegen ſeiner je länger je mehr anwachſenden jungen Herrſchafft und der bey dermahligen gefährlichen Zeitläufften habenden auſſerordentlichen Unkoſten, aber noch nicht hinlänglicher Kräffte ſeiner Cammergefälle. Nun meynten die Land-Stände, daß über die bereits angeworbene 180. Mann zu Fuß mit Auswerbung des Contingents noch wohl ſo lang zugewartet werden könnte, bis man erſehen würde, wie ſich andere Fürſten und Stände diſes Krayſes bezeugen und erklären würden, inſonderheit aber auf was für einen ſichern und unfehlbaren Fuß das Krayß Contingent geſtellet werden dörffte, damit der Landſchafftlichen Caſſa nur ſoviel Lufft angedeyhen möchte ſich auf ſolche Beyträge gefaſt machen zu können. Wegen des Cammer-Beytrags hingegen entſchloſſen ſie ſich dem Herzog 25000. fl. auf drey Jahre zu bewilligen. Entzwiſchen kam aber den 9. Junij ein franzöſiſcher Geſandter, Friquet, nachdem er ſich zu Mainz und Heydelberg ſeines Auftrags entledigt, mit einem Geſolge von 20. Perſonen zu Stuttgard an. Seine Verrichtung beſtunde darinn die Chur-und Fürſten des Reichs ſicher zu machen und ihnen ſowohl, als auch inſonderheit Herzog Eberharden die Verſicherung beyzubringen, daß ſein König nicht gemeynt ſey dem Reich oder dem Weſtphäl. Frieden zuwider zu handlen, ſondern daß ſeine Kriegs-Anſtalten wider die alleinige General-Staaten gerichtet ſeyen. Unger acht aber der Herzog in ſolche franzöſiſche Verſicherungen ein gegründetes Mißtrauen ſetzte, ſo handelte er doch gegen demſelben ſo vertraut, daß er ihn auf die zu Unter-Türkheim veranſtaltete Muſterung ſeiner ſo genannten Defenſions-Völker aus dem Stuttgarter, Canſtatter und Waiblinger Amt mit ſich nahm, da der Herzog dem Geſandten auf der rechten Hand ſaſſ und von ſeiner ganzen Leibquarti unter dem Getön zwey-

1672 er Heer - Paucken begleitet wurde. Man stellte auch demselben zu gefallen
ein grosses Jagen auf dem Bopser an, wo eine grosse Menge Wilds erleget
wurde. Dise Gesandschafft hatte aber gleichwohl die Würkung, daß die Werbungen
eine zeitlang eingestellt wurden. Und weil man auch noch nicht wußte, wie sich der ausge-
schriebene Krayß - Tag endigen würde, auf welchem die Landtagshandlungen beruheten, so wurden die versammelte Land - Stände bis nach dessen Endigung nach Hauß zu
gehen erlassen.

§. 120.

Diser Krayßtag war, wie schon gemeldt worden, auf den 4.ten Julij angesetzt,
da der Herzog seinen Geh. Rath Zeller und den Ober - Rath D. Theodor Haseloffen,
einen tüchtigen Mann, dahin abordnete, wie auch seinen Comitial - Gesandten Widenbach nachschickte. Ihre Instruction gieng dahin, daß sie 1.) bey den Costanzi'chen bey geae-
bener erstern Visite wegen der Mömpelgardischen Sitz und Stimme auf Krayß-Tägen
das Herzogliche Gesuch anbringen und bey andern Gesandschafften solches unterbauen,
2.) wegen der Hoffnung zum Krayß = Obersten - Amt dieselbe außforschen, 3.) die
von dem Herzog zum Besten des Krayses außgelegte Kosten fordern und 4.) dahin sehen sollten, daß bey Repartierung des Schwäbischen Contingents das Hauß Würtenberg auch des Nachlasses geniessen möchte, wobey aber 5.) der Herzog auf den von dem
Reich angesetzten 3000. Mann beharrte, weil die Stände sonst des Nachlasses sich verlustig machen dörfften. Und endlich 6.) gab er ihnen auf keine Aenderung zum Nachtheil des Krayß - Obristen-Amts vergehen zu lassen. Den 5ten Julij geschahe also die
Preposition von dem Geh. Rath Zellern, worauf aber die Costanzische sogleich Schwürigkeiten wegen der Krayß - Kriegs - Verfassung machten, weil nicht allein diser Punct
auf dem Reichs - Tag noch nicht ausgemacht wär, sondern auch andere Krayse sich
ebenmässig wegen derselben nicht vergleichen könnten, wie dann der Bayrische Krayßtag sich zerschlagen hätte und der Fränkische mit harter Mühe ein project eines Abschieds zuwegen bringen können. Ueber dises alles aber seyen die meiste Stände der
Meynung, daß sie ungeacht des von dem Reich gegönnten Nachlasses dennoch noch zu
hoch angelegt wären und wollten vor einigem weitern Nachlaß nichts beytragen. Disem
Voto stimmten die samtliche geistliche Stände bey, welche sich auch bey den weltlichen
einen Anhang zu machen wußten. Sie brachten scheinbare Gründe und Mittel hervor und
konnten sich nicht überwinden zu glauben, daß andere Krayse solche Ränke in acht nehmen
oder wegen begehrenden mehrern Nachlaß sie des vorigen verlustig erklären würden. Nach
angehörten solchen Votis ließ sich auch der Geh. Rath Zeller vernehmen, daß nebst Dank-
saqung gegen der Kay. May. für die Sorgfalt gegen dem Reich man sich nicht wohl entziehen könnte der Kayserl. rühmlichen Absicht entgegen zu gehen und genug zu thun, vermög
                                                                              de-

deren das angesetzte quantum circulare dem Reichsschluß gemäß schleunigst 1672
mit 2000. zu Fuß und 1000. zu Roß aufgebracht würde, damit man sich derselben auf besorgende Fälle gebrauchen könnte. Und weil die meiste Stände auch der Ritterschafft gedacht, so könnte man um so eher gar wohl damit übereinstimmen, daß,
weil dieselbe des Krayses Schutz geniesse, sie auch um ihren Beytrag ersucht würde.
Den Austheiler betreffend sey entweder der Weeg zu betretten, daß der bey letzterm
Türkenkrieg beliebte Fußergriffen würde, wie solcher damahl zu Ulm vermindert worben oder müsste jedem Stand sein Contingent nach der Wormser Matricul angewiesen
und der dritte Theil davon abgezogen, jedoch den sehr Erarmten, deren eine gewisse
Claß zu bestimmen, damit sich nicht alle darunter ziehen könnten, wieder ein Nachlaß
gegeben und solcher auf die vermöglichere gelegt werden. Weil aber die mehrere das
Krayß-Contingent nur auf 2000. Mann zu Fuß und 600. zu Pferd setzten, so führte ihnen Zeller zu Gemüth, daß ungeacht der Herzog auf dem Reichstag sein mögli-
stes gethan einen stärkeren Nachlaß zu erhalten, alle seines Gesandten gehabte Mühe
vergeblich gewesen. Es wäre auch keine Hoffnung mehr dazu, sondern vielmehr zu
besorgen, daß das ganze Verfassungswesen sich zum grösten Schaden des Reichs auf-
stossen dörffte. Sie beharrten aber auf ihrem Wahn und es blieb bey ihrem Anerbiethen der 2600. Mann. Nun kam es auf die Weise an, wie der Austheiler gemacht
werden sollte, da man vorschlug, daß es vermittelst einer Deputation geschehen könnte. Hier machten aber Kempten und Ellwangen, abermahls Geistliche, den Anfang wider die Religions-Gleichheit zu protestieren. Der ganze Schwarm der Catholischen folgte ihnen nach und behauptete, daß es eine ordentliche Deputation seyn
müsse. Ihr einiger Grund war, weil bey dieser nach dem Herkommen mehrere Catholische als Evangelische wären. Diese aber beharrten darauf, daß es eine ausserordentliche Deputation wär, indem 1.) diese Sache eine Art einer Collectation betreffe, wo sie sich wider den Westphälischen Fridensschluß von den Catholischen als ihrem
Gegentheil nicht in den Beutel votieren oder durch die mehrere Stimmen etwas aufbürden lassen könnten. 2.) Sey dieses nicht in die Umfrag gekommen und mithin ihre
Antwort nicht verbindlich, noch weniger sey 3.) die Ordinari-Krayß-Deputation
durch einigen Krayß-Schluß gegründet, sondern 4.) dasjenige, was sie Catholische ein
Herkommen heissen, in der Verwirrung des letztern langwürigen Kriegs wider die Ordnung eingeführt und mit Gewalt ausgeübet worden, und daher ungültig, wie dann 5.)
im Jahr 1624. diese ordinari-Deputation noch nicht im Gebrauch gewesen, sondern
6.) vielmehr seyen seither 1554. und biß daher mehrere præiudicia in contrarium
vorhanden, da mehrere Evangelische deputiert worden. 7.) In dem gedachten Fridensschluß werde ohnehin die paritas religionis bey allen Deputationen erfordert
und wann 8.) ein ganzer Krayß beysamen versammelt, so könne der engere Convent nicht statt haben, welchemnach auch deßwegen die Religions-Gleichheit statt ha-

X. Theil. Dd ben

1672 haben müſſte. Auf alle dieſe Gründe konnten die Catholiſche nicht antworten. Nichts deſtoweniger vermochte man dieſelbe nicht zum vernünfftigen nachgeben zu bringen, weil ſie auf dem falſchen præſuppoſito eines Herkommens, welches aus der Unordnung entſtanden, beſtanden. Nun konnten die Evangeliſche darum eben ſo wenig weichen, weil ſie den haiteren Buchſtaben des Fridenſchluſſes anf ihrer Seite hatten und beſorgen mußten, daß ſie auch wegen der Kraiß-Aemter durchzudringen verſuchen dörfften, weil die Catholiſche ſich ſchon verlauten lieſſen, daß es ihnen vorzüglich nur dieſes zu thun wär. Herzog Eberhard muſſte mit ſeinen Glaubensgenoſſen um ſo mehr einſtimmen, als alle dieſelbe darinn einmüthig blieben. Mithin kam es nun darauff an, daß man die üble Nachrede den Catholiſchen auf kein Halß lieſſe und gegen dem Kayſer ſich verantwortete, entzwiſchen aber ſich mit Proteſtationen verwahrte, zumahl man dem Gegentheil verſchiedene Vergleichs-Mittel vorgeſchlagen den Aufſtoß zu verhüten, diſer aber in ſeinem Eigenſinn ungeacht aller Vorſtellungen ſolche durchaus verworfen hatte. Nun verabredeten ſich die Evangeliſche, daß ſie nichts deſtoweniger beyſamen bleiben und einen Auerheiler nach dem Krauß-Schluſſ auf 2600. Mann entwerfen wollten, weil aber einige ſich zu ſolcher Particular-Repartition nicht verſtehen wollten und mithin auch unter diſen ſich eine Trennung zeigte, ſo hatte diſer Convent ein Ende, worüber beede Theile unzufriden waren und wünſchten, daß, weil des Reichs-Umſtände ein anders erforderten, man ſich ſo bald möglich wieder vereinen möchte.

§. 121.

Es wurden aber auch die Handlungen mit der Landſchafft wieder angefangen, wo es wegen der Armuth der Untherthanen ebenfalls ſehr hart hielte. Die Feldfrüchten waren in ſolchem Unwerth und ſo anſſerordentlich wohlfeil, daß es nicht mehr die Mühe lohnete einige Unkoſten auf den Akerbau zu verwenden. Die mit Früchten handlende Bauersleute konnten ſich von dem einigen Zweig ihres Unterhalts die Notturfft zur Narung und Kleidung nicht mehr anſchaffen. Man fand alſo höchſtnöthig diſen Leuten zu Hülf zu kommen und ihren Untergang zu verhüten. Kein ſonſt gewöhnlich Mittel wollte hier anſchlagen und man muſſte ein ſonſt ungewöhnliches durch höhere Tarierung des Fruchtswerths ergreiffen, welches gleichwohl niemand zur Beſchwerde fallen ſollte. Man wird ſich jezo verwundern, daß ſowohl ungeacht der Erhöhung des Preiſſes die Frucht gegen den jezigen Preiſen damahl ſo wohlfeil geblieben, als auch daß die Frucht jemahls ſo wenig gegolten habe. Dann man ſchätzte bey gedachter Erhöhung den Scheffel Dinkel guter wohlausgemachter Frucht, der zum wenigſten im Abgerben 3. Semrj Kernen über Abzug des Mülbers anzgab, nicht höher, als auf 1. fl. 20. kr. und ein Scheffel Habern wurde auf 1. fl. 4. kr. angeſetzt, dabey aber

den

den ſamtlichen Unterthanen den 1. Auguſti verbotten Früchten auſſer Lands zu er- 1672
kauffen. Die übrige Gattungen von Früchten an Recken Gerſten, Erbſen ꝛc.
nach Maßgab diſer Preiſe zu ſchätzen wurde den Commun-Vorſtehern überlaſſen. Im
Uebergebungs: Fall waren die Früchten zur Helffte der Herrſchafft und die andere Helffte
den armen Häuſern, wo arme und preſhaffte Leute unterhalten wurden, nemlich den Spi-
tälern, armen Käſten, Heiligen, Allmoſen ꝛc. verfallen. Den benachbarten Herrſchafften al er, welche gleiche Verordnung bey ihnen einführten, geſtattete der Herzog den
freyen Handel in ſolcher Schatzung, und die beede Cammern wurden ebenmäſſig darzu verpflichtet. Und weil ſolchemnach auch den Becken der Brod-Tax erhöhet werden muſſte und aber einige reiche Becken zu ſolcher wohlfeilen Zeit groſſe Vorräthe an
Früchten erkaufft hatten, ſo wurde jeder Beck vermittelſt Endes zur Anzeige derſelben
verpflichtet und ihnen zwar erlaubt um die Gleichheit der Brodſchatzung beyzubehalten
ihr Brod um den neuen Tax zu verkauffen, aber von jedem wohlfeil erkaufften Scheſ-
ſel Dinkel 15. Kreuzer und vom Recken 25. Kreuzer Accis zur Landſchafft zu bezahlen. Wofern nun einer ſolchen Vorrath nicht treulich angezeigt hätte, ſo war entweder das noch vorhandene der Confiscation unterworfen oder muſſte das Geld nach
der Schatzung bezahlt werden, wie ſie dann zur Aufweiſung beglaubter Zeugnuſſe
verbunden und auch andere Fruchthändler diſer Verordnung untergeben wurden. Und
weil die Bauersleute ſich über den Geitz der Handwerksleute beſchwehrten, ſo wurde
auch diſen angelitten ihre Waaren nicht anderſt, als nach dem im Jahr 1652. und
den 3. April. 1669. erneuerten Handwerks-Tax zu verkauffen. Bey diſer Anſtalt
nun und auf die gethane Vorſtellung, daß, weil aller Orten Werbungen fürgiengen,
bey längerm Zuwarten die beſte Mannſchafft ſich verlieren und mit deſto gröſſerm
Unkoſten aufzubringen ſeyn törffte, entſchloß ſich die Landſchafft, daß zu denen ſchon
angeworbenen 180. Mann zu Fuß noch zwanzig mit eingerechnet der prima plana
geworben und diſe 200. Mann in eine Compagnie gerichtet, die übrige 100. Mann
aber von den ledigen in der Auswahl befindlichen jungen Purſchen ausgeſucht und ſolchen, biß man ihrer zum Auszug benöthigt wär, monatlich 45. Kreuzer oder ein
Gulden Wartgeld gegeben werden ſolle, da ſie entzwiſchen bey ihren Eltern oder Mei-
ſtern in Dienſten und über den Brod ſeyn könnten. So wohl die Werb- als auch
die Montierungskoſten der 200. Mann übernahm die Landſchafft zu erſetzen und wegen
des Unterhalts, weil eine einfache Ration in 4. Kreuzern an Geld, 2. Pfund Brod, und
einer halben Maß Wein beſtehen ſollte, die gebührende Verfügung zu thun. Wegen
Anwerbung der Reuter bath die Landſchafft ihrer damahl noch zu verſchonen, da ſie
ſich hingegen erbothe zu dem Unterhalt der ſchon auf den Beinen habenden 86. Köpfen verſuchten und wohlgeübter Leute auf 6. Monathe menatlich 500. fl. beyzutragen, doch, daß bey ſolcher Cavallerie es bey den aus den Städten und Aemtern bißher menatlich gereichten Service-Geltern von 165. fl. ſein verbleiben haben und

das-

1672 dagegen das glatt und rauhe Futter von den herrschaftlichen Kästen gegeben und die Unterthanen mit allen Anmuthungen ein oder anderer Beschwerte nicht bedrucket werden sollen. Bey dem zweyten Puncten aber sagte die Landschafft zu dem Herzog eine Anlehnung von 6000. fl. nachzulassen und in den drey folgenden Jahren jedesmahl 30000. fl. in die Landschreiberey zu liefern. Hingegen
entschuldigte sich der Herzog, daß er von dem geistlichen Gut, das ist von wegen
der Manns- und Frauen-Klöster, wie auch Stiffter und geistlichen Verwaltungen den von der Landschafft an ihn erfordernden Beytrag nicht thun könne, indem er
zwar sich vermög der Landes-Verträge zu demselben schuldig erkennte, aber die noch
beharrende Unvermöglichkeit vorschützte über Abstattung der denen Kirchen-und Schul-
Dienern wie auch andern Bedienten schuldige Besoldungen und übriger solchem Kir-
chen-Gut nach Anleitung der grossen Kirchen-Ordnung, Lands-Verfassung und
altem Herkommen der Landschafft mit dero Angebühr zu statten kommen zu können.
Gleichwohl erlaubte er aber von den Hinterfässen der Klöster und Stiffter 16000. fl.
zu der Landschafft-Cassa einzuziehen.

§. 122.

Ich habe schon gemeldet, daß sowohl die Catholische, als auch die Evangelische
Stände des Schwäbischen Krayses die unter ihnen entstandene Mißhelligkeit und
Auflösung des letztern Convents bedaurt haben. Der Bischoff von Costanz verlangte
deßwegen den 3. Octobr. Vorschläge von Herzog Eberharden, wie beede Theile wieder vereinigt werden könnten. Weil die Catholische im Novembr. einen besondern
Convent zu Ueberlingen hielten, so wurden die Evangelische dadurch veranlaßt auf den
5. Dec. ebenmässig zu Esslingen zusamen zu kommen, da bis zu dessen Vollziehung des
Herzogs drey jüngere Söhne Carl Maximilian, Georg Friderich und Ludwig mit
ihrem Hofmeister Johann Eberhard Varnbülern von Hemmingen und 3. Lehrmei-
stern M. Johann Wolfgang Jägern, Ernst Conrad Reinharden und Tobia Meurern
nach Tübingen renßten in dem Fürstlichen Collegio ihre Studien anzutretten. Der
Herzog begab sich nebst seiner Gemahlin und zween ältern Söhnen Wilhelm Ludwigen
und Friderich Carln nud dem ganzen Hofstaat von Schorndorf aus auch dahin seine Söhne feyerlich in das Collegium einzuführen. Im Namen des Herzogs muste der
Kirchen-Raths Director D. Nikola Myler von Ehrenbach eine Rede halten, welche der berühmte Lauterbach im Namen der hohen Schule beantwortete. Der Inhalt dieser Rede war, daß der Herzog schon 6. seiner Prinzen dem Collegio vorstellen lassen zu einer Zeit, als aller Orten Kriegsflammen verschiedenen Landen eine grosse
Verwüstung drobeten und daß Herzog Eberhard selbsten auch im November des Jahres 1627. das Collegium in gleicher Absicht betretten habe. Das Vergnügen des
Her-

Herzogs wurde aber gestöret, als die Nachricht von allerhand Streiffereyen 1672 von den verschiedenen auf den Gränzen des Herzogthums befindlichen Armeen einlieff, welchen vorzubeugen der Herzog schleunig nach Lauffen eylete, wo ein abermaliger Französischer Gesandter de Vaubrun ihm alle widrige Eindrücke zu benehmen und die gute Gesinnungen des Französischen Hofes gegen ihm beyzubringen suchte. Ingleichem wurde ihm nicht allein der Durchzug des starken Kayserlichen Schneidaulschen Cavallerie-Regiments durch seine Lande angedeutet, weßwegen derselbe schleunig 800. Mann von der Landauswahl aufboth, welche dises Regiment auf der Seite begleiten musten, sondern es wurde ihm auch die Nachricht hinterbracht, daß sein ihm den 1. Julij dises Jahres gebohrner siebenzehnter Prinz, Eberhard, in die Ewigkeit versetzet worden. Herzog Wilhelm Ludwig aber muste auf die Bewegungen und Ausschweiffungen der in der Nähe stehenden Französischen, Kayserlichen und Brandenburgischen Völker ein achtsames Aug zu Vayhingen haben, damit sie das Herzogthum nicht beschwereten. Die Französische Waffen hatten schon fast die ganze vereinigte Niderlande verschlungen und übten unter allerhand Verwand auch in Teutschland Feindseeligkeiten aus, auf welche das Reich zwar aufmerksam war, aber keinen Ernst zum Widerstand bezeugte, sondern erst auf allen Fall das Verfassungwerk, woran man schon etliche Jahre arbeitete, in Ordnung zu bringen suchte. Nun wurde es jetzo stärker zu betreiben erinnert, da die Churfürsten die Gelegenheit santen alle Verhandlungen in der Capitulations-Sache abzuschneiden und Herzog Eberhard Anlaß nahm seinen Comitial-Gesandten bey sich zu behalten, weil es das starke Ansehen gewann, daß das ganze Reich in disen Krieg verwickelt werden dürffte. Chur-Cölln klagte über die Brandenburgische und Chur-Pfalz über die Kayserliche Völker und die Stadt Straßburg über die Franzosen wegen Verbrennung der Rheinbrücke. Alles war damahls in der äussersten Verwirrung, zumahl einige Chur- und Fürsten gut Französisch gesinnet waren. Der Churfürst von Bayern meynte, daß das Reich seine Vermittlung zwischen den streitenden Partheyen anerbieten sollte, wordurch auch den Beschwerden der nothleydenden Stände geholffen würde. Dagegen hielten viele andere Stände solches Mittel bey dem muthigen und durch seine Eroberungen stolzen König in Frankreich für vergeblich und mithin dem Reich an seiner Ehre für nachtheilig. Endlich drang die Meynung vor entweder bey dem Französischen Gesandten zu Regenspurg oder durch Kayserl. Schreiben an den König für Straßburg und andere bedrängte Stände Vorstellungen zu thun um diser Kron zu zeigen, daß das Teutsche Reich den Friden zu halten und nichts wider denselben zu handlen geneigt wär. Das Mittel aber schien lächerlich zu seyn, weil sowohl der Gravell, als sein König bißher gnug zu versehen gegeben, daß, wann er die Niderlande unter sein Joch gebracht hätte, er das in eben so schlechter Verfassung stehende Teutsche Reich leicht unter seine Herrschaft bringen könnte, ehe solches zum Widerstand einen Entschluß fassen dürffte.

Und

1672 Und dieser Gesandte sollte seinem König solche Hoffnung mißrathen, welcher seit 20. Jahren die Schwäche des Reichs genau einzusehen Gelegenheit gehabt hatte. Es berichtete auch der Württemb. Affter-Gesandte Schulz, daß die Kron Frankreich und Schweden die sämtliche Stände des Teutschen Reichs einer zwischen beeden Kronen abgeredten Allianz beyzutretten eingeladen hätten und weil bey diesen verwirrten Zeitläufften befunden worden, daß sich das ganze Reich nicht so leicht einlassen würde, so habe die Kron Schweden für gut befunden nur einige beträchtliche Stände darzu zu vermögen und auch das Hauß Württemberg in den Vorschlag gebracht. Wie ihm dann der Schweden-Bremische Gesandte, Blum, aufgetragen habe solches an den Herzog gelangen zu lassen, wobey derselbe versichert hätte, daß der Kron Frankreich nicht entgegen sey, wann die Stände sich nur mit der alleinigen Kron Schweden verbünden wollten.   Die Absicht war aber dabey nur die Stände von ihrem Oberhaupt zu trennen und dieselbe zu hindern, daß sie bey Aufstellung einer Reichs-Armee sich wider Frankreich mit dem Kayser nicht einliessen.   Ich finde aber nicht, daß solcher Vorschlag Beyfall gefunden habe.

§. 123.

Entzwischen hatte der Convent der Evangelischen Krayß-Stände seinen Fortgang.   Der Herzog gebrauchte ebenmäßig seinen Geh. Rath Zeller und den obbemelten D. Haseloff darzu.   Hier waren nun die Fragen zu überlegen 1.) Ob man auf der paritate religionis gegen die Catholische Mit-Stände beharren oder ein temperament annehmen solte? 2.) Ob das von dem Gegentheil vorgeschlagene Mittel einige Evangelische zu adjungieren aufzunehmen sey? 3.) Ob ein anderes Verglichs-Mittel auszusinnen und insonderheit, ob der von beeden Badischen Häusern und von Kempten gethane Vorschlag wieder einen allgemeinen Krayßtag auszuschreiben und die vorgekommene Schwürigkeiten zu übergehen beliebig wär? 4.) Ob nicht auf allen Fall in der Stille und gröstem Geheim ein Plan der Contingents-Austheilung unter gesamte Stände, mit Beobachtung des von dem Reich gegönnten Nachlasses und Verschonung der offenbar beschwehrten und erarmten begriffen werden wollte? 5.) Und weil die Armeen am Rhein und Mayn grosse Gefahr wegen ihrer Unternehmungen und Streifsereyen oder auch Winter-Quartiere droben, so werde zu berathschlagen seyn, wie alle solche Beschwerden abgewendet werden könnten? Auf die erste Fragen nun musten die Württemb. Gesandten sich also erklären, daß der Herzog sowohl gegen dem Reich, als dem Krayß unverantwortlich erachte, daß von der im Friedenschluß fest gegründeten und bißher bey den Reichs-Versammlungen und Ordinari-Reichs-Deputations-Tag zu Frankfurt, wie auch den Kayserl. Commissionen und sonst hergekommenen paritæt im wenigsten abgegangen, sondern vielmehr solches jus adquisitum ungeschwächt

schwächt und aufrecht erhalten werden möchte. Nachdem man aber mit 1671
den Catholischen hierüber bereits in starken Widerspruch gekommen und denselben unterschiedliche Vergleichs-Mittel vorgeschlagen, welche man nicht mehr zuruk
nehmen könnte, so wäre doch der Herzog der unvorgreiflichen Meynung, daß wieder eines davon zu ergreiffen seyn möchte. Wann aber dem Gegentheil wiederum
keines annehmlich wär, so sey ihm auch nicht entgegen, damit die Schuld aller verzögerten Reichs-Verfassung den Evangelischen von den Catholischen bey der Kay. Mai.
und dem ganzen Reich nicht aufgebürdet werden könnte, daß endlich mit und neben
Vorbehalt aller aus dem Westphäl. Friedens-Instrument erlangter Befugnus und
damit in Zukunfft die paritas religionis in dergleichen Fällen aufs genaueste beobachtet werden müsste, in die von den Catholischen letztmals zu Ueberlingen vorgeschlagene allgemeine Zusamenkunfft zu Ulm mit vorermeldter Adjunction zu Erleichterung
des gemeinen nutzlichen Verfassungswerks gewilligt würde. (a) Bey dem vierten
Puncten erklärte sich der Herzog dahin, daß er solches geschehen lassen könnte, doch,
daß nichts davon auskomme und dabey den beyseits benahmsten Ständen, als welche
er andern graviert oder gar verarmt gehalten werden wollen, eine weitere proportio-
nierte Moderation angewiesen würde. Zu welchem Ende er geschehen lassen wollte,
daß seines Herzogthums Contingent nach Abzug des dritten Theils um 200. fl. erhöhet würde in Hoffnung, daß nach solcher Vergleichung alle andere vermöglichere Stände mit ihrer Zahl steigen und sich zur Erleichterung der verdorbenen Stände zulegen
liessen. Bey dem 5ten Puncten wusste er kein ander Mittel vorzuschlagen, als daß
jeder Stand mit seinem Contingent sich enjlast mit geworbener Mannschafft vereben
und sonderlich die benachbarte eine Anzahl Völker zu Abhaltung der streiffenden Partheyen mit den Würtenbergischen vereinigen möchten. Wäre es aber auf Winter-
Quartiere angesehen, würde eine schleunige Abordnung an die Generalität äusserst
vonnöthen seyn, damit diser Krayß, welcher mit dem dermahligen Krieg noch nichts zu
thun hätte, verschont bliebe und wider die Reichsordnungen nicht beschweret würde.
Er schlug aber auch vor zu versuchen, ob nicht eine genaue Neutralität bey den kriegenden Theilen erlangt werden könnte. Zugleich befahl er seinen Gesanten den Evangelischen Ständen sowohl die Einführung des Mömpelgardischen Sitzes und Stimme auf Krayßtägen, als auch die Ernennung zur Krayß-Obersten Stelle bestens an-
zubefehlen, zumahl die Catholische sich bey letzterem Krayß-Convent vermerken lassen,
daß sie auf Bayern wegen der Herrschafft Wiseustaig ein Absehen hätten. Und
weil von Costanz und andern Catholischen das von uralten Zeiten dem Hauß Würtenberg allein gehörig Directorium, wie auch der Gebrauch des alten Calenders auf
allerhand Weise angefochten werden wollte, so hoffte er, daß Evangelischer seits dem

Her-

(a) Die Catholische prætendierten bey disem Vorschlag 7. Deputierte aus ihrem
Mittel zu ernennen und wollten den Evangelischen nur zwen gestatten.

1672 Herzog, als in einer dem Evangeliſchen Weſen ſehr angelegenen Sach
nicht allein die Hände bieten, ſondern auch in ihre Gewälte beſonders einzurücken belieben wollten, daß ihre Geſandte ſich bey dem Würtenbergiſchen Directorio legitimieren und ihre Gewälte einbringen möchten. Inſonderheit lieſſ er die
im Krayß liegende Evangel. Reichs-Städte erſuchen, daß ſie dem Herzog wider des
Fürſtl. Hauſes Baaden immerzu vornehmende neuerliche Eingriffe wegen anſprechen-
den Vorſitzes und Anſchreib-Amts auf dem weltlichen Fürſtenbank dem alten und
bißherigen unverrückten Herkommen entgegen beſtens unterſtützen und nichts widriges
einzuführen laſſen wollten. Endlich lieſſ er zur Berathſchlagung anheim ſtellen, ob?
und wie die Ritterſchafft zur Concurrenz bey der Reichs-Kriegs-Verfaſſung zu vermögen und herbeyzuziehen wär? wie auch wie den ſogenanten civitatibus mixtis in
ihren Bedrängnuſſen und inſonderheit Ravenspurg wegen des daſelbſt ausgetretenen
Carmeliters geholffen und ſie wider alle Eingriffe und Anfechtungen ſicher geſtellt würden.

§. 124.

Mit dem Antritt des folgenden Jahres zeigte ſich würklich, daß Frankreich ein
Ernſt ſey den Teutſchen Reichs-Ständen, eine Allianz anzubieten, indem Gravell
die ſamtliche Chur-und Fürſten darzu einzuladen Befehl erhielte. Es kamen aber
ſo viele Klagen und Beſchwerden wider die Kron Frankreich zum Vorſchein, daß man
ſich nimmer anderſt zu helffen wuſſte, als daß die vernünfftigſte riethen, daß man dem
Reich durch eine beſtändige Verfaſſung wieder ein Anſehen und Reſpect bey den Nachbarn hervor ſuchen und zu ſtand bringen ſollte, als welcher ganz verloſchen ſchiene und
deſſen Verluſt alle ſolche Unruhen veranlaſſte, indem bey derſelben Herſtellung alle
ſolche Beſchwerden von ſich ſelbſt aufhören würden. In vorigen Zeiten, da die Reichstäge in beſſerer Ordnung gehalten und die Execution und andere Reichs-Verfaſſun-
gen beobachtet worden, hätten ſich die Nachbarn nicht unterſtanden das Reich anzugreiffen und deſſen Stände zu bedrücken. Diſes auf der Erfarung und vernünfftigen Staats-
kunſt beruhende Mittel wurde aber nichts deſtoweniger hintangeſetzt und das unzuläng-
liche einer Unterhandlung zwiſchen allen kriegenden Partheyen ergriffen, aber auch
kaltſinnig und langweilig gnug betrieben. Dann die Unzulänglichkeit entdekte ſich ſogleich, als der Churfürſt von Mainz durch Abſchickung eines Geſandten an den Franzöſiſchen Hof ſolche Vermittlung anervieten lieſſ und diſer ſich entſchuldigte ſolche
anzunehmen, weil nicht allein das Reich in der Arbeit ſtünde ſich in eine Kriegs-Verfaſſung zu ſetzen, welche ihm nicht gleichgültig wär, ſondern er auch ohne Einwilligung des Königs von Engelland, als ſeines Bundsgenoſſen ſich zu nichts erklären könte. Gleichwohl erforderte die Franzöſiſche Hof-dieſer vorgaben, daß diſe Anerbietung nicht unangenehm wär, weil er dem Teutſchen Reich die Ruhe wohl gönnen
möch-

möchte , worzu er sich vermög des Münsterischen Fridens verbunden erach- 1673
tete. Der Kayser hatte den obangeführten Rath der patricischen Stände besser eingenommen und ließ deßwegen an den Bischoff von Coßlanz und Herzog Eberharten ein sogenantes excitatorium ergehen " bey ihren Mit - Krayß - Ständen da-
" ran zu seyn und selbige ernstlich zu erinnern , damit die disem Krayß zukommende
" Mannschafft zu Roß und zu Fuß zum fürderlichsten außgetheilt , sodann eines je-
" des Standes Contingent unverzüglich angeworben und aufgestellt würde , daß bey der
" androhenden Kriegs-Gefahr dise Mannschafft auf zutragende Nothfälle sogleich
" gebraucht werden könnte. „ Der Bischoff von Coßlanz suchte aber solche repartition
tion unter dem Vorwand aufzüglich zu machen , daß , weil der letztere Krayß-Convent sich zerschlagen , die Gemüther vorher wieder vereinigt werden müßten. Herzog Eberhard wurde dardurch in die Nothwendigkeit gesetzt sich zu entschuldigen , daß
er das Kayserl. Außschreiben nicht befolgen könne , wobey er sich zugleich sehr beschwehrte , daß er bey disem Krayß die Kayserliche Verfügungen und seine wohlgesinnte Absichten niemahl bewürken könnten. Aber eben dises so widersprechende Verhalten des
Schwäbischen Krayses setzte den Herzog in große Verlegenheit. Dann der König in
Frankreich sendete abermahl seinen Vaubrun zu Anfang dises Jahrs an denselben ihn
aller Königlichen Gewogenheit zu versichern und zu ersuchen , daß er keine Parthey wider die Französische Absichten ergreiffen möchte. Er gab aber dem Gesandten eine solche Antwort , woraus man seine Achtung gegen der Krone abnehmen und hingegen auch
bemerken könnte , daß er seine Treu und die Wohlfart des Reichs nicht aus den Augen setzte. Dann er könnte aus allen Handlungen des Königs ablernen , daß er das
Teutsche Vaterland und dessen Glieder nicht verschonen dörffte , wann ihm ein Vortheil daraus zu hoffen wär. Die schlechte Verfassung des Schwäbischen Krayses nebst
der Lage desselben und der Eroberungs-Geist des Königs machten ihm viele Sorgen ,
wie er wenigstens seine Lande in Sicherheit setzen könnte , als ihm der Churfürst von Bayern einen Weeg darzu durch eine Allianz mit demselben zeigte , worinn sie einander allen
Schuz und Beystand gewährten. Sie schien sehr bedenklich , weil der Herzog mit Bayern gleichstimmige Vota zu führen verpflichtet wurde , diser Churfürst aber sich vielen
Haß durch seine Anhänglichkeit gegen der Kron Frankreich am Kayserl. Hof zugezogen
hatte , welchen der Herzog auch auf sich laden könnte. Es war daben zu vermuthen ,
daß sie auch bey den Evangelischen ein großes Aufsehen verursachen dörffte , weil die
Bayrische Vota und sonstiges Betragen gegen dise Religions-Genossen ihnen sehr verdächtig waren. Nicht weniger schien diser Allianz der Verdacht entgegen zu stehen ,
daß , wann dem Herzog etwas widerwertiges begegnete , welches mittel- oder unmittelbarer weise in das Interesse der Catholischen Religion einlieff , derselbe von
Bayern schlechten Beystandes sich zu getrösten hätte , zumahl man aus der Erfarung
wußte , daß man von weitem her und durch viele falsche Folgen leicht einen Vorwand

X. Theil.   E e   zur

1673   zur Verwaizerung der Hülfe finden könnte. Deſſen aber unacht gewann
die Meynung für die Allianz die Oberhand. Dann die Nachbarſchafft des
Königsreichs Frankreich und die Ausſchweiffungen dier Kron am Rheinſtrom wie
auch die Freundſchafft des Churfürſten mit denſelben erforderten ſolches.   Wollte nun
ſolche weiter in das Reich auf dier Gegend eindringen, ſo konnte der Herzog mit ei-
gnen Kräfften einer gröſſern Macht nicht widerſtehen und hatte demnach unumgänglich eine auswärtige Hülfe vonnöthen.   Bayern gebrauchte das Herzogtum als eine
Vormaur und hatte Urſach ſolche zu beſchützen, weil es ſeine eigene Sicherheit dabey
ſand.   Weil die Kayſerl. und Brantenburgiſche Armeen ſich weit entfernten und zu
jedermanns Verwunderung überall zuruckwichen, vielweniger ungeacht ihrer Stärke,
mit deren ſie dem Feind überlegen war, etwas unternehmen wollten, ſo konnte der
Herzog von denſelben keinen Beyſtand hoffen und ſahe ſich in der Nothwendigkeit dieſe
Mittel zu ergreiffen.   Dann ſo viel die Einwürfe betrof, ſo erſtikte ſich die Verbindlichkeit zu der Ueberrehſtimmung des Würtenb. Von dem Bayriſchen nicht ſoweit,
daß man ſo unbedachtſam und blindlings in alle Vota, welche Bayern nach ſeiner
Anſicht und Convenienz führen möchte, eintreten müſſte, ſondern eine Verpflichtung
war in weitläufftigem Verſtand gebräuchlich, wie ſie bey allen damahls gemachten
Bündniſſen angenommen wurde, da ſie nur in ſolchen Sachen beobachtet wurde, welche zu des allgemeinen Weſens Wohlfart und eines jeden Punkt-Verwandten Aufrecht derhaltung gereichten, wie ſolches das allgemeine Herkommen und Erfarung zeigte,
zumahl dieſe Allianz nur auf die Anwendung aller widrigen Fälle und gar nicht dahin
abzielte, als ob man eine beſondere Parthey machen wollte.   Der Herzog beruſſte
ſich auf die Reinigkeit ſeiner Abſichten, welche der Kay Maj. und dem ganzen Reich
bekannt war und ſeine Rathe auf ihre Redlichkeit, als die ſich durch kein Syren en-
Geſang bezaubern lieſſen, bey welchen Umſtänden dem Herzog des Recht mit andern
Mitſtänden Bundnuſſe zu machen nicht benommen oder übel gedeutet werden konnten.

§. 125.

Entzwiſchen ſtritte man, wie das in der Nähe brennende Kriegs-Feur geſtilet
werden könnte, damit das Reich nicht dadurch von den Flammen ergriffen würde. Allein die innerliche Uneinigkeit der Stände war ein eben graiſſes Unglück für daſſelbe,
weil des Franzöſiſchen Geſandten Einladung zu einer Allianz die Stände von ihrem
Ober-Haupt, und die Churfürſten ſich aus Privat-Abſichten von den Fürſten und dieſe ſich hinwieder von jenen trenneten, ſo, daß das Reichs-Directorium nimmer wuſſte, was es für Materien in die Anfrage bringen ſollte   Zwar ſtarb tamahls der Churfürſt von Mainz: dieſer Todesfall hinderte aber die Berathſchlagungen nicht, weil
deſſen Geſanter Hettinger denſelben einige Zeit unter der Entſchuldigung hinterhielte,
als

als ob ihm solcher noch nicht formlich angekündet wär und entzwischen der Bi- 1673
schoff von Speyr als gewesener Coadjutor den Besitz von dem Bistum nahm,
welcher den Hettinger in dem Posten eines Directorial-Gesandten bestetigte. Die
meiste Stånden hätten disen Mann gern weggeschafft gesehen, musten es aber damit
bewenden lassen, daß der Herzoglich Bayrische die Abänderung der von dem Chur-
Mainzischen Directorio eingeführten Unordnung und Mißbräuche verlangte und von
andern Stånden unterstützt wurde. Bey solchem Stillstand erinnerten endlich den 11.
Martij die mehrere Weltliche des Fürstenbanks, daß man wenigstens die Capitulations-Materie wider hervorsuchen möchte. Die Churfürsten leineten solches aber ab
und bliebeu bey ihrer alten Antwort, daß sie von den Fürstlichen eine andere Erklärung erwarteten, da doch dise vielmehr von jenen einer bessern entgegen sahen. Die
bevorstehende Campagne zeigte den Churfürstlichen den Weeg die Capitulations-Sache aufzuschieben, indem sie die Frage aufwurfen, ob die Vermittlung von dem ganzen
Reich oder von etlichen Chur-und Fürsten, welche sich darzu gebrauchen lassen oder
anerbieten würden, geschehen sollte? Dises war wieder ein weites Feld die Reichs-
Tags Geschäffte aufzuhalten. Herzog Eberhard konnte sich nicht vorstellen, wie der
erste Weeg möglich wär und hielte deßwegen mit den mehrern davor, daß der leztere
zu betretten wär und man denjenigen vielen Dank wissen würde, welche solche Vermittlung unternehmen wollten, wann insonderheit ein allgemeiner daurhaffter Friede bewürket werden könnte. Die Absicht des Fürsten-Raths tratt diser Meynung in so
fern bey, daß das Reich geschehen lassen könne, wann einige Stånde solche Vermittlung auf ihre Schultern nehmen wollten. Der Kayser brang aber sehr darauf, daß
die Krayse und Stånde sich auf allen Fall in schleunige Verfassung setzen sollten und
tratt des Fürsten-Raths-Schluß bey, daß einige Chur-und Fürsten die Mediation für sich übernähmen und von Reichs wegen erinnert würden dahin befliffen zu seyn,
daß die den Reichs-Stånden entzogene Lande ihnen wieder zugestellt, der erlittene
Schade ersetzt, zu Nachtheil des Reichs nicht gehandelt, die fremde Waffen von dem
Reichs-Boden abgeführt und aller Anlaß zu künfftigen Uunruhen aus dem Weeg geraumet würden. Er ließ auch den 22. Martij ein neues Excitatorium an das Schwäbische Krayß-Ausschreib-Amt ergehen mit der Nachricht, daß man auch wegen der
Türken nicht ausser Gefahr seye. Herzog Eberhard ließ wegen solcher gefährlichen
Aussichten einen allgemeinen Buß-Beth-und Fasttag auf den 25. April ansetzen.
In dem deßwegen ergangenen Befehl wurde ein für die Würtenbergische Kirchen Geschichte merkwürdiger Umstand angeführt, daß die in dem Herzogthum noch übliche
monatliche Buß-und Beth-Tåge erst vor zehen Jahren, mithin im Jahr 1663. aus
Gelegenheit des damahligen Türken-Kriegs eingeführet worden. Durch denselben wurde aber verordnet, daß zwo Predigten gehalten und in der Morgen-Predigt der Text
aus Jerem. c. VI. v. 2.-8. und bey der Abend-Predigt aus Esajä c. LV. v. 6. und 7

E e 2 ten

1673　ben Zuhörern an das Herz gelegt und das H. Abendmahl gehalten werden ſolle, wobey man zugleich die Unterthanen erinnerte, daß, wie vor der Zeit auch üblich geweſen, männiglich, wann Mittags um 12. Uhr die Glocken geläutet würde, ſowohl wer zu Hauß iſt, mit den ſeinigen ein andächtig Gebeth ſprechen, als auch die um ſolche Zeit ſich auf dem Feld befinden, mit entblößtem Haupt ein Vater Unſer bethen ſollten.

§. 126.

Bey ſolchen Umſtänden meynte man, wie Coſtanz den Kayſer vertröſtete, die Gemüther der Krayß-Stände zu vereinigen und hielte zu dem Ende einen Präliminar-Convent in der Hoffnung ſolchen Endzwek zu erlangen. Allein die Catholiſche Stände waren noch weit davon entfernet, als ſie von nichts anderm hören wollten, als daß ſie bey allen Verhandlungen die mehrere Stimmen haben und ſich eher in nichts einlaſſen wollten, ehe und bevor die bißherige Hinternus gehoben wär. Sie wollten damit ſo viel ſagen, daß man an die Gleichheit der Religions-Genoſſen in den Stimmen nicht mehr gedenken ſollte. Mithin gieng auch diſer Convent fruchtlos zu Ende und man muſſte, weil ſämtliche Catholiſche die an ſie gemachte Vorſtellungen nur zum hinterbringen angenommen hatten, ihren endlichen Entſchluß erwarten. Auf dem Reichstag gieng es nicht viel beſſer und die ſogenannte Patrioten ärgerten ſich über das Zaudern der Directorien und einiger Geſandten, welche immerzu neue Schwürigkeiten erregten, Nebenfragen und unzeitiges Geſuch in den Weeg legten, ungeacht jeder Verzug dem Reich neue Gefahr drohete. Der König in Frankreich hatte dem Churfürſten von Brandenburg ſeine Clevliſche Lande unter dem Vorwand der Kriegs-Raiſon weggenommen und zwar verſprochen demſelben ſolche nach erfolgtem Frieden wieder abzutretten, aber auf Franzöſiſche weiſe darinn gehauſet; wofür er gleichwohl Satisfaction zu geben ſich erbothe. Nun hatte der Churfürſt von Maynz nach Anleitung der obangeführten von dem König in Frankreich gegebenen Antwort ſich auch an den König in England gewendet und die Vermittlung des Reichs anerbothen. Die Antwort gegen dem Geſandten von Schönborn beſtund in diſen Worten: Mais ſa Majeſté conjure tres ſincerement & prie ſa ditte Alteſſe Electorale & tous les Princes de l'Empire bien affectionnés de concourrir tant par leur entremiſes, que par tout autre moyen legitime à la conſervation du repos de l' Empire &c. Diſe Antwort befriedigte diejenige, welche die Vermittlung als ein Mittel zur Erhaltung der Ruhe in dem Reich der Kriegs-Verfaſſung vorzogen. Beede Theile zeigten aber keinen Ernſt die Hand an das Werk zu legen. Den Catholiſchen Schwäbiſchen Ständen giengen nun die Augen auf, weil ſie dem Feind ſchier auf dem Nacken ſahen und zu begreiffen anfiengen, in welcher Gefahr das ganze Reich und

und

und Nier Krauß wâr. Allem Ansehen nach musten sie entweder Vorwürfe we= 1673
gen Verzögerung der Kriegs=Verfassung anhören oder gab ihnen der Chur=
fürst von Bayern eine Erinnerung sich zu derselben zu bequemen. Dann er machte sich
Hoffnung die Krauß=Obersten Stelle wegen der Herrschafft Helfenstein, welche er be=
saß, davon zu tragen. Sie kamen demnach zu Ueberlingen wieder zusamen und be=
schlossen, nachdem von ihnen gemachten Austheiler ihre Contingenter schleunig anzuwer=
ben und auf den 17 Julij zu Biberach zur Musterung zusamen zu führen. Sobald
nun Herzog Eberhard davon benachrichtiget wurde, so veranstaltete er so gleich bey
den Evangelischen einen gleichmässigen Couvent zu Eßlingen, wo er ihnen durch seine
Gesandten die Nothwendigkeit zu Gemüth führen ließ ihre Contingenter ebenfalls auf=
zustellen, damit ihnen die Verzögerung nicht zur Last gelegt werden könnte. Der
Churfürst von Bayern schickte auch einen Gesandten dahin, welcher sich wegen Vereini=
gung der beederley Religions=Verwandten verwenden und die Evangelische zu einem
höhern Contingent vermögen sollte. Bey diesen nun hielt es schwer solches auf sich zu
nehmen, indem ihnen unverantwortlich schiene, daß sie wenigere Stimmen bey den
Deputationen haben und gleichwohl eine schwerere Last tragen sollten. Man bemerk=
te über diß, daß der Churfürst höhere Absichten, als die Vermittlung führte. Her=
zog Eberhard muste demnach die möglichste Behutsamkeit gebrauchen und antwortete
dem Gesandten nur, daß er noch nichts anders, als nach der reunion trachte, indem
er alle Weege hervorgesucht und betretten hätte die samtliche Krauß=Stände wieder
in gutes Vernehmen und Einigkeit zu setzen, auch nach dem Exempel der Catholischen
die Evangelische zusamenberuffen habe, damit auch diese ihre Contingenter unter sich
austheilen könnten. Nach welchem er gedencke wieder einen allgemeinen Krayßtag zu
veranlassen und die Zusamensetzung der beederley Religions=Verwandten Völcker zu
einem Schluß zu bringen. Um aber auch des Churfürsten fernere Absichten auszu=
weichen schlug er demselben vor, daß man ein schon vor 6. Jahren gemachtes Project
wieder hervorsuchen möchte, vermög dessen eine Allianz zwischen Bayern, Pfalz=Neu=
burg und Würtenberg errichtet und der Schwäbische Krauß auch darzu gezogen wer=
den sollte. Nun wär er erbietig solches dem Evangelischen Convent zu entdecken und des=
sen Gedancken darüber zu vernehmen, indem er nicht zweifelte, daß es demselben
nicht mißfällig seyn dörffte, zumahl man auf diese weise eine stärkere Armee, als die
Reichs=Armee wär, auffstellen und sich in Respect setzen könnte.

§. 127.

Nun war die Allianz, wie schon gedacht, zwischen Bayern und Würtenberg
errichtet. Der Herzog vernahm aber bald, was er befürchtete, nemlich, daß der
Kayserliche Hof dieselbe sehr hoch aufnahme, ungeacht er kurz zuvor den Kayser einer

Ee 3

uns

1673 und undberlichen Treu versichert hatte. Der Abrede nach mit dem Churfürsten hätte sie sehr geheim gehalten werden sollen. Sie wurde aber doch bekannt. Der Herzog mußte sich demnach überall entschuldigen, daß er den festen Vorsatz gefasset habe auf seiner bißherigen Gesinnung zur Ruhe und Wohlfart des Reichs unveränderlich zu bestehen und sich durch seine Alliirte nicht davon abführen zu lassen. Sein Gesandter Bidenbach verbathe sich aber die Reise nach Regenspurg, ungeacht sehr wenige Evangelische Fürstl. Gesandten sich daselbst befanden und eine Abordnung von seiten des Herzogs wegen der so wichtigen Vorfälle sehr nöthig erachtet wurde. Solchemnach nahm er der Städte Straßburg und Frankfurt Abgeordneten D. Schulzen unter dem Prädicat eines Vice-Canzlers in seine Dienste und ließ durch disen seine Stimme führen, als eben jetzo der Churfürst von Trier bey dem Reichstag sehr über die Französische Trangsalen klagte und Hülfe verlangte, die Kayserliche in 32000. Mann bestehende Armee von Eger in das Reich zu gehen und Turenne derselben so weit, als möglich wär, entgegen zu gehen die Ordre hatten und man von dem Churfürsten von Bayern, welcher 20000. Mann auf den Beinen hatte, nicht wußte, zu was er entschlossen wär. Das ganze Reich und Herzog Eberhard war darüber betretten, zumahl Gravell sich offentlich vernehmen ließ, daß zu End des Septembers der Reichs-Tag unfehlbar ein Ende nehmen würde. Man vermuthete nun, daß, weil dem Churfürsten von Bayern seine Absicht die Schwäbische Krayß-Obersten-Stelle zu erlangen verrücket worden, wodurch er der Krou Frankreich grosse Dienste hätte thun können, er bey den Catholischen unter der Deckiu gelegen und verborgener weise die Zusammensetzung der beederley Religions-Verwandten gehindert habe. Dann obschon Baden-Baden einen allgemeinen Krayß-Convent vorgeschlagen und die Hoffnung zur Reunion gemacht hatte, wofern man nur der Deputation und der paritatis religionis dabey nicht gedenken wollte, solches auch Herzog Eberharden als Krayß-Directorn durch den Baden-Durlachischen Gesandten Gustav Ferdinanden von Menzingen hinterbracht wurde, so konnte doch solche Vereinigung nicht zum Stand gebracht werden. Man bedaurte solche Uneinigkeit und Störung der Reichs- und Krayß-Tags Geschäfften um so mehr, als der Nider-Sächsische und Fränkische Krayß die Berichtigung der Verfassungs-Materie sehr betrieben. Wie wohl auch dieselbe zu Regenspurg durch allerhand Räuke gehindert wurde, indem daselbst so viele Fragen in den Weg geworffen wurden, daß man vor deren Wegraumung zu keinem Schluß gelangen konnte, weil insonderheit diejenige Stände, welche einen starken Anhang hatten, fast allezeit den Mangel eines Verhaltungs-Befehls vorschützten in der Absicht die Teutsche Kriegs-Verfassung so viel möglich zu hintertreiben, wie dann Bayern unter dem Vorwand einer grossen Beförderung dieses Puncten den Vorzugsstritt zwischen einem Generaln der Cavallerie und einem Feld-Zeugmeister auf die Bahn brachte, weil ein Prinz des Bayrischen Hauses die erstere Stelle bey der Reichs-

armee

armee zu erhalten hoffte und Herzog Friderich von Würtenberg zu der andern er= 1673
nennt war. Diser Churfürst hatte ohnehin verschiedene Schreiben mit dem Kayser
gewechselt, welche dessen Absichten verriethen. Durch ein abermaliges Schreiben vom 29.
Junij reitzte er den Kayser zum Unwillen, indem er disen bezüchtigte, daß er einen
unröthigen Krieg führte, weßwegen er ihn auch warnete, seine Armee nicht in
das Reich geben zu lassen, „ indem sonsten niemand zu verdenken seyn werde, wann
„ er zu Abwendung eines so unnothwendigen Kriegs und der daraus entstehenden bö=
„ sen Folge seine mellures dergestalt einrichte, damit der Fride im Reich erhalten
„ werde und jeder bey dem seinigen bleiben möge. Der Kayser widerlegte aber sol=
ches unterm 20. Julij, worinn er ihm zu Gemüth führte, ob das ein unnöthiger
Krieg zu nennen sey, wann er den von dem König in Frankreich erlehdenten Schimpf
nicht auf sich nehmen wollte und zu Vertheidigung der bedrangten Reichs= Stände
die Nothwehr ergreiffe. Dann es sey hier die Frage nicht, ob Holland sich um das
Reich verdient gemacht habe? Und wie er Churfürst von ihm verlangte nur durch
wenige Worte dem Reich die Ruhe zu schenken, so begehre er hinwiederum, daß
derselbe nur wenig Worte von sich geben sollte, ob er durch seinen Beystand das Reich
oder dessen Feind unterstützen wollte? (b) Worauf zwar der Churfürst sich näher er=
klärte, daß er seine Truppen nur zur Behauptung einer genauen Neutralität ent=
zwischen gebrauchen wollte, weil Frankreich sich erbotten seine Armeen aus dem Reich
zu führen, woferu der Kayser keine Bewegungen in das Reich machte. Wann aber
der König sein Wort nicht hielte, wär er erbietig seine Völker zur Kayserlichen Ar=
mee stoßen zu lassen, welche schon in dem Aufbruch an den Rhein begriffen war. Der
Kayser war hingegen mit dieser Erklärung noch nicht zu friden. Zumahl er nicht ver=
sichert war, ob auch dise feindliche Kron alle Feindlichkeit gegen dem Reich und dessen
Stände einstellen oder die bereits beschädigte entschädigen würde, und verlangte nicht
nur eine Cathegorische Erklärung, daß er seine Völker nicht zu Gunsten der Kron
Frankreich gebrauchen oder den Kayser in seinen Unternehmungen hindern wollte,
sondern auch daß er zur Versicherung dessen dem Kayser entweder eine Vestung ein=
raumen oder einige 1000. Mann überlassen sollte.

§. 128.

Entzwischen entdeckte der König in Frankreich seine Absichten noch deutlicher,
daß er das Reich nur sicher machen und gleichwohl feindlich behandeln wollte. Er
trieb nur sein Gespötte mit dem Kayser, Chur= und Fürsten. Dann, als die von
der Kron Frankreich angenommene Austrags= Richter wegen der Metz= Tull= und
Verdunischen Lehen, wie auch der Elsässischen Land= Vogtey den Französischen Ge=
sand=

(b) vid. Beyl. num. 57.

1673 santen auf dem Reichstag fragten, ob er noch etwas im Namen seines Königs zu erinnern oder einzuwenden habe, indem sie mit dem ansträglichen Spruch gefaßt wären, so antwortete derselbe mit Französischem Hochmut, daß es ihres seits die Meinung niemals gehabt habe von den zu diser Land=Vogtey=und Lehen=Sache erwählten Chur=und Fürsten einen verbindlichen Ausspruch zu erwarten, sondern nur sein König verlangte solche Strittigkeiten durch ihre Vermittlung gütlich beyzulegen. Es war eine offenbare Teuscherey, welche zwar ein grosses Aussehen machte, aber die durch das Französische Gold geblendete Augen nicht eröffnete. Diser König bemächtigte sich unter dem Vorwand der Stätte Collmar und Schlettstatt mit Gewalt damit seine Feinde ihm nicht zuvorkämen. Er ließ 120. Stück schweren Geschützes, von dannen wegnehmen und nach Breysach führen, ja so gar ihre Mauern und Bestungswerke niderreißen. Der Churfürst von Trier kam mit unnachlässigen und fast wochentlich widerhohlten erbärmlichen Klagen über das harte Französische Verfahren bey dem Kayser und dem Reich ein. Es hatte aber keine Würkung. Dann der erste konnte allein nicht helffen und auf dem Reichstag entschultigten sich die Gesandte der beträchtlichsten Fürsten bey jedem Vortrag diser Begebenheiten mit dem Mangel der Instruction, daß man nie zu einem Schluß gelangen konnte, und diser Churfürst dem Untergang seiner Lande entgegen sahe. Dann Gravell setzte allen disen Klagen so viele sogenannte Contestationes entgegen, daß die redlichst gesinnte Fürsten und Gesandte nicht durchdringen konnten. Der Brandenburg=Culmbachische zergliederte deßwegen dises Wort, daß, wann man die Anfangs=Sylbe und die zwo letzte Sylben zu einander setzte, schöne Conciones zum Vorschein kämen, welche wie die Sirenen=Gesänge unvorsichtige Gemüther bezauberten und in kurzer Zeit bey den Höfen einen Eingang fänden. Wann man aber die zwo mittlere Sylben betrachtete und den anmuthigen Predigern an das Herz grieffe, so bliebe nichts als eine leere Testa und Scherbe übrig und sey nichts davor und dahinter. Wie dann Frankreich auch nur versichere seine Armeen über den Rhein zuruck zu führen, gleich als ob diser Fluß die æquinoctial=Linie wär, welche Teutschland von Frankreich scheide, da man doch wohl wisse, daß jenes Reich noch viele Lande jenseit des Rheins habe. Er bediente sich aber in seinem Voto des harten Ausdrucks, daß diejenige, welche sich von ihrem Oberhaupt trennten, für desertores patriæ propriæque libertatis neglectores erkannt werden müßten, welches sowohl von Bayern, als auch den Schweden sehr hoch aufgenommen wurde. Der gedachte König machte kurz zuvor eine Reyse gegen dem Rhein zu und befande sich den 12. Julii zu Nancy, wohin sich auch der Würtembergische Geheime Rath von Mantenfel begab, welcher sich wegen eigener Angelegenheiten ohnehin zu Straßburg aufhielte. Diser wurde gleichmässig von ihm in Versuchung geführt, wie andere Staats=Räthe derjenigen Fürsten und Stände, welche der König auf seine Seite zu bringen nöthig fand, zumahl ihm die Allianz des Herzogs mit Chur=

Bay=

Bayern nicht unbekannt seyn könnte, welche durch dieses Staats-Raths Bemü- **1673**
hungen und Betreibung zum Stand kame. Dann der König beschenkte
ihn mit seinem reich mit Diamanten besezten Bildnus und ertheilte ihm die Versicherung seines geneigten Willens gegen dem Hauß Würtenberg (c). Solche Vorfälle konnten nicht vor dem Kayserlichen Hof verborgen bleiben und der Herzog konnte je
länger, je mehr in den Verdacht gerathen, daß er von seiner Treue gegen dem O-
berhaupt des Reichs abgehen und auf die Französische Seite tretten dörffte. Er bediente sich damahls im Teinach der Sauerbronnen-Cur in Gesellschafft seines Toch-
termanns Grav Albrecht Ernsten von Oetingen und hatte entzwischen Anstalt gemacht,
daß die Statt Lauffen am Neckar mit einem Navel n und Brustwehren versehen
wurde. Dann die Armee unter dem Commando des Turrenne stund bey Mergents-
heim und drohete sich an dem Neckar zu setzen, weßwegen man wegen eines Einfalls
in die Würtenbergische Lande nicht ohne Sorge seyn kunte. Die Kayserl. ungleich
stärkere Armee näherte sich ebenmäßig, daß man einer Schlacht entgegen sehen kunte, wofern derselbe General Montecuculi die Ordre gehabt hätte Teutschlands
Schicksal auf die Spitze zu setzen. Wofern aber die Franzosen geschlagen oder von den
Kayserlichen zum weichen gebracht würden, so befürchtete man, daß sie über die Aemter Backnang, Winnenden, Waiblingen rc. mitten durch das Herzogthum nach Breysach zu fliehen genöthigt würden, weßwegen der Herzog seine geworbene Compagnien
zu Pferd und eine Anzahl seiner Landauswahl nach Maulbronn, Vayhingen, Brackenheim, Knittlingen und Güglingen zu deren Beschützung einrücken ließ, zumahl
die Franzosen sich im Durlachischen Amt Graben einquartiert hatten. Unter disem
Geräusch der Waffen gedachte man noch immerzu die Kriegsführende Partheyen durch
Vermittlung des Reichs auszusöhnen. Zu Cölln waren schon verschiedene Gesandten
und der Bischoff von Straßburg bemühete sich durch Schreiben an den Würtemb.
Geheimen Rath und Hof-Marschall von Mauteufel den Herzog Eberharden dahin
zu vermögen, daß er auch Gesandte dahin abschicken und unvermerkt an dem Friden
arbeiten möchte. Er wußte, daß der Herzog für die Angelegenheit des Fürstenthums
Ost-Frießland sehr besorgt war, welches in disem Krieg grosse Noth litte. Dann
der Herzog war des noch unmündigen Fürsten Groß-Vatter und Vormünder. Mithin meynte der Bischoff denselben verbindlich zu machen, daß er desto eher Gesandten
nach Cölln schicken möchte. Ungeacht er nebst seinem Bruder Wilhelm von Fürstenberg böse Anschlag wider das Teutsche Reich geschmidet hatte, so verstellte er sich doch
hier als einen Patrioten und führte ihm die Gefahr desselben mit lebendigen Farben
zu Gemüthe. Die Schweden sollten die eigentliche Mittels-Personen seyn, welche
mit Hülfe einiger Chur- und Fürsten den Friden bewürken sollten. Sie wünschten
dem-

(c) Theatr. Europ. T. XI. p. 328.

1673 demnach, weil auf dem Reichstag keiner ernennt werden und niemand sich selbsten anerbiethen wollte, daß Herzog Eberhard nebst den Churfürsten von
Bayern, Brandenburg und Pfalz, und dem Pfalzgraven von Neuburg, wie auch
Herzog Johann Friderichen von Braunschweig-Hanover einige vertraute Räthe nach
Cölln schickten. Sie sollten mit andern schon gegenwärtigen Gesandten Mittel aus-
finden, wie der Friede in Teutschland beybehalten und gegenwärtiger Krieg geendigt
werden könnte. Nun hatte man zwar zu Regenspurg eine weitläufftige Deputation
darzu vorgeschlagen, zu welcher auch Herzog Eberhard sollte gezogen werden: Sie
wurde aber mit Uebergehung desselben wieder in das engere eingezogen. Der Bischoff
hielte demnach davor, daß der Herzog unter dem Vorwand des Ost-Frießländischen
Beystandes jemanden schicken könnte, da er sich erbothe disem Abgeordneten mit ein
und andern Entdeckungen an die Hand zu geben, damit der Herzog überzeugt würde,
welche grosse Affection er gegen ihm trüge und welchen Eyfer er zur Beruhigung des
Reichs und gemeinen Wesens habe. Der Herzog war aber nicht gesonnen sich in die
Fürstenbergische Anschläge und Projecten zu verwickeln und ließ durch den von Man-
teufeln wieder antworten, daß er jederzeit alles zur Wiederherstellung der Ruhe anzuwenden gedächte, wofern er nur von gemeinen Reichswegen darum ersucht würde (d). Dann der Herzog sahe gar wohl ein, daß die durch Chur-Bayern vorgeschlagene gütliche Mittel von wenigem Nutzen seyn würden, sondern der König in
Frankreich nur darüber spottete und das ganze Reich verächtlich ansahe. Bey so schlechten Anstalten zur Rettung der Mit-Stände, da die Churfürsten von Trier und Pfalz
wider dise Krone und Chur-Cölln wider die Kayserl. Spanisch und Holländische Völker Hülf bei dem Reich vergeblich suchten, tratten der Ober und Nider-Sächsische
Krayß mit dem Fränkischen zu Mülhausen zusamen, wovon sich auch ein Abbé de Gravell, ein Unverwanter des Gesandten auf dem Reichstag, und ein Kayserlicher
Commissarius, Grav von Oetingen einfande. Der Schwäbische Krayß wurde auch
zum Beytritt eingeladen. Er entschuldigte sich aber, daß die Einladung zu spät eingekommen wär, da sie doch wegen der innerlichen Trennung zu frühe kam.

§. 129.

Endlich wurde unser Herzog Eberhard unter so vielen widerwärtigen Umständen
durch die Verlobung seines ältesten Sohnes Herzog Wilhelm Ludwigs mit Magdalenen Sibyllen, Landgrav Ludwigs von Hessen-Darmstadt Prinzessin-Tochter, erfreuet.
Dise befande sich zu Stockholm bey ihrer Frau Muter Schwester, der verwittibten
Königin, als der junge Herzog im Jahr 1671. auch dahin über die Schweiz, Savoyen, Frankreich, Engelland, Spanische und vereinigte Niederlande, und Dänemark

(d) vid. Beyl. num. 58.

marck eine Reyse unternahm. Hier lernte er die Verdienste seiner künfftigen 1673
Gemahlin kennen, welche einen Grund zur wahren Liebe legten. Nach seiner den 2. Mart. 1672. geschehenen Zurückkunst in das Herzogthum entdeckte er seine
Neigung gegen dieser tugendhafften Prinzessin seinem Herrn Vater, welcher so gleich
Gesandte sowohl nach Darmstatt, als auch an den Königl. Schwedischen Hof abordnete um zu einer Verbindung zwischen beeden Fürstl. Häusern den Eingang zu machen.
Erst in dem folgenden Jahr erhielte man das Jawort, und die Abreyse dieser Fürstin
geschahe den 23. Junij. Als sie von dem König und Königin auf dem Lillholm Abschied nahm, wurde sie unter Zelten auf dem Feld herrlich aufgenommen, und sowohl
von dem König mit kostbaren Juwelen, als auch von der Königin mit kostbaren Klei-
dungsstücken beschenkt, wie auch ihro zu Ehren noch mit Jagdschiffen eine lustige See-
schlacht vorgestellt. (c) Den 16. Sept. langte sie zu Franckfurt an, wo der Herzog sie sogleich durch seinen Cammerjunker Benjamin von Münchingen bewillkommen
ließ, nach dessen Rückkunfft Herzog Wilhelm Ludwig den 25. Sept. selbsten nach
Darmstatt repsete. Die Vermählung geschahe aber erst den 6. Novembr. da der
Landgrav in der vorher verglichenen Eheberedung sich erbothe seiner Tochter zu ihrer
Legitima, Heuratgut, Aussteur und gänzlichen Abfertigung 20000. fl. innerhalb
Jahresfrist zu geben, auch sie mit Geschmuck, Kleidern, Ketten, Kleinotien, Sil-
bergeschirr und andern abzufertigen, und aus väterlicher Liebe noch ein und anders zu
schenken, mit welchem letztern sie ohn einige Hindernus, wofern ihro sonst noch an
Erbschafften oder in andere Weege etwas zugienge, die freye disposition haben soll.
Dagegen sie auf allen Anspruch und Gerechtigkeit an väterliche, mütterliche, brüder-
und vetterliche Erbschafften Verzücht thun mußte. Weil aber ihre Muter schon ver-
storben war, so wurde ihro in dem Fall, wann Landgraf Ludwig, ihr Vater, ohne
männliche Erben abgienge, der Zutritt zu dem von ihrer Frau Muter Maria Elisa-
betha, geborner Herzogin von Schleßwig-Hollstein, zugebrachten Heuratgut vorbehalten. Herzog Eberhard und sein Sohn versprachen hingegen, daß zu Morgengab
der Braut, so bald das ehliche Beylager geschähe, 5000. Reichsthaler innerhalb
Jahres-Frist entweder baar gegeben, oder solche auf Lebenslaung mit 375. fl. verzinset
werden sollen, wann sie auch schon nach des Prinzen Ableiben sich wieder verheurathen
würde. Wofern sie aber ohne Erben abgienge, sollte dise Morgengab dem Hauß Würtemberg wieder heimfallen. Die Widerlegung des Heuratguts geschahe, wie gewöhnlich, mit Verdopplung des Heuratguts, nemlich hier mit 40000. fl. womit die Prinzessin auf das schöne Leonberger Amt verwiesen wurde, daß sie solchen Wittumb mit
aller Jurisdiction über ihre Dienerschafft haben soll. Bey Absterben Herzog Wilhelm Ludwigs wurde die Wittib von der Mitvormundschafft nicht ausgeschlossen, es
wär dann, daß Herzog Wilhelm Ludwig ein anders verordnete. Würde sie den Wit-
tum

F f 2

(c) Theatr. Europ. T. XI. p. 380.

1673 tumſtul verrücken, und ſich mit Hinterlaſſung Leibes = Erben anderwerts verheurathen, ſoll ihro das Heurathgut ſo gleich wieder erſtattet, die Widerlage
aber auf Lebenslang verzinſet werden. Woferu ſie aber vor ihrem Gemahl tods ver-
führe, und keine Leibes-Erben von ihro erzeuget würden, ſo ſollte das Heuratgut
nebſt dem Silbergeſchirr, Geſchmuck und aller Verlaſſenſchafft Herzog Wilhelm Ludwigen auf Lebenslang bleiben und erſt nach deſſen tödtlichem Abgang dem Hauß Heſſen
wieder heimfallen. Wegen der Morgengab wurde verabredet, daß die Prinzeſſin ſolche auf ihre Kinder vererben oder ſonſt, wohin ſie woll, nach Morgengabs-Freyheit
verſchaffen könnte. Stürbe ſie aber ohne Kinder und hätte ſie nicht verſchafft, ſo ſoll
dieſelbe an Herzog Wilhelm Ludwigen oder deſſen Nachkommen im Regiment zurückgeben und wann ſie ſolche vermacht oder ſonſt verwendet hätte, ſoll ihrem Gemahl oder
jedem regierenden Herrn frey ſtehen dieſelbe an ſich zu löſen. Alles Silbergeſchirr
und anders, ſo zur Zeit des Beylagers geſchenckt würde, ſoll in zween gleiche Theil
vertheilt werden, deren der eine dem Herzog und der andere ſeiner Gemahlin zugeſchrie-
ben werden ſoll. An diſem Tag nemlich den 6. Nov. wurde demnach die Vermählung
und Beylager zu Darmſtatt vollzogen und zu Stuttgart in der Hofkirch von dem Hof-
Prediger D. Wölflin ein Glückwunſch- und Dank-Predigt über Geneſ. c. 49. v.
25. 26. gehalten.

1674　　　　　　　　§. 130.

Der Anfang des folgenden Jahrs wurd mit Anſtalten zu der prächtigen feyerlichen Heimführung unter dem Geräuſch der Waffen in der Nachbarſchafft zugebracht,
welche auf den 12. Februarij feſtgeſtellt war. Weil die damahls in einer ſo gewapp-
ten Vorſtellung der zu Stuttgard gehaltenen Hochf. Würtemberg-Heſſiſcher Heim-
führungs-Bezäugnus in offentlichem Druck beſchrieben worden, ſo übergehe ich ſolche
und melde nur, daß den 4ten Febr. die an Marggr. Chriſtian Ernſten zu Branden-
burg-Barenth vermählte Tochter Herzogs Eberhards zu Heydenheim angekommen,
welcher derſelben ſeinen Ober-Vogt zu Heydenheim und Obriſt-Lieutenant Eßben, ſeinen Haußhofmeiſter Schützen von Holzhauſen und den Corret Hannß Georg von Lauds-
perg entgegen ſchickte und er ſelbſt bis nach Unter-Türkheim entgegen reyſte. Den
9. Febr. kam der neu-vermählten Herzogin Vater, Landgrav Ludwig, nebſt ſeiner
ganzen Familie auf den Gränzen des Herzogthums an, da ſie unſern Maulbronn auf
dem Brücklein bey dem Steiger-See genannt von dem Würtembergiſchen Geh Rath,
Ober-Hof-Marſchalln und Ober-Vogt zu Marbach nebſt noch eilf andern Staats-
Räthen und Cavalliern empfangen und unter Begleitung des Herzog Wilhelm Ludwigs Leib-Compagnie zu Pferd bis nach Sachſenheim, des folgenden Tags aber bis
auf die Veſtung Asperg geführet wurden. Den 12ten Febr. begab ſich Herzog Eber-

hard

hard nebst seinem Erb = Prinzen auf die sogenannte Feurbacher Hayde, wo sie **1674**
die junge Herzogin, den Landgraven und übrige Gäste erwarteten. Siben=
tausend Mann zu Pferd und zu Fuß von der Landauswahl der nächstgelegenen Städt
und Aemter paradierten hier, wovon sowohl die geworbene, als auch die Landaus=
wahl Cavallerie bey dem Einzug in die Stadt diente. Auf dise Heimführung ist nicht
nur eine silberne Medaille, welche ich in dem vorigen Theil beygelegt habe, sondern
auch eine güldene geprägt worden, von welcher ich in der Vorrede eine Erleuterung und
in der ersten Leiste eine Zeichnung mittheile. Den 21. Febr. reyßte aber der Land=
grav wieder ab, weil die Kayserl. und Brandenburgische Armeen sich seinen Landen
näherten. Er selbsten bediente sich der Post und ließ seine Gemahlin und Kinder all=
gemach nachfolgen. Es war zugleich auch ein Pfälzischer Gesandter zugegen, welcher
dem Herzog und Landgraven die Nachricht klagend hinterbrachte, daß der König in:
Frankreich eben zu der Zeit, als derselbe den Churfürsten durch den Envoyé de Be=
thune dero königliche Freundschaft versicherte, durch seinen General = Lieutenant de
Vaubrun nicht allein die Stadt Germersheim feindlich anfallen und besetzen, sondern
auch die Churfürstl. Beamte und einige Unterthanen gefangen nehmen liesse. Der
König wurde darzu veranlasset, weil der Churfürst mit dem Kayser sich in ein Bündnus
eingelassen und demselben versprochen dise Stadt durch Kayserl. Völker besetzen zu
lassen, welches dem König wegen der Westung Philippsburg unerträglich wär. So
gleich folgte aber auch ein Französischer Envoyé nach, welchen Vaubrun an den Her=
zog abschickte. Diser mußte solche Unternehmung entschuldigen, daß die äusserste:
Nothwendigkeit ihn veranlasst solchen ausserordentlichen Schritt zu thun und den Her=
zog versichern, daß ihm und seinen Unterthanen kein Schade zugefügt werden sollte. Di=
ses nahm der Herzog für bekannt an, ungeacht er überzeugt war, daß der König, wo
es sein Vortheil erforderte, sich an sein Wort so wenig, als gegen dem Pfalzgraven binden
würde. Der Chur = Pfälzische Gesandte verlangte an den Herzog ihm nicht nur mit
der geworbenen Mannschafft, sondern auch mit seiner Landauswahl beyzustehen und sich
darzu gefasst zu halten, wie auch guten Rath mitzutheilen und den Beystand vom Schwä=
bischen Krayß zu befördern. Weil aber der Herzog seine geworbene Mannschafft auf
den von dem Kayser den 18. Januarij erhaltenen nachdrücklichen Befehl die Städte:
Heylbronn und Offenburg im Breyßgau wohl zu besetzen und in dem Krayß eine drey=
fache Verstärkung auszuwürken, nach Heylbronn verlegt hatte, der Ueberrest zu un=
terwertiger Hülfe sehr unzulänglich und die Landauswahl zu Beschützung der weitläuf=
figen Gränzen unentbehrlich war, so riethe derselbe, daß der Churfürst bey dem Reichs=
tag die Berichtigung der Reichs=Verfassung ernstlich betreiben sollte, damit die nächst=
gesessene Krayse einander zu Hülf kommen müssten, bey welchen Umständen vor allen:
Dingen die Bestellung der Krayß = Obersten = Stelle und anderer Krayß = Aemter
erfordert wurde. Wegen Hülfe von disem Krayß aber könnte der Herzog wenigen Trost.

Ff 3: geben,

1674   gebeu, als welcher nicht allein in der ſchlechteſten, Verfaſſung ſtunde ſondern
auch gnug mit ſeiner eigenen Beſchützung zu thun hatte.   Nichts deſtoweniger
begehrte ſowohl der Kayſer an den Herzog ebenmäſſig diſem Churfürſten mit einer Volk
hülf vom Krayß beyzuſtehen, wie er ſolches ſchon den 10. Dec. vorigen Jahrs befohlen hatte, als auch der Fräukiſche Krayß, daß der Schwäbiſche demſelben wider die
anrückende Franzöſiſche Armee zu Hülfe enen möchte. Eutzwiſchen lieff zwar die Nachricht ein, daß die Catholiſche Krayß-Stände wieder eine Zuſamenkunfft zu Ueberlingen gehalten und beſchloſſen haben die reunion vorzehen zu laſſen und die ausſchreibene
de Fürſten um Ausſchreibung eines allgemeiuen Couvents zu erſuchen, wie auch daß
ſie das gedoppelte Contingent ſtellen wollten: der Herzog war aber deſſen noch nicht
gewiß verſichert, weil der Biſchoff von Coſtanz noch nichts deßwegen an ihn gelangen
lieff. Er entſchuldigte ſich daher nur unterm 25. Febr. gegen dem Kayſer, daß er nebſt
den Evangeliſchen Krayß-Mitſtänden wünſchte deſſen Befehlen ein Genüge zu thun,
er werde aber aus ſeinen bisherigen Berichten vernommen haben, wie ſehr ihm durch
die ſich ereignete ſchädliche Trennung die Hände gebunden worden, und noch ſeyen, da
er gleichwohl hoffe, daß die Catholiſche Stände ſich den Evangeliſchen mehrers nähern
würden, worauf er au ſich nichts erwinden laſſen wollte, was zu möglichſter Beſchleunigung ſolcher je länger, je mehr höchſtnöthiger Zuſamenſetzung der Stände und Beobachtung der heylſamen Reichsgeſetze dienlich ſeyn würde (f).

§. 131.

Der Herzog muſſte aber auch in ſeinem Herzogthum ſolche Anſtalt machen, welche die zunehmende Gefahr erforderte. Nun war die bey letztern Landtag in vorigem
Jahr verwilligte Hülfe nur auf ein Jahr geſetzt, welches jetzo zu Ende gieng, welchemnach er ſeine Landſchafft wieder auf den 27. Febr zuſamenberuffte und ihro zu Gemüth führte, 1.) daß, weil die bisherige Verfaſſung gleichwohl ſo vieles gewürket,
daß Land und Leute vor allen feindlichen Einfällen und andern aus dem Krieg entſtehen-
den Beſchwerden verſchonet worden, da andere angränzende Länder dieſelbe mit äuſſerſten Schaden und Verderben empfunden hätten, die Gefahr auch ſeitdem gröſſer worden, die äuſſerſte Nottdurfft erfordere eine tapfere Mannſchafft in ſtändlicher Bereitſchafft auf den Beinen zu haben und auf den Nothfall eine mehrere Anzahl aufzubringen,
und zu verpflegen, weßwegen er Vorſchläge von ihnen vernehmen wollte, wie ſolches
bewerkſtelliget werden könnte. Und weil 2.) nächſtens auf dem Reichstag den zur Reichs-
Armee erwählten und zum theil ſchon beeydigten Generaln eine gewiſſe monatliche Be-
ſoldung, Wiedererſetzung ihrer Ausrüſtungs- und Reiſe-Koſten geſchöpfft werden
dörffte, ſo müſſte auch die Landſchafft darauf mit ihrem Contingent ſich gefaſſt halten.
Ueber-

(f) vid. Beyl. num. 59.

Ueber dises hätte 3.) der Herzog bey disen Zeit = Umständen allerhand Com-   1674
missionen und Gesandtschafften, welche die Ruhe und Sicherheit der Unterthanen betreffen, abzuordnen, zu deren Bestreitung er begehrte, daß seine Landschafft
immerzu einen Nothpfenning und hinlängliches Stück Gelts bey Handen haben solte.   Und endlich 4.) meynte er, daß, weil seine aus 100 Mann bestehende Leib-
Quardie vor andern geworbenen Soldaten mit reysen und Verschikungen neben Anschaffung kostbarer Montur mit denen einem geworbenen Reuter verordneten Monats-
Sold von 6. fl. nicht ausreichen können, jedem Mann noch ein Reichsthaler beygelegt
werden möchte.   Obwohl nun die Landschafft ihre wichtige Einwendungen entgegen
setzte, daß sie in einen übergroßen Hinterstand der Zinsen eingesunken, die jüngste
Erud und Herbst schlecht gewesen, der bey den Städten und Aemtern an der Steuer
angenommene Vorrath an Frucht und Wein auf den Unterhalt der geworbenen Mannschafft aufgegangen, ein grosser Theil der Unterthanen Mangel an Lebens = Mitteln
leyde und sich mit Beitlen nähren müsste und dises Jahr sich zum Erud und Herbst-
Seegen besorglich anlasse, nichts destoweniger aber die geworbene Mannschafft mit
der Ordinanzmässigen Verpflegung sich nicht sättigen wolle, sondern auch Haußmanns-
Kost ohne Bezalung erzwinge, unbesagtes Geld für die Servicen, erpresse mithin den
Unterthanen zu Abrichtung seiner Beschwerten unrückig mache, zumabl ein Auffloß
unter Schaafen und dem Rind = Vieh viele 1000. Stück hingeraffet und denselben zu
grossen Schaden gesetzet habe, die Thurn = in Geld = Straffen verwandelt werden und
der fürwährende Wiltprettschade die Unterthanen zum Anbau der Feldgüter unlustig
mache und viele tausend Morgen Felds beßwegen öd und ungebauet ligen bleiben, ungeacht so viele Vorstellungen dagegen schon gemacht worden; so drang doch die Erwägung der bevorstehenden Gefahr vor, daß die Landschafft unter gewissen Vorbehälten
die Fortsetzung des Unterhalts bewilligte, dabey aber verlangte, daß die im vorigen
Jahr veranlasste ausserordentliche Mittel gleichwohl von nächstkommenden Pfingsten
bis auf den Ascher = Mitwoch künfftigen Jahres fortdauren, jedoch nach Beschaffenheit
der Zeitläuffte wieder abgethan werden sollten.   Ingleichem wurden die Zinßreichun-
gen auf ein Jahr nur auf 2. fl. vom Hundert gestellet, doch, daß dise richtig bezahlet
und denen, so sich weigerten, die allgemeine äusserste Noth und andere glimpfige
Gründe vorgestellet und von dem Kirchen = Gut nicht nur der verfallene Beytrag, sondern auch der dißjährige mit 12000. fl. abgetragen, übrigens aber dannoch die deßhalben errichtete Landes = Verträge von 1652. und 1670. in ihrem Wehrt und Verbindlichkeit gelassen werden sollen.   Es bliebe auch dasjenige Wartgeld, welches denen aus
der sogenannten Landes = defension gezogenen monatlich gereichet worden, in seinem
bißherigen Lauff, unter der Bedingung, daß solche Leute, solang sie nicht als geworbene würklich zu Feld dienen, bey ihren Eltern, Herrn und Meistern ihren Geschäfften abwarten und diejenige, welche Ausschweiffungen begiengen, von jedes Orts Vög-

ten

1674 ten und Gerichten bestraffet würden. Und weil den geworbenen wegen Mangel an Frucht und Wein das Commiß nicht, sondern das Geld dafür gereicht werden mußte, so ließ man diese dafür sorgen, wie sie sich damit hinausbrächten. Wann aber die Ernte und Herbst so weit gerathen solte, so wurde das Commiß wieder gereicht werden können, so wurde zu der Städte und Aemter willen gestellt, ob sie daßelbe in Natur oder an Geld raichen wollten, wobey die stärkste Versicherung gegeben wurde alle Erpreßungen und wider die Ordonnanz lauffende Beschwerden unter scharfer Straffe abzustellen. Wegen des zweyten Puncten wurde verabschiedet, daß man den Schluß des Reichstags erwarten solte, was solcher Generalität ausgeworfen und jedem Stand sein Gebühr zugescheiden würde. Bey dem 3ten Puncten übernahmen die Landstände die Commißions - Verschick - und Verehrungs - Kosten und ertheilten dem Engern Ausschuß Gewalt noch einen vierten Theil der obbemelten außerordentlichen Mitteln zu denjenigen Rays Commißions - und Verehrungs - Kosten auf ein halbes Jahr vorzuschießen, welche zu Abwendung der Quartiere, Beschützung des Landes und andringenden Nothfällen unumgänglich erfordert würden, wobey aller Mißbrauch vermieden und die Ausgaben verrechnet werden sollen. Bey dem 4ten Puncten verwilligten auch die Landstände, wann die bißherige Mißbräuche der Ordonnanz abgethan, nach und nach und ein für allemahl der Kriegs - Caßa 2000. fl. innerhalb Jahresfrist zu bezalen. Uebrigens versprach der Herzog die zur Untersuch- und Abstellung der Lands - Beschwerden verordnete Deputation einiger Räthe zu erneuern und nachdruckliche Verordnung zu thun, daß auch der Wildpret - Schaden verhütet würde, worüber den 30. Martij ein Landtags - Abschied verfaßet wurde.

§. 132.

Es kam aber nicht nur den 1. Martij ein Kayserl. Curvier mit einem abermalig Ngen Handschreiben an den Herzog, worinn er diesen ersuchte dem Pfalzgraven mit Rath und That zu unterstützen und wider die Französische Feindseligkeiten beschützen zu helffen: sondern es langte gleich darauf auch ein anderes Schreiben ein, worinn der Kayser seine Sorgfalt wegen der Statt Straßburg äußerte und den Herzog jetzo als einen so nahen Anverwanten und vornehmen Stand des Reichs mit den schmeichelhafftesten Ausdrücken ganz angelegentlich ersuchte seiner für das allgemeine Wesen tragender rühmlicher Sorgfalt und dem Kayserlichen zu demselben gestelten absonderlichen Vertrauen nach die Stadt Straßburg nicht hülfloß zu laßen. Nun waren ohnehin schon von dem Reich drey Reichs - Gutachten wider disen König vorhanden und deßen Gesandter von Regenspurg weggeschaft, von welchem Ort er den Nachruhm mit sich wegführte, daß so lang er sich auf öffentlichen Reichs - Conventen befunden, er

sich

(g) vid Beyl. num. 60.

sich allein dahin bearbeitet, die Reichs-Stände von ihrem Oberhaupt, und 1674 dieselbe unter sich zu trennen und das ganze Reich umzukehren. (h) Bey seinem mehr als zwanzigjährigen Auffenthalt auf dem Deputationstag zu Frankfurt und dem Reichstag zu Regensburg lernte er die Schwäche des Reichs einsehen, daß sie in der schlechten Beobachtung der allgemeinen Wohlfart bestünde, da bey so vielen Köpfen jeder nur mit jener Hintansetzung sein eigen Interesse und offt übel ausgesonnene Absichten geltend zu machen suchte. Es fiel demnach leicht Uneinigkeiten zu stifften und den Entwurff zu machen, wie das Teutsche Reich unter das Französische Joch gebracht und eine allgemeine Monarchie errichtet werden könnte. Er sahe aus der Behandlung der Wahl-Capitulation und des Verfassungs-Werks, wie langsam es dabey herginge, einen Schluß zu fassen und wie schwer es fiele, solchen in das Werk zu setzen. Er sahe solches mit seinen eigenen Augen noch bey seinem Abschied. Dann er flüchtete sich nur nach München an den Bayrischen Hof, wo er Gelegenheit fand alles, was zu Regenspurg vorgieng, zu erfaren. Das Reich hatte den Schluß gefasset, daß die Reichs-Armee sich mit der Kayserlichen schleunig vereinigen und zu solchem Ende jeder Stand, welcher gefasst wär, sein Contingent und andere Nothdurfft zu derselben stossen lassen und die noch nicht in Verfassung stehende solche ebenmässig auf den anberaumten Termin dahin schicken sollten. Es ereigneten sich aber so gleich Schwürigkeiten, indem der Kayser meynte, daß die Reichs-Armee unter den Befehlen der Kayserl. Generalität stehen sollte, dahingegen die Stände behaupteten, daß, weil ihnen in dem Westphäl. Friden das jus belli & pacis eingeraumt worden, sie sich der Kayserl. Generaln, welche dem Reich mit keinen Pflichten verwandt seyen, Gewalt nicht überlassen, noch sich des gedachten Rechts so schlechterdings begeben könnten. Bey welchen Umständen die Sorge entstund, daß bey so nahe vor Augen stehender Gefahr und dringender Noth kein Mann von den Krangsen zur Armee geschickt werden dörffte. Insonderheit benahm den Evangelischen des damahls commandierenden Kayserl. Generals Alexanders de Bournonville schwärmerischer Religions-Eyfer alle Lust die Kayserl. Armee mit ihren Truppen zu verstärken, weil er solche nur die Unca[...] olische Hunde nennte und sie überall der grösten Gefahr aussetzte. Dise Schwürigkeiten veranlasseten bey Herzog Eberharten den Entwurff zu einer Allianz der Stände mit dem Kayser, wodurch er meynte allen auf dem Reichstag in den Weeg geworffenen Schwürigkeiten bey dem Verfassungs-Werk zu entgehen. Ein gewisser Cavallier von Stein mochte von solchen Gedanken etwas vernommen haben und entdeckte sie am Kayserl. Hof, welcher dieselbe nicht verwerfen konnte. Diser wurde demnach an den Herzog abgeordnet um ein Schutz-Bündnus mit ihm im Namen des Kaysers und zwar nur wegen Beschützung der O-
ber-

(h) vid Beyl. num. 61.

X. Theil.   G g

1674 ber = und Vorder = Oeſterreichiſchen Lande und des Herzogthums zu ſchlieſſen.
Die Verabredung geſchah aber dabey, daß auch der Fränck = und Schwä=
biſche Krayß mit ihren zur Reichs = Verfaſſung bewilligten Truppen beytretten und
auch andere Chur = Fürſten und Stände ohne Unterſchied der Religion darzu erbethen
werden ſollten. Diſes Bündnus wurde nun den 1,0̸0̸. May. zu Stuttgard verabredet
und dem Kayſer zur ratification überbracht. Ehe aber dieſelbe erfolgte, wurde
Herzog Eberhard aus diſer Welt abgefordert und die Allianz mit Herzog Wilhelm
Ludwigen unterm 6. September von dem Kayſer beſtetigt (i).

§. 133.

Nicht weniger ſuchte Herzog Eberhard noch vor ſeinem Ende ſich mit den Gra=
ven von Löwenſtein wegen unterſchiedlicher nachbarlicher Stritigkeiten zu vergleichen.
Sie betraffen inſonderheit das Weyler Fornſpach und andere in das Cloſter Murhard
gehörige, aber unter Löwenſteiniſcher Obrigkeit ſtehende Filialien, wegen welcher
den 9. April verabredet wurde, daß 1.) die daſelbſt wider das ſechſte Geboth lauf=
fende Verbrechen durch den jedesmaligen Abt zu Murhard unterſucht, die Verbre=
cher von den Löwenſteiniſchen dahin geſtellt und nach der Würtemb. Lands = Ordnung
mit Gefängnus und Kirchen = Buß geſtrafft, ſo dann diſe Straffen in der Statt Mur=
hard ausgeſtanden, jedoch die Löwenſteiniſche Beamte zur Unterſuchung gezogen wer=
den ſollten. Woſern auch dergleichen Perſonen um einigen Nachlaß der Straffe oder
um Gnade bitten wollten, ſollen ſich dieſelbe bey er Herzogl. Würtenbergiſchen Kanz=
ley darum anmelden, weil dem Herzog als Lands = Fürſten ſolche Gnaden = Erthei=
lungen zuſtünten, dahingegen die in ſolchen Fällen verkommende Maleſiſche Sa=
chen den Graven von Löwenſtein zu rechtfertigen überlaſſen wurden. 2.) Wegen
des Pfarrers zu Sulzbach wurde verglichen, daß ſolcher zwar bey dem Ausſchenkung ſei=
nes Beſoltung, Weins vom Accis = und Ungeld frey ſeyn, dabey aber ſich der Wür=
temb. Ungelds = Ordnung gemäß verhalten und bey erkaufftem Wein nicht davon frey
ſeyn, ſondern diſe Abgaben von der Gravſchafft Löwenſtein eingezogen und ein be=
ſtimmtes davon zur Herzogl. Landſchreiberey eingeliefert werden ſoll. 3.) Soll bey
Abhör und Berichtigung der Heiligen = Rechnungen in den Löwenſteiniſchen Aemtlein
Sulzbach und Forn'pach der Verzug dem Abten zu Murhard gebühren, weil der
Herzog das Biſchoffs = Recht daſelbſt habe, wie ingleichem 4.) die Abſtraffung der
Waltfrevelu dem Hauß Würtenberg zugetheilt und verordnet worden, daß, wo einer
zum Bauen oder ſonſten Holz vonnöthen hätte, derſelbe ſich bey der Würtenbergi=
ſchen Forſt = Verwaltung zu melden habe. Nicht weniger wurde 5.) verglichen,
daß zum Auszug der Geiſtlichen zu Murrhard die Löwenſteiniſche in die Cloſters Kirch
daſelbſt eingepfarrte Filialiſten ſowohl wegen der vergangenen, als künfftigen Fälle
ihr=

(i) vid. Beyl. num. 62.

ihre Gebühr beyzutragen, wie auch C.) die neue Bürger zu Sulzbach und 1674
Fornsbach bey jedesmaligem Vogtgericht dem Hauß Würtemberg und in dessen
Namen dem Kloster=Vogten zu Murrhard die Erbhuldigung vor den Graven von
Löwenstein zu leisten verbunden seyn sollen. Und endlich wurde verabredet, daß die=
jenige, welche in Abstattung der dem Kloster schuldigen Gefälle nachlässig wären,
auf beharrlichen Ungehorsam von den Löwensteinischen nach Murrhard gestellt und da=
selbst so lang im Gefängnuß behalten werden sollen, biß sie bezahlt hätten. Zwar
wurden auch von seiten der Graven einige Beschwerden angebracht, aber als unschick=
lich oder unerwiesen nicht angenommen. Wie er auch den 27. May. die Reichs=
Stadt Eßlingen wieder auf 15. Jahr in seinen Schutz nahm. Der darüber gemachte
Schirmbrief war dem vorhergehenden gleich in dem Inhalt und nur das Schutzgeld
wurde auf 200. Goldgulden an statt der vorigen 240. Güldenthaler gesetzt und der
Kayser und das Reich ausgenommen, wobey beeden ihre Rechte vorbehalten wurden.
In einem Neben=Verglich vertrugen sich aber beede Theile und erleuterten den im
Jahr 1477. gemachten Verglich dahin, daß 1.) der Most nicht mehr von Michaelis biß
Martini, sondern nur so lang das Viehlaufft und der Kelterbaum gehet, Zollfrey paß=
siert werden soll. 2.) Sollen die Officier über ihre 150. Mann von der Stadt selbst aus=
genommen und dise ganze Mannschafft zu jeter ohnehin in der Nachbarschaffte vorneh=
menden Musterung der Würtenbergischen Truppen auf herzogliche Erforderung, doch
allein zu unterthänigster Ehre und ohne Nachtheil gestellt, ausser disem aber zu Hauß
fleissig geübt und in solchem Stand erhalten werden, daß auf den Nothfall kein
Mangel erscheine. 3.) Daß die Untersuchung der in Wilderer=Verbrechen Antheil
nehmenden wechselseitig und zwar das einemahl von den Würtemb. Commissarien in
Gegenwart Eßlinger Abgeordneten im Kloster Wepler, das anderemahl zu Eßlin=
gen von der Stadt Obrigkeit in Anwesenheit Würtembergischer Commissarien gesche=
ten soll. 4.) Daß die wechselseitige Stellungen auch in andern Bürgerlichen Sachen
ihren ungehinderten Lauff haben und die Stadt in Bestraffung der Verbrechen kein
Uebermaß gebrauchen, sondern den Rechten gemäß verfahren soll.

§. 134.

Dann diser theure Fürst hatte schon einige Apoplettische Anfälle er=
standen und verschiedene Leibes=Beschwerlichkeiten empfunden, als er end=
lich an dem grossen Zähen des rechten Fusses ein Geschwär bekam, und nach
vollendeter Sauerbronnen=Cur im Theinach das Liebenzeller Bad in dem Kloster
Hirsau zu gebrauchen sich entschloß. Weil aber die Kräfften darüber sehr starck
ab=und die Schmerzen immer zuhahmen, ließ sich der Herzog in einem Sessel nach
Stuttgard bringen. Die Kranckheit schiene sich bald zu vermindern, bald gefährlicher

1674 zu werden, bis endlich den 2. Julij Nachts um 11 Uhr ein Schlagfluß denselben in
die Ewigkeit versetzte, als er einsmals im Bett aufrecht sitzend ausruffte: Herr Jesu
nehm meine Seel in deine Hände, und seiner Gemahlin in die Arme sinkend seinen
edlen Fürsten-Geist aufgab. Aus demjenigen, was ich bißher in den drey vorhergehenden und in diesem Theil von ihm und seinem Lebens-Umständen erzehlet, wird
man von selbsten abnehmen, daß er ein vortreflicher Regent gewesen, welcher insonderheit alle Aufmerksamkeit auf das wahre Wohl und Ruhe sowohl des ganzen
Reichs, als auch seiner Lande verwendete. Man kan dise Aufmerksamkeit des Herzogs aus der Erneuer- und Verbesserung der Kirchen-Cantzley-Lands- und Policey
wie auch der Hofgerichts-Ordnung gnugsam beobachten. Man wird aber auch ersehen, daß er ein sehr unglücklicher und nur darinn glücklicher Fürst gewesen, daß er
die vortreflichste Räths gehabt, welche ihn nebst Gott in den gefährlichsten Umständen unterstützet haben. Er hatte sich zweymahl verheyrathet, nemlich das erstenmahl
mit Anna Catharina Wild- und Rheingrave Johann Casimirs Tochter, mit welcher
er 8. Prinzen und 6. Prinzeßinen erzeugt, nemlich Johann Friderichen, welcher auf
der Reyse den 2. Augusti 1659. im 22. Jahr seines Alters in Engelland das zeitli-
sche segnete.

    Nach disem wurde den 2. Nov. 1638. Prinz Ludwig Fridrich gebohren, aber
schon den 18. Januar. 1639. wieder aus diser Zeitlichkeit abgefordert.

    Den 29. Nov. 1639. kam in die Welt Christian Eberhard, welcher aber den
23. Martij des folgenden Jahrs selbige verlieff.

    Der vierte Prinz Eberhard, welcher den 12. Dec. 1640. gebohren wurde, hat-
te gleiches sterbliche Schicksal, indem er kaum 2. Monate das Leben auf dieser Welt
genosse.

    Prinz Wilhelm Ludwig war den 7. Jan. 1647. gebohren, welcher ihm in der
Regierung nachfolgte.

    Dagegen Prinz Carl Christoph den 28. 1650. gebohren wurde und nach 5.
Monathen wieder ableibte.

    Der sibente Prinz war Herzog Fridrich Carl, von welchem hernach ein meh-
rers gemeldet werden soll.

    Der achte Prinz Carl Maximilian tratt den 28 Sept 1654. an das Weltliecht
Er begab sich in des Reichs-Kriegsdienste und half den Entsatz der von den Franzosen besetzten Stadt Stuttgard den 23. Dec. 1688. befördern, starb aber bald darauf den 9. Januar. des folgenden Jahrs; als er sich mit Verfolgung des Feindes bis
nach Vayhingen sehr ermüdet hatte an einem Schlagfluß.

    Die Prinzeßinen waren Sophia Louise, welche den 18 Febr. 1642. gebaren
und im Jahr 1671. an Marggrav Christian Ernsten von Brandenburg Bareut vermählt wurde.

Die

Die andere Dorothea Amalia, welche den 13. Febr. 1643. gebohren 1674
und wieder den 27. Martij 1650. aus der Zeitlichkeit entrissen worden.

· Die dritte Christiana Friderica erblickte das erstemahl die Welt den 28. Febr.
1644. und wurde den 28. May. 1765. mit Gr. Albrecht Ernsten von Oetingen vermählet.

Die vierte Christina Charlotte wurde den 11. Oct. 1745. gebohren und den
4. May. 1662. Fürst Georg Christian zu Ost-Frießland ehlich beygeleget.

Die fünffte Prinzessin Anna Catharina war geboren den 27. Nov. 1648. und
hielte sich bis an ihr Ende zu Aurich in Ost-Frießland auf, wo sie den 10. Decembr.
1691. das Zeitliche seegnete.

· Die Sechste Eberhardina Catharina war endlich von diser Herzogin gebohren
den 12. Apr. 1651. und wurde nach ihrer Schwester Absterben an ihren Schwager
Gr. Albrecht Ernsten von Oetingen den 20. Apr. 1682. vermählet, worüber lange die Frage, ob dise Ehe zulässig wäre, erörtert wurde. Nachdem aber dise frucht-
bare Gemahlin dem Herzog den 27. Julij durch den Tod entrissen wurde und er sich
den 20. Julij des folgenden Jahrs mit Gr. Joachim Ernsten von Oetingen Tochter
Maria Dorothea Sophia vermählte, zeugte er von diser abermahl 10. Prinzen und
eine Prinzessin, nemlich Prinzen Georg Friderichen, welcher den 24. Sept. 1657.
gebohren wurde, nach welchem den 12. Apr. 1659. ein toter Prinz folgte.

Aber den 13. Junij 1660. gebahr dise Fürstin den Prinzen Albrecht Christian,
welcher den 20. Januar. 1663. wieder die Welt verließ.

Ihm folgte den 14. Aug. 1661. Prinz Ludwig, welcher dem König in Frankreich zu Ehren seinen Namen erhielt, hernach aber gleichwohl wider disen seinen Pathen die Waffen gebrauchen musste. Prinz Joachim Ernst wurde den 28. Aug.
1662. gebohren und verschiede den 16. Febr. 1663.

Ihm folgte Prinz Philipp Sigmund, gebohren den 6. Oct. 1663. und ebenmässig wider den 23. Julij 1669. aus der Zeitlichkeit abgefordert.

Wie auch Prinz Carl Ferdinand, welcher den 23. Oct. 1667. das Welt-Liecht
erblickte, und wieder den 23. Julij 1668. in die Ewigkeit einzieng.

Der neunte Prinz Eberhard wurde den 1. Julij 1672. zu grösser Freude gebohren, weil er die 24ste Ehe-Pflanze dises tapfern Herzogs war und dessen Namen führte. Er setzte aber auch die Fürstl. Eltern und das ganze Land durch sein
den 27. Nov. bemeldten Jahres erfolgtes frühzeitiges Ableiben in desto grössere Be-
trübnis.

Der Zehende Prinz Immanuel Eberhard wurde den 11. Octobr. 1674. und
mithin erst nach des Herzogs Absterben gebohren, starb aber auch den 1. Julij des
folgenden Jahres. Die einige Prinzessin aus dieser Ehe war Sophia Charlotte,
welche den 22. Febr. 1671. gebohren und den 20. Sept. 1688. mit Herzog Johann

Georgen

1674 Georgen von Sachſen‑Eyſenach vermählet wurde. Von diſen 25. Kindern kamen nur 6. Prinzen und 6. Prinzeſſinen zu einigem Alter, unter welchen ſich die Prinzen Zweyter Ehe Georg Friderich, Ludwig und Johann Friderich durch ihre Tapferkeit auszeichneten, weßwegen ich deren beſonders zu gedenken nicht ermanglen kan.

§. 135.

Der älteſte unter diſen drey Prinzen, Georg Friderich war, wie oben gemeldt, den 24. Sept. 1657. gebohren und im Jahr 1672. in das Collegium illuſtre zu Tübingen eingeführet worden. Hier war er nun in ſolchen Wiſſenſchafften, welche einem Fürſten zu erlernen nöthig ſind, unermüdet und erwählte auch einen Wahlſpruch, welcher eines nachdencklichen Gemüths Anzeige war: In conſiliis cautus, in facto audax. Nach Abſterben ſeines Herrn Vaters begab er ſich durch die Schweitz nacher Italien mit ſeinem Herrn Bruder Carl Maximilian und ſeinem Hofmeiſter Georg Reinharden von Wallbronn auf die Reyſe, da er auf dem Lucerner See durch entſtandenes Donnerwetter und Sturm in groſſe Lebensgefahr gerieche, aber dennoch unerſchrocken bliebe. Zu Eingang des Jahres 1678. begab er ſich über Savoyen nach Hauß und begab ſich biß auf die Nimwegiſchen Friden zu der unter des Herzogs von Lothringen Commando ſtehenden Kayſerlichen Armee ...s ein Freywilliger. Nach getroffenem Friden tratt er die Reyſe nach Franckreich an, wo er die ſo genante groſſe tour machte und nach ausgeſtandener gefärlichen Kranckheit im Anfang des May‑Monats über Calais in Engelland überſetzte, ſo fort den Ruckweeg durch die Spaniſche und vereinigte Niderlande zu der Fürſtin von Oſt‑Frießland ſeiner Schweſter nahm und zu Anfang des Octobris wieder nach Hauß kam. Bey anſcheinendem neuen Krieg mit den Türken ſuchte er noch in ſelbigem Jahr in Kayſerl. Kriegsdienſte zu kommen, welches ihm auch gelange, daß er unter dem Hallweiliſchen ſelbſt erwählten Regiment als Obriſt‑Lieutenant Dienſt nahm, und in folgendem Jahr die Erlaubnuß bekam ein eigen Regiment zu Fuß aufzurichten. Nun gieng er ſogleich im Jahr 1683. mit dem halberrichteten Regiment nach Hungarn, wurde aber wegen beſorgender Belagerung der Stadt Wien den 13. Julij beordert mit ſeinem halben Regiment von 1000. Mann ſich in die Statt zubegeben, wo er Gelegenheit fand ſeinen Heldenmuth zu zeigen. Inſonderheit ließ er ſolchen den 15. Aug. ſehen, als die Belagerte einen Außfall wagten, indem er nebſt dem Kayſerl. General‑Major Grafen Sereni der ausfallenden Mannſchafft bis vor den ſogenanten Außfall in den vor der Löbel‑Paſtey ligenden Graben nachgieng, wo die Türken eine Mine angelegt hatten diſe Paſtey in die Lufft zu ſprengen. Sie war noch nicht fertig. Die Türken lieſſen aber dennoch ſelbige ſpielen, welche aber wenigen Schaden verurſach‑

urſachte, indem der Prinz nicht allein, als ſich der Rauch und Staub ein wenig gelegt hatte, den Schaden an der Baſtey wieder in der Eyl reparieren ließ, ſondern auch die in den Graben gedrungene Türken zu vertreiben ſuchte, indem die Belagerte in gröſter Gefahr und Bedrängnus waren von dem Feind aufgerieben zu werden. Er erſuchte demnach den Graven denſelben 100. Mann zu Hülf zu ſchicken, welche der Prinz ſelbſt anzuführen verlangte. Der Grav wollte zwar ſolches nicht geſchehen laſſen unter der Einwendung, daß ſolches keine Verrichtung für einen Obriſten, ſondern für einen Hauptmann wär: Weil aber der Prinz mit dem Bitten nicht nachlieſ, ſo ließ endlich derſelbe ſolches geſchehen. Worauf der Prinz mit diſer Mannſchafft ſo unerſchrocken auf den Feind loßgieng, daß er den Bedrängten nicht allein Lufft machte und ſie dergeſtalt aufriſchete, daß ſie aufs neue anſetzten und mit geſamter Hand den Feind mit ſolchem Muth und Würkung angrieffen, daß derſelbe aus dem Graben in ſeine Approſchen die Flucht zu nehmen gezwungen wurde. Der Herzog ſetzte ihm bis auf die erſte Battgrie nach, welche der Feind am Eck des bedeckten Weegs in ſeinen Lauffgräben angelegt und 3. Stück darauf gepflanzt hatte. Man hätte ſolche leicht vernaglen können, wann man den darzu erforderlichen Werkzeug bey der Hand gehabt hätte. Weil die Türken ſich aber wieder ſammleten und mit gröſſern Hanffen den Prinzen von allen Seiten anfielen, nahm er mit den ſeinigen einen ſolchen ſchönen Zurckzug, daß ihm der Feind keinen ſonderlichen Schaden mehr thun und ihn zu verfolgen nicht wagen konnte, nachdem er gleichwohl bey 200. Mann theils todte, theils verwundte in ſolchem verzweifelten Gefecht verloren hatte und er ſelbſt mit einem Pfeil durch den linken Schenkel durchſchoſſen war (k). Der Kayſer dankte auch demſelben nach dem glücklichen Entſatz beſonders in den allergnädigſten Ausdrücken. Nach diſer Verrichtung wohnte er der mit den Türken gehaltenen Schlacht bey Barcan und der Belagerung Gran bey, bey welcher er allbereits zum Sturm commandiert, als ſolcher durch die Uebergabe hintertrieben wurde. Nach diſem Feldzug ſetzte er ſein zimlich abgenommenes Regiment zu fernern Dienſten in brauchbaren Stand, mit welchem er im Augſt 1684. wieder nach Ungarn gienge und der vergeblichen Belagerung Ofen noch beywohnte, wo man ihm bey der Retirade die Arriere-Garde und die Commendanten-Stelle zu Bartfeld anvertraute. Hier bekam er die Nachricht, daß er von Kayſ. May. wegen ſeiner Verdienſte zum General-Major ernennt worden. Im Jahr 1685. that er mit ſeinem Regiment unter dem General Schultzen Dienſte, mit welchem er vor die rebelliſche Statt Eperies rückte ſolche zum Gehorſam zu zwingen. Hier wurde ihm der Angriff auf der rechten Seite aufgetragen, welchen er in wenig Tagen ſo weit betriebe, daß er einen Sturm auf ein Ravelin wagen konnte und ſolches auch nebſt einem andern Auſſenwerk, die Katze genannt, wiewohl mit Verluſt von ungefähr 300. Mann eroberte.

(k) Theatr. Europ. Tom. XII. p. 541.

te. Die darinn ligende Teutſche geringe Beſatzung wurde wegen ausbleibenden Soldes ebenmäſſig aufrühriſch. Der Prinz lieſſ aber mit Erlaubnus des General Schulzen derſelben nicht nur einen Pardon, ſondern auch einen Monat-Sold anerbiethen,
und wagte es ſelbſt ſich mit derſelben zu beſprechen. Weil er wohlberedt und leutſeelig
war, ſo gewann er ſie durch den Nachdruck ſeiner Reden, daß ſie ſo gleich die auf dem
Wall ſtehende Canonen umkehrte und gegen der Statt richtete die rebelliſche Burgerſchafft zu zwingen, daß ſie ſich dem Kayſer unterwerfen muſſte. Worauf die Beſatzung die gefangene Teutſche loß ließ und dem Herzog das Thor öffnete. Diſer nahm
hierauf mit einigen bey ſich habenden Officiern ſelbſt in Perſon den Beſitz davon, bis
ſeine unter ſich habende Truppen herbeykamen, beſetzte die Poſten mit denſelben
und nöthigte dadurch die Statt-Vorſteher ihm die Schlüſſel zu überreichen, welche
er aber als gefangene annahm. Nun meynte der Prinz, daß die Campagne vorbey
wäre und er nach Stuttgard reyſen könnte, als er von dem General Caprara die Ordre erhielt mit 400. Mann von ſeinem Regiment der Belagerung der von Tecke-
liſchen Truppen beſetzten Statt Caſchau beyzuwohnen. Als nun derſelbe ſich mit
Verfertigung einer Batterie beſchäfftigte und bis um Mitternacht bey der Arbeit
bliebe, wie auch den 5. Octobr. die Stadt mit guter Würkung zu beſchieſſen den
Anfang machen lieſſ und dem commandierenden General davon Rapport zu ertheil-
len weggieng, wurde ihm durch eine achtpfündige Kugel das Gewicht hinweg geſchoſſen,
und der Lauff ſeiner ruhmvollen Thaten abgeſchnitten. Diſer Fall machte ſowohl im
Lager, als auch am Kayſerl. Hof groſſe Beſtürzung, welcher ſich groſſe Hoffnung
von diſem Prinzen machte, der Kayſer gab ſolches durch ein bewegliches Traurſchrei-
ben an Herzog Friderich Carlu zu erkennen (1). Der Leichnam wurde hierauf nach
Stuttgard gebracht und daſelbſt in der Fürſtl. Gruft beygeſetzt.

§. 136.

Der Zweyte durch die Waffen berühmte Prinz Herzog Eberharts war Ludwig. Von demſelben hab ich ſchon gemeldet, daß er den 14. Aug. 1661. gebohren
worden und daß der König in Frankreich nebſt deſſen Gemahlin zu ſeinem Pathen
erbetten worden. Man findet von ſeinen Lebensgeſchichten faſt gar nichts aufge-
zeichnet, weßwegen ich nur wiederhole, daß er im Jahr 1672. mit ſeinen beeden ältern Brüdern unter der Aufſicht Joh. Eberhard Varnbülers von Hemmingen, und
ſeines Lehrmeiſters Tobiä Meurers, nachmaligen Rectoris im Gymnaſio zu Stuttgard, deſſen Unterricht ich auch noch in meiner Jugend genoſſen, in das Collegium
illuſtre zu Tübingen eingeführet worden. Nach zurückgelegten Studien begab er
ſich in Kayſerl. Dienſte, in welchen er als Freywilliger der Schlacht bey Barkan
bey-

(1) ibid. pag. 833. und 836.

beywohnte und Proben seiner Tapferkeit wider die Türken ablegte, auch im Jahr 1683. die Eroberung der Vestung Gran befördern half. Im Jahr 1685. half er den Sieg bey diser Stadt und 1687. bey Darda erfechten und endlich auch Siben- bürgen unter Kayserliche Bottmässigkeit bringen, in welchem Jahr er auch von dem Schwäbischen Krayß als Obrist über ein Regiment zu Pferd ernennt wurde und der Schlacht in Ungarn bey Siklos beywohnte, in welcher er sich sehr grosse Verdien- ste erwarb. Diser Sieg war auch so glorreich, daß in dem Herzogthum ein be- sonderes Dankfest gehalten wurde. Als die Franzosen im folgenden Jahr in den Schwäbischen Krayß einfielen und den 21. Dec. die Stadt Stuttgard einnahmen, kam diser Prinz mit den Schwäbischen Krayß-Völkern aus Hungarn noch zu rech- ter Zeit derselben zum Entsatz, zu dessen Ausführung er auch eine Anzahl Bauren mit sich brachte und den Feind zur eylfertigsten Flucht brachte, auch die Gränzen des Krayßes beschützte. Im folgenden Jahr wurde ihm sowohl von dem Kayser als dem Schwäbischen Krayß die General-Majors-Stelle aufgetragen, in welcher Würde ihm 1690. das Commando im Kinzinger Thal aufgetragen wurde, neß- wegen ihm der Schwäbische Krayß die Feld-Marschall-Lieutenants-Stelle bey- legte, mit welcher auch der Kayser seine treue Dienste belohnte. Entlich begab er sich nach Eisenach um seiner Frau Schwester, welche in den Wittibstand versetzt war, beyzustehen, wo er aber den 30. Nov. 1698. durch die Kinds-Blattern in die Ewigkeit versetzt wurde.

§. 137.

Der dritte Prinz Johann Friderich wurde den 10. Januarii 1669. gebohren, welcher unter Anweisung Ernst Heinrich Kohlen vorzüglich in den Grundsätzen der Evangelischen Religion unterrichtet und von zärtester Kindheit zur Gottesfurcht aus- gewiesen wurde. In disem Pfad führten ihn auch dessen nachmalige Lehrmeister M. Johann Georg Laitenberger und Paul Dietz mit Auslegung der H. Schrifft und der weltlichen Geschichtschreiber biß er im Jahr 1680. nebst seinem Vetter Prinz Leopold Eberharden von Mömpelgard in das Collegium illustre zu Tübingen ein- geführt zu werden tüchtig erfunden wurde. Sein Lieblings-Studium war hier nach Anweisung des Lipsii Politicæ dise Wissenschafft. Nach gelegtem Grund in den zum Kriegswesen nöthigen Künsten und Wissenschafften tratt er unter Begleitung seines Hofmeisters Wolfgang Heinrich von Göllniz und seines Reyse-Predigers M. Jo- henn Reinhard Hedingers im Früh-Jahr 1687. die Reyse durch die Schweitz nach Frankreich an. Ueberall wurde er von den Cantons gastfrey gehalten und mit son- derbarer Ehrfurcht aufgenommen. Zu Geuf hatte er das Glück einen berühmten Meister in der Bevestigungs-Kunst kennen zu lernen, unter dessen Anweisung er

X. Theil.   H h   auch

auch mit eigener Handanlegung ein artiges Vestungswerk aufgeführt, welches noch
zwey Jahr lang nach seiner Abreise unter dem Namen Fridrichsburg stehen blieb.
Nach einem 4. monatlichen Aufenthalt nahm er seinen Weeg nach Grenoble, wo
ihm der damalige berühmte Bischoff und Cardinal Camus durch seinen Umgang den
dasigen Aufenthalt angenehm machte. Von disem Ort trat er auch die sogenannte grosse Tour durch das Königreich an. Wegen abermals zwischen dem Teutschen Reich und diser Krone entstandenen Kriegs wurde er nach Hauß beruffen und
hatte das Unglück zu Lyon durch einen bischöfflichen adelichen Diener auf königlichen
Befehl in Arrest genommen zu werden. Gleichwohl wurde ihm mit standmässigem
Tractament begegnet und die Exercitia zu treiben erlaubet, bis er nach Verfluß
von 7. Wochen seiner Gefangenschafft entlassen wurde und zu End des Januarii
1689. wieder nach Hauß kam. Nun wollte er auch dem Beyspiel seiner Brüder
nachgehen und im Krieg sich Verdienste machen, zu welchem Ende er unter der Auf-
sicht Herzog Fridrich Carls, seines ältesten damahligen noch lebenden Bruders sich
als ein freywilliger in die Kriegs-Schul begeben wollte. Der Herzog von Lothringen aber nahm ihn als commandierender General der Kayserl. Armee zu sich und
gebrauchte ihn als einen General-Adjutanten. Als er nun einsten gleich im Anfang seiner Dienste in die Approschen geschickt wurde von dem Fortgang der Arbeit
Bericht einzuholen, hatte er das Unglück von einer feindlichen Granate am Fuß
verwundet zu werden, welches ihn nicht allein nöthigte sich nach Hauß zu begeben,
sondern auch bis an das Ende seines Lebens Beschwerlichkeiten machte. Nun starb
entzwischen der Herzog von Lothringen, weßwegen er sich anderwerts um Dienste bewarbe und entzwischen bis zu Erlangung einer bessern Stelle eine Compagnie unter
seines Bruders Herzog Ludwigs Regiment zu Pferd anzunehmen sich entschloß und
mit dem Churfürsten zu Bayern und Sachsen zur Kayserl. Armee marschieren mußte. Als aber zu Anfang des Jahres 1691. der Schwäbische Krayß die auf den
Rhein habende Kriegsvölker mit etlichen Esquadrons Dragoner verstärkte, wurde demselben das Commando darüber und die Stelle eines Obrist-Lieutenants aufgetragen als derselbe sich mit Herzog Fridrich Carln auf dem sogenannten grossen
Convent der Alliierten in Holland befande. Nachdem aber dise Mannschafft bald in
ein vollständiges Regiment verwandlet wurde, stellte ihn dessen Bruder Herzog Ludwig demselben als einen Obristen vor, welcher ihn auch mit 200. Dragonern und
so viel Infanterie in die Ortenau commandirte auf die feindliche Bewegungen ein
wachsames Aug zu haben. Hier hatte er nun das Glück eine feindliche Parthey von
50 Mann in dem Dorf Ortenberg anzutreffen, welche theils getödtet, theils nebst
einigen Officiern gefangen zurückgebracht wurden. Die bey der ganzen Armee ein-
gerissene Fieber ergriffen aber auch disen Prinzen, daß er sich seiner Gesundheit halber nach Nürtingen bringen lassen mußte. Im folgenden Jahr stunde er mit sei-

nem

nem Regiment unter des Marggraven von Bareuth Commando, welcher ihn wegen eines besorchteten französischen Einfalls nebst seinem Bruder Herzog Ludwigen
in das Kinzinger Thal beorderte, als er selbst mit der Armee bey Manheim über
den Rhein und dagegen der Feind herüber gieng. Herzog Friderich Carl musste mit
einigen Regimentern disseit Rheins bleiben um der feindlichen Macht so viel möglich
Widerstand zu thun. Er setzte sich, weil die Franzosen die Statt Pforzheim besetzt hatten, unweit Unter-Oetißheim in willens den Feind allda zu erwarten.
Seine unterhabende Regimenter geriethen aber auf die Nachricht von dem ihnen
weit überlegenen anrückenden Feind in Verwirrung. Herzog Fridrich Carl beorderte zwar durch seinen Bruder dieselbe sich in guter Ordnung zurück zu ziehen. Es
war aber zu spät, indem nun kein von den Officiern angewandter Fleiß mehr helfen wollte und des Prinzen Bemühungen waren vergeblich, so, daß er Zeug seyn
musste, wie sein älterer Bruder gefangen wurde. Unser Prinz musste nun bald bey
der Kayserl. Armee seyn, bald in dem Kinzinger Thal stehen. Als aber Marggr.
von Baaden-Durlach Carl Gustav als General-Feld-Zeugmeister, welcher das
Commando in disem Thal hatte, den Prinzen zu der bey Herrenberg stehenden Kayserl. Armee schickte um die Nachricht von des Feindts Aufbruch gegen Freyburg zu
überbringen geriethe derselbe allda mit dem Graven Palsy in einen Wort-Streit
und endlich den 15. Octobr. 1693. zu einem Duell, wo zwar der Grav dem Prinzen welcher ihn ausgefordert hatte, den ersten Schuß zu thun gestattete, als aber
derselbe verfehlte, ihn dergestalt verwundete, daß er noch selbigen Tag den Geist
aufgab.

§. 138.

Herzog Eberhard hatte aber auch noch zween Brüder, welche ich nicht übergehen kan, nemlich Herzog Fridrichen und Herzog Ulrichen. Beede haben sich mit
ihren Kriegsthaten berühmt gemacht und ich habe derselben in den vorigen Theilen
theils schon hin nad her Meldung gethan, theils werde ich des erstern noch zu gedenken Gelegenheit haben, weßwegen ich hier nur Herzog Ulrichs Lebensumstände
noch berühren werde, welcher vor Herzog Eberharten aus diser Welt abgeschieden.
Diser war den 15. May. 1617. gebohren und wurde nebst seinen Brüdern aufer-
zogen, mit welchen er auch im Jahr 1630. die Reyse nach Frankreich antratt und
sich anfänglich zu Lyon, nachgehends aber wegen der dort eingerissenen Pest zu Genf
aufhielte. Er kam auch mit ihnen im Jahr 1632. wieder nach Hauß und blieb bey
seiner Frau Mutter zu Kirchheim unter Teck bis nach der Nördlinger Schlacht er sich
auch nach Straßburg in die Flucht begab. Man spürte aber seine ganze Lebenszeit
hindurch, daß er entweder Mangel an hinlänglicher Auferziehung hier gehabt oder

ſein Naturell dieſelbe aus der Acht gelaſſen. Anno 1636. tratt er wieder mit benöthigter Begleitung nach Frankreich eine Reyſe an um nach genugſamer Erfarung
und Durchreyſung der vornehmſten Provinzen und Städte, wie auch Erlernung der
franzöſiſchen Sprache und wohlanſtändiger fürſtl. Uebungen ſich zu Kriegs-Dienſten
tüchtig zu machen. Entzwiſchen wurde Herzog Eberhard wieder in ſein zertrümmer-
tes Land zwar eingeſetzt, konnte aber ſeinen Anverwandten den verlangten Unterhalt nicht geben, weßwegen er ſogleich wieder nach Hauß kam, aber im folgenden
Jahr 1639. Venetianiſche Dienſte ſuchte und unter dem General Cornaro als Capitain unter dem Geitzigkloſteriſchen Infanterie-Regiment dieſelbe erhielte. Sie
gefielen ihm aber nicht und er gab ſolche im nächſtfolgenden Jahr wieder auf mit dem
Entſchluß ſeinem Vaterland dieſelbe zu widmen, welches ihm aber nicht gelingen
wollte. Er wollte nun ein Schreiben an die im Jahr 1641. gehaltene Reichsver-
ſammlung wegen ſeines älteſten Bruders Reſtitution abgehen laſſen. Weil aber
ſolches viele Schwürigkeiten fand, (1) ſo ſchickte ihn Herzog Eberhard an den Dä-
niſchen Hof, wo er ſeine Verrichtung mit gutem Wohlgefallen deſſelben ablegte, aber
die zugleich anerbottene Dienſte nicht erlangen konnte. Nun meynte er bey König
Carln von Engelland ſolche zu finden. Diſes Königreich war hingegen in ſolcher
Verwirrung, daß ihm dahin zu gehen niemand rathen wollte. Endlich entſchloß er
ſich im Jahr 1644. auf Anrathen des General-Majors Gehling und des Bayriſchen Commiſſarien Schäffers eine Rittmeiſters-Stelle unter dem Fleckenſteiniſchen
Cavallerie-Regiment unter der Bayriſchen Armee anzunehmen. Hier fand er den
Weeg zu baldiger Beförderung. Dann als er den 8. Febr. 1645. dem hitzigen
Treffen bey Jankowitz beywohnte und in demſelben die allbereit von den Schweden
ſchon gefangenen berühmten General Jean de Werth zum zweytenmahl mit ent-
ſchloſſenſter Tapferkeit befreyete und in Sicherheit brachte, wurde ſolches von dem
Churfürſten ſo wohl aufgenommen, daß er ihm alsbald die Majors-Stelle unter
dem Sperrouteriſchen Regiment und die Werbung zweyer Compagnien Arquebu-
ſierern auftrug. Der ganzen Generalität ſchien diſe Beförderung noch keine hin-
längliche Belohnung der bezergten Tapferkeit zu ſeyn und der General de Werth
ſelbſt bath den Churfürſten dem jungen Herzog als Obriſten ein Regiment zu geben,
oder ihm zu erlauben, daß er demſelben ſein eigen Regiment überlaſſen dörffte. Das
erſtere wurde in ſo fern bewilligt, daß aus etlich alten und einigen neuangeworbenen
Compagnien ein neues Regiment errichtet wurde, mit welchem er den 3. Aug. noch
diſes Jahrs dem blutigen Treffen bey Allersheim beywohnte und ſeine Tapferkeit
bezeugte, wie auch bald hernach bey Craylsheim eine Schwediſche Parthie ſchlug,
deren Obriſter, Bötticher, den Hut verlohre und mit bloſſem Haupt entrann, der
Obriſt-Lieutenant gefangen und der Obriſt-Wachtmeiſter tod blieb. Der General

(1) Man kan davon in dem 8ten Theil diſer Geſchichte p. 7. nachſehen.

ral Jean de Werth verließ aber im Jahr 1647. nebst andern hohen Officiern den Churfürsten und gieng mit seinem ganzen Regiment in Kayserl. Dienste, worzu er auch Herzog Ulrichen zu verleiten suchte. Diser konnte hingegen sich nicht darzu entschliessen und würdigte denjenigen, für dessen Freyheit er vormals Leib und Leben ansiehte, keiner Antwort. Der Churfürst, welchem solches Betragen sehr wohl gefiel, belohnete dasselbe dahin, daß er nicht allein des Herzogs Regiment mit 1000. Mann verstärkte, sondern ihn auch mit der General-Majors-Stelle begnadigte. Im folgenden Jahr 1648. wurde er in der den 7. May. bey Sommerhausen gehaltenen Schlacht mit seinen untergebenen und dem Kolbischen Regiment an den Paß bey Augspurg, der Saudberg genannt, der Bayrischen Armee den Rückzug zu versichern commandiert. Hier zeigte er die Grösse seines Helden-Geistes. Dann uns geacht man aus Stücken ein beständiges Feur auf ihn machte und grossen Schaden verursachte, auch die aufgeworffene Erde offtmals dem Herzog über das Gesicht und Leib besprühte, so blieb er doch vier ganzer Stunten in solcher Gefahr unbeweglich stehen. Und ob ihn schon die feindliche Generals erinnerten, daß, wann ihre Artillerie ihn nicht zum Weichen bringen könnten, sie ihn ein andermal mit seinem ganzen Regiment in die Lufft sprengen wollten. Worauf er nur antwortete, daß er nichts mehrers thäte, als was er dem Churfürsten seinem Herrn schuldig wär. Und wann er heut oder morgen in der Kron Frankreich oder Schweden Dienste kommen würte, so wollte er bey dergleichen Gelegenheiten nicht weniger thun. Den 22. Julij dises Jahrs hatte er das Unglück von den Schweden gefangen zu werten. Dann als er mit dem Bayrischen General Truckmüller und ungefähr 1500. Mann Cavallerie auf eine Parthey ausgienge, wurte er im Wald bey Straubingen von den Schweden angegriffen. Weil ihn nun seine Leute verlassen hatten, umringten ihn die Feinde, daß er nirgents seine Sicherheit finden konnte und endlich mit dem Pferd zwischen 2. Bäumen behangen bliebe, wo er sich zween Schwedischen Reutern ergeben musste, welche ihn sogleich in das Haupt-Quartier zu Dingelfingen zu dem General Wrangeln brachten. Kaum war er daselbst angekommen, als er zu einer unvermutheten Begebenheit dienen musste. Dann des gedachten Generals Gemahlin war 8. Tag zuvor eines Söhnleins entbunden und Herzog Eberhard als ein Pathe erbetten worden. Der Gefangene musste demnach auf Ersuchen seines Herrn Bruders Stelle bey der Tauffe vertretten. Er wurde aber nach 4. Wochen der Gefangenschafft gegen von dem Churfürsten ausbezahlten 1200. Reichsthalern erlassen.

§. 139.

Entzwischen erfolgte der Friede, da sein Regiment abgedankt wurde. Weil aber der Krieg zwischen den beeden Kronen Frankreich und Spanien noch fortwährte,

begab

begab ſich Herzog Ulrich nach den Niderlanden und in Spaniſche Dienſte, und wurde in einen Handel verwickelt, welcher Herzog Eberharten viele Ungelegenheit verurſachte. Dann ich habe in dem letzt vorhergehenden Theil ſchon gemeldet, daß er von Turenne, welcher damahls wider ſeinen König auf des Parlaments und der Prinzen Seite getretten war, verleitet worden ihm zu Befreyung der beeden Prinzen Longeville und Conde behůlflich zu ſeyn und ihm mit 3000. Mann Beyſtand zu leiſten. Dann er war ein beſſerer Soldat als ein Staatsmann. Herzog Eberhard muſſte es entgelten, weil Mazarin ſo wohl die Dienſte diſes Prinzen bey der Kron Spanien, als auch die Gefälligkeit deſſelben gegen dem Turenne ſehr übel aufnahm. In welchen Dienſten er als Kriegs Rath und General der teutſchen Cavallerie im Jahr 1651. den Franzoſen die Städte Mouſſon und Rethel entziehen half, im folgenden Jahr mit der Spaniſchen Armee vor die Stadt Paris rückte und in verſchiedenen Geſechten den Ruhm ſeines Heldenmuths behauptete, und im Jahr 1653. die vorhin vierzehenmahl vergeblich belagerte Veſtung Rocroy erobern half, indem ihm dabey eine beſondere Attaque anvertrauet wurde. Er war aber in diſem Jahr zu der Catholiſchen Glaubens Lehre übergegangen. Nachher vermehrte er im Jahr 1654. ſeinen Ruhm in der Belagerung der Veſtung Arras durch zwo merkwürdige Begebenheiten. Dann als ihm bey dem Ausfall von den Belagerten auf ſein Quartier zwey Pferde unter dem Leib erſchoſſen wurden, muſſte er ſich zu Fuß nach den Laufgräten vor dem auf ihn andringenden Feind zurückziehen, da er dann von einem Soldaten ſeine pique erwiſchte und ſich mit verwunderlicher Geſchwindigkeit derſelben hineinſchwunge, wodurch er nicht nur ſich ſelbſt erhalten, ſondern auch das in denſelben befindliche Fußvolk mehr als ihre Officiere ausführte und die Feinde mit Ernſt ſich zuruckzuziehen zwang. Und als am Ludwigstag die franzöſiſche Armee diſe Veſtung entſetzte und die Spaniſche aus ihrem Lager geſchlagen wurde, ſo blieb Herzog Ulrich noch länger als zwo Stunden in demſelben ſtehen, bis Erz Herzog Leopold Wilhelm und der Prinz Conde ſich in Sicherheit befanden, nachgehends aber, als die ganze feindliche Armee auf ihn andrange, ſich in guter Ordnung zurück zog. Anno 1656. befand er ſich eine Zeitlang an ſeines Bruders Hof um wegen ſeiner ſchon im Jahr 1651. verglichenen appanage ſich noch über ein und anders zu vergleichen. Als er aber vernahm, daß die Spaniſche Armee die von den Franzoſen belagerte Veſtung Valencienne zu entſetzen beordert war, eilte er dergeſtalt zu derſelben, daß er innerhalb dritthalb Tagen ſchon zu Brüſſel in Flandern anlangte und noch vor dieſer Unternehmung bey der Armee ankam. Hier gelang es ihm, daß er der erſte war, welcher in die feindliche Linie eindrang und zu ſeinem höchſten Ruhm diſen Entſatz vollbringen half. Nach wel-

cher

der That er noch ein Jahrlang in Spanischen Diensten bliebe, aber aus wichtigen Ursachen zu Ende des Jahres 1657. dieselbe verliess in der Hoffnung in die
Kayserliche tretten zu können. Obwohl nun dieselbe von dem Erzherzog Wilhelm
Leopolten und dem Churfürsten von Maynz unterkaut wurde, so schlug sie ihm doch
fehl, weil der Kays. Hof sich entschuldigte, daß er mit gnugsamer Anzahl der Generals versehen wär. Nun hatte er kein ander Mittel mehr übrig, als bey der
Kron Frankreich Dienste zu suchen, wo er durch Vermittlung des Staats-Secre-
tarien Tellier die General-Lieutenants-Stelle und zugleich die Erlaubnus erhielte 2. Regimenter zu Fuß, jedes zu 1000. Mann und zwey dergleichen zu
Pferd, jedes von 480. Mann in Teutschland anzuwerben. Kaum hatte er aber
solche auf den Beinen, so fieng die Kron mit Spanien die Friedens-Tractaten an
und die fremde Regimenter abzudanken. Der Herzog bekam also seine Entlassung
und zu seiner Entschädigung eine jährliche Pension von 2000. Reichsthalern und
Beybehaltung einer freyen Compagnie, welche er aber bald hernach seinem Vettern Prinz Fridrich Carln verehrte und sich um Venetianische Dienste bewarbe.
Dise Republik war nun zwar mit der Ottomannischen Pforte in Krieg verwickelt,
stund aber auch im Begriff mit derselben Frieden zu machen. Dagegen brach nun
der Krieg zwischen dem Kayser und disem Erbfeind aus, da ich schon gemeldet hab,
daß das Teutsche Reich seinem Oberhaupt im Jahr 1664. mit einer Reichs-Armee zu Hülf gekommen und Herzog Ulrich als General der Cavallerie dabey aufgestellt worden. Aber auch dise Diensten daurten nicht lange, indem bekannter
massen noch in selbigem Jahr ein Stillstand gemacht worden. Er kam also wieder nach Stuttgard und bewarb sich, weil er nicht müssig seyn wollte, theils am
Dänischen, theils Kayserlichen Hof wieder um Dienste. An beeden Orten war
seine Bemühung vergeblich und der Ruhm seiner Tapferkeit verschaffte ihm nur
beym erstern Hof den Elephanten-Orden und eine jährliche Pension von 1200.
Reichsthalern, bey dem andern aber eben jährlichen Gnaden-Gehalt von 4000.
fl. worzu ihm der Kayser noch 1000. Reichsthaler zu Bestreitung seiner Ruck-
reyse verehrte. Welchemnach er von dieser Zeit an ohne Dienste zu Stuttgard
in der Ruhe seine übrige Lebens-Jahre zubrachte und nachdem er den 25. Julij 1657. in Gegenwart des ganzen Fürstl. Hauses und Hofs, wie auch einiger
Canzley-Verwanten wieder zur Evangelischen Religion gewandt hatte, den 4.
Dec. 1671. das Zeitliche segnete und zu Stuttgard begraben wurde. Er begab sich
zweymal in die Ehe und zwar das erstemahl im Jahr 1647. mit Sophia Dorothea, einer gebohrnen Gräfin von Solms, mit welcher er auch im Jahr 1647.
den 10. Oct. zu Stuttgard vertrauet wurde, und den 12. Sept. 1648. eine

Prin-

Prinzessin Maria Catharina Charlotta erzeugte, welche beede aber gleich nach der
Geburt in die Ewigkeit eingiengen. Die andere Gemahlin war Isabella, Herzog Albrechts von Arenberg Tochter und Gr. Albrecht Franzen von Hochstraaten
Witwe, mit welcher er den 4. Maji 1651. zu Brüssel Beylager hielte und mit
derselben eine einzige Prinzessin den 27. Dec. 1652. erzeugte, welcher der Name
Maria Anna Ignatia beygelegt wurde. Mit dieser Gemahlin lebte er in stetem
Mißvergnügen und weil er sich meistens am Würtembergischen Hof aufhielte,
so begab sie sich nach Paris, wo sie bis an ihr Ende mit ihrer Tochter
verbliebe, welche letztere im Jahr 1693. zu Lyon unvermählt
aus der Welt gienge.

• Drey=

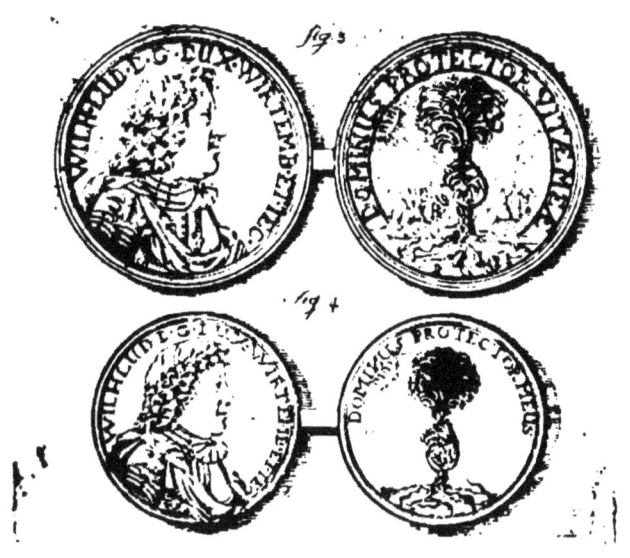

fig. 3

fig. 4

Dreyzehender Abschnitt.

§. 1.

Nun trat Herzog Wilhelm Ludwig nach Absterben Herzog Eberharts die Regierung an, da das Herzogthum in größter Gefahr stund von der französischen Armee mit feindlichen Einfällen heimgesucht zu werden. Die Kayserliche fügten fast mehrern Schaden als die Feinde zu. Dann als noch bey Herzog Eberharts Lebzeiten jene sich mit den Sächsischen und Lothringischen Völkern verstärkt hatte und gegen Sluzheim anrückte die französische Armee unter dem Turenne aufzusuchen, fiengen diese Freunds-Völker an die in dem Maulbronner Amt

ligen

1674 ligende Dörfer Nußbaum, Hohenklingen, Freudenstein, Tiefenbach, Schmier und Oelbronn den 3. Junii in der Nacht auszuplündern und die Einwohner sehr übel zu behandlen. Den folgenden Tag hatten die Dörfer Leonbronn, Niderhofen, Zaberseld, Michelbach, Klein-Gartach und Weyler gleiches Schicksal, so, daß Herzog Eberhard genöthiget wurde seine geworbene auf den Beinen bebende Truppen und den größten Theil seiner Land-Auswahl auf die Gränzen zu verlegen, zumahl man einer Schlacht entgegen sahe, welche auch den 6ten dises Monats bey Sinzheim zum Nachtheil der Kayserlichen Armee erfolgte. Erst den 13. Julii nahm Herzog Wilhelm Ludwig seine Canzley-Verwandte in Dero Gemach in die Pflicht, wobey der Geheime Rath von Manteufel dieselbe in der Anrede solcher erinnerte und der älteste Regierungs-Rath Goll nach abgelegter Condolenz dem Herzog zur angetrettenen Regierung Glück wünschte. Derselbe begnügte sich damit, daß er von allen seinen Canzley-Verwandten die Handtreu empfieng und solche auch von der Hof-Dienerschafft in seiner Gegenwart durch seinen Hof-Marschalln einnehmen ließ. Ehe derselbe von seinen Unterthanen sich huldigen ließ, wurde die Leiche des verstorbenen Herzogs den 21. Jul. in der Stiffts-Kirche zu Stuttgard in die daselbst befindliche Fürsten-Grufft beygesetzt. Es war der Tag an welchem vor 179. Jahren das Herzogthum Würtenberg zu dieser Würde erhoben wurde. Den 24. Julii nahm der neue regierende Herzog auch von der Statt Stuttgard die Huldigung ein, da man den Tag zuvor in allen Gassen der Statt durch öffentlichen Ausruff verkünden ließ, daß, wann am folgenden Freytag die Bürger-Glocke geläutet würde, die sämtliche Bürgerschafft mit ihren Söhnen, welche 16. Jahr und darüber alt wären, auf dem Markt erscheinen sollte. Sie versammlete sich auch morgens um 6. Uhr und sind ihren Vogt Joseph Kullen mit dem versammleten Gericht und Rath vor dem sogenannten Herrn-Hauß, worauf sie sich in eine lange Reyhe stellte um den in einer Gutsche auffahrenden Herzog mit unterthänigster Verbeugung zu empfangen. Gericht und Rath begleitete ihn in die grosse Stuben desselben Hauses, wo unter einem schwarz-sammeteven Baldachin ein Sessel stund, zu welchem sich der Herzog und neben ihm zur linken Hand seines Herrn Vaters Bruder, Herzog Friderich von Neuenstatt mit seinen Prinzen stellte. Der bekannte D. Myler von Ehrenbach mußte die Anrede thun, welche der Stadt-Consulent und Canzley-Advocat Licentiat Johann Georg Kärner der ältere beantwortete und im Namen des Gerichts und Raths alle schuldige Treue und Gehorsam versprach. Nach abgelegtem Eyd mit aufgehobenen Fingern wurde einer nach dem andern die Hand zu geben zugelassen. Worauf sich der Herzog unter Begleitung Dero Cavalliers und vornehmster Staats-Räthe und Diener, wie auch der Herzogen von Neuenstatt sich herab auf das ehmahl an disem Herrn-Hauß gestandene sogenannte Räuzelein begabe und auch von der auf dem Markt stehenden Bür-

Burgerschafft die Huldigung aufnahm, nach solcher Handlung aber die von dem 1674
Stiffts-Prediger Hingher gehaltene Huldigungs-Predigt anhörte. Den 9ten
Augusti reyste der Herzog nach Tübingen, um von der Hohen Schul, Gericht,
Rath und Burgerschaffe diser zwoten Hauptstadt des Herzogthums sich huldigen zu
lassen, da entzwischen vor und während diser Handlungen mein müterlicher Groß-
Vater, Kriegs-Rath Tobias Heller, die samtliche Militair-Personen zu Stutt-
gard und auf den Vestungen in Gegenwart anderer ihm zugeordneten Officiern in die
Pflicht nehmen musste.

§. 2.

Ich habe schon gemeldt, daß das Reichs-Verfassungswesen bey entzwischen
vorgegangenen beträchtlichen Veränderungen in den Kriegs-Anstalten bey der
Reichs-Versammlnug eines der vorzüglichsten Geschäffte schon etliche Jahr lang gewesen. Fast unübertrenkliche Schwürigkeiten zeigten sich bey diser Einrichtung. Es
ist auch schon Erwähnung geschehen, daß man anfänglich versucht habe den Ansatz
der Krayß Contingente auf dem Reichstag zu berichtigen, aber endlich nach vielem
Zeitverlust genöthigt worden, solche Sache den Kraysen heimzugeben, wie viele
Maunschafft jeder stellen wollte. Der Schwäb. Krayß hatte zwar einen Nachlaß
erhalten, daß dessen quantum dermahl wegen der Entvölkerung von letzterem lang-
wärigem Krieg und der Armuthey der Stände nur auf 3000. Mann gesetzt wurde.
Die meiste Stände waren aber noch nicht damit zufrieden und es erfolgte eine ge-
türliche Trennung zwischen den Catholischen und Evangelischen Stände, wovon ich
einemmäßig schon einige Nachricht gegeben. Bey damals ausgebrochenem Krieg
zwischen der Kron Frankreich und den vereinigten Niderlanden, welche auch einige
Teutsche Lande ergriff, wär eine einmütige Zusamensetzung sehr nöthig gewesen.
Die Uneinigkeit machte aber den Feind mächtig und so übermütig, daß er dem Reich
Gesetze vorzuschreiben unternahm, welche es noch heut zu Tag mit dem Verlust
des ganzen Elsasses empfindet. Die französische Waffen näherten sich dem Schwäbischen Krayß und der Fränkische stund in voller Flamme. Die Catholische Stände merkten nun est, was sie dem Krayß durch ihre Trennung für grosse Gefahr zugezogen und liessen sich gefallen eine Vereinigung ihrer Völker mit den Evangelischen
zu bewilligen. Den 15. Junii dises Jahrs wurde demnach ein Krayßtag zu Ulm
gehalten um solchen gesuchten Zweck zu erreichen. Herzog Eberhart schickte
seinen bißherigen Comitial-Gesandten, den Geheimden Rath Bitenbachen und
den Regierungs-Rath Haseloffen dahin, welchen er aufgab zu verhüten daß weder
dem Herzog, noch den samtlichen Evangelischen Krayß-Stänben einige nachtheilige Folge zugezogen würde, wegen der Direction und Ersetzung der Krayß-Amter

J i 2

einen

1674 einen endlichen Schluß zu bewürken, wie auch Mittel auszufinden, wie die
nöthige provision an Proviant, Munition, Artillerie ꝛc. angeschafft werden möchte, wann die Völker ausserhalb des Krayses gebraucht würden, die Vereinigung derselben mit dem Fränkischen Krayß und Anwendung der eigenmächtigen
Durchzüg, Einlägerung, Plünderung ꝛc. nach Verordnung der Reichsgesetze verglichen und endlich, wofern das duplum geschlossen würde, Herzog Friedrich Carl
zu einem Obersten, einer von Kaltenbach zum Obrist-Lieutenant und einer von Hall-
weil zur Majorstelle ernennt werden möchte. Um allen Anlaß zu Mißverständnussen zu vermeiden verabredeten sich die Costanz- und Würtenbergische Gesandten keine Meldung von demjenigen zu thun, was zur bißherigen Trennung Gelegenheit
gegeben hätte, weßwegen der Würtenbergische in der proposition nur die Einigkeit der Gemüther zur Beförderung der Wohlfart des Reichs und Krayses empfah-
le. Zum Mißvergnügen des Krayses fand sich auch ein Kayserl. Commissarius,
Johann Venerand von Wittenbach ein und verlangte in Gegenwart aller Stände eine
Audienz zu haben. Er sagte, daß die Kays. May. die schleunige Zusammensetzung der
Krayß-Völker mit den Kayserl. Waffen und eine zulängliche Verfassung zur Aufrechterhaltung sowohl samtlicher Krayß-Stände, als auch der vordern Oesterreichischen Lande mit Anrichtung einer nähern Verständnus wünschte. Zugleich war
es aber auch ein Schreiben von dem französischen Marschall von Turenne durch einen Trompeter geschickt. Weil diser vorgab, daß er durch einen gethanen Fall gehindert wär weiter zu reysen, so blieb er zu Geißlingen und gab nur dem daselbstli-
gen Illinischen Ober-Vogt das ihm aufgegebene Schreiben. Der feindliche Marschall erklärte sich aber gegen dem Krayß, daß er gegen diejenige, welche sich nicht
wider seinen König als Feinde aufwärffen, auch nichts feindseliges zu thun Befehl
habe, weßwegen er versicherte, daß er seine Waffen wider die Churfürsten von
Trier und Pfalz nur darum gebrauchte, weil sie sich mit den Feinden der Kron Frankreich wider dieselbe in Bündnusse eingelassen hätten, da er sonst das Teutsche Reich
gern verschonen wollte und zu dessen Beweiß in dem Vorfall bey Sinzheim nur wenige Truppen zu Fuß und nicht wohl die Helffte der Cavallerie gebraucht habe. (m)
Die Antwort darauf sollte eigentlich nur ein Recepisse seyn: gleichwohl kleidete man
solches in ein sehr kurzes Schreiben ein, daß man sein Schreiben empfangen habe und
nicht ermanglen werde den Gnädigsten und Gnädigen Herrschafften, Obern und Committenten gebührenden Bericht abzustatten, von welchen sie abgeordnete wohl so viel
melden könnten, daß sie keine andere, als auf Friede und Ruhe im Reich abzielen-
de Gesinnungen führen. In der Aufschrifft gab man ihm den Titul: Durchleuchtigster Hochgeborner Fürst, Gnädiger Herr. Wegen der Unterschrifft aber hatte man nicht einerley Gedanken. Dann die meiste fürstliche wollten
den

(m) vid Beyl. num. 63.

den Ausdruck gebrauchen: Euer Gnaden untertbänige und gebor- 1674
same 2c. weil es theils die Höflichkeit, theils die damalige Umstände erforderten, daß man ihn nicht mit bezeugender Verachtung beleidigen möchte. Andere hingegen wollten solches nicht genehmigen, weil sie keine französische Unterthanen wären und sich also demütbig zu bezeugen nicht Ursach hätten. Der Kayserl. Commissarius billigte das leßtere und man seßte nur: Euer Fürstl. Gnaden dienst-
geflissene auch unterdienstwilligste 2c. worinn das Würtembergische Directorium nachgeben und das Schreiben also ausgefertigt nach Geißlingen schicken
mußte.

§. 3.

Es kam auch ein Pfälzischer Gesandter herbey, welcher des Kayserl. Commissarien Ansuchen unterstüßte. Man fieng ein Schreiben von dem Turenne auf
an seinen König, worinn er meldete, daß er sich mit dem Prinzen von Conde zu con-
jungieren gedenke, weßwegen er bereits auf Zabern gerückt und die Kayserliche ü-
ber den Rhein gegangen seyen solche Conjunction zu verhindern. Dise Nachricht
machte die geringere Stände sicher, indem sie keine Gesahr zu befürchten sich beybringen ließen. Die höhere hingegen glaubten Ursach zu haben derselben nicht zu
trauen, und hielten vielmehr davor, daß der Courier sich gern auffangen lassen und
das Tureunische Schreiben nur darzu dienen sollen die Alliierte zu hintergehen, indem Turenne vielmehr sich bey Neustatt an der Hart seßte um den zu ihm ziehen-
ten Duc de Vaubrun mit seinen Truppen zu erwarten und hernach wieder über
den Rhein sehr verstärkt zurück zu kommen, weil seine Armee in dem Treffen bey
Sinßheim auch sehr geschwächet worden. Erhatte Ursach dem Schwäbischen Krayß
nabe zu seyn und auf dessen Entschliessung gutes Aufsehen zu haben. Der Herzog
von Würtenberg, Bayern, Baden-Baden, Costanz und die mehrere Stätte zogen in billige Betrachtung, daß diser Krayß ein solcher Gränz-Krayß wär, welcher wegen Breysach und Philippsburg der Gesahr am meisten ausgeseßt und zu dessen innerlicher und eigener Sicherheit die haltbare Pläß auf Kayserl. Befehl wohl
zu beseßen nötbig wär, da mehr als das zweyfache eines Römer-Anschlags erfordert würde, zumahl man Heylbronn, Offenburg, Lindau, Wimpfen und Ueberlingen beseßen mußte. Die erforderliche Völker waren noch nicht vorhanden und
mithin noch weniger zur Musterung zusamen geführt. Viele Stände besand man
untächtig einige Mannschafft aufzubringen oder zu unterhalten. Den von der Be-
saßung der Vestung Philippsburg durch ihre Ausfälle ausübenden Gewalt aufzuhalten, waren wohl zween Krayse nicht im Stand, wofern nicht das ganze Reich seinen Beystand zeigte, wozu aber viele Zeit erfordert wurde und beede Krayse entzwi-

Ji 3   schen

1674 ſchen in den Ruin geſetzt werden konnten. Dann die Reichs-Armee muſte
erſt zuſamengeführt und Magazinen angeſchafft werden. Man ſahe demnach nirgends einigen Rükkenhalt, ohne welchen diſer alleinige Krayß nicht feindlich
gegen diſer Krone handlen, ſein Hauß offen ſtehen laſſen und andern zu Hülf kommen konnte. Der Kayſerl. Commiſſarius waf aber damit nicht zufrieden und ſol-
tet man hoffte, daß die Kay. May. mit dermaliger Verfaſſung ſich begnügen würde
bis auch andere Krayſe Antheil nähmen, zumahl ſie verſicherten, daß auf ſolchen
Fall die Stände nach allem ihrem Vermögen das ihrige beyzutragen nicht ermanglen würden. Die meiſte Catholiſche Stände waren aber dem Kayſerl. Hof und
deſſen Geſandten zu ſehr ergeben und der Kayſerl. General Bournonville lag diſem
Hof nebſt dem Churfürſten von Pfalz ſehr an bey dem Schwäb. Krayß nicht aus zu-
ſetzen und auch andere Krayſe zu Stellung ihrer Contingenter ernſtlich zu erinnern.
Man muſſte alſo beſorgen, daß die mehrere Stimmen dem Kayſerl. Anſinnen nachgeben und die ſchleunigſte Vereinigung ihrer Mannſchafft mit der am obern Rhein
ſtehenden Kayſ. Armee zu werk ſtellen dörfften, da hingegen die Würtemb. Geſandte
bey ihrer Meynung verharrten und dem Kayſerl. Commiſſarien zu Gemüth führten,
daß, wann der franzöſiſche Feld-Marſchall die geringſte Nachricht von einem ſolchen Schluß vernähme, er ſogleich diejenige Stände, welche das meiſte darzu beygetragen hätten, in das Verderben ſetzen und zu einigem Widerſtand untüchtig machen dörffte, wie es der Chur Pfalz mit Germersheim ergangen. Es ſey demnach
vernünftig, daß die entfernte Krayſe zuerſt beytretten müſſten, ehe die der Geſahr
nächſtgelegene ſich bloß ſtellten. Die Würtemb. Geſandte verfielen deßwegen in
den Verdacht, daß ſie die Vereinigung der Krayßvölker mit den Kayſerlichen allein
hinderten, weßwegen der von Wittenbach ihnen die Einwendung machte, daß man
ſich nur beſſer angreiffen müſſte, indem er zum Exempel gute Nachricht habe, daß
Würtemberg für ſich ſelbſt gefaſſt und mächtig genug wär von ſeinen alleinigen wohl-
geübten Land-Völkern eine anſehnliche Armee in das Feld zu ſtellen, zu welchen
das Hauß Oeſterreich, die Ritterſchafft und andere Krayß-Stände ihre Mannſchafft zu ſtoſſen nicht ungeneigt wären. Bitenbach antwortete aber dem Kayſerlichen, daß noch andere Mittel vorhanden ſeyen, ehe man ſich allzufrühzeitig den Feind
auf den Halß zöge und thue man Würtenberziſcher ſeits nichts, als daß man dem
Oeſterreichiſchen Exempel folge, welches geſchehen laſſe, daß der Commendant zu
Freyburg mit dem franzöſiſchen zu Breyſach in gutem Vernehmen und gleichſam in
der Neutralität ſtehe, ja ſo gar von daraus Lebens-Mittel an letzteres Ort liefern
laſſe und die feindliche Veſtung mit Nothdürfftigkeiten verſehe. Ueber diſes alles würde Zeit erfordert die Anſtalt zur ſolchen Vereinigung und Anſchaffung der Kriegs-Er-
fordernuſſen herbeyzubringen zu können. Solches aber zu thun würde eine Sicherheit
witer feindliche Einfälle nöthig ſeyn.

§. 4.

§. 4. 1674

Einsmals lief aber die Nachricht ein, daß Turenne mit einer Armee von 20000. Mann und ansehnlicher Artillerie wieder über den Rhein herüber gegangen sey. Dises machte bey dem Krayß ein grosses Aufsehen und Schrecken. Drey der besten Aemter des Herzogthums waren allbereit vorher von den Kayserlichen und alliierten Völkern mehrentheils durch unerhörte Erpreffungen ausgesogen und die Unterthanen so sehr, als von den Feinden geplagt und etliche Dörfer unter dem Vorwand, als ob sie unter Pfälzischem Schutz stünden, von den Franzosen zu grund gerichtet. Der Kayß. Commissarius hatte unter den Catholischen Ständen einen grossen Anhang und Baden-Durlach bezeugte sich sehr zweydeutig, daß man seine eigentliche Meynung nicht wohl errathen konnte, welches von dasigem Landhofmeister herrührte. Dann er war als General-Commissarius und Proviant-Aufseher bey der Reichs-Armee erneuet und suchte seinen Vortheil mit Beziehung des ihm angewiesenen Soldes und anderer davon abhangender Nutzungen zu befördern. Die Gefahr des ganzen Krayses wurde also um so mehr hintangesetzt, als der Marggrav selbst bey diser Armee als General-Feld-Marschall angestellt war und jener sich die Hoffnung machte seinen Endzweck desto sicherer zu erreichen. Mithin konnte sich der Kayserl. Gesandte schmeicheln, daß die schleunige Vereinigung durch die mehrere Stimmen durchgetrieben werden müßte. Er bekam den Muth harte Ausdrücke in seinen Vorstellungen zu gebrauchen und sich auf die Reichsordnungen zu beruffen, vermög deren kein Krayß auf andere nachlässige sehen konnte. Nun hatten die Würtembergische Gesandte fast allein mit ihm zu streiten. Sie setzten ihm die letzte Reichstags-Verordnung und des Kaysers Befehl entgegen, daß insonderheit der Schwäbische Krayß seine Pässe wohl verwahren und als eine Vormaur das Reich vor allen feindlichen Einbrüchen sicher stellen sollte, worzu des ganzen Krayses Stärke erfordert wurde und kein Mann zur Kayserl. Armee abgegeben werden konnte. Bidenbach setzte noch hinzu, daß die Umstände alles änderten und in keiner Reichs-Constitution stünde, daß man sich wissentlich über den Haufen werfen lassen sollte. Ungeachtet aber der Kayserl. Gesandte nichts dagegen einwenden oder der Würtembergischen Gründe entkräften konnte: So beharrte er doch nur darauf, daß er des Kaysers Befehle zu beobachten hätte. Der Herzog berichtete solches an den Brandeburg-Culmbachischen Canzler von Stein, welcher sich am Kayserl. Hof befand, Vorstellungen dagegen zu machen. Dann diser hatte die Allianz zwischen dem Kayser und dem Herzog Eberharten zu stand gebracht und den Herzog damahls im Namen des Kaysers versichert, daß, wann derselbe oder seine Land und Leute selbst in Gefahr geriethe, die Kay. May. ihm nicht das geringste wegen eines Beystandes zunnnthen würde. Er wurde desto mehr darzu bewogen, als

1674   als der Kayſ. Commiſſarius den Geh. Rath Bitenbachen bezüchtigte, daß
er das Conjunctions - Werk allein hinderte, ungeacht der Herzog gegen dem
Marſchall Schorer, welcher dem Wittenbach zugegeben war, im Deinach ganz eines andern vertröſtet hätte.   Diſer beantwortete aber ſolche Bezüchtigung, daß er
wohl wüſſte, wie dem Commiſſario einige Schwätzer und Ohrenbläſer berichtet ꝛc.
vorbringen, was ſie ſowohl bey öffentlichen Rathgäugen und Votis, als auch ſonſt
in diſcurſen gehört hätten, aber nicht mit behöriger Treu und Redlichkeit vortragen.   Er bath ihn deßwegen nur dasjenige zu glauben, was er publica fide gegen
ihm ſelbſt vermeldet habe, daß ſein Herr ſo wenig von dem Kayſerl. Befelch und
dem letztern Reichsſchluß, als von demjenigen, was die mehrere Krayß - Stände beſchlieſſen würden, ſich zu entziehen geneigt ſey, ſondern als ein getrener teutſcher
Fürſt und Patriot nach allen ſeinen äuſſerſten Kräfften und Vermögen beyzutragen,
was zu der allgemeinen Wohlfart und deren Rettung dienlich ſeyn würde.   Wie er
dann kein Bedenken trage die Vereinigung der Krayß-Trouppen mit der Kayſerl.
Armee geſchehen zu laſſen, wann ſowohl die Evangeliſche, als Catholiſche der Gefahr entlegene Mit - Stände ihre Anzahl zur Kayſerl. Armee ſchickten und mit derſelben agieren lieſſen.   Nur behalte er ſich ausdrücklich bevor, daß die Städte Heylbronn und Wimpfen, als woran dem ganzen Reich und Krayß ſehr vieles gelegen
wär, mit den übrigen Krayß - Völkern wohl möchten beſetzt und vor feindlichen An-
fällen geſichert werden, damit er die ſeinige herausziehen und nebſt den übrigen geworbenen und ſeiner Land-Miliz ſeine offen ſtehende Gränzen für ſchleunigem Einfall ſtarker Partheyen ſo gut als möglich bewahren könnte.   Dann er hätte leyder
ſchon erfahren, was ihm und ſeinen Unterthauen durch die Franzoſen und ſo gar
durch die Kayſerliche und Alliierte Partheyen geſchadet worden.   Er hoffte auch,
daß die Kayſ. May. Dero Generalität gemeſſenen Befehl geben würde auf ſein Anſuchen ihm mit hinlänglicher Macht beyzuſtehen und daß die Krayß-Stände ſich mit
einem einfachen Römer - Monat an Volk in Bereitſchafft halten würden ihm auf
benöthigten Fall die ſchuldige Hülfe zu leiſten.   Was er ſonſt gegen andern geäuſ-
ſert, habe er ſehr nöthig befunden, weil ſich gnug gezeigt habe, daß viele keine
erforderliche Nachricht von den Kriegs-Umſtänden am Rhein und den ſich dabey
erzeigenden Gefährlichkeiten haben, ja zum Theil nicht einmahl wüſſten, wo der
Rhein und Neckar flöſſen oder welche Lande den Veſtungen Breyſach und Philippsburg am nächſten gelegen wären, mithin wie der Blinde von der Farbe urtheilten.
Uebrigens begehrte er niemanden vorzuſchreiben, was und wie er nach ſeiner Einſicht votieren ſollte, wobey jedoch die Beſchützung der Würtenbergiſchen Lande dem
ganzen Reich zu gutem käme, weil dadurch der Ober - Rheiniſche, Bayr - und
Fränkiſche Krayſe beſchützt würden.

§. 5.

§. 5. 1674

Nun blieb die französische Armee einige Tage bey Philippsburg stehen und es wollte verlauten, daß sie in das Herzogthum Würtenberg einbringen würde, da hingegen auch andere vermutheten, daß sie eine Absicht auf Heydelberg hätte. Herzog Eberhard machte sich auf beede Fälle gefaßt und ließ ein Regiment zu Pferd nebst einem zu Fuß von seiner Land = Auswahl an die Gränzen des Landes abgeben, zumahl auch verlautete, daß einige Regimenter Croaten aus dem Bareuthischen im Anzug wären. Dise Art Kriegsvolk war den Franzosen jedesmal förchterlich und der Herzog beförchtete, daß letztere sich bey Heylbronn setzen und nur die Entschliessung des Krayses abwarten und wann dieselbe ihnen witrig ausfiel, den Krayß zwingen dörfften seine Truppen ihnen zu überlassen, wordurch er den Schwäbischen, Fränkischen und Ober-Rheinischen Krayß unter französische Devotion bringen könnte. Er hielte demnach daver, daß, wann auch schon die Krayß-Truppen bey der Kayserl. Armee stünden, dieselbe bey dermaligen Umständen abgerissen werden müßten. Auf seinem Krankenlager betrübte ihn sehr, daß der Kayserl. Commissarius noch immer auf die Conjunction drange und solcher Ernst bey andern Kraysen, welche von aller Gefahr frey und sicher und gleichwohl zur Beschützung des Reichs verbunden wären, nicht so hefftig, wie bey dem Schwäbischen, angewendet würde. Dann er konnte nicht anderst schliessen, als daß dem Kayser von der demselben obschwebenden Gefahr keine Nachricht hinterbracht würde und einige Leute besondere Absichten führen müßten den Krayß und insonderheit die Wärtembergische Lande mehr zu verderben, als zu erhalten. Solche zu vernichten konnte er kein ander Mittel erfinden, als daß er den vorgemeldten Culmbachischen Canzler nochmaln ersuchte dem Kayser alle solche Umstände beyzubringen und sich über des von Wittenbach Betragen zu beschweren, indem er von der Kayserlichen Gesinnung ganz andere Versicherung hätte. (n) Der Würtenbergische Gesandte bekam deßwegen den Auftrag solches sowohl dem Kayserl. Commissarien, als dem ganzen Krayß öffentlich zu erkennen zu geben. Man wollte aber zugleich Nachricht haben, daß der Commissarius nur von dem Pfälzischen Gesandten angetrieben würde und der dem Herzogthum von den Kayserl. und alliierten Truppen zugefügte unwiderbringliche Schade durch Anreißen dises Hofes veranlasst werden und hingegen der Kayser mit des Herzogs Betragen sehr wohl zufriden sey. Derselbe hatte auch die Hoffnung noch übrig, daß, wann seine Mitstände erführen, daß Turenne mit einer Armee von 20000. Mann auf den Gränzen stünde, selbst auf ihrer Hut bleiben und der Commissarius, wofern er sich nicht der ganzen erbaren Welt zu ei-

(n) vid. Beyl. num. 64.

ner

X. Theil. Z z

1674 ner üblen Nachrede ausſetzen wollte, daß er des Krayſes höchſtes und endliches Verderben für ſeine Perſon ſuchte, auch auf andere Gedanken gerathen dörffte. Den 26. Junii kam aber der Bericht ein, daß Turenne ſeinen Weeg
nach Ladenburg genommen und ſich des ganzen NeckarStroms bemächtigt, mithin
die Schwäb. KrayßVölker von der Kayſerlichen Armée abgeſchnitten und ſich darzwiſchen gelegt habe. Bidenbach ließ ſich deßwegen ſowohl gegen dem Kayſerl. und
Pfälziſchen Geſandten, als auch gegen ſämtlichen KrayßStänden vernehmen, daß
er den KrayßSchluß wegen bewilligter Vereinigung der KrayßVölker zwar dahin ſtelle, wegen der Zeit der Vollziehung aber davor halte, daß bey ſolchen Umſtänden dem Reich oder Alliirten Armeen kein Vortheil daraus entſtehen könne. Wann
aber durch unverzügliche Vereinigung, wie der erſte Schluß dahin ziele, der Krayß
und das Herzogthum Würtenberg ſo vorſetzlich und unbedachtſam in ein vor Augen
ſchwebendes unausbleibliches Unglück und gänzliches Verderben geſtürzet werden wollte,
ſo wollte er vor GOtt und der vernünftigen Welt entſchuldiget ſeyn. Gleichwohl
muſſte er ſehr behutſam geben, damit er keinen Unglimpf bey dem Kayſerl. Hof auf
ſich laden möchte und ſuſpendirte nebſt BadenDurlach ſein Votum, welches er
ihm nach der Nothdurfft vorbehielte. Nun blieben zwar die meiſte Stände nochmals bey dem vorigen Schluß: Man bemerkte aber, daß die vormalige Hitze bey
vielen ziemlich erkaltet war und nur die Forcht vor der Kayſerl. Unquade ſie umzutreten verhindert habe. Der Kayſerliche Commiſſarius beſorgte auch würklich, daß,
wann die Würtembergiſche Geſandte ihr Votum eröffneten, der gefaſſte Schluß
abgeändert werden dörffte. Er ſuchte die Vereinigung ſo viel unbglich zu beſchleunigen, dagegen die Würtembergiſche ſolche zurückzutreiben ſuchten. Eine Einſchränkung des Schluſſes konnte ihnen dienlich dazu ſeyn. Dann ſie brachten noch in den
ſelben ein, daß man vor der Zuſammenführung und Abſchickung der Truppen den Zu
ſtand und die Beſchaffenheit derſelben unterſuchen und nicht nur die Beſetzung der
Gränzen, ſondern auch die Beſtellung des Proviants und Magazinen, Artillerie,
Munition ꝛc. richtig machen müſſte, welches nach dem Herkommen geraume Zeit
erforderte. Sie hielten ihr Votum noch zurück in Hoffnung, daß entzwiſchen etwas
vorgehen könnte, welches das Feuer der Kayſerlichgeſinnten gar erlöſchen oder wenigſtens ſehr mäſſigen könnte. Der Commiſſarius gerieth darüber in Ungedult,
indem er meynte, daß die ſehr ſchwache Kayſerl. Armée deſto eher verſtärkt werden
müſſte, welches doch eben ſowohl und ohne Gefahr von andern Krayſen hätte ge
ſchehen können. Er konnte ſich deßwegen nimmer mäſſigen, ſondern wiederholte ſeine Drohungen, daß, wann durch das Würtembergiſche Votum ſolch Vereinigungs
Werk hintertrieben würde, wie unfehlbar auf ſolchen Fall geſchehen dörffte, man
es das Hauß Würtemberg entgelten zu laſſen wiſſen würde. Bidenbach antwortete
ihm aber, daß er noch wegen der Krankheit des Herzogs und deſſen Entfernung von
                                                              ſeiner

seiner Residenz keine Verhaltungsbefehle erhalten habe. Könne sich aber 1674 wohl vorstellen, daß ihm sehr schwer falle sich in seinen Schmerzen zu überwinden andern zu Hülf zu kommen und sich in das Verderben zu stürzen, zumahl er nicht anderst glauben könnte, als daß die Grösse der Gefahr der Kay. May. nicht gebührend hinterbracht würde, indem dieselbe ihn versichert hätten, daß ihm in dergleichen Umständen nichts widriges zugemuthet werden sollte.

§. 6.

Wie der Kayf. Commissarius vermuthete, so geschahe es, indem den 30. Junii wenigstens die Zusamenstossung der Kraysvölker um etwas hinterstellig gemacht wurde. Costanz gieng wider Vermuthen des Herzogs mit seiner Stimme voran, indem es erinnerte, daß die Schlüsse nach der Lage der Kriegs-Umstände eingerichtet werden müßten. Die übrige Catholische folgten ihm ihrer Gewohnheit gemäß nach, so daß den 3ten Julii der Schluß gemacht wurde, daß wie gerne man auch Ihrer Kay. May. Absicht und dem neulichen zu Regensburg ausgefallenen Reichs-Schluß gemäß die so hoch verlangte Conjunction vor sich gehen lassen wollte, man jedoch zu derselben noch zur Zeit, und bis dieser Krayß der augenscheinlichen grundverderblichen Gefahr besser entfernet und befreyet werden möchte, unmöglich gelangen könnte. Gleichwohl würde man entzwischen alle Anstalt machen, daß das geschlossene alterum tantum nicht allein schleunigst aufgebracht, sondern auch zu desselben Musterung und Verpflichtung auf den ₁⁶₆. Aug. zu Ulm zusamen geführt, zugleich aber auch alle übrige Nothwendigkeit noch vor Ausgang dieses Krayß-tags verglichen und bey solcher Musterung berathschlagt und beschlossen werden solle, wie die geworbene Krayß-Völker zu verlegen und mit wie viel die haltbare Plätze und Pässe besetzt werden sollten. Der Würtemb. Gesandte sollte dem Kayserl. Commissario solchen Schluß hinterbringen, welcher allen Unglimpf bey dem Kayf. Hof zu vermeiden nur meldete, daß den Krayß-Ständen am guten Willen nicht fehle, sondern die Conjunction an dermaliger unglücklicher Lage des Krayses und Sammseligkeit der andern Krayse haffte. Entzwischen war die Kayf. Armee in so schlechten Umständen, daß sie sich bey Höchst über den Maynfluß zurück und den Kayf. General de Souches mit einem Succurs erwarten mußte. Ja Margg. Albrecht berichtete an seine bey ihrem Herrn Vater anwesende Gemahlin, daß sie, wofern kein starker Succurs bey zeiten bey ihr ankäm, entweder gezwungen werden dörffte sich an die Böhmische Gränzen zurück zu flüchten oder sich wohl gar an die Feinde zu übergeben. Wegen der angetragenen Allianz war der Kayf. Commissarius nicht weniger unglücklich, weil es gleichbald das Ansehen gewann, daß er nichts ausrichten würde, zumahl der wegen Wisenstaig gegenwärtige Bayrische Gesandte darauf

K k 2

drang,

1674 drang, daß man sich nicht so leicht in etwas einlassen sollte, wordurch man in disen Krieg verwickelt werden könnte, indem man hernach nicht mehr so leicht daraus sich loß machen könnte. Ein guter Theil der ständischen Abgeordneten war schon wieder nach Hauß gereyßt, als man disen Puncten auf die Bahn brachte, andere hatten keine Lust dazu und andere hatten keinen Außschuß noch Unterthanen. Der Kayser hatte vorhin an den Krayß einen dreyfachen Römer-Monat an Mannschafft verlangt, welchen er nicht erhalten konnte. Man argwohnete deßwegen, daß er durch eine Allianz darzu gelangen wollte, zumahl dessen Commissarius sich verlauten ließ, daß er das Directorium über die Allianz-Völker führen wollte. Dises hatte aber die widrige Würkung, daß so gar das Wort Allianz den Ständen unangenehm wurde. Entzwischen kam die Nachricht ein, daß Herzog Eberhard in die Ewigkeit eingegangen wär, welches die Stände so betretten machte, daß, als man ihnen solches bey nächstem Rathgang eröffnete und die Antrettung der Regierung von Herzog Wilhelm Ludwigen zu wissen machte, der meiste Theil sich des Weinens nicht enthalten konnte. Der Geh. Rath Bidenbach wurde nach Hauß beruffen und D. Haseloff mußte das Ende des Krayßtags auswarten. Diser hinterbrachte auch dem Kayserl. Commissarien, daß der Herzog die angesonnene Allianz gern zu stand gebracht gesehen hätte, wann sie in puris terminis defensionis eingerichtet worden wär, wie die Kays. May. bißher in Dero Vorder- und Ober-Oesterreichischen Landen mit der Kron Frankreich einen solchen Verglich behauptet hätte. Es würde aber die Nothurfft erfordern, daß man die gewisse Versicherung von Jhro May. hätte, daß Sie biß anher geführter massen den Waffen-Stillstand mit Frankreich fortsetzen wollte, wohin der von dem Commissario gemachte Entwurff diser Allianz, welche doch ratificiert werden müsse, abziele. Weil er aber darinn gemeldet hätte, daß dise Zusammensetzung vornehmlich auf die Abwendung der schädlichen und eigenmächtigen Durchzüge abzwecke, so hätte Herzog Eberhard die Ersetzung der Krayß-Aemter bißher vergeblich betrieben, weßwegen die Durchzüge nicht wohl hätten verhütet werden können. Wofern aber bey gegenwärtigen Zeitläufften dieselbe ersetzt würden, so wär die Allianz unter solcher Absicht unnöthig. Und obschon die kleinere Stände anfänglich darzu Hoffnung gemacht hätten, so wäre doch dises ihre Gewonheit, daß sie mit gröstem Eyfer viel versprechen, aber gleichbalten auch melten, daß sie nichts oder sehr wenig dabey leisten könnten, womit also dem Kayser wenig geholffen sey. Uebrigens wurde des Herzogs Brudern, Friderich Carln, die Obristenstelle über ein Krayß-Regiment zu Pferd aufgetragen, welches er auch bey der Musterung anführte und der Obrist Kleuk, Obrist-Lieutenant Kieser und D. Haseloff darzu abgeordnet worden. Obwohl nun dasjenige, was ich bißher erzehlt, meistens zur Lebensgeschichte des Herzog Eberhardens gehöret, so habe ich solches doch mit Bedacht bißher versparen wollen, weil dises merkwürdige Krayßgeschäffte zwar unter Herzog Eberhards

Regie-

Regierung angefangen, aber erst unter dem Anfang der Regierung Herzog 1674
Wilhelm Ludwigs geendiget worden und diser in die Fußstapfen und Grundsätze seines Herrn Vaters eingetretten, wie auch einestheils zu zeigen, in welchen gefährlichen und häckelichten Umständen er die Regierung unternommen und andern-
theils die ganze Reyhe der Verhandlungen vorzulegen, wie auch gedachter Herzog
dieselbe in einem Schreiben kurzgefasst an seinen Schwäher Landgr. Ludwigen von
Hessen-Darmstadt mitgetheilet habe. (n)

§. 7.

Entzwischen wurde die Kayserliche Armee durch die Lüneburgische Völker sehr
verstärkt und der Churfürst von Brandenburg war auch mit einer Armee von 20000.
Mann im Anzug, welches den Turenne nöthigte sich in das Elsaß zurück zu begeben.
Nun war zwar das Herzogthum wegen dises Feinds in einiger Sicherheit, aber die
sehr starke Besatzungen zu Breysach und Philippsburg setzten es noch immer mit ihren
Ausfällen und Streiffereyen in Gefahr. Marggrav Friderich von Baden beklagte sich auch
deßwegen gegen Herzog Wilhelm Ludwigen, daß die Franzosen durch einen Einfall
in seinen Landen grosse Verwüstung angerichtet hätten. Die Krayß-Völker wurden deßwegen bey Pforzheim und Durlach zusamen gezogen. Sie brachten aber keinen Brotkorb mit sich. Es fehlte noch an Magazinen und die Marggravschafft Baden konnte die Nothurfft diser geringen Manuschafft, welche nur in 2. Regimentern
zu Pferd und 2. Regimentern zu Fuß bestund, nicht anschaffen. Die Amtleute zu
Pforzheim unterstunden sich den 15. Septembr. Ausschreiben an die benachbarte
Würtembergische Aemter Böblingen und Leonberg zu schicken, daß man ihnen mit
Meel und Früchten zu Hülf kommen sollte. Herzog Wilhelm Ludwigen befremdete
solches Verfahren um so mehr, als er sich gegen dem Krayß zu nichts verbindlich
gemacht hatte und die anrückende Kayserliche und alliierte Völker dessen Lande schon
berührt hatten, welchen er Lieferungen thun musste und wegen damaliger schlechter
Erndte in der Besorgnus stunde, daß im Fall einer entstehenden Noth die Herzogliche
Aemter erschöpfft werden dörfften. Die Badische Schreiben waren ohnehin sehr gebie-
terisch und ungebührlich in eines benachbarten Fürsten Lande solche abgehen zu lassen.
Gleichwohl erboth sich der Herzog von seinen Cammerschreiberey-Gefällen das ent-
behrliche um billigen Preiß an Meel und Früchten angedeyhen zu lassen. Weil auch
die Kayserl. Armee gegen dem Breysgau anrückte, so stund der Herzog in Sorgen,
daß die das sogenannte Simplum ausmachende Krayßvölker bey Durlach zu solcher
Armee abgefordert werden möchten. Weil nun eben damahl zu Vayhingen an der
Enz wegen diser Truppen Verleg- und Besorgung zwischen den ausschreibenden Für-

Kk 3   sten

1674 sten eine Conferenz gehalten wurde, so gab er seinen Abgeordneten auf sich auf alle Weise und Weeg tawider zu setzen. Nun wurde zwar der Krayß mit diser Anmuthung verschont und Margg. Friderich von Baden als ernennter Reichs-General-Feld-Marschall vertröstete den Herzog, daß der Krayß dermahlen noch mit derselben verschont bleiben dörffte. Derselbe war aber dadurch noch nicht beruhiget, indem er dagegen beförchtete, daß man seine zu dem sogenannten duplo oder altero tanto seines einfachen Contingents geworbene Mannschafft auch zu den auf den Gränzen des Krayses stehenden Völkern absordern würde und erklärte sich beßwegen, daß, weil er dieselbe zur Beschützung seines Landes nöthig hätte, er keinen Mann darzu hergeben könnte. Dann man hatte bey der Reichsversammlung beschlossen gehakt, daß der Schwäbische Krayß neben seinem zur Reichs-Verfassung betreffenden Contingent auch die Gränzen und Pässe mit genugsamer Mannschafft verwahren sollte, welche Zumuthung das Herzogthum Würtenberg am härtesten betraff. Der Herzog hatte damahl keinen Gesandten zu Regenspurg, welcher einige Vorstellung hätte dagegen machen können, und der Stände wenige anwesende Gesandte nahmen sich der Krayß-Angelegenheiten nichts an. Viele waren so nachläßig, daß sie nicht einmahl zum ersten Simplo ihre Mannschafft stellten und man dieselbe durch Execution darzu zwingen mußte. Der Oesterreichische Fürsten-Raths-Director hatte bey dem Reichs-Convent ohnehin keinen Lust dise so langsam gehende Reichsversassung zu befördern. Und als der Vorschlag zu einer Reichs-Cassa für die unter Kays. Commando stehende Völker auf die Bahn gebracht wurde, so wollte er solche unter dem scheinbaren Vorwand fast nicht zur Proposition bringen, weil die vornehmste Städte des Reichs mit dem Kayser in einer Allianz stünden, da man zweifelte, ob dise, weil sie schon zu derselben ihr verglichenes beytragen mußten, auch zu der provisionalen Reichs-Verfassung und nach den Kraysen beysteuren würden, welches in die Reichs-Cassa eine grosse Lücke machen dörffte. Die allermeiste Catholische fielen ihrer Gewonheit nach disem Voto bey und es hatte ein schlechtes Ansehen, daß man sie zu stand bringen würde. Gleichwohl entschloß sich Herzog Wilhelm Ludwig, so bald die gefährliche Umstände sich ändern würden, auch die zu dem altero tanto gehörige Völker zu den übrigen Krayß-Völkern stossen zu lassen und seinen Mit-Ständen mit gutem Exempel vorzugehen, jedoch unter der Bedingung, wann alle Compagnien des alterius tanti und mithin auch die zu Heylbronn und Offenburg ligende Besatzungen dahin abgeführt würden. Nun geschahe zwar die Schlacht bey Ensisheim unweit Straßburg, wo man dem Fortgang der französischen Waffen grossen Einhalt hätte thun können, woferu der die Kayserl. Armee commandierende General Bournonville seine Schuldigkeit hätte thun und nicht vielmehr als ein abgesagter Feind der Evangelischen Glaubensgenossen die Lüneburgische Völker welche er fast allein dem Feind entgegen setzte und ihnen sehr wenigen Beystand angedeyen

heu

hen lieff, aufreiten laſſen wollen, oder man den durch die Würtenberg- 1674
und Baͤtiſche Lande im Anzug ſo nahe geweſenen Churfuͤrſten von Brandenburg erwarten wollen. (o) Weil aber diſe Schlacht nicht entſcheidend war, ſondern
jeder Theil ſich einen Vortheil zumeſſen wollte, ſo hatten auch die ſchaͤtliche Ausfaͤl-
le aus der Veſtung Philippsburg in den Pfaͤlziſchen Landen kein Ende. Der Chur-
fuͤrſt beſchwohrte ſich deßwegen bey dem Kayſer und Reich ſehr uͤber die Schwaͤbi-
ſche Krayß-Voͤlker, daß ſie ſo nahe ſtuͤnden, aber zu ſeiner Lande Rettung nichts
thun wollten. Man halte ſich zu Regenſpurg mit dem Hirn-Geſpenſt einer Reichs-
Armee und koſtbaren Reichs-Generalitaͤt, wie auch einer meiſtens leeren Reichs-
Caſſa auf und ſehe indeſſen nicht allein ruhig zu, wie diß- und jenſeit des Rheins die
Teutſche Reichslande zu grund gerichtet wuͤrden, ſondern beſorge auch die Reichs-
ſchluͤſſe und daruͤber ertheilte Kayſerl. Reſolution zur Beſchimpfung des Reichs nicht,
da man vielmehr das vorzuͤgliche Augenmerk dahin zu nehmen haͤtte der Kron Frankreich Hochmut niderzuſchlagen und zu einem billigen Friden zu zwingen. Er begehrte deßwegen, daß man vom Reichswegen den Kayſer bitten ſolle wider diejenige, welche den bißherigen mandatis excitatoriis, avocatoriis und anteren Befehlen zuwider gehandelt haͤtten, den Reichsgeſetzen gemaͤß wuͤrklich zu verfahren und dieſelbe
zu Vollziehung anzuhalten, damit wenigſtens durch Bloquierung der Veſtung Philippsburg die benachbarte in Sicherheit geſtellt wuͤrden. Der Kayſer unterſtuͤtzte den
29. Octobr. ſolches Verlangen, welches vornehmlich auf Herzog Wilhelm Ludwigen
angeſehen war. Diſer entſchuldigte ſich aber mit vorgedachtem Reichs-Schluß und
daß ſein und des ganzen Krayſes Vermoͤgen, welches durch die viele Durchzuͤge und
Quartiere ſehr geſchwaͤcht worden, nicht zureiche die Graͤnze zu beſetzen, die Kayſerl.
Armee zu verſtaͤrken und andern Krayſen Rettung zu verſchaffen. Des Churfuͤrſten
von Bayern Abſichten waren verdaͤchtig. Er hatte 20000. Mann auf den Beinen
und ſtund in keinem gar ungegruͤndeten Verdacht, daß er der Kron Frankreich mehr,
als dem Kayſer und Reich anhienge, ſo, daß man auch nicht errathen konnte, wie
er noch immer eine Vermittlung des Reichs zwiſchen den kriegenden Theilen vorſchla-
gen konnte, da er doch wuſkte, daß das Teutſche Reich den Koͤnig in Frankreich als
einen Feind erklaͤret hatte und ſehr zweydeutig ſchiene, ob ein oder anderer Reichs-
Fuͤrſt zu ſolcher Vermittlung faͤhig waͤr und ob ein und andere Parthey dieſelbe annehmen doͤrffte. Herzog Wilhelm Ludwig hatte demnach Urſach ein Mißtrauen in
diſen Nachbar zu ſetzen und ſich nicht bloß zu ſtellen. Man wuſkte aber ſich auch nicht
darein zu finden, warum diſer Herzog keinen Geſandten mehr bey dem Reichs-Convent hatte, zumahl ein Geſandter nach dem andern dort Abſchied nahme und nur noch
vier Evangeliſche Geſandte zu Ende diſes Jahrs zu Regenſpurg und dieſe ſo ſchwach
waren den Catholiſchen allenfalſigen Entſchluͤſſen ſich zu widerſetzen. Wegen der
Reichs-General-Caſſa ſahe es auch dazumahl noch ſo weitlaͤufftig aus, daß die be-

1675 ſtimmte Reichs-Generalen Bedenken trugen , ihre Stellen anzutretten.
Dann die Krayſe wollteuſich mit ihren Beſoldungen nicht beladen und verwieſen ſie auf eine Reichs-Caſſe, welche noch zu Ende des folgenden Jahrs nicht vorhanden war.

§. 8.

Das folgende Jahr machte Herzog Wilhelm Ludwigen ſehr viele Verdrüßlichkeiten. Dann zu Ende des vorigen ſchiene zwar das Glück der Waffen den Allierten nicht ungeneigt zu ſeyn, als der Churfürſt von Brandenburg die Kayſerliche Armee anſehnlich verſtärkte.   Turenne zog deßwegen aus den Beſaßungen und aus den
nahe gelegenen franzöſiſchen Provinzen ſo viele Völker zuſamen , als in der Eyl
möglich war, ſo daß er den Allierten die Stirne bieten konnte.   Marggr. Friderich
von Baden-Durlach , als Reichs-General-Feld-Marſchall entſchloſſ ſich mit den
wenigen angekommenen Krayß-Völkern die Beſtung Philippsburg einzuſchlieſſen
und diſe Beſaßung im Zanm zu halten.   Er hatte ſchon alle Anſtalten darzu vorge-
kehrt , als er von gedachtem Churfürſten ganz dringend erſucht wurde ſich mit ſeinen
unterhabenden Truppen bey Straßburg zu ſetzen , damit er bey einem täglich ver-
muthenden Treffen einen ſichern Rucken haben möchte, oder weil Turenne im Verdacht ſtund , daß er über den Rhein gehen und durch einen Einfall in den Schwäbiſchen Krayß eine diverſion machen dörffte, denſelben zu beobachten und den Uebergang
zu vernichten.   Einige detachierte Kayſerl. Regimenter hatten aber das Unglück ü-
berfallen zu werden.   Die Lebens-Mittel wollten nicht mehr zureichen die Armee zu
unterhalten und der Churfürſt erhielt die Nachricht, daß die Schweden ihm in die Mark
eingefallen wären.   Bey ſolchen Umſtänden wurde der unvermuthete Schluß gefaſſt mit der ganzen Kayſerlichen und Alliierten Armee die Winterquartier zu Anfang diſes Jahrs in dem Fränk- und Schwäbiſchen Krayß zu nehmen.   Das ganze
Elſas ſtund demnach bis auf ſehr wenige Orte den Franzoſen offen.   Die Austheilung der Quartiere wurde aber durch die Kayſerl. und Bunds-Verwandte Generalität mit Beyſeitſetzung des Schwäbiſchen Krayſes und des Herzogs gemacht und keine Gleichheit beobachtet , da manche Stände gar frey blieben , andere zu wenig erhielten und andere , inſonderheit aber der ſo genannte Würtenbergiſche Krayß-Di-
ſtrict mit allzuvieler Laſt fremder Völker überlegt , hingegen die Schwäbiſche Krayß-
Truppen nebſt den Ober-Rheiniſchen ſollten die Stadt Offenburg und die Rheinbrücke bey Straßburg verwahren.   Diſe litten in dem Breyßgau und Badiſchen
Landen an allem den gröſten Mangel , weil die noch mit Lebens-Mitteln verſehe-
ne wenige Orte der Generalität und die leeren , wo faſt kein Menſch mehr zu ſehen war, den Compagnien angewieſen waren , ſo , daß es ſchiene , als ob man dieſelbe mit allem Fleiß zu Grund richten wollte.   Die Stände wurten dardurch ſehr
auf-

aufgebracht und Herzog Wilhelm Ludwig nebst einigen andern Ständen woll- 1675
ten die ihnen angewiesene Völker weder in die Quartier aufnehmen, noch
den Unterhalt verschaffen. Der Herzog brauchte so gar mit seinem geworbenen Volk
und Landausschuß Gewalt einige abzutreiben. Dann seine Lande hatten durch die
Durchzüge der Kayserl. und Brandenburgischen Armeen schon vieles erlitten, da andere dergleichen Beschwerden nicht empfunden hatten, wie er dann solchen Schaden
auf 728945. fl. berechnete. Er meynte demnach, daß man das Herzogthum wo
nicht ganz verschonen, doch keine solche grosse Last aufbürden sollte. Entzwischen
verursachte solche Verwaigerung diser schweren Einquartierung eine nicht geringe Verwirrung, indem andere Krayse sich beschwehrten, daß man ihre Völker wie verirrte
Heerden Schaafe herumtriebe, nirgends einlaßen wollte und für baar erlegendes Geld
kein Stück Brod angedeyen liesse. Dagegen der Schwäb. Krayß die Unmöglichkeit
einwendete und die Ungleichheit in der Austheilung vorschützte, da diejenige, welche
keine so schädliche Durchmärsche erlitten, fast leer ausgiengen. Der Soldat wurte
bey solcher Unordnung auch ungedultig und erpreßte, was man ihm nicht schuldig
war, insonderheit weil er nicht wußte, wo er seinen Unterhalt nehmen sollte und
gleichwohl war er in diser Gegend nöthig, weil selbige der Gefahr am nächsten lag.
Man meynte durch Errichtung einer Reichs-Cassa und Magazinen zu helffen und dise
konnten nicht zu stand gebracht werden, indem diejenige Stände, welche nicht gern
etwas darzu beytragen wollten, auf der Reichsversammlung tausend Schwürigkeiten
in den Weeg legten und immer einer auf den andern sich bezoge. Herzog Wilhelm
Ludwig mußte endlich solches entgelten, daß man alle Schuld auf ihn legte. (p).

§. 2.

Der Churfürst Carl Ludwig beschwehrte sich nun gegen der Reichsversammlung
ebenmässig, daß die Kayserliche, Reichs- und die alliierte Armeen in die Winter-
Quartiere gegangen und die Franzosen dannoch im Winter ihre Feindseligkeiten fort-
setzten und verschiedene Orte im Elsaß wegnähmen, weßwegen er sich vernehmen
ließ, daß, weil insonderheit dise Feinde die Kälte nicht ertragen, dagegen aber die
Teutsche im Felde ausdauren könnten und theils Völker des Frostes gewohnt wären,
dieselbe wider die Feinde gebraucht werden müßten. So wohl Herzog Wilhelm Ludwig, als auch der Schwäbische Krayß suchten bey dem Reichs-Convent ebenmässig
Hülfe wider die von der Kayserlichen, Reichs- und alliierten Armeen so eigenmächtig genommene Quartiere, ungeacht ihre Lande durch die Brandenburgische und Lothringische Truppen so vielen Schaden erlitten hätten mit Bitt ihre Angelegen... der

(p) Theatr. Europ. Tom. XI. pag. 666.

1675 der Kay. May. zu empfehlen. Man hatte der fränkische Krayß gleiche Klage geführt. Weil demselben willfahrt wurde, so konnte man nicht anderst thun, als disem auch seine Bitte zu gewähren. Nur der Oesterreich. und Lüneburg. Gesandten setzten sich dagegen, indem sie die Nothwendigkeit diser Quartiere vorstellten, weil sonsten der Feind in dise Krayse eingedrungen seyn wärde, welchen die einquartierte Völker zum Schutz dienten. Wann aber vom Reich mit gesamter Hand und pflichtmäßigem Ernst zu der Sache gethan, mithin die Reichs-Armee zu rechter Zeit zusamen geführt und unterhalten worden wär, so würden dergleichen Klagen wohl unterblieben seyn. Sie konnten aber den unvermutheten Abzug der Armeen aus dem Elsaß nicht rechtfertigen, sondern entschuldigten nur die Eintheilung der Quartiere, daß die Umstände und Kürze der Zeit nicht gestattet hätten dem Schwäb. Krayß die Eintheilung zu überlassen, wie man es dem Vorgeben nach gewünscht hätte. Uebrigens wär die Absicht bey dem Entwurff dises Einquartierungs-Plans nicht anderst gewesen, als daß selbiger nach Beschaffenheit der Umstände geändert werden könnte. Bey solchen Umständen wurde den 13. Febr. ein Reichs-Gutachten abgefaßt, daß, weil der Schwäb. Krayß durch das hin- und wieder-ziehen verschiedener Armeen bereits schon grossen Schaden erlitten hätte und in solch Verderben gesetzt wär, daß, wofern ihm keine Erleichterung verschafft würde, derselbe unter dem unerträglichen Last der darinn ligender Armeen unumgänglich zu grund gehen müßte und folglich zum Besten des gemeinen Wesens und sowohl zu seinem als der benachbarten Krayse höchstem Nachtheil nichts mehr, wie er doch bißher willig und getreulich mehr, als andere, gethan, würden thun können, der Kayser ersucht würde, disem Krayß eine Erleichterung zu verschaffen, damit jeder Krayß zu Erhaltung des Reichs das seinige mit Nachdruck beyzutragen noch ferner aufrecht bleiben möchte. Nun wurde aller diser Zerrüttung zu begegnen ein Krayß-Convent gehalten, wo ein Verglich wegen der Eintheilung der Quartier und Verpflegung der Völker zu stand kam, welcher einiger massen dadurch erleichtert wurde, daß ein Theil diser Truppen nach Hauß gienge. Nichts desto weniger blieben noch übergrosse Beschwerden übrig, weil die in die Quartiere verlegte Völker damit nicht zufriden seyn wollten und sich anderswo einquartiren suchten, wie auch grosse wider die Reichsverordnungen lauffende Ausschweiffungen begiengen. Einige kamen gar nicht zum Vorschein, wie z. E. der Churfürst von Bayern keinen Mann zur Armee stellte und an di em Krieg keinen Antheil nehmen wollte und die Salzburgische Krayß-Truppen stunden in der Pfalz. Nichts desto weniger wollten die Portionen sowohl für die abgeführte, als für die Bayr- und Salzburgische an den Krayß gefordert werden. Herzog Wilhelm Ludwig nahm deswegen den 25. Febr. seine abermalige Zuflucht zu der Reichs-Versammlung in seinem und des Krayses Namen. Die Klagen wurden auch sogleich zur Berathschlagung gezogen und ein abermaliges Gutachten an den Kayser erstattet, wovon man sich gute Hoffnung machte.

Die

Die Absendung desselben wurde aber von dem Braunschweig-Calenbergi- 1675
schen, Sachsen-Gothaischen und Mecklenburg-Schwerinischen Gesandten
aufgehalten, weil sie ihre Beschwerden wider den Krayß auch in dasselbe eingebracht
wissen wollten, daß ihrer Principalen Völker nicht mit benöthigten Quartieren versehen würden und auch um das Geld die Notturfft an Lebens-Mitteln nicht bekommen könnten.

§. 10.

Marggrav Friderich von Baden-Durlach war aber über die Klagen des Schwäbischen Krayßes sehr unzufriden, insonderheit, weil derselbe die Portionen für die ab-
gebende Völker nicht bezahlen wollte und man vermuthete, daß ihm sein Haußhof-
meister Elßner von Löwenstern, als Reichs-General-Commissarius einen Widerwillen beygebracht habe. Dann in einem unterm 25. Febr. an den Churfürsten zu
Brandenburg abgelassenen Schreiben beschwerte er sich, daß er nichts, als mit vielen Umschweiffen veranstalten könne, indem er vorher mit dem Außschreib-Amt alles communiciren müßte, welches vielem Zeitverlust unterworfen wär und die
Feinde solche Zeit sich zu nutzen machten, da denselben alle Anstalten und zwar villeicht von denjenigen Ständen, welche den Quartieren entgehen wollten, verrathen
werden könnten, daß sie ihm vorzukommen Gelegenheit nähmen. Endlich setzte er
noch hinzu: "Wie sehr er aber wegen der Winter-Quartier der Reichs-Völker,
„welche in dem Würtenbergischen District angewiesen worden, bemühet worden,
„könne er fast nicht genug beschreiben, an welcher Confusion aber Würtenberg
„die Haupt-Ursach sey. Wie dann die Würtenbergische zu Ulm sich jüngsthin ver-
„nehmen lassen, als die Stadt Weyl sich in Einnehmung der ihro zugeschiedenen
„Reichsvölker opiniatiert, daß solche Stadt wohl daran gethan hätte. Und sey
„wohl zu erbarmen, daß solche Völker aller Orten, wo sie hingelangen, gleich-
„sam wie die irrende Schaafe herumgetrieben würden — — wodurch diser Krayß
„zur Revange der unvermutheten Winterquartier aus vorgeschützter Unmöglichkeit
„seine ganze Verfassung zergehen lassen wolle. Mit disem nicht zufriden berichtete diser Marggrav an den Kayser selbst und an den Reichs-Convent eben dasselbe
in folgenden gehässigen Ausdrücken: „ Es beliebe auch Euer Kay. May. allergnä-
„digst referiren zu lassen, wie schwer die Repartition der denen Reichs- und
„Krayß-Völkern assignierter Quartier in dem sogenannten Würtenbergischen Di-
„strict gemacht wird und wie dessen Würtenberg fast die meiste Ursach um so viel
„mehr ist, weil selbigen Orts von solchen Reichs-Völkern nach der Proportion
„der andern Mit-Stände fast gar nichts eingenommen, sondern auch die andere
„Stände dabey irre gemacht werden wollen. Wie dann die Stadt Weyl ihr Con-

„tin-

1675 „ tingent noch auf diſe Stunde nicht eingenommen, ſondern ſich der ſchul-
„ digen Logierung de facto widerſehet, welches Würtenberg auf dem jüng-
„ gern Krahßtag offentlich approbiert hat.　So hat Würtenberg nicht allein die
„ Ober-Sächſiſche Krahß-Völker, ſo einige Oerter in dem Würtembergiſchen bey
„ Horckheim bezogen gehabt, mit Gewalt delogiert, ſondern es ziehet auch ſeinen
„ Außſchuff zuſamen um ſich ſolcher Quartier gänzlichen zu entſchütten, wie dann
„ Würtenberg den Einzug beeder Schwäbiſchen Fürſtenbergiſchen Regimenter ge-
„ walttthätig diſputirt, ich alſo neceſſitiert bin, will ich anderſt die Reichs-Völ-
„ ker, ſo aller Orten verfolget, ja ihnen um das Geld kein Biſſen Brots gegönnet
„ werden will, aufrecht erhalten", weßwegen er endlich bathe, daß ſolcher Würtembergiſchen und andern renitenz geſteuret würde.　Die Gehäſſigkeit des Marggraven kan aus dem Hergang der von ihm ſo ſehr gerüttelten Geſchichte erſehen werden.　Dann es wollten ſich zwo Compagnien Sächſiſcher Cavalierle mit ihrem angewieſenen Quartier in dem adelichen Gemminzgiſchen Gebieth nicht begnügen und ſolches in der Reichs-Stadt Weyl mit Gewalt nehmen, obſchon derſelben in der von
dem Krahß mit dem General-Reichs-Commiſſario Elßnern von Löwenſters
gemachten repartition von ihren eigenen Völkern und dem Fürſtenbergiſchen Infanterie Regiment ihr contingent zugetheilt worten,-wider welche Anmuthung Herzog Wilhelm Ludwig bey dem Marggraven durch freundvetterliches Schreiben eine
Fürbitte einlegte.　Es bemerkte auch bey dem Reichs-Convent jedermann die Zu-
trüglichkeit des Marggraven, daß er den Herzog nur bey dem Kayſerl. Hof unnötiger weiſe anzuſchwärzen ſuchte.　Wie dann auch der Kayſer in ſeiner Reſolution vom
„ 25. Martij ſeine vollkommene Zufriedenheit über den Krahß bezeugte, als welcher
„ bey ſo gefährlichen Kriegsläufften das ſeinige ſo treu und redlich und mehr, als alle
„ andere Krahſe gethan hätte.　Gleichwohl verwieß er denſelben zur Gedult, weil
„ nicht wohl mehr geholffen werden könnte und es nur noch um eine kurze Zeit zu thun
wäre.　Nun war aber dem Herzog der von dem Marggraven begegnete Unglimpf
allzu empfindlich, als daß er ſich überwinden konnte diſe unfreundliche Anklagen auf
ſich zu behalten.　Weßwegen er eine ſo genannte Information an die Reichs-Verſammlung ſchickte, welche aber die Directoria nicht zur dictatur geben wollten, und
den Vorwand gebrauchten, daß das Hauß Würtenberg ſchon geraume Zeit keinen
Geſandten zu Regenſpurg habe, welcher ſolches vertrette.　Der Abgeordnete der
Städte Straßburg und Frankfurt Schulz ſtund aber daſelbſt unter dem Titul eines
Geh. Raths und Vice-Kanzlers als ſein Geſchäfftsträger, welcher diſe Schrifft dem
Kayſ. Principal-Commiſſarien nebſt einem herzoglichen Schreiben an denſelben ein-
händigte.　Allein auch diſer trug Bedenken mit der dictatur zu ehlen, weil groſſe
Verbitterung zwiſchen beeden benachbarten Häuſern entſtehen konnte, da er lieber
durch Vermittlung die Freundſchafft und gutes Vernehmen erhalten wollte.

§. II.

§. 11.

Wegen dieſer Einquartierungs-Verwirrung geriethe aber Herzog Wilhelm Ludwig auch mit Fürſt Meuraden von Hohen-Zollern-Sigmaringen in eine Strittigkeit. Diſer legte von denen ihm angewieſenen Lüneburgiſchen Völkern auch einige Maunſchafft in das von dem Herzogthum Würtenberg zu Lehen rührende Dorff Bingen in der Abſicht ſich diſe Zerrüttung zu nutz zu machen und einen actum poſſeſſionis zu erſchleichen, als ob diſer Flecken zur Herrſchafft Sigmaringen gehörte, ungeacht der langwürige ruhige Beſitz und Verträge ihm zu wider waren, als welche die Abhängigkeit von dem Herzogthum erwieſen. Der Lehenmann Johann Heinrich von Horuſtein beſchwehrte ſich darüber bey dem Herzog, welcher an den Lüneburgiſchen General-Feld-Marſchalln Herzog Joh. Adolphen von Holſtein ſich wendete, und ihn buthe, daß er ſeine Leute den von Horuſtein wieder abnehmen und dem Fürſten von Sigmaringen wieder zuſchicken möchte. Doch kounte er geſchehen laſſen, daß von dem Haupt-Quartier aus die Hornſteiniſche Söllner und Unterthanen mit einer leydeulichen Anzahl Soldaten belegt würden. Dann der Herzog hatte ein zur Billigkeit ſehr geneigtes Gemüth, und wuſſte inſonderheit auch ſeine Treue gegen dem Kayſer und Sorge für die Wohlfart des Reichs zu beobachten. In ſolcher Abſicht verhinderte ihn die in dem Schwäbiſchen Krantz vorwaltende Zerrüttung nicht ſeiner Pflicht gegen der Kay. May. ein Genügen zu thun. Dann er erſuchte den 16. Martij die von dem Reich, der Kron Böhmen, und der Gravſchafft Tyrol rührende Lehen, und truz ſeinem Agenten Schrimpfen auf die Böhmiſche requiſition an die Böhmiſche und die Tyroliſche bey diſer Regierung Canzley abzugeben. Weil aber die Zeiten in diſer Gegend wegen der ſchon ſo lang gewährten beſchwerlichen Durchzüge und Einquartierung ſich je länger, je mehr höchſtgefährlich anlieſſen, ſo wollte dem Herzog nicht rathſam düncken ſich von ſeinen äuſſerſt nothleydenten Land und Leuten zu entfernen. Er ſuchte deßwegen dermahlen nur einen beglaubten Schein wegen ſolcher requiſition und ein ſogenanntes Indult um ſo mehrers bis auf beſſere Zeiten zu ervalten, als ihm ohnehin die Mittel zur perſönlichen Empfängnus abgiengen. Und weil er auch die Mit-Ober-Vormundſchafft über den jungen Fürſten von Oſtfrießland führte, ſo wurde zugleich diſem Agenten aufgegeben bey dem Reichs-Hof-Rath im Namen des Herzogs nicht nur den Vormunds-Eyd abzulegen, ſondern auch um ein Tutorium anzuſuchen. Nun wurde ihm zwar ein Indult auf drey Monate ertheilt: er war aber zu kurz, ſo daß er einen andern auf ſechs Menate ausbitten muſſte. Dann er hatte ohnehin bey dem Eingang in die Regierung wegen der noch ſehr zahlreichen Familie und ſehr vielen unerſchwinglichen Abgaben eine überaus beſchwerliche Laſt angetretten. Der Vorrath an Früchten und Wein, als ſeinen austräglichſten Einkünften war durch die viele langwührige Durch-

Ll 3   züge

1675 züge und Einlagerung ganzer Armeen meiſtens aufgezehrt. Die Aufrechterhaltung ſeines Staats und Landes-Regierung fiel ihm demnach ſehr ſchwer.
Der Reichs-Hofrath verlangte aber nunmehr vorher einen beglaubten Todtſchein
über das Ableben Herzog Eberharts zu ſehen. Mithin ließ der Herzog durch einen
Notarien die beede Rammer-Junker, neinlich den Obriſt-Lieutenant Bernhard Friderich Moſern von Filßeck und Bernhard Schaffelißky, die beede Leib-Aerzte
Gottlieb Breuning und Conradin Cellarium, wie auch die beede Leib-Barbierer
und Cammerdiener J. hann Niclaus Knauſſen und Adolph Schwägerlen verhören und
ein Inſtrument darüber aufrichten, nach deſſen Ueberſeutung der verlangte Inhalt
erfolgte. Wie er auch der Billigkeit gemäß die ihm in letzterm Krayß-Convent durch
den mit dem General-Reichs-Commiſſarien gemachten Verglich angewieſene 2500.
Mann Lüneburgiſcher Völker ſchon aufgenommen hatte. Der Lüneburgiſche Feld-
Marſchall, Herzog von Sachſen-Lauenburg, befand ſich lange Zeit bey ihm und,
weil ſowohl derſelbe, als auch ſein Hof-Staat viele Freundſchafft bey ihm genoſſen,
ſo wurde auch ſeinen Unterthanen die Laſt der Quartiere zur Dankbarkeit ſehr erleichtert, welches einigen andern Krayß-Ständen nicht gleichgültig zu ſeyn ſchiene.

§. 12.

Weil nun, wie ſchon gedacht worden, der ſchon berührte Ulmiſche Receß nicht
beobachtet wurde und die Hin- und Herzüge der Völker noch immer fortwährten,
ſo lieffen von den Ständen beſtändige Klagen bey dem Krayß-Ausſchreibamt ein,
daß ſie in ein ſolch Verderben geſetzt wären nicht mehr das ſchuldige ſimplum, zu-
geſchweigen das gedoppelte zu leiſten und den ihnen einquartierten Völkern den Unterhalt zu verſchaffen. Inſonderheit beſchwehrten ſich die Reichs-Städte, daß
die Schwäbiſche Krayß-Völker ſo übel einquartiert und verpflegt würden, daß ſie
zu fernern Dienſten beynahe unbrauchbar gemacht wären. Nun wollte Herzog Wilhelm Ludwig ſolchen Klagen abheiffen und den neulichen Repartitions-und Verpfle-
gungs-Receß aufrecht erhalten. Es legten ſich aber wegen der beeden Fürſtenbergiſchen Krayß-Regimenter Schwürigkeiten in den Weeg, welche aus der Catholiſchen
Stände Contingentern beſtunden. Der Herzog wurde dadurch veranlaßt die zum ſogenannten Württenbergiſchen Diſtrict gehörige Stände, neinlich die ſamtliche Batiſche Häuſer, das Kloſter Geugenbach, Fürſtenberg-Stülingen, Eberſtein, Ge-
rolzeck, Eſſlingen, Reutlingen, Heylbronn, Weyl, Offenburg, Wimpfen, Geugenbach und Zell am Hammerſpach nach Stuttgard zuſamen zu beruffen. Es konnte aber nicht zum Stand gebracht werden, weil die Stände vor allen Dingen auf
eine Gleichſtellung der Quartiere der Kayſerlichen Reſolution gemäß drangen, welches ein Werk von groſſer Weitläufftigkeit war, zumahl ſie auch verlangten, daß,
weil

weil der Krayß mehr, als andere erlitten und gethan und dennoch dessen 1675
Truppen dessen ungeacht am schlechtesten einquartiert worden, so daß sie sehr
grossen Abgang empfunden, diejenige Völker, welche sich entzwischen genug erholet
hätten, nach Straßburg und zur Beschützung der Rheinbrücke verlegt und hingegen
die Schwäbische an deren statt in die Quartiere eingenommen werden möchten. Es
legte sich auch die zwischen dem Herzog und Marggrav Friderich von Baden entstandene Strittigkeit in den Weeg. Dann der Herzog wollte durchaus seine obgemelte
Information zur Dictatur befördert haben und hielte für billig, daß, weil des
Marggraven Schreiben durch disen Weeg dem ganzen Reich bekannt gemacht worden,
auch seine abgedrungene Verantwortung nicht länger hinterhalten oder schwer gemacht
werden könnte und kein ander Mittel als die Dictatur vorhanden wär. Der Bischoff von Eychstätt begriff solche Billigkeit selbst und sein Con- Commissarius erkannte dise Vertheidigung so wichtig, daß, weil zumahl des Herzogs Ehre darunter
Noth litte, man ihm sein Verlangen nicht verwaigern könnte. Solchemnach wurde dem Chur-Maynzischen Directorio solche durch ein Kayserl. Commissions-Re-
script zur Dictatur eingehändigt. Man befand sich der Marggrav dadurch in
eine Verlegenheit gesetzt, weil er glaubte beleydigt zu seyn und gleichwohl sich mit
dem Herzog nicht abwerfen wollte. Er suchte demnach nur die Nachrede von sich
abzuwenden, als ob er durch Verlegung der Reichs-Völker ein Versehen begangen
hätte, so gut möglich war. Ich habe erst berührt, daß Herzog Wilhelm Ludwig
den zwischen dem Krayß und dem Reichs-General Commissarien errichteten Receß
und Abschied mit allem Ernst aufrecht zu erhalten, seine Districts-Verwandte und
unter selbigen auch das Hauß Baden zu sich erhoben. Weil nun der Herzog sich
auf solchen beruffen hatte, so wendete der Marggrav zwar nichtsdestoweniger ein,
daß der Krayß denselben verworfen und der Herzog selbst davon abgegangen sey
und frey ausgehen wollen, konnte aber doch nicht in Abrede nehmen, daß er von
seinen Räthen übel berichtet worden. Und weil der Herzog angeführt hatte, daß
die Schwäbische Truppen in vorigem Feldzug übel postiert worden und sowohl an
Proviant, als andern nöthigen Stücken einen Mangel erlitten, weßwegen ein be-
trächtlicher Abgang erfolget sey, so entschuldigte er sich, daß eine Krankheit am
Rheinstrom überhaupt viele Leute weggerafft habe, und nicht er, sondern Marggr.
Hermann von Baden und der von Bournonville solche Postierung verabredet hätten.
An der Württembergischen Mannschafft sey aber kein Abgang verspürt worden, weil
sie richtige Bezalung gehabt hätten, da andere Stände öffters vergeblich zu besserm
Unterhalt ihrer Völker erinnert worden. Auf die wider die Ober-Sächsische Truppen geführte Klagen wollte er sich nicht weiter einlassen, als daß sie wegen ausgeblie-
benen Wechsels die von ihm gestellte gute Ordre nicht beobachten können, da sie freylich überall unangenehme Gäste seyn mußten. Uebrigens mußte der Marggrav
dem

1675 dem Herzog doch die Gerechtigkeit widerfahren laſſen und geſtehen, daß er
ſelbſt keine fremde Quartiere einnehmen, ſondern nur ſein eigen Contingent
und Hausvölker, wie der Herzog beyzubehalten wollen.

§. 13.

Entzwiſchen ſchickte der Kayſer ſeinen General-Lieutenant Montecuculi an
den Schwäbiſchen Krayß, welcher den 1⅔. Apr. einen ſogenannten engern Convert
hielt die Anſtalten zur künfftigen Campagne zu verabreten. Der Vortrag deſſelben
war, daß 1.) der Kayſer alle Sorgfalt anwende das Reich wider alle Franzöſiſche
Gewalt zu ſchützen, aber ſolches durch deſſen eigene Waffen nicht bewürken könne.
Es habe ſich zwar das Reich zu einem gedoppelten Beytrag an Völkern erklärt, welcher aber bey der überhandnehmenden Feindlichen Macht nicht hingereicht, zumahl wegen verſchiedener Hinderniſſen diſer Schluß nicht beſolgt werden können.
Nun ſey dem Krayß doch daran gelegen ſich der Franzöſiſchen Botmäſſigkeit und
anderm Kriegs-Ungemach zu entledigen und erfordere die Noth, daß der Krayß
ſeine Hülfe ſchleunigſt gegen Freyburg und der Pfalz anrücken laſſe, damit den
Streiffereyen der Breyſachiſchen und Philippsburgiſchen Beſatzungen Einhalt gethan und diſe Völker auf ſolche Weiſe wider den Feind gebraucht werden möchten,
weßwegen er des Krayſes Entſchluß erwarte um die künfftige Kriegs-Anſtalten darnach einrichten zu können. Und weil 2.) ſehr vieles an der Geſchwindigkeit gelegen
ſey, ſo begehrte er, daß ſolche Völker ſogleich aufbrechen ſollten oder wann ſie 3.) die
Anzahl nicht beyſamen hätten ein eigenes Corpo zu formieren, ſo könnten ſie doch entzwiſchen wenigſtens die Kayſerl. Armee verſtärken, biß ſie ein ganzes Corpo machen
könnten, da dann 4.) jeder Stand die ſeinige zu unterhalten nicht entrechen würde.
Die Deputierte nahmen auf ſich die Hülfs-Völker ſo gleich aufbrechen zu laſſen, kun-
ten ihm aber nicht verhalten, daß ſie wegen der ſchweren Winter-Quartieren und vielen erlittenen oft unnöthigen Durchmärſchen ein mehreres nicht, als an Cavallerie
eine einfache und an Fußvolk anderthalb Hülſen aufzuſtellen vermöchten, welche man
nach Offenburg und Heilbronn verlegen könnte, dagegen ſie hofften mit fernern Einquartierungen und andern dergleichen Beſchwerden verſchont zu werden. Den Unterhalt derſelben wollten ſie in der Zuverſicht ebenmäſſig übernehmen, daß die Truppen
mit Quartier, ſervicen und anderm den andern Völkern gleich gehalten würden.
Weil ſie aber wegen ſo ſchlechter Winterquartier und Verpflegung in ſchlechtem Zuſtand wären, ſo ſtünde dannoch im Zweifel, ob ſie vor dem Anfang des May Monats abgehen könnten. Uebrigens überlieſſ man der Generalität, wie oder wohin
ſie gebraucht werden ſollten, jedoch ſich vorbehielte, daß ſie nicht über den Rhein
beordert würden, als wordurch nur der Krayß bloß geſtellt und die Verpflegung er-

ſchwert

schwert werden müßte. (q) Der Kapser war aber mit disem Krapß-Schluß 1675
nicht zufriden, sondern wollte die zweyfache Krapß-Hülfe haben und die
Beschwerden über den Herzog und den sogenannten Wärtenbergischen oder untern District währten noch immer fort, daß dise Mitstände keine andere, als ihre eigene Völker, in die Quartiere aufnehmen wollten, weßwegen sowohl der Kapser, als dessen
Principal-Commissarius an dieselbe widerhohlte Erinnerungen ergehen liessen sich
solcher Einquartierung nicht länger zu widersetzen. Die Statt Heylbronn hingegen
begehrte an die Reichsversammlung, daß man dem Herzog auferlegen möchte zu ihrem Fortifications-Bau aus den Aemtern Weinsperg, Neustatt, Lauffen, Meck-
mäl, Beylstein, Botwar, Besigheim und Brackenheim täglich ein paar hundert
Mann unentgeltlich zum Schanzen anzuschaffen. Ihr Versehen bestund darinn, daß
sie sich vorher hätte bey dem Herzog darum bewerben sollen. Weil aber die Zeit her-
an rückte, daß die Campagne eröffnet und die Völker aus den Quartieren in das
Feld geführet werden sollten, so beruheten die Klagen auf sich und schiene nichts mehr
übrig, als die Empfindlichkeit des Herzogs über des Badischen Hauses von je her
ausübende Zudringlichkeit zu unterdrücken und gutes Vernehmen zwischen beeden benachbarten fürstl. Häusern wieder herzustellen. Ich kan aber nicht finden, daß bey
solchen Umständen dise Sache ferner wäre gerüttelt worden, zumahlen der Marggrav seine Gegenverantwortung loco voti auf dem Reichstag vortragen ließ, der
Herzog aber keinen Gesandten daselbst hatte und beede Theile selbst ein gutes Vernehmen unter sich räthlich erachteten, wie auch der Marggrav in seiner letzten Erklärung mehrern Glimpf bezeuget hatte, mithin der Herzog sich in keinen ferneren
Schrifftwechsel einzulassen nöthig befand. Entzwischen kam die Kayserl. Armee unter Anführung des Generals Spork aus den Niderlanden in dem Herzogthum an
und gieng zu Lauffen über den Neckar um sich mit dem General Montecuculi zu vereinigen. Diser Marsch gieng auch sehr langsam, weil man viele Nachtlager hielt
um die von einem so weiten Weeg abgemattete Leute ausruhen zu lassen. Ehe die
Reichs- und Krapß-Völker in das Feld giengen, sollten sie vorher zu Heylbronn
gemustert werden und einige Krapß-Stände sich daben einfinden. Die Evangelische
hatten Befehl ihre Leute zu Heylbronn und die Catholische zu Doneschingen die Musterung zu passieren, hernach aber bey der General-Musterung zu Offenburg zu
erscheinen. Die wenigste Mannschafft kam aber auf den bestimmten Termin und
zum theil waren sie in sehr schlechtem Zustand. Von Ulm und Augspurg wollte sich
niemand unterstehen der Musterung beyzuwohnen, weil sie ihre Mannschafft nicht
stellen konnten und in der Forcht stunden einen wohl verdienten Verweiß einnehmen
zu müssen. Der Reichs-General-Feld-Marschall, Marggr. Friderich zu Baden

selbst

(q) Theatr. Europ. Tom. XI. p. 565. und 667.

X. Theil.   M m

1675 ſelbſt hatte weder ſein Contingent zu fuß, noch einigen Geſandten zu der veranſtalteten Conferenz abgeordnet. Man drang auf die Stellung eines ſogenannten Dupli bey der Cavallerie. Die Evangeliſche waren auch meiſtens darzu willig und Herzog Wilhelm Ludwig erbothe ſich ſolches alſobald zu ſtellen, wofern nur
auch die Catholiſche Stände ein gleiches zu thun auf ſich nehmen wollten. Man konnte nicht einmahl wegen Abweſenheit ſo vieler Stände und inſonderheit, weil ſich die
Batiſche Geſandte allen Berathſchlagungen diſer ſo nöthigen Conferenz entzogen, das
aufgegebene beſchlieſſen. Die anweſende wendeten demnach ihr Abſehen auf den Herzog als ihren Directorn und ausſchreibenden Fürſten, damit derſelbe nach ſeiner
bekandten Sorgfalt den KrayßVölkern zum Beſten gute Anſtalten verfügen und die
in und um Heylbronn ſtehende Völker mit Geld und Proviant verſehen werden
möchten.

§. 14.

Nun erhielte der Herzog den 8. Junii von dem Kayſerl. General Montecuculi
die Nachricht, daß Turenne zwiſchen Straßburg und Breyſach über den Rhein herüber gegangen und er zu Offenburg die Ankunfft der ReichsVölker erwarte, wobey er den Herzog erinnerte die Gränzen ſeines Landes wohl zu beſetzen. Und der
ReichsGeneralLieutenant, Herzog von Lauenburg, bekam die Ordre die Philippsburger Beſatzung im Zaum zu halten und ſich bey Bruchſal zu ſetzen, bis man
ſähe, wie beederſeitige Armeen ſich verhalten würden. Er machte auch ſogleich die
nöthige Anſtalt darzu und hatte gegen Herzog Wilhelm Ludwigen die Gefälligkeit
ihm die Zuſchickung aller an ihn ergehenden ordres anzubiethen und dahin zu ſehen,
daß die Herzogliche Lande ſo viel möglich mit dem Durchmarſch verſchonet würden.
Und ob er ſchon das alleinige Brackenh.liner Amt und ſonſt kein Dorf berühren dörffte, ſo wollte er doch dem Herzog zu gefallen die Verfügung thun, daß keine andere
als Würtembergiſche Völker dahin verlegt werden ſollten. Diſer freundſchafftliche
General erhielt aber ſogleich eine andere Ordre mit den unter ihm ſtehenden Krayß
Völkern bey Offenburg zu ihm zu ſtoſſen, welches er zwar an den Herzog berichtete,
aber im Zweifel ſtund, ob nun ſo weniger vorhandenen Mannſchafft dahin zu mar
ſchieren rathſam ſeyn dörffte, zumahl wann die Stadt Heylbronn mit 300. Mann
beſetzt werden wollte. Er lebe aber der Hoffnung, daß der Herzog ſeine geworbene
Mannſchafft dahin verlegen wollte, damit die ſchwache Kayſerl. Armee deſto beſſer
verſtärkt werden könnte. Der Herzog entſchuldigte ſich hingegen die Stadt Heylbronn mit ſeinen geworbenen Völkern zu beſetzen, und gab dem Herzog von Lauenburg zu bedenken, daß Turenne einen groſſen Theil von der Beſatzung zu Philippsburg an ſich gezogen habe und mithin die Stadt Heylbronn nicht mehr in ſolcher Gefahr

sehr stehe. Gleichwohl erbothe er sich bie zum duplo noch gehörige Mann=
schafft auf den Nothfall dahin abzugeben, indem er seine Gränzorte verwah=
ren müßte, weil der Feind sich denselben genähert hätte und zu besorgten stünde,
daß die Zufuhr des Proviants zur Armee abgeschnitten werden dörffte. Wegen des
verlangten Proviants entschuldigte er sich gleichmäßig, daß er von seinen Kösten eine
grosse Anzahl Früchten unentgeltlich zur Kayserl. Armee geliefert und solche fast
gänzlich ausgeleeret habe, sich aber erbiethe bey seinen Unterthonen Nachsuchung thun
zu lassen, ob und wie viel noch geliefert werden könnte (r). Dise Entschuldigung
nahm zwar der Herzog von Sachsen=Lauenburg an, beklagte aber im nächstfolgen=
den Schreiben, daß bey Abführung der so wenigen Völker von Heylbronn sich ein
Mangel an Geld, Proviant, Geschütz, Munition und andern Nothwendigkeiten
zeige, deßwegen er den Herzog um schleunige Anschaffung desselben ansiene, weil
die Völker unverweilt zur Armee stossen sollten. Es lief auch der Bericht ein, daß
die Philippsburger Garnison bis auf 4000. Mann verstärkt worden und der Reichs=
General=Lieutenant verlangte, daß der Krayß nach dem Kayserl. Verlangen ein
für allemahl die zweyfache Volk=Hülfe stellen oder der Herzog wider die säumige
mit der Execution verfahren sollte. Derselbe antwortete aber, daß es in der aus=
schreibenden Fürsten Macht nicht stehe ohne ausdrücklichen Kayserl. Befehl wegen
diser gedoppelten Contingents=Stellung wider ihre Mißstände die Execution zu ver=
hängen, oder ohne gesamter Stände Bewilligung einige neue Um= und Anlag aus=
zuschreiben oder einzutreiben. Dagegen er der Reichs=Generalität Verfügung so=
wohl wegen des noch nicht von allen Ständen bewilligten dupli, als auch Eintrei=
bung der zur aufgestellten Krayß=Cassa ausständiger Gelder heimstellte. Uebri=
gens bezoge er sich auf seine vormalige Erklärung und erbothe sich nochmals nach sei=
nes gleichwohl vorhin schon mehrertheils in grossen Ruin gerathenen Herzogtuums
noch wenigen übrigen Kräfften zu der gemeinen Reichs=Wohlfart und einstmaliger
Beruhigung das seinige getreulich beyzutragen in der Hoffnung, daß die Kays. Maj.
und die Reichs=Generalität ihm über sein Vermögen nichts zumuthen werde. Indessen
säumeten sich nicht allein die Catholische Stände mit der Stellung ihrer zwey Regi=
menter zur Musterung, sondern die beede Regiments=Stäbe beschwehrten sich sehr,
daß ihnen 5. Monate Sold ausstünden, ohne deren Zahlung sie nicht marchieren
könnten. Herzog Wilhelm Ludwig gerieth nicht allein deßwegen in grosse Verlegen=
heit, weil die Kayserl. und Reichs=Armee dem sehr verstärkten Feind fast nicht wi=
derstehen konnte und man schon von einem Rückzug in das Herzogthum be=
drohet würde, sondern er empfand auch sehr hoch, daß die Reichs=Generalität un=
tern 24 Junij ein offentlich gedrucktes Patent ausgehen ließ, daß man die Ueber=
läuffer von Philippsburg nicht mehr dem Feind ausliefern, tod schlagen oder beun=

M m 2 b. u.

1675 ben, sondern vielmehr solche Leute so viel möglich befördern und die deser-
tion ihnen erleichtern sollte. Marggrav Friderich von Baden schickte auch
Herzog Wilhelm Ludwigen etliche Exemplarien zu, selbige in seinen Landen anzu-
schlagen und unter seinen Bands-Verwandten auszutheilen. Diser antwortete ihm
aber, daß, da er ohnehin nicht vermuthen konnte, als ob die selbige eine solche Fre-
„ velthat begehen würden, das Anschlagen dergleichen Edicten ungewöhnlich und
„ unnöthig sey, zumahl er sich einiger solcher Reichsschlüsse, worauf sich das Patent
„ beruffte, nicht zu erinnern wüsste und noch weniger, taß der von der Kayserl.
„ May. und dem Reich bestellten und von demselben abhangenden Generalität die
„ sergestalten der Gewalt eingeraumt seyn oder zustehen sollte dero Mitstände und
„ zwar ohne Unterschied mit dergleichen so wohl in disem Edict, als auch einigen an-
„ dern bißher erlassenen Schreiben enthaltener befehlichen Erinnerungen, ja so
„ gar auch, wie hier geschehen, bedrohendem sengen und brennen zu belangen, und
„ zu bedrohen, weßwegen er verhoffe von dem Marggraven mit dergleichen verschont
„ zu werden, übrigens aber, was diser wegen obhabenden Reichs-Feld-Mar-
„ schallen-Amts bey dero Officiern und Soldaten durch Edicten befehlen wolle, an
„ dessen Respect nichts benehmen, aber auch als regierender und mitauschreiben-
„ der Fürst zur gemeinen Ruhe und Sicherheit schon selbst der Kay. May. Absicht
„ wegen Schwächung der Philippsburger Besatzung ohne Erwartung anderwertiger
„ Befehle und Edicten gute Vorsehung thun werde. Er hatte auch sogleich Gelegenheit dergleichen Anstalt zu machen, als den 5. Aug. ein Theil der Französischen
Besatzung zu Philippsburg einen Außfall unternahm und die beede der Stadt Heylbronn gehörige Flecken Nidergartach und Frankenbach abbrannten, welches den Herzog veranlaßte die untere Amts-Stätte mit seiner geworbenen Mannschafft zu belegen.

§. 15.

Es veranlaßten aber die Klagen über den Mangel an Leuten und Lebensmitteln bey den Armeen einen abermaligen Kraystag. Dann obschon die Kayserliche
dem Feind vielen Abbruch that und viele Vortheile erhielt, so war sie doch nicht im
Stand solche zu verfolgen. Die beede Generäle Montecuculi und Turenne zeigten
jeder dem anderen ihre Kriegs-Erfarenheit, als der letztere bekanntermassen bey
Salpach sein Leben durch eine Cauonenkugel den 27. Julii endigte. Die Franzosen
mussten hierauf den Teutschen Boden räumen: aber Montecuculi getraute sich mit
seiner schwachen Armee nicht derselben über den Rhein nachzugehen, zumahl sie auch
über Mangel des Unterhalts klagte. Die Reichsarmee stund damahl noch bey Bruch-
sal und litte an allem Noth. Der Herzog von Lauenburg konnte nicht genug beklagen, daß der gemeine Mann aus Mangel des Soldes und Proviants so erbärmlich
zu Grund gehen müsste und die Stände mit ihren eigenen Leuten kein Mitleyden ha-

ben. Dem Schwäbischen Krayß konnte nicht zugemuthet werden andere Krayß- 1675
Truppen mit Geld und Proviant zu versehen, indem derselbe gnug zu thun hatte seine eigene zu unterhalten. Herzog Wilhelm Ludwig erbothe sich nebst seinen Mit-
ständen den andern Kraysen gleichwohl die Früchten in billigem Preiß gegen baare
Bezahlung angedeyhen zu lassen, verlangte aber zugleich, daß die Generalität nicht
nur dem Schwäbischen Krayß alle Last allein aufbürden möchte, sondern auch andere
Krayse-Stände zu Beobachtung ihrer Schuldigkeit zu erinnern. Endlich vereinigten sich die Reichs-Völker zu Ende des Julii mit der Kayserlichen Armee, damit
sie mit mehrerm Nachdruck wider den Feind handlen könnte. Diser Zuwachs war
aber noch nicht hinlänglich solchem Zweck zu erreichen. Weder der Kayser, noch der
Reichs-Convent bezeugte sich mit der einfachen Reichs-Hülfe zufriden, sondern
begehrten, daß man mit gedoppelter Anzahl zu Pferd im Feld erscheinen sollte. Die
Evangelische Krayß-Stände hatten, wie schon gedacht worden, im April-Monat
aller Schwürigkeit ungeacht dem Kayserlichen Willen ein Genüge gethan und die Catholische sollten ihnen nachfolgen. Alle bißher berührte Umstände erforderten einen
allgemeinen Krayßtag, welcher den 8. Aug. den Anfang nehmen sollte. Herzog
Wilhelm Ludwig behauptete noch das Recht des alten Calenders vor dem Gregorianischen in der seinen Gesandten gegebenen Instruction, daß sie in allen von des Krayses wegen ausgehenden Schrifften jedesmal den ersten dem andern vorsetzen sollten.
Und weil man vermuthen konnte, daß die Catholische Stände das sogenannte Duplum zu Pferd verwaigern würden, ungeacht sie sonsten dem Kayserl. Hof einen blin-
den Gehorsam leisteten, so erklärte sich diser Herzog, daß, wie schwer es ihm und
seinen von den Durchmärschen und Stillagern verderbten Landen auch falle, er dann
noch mit solchem verdoppelten Contingent, so lang seine Kräfften es erlaubten, dem
allgemeinen Nutzen beyzustehen entschlossen sey, wie er dann von Anfang der Reichs-
und Krayß-Verfassung bis daher für die gemeine Wohlfart der Kayserl. May. und
des Reichs Absichten mit seinem Vorgang in der that selbst unterstützet habe. Dahingegen er sich wegen der Durchmärsche so wohl bey dem Vortrag diser Materie,
als auch in seiner Stimme vernehmen ließ, daß er dieselbe in seinem Herzogthum
nicht mehr gestatten wollte und sich versehe, daß die Reichs-Generalität der eigenmächtigen Einquartierungen sich nicht mehr unternehmen, vielweniger fremde Krayß-
Völker, welche zumahl den genießenden Unterhalt nicht bezahlten, wider die helle
Reichsschlüsse andern willigen Ständen auf den Hals weisen würde. Und weil einige Mißgünstige ihm beymassen, als ob er zu wenig geleistet hätte, und deßwegen zu
vermuthen stunde, daß man ihm zu dem gemeinen Beytrag mehrers zumuthen dörffte, so protestierte er darwider, weil er sich zu erweisen erbothe, daß er ein weit mehrers, als er schuldig gewesen, gethan habe. Die Aussichten aber auf den bevorstehenden Winter drohten dem Krayß neue Beschwerlichkeiten, weßwegen er solchem

1675   an die Hand geben lieſſ ſowohl am Kayſerl. Hof, als bey der Reichs-Verſammlung bey Zeiten zu unterbauen, daß man biſem Krayß nicht ſo gar allen
Laſt, inſonderheit wegen des Unterhalts der Generalität, aufbürden möchte. Solcherley Vorgänge und Vorſtellungen hatten nun in Anſehung der gedoppelten Reichs-
hülfe bey den Catholiſchen die erwünſchte Würkung, daß auch biſe ſolche wider alles
Vermuthen bewilligten, worzu nicht wenig halff, daß man die Krayß-Völker wegen ihrer Schwäche unter andere Corpo ſtoſſe, da hingegen dem Krayß in viele Wege vortheilhaffter geweſen wär, wann ſie unter eines zuſamen gezogen würden, damit einestheils der Krayß ihrer zu ſeiner eigenen Beſchützung deſto mächtiger bliebe
und andern theils ihre Verpflegung erleichtert würde.   Beede Krayß-ausſchreiben-
de Fürſten berichteten ſolches ſo gleich an den Kayſer und nahmen dabey Gelegenheit
zu bitten, daß man ſie und ihre Mit-Stände mit fremden Völkern bey künfftigen
Winterquartieren verſchonen möchte oder, woferu ſolches nicht möglich wäre, andern
Krayſen und Ständen ernſtlich zu befehlen, ihre Truppen mit dem nöthigen Unterhalt zu verſehen und weil diſer Krayß ſie gemeiniglich aufnehmen müſſte, diſe Unkoſten demſelben wieder zu erſetzen.   Inſonderheit aber verlangte Herzog Wilhelm
Ludwig, als welcher mit den Durchzügen das meiſte zu leyden hatte, daß man ihm
einige Erholung geſtatten und ſo viel möglich ſolche Beſchwerde abwenden oder wenigſtens der Generalität aufgeben möchte, daß man ihm zeitliche Nachricht, wie es die
Reichsgeſetze erforderten, davon gäbe.

§. 16.

Anſtatt aber der Herzog ſowohl, als der Krayß auf eine gewährige Antwort
warteten, langte unterm 17. Octobr. ein Schreiben von dem Kayſer ein, daß die
jenſeit Rheins geſtandene Kayſerl. Armee wegen Mangel an Lebens-Mittel genöthigt
ſey das Elſaß zu verlaſſen und in den beeden nächſtanliegenden Schwäb- und Fränki-
ſchen Krayſen die Winterquartier beziehen werde.   Die Kayſerl. Generalität hatte
ebenmäſſig unter dem 28. Oct. einen mit dem Marggraven von Baden-Durlach abgeredten Entwurff wegen Einrichtung diſer Quartiere aus dem Feldlager zu Offen-
bach bey Landau eingeſchickt.   Der Krayß ſollte nach ſelbigem 7. Regimenter neben
dem ganzen Kayſerlichen und halben Reichs-General-Staab einnehmen, welche
Anzahl faſt von Tag zu Tag vermehret wurde.   Herzog Wilhelm Ludwig ſahe ſowohl die anſcheinliche Unmöglichkeit vor ſich diſe Völker einzunehmen, noch weniger aber in ſolcher kurzen Zeit, da dieſelbe ſchon auf dem Marſch waren, einen Plan
mit den übrigen Krayß-Ständen zu machen, wie ſie auzulegt werden ſollten,
weßwegen er ſeinen Obriſt-Lieutenant von Eyb entgegen ſchickte Vorſtellungen dagegen zu machen.   Es war aber ſolches vergeblich, weil die Regimenter unerwartet
der Repartition in die Quartier eylten und man die Nachricht erhielt, daß den 7.
Nov.

Nov. das Hauptquartier schon zu Rastatt wär. Ein Kayserl. Commissarius 1675
Gr. Froben von Fürstenberg wartete zu Elchingen und wollte jetzo erst den
schon nach Ulm ausgeschriebenen Crayßtag nach Dinkelspühl verlegt haben. Vielen
weitentlegenen Ständen würde ein solcher Verzug erwünscht gewesen seyn und man
konnte wohl besorgen, daß sie bey diser Repartition Schwürigkeiten genug machen
würden. Herzog Wilhelm Ludwig wurde darüber sehr betretten, weil seine Lande
mit den Durchmärschen und so vielen und langwürigen Still-Lagern sehr vieles leyden mußten, welche durch solche Unfüglichkeiten veranlaßt wurden. Der Kayserl.
Commissarius that sein möglichstes den Marsch der Völker zu verzögern, damit
sie in dem Evangelischen Herzogthum Wärtemberg ausruhen könnten und die Catholische Lande in Ober-Schwaben mit dem Ueberdrang ihrer Gäste verschont blieben.
Dann er gab vor, daß er nothwendig vor Berichtigung der Einquartierung von dem
General Montecuculi vernehmen müßte, was er für Absichten bey diser Einquartierung führte. Die Catholische verriethen solches Geheimnus selbst in ihren Discur-
sen und sprachen ganz treuhe davon. Dagegen arbeiteten nun so wohl der Herzog,
als seine auf disen Convent abgeordnete Räthe Eberhard von Stockheim und D. Ha-
slocff und trangen auf die Beförderung des Marsches und der Repartition. Weil
die Regimenter über die Ungewißheit ihrer Quartiere verdrüßlich wurden, so hatte
man Hoffnung, daß bis zur berichtigten Austheilung dieselbe die ihnen von der Generalität angewiesene Quartiere schon bezogen haben würden, als die Stände in ein
Nachdenken gesetzt wurden, weil die beede Marggraffschafften und die Ritterschafft
von der Quartier-Beschwerde frey ausgehen wollten. Das Herzogthum Wärtemberg wurde mit zwey Infanterie- und einem Cavallerie-Regiment belegt, welches
einigen zu wenig deuchte. Dem Weingartischen Abgeordneten wurde in ein Ohr gesagt auf die Bahn zu bringen, daß jeder Stand sein eigen Contingent übernehmen
müßte, wordurch man nur dahin abzielte, damit disem Herzogthum noch ein nahm-
halftes zugelegt werden könnte ungeachtet es durch die Durchzüge und Still-Lager
das meiste Ungemach erlitten hatte. Die Ritterschafft des Neckar-Viertels schien
zu solchen Gedanken Anlaß gegeben zu haben, weil sie sich unbedachtsamer Weise verlauten ließ, daß sie bey leztern Winterquartier sich unter dem Würtenbergischen
Schuz sehr wohl befunden hätte und nichts mehrers wünschte, als dißmahl wieder
unter gewissen Bedingungen von dem Herzog belegt zu werden. Dann einige Stände
wollten ein besonderes Verständnus entdeckt haben, als ob ihn zwey sehr schwache
Regimenter, und hingegen ihnen vollzählige auf den Halß gelegt worden wären, worüber sie sich beschweren wollten. Marggr. Hermann zu Baden-Baden suchte durch einen andern Weeg dem Herzog wehe zu thun, indem er meynte, daß
zwar disem solcher Vortheil wohl zu gönnen wär, wofern er nur zur Verpflegung der zur
Bloquierung der Vestung Philippsburg gebrauchenden Cavallerie hinlänglichen Beytrag

zu

1675 zu thun ſich entſchlieſſen und der Marggravſchafft Ba`en die Quartiers-Freyheit
unangefochten laſſen wollte. Der Herzog entſchuldigte ſich aber, daß er mit den
grundverderblichen Durchzügen ſchon gnug Schaden gelitten hätte und die in den beeden
Aemtern Hornberg und Schiltach ligende Cavallerie mit gänzlichem Ruin der Unterthanen unerträgliche Unkoſten verurſache. Der diſer Krayß-Verſammlung an-
wohnende Kayſerl. Kriegs-Commiſſar Belchamp rühmte ſelbſt die Vertienſte des
Herzogs und erkannte die Billigkeit daß man demſelben nicht mehrere auflegen könnte. Entzwiſchen wurden unterſchiedliche Plane der Austheilung entworfen, wider
deren jeden Einwendungen gemacht wurden, als die Regimenter ſchon in den Quartieren waren. Die gröſte Schwürigkeit zeigte ſich in dem Unvermögen einiger Stände, welche die Quartiers-Laſt nicht wohl drey Monate ausbauen konnten, da die
Völker 6. Monate darinn zu bleiben Vertröſtung hatten. Man konnte demnach
kein ander Mittel finden, als die Austheilung der Generalität heimzuſtellen und die
verarmte und gedruckte Stände an dieſelbe zu verweiſen, wo ſie durch die Fürbitte
Herzog Wilhelm Ludwigs Erleichterung finden konnten. Dann die Generalität
wurde der Statt Eſſlingen einquartiert, wo derſelbe den bedrangten Hülfe zu leiſten
Gelegenheit fand, aber auch ſelbſten bey diſer Nachbarſchafft gnug Beſchwerden auf
ſich hatte.

§. 17.

Die Umſtände des Herzogthums erforderten aber deßwegen, daß die Landſchafft
dem Herzog einen Beytrag zu denen obhabenden Ausgaben verſchaffte. Weil nun
ohnehin die Landes-Verträge damahls vermochten, daß nach Antritt einer Regierung ein Landtag gehalten werden ſollte, wie auch die Landſtände zu Rettung des Landes um ſo mehr beyzuſteuren verbunden waren, als die Kriegsflamme daſſelbe ſchon
empfindlich ergriffen hatte, ſo beruffte derſelbe ſie auf den Februarii-Monat zuſammen um ſich mit ihnen darüber zu vergleichen. Seine Landſchafft nahm aber hier
Gelegenheit ihm verſchiedenes zu entdecken, woher der groſſe aller Orten ſich ereignende Abmangel entſpringe und was für überſchwengliche Leiſtungen die Unterthanen auf
ihren Schultern gehabt haben, das geiſtliche Gut mißbraucht und in ein Unvermögen geſetzt worden ihre Schuldigkeit gegen der Landſchafft beyzutragen. Sie zeigten ihm ungetreue Räthe an, welche ſeinen Herrn Vater zu unnöthigen Unkoſten verleitet hätten, und ſowohl die gottesdienſtliche, als Policey-Ordnungen in Verachtung gekommen 2c. Nun fand diſer Präliminar-Punct wegen mehr enſeriger Be-
obacht- und Beſuchung des Gottesdienſts an Buß- und Bettägen, wie ingleis
chem auch Erfriſch- und ernſtlicher Volziehung der Policey-Ordnung keine Schwürigkeit: aber die Hantlungen wegen der Beyträge zur Unterhaltung der Militar-
Anſtalten währeten bis zu Ende diſes Jahrs, indem erſt den 22. Decembr. der Abſchied dahin gemacht wurde, vermög deſſen die Landſchafft nicht nur die fünf Compagnien

guten geworbener Leute zu Roß und Fuß bis auf den 1. Julii 1676. dergestalt fer- 1675
ner zu unterhalten übernahm, daß die erste Compagnie Reuter mit monatlichen 5.
Thalern verpflegt, den sogenannten Klenkischen Reutern und Fußgängern hingegen
aber ihren monatlichen Sold der respective 4. oder 2. fl. weiter nichts, als die
Haußmannskost oder 2. fl. dafür gereicht und die Ordonnanz erfrischt werden sollte.
An denen zu des Landes Nutzen erforderlichen Rays-Zehrungen und Verehrungen
übernahm die Landschafft, wie billich, den vierten Theil, dagegen sie mit der Re-
croutierung der Krays-Truppen und den Kriegs-Malefiz-Kosten verschont und
die gedachte Recrouten aus den im Land gebliebenen Compagnien gezogen wurden.
Und weil die Prälaten und Landschafft zur Kayserl. Armee 6000. Schöffel Früchten hergegeben hatten, so behielten sie sich den Regreß an das geistliche Gut deßwegen bevor, welches ohnehin auch an seinem schuldigen dritteiligen Beytrag im Ausstand geblieben war und biß auf Cathariná-Tag 1676. abschläglich 52000. fl. zu
bezahlen sich verpflichtete. Die meiste Prälaten waren aber auch von den Zeiten des
30. jährigen Kriegs an bißher nur designiert, weßwegen die Landschafft den Herzog bath die Klöster vermög des Landtags-Abschieds 1565. wieder mit denselben zu
besetzen. Nun sagte er solches zwar zu, welches aber erst vollzogen werden sollte,
wann GOtt friedlichere Zeiten geben würde und das geistlich Gut solches ertragen
könnte. Und weil die Landschafft bey dermaliger Bedrängnus mit der Zinßzahlung
nicht aufkommen konnte, so wurde verglichen, daß die sogenannte ordentliche Ablo-
sungshälf darzu verwendet und vorzüglich armen Glaubigern, Witwen und Way-
sen, wie auch Ausländern, von welchen Processe zu besorgen und solchen, welche
ihre Gülten versteuren müssen, solche Zinse bezahlt werden sollten. Uebrigens versprach die Landschafft dem Herzog eine Verehrung von 25000. fl. welche sie ihm innerhalb Jahr und Tagen zu bezahlen übernahm und dagegen nicht allein die Bewilligung einer Geltaufnahm, sondern auch die Versicherung erhielt, daß Prälaten
und Landschafft oder sonderbare Unterthanen nicht wider die Landverträge, Freyheiten, Herkommen und Lagerbücher beschweret werden sollten. (y)

§. 18.

In diesem verwirrten Zustand tratt man das folgende Jahr an, wo das Herzogthum von Freund und Feinden bedraugt wurde. Dann ungeacht der vielen im Quartier ligenden Völker war es immerzu in Gefahr von der starken Französischen Besatzung zu Breysach und Philippsburg Einfälle zu leyden, wie dann einsten diese Feinde 20000. fl. Contribution aus demselben erpreßten, aber solche den Kayserlichen
zur

(y) conf. gedrukte Würtemb. Lands-Grundverf. pag. 853 sqq.

X. Theil. N n

1676   zur Beute überlassen mußten. Die Zeit des Indults zur Lebens-Empfäng-
nus gieng nun zu Ende. Der Herzog mußte aber den 22. Febr. sich entschuldigen,
daß die Umstände seines Landes je länger, je gefährlicher würden und durch die Ablösungen
der zur Bloquade der Vestung Philippsburg commandirten Völker, wie auch Verwechs-
lungen der Quartiere und Herbeyschaffung der Lebens-Mittel mußten dasselbe so sehr geli-
ten hätte, daß sich die arme Unterthanen fast nicht mehr zu retten wüßten. Er bathe dahin-
gen nur noch einen Indult von 3. Monaten aus, in welcher Frist er hoffte, daß die Gefahr
und Unruhe sich verlieren dörffte. Er war auch noch nicht v. rsichert, ob man ihm nicht ein
oder das andere Kayserliche Regiment zulegen würde. Dann der Churfürst von Bayern hatte sich am Kays. Hof sehr beschwehrt, daß man ihm seine in dem Schwäbischen
Krayß gelegene Herrschafften Wisensteig und Mindelheim mit 3. Regimentern belegt hätte und verlangte damit verschont zu werden. Nun stund der Herzog in Sorgen, daß man diesen Churfürsten je länger, je mehr auf der Seiten zu behalten und ihm
diese Regimenter abnehmen, hingegen aber ihm aufbürden dörfte. Der Kayser schlug
ihm aber solches ab. Dann ob er schon dem Churfürsten vorher würcklich versprochen
hatte ihn mit Quartieren zu verschonen, so entschuldigte er sich jetzo doch, daß einestheils solche Zusage allezeit mit der Einschränkung geschehen, soviel es möglich wär,
und andern. heils der Churfürst zwar dagegen versprochen allem demjenigen nachzukommen, was die wissentliche Reichs-Abschiede und insonderheit die auf dem Reichstag
gemachte Schlüsse erfordern, aber demselben entgegen weder das zu Regenspurg beliebte simplum, noch das hernach beschlossene duplum an der Mannschafft gestellt,
oder sonst zum allgemeinen besten des Reichs das geringste beyzutragen habe, wordurch der Kayser seines Verspruchs entbunden worden, zumahl solche Einquartierung
nicht vom ihm, sondern durch einen Krayß-Schluß veranstaltet worden, welchem er um so
weniger einigen Abbruch zu thun vermöchte, als durch Überlasstragung solcher 3. Regimenter
nur andere schon sehr bedrängte Stände, welche sich des Reichs und Krayß-Schlüssen willig unterworffen, gar zu Boden gedrückt würden, da er Gewissens halber diejenige, welche sich bißher allen Reichs- und Krayß-Schlüssen widersetzt haben, nicht
verschonen könnte. Und ob der Churfürst schon seine eigene Völker unterhalten müsse,
so seyen sie doch zur allgemeinen Sicherheit und Erhaltung des Reichs, worzu er gleichwohl verpflichtet gewesen, nicht gebraucht worden, dahingegen der Herzog von Ha-
nover ungeacht des mit der Kron Frankreich habenden Bündnisses sich gutwillig be-
quemet habe sein Reichs-Contingent einfach und gedoppelt dem Reich zu Diensten zu
stellen. Dise Kayserl. Antwort setzte nun den Herzog außer der Sorgnus, welcher
sich auch erfreute, daß man zugleich an Herbeybringung des Fridens gedachte und ein
Englischer Gesandter Belwil Skelton zu Regenspurg angekommen, welcher dem
Kayserlichen Hof die Vermittlung zwischen den kriegführenden Theilen anerbothe.
Die Hoffnung darzu verschwand aber gar bald, indem dieser seine Reyse nacher Wien
nicht

nicht fortsetzte, weil er erfahren hatte, daß des Königs in Frankreich Neigung 1676
zum Frieden nicht so aufrichtig wär, als er vorhin vorgegeben hatte und er befürchtete, daß die Kron Engelland mit seiner Anerbietung nur Schimpf davon tragen dürffte. Er sahe auch, daß man auf dem Reichstag viele Berathschlagungen
wegen Eröffnung und Fortsetzung des künfftigen Feldzugs vorhatte. Dem Fürstl.
Collegio deuchte dabey nöthig zu seyn zu wissen, wie stark die Reichs-Armee wäre
und wieviel Mannschafft jeder Reichs-Stand gestellet hätte. Die Churfürsten suchten aber diser Untersuchung auszuweichen, weil sie keinen Mann unter des Reichs-
Feld-Marschalls Befehlen stehen hatten. Sie war auch würklich sehr schwach, als
zu Anfang des Maymonats sowohl die Kayserliche, als auch die Reichs-Armee aus
den Winterquartieren gienge, so, daß man erst im Junio die schon lang projectier-
te Belagerung der Vestung Philippsburg auf starkes Betreiben des Churfürsten von
der Pfalz und Marggrav Hermanns von Baden vornehmen kunte. Herzog Wilhelm Ludwig machte den Anfang mit Dargebung einiger großen Geschützes, indem
er von seiner Vestung Asperg eine halbe und zwo Viertels-Carthaunen, hernach aber
noch eine mehrere schöne Artillerie abschickte. (s. Weil aber auch die Fridens-Hand-
lungen zu Nimwegen vorgenommen werden sollten, so bezeugte sich der Herzog sehr
eyfrig, daß hierunter der Fürsten Befügnusse nicht gekränket würden. (t)

§. 19.

Nun wollte der Herzog auch seine Lehen-Empfängnus nicht länger aufschieben und
schickte den 20. Julii seinen geheimen Rath, Cämerer und Ober-Vogten zu Brackenheim Maximilian von Menzlugen und D. Theodor Hasenloffen an den Kayserl. Hof
die Reichs- und Böhmische Lehen zu empfangen und um Bestetigung samtlicher habender
Privilegien und Freyheiten zu bitten, dabey aber keine Neuerung in der Eydes-For-
mul und Lehenbrief vorgehen zu lassen. Wegen der Böhmischen Lehen gab er ihnen
den Befehl sich nicht aufzuhalten, indem er solche durch seinen Agenten zu empfangen
gemeynt war. Und weil bey disen Lehen hergekommen keinen Revers zu geben, so
sollte solches auch dißmahl unterlassen und allenfals nur ein Recognitionsschein, wie
im Jahr 1658. zu Frankfurt geschehen, ertheilt werden. Und weil die von dem Hauß
Oesterreich rührende Lehen wegen dessen an dieselbe gemachter Ansprache noch strittig
waren, so wurde dem Herzog nur ein documentum factæ requisitionis ertheilt
und eine Verwahrung angehängt, daß solches dem Erzherzogl. Hauß nicht zum Nachtheil gereichen sollte, zugleich aber dem Herzog bedütten, daß dem Kayser lieb seyn
würde, wann dise Strittigkeit verglichen werde. Bey diser Gesandten Aufnahm zu
Wien wurde ihnen so gleich zu verstehen gegeben, daß verschiedene Kays. Staats- und
Reichs-Hof-Räthe ihre Ankunfft unter der Hoffnung ein Geschenk von einigen Ty-

Nn 2   mern

(s. Theatr. Europ. T. XI. pag. 756.   (t) vid Beyl. num. 67. 68. 69. 70.

1676 mern Neckar-Wein zu bekommen mit Schmerzen erwartet hätten. Die Kayſerl. Gemahlin war ſchon 4 Monate vorher verſtorben, da die tieffe Traur noch fortwährte, weßwegen nicht allein die Geſantten in Traur-Mänteln bey der Kayſ. Audienz erſcheinen, ſondern auch ihre Cancelliſten und ſamtliche Bedienten ſchwarz kleiden muſten, wie auch der Kayſer ſelbſt in einem ſolchen Mantel neben einer Tafel ſtehend die Audienz ertheilte. Die Belehnungshandlung gieng ſchon den 9. Nov. vor ſich in Gegenwart des Herzogen von Sachſen-Weymar, des Biſchoffs von Gurk, Grav Sigfrits von Hohenloh, der meiſten Kayſ. Staats-Räthe, des ganzen Reichs-Hofraths und einer Menge von andern Staats-Perſonen und Geſandten, deren allein von Reichs-Ständen bey vierzig gegenwärtig waren. Das Evangelien-Buch wurde auf der Kayſerl. Schooß von Ihro May. ſelbſt Händen oben und auf der rechten Seite von dem Ober-Hofmeiſter Graven von Lamberg und auf der linken von dem Reichs-Erb-Cammerern Fürſt Maximilian von Hohen-Zollern gehalten. Jedermann verwunderte ſich, daß der Kayſer die Geneſung des krank geweſenen Reichs-Vice-Canzlers nicht erwartete und ſeine Stelle durch den älteſten Reichs-Hof Rath Marquis de Grana vertretten lieſſe. Noch mehr Aufſehens machte aber die von diſem gegebene Antwort auf der Geſandten Vortrag, indem er ſolche gnädige und günſtige Ausdrücke im Namen des Kayſers gebrauchte, dergleichen faſt in ſolchen Fällen nicht gewöhnlich waren. Dann er legte dem Herzog das offentliche Zeugnus bey, daß derſelbe bey jetzigen Läufften für die gemeine Wohlfart des Reichs einen ſonderbaren und vorzüglichen Eyfer erwieſen hatte. Es konnte ihm ſolches Lob um ſo weniger gleichgültig ſeyn, als einige mißgünſtige denſelben am Kayſerl. Hof anzuſchwärzen und einen ganz widrigen Eindruck wider ihn zu machen ſich unterſtunden, welche durch ſolche Rede beſchämet und dem Herzog vollkommne Genugthuung geſchaffet wurde. Die Geſandten aber erwiederten ſolche Gefälligkeit gegen dem Reichs-Hofrath mit einem Geſchenk von zwey Faſſen Neckarweinen.

§. 20.

Es mag aber vieles zu ſolchen Lobserhebungen beygetragen haben, daß der Herzog durch die Geſandtſchafft dem Kayſer zu Gemüth fähren wollen, was das Herzogthum von dem Jahr 1672. an von der Kayſerl. und alliirten Armee wegen des Kriegs erlitten, welches ſich ohne die letztere Winterquartier auf die 72 > 945. fl. und die Winterquartier auf 396574. fl. beloffen. Er meynte dadurch eine Abwendung oder wenigſtens merkliche Verringerung der Winter-Quartiere zu erhalten. Es beruhete aber alles auf der Nachricht von der Eroberung Philippsburg, weil man ſich alsdann die Hoffnung machte zur Verſchonung der anligenden Kräyſe die Winter-Quartier jenſeit des Rheins nehmen zu können. Wenigſtens erhielte der Herzog von Lothringen, welcher diſen Feldzug die Kayſerl. Armee commandirte, den Befehl alle Mühe anzuwenden, daß man ſolche auf feindlichem Boden nehmen und Brandſchatzung daraus zie-

gen

hen könnte. Dann der ganze Schwäbiſche Krayß hatte bißher 8. Millionen 1676
aufgewendet und nicht nur ſo viele Schulden auf ſich geladen, daß ſie ſolche in
vielen Jahren nicht bezahlen können, ſondern auch bereits wegen fallenden Credits die
Kirchen-Ornaten angreiffen müſſen. Der Mißgunſt legte vielen Ständen die Sage
in den Mund, daß das Herzogthum Würtenberg in den beeden vorhergehenden Winter-Quartieren gelinder, als die übrige Mit-Stände gehalten worden, ungeachtet der
Herzog der Kayſerl. Armee mit Lieferungen an Geſchütz, Munition und Proviant .
fahren ſolche Dienſte geleiſtet hatte, dergleichen ſich ſeine Verleumder nicht rühmen konnten, als welche das mindeſte nicht gethan hatten. Der Herzog von Lothringen und
der General-Kriegs-Commiſſarius GravCaplier berichteten aber den 11. Oct. an den
Kayſer, „daß in Ermanglung ein und anderer Erfordernuß keine geſchwindere und
gewiſſere Hülfe, als bey dem Herzog von Würtenberg gefunden worden, geſtalt
„dann er Caplier noch jetzo demſelben ein merkliches für vorgeſtreckte Früchten ſchuldig
„ſey und keiner von den benachbarten Ständen ſich in Ihrer Kay. May. und des gemei-
„nen Weſens Dienſt ſo eyfrig erzeigt habe. Nichts deſtoweniger erfolgte eine ſehr kalt-
blütige Reſolution, wodurch dem gegen ſeine Glaubensgenoſſen eine groſſe Vorliebe
tragenden Graven Frobenius von Fürſtenberg nur aufgegeben wurde die Verdienſte
des Hauſes Würtenberg gegen den Crayß-Mit-Ständen bey der künfftigen Quar-
tiers-Austheilung in Betracht zu ziehen und in die Rechnung zu bringen. Nun wollte
ſich aber der Herzog weder diſes von einem hefftigen Religions-Eyfer wider die Evangeliſche eingenommenen Graven, noch ſeiner Mit-Stände diſcretion überlaſſen. Es
wurde ihm aber auf geſchehene Vorſtellungen und real information bey den Kayſerl.
Staats-Räthen eine nachdrücklichere Inſtruction nachgeſchickt dahin zu arbeiten, daß
das Herzogthum möglichſt verſchonet würde und die Generalität wurde ingeheim ver-
ſtändigt, daß ſie den Herzog blinde Regimenter und Compagnien zuweiſen ſollte.
Zwar meynte diſer, daß ihm eine leydenliche Summa Gelds oder Anzahl Mannſchafft angeſetzt werden könnte. Der Reichs-Vice Canzler von Königseck und Hof-
Canzler Hocher, wie auch der General-Montecuculi entdeckten aber dem einen Würtenbergiſchen Geſandten, daß man dem Herzog eine anſehnlichere Enthebung der
Quartier in Anſehung ſeiner erworbenen Verdienſte nur gar zu gern gönne, aber lieber ſähe, daß die hohe Generalität ſolches vermittle, als welche ſelbſt für den Herzog
ge etben und die freye Hand habe die Sache dergeſtalt einzuleiten, daß weder der Kayſerl. Commiſſarius bey dem Schwäb. Krayß-Convent, Grav von Fürſtenberg,
noch die Krayß-Stände erfahren möchten, wie es eigentlich aneinander gienge.
Dann der Kayſer hatte nach erfolgtem Friden zwiſchen der Republik Polen und der
Ottomanniſchen Pforte ſeine im Reich ſtehende Armee mit 8. Regimentern verſtärkt
und wollte nicht geſtatten, daß durch Verſchonung eines Krayſes die Laſt auf einen
andern fallen ſollte, weßwegen den Schwäbiſchen Ständen übrigens ihre gewönliche

1676 portionen zugewieſen werden müſſten. Nun wurden nach diſem Plan den 19. Nov. die Winter-Quartiere bezogen, da das Herzogthum Würtenberg nur ein etwas ſchwaches Lothringiſches Regiment erhielte. Und die Franzoſen nahmen ſolche im Elſaß, Burgund und Lothringen ein. Der Herzog hatte ſich aber keinen Verdienſt bey ihnen gemacht, welches das Herzogl. Hauß in der Grafſchafft Mömpelgard entgelten muſſte. Dann ob ſie ſchon von dem dort regierenden Herzog Georgen nichts zu beſorgen hatten, deſſen Lande ganz von dem Reich abgeſchnitten und von den Franzoſen eingeſchloſſen waren, mithin ſich keiner Hülfe getröſten konnten, ſo verlangten ſie doch unter dem Vorwand, daß ſie dieſen Paß zu ihrer Sicherheit nöthig hätten, die Statt und Schloß Mömpelgard. Der Comte de Monclevier muſſte alſo mit 3000. Mann theils durch Verſprechungen, theils durch Drohungen den Herzog zur Uebergab vermögen, ungeacht in dem Schloß 133. Stücke groben Geſchützes ſtunden. Der Herzog reyſſte alſo mit ſeiner Gemahlin nach Baſel und die neue Gäſte waren ſo unverſchämt wider ihr gegeben Wort, daß ſie das Schloß unverſucht laſſen wollten, noch vor ſeinen Augen alle Gemächer mit Gewalt zu eröffnen, das Geſchütz nach Beſort abzuführen und mit den Unterthanen durch ihre Beraubung und Mißhandlung des weiblichen Geſchlechts als Barbaren zu handlen, daß ſie Haab und Gut verlaſſen muſſten. (u)

§. 21.

Entzwiſchen war der Termin der Landſchafftlichen Verbindlichkeit gegen dem Herzog zu Ende gegangen. Man hatte ſich zwar vor einem Jahr die Hoffnung gemacht, daß in ſolcher Zeit ein Fride erfolgen dörffte. Nun ſahe man, daß ſich die Umſtände nicht gebeſſert, ſondern die Gefahren ſich den Gränzen des Landes je mehr und mehr genähert hätten. Der Herzog ſahe ſich demnach in die Nothwendigkeit geſetzt einen abermaligen Landtag auf den 11. Aug. auszuſchreiben. Der Präliminar-Punct wegen der Buß- und Beth-Täge, auch Haltung der Bethſtunden wurde abermals berühret und die Beamte ſollten auch ihre ſcharffe Erinnerung erhalten, daß ſie auf die ſo ſehr überhand nehmende Sünden und Laſter mehrere Achtung haben und den Geiſtlichen, welche über dergleichen Unbußfertigkeit eyfern, mehrers Gehör geben und ihnen an die Hand gehen ſollten. Obwohl aber der Zuſtand des Herzogthums ſeither einem Jahr um ein merkliches ſchlechter worden, der Schulden-Laſt bey der Landſchafft ſowohl, als bey den Communen aufgeſchwollen und die Mittel bey den Unterthanen durch die Winterquartiere und Durchzüge abgenommen hatten, ſo konnte ſich doch die Landſchafft nicht entbrechen das bey der Reichs-Armee ſtehende Krayß-Contingent zu Roß und Fuß noch ferners zu unterhalten und, weil derſelben Aufbringung von einem allgemeinen Reichs- und Krayß-Schluß herrührte, ſich mit andern Schwäb. Krayß-Ständen in Gleichheit zu ſtellen. Wegen der übrigen

ge-

(u) Theatr. Europ. Tom. XI. pag. 862. Pregiz. Ephemer. S. 187.

geworbenen und noch auf den Beinen stehenden Völker, insonderheit der sogenann- 1677
ten ersten Compagnie zu Pferd, welche bißher als eine Fürstl. Leib-Guardi gebraucht wurde, hatte es mehr Schwürigkeit. Dann sie hatte mehrern Sold und begieng
gleichwohl wider die Ordonnanz unerlaubte Erpressungen, welche aber nicht allein
abgethan werden mußten, sondern auch das rauhe und glatte Futter der Landschafft
abgenommen wurde, wie auch die Herzogl. Cammer den zehenden Theil an den Ver-
schickungs-Rays- und Verehrungs-Kosten auf sich nahm. Damit aber die Unterthanen nicht mit mehrern Beschwerden beladen werden dörfften, so erwählte man
wieder die sogenannte ordinari Ablosungshülf und die auf eine Zeitlang ergriffene
ausserordentliche Mittel. Und weil man nicht vermuthet hatte das Chavaguacische
Regiment in Lothringischen Diensten 4. Monatlang verpflegen zu müssen und die Garnison zu Philippsburg durch einen Einfall eine starke Brandschatzung im Frühjahr
aus dem Land gezogen hatte, welche beede Posten sich auf 139000. fl. belieffen, so
mußten die Kirchen-Räthe sich entschliessen über die heuer zu bezahlen habende
28000. fl. noch weiter 4000. fl. zuzuschiessen und versprechen hinfüro dasjenige, was
bißher an dem Drittentheil zu wenig bezahlt worden, zu ersetzen, dagegen die Landschafft dem Herzog abermahl eine Verehrung von 24000. fl. zur Bestreitung der
Rays-Kosten seiner Brüder, deren Appenagen, Deputat-Gelder der Fürstl.
Witwen und Prinzessinen ꝛc. zu thun (x).

§. 22.

Nun fieng das Wehklagen in dem Schwäb. Krayß an überhand zu nehmen, da
jeder meynte, daß der andere allzugelind gehalten würde. Herzog Wilhelm Ludwig
wurde aber von dem Kayserl. Hof unterstützt, weil sich diser die Hoffnung machte
daß durch dessen Aufrechterhaltung derselbe dem Kayser und dem gemeinen Wesen zum
besten noch fernere Dienste leisten könnte. Man gedachte aber auf dem Reichstag
auch an die Autrettung der vorgeschlagenen Fridenshandlungen zu Nimwegen. Man
meynte, daß das Reich einige Deputation dahin bevollmächtigen möchte das Interesse des Reichs dabey zu besorgen. Die weltliche Fürsten liessen sich solches am meisten angelegen seyn, damit dessen Unterlassung ihnen aus dem Westphäl. Fridensschluß habenden jure belli & pacis keinen Nachtheil brächte und Herzog Wilhelm
Ludwig würde auch darzu deputiert worden seyn. Wenigstens ersuchten ihn sowohl der
König in Schweden, als auch Herzog Sylvius von Würtenberg-Oels und zwar jener
ur Wiederherbringung des Fridens überhaupt, diser aber wegen Restitution seines
Schwähr-Vaters Herzog Georgen von Mömpelgard bey disen Fridens-Tractaten
Hand anzulegen. (y) Dem Kayser waren solche Absichten nicht gefällig und der Oesterreichische Fürsten-Raths-Director konnte nicht dahin vermocht werden die Fri-
denshandlungs materie zur Anlage zu bringen, was etwan von seiten des Reichs dabey beobachtet und wer darzu gebraucht werden sollte. Dann der Kayser wollte das
erste seiner alleinigen disposition überlassen wissen. Das Churfürstl. Collegium
                                                                              soll-

(x) Würtemb. Lands-Grund-Verf. pag. 867.   (y) vid. Beyl. num. 71. und 72

1677 sollte nun den 25. April mit seinem Voto den Entscheid thun. Es war aber getrennt, indem die weltliche, nemlich Bayern, Sachsen und Pfalz darauf beharrten, daß die Tractaten durch eine Reichs-Deputation beschikt werden müßten, dagegen die andere sich nach dem Anerbieten des Kaysers damit begnügten, wann er das verhandelnde nur mit den Reichs-Ständen communicirte. Die leztere fanden bey den meisten Catholischen Beyfall und den 14. Maji erfolgte der Reichsschluß durch die mehrere Stimmen, daß man die Besorgung der Reichs-Angelegenheiten dem Kayser allein unter der Hoffnung überlassen sollte, daß er, wie bißher geschehen, dem Reich von dem Fortgang der Handlungen Nachricht geben würde, damit ihm durch ein Reichs-Gutachten an die Hand gegangen werden könnte. Mithin war die Reichs-Deputation vereitelt, obschon das Gutachten noch grosse Schwürigkeiten wegen dessen Uebergebung an den Kays. Principal-Commissarium fand. Dann das Oesterreichische Directorium drang hart darauf, daß dises Ceremoniel durch eine Deputation geschehen sollte, damit auch einige weltliche Fürsten darzu gezogen werden könnten. Derselben waren aber sehr wenige anwesend und die gegenwärtige hatten sich gleichsam aus einem Mund dem Gutachten zu wider vernehmen lassen, weßwegen sie sich nicht darzu wollten gebrauchen lassen, damit es nicht das Ansehen gewinnen möchte, als ob sie dasselbe nun genehm hielten, so daß es nach langem Kampf durch den alleinigen Chur-Mayzischen endlich eingehändigt werden mußte. Die noch sehr weit entfernte Hoffnung zu einem Frieden hatte aber noch eine andere widrige Folge. Dann als der König in Frankreich noch so viele Feinde über dem Hals hatte, daß er sich mit keinem vortheilhaften Friden schmeichlen konnte, so ersuchte er den König in Engelland als beliebten Mittler der Alliierten von denselben einen Waffenstillstand auszuwürken, damit wenigstens der Vergiessung so vielen Menschenbluts vorgebeuget würde, so verringerte sich die Reichs-Armee fast täglich und es schiene, als ob dieselbe nimmer zum Vorschein kommen dörffte, so, daß der dieselbe als General-Major commandirende Grab Gustav Adolph von Nassau die noch wenig übrige Leute unter sich zu haben für schimpflich hielte und Kayserl. Dienste suchte. Unter solchen betrübten Umständen des Teutschen Reichs und hervorblickenden Fridensstralen starb aber Herzog Wilhelm Ludwig in dem Kloster Hirsau den 23. Junij an einer Art eines Schlagflusses allzufrüh. Nach allen Aussichten konnte das Herzogthum sich unter einem Regenten glücklich schätzen, welcher den Namen eines Wohlthätigen und den Ruhm eines vortrefflichen Fürsten erworben hatte, so, daß bey dessen längerm Leben so wohl das Reich, als auch dessen Lande alles gutes versprechen konnten. Mit seiner Gemahlin, von welcher schon Nachricht gegeben worden, hatte er drey Prinzessinen und einen Prinzen erzeuget. Jene waren Eleonora Dorothea, welche den 14. Aug. 1674. in dises Zeitliche eintratt, aber schon den 26. Maji 1683. dasselbe wieder seegnete. Die andere Eberhardina Louise wurde gebohren den 11. Octobr. 1675. und starb den 26. Mart. 1707. Die dritte Magdalena Wilhelmina erblickte das Licht der Welt nach ihres Herrn Vaters Tod den 7. Nov. 1677. und wurde den 27. Junii 1697. an Marggr. Carl-Wilhelm von Baden Durlach vermählt und verließ nach vilen Verdrüßlichkeiten den 30. Oct. 1742. dises Zeitliche. Der einige Prinz aber war Herzog Eberhard Ludwig, von welchem als seines Herrn Vaters Nachfolger in der Regierung in einem der folgenden Theile, wofern mir GOtt Leben und Kräfften verlehen wird, das nöthige gemeldet werden dörffte.

Beyla-

Beylagen.

Num. A.

Eynung Erzbischoff Dietherichs zu Maynz, Pfalzgrav Ludwigs zu Velden, Marggr. Albrechts zu Brandenburg und Grav Ulrichen zu Würtenberg auf 10. Jahr. d. d. 20. Junij. 1458.

Von gots gnaden Wir Dietherich des heiligen Stuls zu Mentze Erzbischoff des heiligen Romischen Richs durch Germanien Erzcantzler und Churfürste, Ludwig Pfaltzgrave by Ryne, Hertzog zun Beyern und Grave zu Velden, Albrecht Marggrave zu Brandenburg und Burggrave zu Nüreuberg und Ulrich Grave zu Wirtemberg, Furmunder ꝛc. Bekennen und thun kunt mit disem Briefe gein allermeniglich, das wir Got dem Almechtigen zu Lobe dem heyligen Romischen Rych zu Eren uns unsern Landen Luten und underthanen zu nutz und zu frieden fruntlichen zusamen gethan verbunden und vereynet haben, und solich unser fruntlich Eynunge und Bunt-

Buntniß sal zuschen uns allen die nehstkunfftigen zehen Jare gantz uß weren und be-
steen uff forme und In massen hernach geschrieben steet, Zum ersten sal unser iglicher
den andern die jetzgemelten Jarzal uß getruwelich meynen Eren und fordern ungeuerlich und sal unser bheyner gegen dem andern jnn den obgenanten Jaren zu vehden,
fientschafft aber Angriffen kommen umb keinerlay sache willen, dann gewonne unser
eyner an den andern zusprechen, umb sachen, die hinfur entsteen würden, Mochten die
gutlich mit bederteil willen nit gestillet und hingelegt werden, So sal und mag der
cleger mit dem antworter des zum Rechtlichen Vßtrag kommen für der andern fürsten aber herrn einen unser Mitbuntgenossen zur dieser Eynunge begriffen, den der
antworter usser uns aber für der vierer eynen des Antworters Rete hernach benant,
den der kleger zu einem gemeynen und Obmann erwelen würde, derselbe gemeyne
dann jun zweyen Monden den nehsten nach begerunge des klegers tage setzen und benennen sal, an gelegen ende, uff solichen tag netweder teil zwene siner frunde setzen
sal, dieselben fünff dann Ansprach, Antwort widerrede nachrede kuntschafft und anders, so iglich parthye surbrengen würdet, verhoren sollen und wie sie dann samentlich aber der merer teil unter Jnen jnn den sachen für Recht erkennen und ußsprechen
werden uff Ire eyde nach Jrer besten verstentniß, das sal von bedeuteln uffgenommen,
ane Jntrag gehalten und vollenzogen werden, und solich sachen sollen auch zu Ende
komen jnn den nehsten dryen tagen und Sechs Wochen anzurechnen von dem tage, der
von dem gemeynen uff begerunge des clegers gesatzt würdet, Es were dann das es sich
des rechten halb mit urteil lenger verziehen wurde, ungeuerlich, Und sint diese nachgeschrieben die Rete von unser yedem benant, daruß man dann die Obmann und gemeynen jnmassen obgeschrieben steet, sal nemmen und kiesen, nemlich benennen wir
Ertzbischoff Dietherich obgenant unsere Marschalck, den vitzthum im Ringawe, Vitzthum zu Aschaffenburg und Burggrauen zu Starckenberg, die yetzytzten uugeuerlich
sin, So benennen wir obgenant Hertzog Ludwig unsere Hofemeister, Marschalck und
Amptmann zu Nycastel und Amptmann zu Meysenheim die yetzytzten ungeuerlich
sin, und wir Marggraff Albrecht obgenaut benennen unsere Hofemeister Marschalck
Heubtman uff dem Gebirge und Vogt zu Cadolsburg die yetzytzten ungeuerlich sin,
und wir Vlrich Graue zu Wirtemberg 2c. Obgenaut benennen unsere Hofemeister,
Hußhofemeister Vogt zu Ballingen und Vogt zu Stockarten, die yetzytzten ungeuerlich sin, Gewonnen aber wir einer aber mer zu des andern Grauen, Herrn, Rittern
und Knechten zusprechen oder ob Grauen, Herrn, Rittere und Knechte under einander aber eins Grauen Herren Rittere und Knechte zu des andern Burgern aber gbuw-
ern, aber sie widderumb zu jne, aber Burger aber gebauwern under einander zu sprechen gewonnen, So sal sich ein yeder Rechts von dem andern benügen lassen, Recht
nemen und geben an solichen stetten, enden und gerichten, da das billich ist und einer
dem andern das recht geuerlich nit verziehen, Auch sal unser keiner des andern Herrn

Lande

Lante Lute noch daffin und die Jne zuuersprechen steen, uß sinen Landen Stetten
Slossen aber gebieten aber dorjnn mit wissen gestatten besched.get werden, sonder
das mit allem flies weren, auch unser theyner des andern offinbar echtere siende aber
beschediger mit wissen jnn sinem Lande, Slossen, Stetten, und gebieten weder Husen
enthalten, noch einige Hülffe, furschobe oder zulegunge thun, aber den sinen zuthun-
te gestatten alles ane geuerte, Weres auch das unser einer oder mner sin Lante aber
die sinen mit Herescrafft von yemants nberzogen wurde und unterstanten zuuerweldi-
gen und zu bedrangen, So sollen wir die andern und unser iglicher alstalde wir das
geware und junen wurden, den aber denselben, die also uberzogen weren, jnn enge-
ner person und darzu mit gantzer macht ungeuerlichen zutziehen, zu hülffe kommen und
Jne getruwelich bystant und rettunge thun, sunder alle geuerte, und ob sich begebe,
das unser obgenanten Fursten und Herrn einer aber mee dem nach mit einem andern
zu vehden aber fientschafft queinen und wir andern Fürsten und Hern obgemelt sine
Helffere wurden, So sal derselbe der solicher fientschafft ein Heuptman were, sich
nicht richten, furworten, frieden oder satzunge angeen, Heimlich oder offentlich, es
würden dann wir andere obgenante Fürsten und Herren jnn solichem auch begriffen
und mit jnngezogen, also ob einer aber sine Helffere deßhalben einig Lehen uffgesagt,
Stette aber Slosse verloren hetten, die Lehen würden dann denselben wieder geluhen
und die Stette und Slosse auch ane ferrer Bnntniß und pflicht, dann vor daruff gewest weren, widder, Desglichen sollen wir andere fürsten und Hern, die Helffere worden weren, hinter demselben Fürsten aber Hern der solicher fientschafft eine Heubtman were und ane sinen wissen und willen uns nicht fritten, richten aber ußsünen,
alles one geuerte. Vnd sollen auch wir megenanten Fürsten und Hern jnn dem Nun-
ten Jare dieser Eynunge uff einen neinlichen tag den wir Ertzbischoff Dietherich obgenant benennen werden, personlich zusammen kommen, aber mit voller macht schicken
von ferrer Eynunge und sachen, die sich in tzyt dieser unser verlauffen hetten nach notturfft zu handeln, ob sich auch begebe, das solicher obgemelten hulffe aber entrettun-
ge halb gein unser einem aber mee von yemants, wer der were sich einche Krieg aber
Vehde gehaben hette und nit vor ußgangt dieser unser Eynunge hingelecht und gericht
were, so sollen wir alle dem und denselben dannoch darnach alstange der kriegt aber
vehde weren, getruwelich helffen und bystentig sin und einander darjnn nicht verlassen,
glich als ob diese unser Eynunge noch nicht ußgangen were ane geuerte und jnn dieser
unser Eynunge nemmen wir gemeinlich uß unsern heiligen Watter den Babst und die
heiligen Kirchen, unsern gnetigisten Hern den Romischen Keyser und das heilige Ro-
misch Rich, darzu nemen wir obgenant Ertzbischoff Dietherich auch Innsunderheit uß
die Crone zu Beheim, die Erwirdigen und Hochgepornen fürsten unsere lieben neuen
frunde und Oheim Hern Dietherichen Ertzbischoff zu Collen ꝛc. Hern Johann Ertz-
bischoffen zu Triere ꝛc. Hern Friderichen Hertzogen zu Sachsen ꝛc. Hern Friderichen

Marg-

Marggrauen zu Brandenburg ꝛc. unser Mittkurfurste, die Bruderschafft so dann ist zuschen Hern Philipsen von Burgundien ꝛc. und uns, die Eynunge darzun Hertzog Friderich Pfaltzgrafe by Rine ꝛc. und Churfurste und wir miteinander sin, Hern Johannsen Bischoffen zu Wirtzburg, Hern Wilhelmen Hertzogen zu Sachssen ꝛc. Hern Carlen und Hern Bernharten gebrüdern Marggrauen zu Baden, Hern Ludwigen und Hern Henrichen landtgrauen zu Hessen die Statt Wormß und die stat Swebisch Halle, So nemen wir Hertzog Ludwig junsunderheit uß, die Hochwirdigen und Hochgeborn Fursten und wolgeborn Hern Johannsen Ertzbischoff zu Trier, Hern Steffan Pfaltzgrauen by Rine und Hertzogen jun Beyern, unsern lieben Hern Vater und alle unsere Brudere. Hern Philippsen Hertzogen von Burgundien ꝛc. Hern Karle marggrauen zu Baden, Hern Anthonien Hern zu Croy und Grauen zu Purssen und den von Blamout unsers Oheims von Burgundien Marschalck, Philippsen und Johann Grafen zu Nassawe und zu Sarbrucken, So nemen wir Marggraue Albrecht Jun erheit uß die Cronen zu Behelmen und die Erwürdigen und Hochgeborn Fürsten, ~ Anthonien, Hern Johansen und Hern Johannsen zu Bamberg, Wirtzburg ~ Eystette Bischoffe, Hern Friederichen und Hern Wilhelmen Herzogen zu Sachsen, Hern Friederichen, Hern Johansen und Hern Friederichen unser Brudere, Hern Ludwigen und Hern Henrichen Lantgrauen zu Hessen gebrüdere, Hern Johann sen Ertzbischoff zu Triere und sine Brudere alle Marggrauen zu Baden, Grauen Eberharten von Wirtemberg, die Eynunge die wir haben mit der Ritterschafft zu Francken und andere gemeyne Ritterschafft baselbst und dise nachbenauten des heiligen Richs Stete Rotenberg, Windesheim und Dinckelspol und alle Bruderschafft und Eynunge die sie alle mit uns und die wir mit Jne haben und so nemen wir Ulrich Graue zu Wirtemberg jun sunderheit uß die Cronen zu Behemen, Hertzog Philipsen von Burgundien unsern guetigen Hern obgenant, alle Marggrauen von Brandenburg obgenant, auch alle Marggrauen von Baden geistlich und werntlich, Grauen Eberharten von Wirtemberg unsern Vettern, die Geselschafft sant Jorgen Schild an der Donawe, und dise nachbenauten des heiligen Richs Stete Ulme, Rutlingen, Gemünde, Ulm und Gieuzen, und den Burgfrieden zu Sultze und alle Eynunge die wir mit den obgeschrieben haben, Vnd wir obgenanten fursten und Herrn gereden alle sa meutlich und unser iglicher für sich besunder by unsern fürstlichen Ereu wirden und jun waren truwen von eines rechten Eydstat diß buntniß und Eynunge mit allem jrem Jnnhalt getruwelich stets veste und unuerbrochlich zu halten und also nachzukomen ane alle weygerunge Jntrage und ußzuge sunder argeliste und geuerde, und des zu warem vrkunde, So hat unser iglicher sin eygen Jngesiegel an diesen Brieff thun hencken, der geben ist zu Mergentheim am Dinstage nach sant Vitßtage Anno bomini Millesimo quadringentesimo quinquagesimo octauo.

Num. B.

Num. B.

Einung zwischen Chur-Meinz, Marggr. Albrechten zu Brandenburg und Grav Ulrichen zu Würtenberg wider Pfalzgrav Friderichen.
d. d. 29. Dec. 1458.

Von gots gnaden Wir Dietherich ErtzBischoff zu Meutz des Heiligen Romischen Richs durch Germanien ErtzCautzeler rc. und ChurFurste vor uns unser nachkomen und Stifft, Albrecht Marggrave zu Brandenburg und Burggrave zu Noremburg und Ulrich Grave zu Wyrtenburg furmunder rc. vor uns unser erben und nachkomen Bekennen mit diesem Briefe gegn aller menneclich das wir uß ergangen frowinten leufften die uns und den unsern von dem Hochgebornen fursten Herrn friederichen pfaltzgraven By Rine und Hertzogen jun Beyern rc. den siuen und etlichen siuen anbengern durch manicherlay wedderwurttikeit und ungeburlichem erzeugungen mit der thayt zu vorgenommen Drangsal begegent nicht unbillich beweget sint, Jun dem gegenwurttigen zu uffhalt und wehre die ednem yeden zemen zugedencken, damit wir uns unser Lande Lute und die unsern des schuren uffenthaltent und kunffteclich desto baß vertragen gesin. und jun frieden und gemache bliben mogen Demnach wir sollichs zu Hertzen genommen und uns mit vorgytogem wolbedachtem mude und Rechter wissen zusamen gethan underegnander vertragen und verpflichtet haben vertragen und verpflichten gegenwurteclich jun kraifft diß Brieffs und also. das wir samentlich und unser yegelicher umb die obgeschrieben oder ander sine eygen forderunge und zusprache des vorgenanten Hertzog fienct jun Heuptmans wise werden und uns darjnn und damit halten und tun, tun und halten wollen und sollen. Junmaßen hernach eygenclich geschrieben steet Zum Ersten sollen und wollen wir und unser yegelicher und wellicher under uns todes abegangen were. das der almechtige got lange verhalte sine nachkomen und erben mit den andern die noch jun leben bliben fiendt werden und den fientsbrieff uberschicken und antwurten uff zyt des vertrags ane verziehen und ane geuerde. Jtem wanne der fientsbrieff also uberschickt und geantwurt wurdet oder darnor, So sollen und wollen wir noch unser nachkomen Stifft und erben unser theyner sich mit Hertzog friederichen obgenant oder wer sich darjnn mengen oder ziehen wurde gegn wem oder wo des noit geschee, es sy in Heuptmans oder hulffers wise keyne Riechtunge vorwort frieden fatzunge sune oder bestante bemlich oder offenlich nit angeen lyden oder uffnemen Es sy und geschee dann mit unser eyns Allß wol als des andern gutten wissen und willen, Wab unser yegelicher oder unser nachkommen Stifft und erben sollen dem andern darjnn dieKyt und alßlange die fientschafft neret getruwelich beholffen beraten und zu tun willig bereyt sin jun allen sachen yezelicher nach sinem vermogen, Es ist auch bereyt, so die

(A) 3   vehde

vehde entstanden und angangen ist, ob wir und unser nachkomen Stifft und erben an
eynander würden kegeren und bitten umb eynen reysigen gezuge zu eynem zutrabe oder
by sich jnn hulff des kriegs zu tegelichem gebruche zu ligende oder zuschicken, wie sich
das begeben mocht, das das also von dem oder den, an die das gesonnen wurdet, nach
vermogen getruwelich und ungeuerlich gethan und sollicher massen geschickt werten solle, das der gezuge von Mannen und pfferten wole und zum besten gerüstet und auch
die oder ander by dem oder den alß lange gelassen werten, alß sie der bedorffende
weren und dieselben die also dem oder den jhenen oder uns unser nachkomen Stifft und
erben gelegt und gesant werten sollen jnn des oder derselben den sie dann jnn sollicher
maß wurden geschickt und der begertt hetten, Alßbalde sie ire Sloß begriffen gewinne und koste und uff des jhenen der die also schickte verloste und schaden lygen und syn
und damit zu eyner jegelichen zyt, so dicke des noit wurdet, vollendun und gehalten
werten alles ane generte Item es ist auch geredt, ob unser eyner oder sine nachkomen Stifft und erben den vienten Stete Sloße befestiget merckte oder dorffer, die
man behalten will angewunnen, Eynichen fursten Grauen Heren Ritter knechte oder
sost Reisige gefangen uptderworffen. daran soll yegelicher teyl haben nach anzall souil
er gereisiges gezugs dabn gehalt hette, Ob sich auch wurde kegeben das eyner under uns
ane der andern bywesen jcht gereisige gefangen eroberte, mit den mag er auch nach
sinem gefallen handelen aue der andern Jnrebde Es were dann, das er die selben
gefangen verbynden oder befrieden wollte, So solle er und den andern die alß wole ver-
buntlich machen und befrieen alß yme, sost was man uff die viende mit nahme Brant-
schaze oder gefangen Burger oder gebuhren schuffe, das solte bliben und zu statten komen dem jhenen under uns von deßwegen sollichs volbracht und gethan wurdet und
uff das male den kosten gelieden hat ußgescheiden das jnn die Bucht gehoret ane Jnret-
de unser der andern alles anegenerte, Item weres auch das unser eyner oder mee zu
voran und ee diese vehte also angangen oder alß die entsprengt und angehaben were,
wie der eyns noit syn wurte, todes abeginge, das gott lange verhalte, So sollen unser nachkomen Stifft und erben, au wem das noit geschee gegen uns den andern
glichwole die sache helffen vollenden jnn getruwem ernst, und aller der maß verbunden
und schuldig zu dun sin zuhelffen alß ob der ander jnn leben bliebe und verbunden zu
thun gewest were und solle sollicher vehtebrieff byanen eynem monett dem nechsten nach
des abegangen tode von sinen nachkomen und erben ubergeben und geantwurt werten,
Geschee es auch das yemants wer der were sich jnn diese vientschafft uns zu wedder-
wurtekeit und unsern vienten zu hulff ziehen und wenden wurde, Es sy jnn heuptmans oder helffers wise, wedder den oder die sollen und wollen wir unser nachkomen
Stifft und erben an eynander getruwelich bygestendig beholffen sin und jun der sache uns
von eynander nit sundern, oder scheyden, und mit guttem fliß und willen genzlich ge-
neiget sin alles das gegen den selben zusehen zuhandelen und zutun Als ob es were

gegen

gegen dem obgemelten Hertzog friederichen den sinen und sinen anhengern alles ungeuerlich Förter ist herjun underschentelich bereit, ob es were uberkurtz oder laugk, das der hochgeborne furste unser lieber neue oheym und Swager Hertzog Ludewig Graue zu Weldeutz ꝛc. nach dem als uns vorkomen ist, das dem vyl und mandscherley getranzuisse krobes und unwillens erzeyget ist jun diese hulff und pfflichte zu komen auch wolte begeren, das wir oder unser nachkomen Stifft und erben yne mit guttem willen und gunste gern uffnemen und jnn krafft dieser Verschribunge yme zu belffen verbunden und verpflichtet sin und auch dargegen siner hülffe witter gewartten und yne oder sinen erben zu gemeynem teyle jun obgeschribener maß glich unser yeglichem ungeweigert komen und geen lassen wollen, alles jnn der forme und maß uns gegen yne auch zu halden und zubewisen, wie wir und unser nachkomen Stifft und erben, dan darumb aneyuander verbunden und schuldig zu tun siu ungeuerlich doch das er zunor und ee vor sich und sine erben eynen Bybrieff gebe uff die beste forme darjnn er sich verbynde verschribe und globe alles das zu halten und dem genung zudun wir dan jnn krafft dieser verschribunge an eynander verbunden und schuldig sin alles ungeuerlich, Und sollichen allen und yeglichen Wortten Clauseln puncten und artickeln, wie die gar eygentlich vor und nach underscheyden und geschrieben steet Gerebten und verspre-chen wir Ertz-Bischoff Dietherich zu Mentz ꝛc. vor uns unser nachkomen und Stiffte Wir Marggraue Albrecht und Graue Ulrich obgenant vor uns unser erben und nach-komen by unsern fürstlichen Eren und wyrden getruwelichen nachzukomen zu vollentzie-hen stete und veste zu halten ane alle weigerunge Als wir das eynander mit truwen an eyns Rechten eydeßstatt gerebt und globt han Und wir das gantz Cappittel des wyr-digen Dumstiffts zu Mentz Verjehen und Bekennen auch jnn diesem Briese vor uns und unser nachkomen. das diese pflichte und verschribunge mit unserm wissen und wil-len dem hochwurdigen unsern guedigen lieben Heren Ertz-Bischoff Dietherich obgenant das er sich darjnn mit den obgenantten unsern guedigen lieben Heren juuorbegriffener maß verschrieben und verbunden hat, gegonnet und gewilliget ist, Gerebten und verprechen auch jnn krafft diß Brieffs, das wir mit dem yhgenantten unsern guedi-gen lieben Heren Alle und yegeliche vor und nachgeschrieben dinge uns berürende ge-truwelich halten und vollentziehen, Auch obe es were das der almechtige gott uber den yhgenantten unsern guedigen Heren ErtzBischoff Dietherichen gebietende wurde, das er von todes wegen abeginge, das wir keynen zu unserm ErtzBischoffe und Heren Coadjutor oder moutpar uffnemmen oder zulassen wollen er habe dan vorhyn auch als obgemelt ist, globt sich verschrieben und zu den heiligen gesworn alles das zubalten und dem getruwelich genung zu thun, des sich der yhgenant unser guediger lieber Here und wir mit yme verschrieben baben und sollen auch alle und yegeliche amptlude des stiffts die jnn sollichen debten zur zyt des abegangs unsers guedigen Heren ErtzBi-schoffs Dietherichs obgenant, den got nach siuen guaden langezyt fristen woll, begrif-

fen

fen werden, jnn dem kriege und hulff blibeu biß uff eynen zukunfftigen Bischoff, Coad, intor oder monpar zu Mentz, der das wie obgeschrieben steet, auch also zuhalten globt und gesworn habe, Vnd uff das umbsollichen gutten willen, deu wir an den wurdi, gen und Ersamen Dechandt und Cappittel zu den obgeschrieben sachen und vornemen geneigt finden, erstattunge und mit vorsehen gescheen, sie auch von uns nit verlaffen werden, Sollen und wollen wir yne getrawen bystant und hulff nach allem unserm vermogen gegeu den die sie obgerurtter sachen halben bevehten oder an Iren lateu und guttern beschedigeu, So balde wir von yne darumb augeruffet und ersucht wurden, tun anuerziehen und ane alle geuerde und uns auch mit keynem jnn den sachen begrif, fen Riechteu sunen befrieden oder Vorwort uffnemen, Es wurde dan die obgemelten Dechandt und Cappittel auch darjnn gezogen und ungeuerlich nach notturfft mit ver, sichert, Alle argelist und geuerde herjnn gentzlich uffgescheiden und hindan gesatzt und herjnn nemmen wir Marggraue Albrecht uß die Hochgebornen fursten von Sahssen von Brandenburg und von Hessen Ire Lande und Lute nach lute der lobelichen Bruder, schafft Eynunge und verschribunge, die sie und wir mitenuander haben Vnd Nems lichen das wir theyne hulffe witter sie noch jre Lande und Lute zuthun pfflichtig sint, doch nit desto mynner sollen und wollen wir jun der hulff webber Hertzog friederichen deu pfaltzgrauen obgenant sine Lande und Lude und die er junhalt auch all auder usser, halb der Bruderschafft die jm die hulff wider uns kemen getruwe hulffe und Bystant dan ane alle geuerde, Deßglichen So nemmen Wir auch herjnn uß alle Marggrauen von Baden geistlich und weltlich und Graue Eberhartten vonu Wyrtenburg So ne, men wir Graue Vlrich von Wirttenberg auch herjnn jun netzbegriffener maß uß alle fursten von Sahssen von Brandenburg und von Hessen, darzu auch alle Marggrau, uen vou Baden geistlich nud weltlich und unsern lieben vettern Graue Eberhartten von Wirttenburg obgenaut und soll dieser vertragk den fruntlichen vereynungen lest zu Mergentheym zuschen uns drien junsunderheit begriffen, auch der eynunge darjn der hochgeborne fürste Hertzog Ludewig 2c. Graue zu Veldentz mit uns ist der datum ste, het am Dinstage nach sant Vitßtag nac Cristi geburt Tusent vierhundert und jun dem acht nud sunfftzigsten Jare jun allen andern stucken und artickeln keynen abebroche oder krenckunge bringen sunder by iren mychten und kresften verliben alles anegeuerte Des zu warem orkunde Hat unser jegelicher sin eyen Jngesiegel an diesen brieff tun kencken Vnd wir Dechant und Cappittel obgenant haben auch unsers Cappittels Jngesiegel zu der genantten unser gnedigen Heren Jngesiegele uns vorgeschriebener dinge zubesagente an diesen Brieff gehangen der geben ist zu Aschaffenburg am fritag nach dem heiligen Cristtage Nach Crist geburt Tusent vierhundert und jun dem nunte und sunsitzgsten Jare.

ad mandatum capituli Volpertus
de derß scolasticus ßt.

Num. C.

Num. C.

Einung Grav Ulrichs zu Wirtenberg mit den Pfalzgrauen Johann und Sigmund, und Marggr. Albrechten von Brandeburg auf 10. Jahre.
d. d. 3o. April. 1459.

Von gottes gnaden Wir Johanns und Sigmund gebrudere Pfalntzgrauen bej Rein und Hertzogen in Obern und Nidern Bayrn rc. Albrecht Marggraue zu Braundburg und Burggraue zu Nurmberg und Wir Ulrich Graue zu Wirtemberg Bekennen offenlich mit dem Brieue und tun kunt allermeniclich, das Wir uns aus genaygtem gutem und fruntlichem willen damit wir aneinander sind gewont, Auch uns selbst uunsern Lannten Lent'n und den uunsern zu nutz und frommen zusamen getan und bise nechstkunfftige zehen Jar nacheinander volgende miteinander geaynet vertragen und verpunden haben Eynen vertragen und verpinden uns auch zu einander mit und in krafft diß Briefs, Also das wir alle und uunser yeder mit sambt uunsern Lanten Leuten und den die uns zuuersprechen steen gaisllichen und werntlichen die obgnant Jarzal gantz aus umb kainerlay sach noch umb nyemants willen miteinander zu aufrurn vehden kriegen oder veltzugen komen noch auch des kainem uußern Rate oder diener des wir ungeuerlich mechtig sein verhengen oder gestatten sullen noch wellen, darzu sollen wir auch nicht gestatten das kainer under uns noch die seinen oder die Im zuuersprechen steen aus des andern Slossen oder Stetten beschediget werde, doch nemen wir Marggrav Albrecht hierinne aus die Bruderschafft und Aynung zwischen uußern lieben Swehern Brudern und Oheimen von Sachsen, von Brandenburg und Hessen rc. und unser rc. So nemen wir Graf Ulrich von Wirtemberg aus uußern lieben Vettern Graf Eberharten von Wirtemberg rc. In disem obgeschriben allem außgeschaybeu alle arglißt und geuerde als wir das dann alle aneinander mit hantgebenden trewen an ayds statt gelobt und versprochen haben und des alles zu warm urkund hat uunßr yeder sein aygen Insigel an disen Brief tun heucken der Geben ist zu Mergetheim am Montag nach dem Sontag Als man in der heiligen kirchen singet vocem Jocunditatis des Jars als man zelet nach Cristi uunsers lieben Heren gepurt vierzehenhundert und in dem Neunundfunfzigisten Jare.

Num. D.

Pfalzgr. Ludwigs, Grauen zu Veldentz Verschreibung gegen Gr. Ulrichen zu Wurtenberg wegen der zu Anfang dises Jahrs am Freytag nach dem Heil. Christtag zwischen Mainz, Brandenburg und Würtenberg gemachten Synuug. d. d. 1. Julij. 1459.

Wir Ludwig von Gots gnaden Pfalzgraue by Rine Herzog jnn Beyern und Graue zu Veldentz ꝛc. Bekennen und thun kunt offentlich mit dem Brieue gein allermenniglich, Als vormals ein vertrag und verschribunge zwuschen dem Erwirdigsten jnn Gott vatter unnserm besundern lieben Herren und frunde Herrn Dietherichen Erzbischoffen seliger und lobelicher gedechtniß und dem Capittel zu Mentze, Auch den Hoch und Wolgebornen Fursten und Herren unsern besundern lieben Sweher und Oheim, Herrn Albrechten Marggrauen zu Brandenburg und Burggrauen zu Nüremberg und Herrn Ulrichen Grauen zu Wirttemberg vormünder ꝛc. geschen begriffen versiegelt globt und zugesagt ist nach clerlicher Innhalt und ußwysunge der briene daruber sagende der datum lidet zu Aschaffenburg am fritag nach dem Helligen Cristtag nebst vergangen, welichs vertrags und verschribunge dann der Erwirdigest jnn gott vatter unser besunder lieber Herre und frindt Herr Diether Erwelter des Stiffts zu Mentze nach abganze des obgenanten Erzbischoff Dieterichs sius vorfaren seliger gedechtniß auch jungegangen, sich des verschrieben und den globt und gesworen hat, derselbe vertrag auch unter anderm jnn einem Artickel jnnheldet, Ob es were uber kurz oder langt, das Wir auch jnn solichen vertragk Hilff und Pflichte zukommen wollten begeren, das Wir darjnn genommen werden hilff uund Hilff thun und neminen sollen als das derselbe Artickel mit siner Jnnhalt clerlicher begriffet, das wir uns also daruff zu den obgenanten unsern lieben Herren und frunden Sweher und Oheim von Mentz von Brandenburg von Wirttenberg und dem Capittel des izgenanten Stiffts zu Mentze jnn solichen Vertrag gegeben und gethan haben, thun und geben uns darjnn gereden globen und versprechen darzu auch mit guten waren truwen alles jnn crafft dieß Brieffs allem dem das die obgemelten vertrege anflege versteutniß, uffguomen verzetelunge und abeschieden uff tagen der sachen halb begriffen jnnhalten uffrichtiglichen und oue alle weigerunge nach zu komen uns auch dar uß nicht zu ziehen oder abestelligk zu machen, oue sunderlich verwilligunge der obgenanten unnsere Herren und frunde von Mentze von Brandenburg von Wirttemberg und des Dechants und Capittels des Thum Stiffts zu Mentze, als Wir das dann auch selbs lyplich globen und zu gott und den Heiligen sweren sollen und wollen so die obgenanten unsere frunde die fursten und Herren samentlich oder Ir etuer von Ir aller wegen zemant uß jren Reten zu uns schicken werden

soliche

foliche glubde nnd Eyde an Jrer flat von uns zu empfahen fauder allerley Jnnrede und
genßlich one argeliſte nnd one alles geuerde, Des zu warem orkunde haben wir unn-
fer Jungeſiegel thun heucken an dieſen Brieff der geben iſt uff Sonntag nach Sant Peter nnd Pauls der heiligen zwolffbotten tag nach Criſti unnſers Herren geburt vierße-
henhundert und darnach jnn dem Nüne nnd funffßigſten Jaren.

Num. E.

Ainung Biſchoff Dieters von Menß, Pfalzgr. Ludwigen,
Graveus zu Veldenz, Marggr. Albrechten von Brandenburg und Gr. Ulrichs zu Würtenberg wider Pfalzgrav Fridrichen. d. d. 9. Julij. 1459.

Von Gottes Gnaden Wir Diether des heiligen Stuls zu Menße Erwelter rc. Ludwig Pfalßgrave by Ryne Herzog jnn Beyern und Graue zu Veldenß, Albrecht
Marggraue zu Brandenburg nnd Burggraue zu Nüremberg und Ulrich Graue zu
Wirtemberg, fürmunder rc. Bekennen und thun kunt offentlich mit diſem Briefe gein
allermenniglich für uns, unſer nachkommen und Erben, das wir umb des beſten ge-
meynes friddens Nußß und frommens willen unſerer Laude Lüte und Underthan uns
fruntlich zuſammen gethan vereynet und verpunden aff inaſſen hernach geſchriben vol-
get, Ob es were, das der Hochgeborn Fürſte unnſer fränk Oheim und Swager Herr Friterich Pfalßgrave by Rine und Herzog jnn Beyern Solche Rachtunge
ſo dann zuſchen uns nnd Ime uff hüte Datum dieß Briefs zu Nuremberg beteidingt
iſt, nach Junhalt und ußwyſunge verſiegelter Briefe darüber geuertiget an unſer ei-
uem oder meer oder den unnſern durch ſich ſelbs oder yemants der ſinen, oder den
Entſcheid und ußſpruche, ſo von den Teikings Herren jnn der vorgemelten Richtigunge keſtympt geſcheen wärdet jnn einchem puncten oder Artickel uberfure, nit hielte
oder genßlich nachkeme, Oder ob er unnſer einen, ſine Manne, Dienere andere die
ſinen oder die Ime zuzyten zuverſprechen ſtünden oder einche Stat die mit unſer einem
jnn Eynunge oder Bunteniſſe were, durch ſich ſelbs oder die ſinen, der Er ungeuerlich mechtig were, bevehten, angriffen oder ſunder rechtlich erfolgunge beſchedigen
oder verweltigen wurde, Alsdann ſollen und wollen Wir die andern den oder demjhe-
nen an den oder dem ſoliche rachtunge uberfaren, nit gehalten oder jnn vorgeſchriebe-
ner maſſe bevehdet oder beſchediget worden weren, wann wir des von Jnen oder Ime
ermanet oder erſucht werden, von ſtunt widder den obgenannten Herzog Friterichen
beraten und mit ganßer Macht beholffen ſin, das ſolich geſtraffet werde und billich
Karunge geſchee und uff jre geſpunen unſere vehbe briefe widder Jnen übergeben und
ſoll unſer bheiner nach ſolicher ermanunge oder erſuchunge uff den andern verhalten,

noch

noch in einche Weege taran sumigt ober hinderstellig werden, und wir die obgenanten
Fürsten und Herren gereden alle samentlich und unser iglicher für sich besunder by unsern fürstlichen Eren Wirden und inn waren truwen an eins rechten Eidesstat dise Bnutteniße und Eynunge stete, veste und unuerbrüchelich zu halten, der also nachzukommen une alle Wegerunge Intrege vßezüge sunder alle argeliste und geuerde, Des zu warem Orkunde hat unnser iglicher sin eigen Jngesiezel an diese Brieff thun hencken und want alles das hieuor geschrieben steet mit unserm Dechant und Capittels des Thum Stiffts zu Menz wissen bescheen ist, Haben wir darjnn gewilliget und willigen darjnn mit krafft lieb Briefs, des zu Orkunde haben wir unnsers Capittels Jnngesiegel nach der obgenauten unserr gnedigen Herren Jnngesiegel an diesen Brieff gehencket, der geben ist zu Núremberg uff Montag nach Sant Kilians tag nach Cristi unnsers Herren geburte viertzehenhundert und darnach jnn dem Núne und funfftzigsten Jaren.

Num. F.

Vereinung Pfalzgr. Ludwigen, Marggr. Albrechten von Braudenburg und Gr. Ulrichen zu Würtenberg wider Pfalzgrav Friberichen uud Herzog Ludwigen von Bayern. d. d. D nach Vincula Petri (den 4. Aug.) 1460.

Vonn gots guaden Wir Ludewig Pffalzgraue By Ryne Hertzog jun Beyern und Graue zu Veltenz Albrecht Marggraue zu Brandenburg und Burggraue zu Nuremburg und Vlrich Graue zu Wirttemberg rc. Bekennen und dun kunt offenbare mit diesem Briefe vor uns unser erben und nachkoßen. Das Wir umb merglichen gebrangt uns und den unsern ereuget und Bescheen, auch umb gemeyns frieden unser und unser underthan nutz und fromen willen uns fruntlich zusamen gethan. vereynet und verbunden haben, vereynen und verbynden uns jnn kraifft diß Briefs jnnachgeschribner forme Nemlich also. Ob es were daz die Hochgebornen fursten. H. rn ffriederich pffalzgraue By Rine Hertzog jun Beyern und Churfurste rc. und Here Ludewig pfalzgraue by Ryne Hertzog jnn nydern und obern Beyern Sie beyde Jre eyner Jre erben oder nachkommen Sollichem uffspruch uff die Richtigunge zuschen yne und uns uff menbag nach kylpany Anno duī rc. Quinquagesimo nono zu Nuremberg betedingt nach Inhalt der Briefe versiegelt daruber gegeben an unser eynem oder mer jnn eynem oder mer puncten uberfure nit hielte und gentzlich nachkemme, So sollen und wollen wir darumb von Sant Laurentzen dag nebstkompt uber eyn Jare Nemlich wider biß uff Sant Laurentzen Dag. jnn Anno rc. Sexagesimo primo. Dannocht mit dem vorgenanten Hertzog friederichen dem pffalzgrauen dabynnen nit zu kriege oder fieutschafft kommen. Were aber das sie beyde oder Jre eyner. unser eynem oder

mer,

mer, ſin Manne Diener ander die ſinen. die yne zu zytten zunerſprechen ſtunden, oter enuiche ſtatt, die mit unſer eynem jun eynunge oter puutteniß were, Durch ſich ſelbs oder die ſinen der er ungeuerlich mochtig were. Beſehten angriffen vorgewaltigen oder beſchedigen wurde. Oder ob uns alle oder unſer eynen wolt beduncken nuß und gut ſin umb ander ſachen fientſchafft gegen dem pffalßgrauen oder Hertzog Ludewig obgenautt anzuſahen. umb das die dinge gegen ynen zu eroberu weren. Oder were das die ſelben Hertzog ffriederich oder Hertzog Ludewig uns oder die unſern jnu der zyt wolten uberziehen. Wanne dann wir die andern von dem oder den, an den ſollichs were begangen, oder die die vehde jun obgeſchriebeuer geſtalt wollten anſahen zu uß gang der Jars friſt nehſt oder darnor, wann das wir werden ermant, Es ſy durch ſchrifft oder muntlich, So ſollen und wollen wir unſer erben und nachkomen, ob wir nit euweren jun zweyen monedten den nehſten nach ſollichem erſordern aue lenger verziehen des oder derſelben, die alſo gemauet hetten, Helffere und Hertzog ffriederichs oder herzog Ludewigs vientt werden, gegen wellichem tan das begeren beſcheen were und des unſer fienttsbriefe uberſchicken und dan mit gantzer macht eynander getruwelich beratten und beholffen ſin nach unſern beſten vermogen, damit ſollichs erobert und uns bekerunge und waubel beſcheen wurdet. Vnd in ſollichem uberſchicken der fientts kriefe hulff oder anderm, hieuor gemeldet, ſoll unſer keyner uff den andern verziehen, Sunder dem ſtracks und ane alle weigerunge nachgeen getruwelich und ungeuerlich. Were auch ob enyliche unſer buntgenoſſe jun zyt der Jars friſt de Pffalßgrauen oder Hertzog Ludewigs fients wurde umb das die Richtigunge zu Nurenberg oder der uſſpruch daruff bleuende an yne nit gehalten were oder umb ander ſachen, So ſollen und mogen wir uff derſelben geſyuen, aber bil und byſtant tun jumaſſen vorgeſchrieben ſteet Vnd wanne alſo ſollich fientſchafft angangen iſt. Jnu wellichen wegk das geſchicht So ſoll ſich unſer keyner, ſine erben oder nachkomen, ane die andern, aue der ter andern aller wiſſen und willen, nit daruß ziehen, ſryeden ſurwortten oder ſunen jun keynen wegk. ſo lauge biß das ſollichs erobert wurdet und des waubel geſchicht aue alles geuerde Vnd als Wir Hertzog Ludewig und Graue Vlrich obgenantt gegen Hertzog ffriederich dem pffalßgrauen vßundt zu vephingen jnn teydingen ſteent vor Graue Eberhartt von Wirttenberg ꝛc. unſerm lieben vettern, ob daſelbs oder an audern enten, durch yne oder andere Hernach uns ſampt oder eyns teyls berurente enyiche Nachtuu ꝛe begriffen und verſiegelt wurde, wie die were, die ſolle alles an enyichem artickel oder mee dieſer unſer verbuntteniß nit hindern oder enyichen Jutrag oder webderedte bringen, wie die nemant erdencken oder ſynden macht jun zumale bhyene wiſe Vnd wir obgenantte Furſten und Heren alle und unſer yegelicher beſunder Geredden verſprechen und globen by unſern eren wyrden und jun waren truwen an eyns Rechten eydeſſtat, dieſe buntteniß verſchribunge und eynunge vor uns und unſer erben und nachkommen wibder **Hertzog friederichen** den pffalßgrauen und **Hertzog Ludewigen** jun vßdern

dern

tern unb obern Beyern jre erben unb nachkomen . jun allen puncten unb artickeln Stete veste unb unnerbruchlich zu halten . tie also getruwelich unb ane webberrette zu vol-
lenziehen. Sunder ennichen behelff ober nßzugl wie man ben vorgeziehen ober taweb-
ber erbencken mocht jnn zumal dheyne wise.   Unb bes unb aller obgeschrieben binge
zu warem Orkunde unb gezugniß So haben wir fursten unb Herren obgenant unfer
vegelicher fin engen Ingefiegel bun hencken an biesen Brieff ber geben ist uff monbag
nach Sant peters tag zu Latin genant ab vincla nach crifti geburt als man zalte vierzehenhundert unb Sehzig Jare.

Num. I.

Königl. französisches Schreiben an Herzog Eberharden über ben Totesfall bes Carbinals Mazarini. d. d. 11. Mart. 1661.

Mon Cousin. Aprez tant de benedictictions que le Ciel a verfées fi abon-
    dament fur ma perfonne & fur mon Royaume dont la dernier qui a
esté la Paix de la Chretienté fembloit avoir pleinement remply touts mes
fouhaits. Il a pleu en fin a Dieu de me vifiter par une des plus grandes
afflictions, que je fuffe capable de reffentir en retirant a foy feu mon Coufin le Cardinal Mazarini, que fon Zele pour le bien & la gloire de mon
Eftat a toutes epreuves & fes longs & importans feruices, m'auoiant ren-
du extremement cher & recommandable Dans cette perte je croy trouver
quelque foulagement a ma douleur en la communiquant a mes amys, que
Je fcay qui y prendront part comme Vous ferez & particulierement quand
vous vous fouviendrez de ce que le dit fieur Cardinal par fes foins & par
fes confeils a contribué par deux diuerfes fois au reftabliffement du repos
dans l'Empire. Et comme Dieu a permis qu'il ayt affez long temps refcu
pour me pouvoir informer pleinement de toutes les meilleures maximes de
bien regir mes Eftats aprez la perte d'un fi digne Miniftre au quel auec raifon J'auois la derniere confiance, J'ai pris refolution de ne me repofer plus
a l'advenir de l'adminiftration de mes affaires fur aucune perfonne, lque
fur moy mesme & fur mes propres foins prenant en main la direction entiere a tout le regime de mon Etat avec toute l'Application dont Dieu me
rendra capable pour correfpondre au devoir de la Royaute & a l'obligation
qu'ont les Souverains de Veiller eux mesmes fucceffament au plus grand bien
de leurs fujects à leur rendre Juftice. Par my ces foins l'un de mes fera
pour la religieufe obfervation de mes alliances, entre les quelles celle que
J'aj contractée avec les Princes du Rhein de l'une & de l'autre Religion ,
eftant

estant sans doute l'union sur la soy & l'amitié de la quelle Je sais le plus de
fondament. Je veux bien assurer & donner ma parole Royale a tous les
Princes mes confederez, que Je n'auray rien plus a cœur en general que
de cultiver cette alliance la fortifier & la proteger & de vous donner en par-
ticulier aux rencontres, qui s'offriront toutes les preuues d'estime & de ten-
dresse, qui seront en mon pouvoir. Ce sont des asseurances, que J'ay
bien desiré Vous donner par advance dans cette conjoncture en attendant,
que le sieur Gravel que Je suis sur le point de renvoyer à Francfort, vous
puisse expliquer plus en detail mes sentiments sur tout ce qui regarde le bien
public de la Chretiente, le repos de l'Empire, les avantages de l'alliance &
l'estime & l'amitie tres particuliere que J'ay pour vostre personne que Je
prie la divine Bonté de tenir Mon Cousin en sa Sainte & digne garde. Escrit
a Paris le xi e Jour de Marce 1661. |.

Louis

de Lomenie.

Num. 2.

Literæ Caroli Regis Angliarum contestantes amicitiam & bonum
affectum erga Eberhardum Ducem Wirtenbergiæ.
d. d. 19. Jan. 1662.

CAROLVS Dei gratia Angliæ, Scotiæ, Franciæ & Hyberniæ Rex, Fidei
Defensor &c. Illustrissimo & Celsissimo Principi Dño Eberhardo Duci
Wirtembergiæ & Tecke, Comiti Montisbelgardiæ, Dno in Heydenheim,
Consanguineo & Amico Nostro Charissimo Salutem. Illustrissime & Celsissi-
me Princeps, Consanguinee & Amice Charissime. Ea nostra est de mutuo
qui Nobis cum Celsitudine Vestra intercedit affectu confidentia, ut minus
curiosi simus in minutiis iis, quæ levem utique turbarent Amicitiam. Huic
imprimis imputandum credat velimus Vestra Celsitudo, quod tam sero ami-
cis ejus ad Nos literis respondemus. Quin & importunæ adeo negotiorum
turbæ à reditu fuimus implicati, ut vel summe necessariis tempus vix suf-
ficeret. Verum ut ut illud a Nobis vel Nostris sit peccatum, religio esset de
venia apud Celsitudinem Vestram dubitare; neque quidem omittemus us-
quam, quin ubi occasio tulerit, tempestive sciat V. C. quam revera Ejus in
Nos affectum & intelligamus & imprimis æstimemus. Quod superest Celsitudinem Vestram Summi Numinis protectioni commendamus. Dabantur

in

in Palatio Nostro Westmonasteriensi die Mens. Jan. 29. no Anno Dñi 166⅘. regnique Nostri tertio decimo.

Celsit.is Vræ

Bonus Consanguineus
Carolus R.

Num. 3.

Schreiben Herzog Carls von Lothringen an Herzog Eberharden wegen des von seinem Vetter an die Kron Frankreich überlassenen Herzogthums Lothringen. d. d. 15. Febr. 1662.

Monsieur mon Cousin, La confiance, que je prens en la generosité de V. A. & l'interest, que tous les princes de la Chrestienneté doivent avoir en la conservation des Maisons souveraines me donnant sujet de croire qu'elle aura les mesmes sentimens pour ce qui concerne la nostre, je luy depeche ce Gentilhomme exprés pour luy donner part du malheur, qui m'est arrivé, Je ne doute pas, que V. A. n'en doive estre touchée sensiblement & qu'elle ne s'employe volontier a en detourner le mauvais effect suivant la supplication tres humble, que je luy en fais par ces lignes remettant à ce porteur d'esclaireir particulierement V. A. du merite de cette affaire & de toues les choses qui se font passées en suite dans la Cour de France & sur tout de l'assurer comme je fais de la resolution ou Je suis aussi bien que Monsieur mon Pere de perir plutost que de jamais consentir pour quelque condition, que se puisse estre à l'execution du traicté pretendu me promettant que V. A. l'approuvera, comme estant convenable à l'honneur de nostre Maison & d'une personne qui fait profession d'estre toute sa vie

Monsieur mon Cousin

Votre tres affectionne & tres acquis

& Basle en Suisse le 15. Febr. 1662.

Serviteur & Cousin

Le Prince de Lorraine.

Num. 4

Num. 4.

Schreiben Herzog Franzen von Lothringen an Herzog Eber‐
harten. d. d. 15. Martii. 1662.

Monsieur mon Coufin. J'ay desja donné part à V. A. du malheur arri‐
vé a ma Maifon la fuppliant de fa favorable entremife & de fon cre‐
dit pour nous en procurer la Juftice, que nous en devons attendre du Roy
tres chreftien, mais comme il importe, que V. A. foit pleinement infor‐
mée de l'affaire, affin qu'elle puiffe mieux connoitre le tort, que l'on fait
a mon filz, Je luy depeche le Baron Hennequin de Gellenoncourt pour luy
en dire toutes les particularités me perfuadant, que V. A. fe voudra bien
donner la peine de l'escouter fuivant la priere que je luy en fais, comme
d'adjouter foi aux affeurances, qu'il luy donnera de l'obligation que moy
& mon filz aurons a V. A. de tous les foins qu'elle aggreera prendre à f'em‐
ployer pour nous en ce rencontre & dont je garderay foigneufement le fou‐
venir pour m'en temoigner en tous ceux de fes interests

Monsieur mon Coufin

Paris le 15. Mars 1662.

Voftre tres affectionne Serviteur & Coufin

Le Duc Francois de Lorraine.

P. S.

Je crois, que V. A. est bien perfuadé que moy & mon fils perirons plutost que
de jamais confentir à l'alienation de nos estats pour quelque condition que fe foit.

Num. 5.

Antwort Herzog Eberhards an Herzog Franzen von Lothringen.
d. d. 21. April. 1662.

Monsieur mon Coufin, Comme je fais une eftime particuliere de l'hon‐
neur que j'ay d'eftre allié a la Maifon de Voftre Alteffe, Elle doit eftre
entierement perfuadée, que le malheur dont elle m'a donné part & par fa
lettre du 15. de Februar. & par l'envoy du Sieur Baron de Hennequin Gel‐
lenoncourt m'a touche fi fenfiblement, que je n'auray jamais fatisfaction de
moy mefme, fi je n'applique tous mes foins poffibles pour rendre a V. A.
les offices, dont elle povrra tirer quelque avantage pour l'affermiffement

X. Theil. (€) de

de fa Maison. Et pour m'y employer avec autant plus de fucces, j'ai creu
eftre a propos de communiquer cette affaire avec les autres Princes alliez
a la Couronne de France, puis qu' apparement on agira avec plus de fucces
lors qu'on le fera conjoinctement. En tout cas je prie Voftre Alteffe d'eftre
abfolument affeurée de ma fincerité & de l'ardeur, que je ferai paroiftre en
embraffant & procurant au poffible le bien de fes affaires principales dans
prefente rencontre comme elle verra par la copie de la lettre, que j' efcriraj
au Roy & que je luy envoycrai plustot demeurant ce pendant avec verite

Monfieur mon Coufin &c.

Die Antwort an Herzog Carln war nur mit andern Worten einerley Inhalts.

Num. 6.

Verein etlicher Evangel. Fürften wegen Behauptung ihrer
Vorrechte. d. d. $\frac{20}{10}$ April. 1662.

Zu wiffen, als die Durchleuchtigfte Fürften und Herrn, Herr Philipps-Wilhelm,
Pfalzgrav bey Rhein, in Bayern, zu Gülch, Cleve und Berg Herzog, Graf
zu Veldenz, Sponheim, der Marck, Ravenspurg, und Mörß, Herr zu Raven-
ftein rc. Herr Auguftus Herzog zu Braunfchweig und Lüneburg rc. Herr Chriftian
Ludwig, Herzog zu Braunfchweig und Lüneburg rc. Herr Georg Wilhelm, Herzog zu Braunfchweig und Lüneburg, Herr Eberhard Herzog zu Würtemberg,
und Teck, Graff zu Mömpelgard, Herr zu Heydenhelmb rc. Herr Wilhelm Land-
graff zu Heffen, Fürft zu Hirfchfeld, Graff zu Catzen-Ehlnbogen, Dietz, Ziegen-
heim, Nidda und Schauenburg rc. Herr Ludwig Landtgraff zu Heffen, Fürft zu
Hirfchfeld, Graff zu Catzen-Ehlubogen, Dietz, Ziegenheimb, Nidda, Schauenburg, Ifenburg und Büdingen rc. aus einem und andern eine zeitlang hero erganz-
gewem Verlauff wahrgenommen, daß denen Ihren Fürftlichen Durchleuchtigkeiten
und dem gefambten hochlöblichen Fürftenftande im Reich Teutfcher nation zuftehenden, Ehren, Würden, Hoheiten, Rechten und Gerechtigkeiten, bevorab denen
aus dem Weftphälifchen Fridenfchluß mit andern Ihren Mit-Ständen Ihnen ge-
meinfamb gebürenden Juribus nicht allein bereits allerhand verfängliche Eingriffe be-
fchehen, fondern auch diefelbe leichtfamb in mehrere Verringerung und gänzlichen
Abgang gerathen dörfften, wann nicht auf Erhaltung fothaner Gerechtfamkeiten und
zeitige Abwendung alles nachtheiligen Beginnens mit mehrerm Fleiß, Sorgfalt und
Einigkeit getrachtet werden follte. daß demnach höchftermeldte Ihre Fürftliche Durchleuchtigkeiten durch ihre auhero abgefchickte Räthe und Gefandten dife Sache ihrer
·Wich-

Wichtigkeit nach in reiffe Berathschlagung ziehen laſſen und ſich, darüber nachfolgender Articul mit einander vereinbaret:

1.) Wollen Ihre Fürſtl. Durchleuchtigkeiten in gutem wahren auffrechtem Vertrawen und Freundſchafft meinen, haben und halten und in denen vorberegte ihre gemeinſame Gerechtigkeiten, Hoheit und Würke betreffenden Sachen vertrawliche communication untereinander pflegen, auch die conſervation derſelbigen ſich allerſeits nützlichſter Dinge angelegen ſeyn laſſen.

2.) Inſonderheit aber und fürs ander, weilen ſothane der Fürſten und Stände bevorab das Jus ſuffragii in den Reichsſachen belangende Gerechtſambkeiten in dem Inſtrumento Pacis fürnemblichen Artic. 8. mit clarn hochverbündlichen Worten ſtattlich beveſtigt, ſolcher Fridenſchluß auch alles ſeines Inhalts durch den letztern Regenſpurgiſchen Reichs-Abſchiedt von Anno 1654. in ſanctionem pragmaticam und zu einem Reichsgrundgeſetze aufgenommen worden, So wollen Ihre Fürſtliche Durchleuchtigkeiten vor allen Dingen ab ſolchen und andern Fundamental - Reichsgrundgeſetze aufgenommen worden; So wollen Ihre Fürſtliche Durchleuchtigkeiten vor allen Dingen ab ſolchen und andern Fundamental Reichsgeſetzen und was darinn den Fürſten und andern Ständen zu gute verordnet, feſtiglich halten, wie auch dasjenige, ſo der Fürſtenſtand hergebracht, handhaben und deme zuwider etwas vorzunehmen nicht verhängen noch geſtatten.

3.) Als aber drittens bey der ein Jahr Sechzehenhundert acht und fünffzig vorgangenen Wahl jetzt regierender Röm. Kayſ. May. nicht allein bey der darüber gepflogenen Handlung den Fürſten und Ständen des Reichs in dem Jure belli & pacis, fœderum, ferendarum legum, proſcriptionis ſtatuum und dergleichen hohen angelegenen Gerechtigkeiten nachtheiliger Eingriff geſchehen, ſondern auch in der auffgerichteten Capitulation ſelbſt von erwehnter Regul des Fridenſchluſſes in vielen Dingen mercklich abgeſchritten und Fürſten und Ständen durch ſchmälerung ſothaner ihrer Gerechtigkeiten zu nahe getretten, dahero dann Ihre Fürſtl. Durchleuchtigkeiten neben andern Fürſten und Ständen durch Ihre allhie zu Franckfurt gehabte Geſandte ſolchem nachtheiligen verfänglichen Beginnen zu widerſprechen, dagegen feyerlichſt zu proteſtieren und daß man ſothane Wahl-Capitulation in ſo weit ſie dem Fridenſchluß und letzterm Reichs-Abſchiede zuwider lauffend für keine Reichsſatzung erkennen, noch dadurch verbunden ſeyn können und wollen, ſich verwahren zu laſſen gemäſſiget werden: So wollen Ihre Fürſtl. Durchleuchtigkeiten nicht allein ſolche eingewandte proteſtation, contradiction und verwahrung hiemit becräfftiget haben, ſondern auch emſigen Fleiſſes ſich bemühen, daß bey Wiederantrettung des erſtreckten Reichstages nach Verordnung des Fridenſchluſſes und mehrberegten letztern Reichs-Abſchiedes die Abhandlung einer ſtetswährenden Capitulation zur Hand genommen, zur Richtigkeit gebracht und darinn alles dasjenige, ſo voraußgezogener

maſſen

massen den Fürsten und Ständen zu Nachtheil und Abbruch Ihres zustehenden Rechtens in jetziger Kayserl. Wahl-Capitulation enthalten, abgethan und gebessert werden möge.

4.) Gleiche Meinung hat es viertens damit, wann inskünfftig in allgemeinen Reichssachen und Handlungen mehrberührtem Fridens-Abschied zuwider ohne gesambter Chur-Fürsten und Stände auff gemeinem Reichs-oder andern zu solchen sachen gewidmeten Conventen und zusamenkünfften darüber gepflogenen Rath und beschwerer Einwilligung etwas beschlossen oder verordnet werden solte, daß nembliche Ihre Fürstl. Durchleuchtigkeiten solches für keinen Reichsschlußerkennen, noch sich dardurch einiger gestalt verbinden lassen wollen.

5.) Neben dem Fünfftens wollen Ihre Fürstl. Durchl. ihr Absehen dahin richten, daß die Dero Fürstlichem Herkommen und Personen zustehende Ehren, Würden und was denen anhängig in altem hergebrachtem Stande erhalten und durch dergleichen einige Zeit hero sich deme entgegen ereignete und angemaßte Neuerung in keine Verringerung und Abgang gerathen mögen, einfolgentlich dessen sowohl bey Reichs-und andern Versamblungen, als auch an Kayserl. Königl. Churfürstlichen und anderer Dero Mit-Stände Höfen und wo es sonsten die Gelegenheit mit sich bringen möchte, über Dero gewohnlichen Stelle in gehen und sitzen, tituliren, tractirung Ihrer Gesandten und andern Ihro gebührenden Ehren und respect und was Sie deßfalls andern höhern oder nidern zu laisten haben, festiglich und beständiglich halten.

6.) Nicht weniger und zum sechsten wollen Ihre Fürstl. Durchleuchtigkeiten mit angelegenem Fleiß dahin sehen und trachten, daß die vermöge alten Herkommens und crafft Kayserl. und des Reichs Belehnungen Ihro und andern regierenden Landsfürsten über eines jeglichen Unterthanen Land und Leute zustehende obrigkeitliche Gewalt und deren anhangende Jura, so weit solche dem gesambten Fürsten-Stand gemein sind, ohngeschmälert und ohngekränckt erhalten werden und darüber einander treulich beystehen.

7.) Damit nun zum sibenden vorgesetztes alles zum getreusamen effect gebracht werden möge, versprechen Ihre Fürstl. Durchleuchtigkeiten einander hiedurch Ihre zu gemeinen Reichs-oder andern Versamblungen abschickende Räthe und Gesandte dahin gemessentlich zu bereichen und anzuweisen, daß sie nicht allein auf diese beschehene Verabredung in Ihren Votis und Handlungen ihr ohnverrucktes Absehen richten, sondern auch aus allen vorkommenden dahin einlauffenden und der Reichsfürsten Gerechtsame betreffenden Sachen getreulich miteinander communiciren und mit einmüethigen Rath und zu amensetzung deren genaueste Beobachtung und Erhaltung sich angelegen seyn lassen, darwider Ihres theils nichts verfängliches eingehen, noch demselben

nach

nachſehen oder ſich darunter trennen und ſrig machen laſſen, ſondern da dergleichen vergehen ſollte ſich unter einander eines gleichförmigen umbſtändlichen Berichts mit anhängung ihres unvergreifflichen und allerdings ohnverbündlichen Bedenkens vereinbaren und jedweder daſſelbe an ſeinen Herrn Principaln zu Erholung nöttigen Beſehls ohnverlängt überſchicken, jmmittelſt aber und vor Einlangung allerſeits hoher Herrn Principalen reſolutionen Ihrer keiner zu Abbruch der Fürſtlichen Gerechtſambkeiten einſeitig verfahren ſolle.

8.) Wann auch vors Achte auſſerhalb Reichs oder anderer Verſamblungen merckliche die Fürſten und Stände Gerechtſamkeiten betreffende Sachen vorgehen und einer oder ander hievon einige Nachricht erlangen ſollte, wollen Ihre Fürſtliche Durchleuchtigkeiten nicht allein darauß miteinander in ſchrifften getrawlich communiciren, ſondern auch da es die Notturfft und Angelegenheit erfordern würde, Ihre vertrawte Räthe an eine gelegene Mahlſtatt zuſamen ſchicken und was bey ſolcher Begebnuß zu Erhaltung der Fürſten Recht und Gerechtigkeiten und Verhüttung alles widrigen vornehmen, berathſchlagen und entſchlieſſen laſſen.

9.) Von diſen unter ſich verglichenen Puncten wollen vors Neunte Ihre Fürſtl. Durchleuchtigkeiten auch andern Reichsfürſten nachrichtliche communication und Eröffnung thun, ob Sie zu ſchuldiger Mitbeobachtung diſer dem geſambtem Fürſten. Stand ſo hoch angelegner und durch den Weſtphäliſchen Friedenſchluſſ ſo theur beſtätigter Jurium zu concurrieren gemeinet, jedoch, wann gleich andere mit beyzutretten anſtehen ſollten, nichts beſtoweniger Ihres theils feſtiglich darbey beharren.

10.) Es behalten ſich aber vors Zehende Ihre Fürſtl. Durchleuchtigkeiten bevor diſe zu Erhaltung des Fürſtenſtands Gerechtſamkeit getroffene Abrede nach Geſtalt und Gelegenheit der Läuffte und Sachen mit gemeinſamen Guthbefinden und Einwilligung zu ändern, zu mehren oder ſich ferner und enger miteinander deßhalb zu ſetzen und zu verbünden. Jmmittels aber verſprechen Sie einander bey Fürſtlichen Ehren und Würden obgeſetzte verabredete Articul ſteth, feſt und unverbrüchlich zu halten, Sonder Liſt und Geferde.

Deſſen zu Urkund iſt diſe Verabredung Siebenmahl ausgefertigt von mehr höchſtgedacht Ihrer Fürſtl. Durchleuchtigkeiten gevollmächti.. en Räthen und Geſant ten aigenhändig unterſchrieben und mit ihren Pittſchaften beſiegelt und hat ein jeder davon ein exemplar zu ſich genommen der hohen Herrn Principalen benöthigte ratificationes darüber innerhalb vier Wochen beyzubringen und gegen einander außzurechſeln.

So geschehen Franckfurt am Mayn, den $\frac{29}{10}$ Aprilis Anno Sechzehnhundert Sechzig und Zwey.

(L.S.) Hannß Ernst von Rautenstein.
(L.S.) Caspar Alexandri Dr.
(L.S.) Otto Johann Witte.
(L.S.) G. W. Bydenbach.
(L.S.) Regnerus Badenhausen.
(L.S.) Conradus Fabricius.

Num. 7.

Neben-Receß zu vorstehender Vereinung.
d. d. $\frac{28. Apr.}{8. Maji}$ 1662.

Zu wissen, Nachdem bey Vollziehung dessen zwischen den Durchleuchtigsten (nomina & tituli) jüngst aufgerichteten nähern Verständnus und Vereinigungs-Recesses eine Notturfft befunden worden auf alle thunliche Mittel und Weege zu dencken, wie dise nähere correspondenz und vereinigung mehr und mehr befestiget und verstärckt werden möge und dann zu Erreichung solchen Zwecks in Vorschlag gekommen, auch allerseits beliebet worden, weil gleichwohl die conservation deren dem hochlöbl. Fürsten-Stand im Reich Teutscher Nation zustehenden Gerechtsamen, dignität und Hoheit nicht allein vor alle Fürsten dises Reichs, sondern auch in so weit solche Jura in Instrumento Pacis fundiert ratione der daran versprochener guarantie vor die beede mitpacificierende Cronen gehörig, daß man an seiten der correspondierenden Fürsten sich eussrist zu bemühen habe, wie man 1.) vermög des 9ten Articuls obermelbten Recessus mehrere Fürsten des Reichs darzu ziehen, 2.) sich jetzthöchstgedachter beyder mit-pacificierenden Cronen Beyfall und assistenz uff allen Nothfall hierunter besser versichern, bevorab 3.) die Cron Schweden, so weit dieselbe ein Fürsten-Stand im Reich, zur Miteintrettung disponieren und dann 4.) zu Benehmung des daraus etwan fassenden Verdachts und Mißtrauens das Werck an die mit in der Allianz stehende Herrn Churfürsten Meintz und Cölln und auch wohl dem Befinden nach an Chur Trier bringen und Ihnen die disseitige Intention zu erkennen geben möge: So ist gut befunden, daß bey dem 1. puncten die in diser nähern Correspondenz begriffene Fürsten jeder mit seinem benachbarten oder andern mit Ihme in gutem Vernehmen stehenden Fürsten hierauß vertraulich communiciere und sich bemühe, ob ein oder ander von denselben zue miteintrettung zu vermögen seye; Und ob man wohl ratione modi dises Orts nichts gewises defi-

definieren können, sondern ein jeder von den correspondierenden Fürsten am besten
zu dijudicieren wissen wird, was Er sich tißfalls zu seinem benachbarten oder einem
antern seinem Mit-Fürsten zuversehen und temnach mit der communication die
mensur darnach nehmen könnte, so hat man doch in genere dafür gehalten, daß
man anfangs dieselbe occasione des bevorstehenden Reichstags nur bloßhin zu sondieren hätte, weil man bey letztern Regenspurgischen Reichstag weniger nicht, als
auch sonderlich bey neulichem Wahltage allhier genugsamb wahrgenommen, wie dem
Fürstenstand in dessen Gerechtsamen, dignität und Hoheiten viele Weege zu nahe
getretten worden und darinn allerhand Ein- und Vorgriffe geschehen, ob sie nicht eine
Nottnrffe zu seyn erachteten, daß die Fürsten sich darüber bey Zeiten miteinander vertraulich vernähmen und communication pflegten, wie dasselbe bey instehendem
Reichstage zu reparieren, fernere Schmälerung der Jurium Principum verhütet
und was zu deren bevestig-und erhaltung durch den Fridenschluff auf sothanen Reichstag verwiesen, ausgemacht und erledigt werden möge? auch nachdem dises Gebrechs
guten theils daraus herrührten, daß die Fürsten bißhero gegen dergleichen Eingriffe
nicht einmüthig beysamen gestanden, sondern eines theils aus einem und anderm Ne-
ben-respect solchem also nachgesehen, ob nicht dienlich und rathsamb, daß dieselbe
sich näher zusamen setzeten und verpflichtete Abrede unter sich nähmen, durch kein Ne-
ben-Absehen und respecten ichtwas, so des Fürstenstants Gerechtsamen, dignitä-
ten, Ehren, und Hoheiten zu Nachtheil gereichen könne, einzugehen und nachzugeben,
sondern dargegen für einen Mann zu stehen und mit einmüthigem Rath und zuthun
die Jura Principum zu vertheidigen? Sollte dann auf dergleichen vertrauliche apertur bey einem und antern Beyfall und inclination darzu verspüret werden, so hätte man alsdann temselben, daß sich allbereits etliche Fürstliche Häuser dahin miteinander vereinbaret, auch jedem Fürsten, so miteinzutretten begehre, Platz darzu offen gelassen, zu vernehmen zu geben, auch wohl gar dem Befinden nach und da man
der Mitbeytrettung versichert, von dem bißfalls aufgerichteten recess vertrauliche
communication zu thun.

Bey dem 2ten Puncten ist gut befunden und abgeredet worden, daß man das Anbringen an den Französischen Gesanten allhier Monsieur de Granvell, wie vormals ebenmäßig beschehen, mundlich verrichte, Ihme auch auf Begehren dasselbe
schriftlich geben. Zu welchem Behuff man sich dann eines gewissen Vortrags miteinander verglichen und daß man dergleichen Anbringen mutatis mutandis auch an
den Schwedischen Residenten Snoilsky zu seiner verhofften ehisten Zurückkunfft
aus Schweden zu thun und dabenebens 3.) Ihr Königl. May. als Herzog zue Breh-
men, Vehrden, Pommern der Miteintrettung halber durch denselben gebührend zu
ersuchen habe. Wann man aber vernehmen sollte, daß es sich mit Herrn Snoilsky
zurückkunfft noch länger verweilen sollte, so ist abgeredet worden, daß man auf solchen

Fall

Fall bey dem Fürstlichen Würtembergischen Gesandten als jenes substituto das Vorbringen anzulegen und Ihn zu ersuchen, daß Er es an denselben in Schweden gelangen lassen wolle.

Anreichend den 4ten Puncten hat man zwar verschiedener considerationen wegen vor bedencklich gehalten den beyden Herrn Churfürsten den Receß noch zur Zeit in
forma zu communicieren: Alldieweilen es aber was Verdacht und Mißtrawen bey denselben erwecken möchte, wann man gar darvon stillschweigen sollte: so ist gleichfalls
abgeredet und geschlossen worden Ihro Churf. Churfürstl. Gnaden und Durchl. zu
Maintz und Cöllen durch dero hiesige Ministros der correspondierenden Fürsten diesen führende Intention zu erkennen zu geben, darzu von dem bevorstehenden Reichstag Anlaß zu nehmen und Sie in Erinnerung Ihrer verscheidenlich bey und nach letzterm Wahltag beschehener promessen und Zusage zu ersuchen, daß Sie dahin
cooperieren helffen wollten, damit dasjenige, was bey letzter Wahl-Capitulation
und sonsten den Juribus Principum zu Nachtheil vorgangen wäre, redressiert und
hinkünfftig dergleichen Eintrag, Schmälerung und Vorgriffe in solche Jura abgewendet werden möge.

Daß nun dises alles, was in disen vier puncten obgedachter massen auff gnädigste ratification der hohen Herrn Principaln, so innerhalb vier Wochen einzubringen, abgeredet und verglichen worden, ohnverlängt werckstellig gemacht werden solle, darüber ist diser Neben-Receß verfertigt und von derer in diser nähern correspondenz stehenden Fürsten anwesenden Räthen und Gesandten mit Unterschrifft
und Sigellung vollzogen worden. So geschehen in Franckfurth am Mayn
den $\frac{28.\ Aprilis}{8.\ Maji}$ Anno 1662.

Vortrag an den Französischen Gesandten.

Sacrae Regiae Majestatis Christianissimae Illustrissime Domine Ablegate!

Probe recordabitur Illustr. Dominatio Vestra eorum, quæ nomine
& justu Serenis. Principum & Dominorum nostrorum Domini
Palatino-Neoburgici, Dominorum Brunsvicensium ac Luneburgen-
sium, nec non Wirtenbergici Ducum & Hassiæ Landgraviorum Anno
nunc ferme elapso I. D. Vestræ in Galliam tum hinc tendenti fusius
exposuimus, Serenis. Regiæ Majestati christianissimæ ea qua decet
reverentia, quaque pollet I. D. Va dexteritate referenda, quæ item
paulo post reditum inde suum loco declarationis seu Resolutionis Regiæ nobis replicarit communicaritque altissime nominatis Serenitatibus suis tum humillime à nobis perscripta atque relata, quorum proinde fusiori recensione hac vice merito supersedemus.

Non

Non potuit non accidere pergrata ifthæc Majeftatis fuæ declaratio Ser-nis Principibus & Dominis noftris quigratitudinem animorum
fuorum omni occafione exferere allaborabunt, Veftræ quoque Dominationi Illuftrifs. non parum fe debere profeffi, quod operam fibi fuam
commodare & gloriam promovendi tam laudabilis tamque in publicum utilis negotii cæteris fuis meritis adjicere voluerit.   Quid enim
optatius Serenitatibus fuis effe potuiffet, quam intelligere interpreté
I. D. V.ª fixum firmumque manere S. Regiæ Majeftati fuæ pro confor-
tio Weftphalicæ pacis, pro perpetuo fuo erga bonum Imperii publicum, præcipueque Principes ejusdem affectu fibi cæterisque Principibus queis curæ cordique funt Jura fua atque avitus Status, quo in
hoc Augufto Imperio fingulari Dei gratia à tot feculis ornati confi-
ftunt, adeffe Potentiffimo fuo auxilio, eademque Jura contra quosvis
qui in præjudicium illorum aliquid intendere conentur, fimul tueri?
Probe gnaræ, quod ipfius Imperii atque adeo vicini quoque Orbis
Chriftiani tranquillitas bonam partem inde dependeat, quod fanctiffi-
mæ Weftphalicæ pacis tabulæ (ne vetuftiora hic citemus) Tum vero
quod vera hujus Imperii, cui id innititur, bafis atque ratio hoc ipfum
poftutent, verendumque fit, ne everfo ifthoc fundamine cætera deinde moles per fe ipfa corruat & pulcherrima libertatis Germanicæ Har-
monia convellatur.

Cum igitur nixæ tam generofa ac jufta maximi Regis declaratio-
ne Serenitates fuæ non ita pridem ad confervandum ifta ex pacis Weftphalicæ Inftrumentis fibi competentia & cum Dominis Electoribus ac
cæteris Imperii Statibus communia Jura (ferendarum videlicet Imperii legum, earundemque interpretendarum, belli, Pacis, fœderum, Tributorum pluriumque fimilium) certo ac legitimo quo-
dam modo convenerint, idque ad neminis plane mortalium offenfio-
nem vel minimam, fed ad confervanda tantummodo uti dictum jam
eft, jura ifta fua atque prærogativas: vifum eft rem iftam I. D. Væ
per nos Miniftros atque ablegatos fuos exponere, ut eadem jam fatis
de ifthoc negotio vel ut de reliquo Imperii quoque ftatu informata
dignetur id ipfum Sacræ Regiæ Majeftati fuæ denuo humillime refer-
re, eoque promovere, ut expreffior aliqua & peculiaris declaratio
Regia ad præftandam in omnem cafum Guarantiam & manutenentiam
fequatur.

De cætero Sacra Majeftas Sua omnino perfuafum fibi habere poteft, Serenitates fuas in id unice incubituras, ut juxta hanc confer-

X. Theil.   (D)   vatio-

vationem jurium ac prærogativarum fuarum pax & tranquillitas Imperii, firma cum Sacra Majeftate fua neceffitudo & amicitia, mutuaque inter Electores & Principes Imperii præfertim arctiori hoc glutine inftrictos, concordia quam diutiffime benedicente Numine vigeat floreatque. Quam ad rem Sua Majeftas Chriftianiffima plurimum fane conferet ulterius, fi laudatiffimis prædecefforum fuorum veftigiis nuperæque illi refolutioni fuæ infiftens interventu fuo id efficiet, ut Principibus Imperii Jura fua farta tecta conftent & quidquid temporum Injuria vel alia quacunque occafione iis contrarium irrepfit, mature emendetur, eo validiores habitura focios ac fœderatos, quo majori robore juftitiam eorundem fuffulciet. Illuftriffimæ vero Dominationi Veftræ, cujus eximia dexteritas Serenitatibus fuis non minus, quam egregium erga fe ftudium fatis conftat hæc fua intereffe, hanc jurium fuorum caufam magna cum fiducia concredunt ratæ, nemini fe eadem meliori cum fructu & effectu confidere poffe : Illam quoque, quam hic porro impendet operam, nullo non tempore locoque gratis animis agnofcent. Cui & nos ftudiorum atque officiorum genus, quantum quidem a nobis expectari aut defiderari poteft, prompti paratique offerimus. Francofurti ad Mœnum &c. &c.

Sereniffimorum Principum & Dominorum, Domini Palatini Neoburgici, Dominorum Ducum Brunsvicenfium & Luneburgenfium, Dominorum Landgraviorum Huffiae & Domini Ducis Wirtembergici Miniftri & ablegati ad Dom. de Gravelle.

Num. 8.

Königl. Franzöf. eigenhändig Schreiben an feinen Gefandten bey der Reichs-Deputation wegen Erhaltung der Fürftl. Vorrechte. d. d. 8. Septembr. 1662.

Monfieur de Gravel. Ayant veu & meurement confideré le memoire, qui vous a efté prefenté par les Deputez des Princes mes alliés fur le different, qu'ils ont avec les Electeurs dont on pourra traitter l'adjuftement à la Diete prochaine j'ay voulu vous faire cette lettre de ma propre main pour mieux tesmoigner, combien l'affaire m'eft à cœur & pour vous dire, qu'en mesme tems que je souhaite aveq paffion que cet accommodement fe puiffe conclurrer aveq satisfaction

faction reciproque des uns & des autres, à quoy je contribueray de tout mon pouvoir, Je defire auffy, que vous renouvelliez de ma part aux dits Princes par le moyen de leur deputez les mesmes affeuran-ces, que je leur ay desja fait donner par vous de ma protection Roya-le en cette affaire & que j'appuyeray d'autant plus volontiers leurs juftes pretenfions dans la Diete, que je fuis tres perfuadé qu'ils ne de-mandent rien, qui ne foit bien fonde fur la teneur du Traitté de Munfter pour le maintien & l'execution du quel je feray tousjours tres difpofé de prefter la Garantie a mes bons Amis, comme le mesme traitté m'y oblige. Sur quoy mesme vous pourrez de bouche expli-quer plus au long aux dits Deputez ce que vous fcavez estre de mes intentions priant Dieu ce pendant, qu'il vous ayt, Monfieur de Gravel, en faSainte garde. Escrit a St.Germain en laye le 8.de Septem-bre 1662.

Louis.

Num. 9.

Schreiben des Erzbischoffs zu Salzburg als Kayf. Principal-Commiffarii an Herzogen zu Würtenberg, wegen angefetzten Termins zur Propofition. d. d 3. Dec. 1662.

Unfer freundlich Dienft und was wir fonften mehr liebs und guets vermögen zuvor, Hochgeborner Fürft, befonder Lieber Herr, Freund und Gevatter.

Wiewohlen Wür darfür halten, daß weilen der Chur-Fürften und Stänten Ge-fanttfchafften in zimblicher Anzahl allhie verfambelt und infouterheit das Hoch-löbl. Churfürftl. Collegium (auffer Chur-Cölln) nunmehr ergetzt, man ohne fer-neren Verzug zur Kayferlichen propofition fchreiten und folche eröffnen möchte, maffen dann die Röm. Kay.May. unfer allergenetigefter Herr unß derfelben befchleu-nigung allergnedigift anbefohlen, So haben Wür doch in Erwegung aller Umbftänd u.nd reiffer mit unfern Kayferlichen Concommiffarien und den anwefenden Chur-fürftl. Gefannten gepflogner Abretung und gutbefinden, auch darauff anderer Fürften und Stänten gegenwertigen Gefannten befchehene Communication zu dem Ende, damit niemand fich zu befchweren einige Urfach haben möchte, fondern aller eits que-te Verftäntnuß erhalten difes allgemeine Werck unitis confiliis incaminiert uud des heyl. Röm. Reichs Wolfart, tranquillität und Hayl mit einmüethigem, gue-tem beftendigen nachdruck deliberiert, erwogen unü verglichen werde, auf allerhöch-

fter

ster Kay. May. vorgehende Bewilligung noch einen geraumen termin zu publici-
rung angeregter Kayf. Proposition nemblichen den 20. Januarii ſtyli nov. negſtein-
gehenden 1663. Jarß zu benambſen nicht unterlaſſen wollen, inner welchen diejenige
Chur-Fürſten und Stände, welche die ihrige bis dato eintwederß gar nicht oder nur
zum theil hieher abgefertiget, nach dero belieben und guter Gelegenheit ihre Abſen-
dungen thun mögen.

Wann Wür nun der gentzlichen Hoffnung leben, E. Lden werden ſelbſten über
ſolche von uns zu männigliche Nachricht vorgenommene terminß Benennung kein
Bedenken tragen, alſo haben Wür auch E. Lden hievon parte geben wollen in der
gänzlichen zuverſicht, Sye werden diſe Anſtalt in beſtem aufnehmen und ihres Orts
ohne Maßgebung diſe Reichs-conſultationes in beſtem zubefördern geneigt ſeyn.
Wie nun ſolches zu der Röm. Kayſ. May. und des ganzen beyl. Röm. Reichs Nutzen und Dienſt gereichet, Alſo wollen Wür E. Lden unzweiflich guete Bezaigung bey
derſelben gebürlich zu ruehmen nit ermanglen und ſeinrt anbey E. Lden zu geſelligen
beliebigen Dienſterweiſungen allzeit bereit und willig, Regenſpurg den 3. Decembris
Anno 1662.

**Guidobald von Gottes Gnaden Erz-
biſchove zu Salzburg, Legat des
Stuls zu Rom ꝛc.**

dienſtwilliger Freund und Gevatter

Guidobald. m. p.

Num. 10.

Reichs-Gutachten wegen begehrender Türken-Hülfe.
d. d. $\frac{12}{25}$ Maji. 1663.

Wohin die Röm. Kay. May. unſers allergnädigſten Herrn zu gegenwärtigem Reichstag verordneter Principal-Commiſſarius der Hochwürdigſte Fürſt und Herr,
Herr Guidobald, Erzbiſchoff zu Salzburg, Legat des Stuls zu Rom neben dem
Seiner Hochfürſtl. Gnaden zugeordneten Mitgevollmächtigtem Kayſerl. Commiſſarien auf das von des beyl. Röm. Reichs Chur-Fürſten und Stänben anweſenden te-
vollmächtigten Räthen, Bottſchafften und Geſandten den 15ten abgewichenen Monats
Martij underthänigſt überraichtes Guthachten ſich hinwider vernemmen und welchergeſtalt Sie es bey deme an ſeiten diſer Reichöverſamblung vor gut angeſehen modo
& ordine tractandorum punctorum nach der Kayſerl. propoſition, auch folgents
occaſione des erſten propoſitionß-puncten geſchloſſener eventual-Hülff an Gelb
und Volk und dabey beſchehenen Bedingnuſſen, Vorſchlägen und recommendierter

Er-

Erleuchterung einiger depauperierten Reichs-Stött bewenden, so kann zugleich
auch die hinmittelst von dem Zustand der mit dem Erbfeind angesangener Fridens-
tractaten eingelangte Nachricht und wie eysrig und sorgfältig allerhöchst gedachte
Kay. May. solche fortzusetzen und zu Erhaltung beständigen Ruhestandts alle dien-
liche Mittel und Weege zu ergreiffen sich bemühen dero allergnedigsten Befehl gemäß
ausführlich zu communicieren sich belieben lassen und mithin beweglichst erinnern
wollen, damit in Ansehung gedachte Fridens-haublung noch von sehr zweifelhafftem
eventu dependiere und dahero die ohnumbgänglicheNotturfft um so viel mehrers erfordere, die Kayserl. Waffen auf allen feindlichen Einfall zur gehörigen resistenz sowohl,
als auch Erlangung desto billicherer Fridens-conditionen in guter postur zuerhalten,
solchen Last aber Ihrer Kayserl. May. durch die biß dahero und nun ins vierdte Jahr
unterhaltene Miliz abgematteten Erb-Königreichen und Landen in die Länge allein
zu tragen unmöglich seye, die Reichs-deliberationes circa quantum der even-
tual-Hülf auff erfolgenden Bruch beschleimigt, sondern auch derselben alßgleich und
de præsenti mit einer ergibigen Hülf an Geld austisen und andern mehr rationibus
von Chur-Fürsten und Ständen an Hand gegangen werden möchte.

Solches haben Eingangs erwehnte des Heyl. Röm. Reichs Chur-Fürsten
und Stände anwesende Räthe, Bottschafften und Gesandte aus Ihrer Hochfürstl.
Gnaden unter 2. Aprilis schrifftlich ertheilter resolution mit mehrerm gehorsamst
verstanden, insonderheit aber dises, daß allerhöchst gedachte Kayserl. May. die im
Namen Ihrer gnädigsten und gnädigen Herrn Principalen, Obern und Committenten beschehene Erklärung zu sonderm allergnedigsten Gefallen und consolation
gereichen werde, sehr gern vernommen. Und gleichwie allerhöchster Kay. May. vor-
obberührte allergnetigste communication und zu conservation des Königreichs
Hungarn und Fürstenthumbs Sibenbürgen, als rechter Vormaur des hayl. Röm.
Reichs und ganzer Christenheit, an ü nachtrücklicher Abwendung der von dem Erb-
seind Christlichen Namens noch anbedrohender Noth und Gefahr allergnädigst con-
tinuirende höchstraembliche vätterliche und wachsame Sorgfalt und Mühe schuldigster, Ihrer hochfürstl. Gnaden aber vor die deßfalls übernommene Bemühung und zu
Beförderung der gemeinen Reichs und ganzer Christenheit Wohlfarth bezeugenden
hochpreisenden Eyfer ebenmessig absonderlicher höchster Dank erstattet wird; also hat
man auch an seiten der Stenden in puncto assistentiæ contra Turcam die Notturfft
ferners zuerwegen und das gethane Begehren wegen einer ergibigen Geldhülff de
præsenti aus obigen wichtigen und antringenten Ursachen in gehörige Berathschlagung
zu ziehen nicht unterlassen. Wiewohlen nun darbey für- und angebracht worden, daß
Chur-Fürsten und Stände durch den jüngsterlittenen breyßigjährigen Krieg, darauf gefolgte schwere Reichs-Anlagen, der commercien mercklichen Abgang und
nun etliche nach einander eingefallene mißwachsende Jahre und aus mehr andern par-
ticu-

ticular Ursachen an Land, Leuten und Mittel dergestalt abgenommen, daß denenselben nebst der auf erfolgenden Bruch mit dem Türcken (so der grundgütige Gott
gnädiglich verhüeten wolle) nach Proportion des Feindes Macht und daraus besor-
gender Gefahr nach Müglichkeit verwilligter Hülffleistung auch so gleich jetzo etwas
beyzutragen zumahlen beschwerlich fallen wolle. Massen dann auch verschiedene im
Fürsten-Rath aus denen von ihnen und sonderlich diser angezogenen Ursach, daß Sie
in casum belli Turcici eine Volkhülff versprochen und solche in Bereitschafft gehalten hetten etwas an Geld zu geben verwaigert und einige annoch defectum Instructionis vorgeschützt, so haben jedoch die übrige, daß Ihrer Kay. May. in ansehung obervewehuter Umständlich vorgestellter Nothwendigkeit und von deroselben dem
heyl. Röm. Reich und der gantzen Christenheit zum besten bereits so viel Jahr lang
allein getragenen überschweren Lasts mit einer mitleydentlicher freywilliger Geldhülff
conjunctim pro praesenti & praeterito an Hand zu geben sey, vor nöthig ermessen
und, obschon so viel das quantum betrifft, die Fürstliche und Reichs-Städtische Erklärungen gar ohngleich ausgefallen, indeme etliche 100. einige 60. verschidene 50.
andere 40. 30 auch etliche nur 25. 20. 15. und 12. Römer-Monath verwilliget
haben, so ist doch das gesamte Churfürstl. Collegium, wie auch die mehrere im Fürstlichen auff 50. Römer-Monath gangen. Nachdeme aber die, welche zu solcher
Summa der 50. Römer-Monath sich nicht, sondern zu einem wenigern mit gewissen
und hernach berührenden conditionen verstanden oder auch nichts an Geld, wie oben-
erzehlet, gewilliget, angebracht und ausbruckentlich reserviert haben, daß Sie in
puncto Collectarum nicht an die majora (welche Frag gleichwohlen auch dißmahlen nicht entschieden, sondern an sein gehöriges Ort remittiert worden ist) weder con-
cludendo, noch exequendo gebunden seyn wollten und solchem nach auff ihrem
unterschiedlichen anerbieten verharret, so seynd ohngeachtet alles angewendten fleisses
und Bemühung solche Vota in eine mehrere Bereinigung und conformität nicht
zubringen gewesen, sondern hat man solches anerbieten an sein Ort müssen gestellt
seyn lassen, ist auch von verschidenen im Fürstlichen Collegio und mehrertheils Reichs-
Städten die Bewilligung auf alle drey tempora, als nemblich das praesens, prae-
teritum und futurum ohnerachtet die Churfürstliche und mehrere Fürstliche Gesandte auff einkommende weitere Special-Nachricht von dem futuro weiters zu reden und
sich nach Gestaltsame der Läufften ferners und endlich vernehmen zu lassen, vorbehalten haben, extendiert und von verschidenen Ständen die Bedingnussen angehenget
worden, daß der bereits geschehene Vorschuß (wie auch solches in der allergnädigsten
Kayserl. resolution auff das erste Gutachten allbereits approbiert worden) daran
defalciert, auch die Matricula moderiert und in dem nechstabfassenden Reichs-
Abschiedt verordnet werden solle, daß es mit dem modo collectandi von jeder Obrigkeit also gehalten werden solle, wie es im Röm. Reich in solchen Fällen rechtmässig

her-

herkommen und Recht, auch den Reichs-Abschiden und Westphalischem Fritenschluß
gemeß, worüber dann niemand mit der That zu beschweren zu solcher Hülff mit
Steur zu belegen, darzu verschidene aus dem Fürstlichen und die Reichs-Stättische
anzehenckt und reserviert, daß noch bey gegenwertigem Reichstag benöthigte Præ-
paratoria ad moderationem Matriculæ verglichen, auch in dem abfassenden Reichs-
Abschied der Durchzüg halber versehen werden solle, daß niemand wider die vorige
Reichs-Abschied und den Westphälischen Fritenschluß darmit zu beschweren. Glei-
chergestalt haben einige im FürstenRath und die mehrere Reichs-Stättische in puncto crediti gesucht daß in dem Reichs-Abschied speciatim versehen werden solle, daß
in ansehung dises subsidii die Ständ ihrer Creditorum halber mit epsfertiger und
albereit anbedroheter execution nit sollen übereylet, auch der mehrern Stättischen
Meynung nach die Bezahlung des im letztern Reichs-Abschied auf 10. Jahr lang
suspendierten Ein Quart und der Capitalien noch weiter prorogiert werden, solches
reservat aber hat das gesambte Churf. Collegium contradicirt, auch die mehrere im
Fürstlichen und etliche im Stätt-Rath darbey erklährt, daß sie zwar, weil die, so
dises gesucht, so starck darbey beharret, dessen Einrückung in gegenwertiges Gutachten relative geschehen lassen könnten, jedoch, daß darbey gedacht werde, daß ihre
Meynung nicht sey, daß hierunter wider den letztern Reichs-Abschied und die Kayserl. Wahl-Capitulation ichtwas vorgehen, sondern, daß selbige so wohl in favorem Creditorum als debitorum gebührlich beobachtet werden solle. Damit aber
auch die Bezahlung dessen, so gedachter massen bewilliget worden, ohnfehlbar erfol-
ge, so haben sich die mehrere erklährt, daß die de præsenti & præterito zugesagte
Hülffleistung in einem Jahr und in zweyen terminen, nemblich auf nechstkünfftig
S. Michelis, oder längsten S. Martini tag und dann auff Ostern des 1664. Jahrs
richtig erlegt und abgestattet werden solle, welches jedoch von etlichen ad referendum
genommen und von einigen sub sperati bewilligt worden.

    Und demnach bey solchen deliberationen die Reichs-Städte Hagenaw, Dort-
mündt, Keysersberg, Dinckelspühl, und Isny auch ihren schlechten Zustand zu erkennen gegeben und nun Intercession zu Erlangung allergnädigster Verschonung angesucht haben, als thue man auch solche aus gleichmässigen Ursachen, als vorhin
wegen Kempten, Weil, Weissenburg am Nortgau, Wimpfen und Aahlen,
Giengen und Bopfingen beschehen, nach gestaltsamb ihres Standes und Beschaffenheit zu einer Erleuchterung hiemit gebührend und bestermassen underthänigst recommendiren. Datum Regenspurg den $\frac{13}{23}$. Maji. Anno 1663.

Num. 11.

Num. II.

Kayſerl. Propoſition über den zweyten Reichstags-Propoſitions-Puncten wegen der Sicherheit des Reichs. d. d. $\frac{18}{28}$ Julij. 1663.

Demnach vermög des erſten puncti der Kayſerl. Propoſition die eylende Hülſe wider den Erbfeind Chriſtlichen Namens theils in Geld und an Leuten bewilligt, theils wegen vor Augen ſtehender Geſahr durch anderweit ſchleunige freywillige Voranſchick- und anticipierung etliche durch eigene Kayſerl. Geſandſchafften und deßwegen abgelaſſene Schreiben erlangter Kriegs-Völker und ammunition es in ſo weit und dahin gebracht, daß biß eine erſprießliche tapfere und beharrliche Kriegs Anſtalt im Reich eingefaßt und des Türken halber, wie die hiebevorige Reichs-Abſchied mit ſich führen, auch zu andern benachbarten Chriſtlichen Königen und Gewalten geſchicket ſeynd und man ſie zur Hülfleiſtung diſponiert haben wird, entzwiſchen bey ſo bewandtem Zuſtand dißmal immer müglich die Kayſerliche May. und dero Königreich Ungarn und ſonſt durch Gottes Gnaden ſeegen, mercklicher Erleichterung verhoffentlichen werden empfinden können und aber leichtlich zu erachten, daß tafern es zu würcklichem Einbruch und Anfall des Türken und alſo zu einem offenen Krieg außſchlagen ſollte, maſſen es dann leyder anjeßo mehr dann zu viel am Tag ligt, ſo thane zeitweilige einzehle und koſtbare Hülffen in die Harre ganz ohnzulänglich; Als wird wohl die ohnvermeidenliche Notturfft erſordern jeßo in Crafft ſo wohl des erſten, als zweyten puncti der Kayſerlichen Reichstags propoſition, als auch zugleich auf weſentliche und würckliche Einrichtung der gemeinen Reichs-ſecuritæt das ohnverlängte Abſehen zuenemmen, damit denen Reichs-conſtitutionen und Inſtrumento pacis gemäß Art. 8. die Jura ſtatuum daturch zugleich befeſtiget, die ſo offt mahls ſo wohl bey denen Weſtphäliſchen Fridens- und Nürnbergiſchen Execution-tractaten ſelbſt, als nachfolglich auf leßterm Reichstag Anno 1653. und 54. vorkommene und ohnentbehrliche General-Reichs-Fridens Guarantie nach Anleitung art. 17. Inſtrumenti Pacis endlich ins Werck geſeßet und junctis conſiliis viribusque alß eine ordentliche Reichsverfaſſung dergeſtalt eingemittelt werde, damit ſowohl gegen diſem einbrechendem mächtigem Erbfeind, alß anderer auß- und inwertige aggreſſiones und Uberzüg ein jeder Stand und Fridensgenoſſ im Reich des ſeinigen ruhig genieſſen und das geliebte Vatterland Teutſcher nation von allem gewaltigen Uberfall, Schimpf und Schaden geſichert, die Kayſerl. May. und das geſambte Reich in ſeinem hohen reſpect erhalten, wider die gegenwertige Türken-Geſahr und andere Beſorgliche Anſtöß mit beharlicher Hülfleiſtung und beſtändigem Nachdruck verwahret und alſo eine durchgehende Sicherheit ſtabiliert werden möge. Gleichwie nun auf diſem all-

allgemeinnützigen Hauptzweck zuvörderst also der Kay. May. höchstlöblichste Intentiones die Wahl-capitulation und gethane Reichstags-Proposition gerichtet, Chur-fürsten, Fürsten und Stände auch darauff jederzeit dero einige Absicht und reflexion genommen und nichts mehrer noch sehnlicher verlangen, als wie diser Haupt-Punct der Reichs-Securitaet als ein rechtes Band des Fridens zum Stand fürderlich ein-gerichtet und in allem nach Erhaischung der ohnumbgänglichen Nothwendigkeit Ihrer Kayserl. May. und des Reichs eigenes Interesse, respect und sämtliche Wohlfart gegründet, dadurch alle Mißhelligkeiten und schädliches ohnvernemmen aus dem Weeg geraumt und die Jura Imperii circa bellum & pacem nit weniger der Gebühr communi sacrae Caesareae Majestatis, Electorum, Principum, Statuumque consensu atque suffragio nach Anweiß des Fridenschluß bestätigt und ins Werck gestellet werden möge: Also ist auch kein Zweiffel, daß alle Chur-Fürsten und Stände diß höchstwürthige Werck Ihnen vor allen Dingen werden angelegen seyn lassen, und das allervornehmste Stück Ihrer getreuen affection und Schuldigkeit, womit sie dem werthen lieben Vatterland verbunden seyn, dahin anwenden, wie der Kayserl. May. Ihre höchste Authoritaet denen Chur-Fürsten und sämtlichen Ständen Ihre hergebrachte und bestetigte Jura und also dem Reichsherkommen und constitutionen, gäldenen Bull und Fridenschluß ihre Krafft und Würckung und dem ganzen heyl. Rö-mischen Reich sein Interesse, Ansehen, reputation, Ruhe und beständige Sicher-heit fest gestellet und in geziemender Obacht gehalten werden möge. Und weilen Sie im Werck und in der That verspühren, daß der ohnentbehrliche punctus securi-tatis, wie es die Reichsverfassung und des Fridens Instrument, auch die gegenwär-tige Noth wolle erfordern, noch nicht fundiert, radiciert und also begründet ist, daß sich der realitäten und würcklichen effecten bey vorkommenden geschwinden Zu-fällen, wie es dann sonderlich anjetzo bey disem Türkischen Einbruch die Erfahrung leyder gibt, bey zeiten zu getrösten und zugewarten habe, Ingleichem befinden und er-wegen werden, daß auch die im letzten Reichs-Abschied vor nöthig erachtete der biß-anhero ohnfruchtbar und nicht dienlich, noch vorständig gewesener Executions-Ord-nung auff jetzige nöthige Umbständ so gar nicht eingerichtet worden, daß auch die deß-halben in erstgedachtem letztem Reichs-Abschied veranlaßte Crayß-Gutachten meh-rertheils ganz außgeblieben, theils nit völlig und theils ohnzulangend einkommend und daß man auch solchergestalt bey dem letztern ordinari-Reichs-deputationstag zu Franckfurt consequenter darinn keine Richtigkeit hat treffen, noch wegen anderer theils nöthiger, theils ganz ohnnöthiger vorgestoßener zeitspiltiger materien, damit der Gebühr zu einigen auf disem Reichstag angezieltem Deputations-Gutachten ge-langen können, wie viel Zeit auch noch hierinn zugebracht werden mäßte und was für grosse fast ohnerörterliche difficultaeten in den Crayßen, sonderlich aber wegen der in puncto Matriculae erforderten aufzügigen Crayß-Erkundigungen, Ergänzung

X. Theil.   (E)   der

der Craysen und werkstellender Crayß-Zusammenkunfft, Moderation und Ringerung der Anschläg, auch anderer prærequisiten obhanden, auch wie wenig denen
geschwinden Vorbrechungen inn- und auswärtiger Gefahr und Nothfällen, sonderlich auch diser Türkengesahr dardurch abgeholffen und gesteuret und Ihrer Kayserl.
May. und denen Reichs-Ständen damit endlich circa exercitium Juris belli &
Pacis gedienet seye, massen solches alles Reichs- ja weltkündig, auch aus den Reichs-
Abschieden und sonderlich denen de Annis 1555. 59. 64. 66. 70. 76. 82. 94. und
den Reichs-Actis selbst wissend und bekandt, wie langsamb es mit der Aufmahnung
in d u Craysen dahergehe, wie so eines Crayßhülff nit genugsamb ererst die negstge-
sessene Crayß-Obriste und Zugeordnete umb Hülf ersucht und Sie an gelegene Mahl-
statt zur Berathschlagung, hernacher auch andere zwey Crayß zu den vorigen dreyen,
wann sie nicht stark genug erfordert, darauff da eines oder zweyer oder dreyer oder
auch fünffer Crayßhülf im Anzug und ins Feld gestellt, Kay. May. desselben berichtet, serner da die Gesahr und Sorglichkeiten so bewandt, daß so aller Crayß hülff
vonnöthen, solches ChurMaynz zu wissen gethan werden und Ihre Churfürstl. Gn.
zu einer ordinari Reichs-deputation ein außschreiben thun, wie auch Churfürsten
und deputierte Fürsten und Stände ihr Bedencken der Kayserl. May gegeben und
da der andern fünf übrigen Craysen auch vonnöthen, alßdann ererst ihre Hülff gleichmäſſig zuschicken müſſen. Item da aller Craysen Hülf nit genugsamb, wie solches an
die Kay. May. gelanget, im Fall der Nothdurfft eine gemeine Reichsversamblung
vorgenommen und wann alle Crayß ins Veld ziehen, die Churfürsten und deputierte
Fürsten und Stänbe sich vergleichen müſſen, wen sie zu einem Obristen in gemein gebrauchen und wie sie den underhalten wollen und was serner nach besag der execution-
Ordnung vor langweilige zeit verlustige Weege und gradus zu endlicher Würcklichkeit erfordert werde, welche zwar zu innerlichen Fällen, sonderlich vollstreckung der
Justiz, darzu die execution-Ordnung auch anfänglich eingeführt und nach und
nach verbessert und etwas extendiert worden ist, nicht übel beyschlagen: Es bezeugt
aber die ohuverneinliche Ersahrung, daß dardurch dem gemeinen Weſen und Reichs-
securitæt bey entstandenen schnellen feindlichen Einfällen und Vorbringen zumahlen
wenig geholffen, wie dann die Beleuchtung der gantzen Executions-Ordnung augenscheinlich darthut, wann man von stück zu stück in den Reichssatzungen ansiehet und
eigentlich betrachtet, wie weit sie in sua serie außlangen und anßraichen könne, allermaſſen die Reichs-constitutiones darinn klare Nachricht geben, wa von den Kraysen, von des Landsridens Hanthab, von Türkenhülfen, von der Acht und Bann,
von execution der Urthein, von Vehden, von des Reichs Obristen Hauptmann,
von den zehen Kriegsräthen, so dem Reich verpflichtet und andern Kriegssachen, von
Articuls-Brieffen, von gemeinem Pfenning, auch Hülf und Vorrath, von Reuter Bestallung, von raisigen Fueß- und Landtsknechten, vom Regiment und dergleichen

chen Reichs-Angelegenheiten gehandelt würdt: Ob und wie nun, obgleich die executions-Ordnung, als eine Richtschnur hiebey vor Augen zu haben und als eine heilsame Reichsverordnung so viel bey disen Läuften und veränderten Zuständen immer
möglich zu considerieren, selbige gleichwohl allein die zu Münster und auf nechst-
vorigem Reichstag gesuchte stabilierung des Fridenstands wider allen außwertigen
Gewalt und etwan herfürbrechende Empörung, wie nicht weniger wider alle ohnlei-
denliche dem heyligen Reich verderb- und schimpfliche proceduren auf allen Fall genugsam versichere, ob darinn denen Reichsobligen und jetzigen zeitfällen gemäß und
nach Laut und Inhalt des Instrumenti Pacis die securitas publica zur Genügen
durch schleunige vorständige und nottürfftige Mittel versehen oder der ohnentbehrlichen
abgenöttigten Kriegs-Anstalt und anderer Verfassung bedarff, dergestalten eingerichtet, daß in Zeit der Noth gegen vorbrechende geschwinde Gewaltthätigkeiten so bald
und beharrlich zubestehen und zugleich die ratio Juris & suffragii Statuum zu stabilieren, davon ist dißmahlen die Frag und, weilen man insgemein und betrüblich ansehen thuet, wie bloß das heylige Römische Reich unser geliebtes Vatterland und in
was beschwerlichem Mangel es dißfalls und sonderlich von diser grossen Türken-Noth
stehet, so wird nunmehro diser allervnöthigste Haupt-Punct de stabilienda publica
securitate und wie dieselbe, als in welcher Imperii salus bestehet, mit Ernst und
Würcklichkeit einzurichten, in gehörige umbständige Berathschlagung zu ziehen seyn,
damit die Ohnvermeidlichkeit und Grösse des Wercks seiner Erheblichkeit nach recht
examiniert, die Intentio des Fridenschlusses und nächstvorigen Reichstag völlig erlanget: und also die media conservandæ pacis in vollkommenlichem wesentlichem
fruchtbarem Stand realiter und effective eingerichtet und bey diser Reichs-Versamblung endlich mit gesambter Hand zwischen Kay. May. und Chur-Fürsten und
Ständen vollends beschlossen, in Reichs-Abschied und richtige observanz gebracht
und dermahleins hierdurch disem hohen gemeinnutzigen hauptsächlichen Reichs-An-
ligen aller getreuer Ständ sehnlichem Verlangen nach vermittelst auffrichtiger Zusamensetzung der Gemüther comitiali omnium consensu und mit müglichster Abkürzung aller weiterer Verzüglichkeiten seine abhelffliche Maß und erwünschte Ende
schafft gegeben werden möge.

Wie und welchergestalten nun solches aigentlichen einzurichten, darüber werden
die ablegende Reichs-Vota zu vernehmen u. dann daraus ein gewisses zu schliessen seyn.

Num. 12.

Chur-Maynzisches Schreiben an Cölln wegen des von den Fürsten beharrenden Juris ad capitulandi. d. d. 7. Oct. 1663.

Besonders Lieber Herr, Freund und Bruder!

Mir seindt Ewer Lben beede Schreiben vom 7den und 28. Sept. nechsthin wohl zu handen überliefert worden, ab deren verlesung Ich   Ex copia.
niche-

mehrern Inhalts verstanden, wie Deroselben nicht allein befremdlich vorkommet, daß die zwischen den Fürstlichen zu Regenspurg vorgangene, dem Reichsherkommen zuwider lauffende particular conventiones denselben also ungeandet gestattet und solche nicht mehrers unter den Churfürstlichen (als denen es so offt Sie wollen, frey stehet zu thun) augestelle, die Güldene Bull dergestalt auf die Seit und ausser Acht gesetzt und dergleichen sehr nachtheilige position'ones ohne vorhergegangene communication mit den übrigen Churfürsten durch meine Gesandten gethan worden, dardurch es nun so weit gerathen, daß mehrbemeldte Fürstliche allerhand bedrohungen ausgiessen, ja offentlich sich verlauten lassen dörfften lieber den Reichstag zu quittiren, als von consultation des auf die Bahn gebrachten puncti Capitulationis im geringsten abzustehen und welchergestalt sie davor halten, daß die Churfürstl. Gesandte sich mit einander zu unterreden und reiflich zu überlegen, wie das bereits vergangene zu redressieren und alßdann dahin einmütig zu trachten, wie öffters bemeldte Fürstliche von diser materi widerumb ab- und zur deliberation anderer nothwendiger puncten zu bringen seyn möchten, massen sie dann Ihren Bevollmächtigten allschon zu dem End Bevelch ertheilt und nicht Zweifelten übrige Herrn Mit-Churfürsten, so ab disein modo procedendi geschöpfftes Mißfallen weniger nicht bezeugen, den Ihrigen bereits ein gleichmässiges aufgegeben haben, auch mich und den auf mich geladenen Unglimpf von mir abzuwälzen, ein gleichmässiges zu thun ersuchen wollen.

Nun bedaure Ich selbsten auch zum höchsten, daß man zu Regenspurg die meiste Zeit vielmehr mit unnöttigem disputiren zubringt, als da man hingegen Ursach über Ursach hätte dahin bedacht zu seyn, wie mit einmüthiger rechtschaffener zusammensetzung der bevorstehender so grosser Türken-Noth und Gefahr zu begegnen und sonsten das Reich bey beständiger Ruhe und Sicherheit zu conserviren. So seindt mir nicht weniger der Fürstlichen unherkommene particular-conventions auf dem Rathhaus als in loco publico sehr fremd zu vernehmen gewesen. Meines Orts habe Ich von Anfang der Reichs-Consultationen bis auf gegenwertige Stund, massen die protocolla und Reichs-Acta genugsamb bezeugen werden, in allen meinen propositionen und Votis je und allewegen die gemeine Zusamensetzung, sonderlich bey diser vor Augen schwebenden so grossen Türkengefahr auß höchste recommendiret und dergleichen Verwirrung und ohnzeitigen disputat auß eusserste zu hintertreiben gesucht und haben auch die meinige der Fürstlichen im Reich unhergekommene particular-Zusamenkunfft uff dem Rathhauß, augesehen man es sonsten ausser solchem Orth keineswegs würd verwehren können, gegen dieselben zu mehrmahlen gantz eyfferig widersprochen, daß nun aber eines und anderes nicht verfangen wollen, da ist mir die Schuld im geringsten nicht beyzumessen. Wann auch solche ohngewohnliche offentliche particular Zusamenkunfft auf dem Rath-Hauß als dem loco publico noch ferner continuiren sollten: So lasse Ich mich nit verdriessen, daß im Churfürstl.

Colle-

Collegio und mit denen Kayserl. Herrn Commissariis darvon geredet werde, wie hierinn zu remediren seyn möge. Sonsten aber weiß Ich mich einiger nachtheiliger proposition durch die meinige gethan und deßwegen einen Unglimpff auff mich geladen zu haben ganz und zumahl nicht - wohl aber dises zu erinnern, daß Ich Churfürsten und Ständen des Reichs Notturfft nach Anleittung der Kayserl. Reichstags Proposition, gleich dann auch solches dem Chur - Meinzischen Reichs - Directorio in krafft dessen Rechten und der bißherigen Observanz competirt und zustehet, zur deliberation, sonder jemants ungebührliche Ziel - oder Maßgebung vortragen und in übrigen gleichwohl dahin gestellt seyn lassen, wohin ein und anderer darüber sich mit seinen Gedanken vernemmen lassen wollte. Massen Ich mich dann auch jederzeit mahlen dahin erbotten, solches gehrn anzuhören und mich mit demjenigen zu vergleichen, was zu des Reichs gemeiner Wohlfart und Sicherheit dienlich befunden werden möchte. Und hätte Ich auch dorten meines theils die Kayserl. Wahl - Capitulation mehr dann gern unberührt gelassen, wann nit die Fürstliche sich von vor längst und währendem Franckfurtischen Deputations - tag durch eine eigene Abordnung, als auch sonsten in particulari gegen Euer Lden und mich ausdrucklentlich verneinen lassen, daß Sie einmal Ihr im Fridenschluß bestetigtes Jus suffragii, in Fridens - und Kriegs - sachen und wa neue Leges zu machen mordicus behaupten und bey disem andern puncto securitatis publicæ Kayserl. proposition die in leßterer Kayserlicher Wahl - capitulation §. 10. gesetzte alternativ, welche als dem art. 8. versl. Gaudeant &c. Instrumenti Pacis zuwider lauffend, auszulassen, Ew. Lbten und Ich allschon zu Franckfurt, massen Sie sich annoch ungezweifelt guter massen zu entsinnen wissen und es auch die protocolla geben werden, beederseits wohlmeynend erinnert gehabt, sonderbar anden und dargegen nöthige Vorsehung zu thun begehret wärden, massen Sie dann auch hernacher an Tag gelegt, daß Sie nicht allein solches zu bestreiten, sondern auch gar entlich theils, wie fast verlanten will, weiter zu gehen und dem Churfürstl. Collegio in seinem allein habenden Jure capitulandi mit einzugreiffen sich anmassen wollen, auch es so weit getrieben, daß man zwar in disem Monat Octobri allein von gemeiner Reichs - Securitat und Verfassung, nach Verfliessung solcher Zeit aber pari passu von künfftiger Wahl - capitulation zu gleich reden, tractiren und darüber sich vergleichen solle. Würde mich also auch verhoffentlich von meinem Herrn Mit - Churfürsten niemand verdencken, noch mir im wenigsten verargen, daß ich bey disen gefärlichen conjuncturen ebener gestalt pro bono publico mit sorgfältig und auf solche Gedanken gerathen bin besser zu seyn denen Fürstlichen und andern Ständen Ihre im Instrumento Pacis dict.Art. 8. versl. Gaudeant &c. befestigte mit den Churfürsten gemein habende Jura ungekränkt zu lassen und dasjenige, so in der vorigen Wahl - Capitulation dargegen gesetzet, künfftig wieder zu omittiren, auch Sie dessen in bevorstehendem Reichs - Abschid zu versichern und zu sol-

chne

chem End Jhnen alßbald die declaration zu thun vom Churfürſtl. Collegio und dardurch alſo denſelben allem fernern weitläufigen diſputat und tractat auf einmahl abzuſchneiden und alle Urſach etwas weiters zu prætendiren zu benemmen auf Maaß, wie mein C. L. communicirtes Votum, womit ſich auch Chur-Triers Lbden bey jüngſt zu Lorch gehabter mundlicher Unterredung allerdings verglichen, mit mehrerm beſaget, als ſich hierüber mit Jhnen Fürſtlichen auf ſeiten des Churfürſtl. Collegii in Handlung einzulaſſen und dardurch gleichſam alle übrige allein demſelben zuſtehende Jura mit berühren zu laſſen.   Jch bin aber ganz und gar nicht gemeynt, jemanden von meinen Herrn Mit-Churfürſten dardurch vorzugreiffen oder in einige Weiß oder Weeg Zihl oder Maaß vorzuſchreiben, ſondern will auch gern Deroſelben zu Gemüth gehende hocherleuchtete Gedanken hierüber zu vernehmen gewärtig ſein und, wann ſie ein anders zulängliches beſſeres expediens ohne fernere Weitläuſſigkeit und höchſt ſchädliche Trennung aus der Sach zukommen ermeſſen werden, mich auch mit dem ſelben conformiren, gleich Jch dann eben ſo wenig, als andere meine Herrn Mit-Churfürſten den Fürſtlichen im geringſten etwas einraumen werde, was Jhnen vor das Inſtrumentum Pacis expreſſo zuleget, ſondern gedenke ſowohl des Churfürſtl. Collegii vermög der gülbenen Bull und bißheriger Obſervanz wohl hergebrachte præeminenz und Jus capitulandi aufs euſſerſte, es gehe auch, wie es wolle, zu behaupten und ehender es zu den euſſerſten extremitæten kommen zu laſſen und alles nur darzuſetzen, als darvon im geringſten zu weichen.

    Jch habe auch meinen Geſandten über dergleichen des Churfürſtl. Collegii prærogativen und Hoheit betreffenden Sachen Collegial-conſultationes anzuſtellen nie mahlen verwehrt, ſondern vielmahlen befohlen hiernächſt mit andern Churfürſtl. Ge ſandten zu verhütung künftigen mehrern Streits eine diſtinction unter den juribus und prærogativis, ſo den Churfürſten vor andern allein: und dann denen, ſo den ſelben mit andern Fürſten und Ständen insgemein gebühren, zu machen, aufs aller förderlichſt aber im Churfürſtl. Collegio zur Umbfrag zu ſtellen, wie den Fürſtlichen vermittelſt obangeregter declaration oder ſonſt in andere für gut befindende Weege alle Urſach zur höchſtſchädlichen diffidenz und weitläufftigen diſputat und tractat benommen und alſo dardurch die höchſtnöthige deliberationes wegen der gemeinen Reichsverfaſſung contra Turcam und andere, ſo das Reich von innen oder auſſen etwa aggrediren oder turbiren würden, ohngehindert fortgeſtellet werden mögen, indeme Sie doch ſonſten jemahls von ihrer gefaßten Meinung nicht weichen und eben der alles darunter und darüber gehen laſſen, als ſich von Jhrem mit den Churfürſten gemein habendem Jure ſuffragii verdringen laſſen würden, Jch auch nicht ſehe, wie Sie anderer geſtalt beſſer als mit Verſicherung ſothaner Jhrer in Inſtrumento pacis gegründten Jurium zur raiſon werten gebracht werden können. Und ſtelle diſem nach C. L. hochvernünfftig zu conſideriren anheimb, was ſie communicationes in

Sa

Sachen, so das Instrumentum pacis so klar decidiert und welche man niemand entziehen kan, nöthig seyen und ob ich anderst præsumiren können, als daß E. L. noch, wie zu Franckfurt, der Meynung seyen, auch ob derjenige, so deme, was man vermög des Fridenschlusses einem jeden zu præstiren schuldig, inhæriert, und in Zeiten nachgibt, was man doch hiennächst zu thun nicht verweigern kan oder nicht vielmehr, der ein Unglimpf und schwere Verantwortung auf sich laden würde, welcher deme, so man zu leisten obligiert ist, sich vergebentlich widersetzet und dardurch zu verhinderung der so hochnöthigen gemeinen Reichs-Verfassung bey diser eussersten Türken-Noth Ursach gibt, angesehen souder Zweifel Ewer Lbden allschon vorhin bekan't seyn wird, wie sich auch vor meiner proposition die alliirte und theils andere Fürsten dahin außdrucklich gegen die Kayserl. Herrn Mit-Commissarios in dem Reichs-Gutachten und gesetzten conditionibus erklärt, daß Sie zu keiner Türken-hülff anderer Gestalt verbunden seyn wollen, man werde dann auch Ihren Beschwerden so wohl wegen der Capitulation, als sonsten noch unter währendem Reichstags abhelffen, was auch Ihre Kay. May. denselben darauf durch gedachte Herrn Commissarios für schrifft- und mündliche Erinnerung thun lassen. Und nachdemmahlen im übrigen man nunmehr auch in puncto der so höchstnöthigen Reichs-Verfassung circa quæstionem, An? einig und es an deme ist, daß in quæstione, quomodo? weiter fortgeschritten werden solle, so habe Ich auch ferner meine hiebey unmaßgebliche zu Gemüth gehende Gedanken, wie und welchergestalt ich vermeyne, daß solch Verfassungs- und defensions-Werk beyläuffig einzurichten seyn möge, zu Papir gebracht und meinen Gesandten sich darnach in ihren Votis zurichten anbefohlen, auch davon Ewer Lbden hiebey verwahrt in hergebrachtem freund-brüderlichem Vertrauen communication thun wollen, zu Deroselben freundlichem Belieben stellend, Sie nicht weniger auch Mir Dero dißfalls führende Meynung und ob Jhro etwa ein besserer Modus, wordurch der intendierte Zweck einer beständigen Reichs-Sicherheit zu erhalten beyfallen möchte, unbeschwert mittheilen wollen. Massen Ich mich hierüber mit Deroselben ganz gerne vergleichen werde und verbleibe rc. rc. Meintz den 7. Octobris Anno 1663.

Num. 13.

Würtemb. Schreiben an Chur-Brandeburg wegen Beförderung der Türken-Hülf. d. d. 12. Nov. 1663.

E. Lben angenehmes de dato Königsberg in Preussen den $\frac{15}{25}$ Octobr. jüngsthin an uns abgelassenes Schreiben, worinn Dieselbe uns die Mitbeförderung

dessen

beffen bey gegenwärtiger allgemeinen Reichsversammlung zu Regenspurg ohne längsten
proponierten und angegriffenen extraordinari defension - werds umb jetziger ob
unserm geliebten Vaterland schwebenden höchsten Türken - Gefahr willen auf das be-
weglichste zu recommendieren freund - vetterlich beliebet, haben Wir diser Tagen
zurecht empfangen und darauß E. Lden preyßwürdigste gute intention und zu Abwendung erstberührter äussersten Gefährlichkeiten tragende getreueyferigste Sorgfalt
zu höchster unserer Vergnügung mit mehrerm und unter anderm auch dises erfreulich
vernommen, daß E. Lden nach disem abgehandeltem puncto defensionis auch zu
gleichmässig ohnverweylter Fürnahmb und richtiger Erörterung mehr anderer in dem
Instrumento pacis und jüngsten Reichsschluß auf gegenwärtigen Reichstag remit-
tierter importanten materien, sonderlich aber certæ & constantis Capitulationis
noch bey fürwährender jetziger Reichsversamblung höchstrühmlich inclinieren.

Wie nun E. Lden vor dise ihre so beharrlich erweisende hohe Sorgsalt und wachsamen Eyfer vor das gemeine Wesen von männiglich schuldigster Danl gebühret, auch
unser seits hiemit billig abgelegt und zumahlen diensifreundlich gebethen wird, daß E.
Lden dise ihre Beßgemeinte getreusorgsame intention nicht weniger fürans nach Dero bekauntem valor zu des ganzen Röm. Reichs großer consolation fortwährig zu
continuieren sich ohnschwehr gefallen lassen möchten: Also wird auch hoffentlich E.
L. in Zeit des bishero fürgewährten Reichstags ohnverborgen geblieben seyn, daß Wir
gleichergestalten, wie anfangs bey dem höchstleydigen Ausbruch diser noch empor
schwebenden und schon weit umb sich gefressenen Kriegsflammen also noch uff gegenwertige Stunde unß die auf unser geliebtes Watterland nicht weniger, als unser höchst-
geehrtes Christliches Oberhaupt die Röm. Kay. May. Unsern allergnädigsten Herrn
eintringende weitausschende calamitæten tieffest zu Herzen dringen und dannenhero nicht
unterlassen zu realer demonstration Unserer allerhöchst gedacht Ihrer Kay. May.
zutragenden alleruntertähnigsten devotion und darnächst auch zu Unsers Watterlands
und ganzer mitleydenden lieben Christenheit Rettung obhabenden pflichtschuldiger
Treue, unß mit Geld, als Vollk nach eussersten unsern und zuserer Reichskündig
vor andern ruiniert und depopulierten Lande Kräfften auszugreiffen und zu Abwendung der Gefahr getreulich mit Hand anzulegen. Wir werden auch bißfalls inkünff-
tige nicht außsetzen, sondern in dem vorseyenden provisional Reichsverfassungs Werck,
wann nur selbiges nach ob allerhöchstgedachter Ihrer Kay. May. selbst eigner allergnädigsten intention ratione des Fueßes auf die Erträglichkeit gerichtet würd, ge-
ue und willigst ferner concurrieren, sonderlich aber durch Unser hierunter allbereits
vollkommentlich und genuegsamb instruierten Gesandtschafft zu Regenspurg dise höchstnöthige universal zusamensetzung allermüglichst beschleunigen helffen lassen. Gestalten Wir dann allbereits im Begriff unsere Lands - defensions - Völker mit deren Mu-
ster - und fleissiger exercierung in gute Bereitschafft zu stellen, sondern auch Uns mit

noch

noch etwas geworbener Mannschafft über Unsere schon würcklich in den Kayserl. Erblanden bey dem Auxiliar - Reichs - Corpore stehende beede Compagnien ferners zu
versehen und gefasst zu halten, welches E. L. Wir zu dienstfreundlicher Antwort nicht
verhalten wollen und verbleiben derselben anbey zu Erweisung angenehmer freund-
vetterlicher Dienste jederzeit willigst und bereit. Datum in unserer Residenz zu
Stuttgard den 10. Nov. 1663.

Num. 14.

Pfalz-Neuburg. Schreiben an Würtenberg, wegen Behaup-
tung der Fürstl. Vorrechte und insonderheit des Juris ad capitulandi, auch
persönl. Erscheinung zu Regenspurg. d. d. 28. Nov. 1663.

Unser freundlich Dienst, auch was Wir mehr liebs und guts vermögen, Zuvor, Durchleichtiger Fürst, freundlicher lieber Vetter, Bruder und Gevatter.

Ewer Lten freundlich Schreiben vom 10. dises st. v. haben Wir vor drey tagen allhie zu handen empfangen und Inhalts vernohmen; was dieselben bey bevorstehender Kayserl. Ankunfft nach Regenspurg circa Jura Principum und anders zu
Gemüth gehet und welcher Gestalt Sie darüber Unsere geringe Gedancken zu vernehmen
Verlangen tragen. Nun haben allerhöchstgemelte Ihre Kay. May. neben andern
uns auch dahin invitiert und wäre zwar zu wünschen, daß nit nur die zue Regenspurg
anwesende Fürstl. Gesandten sich bißfalls einer einmütigen Meinung verglichen, sondern auch selbige an allerseits Herren Principaln bringen und dieselbe sich hierinn eut-
lich entschliessen und einer einhelligen Meinung vergleichen könnten. Es will aber besorglich hierzu die Zeit zu kurz fallen, indeme die Kay. May. noch vor dem Heyl.
Christfest Styl. nov. zue Regenspurg seyn und wie sie annoch sich vernehmen lassen nit
über Sechs Wochen allda verbleiben wollen, da sich dann vermutlich nit nur der punctus der Verfassung, sondern auch Capitulationis (in welchem das Hauptwerk unserer Jurium bestehet) auf ein oder andere Weise zum endlichen Schluß veranlassen
wird. Ew. Lten urtheilen sehr wohl, daß von keinen oder doch wenig von den weltlichen Fürsten allda seyn, welche zu Behauptung unserer Jurium mitvigilieren, daß
besorglich dem bißhero von den Churfürstlichen den Fürstlichen beschehenen Eintracht nit
würkt remediert werden können. Dahero Wir gewiß unsers theils von Herzen wünschten, daß, wo möglich ein grosser Theil derselben sich auch dahin zu begeben resol-
vieren wollten. Dann Ew. Lten leicht ermessen können, da nunmehr fürstl. theils
gnugsam zuerkennen geben worden, das man die denselben competierende Jura und

X. Theil. (Z) Würden

Würden nicht länger zu Boden ligen laffen wolle, man Churfürftl. feits auch arbeiten werde fo viel avantage, als möglich, zubehalten. Wiewohl der von Böneburg, welcher in feinem Verreyfen nach Regenfpurg allhie eingefprochen, und verfichert, daß man Churfürftl. feits ad æquitatem portirt und entfchloffen fey, badjenige, was das Inftrumentum pacis art. 8. uns gibt, nicht zu benehmen, maffen dann in hoc puncto felue discours faft mit dem project über unes geftimmet, was von dem Churfürftl. Collegium unlengft zue Regeufpurg den fürftlichen ift übergeben worden, daraus gleichwohl erfcheint, daß man Churfürftl. theils die præjudicia zu behaupten nicht gemeint feye, fo bey jüngfter Wahl-Capitulation und fonften contra Inftrumentum Pacis uns ift zugefüeget worden, alfo, daß unfers ermeffens zu hoffen ftände, wann auch etnige fürftliche in perfona gegenwertig wären, man unfhrer aus difem fchweren Werk cluctiren und das fonderlich bey jetziger Gefahr fo hochnöthige Vertrawen und Einigkeit werde reftabiliren können, fonderlich, wann man den Bogen nicht zu hoch fpannet und fich deme, was der raifon und dem Fridenfchluff gemeß ift, vergnügen läffet. Es fcheinet die Chur-Fürften erkeuuen, daß man ihrer feits zu weit gegangen und Wir hoffen, es werde fich über ihr project noch Erleuterung finden laffen, durch welche unfere Jura ftabiliret und die Churfürftliche auch dabey werden beftehen können. Derowegen Wir Ew. Loeu und anderer wohl intentionierter Löbl. Fürften Gegenwart wohl herzlich wünfchten, welche nach Veraulaffung Ihrer Kay. May. fchreiben mit geringer Ungelegenheit wohl gefchehen könnte, die würden gleichwohl bey der ganzen pofteritæt die glori verhoffentlich erlangen den faft gedruckten Fürftenftand wieder erhebt und die rechte harmoniam im Reich reftabilirt und zugleich eine höchftnöthige Gegenwehr gegen den allgemechtigen auttrohenden Erbfeind gefafft zu haben. An unferm Ort, wie Ew. Loen leicht ermeffen können, fehen Wir nicht, wie Wir werden uns entbrechen können Ihrer May. unterthänigft die Hände zu küffen, weil Wir allzumahe bey Regenfpurg ftehen und ohne offenfa uns nicht werden entfchuldigen können. Von Herzen würden Wir uns erfrewen, wann bey folcher occafio Wir das Glück hätten, Ew. Loen zu fehen und in Gegenwart mehrers zu bekreftigen, daß Wir deroselben zu Erweifung aller angenehmer freund-vetter- und brüerlichen Dienften fteets bereitwillig verpleiben, Geben Neulurg den 28. Novembr. 1663.

Von Gottes gnaden Philipp Wilhelm, Pfalzgrave bey Rhein, in Bayern, zu Gülch 2c. 2c.

      E. Loen   ganz dienftwilligft trewer Vetter, Bruder
                                    und Gevatter allezeit
                          Philipp Wilhelm mp.

                                      Num. 15.

Num. 15.

Oesterreichisch Votum über den 3ten Articul der beständigen
Capitulation. d. d. ¼. Nov. 1663.

Seltemahlen Oesterreich bey dem puncto Capitulationis auf ein und andern Weeg propter diversos respectus interessiert und gleichsamb auf allen seiten parem affectionis causam befindet, alß wollte man sich allerdings diß Orts lieber der interposition, wann es die Notturfft erfordert, alß des Vottens gebrauchen. Gleichwohl und damit das gemeine Beste desto geschwinder beschleuniget werde, will man die hierunter beygegangene Gedaucken niemanden zu lieb oder zu leyd getreulich eröffnen und zwar haltet man diß Orts dafür, daß, wann man von disem Werck deliberiren will, hiebey zu bedenken vorfalle, Erstens, wessen die Herrn Churfürstliche in puncto Capitulationis befuegt? 2.) Wessen sie nicht berechtigt? 3.) Was die fürstliche bey diser Capitulations-Sache zu prætendiren haben? 4.) Was den Herrn Chur-Fürstlichen über ihre Erklärung zu antworten seyn möchte?

Betreffend die erste Frag ist wohl so viel zu vermerken, daß die Herrn Churfürsten das actuale Jus capitulandi cum Cæsare electo ihnen allein zuziehen wollen. Wie dann auch Oesterreich sehr anstehet, ob man sich deretwegen mit ihnen in einiges disputat einlassen solle. Dann sie werden allegiren, daß erstens ex consuetudine orbis die Capitulatio ein solium consectarium sey einer jeden election sive sit secularis sive ecclesiastica. 2.) Daß die Churfürsten solches ab immemoriali tempore, ex quo titulus præsumitur, auch vor und nach dem Instrumento pacis hergebracht. 3.) Daß den Churfürsten durch den Osnabrügischen Fridenschluß art. 8. sowohl, alß andern Fürsten ihre Jura und prærogativen confirmiert, dahero auch 4.) inter Jura Electoribus cum cæteris Statibus communia das Jus capitulandi nit gesetzt, wohl aber 5.) daß das Jus capitulandi nec implicite verstanden per observantiam ex post facto subsecutam tanquam reginam omnium interpretationum erwiesen worden seye, und daß 6.) da man ein anders behaupten wollte, ein Kayser anterst nicht, alß in comitiis (daraus aber schädliche Interregna und beschwerliche Mißhelligkeiten, wie die Geschichte der vorigen Zeiten nur allzufast ergeben, erwachsen würden) erwählet werden könnte, dessen Widerspihl die kundbare praxis à tot seculis beweist. Bey welcher Bewandnus und, weilen wohl zu besorgen, daß die Herrn Churfürsten hierunter nit wenig zu machen und einmahl dem gemeinen wesen an beharrlicher guter correspondenz beeder höhern Collegien sehr viel gelegen, Oesterreich nit wohl rathen kan, daß man sich super dicta quæstione in ein disputat einstecken sollte, sonderlich weilen man diß Orts erachtet, daß ersagtes Jus

capi

capitulandi, wann nur in ipsa capitulatione die limites nit überschritten werden, den fürstlichen gar nicht præjudicierlich, sondern nur in executione dessen, was in den Reichs-constitutionibus enthalten und die laudabiles & inveteratæ consuetudines mit sich bringen, bestehet. Massen man auch nicht glaubt, daß die intention in disem fürstl. Collegio dahin gerichtet seye.

Betreffend aber die andere Frag, da man schon die erste mit stillschweigen übergehen wollen, so sagen doch die fürstl. Herrn Stände, daß die Herrn Churfürsten keine Capitulation contra leges Imperii quoad materialia nit einrichten, noch hierdurch formam & Statum Imperii Romano-Germanici inimutiren & per consequens den Kayser dessen, was ermeldte Sazungen und inveteratæ & laudabiles consuetudines Imperii mit sich bringen, nit erlossen, noch auch extensive in plus, als worzu ein Kayser vi dictarum legum & consuetudinum verbunden, obligire, auch den Fürsten und Ständen ihre mit den Electoribus habende gemeine Jura und Gerechtigkeiten nicht alteriren, schwächen, limitiren, noch weniger gar benehmen können. Dises assertum scheint leicht erweißlich zu seyn. Dann erstens ist es gegründet in ratione naturali, vermög dessen niemand per alterius factam zu prægraviren. Es ist secundo fundirt in lege Evangelica, quod tibi non vis fieri, alii ne feceris. Es wird 3.) bestärckt per jus civile & politicum, scilicet, quod omnes tangit, debet ab omnibus & consequenter si tangit universitatem à majori parte universitatis approbari. Sonderlich aber wird 4.) solches bekräfftiget per dictum art. 8. §. Gaudeant &c. nam si vi hujus Status in juribus suis à nullo unquam turbari possunt, ergo nec ab Electoribus; si non possunt turbari sub quocunque prætextu, ergo nec per prætextum aut per factum capitulationis, si hæc tenderet in præjudicium jurium Statibus competentium, aut per hanc alteraretur Imperii forma & norma. Quid enim interest turbare per modum sive hunc, sive illum, cum non tam modus, quam effectus in unaquaque re sit attendendus. Quid enim interest turbare per modum sive legis sive pacti, cum non modus, sed effectus in unaquaque re sit attendendus. Und darf dise Sach 5.) besto wenizer einer Erweisung, weilen die Herrn Churfürsten sich in ihrer Erklärung per verba expressa erbieten allemahl in künfftigen Capitulationibus leges Imperii & Jura Statuum zu observiren und consequenter dise auch nec per viam pacti cum Imperatore eligendo ineundi zu bekräncken.

Folgt demnach die 3te quæstion, was dann die übrige Stände bey der Capitulations-Sach zu prætendiren haben? Nun ist bey beschaffenheit der beschehenen deduction hierauff zu antworten nit schwer, nemblich stehen der Stände Besagsame in deme, daß sie billich die Auffsicht tragen, daß circa materialia capitulationis nec in excessu, nec in defectu soll geirret werden, dahero sie begehren könnten,

das

daß die Capitulation secundum leges Imperii tam latas, quam ferendas eius gerichtet werde. Sie könten prætendiren, ne in plus & ultra dictas leges obligetur Imperator sine communi consensu. Sie mögen auch an die Herrn Churfürsten gesinnen, daß man die Jura Statuum vel in genere vel in specie, zugleich auch die vornehmere Reichssatzungen, scilicet, quæ ex his videntur nota speciali dignæ den künfftigen Capitulationen inseriren solle. Wann auch, wie es etwan wohl seyn kan, in proxima capitulatione contra leges & jura Statuum in excessu vel defecta was beschehen, könnte nicht unbillich die Wendung gesucht werden maßen dann theil suo tempore die nothürfftige Special Erinnerungen nach Gestalt-same der Sachen zu thun, ihme vorbehaltet, maßen es dann auch scheinet, daß die Herrn Churfürsten wider diß alles kein Bedencken haben, kann sie sich offeriren in genere quoad leges latas nach disem die Capitulation zu formiren. Sie erklären sich auch quoad leges ferendas & materias remissas allem deme nachzuleben, was in jetzigem Reichstag wird verglichen und decernirt werden und eo ipso daßselbe sich anerbietig machen, den dictum §. Gaudeant &c. und die Jura Statuum zu observiren, versprechen sie per necessarium consequens & ex vi & energia sermonis referentis, cui relatum inest, daß sie einen Kayser auch nit weiters und extensius, auch nicht laxius, quam leges dictant, per capitulationem verbinden wollen. Nam abrogare & limitare leges, pendet à potestate legislatoria. Sie haben auch kein Bedencken die Jura Statuum, quæ speciali nota digna sunt, verbis expressis & formalibus der Capitulation einzuverleiben und was nit deutlich gesetzt zu seyn scheinen möchte, besser zu erleutern. Gleichwie auch in deme sie sich schuldig bekennen die künfftige capitulationes secundum leges zu formiren, thun sie auch implicite nachgeben, daß auch die nächstvorige anderst nicht, als secundum leges verstanden und was hierwider beschehen, gebührend gewendet werden solle. Solchem nach und wann accedente & prævio consensu Imperatoris circa materialia capitulationis, wie es bey Beschaffenheit der Churfürstlichen Erklärung gar leicht seyn kan, ein endliches in his comitiis geschlossen und dem formirenden Reichs-Abschidt eingetragen wird, kan allerdings gesagt werden, daß ja dem Instrumento pacis respectu deßen, was darinne ratione capitulationis enthalten, wie auch dem letzten Reichs-Abschid ein Benügen beschehe. Conciperentur enim sive determinarentur materialia secundum quam conficere haberent Electores futuras capitulationes ex communi Statuum consensu & ipsius etiam Imperatoris, qui & ipse eminenter Status est, immo caput Statuum & qui non solum se, sed & omnes successores repræsentat, ita ut suo modo omnes Status concurrerent ad capitulationes non per modum causæ efficientis aut formalis, sed respectu materialium, ab omnibus Statibus determinatorum

non

non proxime, fed remotius, non simpliciter, fed secundum quid aut cum aliqua qualificatione, non immediete, fed mediate, non per fe ut Electores, fed per Electores, non duntaxat fuo, fed omnium Statuum nomine capitulantes & ad id mandatum a lege & confuetudine, quamvis limitatum & reftrictum habentes. Geſtalten bann der context der leßtern Capitulation per expreſſum erweiſt, die Herru Churfürſten ult nur für ſich, ſoudern für ſich uud ſamtliche Fürſten uud Stände diſes Römiſchen Reichs capituliert habeu. Es wird auch uff diſe Weiſe die capitulatio certa & conſtans & perpetua gemacht, cum materialia ſint perpetua, conſtantia ſcilicet ex legibus & conſtitutionibus Imperii. Dann in ipſa capitulatione tau nichts certum, conſtans & perpetuum ſeyn, niſi ipſa materialia. Principes enim mortales funt & phrafis eſt de fola dignitate intelligenda & non veritas Pontifices, Reges aut Imperatores non mori. Darumben auch vonnöthen allemahl eine audere Capitulation mit einem neuen Kayſer aufzurichten. Erit tamen folum diverfa nu.nero, non quoad rem in ſtipulationem deductam. Erit alia quoad perfonas naturaliter confiderátas, non repræfentative. Erit alia formaliter, non materialiter. Erit fuſior quoad Leges ex communi Statuum confenfu interim ferendas, non latas. Erit tamen etiam certa quoad ferendas. Nam licet incertæ ſint futuræ leges, ſicut omnia futura contingentia funt, veluti de quibus non datur ſcientia, certa tamen eſt obligatio Imperatoris, vi cujus promitteret fe velle etiam teneri ad leges ferendas, ſi hæ latæ fuerint. Uud ob zwar nit ohne, quod & ſubinde leges latæ muçentur, adeoque videri poſſit, nec noſtra materialia eſſe conſtantia & certa, tamen ſufficit leges hoc animo & ca intentione ferri, ut ſint conſtantes aut perpetuæ. Nec enim alia in mundo circa leges eſt perpetuitas. Nam teſte Coryphæo Politicorum rebus cunctis ineſt velut quidam orbis & ut S. Auguſtinus Bonifacio reſcripſit, Imperium Romanum, cum non ſit cœleſte, fed terreſtre, nil præſtare aut ordinare poteſt niſi terrena & tranſitoria. In dem übrigen aber uud wann, wie gehört, die materialia capitulationis dem Reichs-Abſchidt eingetragen werden, ſo wird in effectu das erfüllt, was zu einem jeden Reichs-concluſo in ſubſtantia erforderlich uud wird etwan an dem wenig oder nichts den fürſtlichen Stäudeu ligen, wer die formalia uud die prolegomina Capitulationis eiurichte, welcher Articul vor dem audern geſeßt und das für verba præciſa, wann nur die Sach ſelbſten quibuscunque demum verbis dilucidis tam emphaticis ausgedruckt iſt, gebrauchet werden.

Aus deme dann ferner erhellet, daß gleichwie die fürſtl. Herru Stäude mit Fueg zu ſuchen haben, daß die Kayſerl. capitulationes auderſt nicht, als ſecundum leges

ges Imperii aufgerichtet werden : also selbe hingegen auch nicht prætendiren können, daß die Herrn Churfürsten ein mehrers, als was expresse in legibus enthalten, der capitulation einverleiben sollen. Capitulatio enim licet dicatur a quibusdam lex Regia, tamen non aliter est lex, nisi eo sensu, quo omne pactum inter contrahentes improprie lex dicitur. Esse enim pactum, patet ex verbis in ejus procœmio positis : Wir haben uns gebig und *poßerreis* der nachfolgenden articul vereinigt, verglichen und zugesagt ꝛc. ꝛc. & etiam ex ipsa nominis Etymologia. Nam capitulare est pacisci, non leges ferre, nisi leges sumantur improprie pro pactis aut conditionibus. Non itaque capitulatio est modus ferendæ legis, sed confitendæ legis. Roborat jus publicum, non constituit. Refert se ad leges, non facit. Recitat eas, non promulgat. Promittitur in ea legum observantia & per consequens præsupponitur eas jam antea extitisse. Maßen es dann auch den Fürstl. Ständen sehr præjudicierlich wär, si admitteremus capitulationem esse causam efficientem legum & constitutionum. Dann die Herrn Churfürsten ad actualem capitulationem niemand andern admittiren wollen, welche doch bekennen, quod soli nec leges ferre, nec eas interpretari, nec abrogare possint. Und ist die capitulation nit nur zu dem End eingeführt, ut ad ea, de quibus lex jam est lata, se obliget Imperator, sive ut vinculo legis addatur vinculum promissionis, vel ut promissioni juris annectatur provisio hominis. Dahero auch ein Kayser, wann er auch sich per capitulationem nit verbindete, dennoch ex quasi contractu per acceptationem dignitatis die leges fundamentales Imperii zu observiren obligiert wäre. Und ist die capitulation ultra leges jam latas erstrecken oder dise in passibus dubiis interpretiren wollte, hoc non pertinere ad capitulationem, quæ, ut dixi, inter solum Imperatorem & Electores peragitur, sed ad legislatoriam potestatem, qua gaudent omnes Status, sed non aliter, nisi approbante & consentiente Imperatore tam se, quam successores suos repræsentante & semissem Comitiorum faciente. Prius ergo est natura, ut leges ferantur, quam ut in Capitulatione ad harum observantiam adstringatur. In dessen Betrachtung die Herrn Churfürsten in ihrer Erklärung nit übel angezogen, wann in materiis remissis und sonderlich ratione Banni was statuiert werden solle, solches alles der capitulation zu inseriren. Nam leges ferendæ vel declaratio in passibus dubiis non aliter pertinent ad Capitulationem nisi consecutive, ut scilicet postquam latæ fuerint ad harum observantiam electus obligatus esse intelligatur. Maßen dann auch und wann die Capitulation formaliter aut virtualiter alle materias in sich begreiffete, man in §. Habeantur &c. neben der

Capi-

Capitulation nit so viel andere materias und insonderheit das bonum Imperii
specifice würde gesetzt und benahmsst haben.   Darbey dann wohl zu merken, daß ratione materiarum remissarum noch nichts gewisses disponiert und also. inter §.
Gaudeant &c. & §. Habeatur &c. sich ein grosser Unterschied erfindet.   Dann
vermög dises letzten wird allein in genere decerniert esse agendum & statuen-
dum super remissis materiis.   Der erstere affirmiert jam esse actum & statutum.   Der letztere bringt gar vit mit sich, was in specie und individuo soll determiniert werden.   Der erstere thut distincte, was statuiert worden, explici-
ren.   Der letztere hat in substantia keinen endlichen effect, biß uit ex communi
Statuum & Imperatoris consensu was endliches determiniert wird.   Bey dem
erstern ist der consensus Imperatoris & Statuum schon interveniert.   Bey dem
letztern ist auch in genere ohngewiß, ob man etwas statuiert würd. Nam homines sunt naturaliter ad dissentiendum faciles und kan liberæ voluntati kein
zwang angethan werden, ita, ut ista verba (ex communi consensu Statuum)
schwerlich anderst als hypothetice zu verstehen, scilicet ut illud, in quo conveniunt Status, modo in Imperio usitato statuatur.   Bey dem ersten aber ist
gewiß, quid & qualiter statutum sit.   Daher dann die capitulationssach propter leges ferendas vel dubias declarandas gar nicht aufzuhalten, sed sufficit
obligandum esse eligendum ad ferendas leges tam quoad materias remissas, quam alia, si scilicet continget eas aliquando ferri modo in Imperio
usitato ex consensu scil. Imperatoris & Statuum.   Neque enim constitutiones Imperiales aliud sunt, quam mutuæ sponsiones inter Imperatorem &
Status & per consequens implicaret in terminis dari constitutionem Impe-
rialem sine Cæsaris & Statuum consensu.

        Solchemnach erachtet Oesterreich, man hätte sich ex parte dises fürstl. colle-
gii gegen den Herrn Churfürstlichen also zu erklären, Erstens habe man gerne vernommen, daß ein Löbl. Churfürstl. Collegium anderst nichts intendire, als was
zu fride, Respect und Wohlfart des Heyl. Röm. Reichs, wie auch conservation
und Freyheit der Fürsten und Stände Rechten und Gerechtigkeiten gereiche und thue
hinwiderumb ein Löbl. Churfürstl. Collegium versichern, daß auch diser seits eine
gleichmässige intention geführet werde und man den Herrn Churfürstlichen an ihren
prærogativen und juribus was zu entziehen nicht gesonnen sey.

        2.) Daß man ihr erbieten für bekandt annehme, daß sie allemahl die künfftige
capitulationes secundum Imperii leges & Jura Statuum, den Grundsatzungen,
sonderlich der guldenen Bull und fridenschluß einrichten wollen.   Gleichwie auch

        3.) dem fürstlichen Stand angenehm, daß sie, die Herrn Churfürstliche sich
also erklären verbis disertis & expressis die in angemeldetem Fridenschluß art. 8.
                                                                            vers.

vers: Ut autem &c. & vers. Gaudeant &c. enthaltene Jura den Capitulation en
specifice einzuverleiben.

Dahero auch 4.) die fürstl. Herrn Stände nicht zweifflen, wann in nächstvoriger capitulation in excessu vel defectu geirret worden, die Herrn Churfürsten
kein Bedenken haben werden, daß gebürende Wendung beschehe und daß auch alles
so ins künfftig wider diß erbieten vorgenommen würde, nicht geachtet, sondern da
für, als wann solches nit paciscirt worden wär, gehalten werden soll.

Es ist auch 5.) beliebig, daß was nicht deutlich nach Inhalt des allegirten
§. Gaudeant &c. in der Capitulation gesetzet, selbiges klärlichen und nach dem
Begriff besagten §phi barionen eingeführt werde.

Nicht weniger und zum 6.) die Fürstl. Herrn Stände der Herrn Churfürstlichen Erklärung auch in deme acceptiren, daß, was de modo & ordine declarandi Status in Bannum Imperii, wie auch in andern materiis remissis und
sonsten wird ex consensu Imperatoris & Statuum geordnet werden, solches dem
Reichs-Abschieden per formulam solitam, daß die Kayserl. May. und die Stände
sich dergestalten mit einander vergleichen und nach laut deren der capitulation einzuverleiben sey. Und wann man auch erachten sollte vorträglich zu seyn ex parte
der fürstlichen gewisse puncten und Erinnerungen, wie die materialia capitulationis quoad leges jam latas respectu jener puncten, so klar und keiner interpretation bedörffen, durch die Herrn Churfürstliche eingerichtet werden sollen, zu
verfassen, möchte man

zum 7.den jenen Herrn Churfürstlichen bedenten, daß, weilen sie selbst Erwehnung
gethan, Ihnen nit entgegen zu seyn dasjenige deutlicher zu erklären, was nit zu
genügen in vorigen capitulationen expliciert worden, als wolle man fürstl. seits
die Meynung und intention, wie Sie Herrn Churfürsten die materialia besagter capitulation inspectis legibus fundamentalibus deutlicher und mit Verbesserung dessen, was einzusetzen oder auszulassen vergreiffen möchten, in bälde Ihnen
Herrn Churfürstlichen eröffnen und darüber gewährliche resolution, damit der Stände habenden Rechten nichts benommen und also in effectu die Capitulation materialiter ex communi consensu Statuum dem nächsten Reichs-Abschied eingetragen
werde.

Und nachdeme letztens die Herrn Churfürstliche den punctum defensionis Imperii bey disem allgemeinen Nothstand vor allem zu befördern eine Erwähnung gethan und nun nit ohne, daß an beschleunigung deren des gesambten Vatterlands höchstes interesse gelegen: Also und weilen die Stände durch vielfältige Kayserl. rescripten und sonderlich durch die letztere per dictaturam communicierte Kayserl. resolution so weit versichert, daß die materiæ remissæ auch in illo casu, wann schon

X. Theil.   (G)   Ihre

Ihre May. nach etwelchen Monaten wiederum von hier abreysen müßte, dannoch
fürhanden genommen und der Reichstag nicht unterbrochen werden sollte, man dem
nach erachtet, daß die fürstl. Herrn Stände sich ganz fürderlich gegen den Churfürstlichen erklären möchten, Jhnen in simili gemeynt sey, daß der punctus defensionis Imperii alsobald reassumiret und vor allen andern Berathschlagungen gebührlich zu Ende gebracht und darüber hin alle materiæ remissæ auch weiters nach
Anleitung des vorigen Reichs-Abschieds vorgenommen und erörtert werden sollen.

Bey welchem allem Oster-Reich nit fürbey kan weitere vertrawliche Anzaigung
zu thun, daß man diß orts angestanden, ob der modus, deue die Herrn Churfürsten in Hinterbringung ihrer Erklärung gebraucht, dem Herkommen ähnlich und gemäß sey, indem gleichwohlen nicht ohne, daß nach gethaner proposition eine jede
materi in jedem Collegio absonderlich pflegt berathschlaget und der gemachte Schluß
per mutuas re- und correlationes eröffnet zu werden. Zumahlen man aber seither vernommen, daß dem Hochstansehenlichen Kayserl. Commissario primitus berührte Churfürstliche Erklärung überreicht und diser von dorten selbe durch das fürstliche Directorium proponiren zu lassen angesucht worden, dann auch nit so viel auf
den modum, als ipsam rei substantiam die reflexion zu haben und daß es zur
Beförderung der Sachen, daß man von der Churfürstl. intention vorderist Wissen
hat, weil man sich darnach in den disseitigen deliberationen gleich anfangs richten
kan, nebens auch die Anzeig von dem Chur-Maynzischen und fürstlichen Directoriis, so offtmals von disem allein die re- und correlation verrichtet, beschehen,
Als könnte man diser und auch andern Ursachen und mehrern Glimpfs halber hierwider nur dises moviren, daß man verhoffen wolle, die Herrn Churfürstliche, weilen diser von ihnen gebrauchte modus ohngewonlich, sich nach dem Reichsherkommen
fürhin reguliren und den solitum modum re- & correferendi in re communi
nit auff ein seiten setzen werden, massen mit solcher Verwahrung und anderst nit Jhnen Herrn Churfürstlichen die fürstliche resolution durch gehörte Directoria hinterbracht werden möchte. So man diser seits darumb thunlich zu seyn erachtet, damit
man in substantialibus desto eh:nder zum verlangenden zweck gerathen und propter
accidentalia an denen, so nur der scopus obtiniert würdt, nichts sonders hafftet,
kein ohnvernehmen entstehe. Gestalten die Herrn fürstl. Stände dessen sich versichert
halten wollen, daß, gleichwie man wegen des Oesterreichischen Erantz billichste Ursach hat, nicht geschehen zu lassen, daß den fürstl. Ständen ihre Jura und prærogativen geschwächt und beeruft werden, also man auch, was zu deren conservation diensamb, so viel die Billichkeit zulässt, gar gern diß orts cooperiren, in
allweeg aber auch des gemeinen Besten wegen dahin beflissen seyn werde, damit zwischen den beeden höhern Collegien alles Mißtrauen abgeschnitten, hingegen die wah-

re und aufrichtige Teutsche zusamensetzung als ein Brunquell alles Glücks und Wohl-
ergehens ergründet und befördert werde. Massen dann auch so gar diß orts keine
intention ist, jemanden mit disem Voto zu belaidigen, daß man sich nicht allein circa specialia in einige Verfänglichkeit dermahlen noch nicht eingelassen, sondern auch
respectu alles dessen, so in disem voto gemeldet, wann bessere und erheblichere rationes in contrarium angezogen werden könnten, der theil dise nicht allein gerne
vernemmen, sondern auch per expressum à prima cogitatione ad secundam zu
appellirt reservirt und bedingt haben will.

Num. 16.

Würtenb. Schreiben an Hessen-Darmstatt wegen Handhabung
der Fürstl. Rechte und Freyheiten. d. d. 1. Dec. 1663.

Ew. Lben beede angenehme Schreiben de dato Darmstatt den 13. und 16.ten des
nächstverwichenen Monats Novembris haben Wir den 19. und 26.ten hernach
zurecht empfangen und daraus sowohl deroselben vor die Aufrechterhaltung deren dem
Löbl. Fürstenstand ex Instrumento pacis bevorab circa Capitulationem zukom-
menden so mühesamlich erlangter Jurium tragende hochrühmliche Sorgfalt, als auch
wohin der Röm. Kay. May. unsers allergnädigsten Herrn zu persöhnlicher Erscheinung
bey gegenwertigem Reichstag zu Regenspurg ausgelassenes allergnedigstes Invitation-
schreiben E. Lben beantwortet hätten, mit mehrerm verstanden.

Gleichwie Wir uns nun vorderist vor dise vertrauliche communication freund-
vetter- und höchlich bedancken, also befinden Wir uns auch über dem eben jetzo in allen drey Reichs-Collegiis zu erörtern unter die Hand genommenen Wahl-Capi-
tulations-Werck mit E. Lben nicht wenig betretten, je mehr wir dabey consideri-
ren, daß hierauff des ganzen heyl. Röm. Reichs allgemeiner Ruhe- und Wohlstand
bestehen und, wie E. L. hochvernünfftig aufführen, dem Löbl. Fürstenstand freylich
mit dem Churfürstl. Theils beym Angriff diser materi aufdie Bahn gebrachten gene-
ral-Vorbehalt eben wenig gedient seyn wolle. Wir zweiflen aber danebens nicht,
E. L. werde seither deme sowohl als Uns fernerer Bericht aus Regenspurg zu gelanget
seyn, daß man gleichwohl vermittels eines im Löbl. Fürsten-Raths-Collegio den
4/14. Novembr. abgefaßten Conclusi unsers dafürhaltens das Werck zum ersten Anfang noch zimblich aufrecht erhalten, sonderlich aber den 11/21. hernach sich auch specialiter dahin miteinander verglichen habe, zu Vermeydung aller collision die Eröffnung jenes ersten Fürsten-Raths conclusi so lang zu suspendiren, biß man sich

zuvorn auch circa materialia Capitulationis durch Zusamentragung allerseitiger
monitorum vorgedehen haben werte.

Wiewohl nun die in hoc puncto bißher abgelegte Oesterreich. Vota sich mehr
auf die Cour-als Fürstl. Seiten lencken und mithin auch viel andere nachsitzende bevorab Cathol. geistliche Bankverwandte nach sich ziehen: So wollen Wir doch
verhoffen unterschiedlicher vereinter fürstl. Häuser mit zuziehung der fürstl. Pfalz-
Neuburgischen und Bischöfflich Bambergischen Gesandten angestellte particular-con-
ferenzien werden disen nutzlichen effect erreichen, daß gleichwohl dieselbe pro libertate & Juribus Principum & Statuum uno ore & conjunctis consiliis getrost
sprechen und sich durch keinerley Weege von einander trennen lassen werden. Wie nun
die höchstnöthige Zusamensetzung & constantia consiliorum der einige nervus, ja
gleichsamb die anima deren erst im verwichenen 1662sten Jahr zu Franckfurt am
Mayn verglichenen particular-Fürsten verein ist; also seynd auch Unsere Gesandten
dahin expresse instruiert mit und neben E. Eben auch anderer sowohl mit vereinten,
als in hac materia mit beytrettenden fürstl. Gesandten alles dasjenige getreulich mit
beytragen zu helffen, was zu Erreichung des intendierenden Zwecks der Innerlichen
Reichs-tranquillitæt und conservation der Fürsten und Stände per Instrumentum pacis acquirierter Gerechtsame immer vortráglich seyn werde und wollen benebens nicht zweiflen, man werde allerseits, wann es nun ad materialia ipsa kommet
uff die bievorige sowohl bey jüngster Reichs-Versammlung Anno 1653. zu Regenspurg, als nachgehends bey letztfürgegangener, Kayserl. Wahl zu Franckfurt am Mayn
zusamengetragene monita wieder das Absehen richten. Dann ob Wir zwar vielmalen
gemeynt gewesen, auch noch nicht seyn, daß denen Herrn Churfürsten in ihrer hergebrachten præminenz und Würde von den übrigen Fürstenstand einiges præjudiz
zugezogen werden solte; So will jedoch auch einem jeden getreuen Fürsten des Reichs
bevorab bey gegenwärtigen irregularen und weit außsehenden Láufften, da man sonderlich die neuliche Erffvelische Achtserklärung zu einem neuen Exempel vor Augen hat,
in allweg Pflicht und Gewissens halten obliegen daran zu seyn und mit Hand anlegen
zu helffen, daß auch der Fürsten und Stände Jura ebenmässig ungetráuckt erhalten und
Sie nicht bey der lieben posteritæt oder auch denen exteris darvor angesehen werden
mögten, als ob durch sie dasjenige wider negligiert worden, was man durch den nach
Anwentung so vielen Bluts und Guetes von Gott verliehenen allgemeinen Reichs-
Friden mit so grosser Mühsamkeit endlich obtiniert hat. Worzu dann eben gar guet
und hochnothwentig were, daß die dermahlen regierende Reichsfürsten sich in zimlicher Anzahl zu Regensburg einfinten und ihrer vorhin anwesenden Ráthe bellsamer
Consiliis einen testo nachtrucksamern Valor geben mögten. Und ob es Uns zwar
an erheblichen motiven vermittels deren gegen Ihre Kay. May. Wir unser nicht

　　　　　　　　　　　　　　　　　　　　　　　　　　　erscheia

erscheinen wohl entschuldigen könnten, nicht ermangelt, so sind Wir doch im Namen Gottes entschlossen die allgemeine Noth solchen im Weeg ligenden difficultæten vorzuziehen und Uns, so bald Wir nur Ihrer Kay. May. und sonderlich auch anderer Fürsten des Reichs Annäherung gegen Regenspurg versichert seyn werden Uns zu obangeführtem heylsamen intent und Ende daselbst erckmäßig in Person einzufinden, allermassen Ihrer May. Wir kann solche Unsere intention, wie E. Lben der Beyschluß zu erkennen gibt, bereits allerunterthänigst notificiret, und anbey die Hoffnung haben, es werden neben mehr andern regirenten Fürsten auch E. Lben allda mit ein, und Wir also das Glück und die Gelegenheit erlangen mit E. L. auch bekannt zu werden und das zwischen unsern beederseits Fürstl. Häusern bißhero gepflogene gnete Vernehmen offt neues stabilieren zu können, bey Wir anbey alle freundvetterliche Dienstgefälligkeiten zu erweisen jederzeit willig und bereit verbleiben. Datum Pöblingen den 1. Decembris Anno 1663.

Num. 17.

Würtenb. Schreiben an die Kay. May. wegen verlängter persönlicher Erscheinung auf dem Reichstag. d. d. 1. Dec. 1663.

Als ich nun einige Wochen her wegen der noch immer obschwebenden Türckengefahr im Begriff gewesen die hochnothwendige Musterungen meiner eigenen Landtvölker nach und nach fürgehen zu lassen und solchen Land-Musterungen mehrern theils persönlich beyzuwohnen, da ist Mir in wehrender solcher Zeit wohl zu Handen gelanget und von Mir mit allerunterthänigstem respect empfangen worden, was Er Kay. May. wegen Ihrer zu dem noch fürwehrenden allgemeinen Reichstag nacher Regenspurg entschlossenen eigenen Abreyse und gesunnter Chur- und Fürsten dabey allergnädigst verlangenden gleichmäßig persönlichen einlangung oder wenigst dero umb ehehaffter Ursachen willen ausbleibenden Gesandschafften mehrer instruierung halben de dato Wien den 25.ten Octobris jüngstin auch an Mich allergnädigst gelangen lassen.

Nun gereichet diser mit Gott von E. Kay. May. preißwürdigst gefaßter Entschluß unserm gesammtem lieben Vatterland Teutscher Nation und allen dessen getreuen Chur-Fürsten und Stänten insonderheit zu grosser Consolation, daß Ew. Kay. May. als unser höchstgeehrtestes Christliches Oberhaupt durch deroselben hohen Valor und persönliche Gegenwart die vorseyende Reichs-Consultationes befördern und zugleich die innerliche Reichs-Ruhe bevestigen: allermeist auch ein recht gutes Vernehmen und das alte Teutsche Vertrauen wieder bringen zu helffen allergnädigst geruhen wollen und wird dannenhero billig, allermassen hiemit von mir allerunterthänigst ab-

(G) 3

gelegt wird, Ew. Kay. May, von männiglich vor solche Chriſtlöblich und Vätterliche Sorgfalt ſchuldigſter Danck geſaget. Ich hätte auch meine dißfalls obligente allor-
gehorſamſte Gebühr ſo lang nicht anſtehen laſſen, wann mich nicht davon eingangs berührte meine fürgenommene Land-Muſterungen und die vorhero zu teſto nachdrückſa-
mer Faſſung meiner reſolution nöthig befundene Erkautigung,wer ſich etwa von andern,
bevorab nechſtbenachbarten Fürſten des Reichs zu obberührten von Ew. Kay. May.
fürgeſtellten höchſtnützlich und nöthigen zweck Miterhebung gleicherzeſtalten perſönlich
möchte einfinden wollen, bißhero umb etwas zuruckgehalten hätte, warumb dann Ew.
Kay. May. diſen Verzug nicht mißfällig zu vermercken vorderiſt allerunderthänigſt von
mir erſuchet, demnächſt aber allergehorſamſt vergewiſſert werden, wiewohl es mir
an allerhand erheblichen Urſachen mein nicht erſcheinen entſchuldigen zu können nicht ermanglet, daß Ich jedoch die allgemeine Noth und Gefahr unſers geliebten Vatterlands
und nächſt dem meiner Ew. Kay. May. beharrlich zutragende allerunterthänigſte devotion allen andern ſich in den Weeg legenden difficultæten præferiert und alſo entſchloſſen habe, mit göttlicher Hülfe mich ebenmeſſig zu obbemeltem heylſamen intent
bey diſer annoch fürwährenden Reichs-Verſamblung in Perſon und ſo bald möglich,
einzufinden und zugleich Ew. Kay. May. allergehorſamſt aufzuwarten. Ich bleibe aber
in zuverſichtlicher Hoffnung, es werden Dieſelbe im übrigen ſich in Kay. Gnaden gefallen laſſen, wann nun pro ſalute publica und demnechſt Ew. Kay. May. zu allerunterthänigſten Ehren ein und andere regierende aus uraltem teutſchen fürſtl. Geblüt
herſtammende Fürſten ſich in Perſon einfinden, die allergnedigſte Vermittlung zu thun,
daß auch deneuſelben insgeſambt und einem jeden inſonderheit die von Alters wohlhergebrachte und von Ihren fürſtl. Voreltern auf Sie erwachſene, nachfolglich auch
eines jeden liebe fürſtl. poſteritæt fallende Ehre, reſpect und Würde, worinn man
eine zeithero und vornehmlich bey denen paſſierten Kriegs-Jahren durch die damahls
eingeſchlichene faſt allgemeine Mißbräuche nicht wenig beeinträchtigt werden wollen,
ohngeſchmälert verbleiben möge. Wie nun nechſt Göttlichem Gnaden-Beyſtand
(welchen der allerhöchſte von oben herab zu einem wohlgedeyhlichen und dem ganzen
heyl. Röm. Reich erſprießlichen Schluß miltiglich verleyhen und zumahlen auch Ew.
Kay. May. eine glückhaffte Reyß beſcheeren wolle) eben diſes unter anderm auch ein
heilſames Mittel iſt, wordurch das recht einmütig teutſche Vertrauen aufs neu wohl
gefaſſt und ohnumbſtoſſlich befeſtigt werden kan: alſo zweiffle Ich auch gar nicht, Ew.
Kay. May. werden dißfalls Dero Kayſerl. höchſte authoritæt in einem ſo gemein-
nützlichen und der Gemüther wahre Vereinigung würkenten zweck umb ſo viel wili-
ger zu adhibieren und mithin alle Veranlaſſung zu neuen höchſtſchädlichen Trennungen und Mißtrauen abzuſchneiden von ſelbſten allergnädigſt gemeynet ſeyn und Ew.
Kay. May. thue ich darmit mich ſamt meinem ganzen Hauß zu beharrlicher Kayſerl.
Gnade allerunderthänigſt empfehlen. Datum Böblingen den 1. Dec. 1663.

Num. 18.

Num. 18.

Notamina Bœcleri de Prærogativis Electorum.

Ratio Status & juris publici in Imperio poſtulat, ut Cæſari Majeſtas
ſua, Electorali Collegio ſua autoritas, ſingulis Electoribus Digni-
tas ſua, tum Principibus atque cæteris Statibus ſua Libertas ſarta ta-
cta ſit maneatque.

Inter omnes Germaniæ Conſtitutiones ac leges nihil eſt Aurea Bulla & Pacis inſtrumento explicatius, quibus accedit capitulatio hodierna omnium retro capitulationum lucidiſſima

Ab Aurea Bulla usque ad Inſtrumentum Pacis conſtans fuit Electorum in uſu Prærogativarum, eximiorum & præcipuorum Jurium
ſuorum poſſeſſio perpetua, reliquorum Principum cœtus conſenſio,
ſaltem nulla adeo, quæ quidem communi placito oppoſita fuerit adver-
ſatio, nedum ſolennis contradictio, hinc enata eſt notoria Imperii obſervantia capitulationum item & publicarum ordinationum conſtitu-
tio, his pariter Electorum ſingularia & propria atque cæterorum Statuum cum Electoribus communia communi conſenſu confirmantur,
Principibus nihil proprium aut ſingulare confirmatur, cum nihil tale
unquam ſive lege ſeu more vel olim habuerint, vel hodieque habeant,
ratio igitur liquet, quare non Principibus ſed Electoribus, utpote qui
ſemper efficaci jurium peculiarium uſu præeminuerint, legum quoque
ſanctitudine ſpeciatim fuerit cautum. In Electorum ſtatu ſtat Statuum
& totius Imperii corpus, ſive caput habeat, ſive in interregno, ab
horum Senatu ſpiritum & animam haurit, libera ſuffragii latio eſt
Principibus cæteroque Statuum Ordini in Comitiis: ab una cum Electorali Collegio, quod ſemper ſibi conſtat, utique totum eſt in Comitiis, in Deputationibus ordinariis, in diætis Electoriis ut & collegia-
libus & extra hæc. Quænam proprie ſint negotia, quorum nihil aut
quicquam ſimile poſthac fieri admittive debeat niſi comitiali liberoque
omnium Imperii ſtatuum ſuffragio atque conſenſu Inſtrumentum pacis Art. VIII. diſertim continet. Hæc Electores cum Statibus communia & Status non niſi juxta & junctim cum Electoribus habent & exer-
cere poſſunt. Electorum propria ſic relinquuntur in ſalvo. Stricte ni-
mirum inſiſtendum eſt expreſſo Inſtrumenti pacis tenori & ſenſui lite-
rali, ultra & præter quem ampliatio & extenſio fieri nullo modo aut
per-

permitti poteſt neque ad ea exporrigi textus pacis aut produci debent, quæ non exſerte totidem verbis ex intentione paciſcentium (quorum magna pars Electores erant cum Cæſare & domibus Electoralibus) expreſſe & liquido inibi comprehenderunt.

Manet itaque interpretationis horma & canon cum Aurea bulla ipſa non amota, nec antiquata neque corrrecta, ſed firmata recens iterum iterumque & ex integro conſtabilita, cum conſuetudo illam inſecuta & evidens obſervantia ante & poſt tabulas pacis continuata & obvia. Has lineas ſi ſequimur, facile pateſcent tam Electorum ſingularia, quam Electorum cum Principibus communia. Iſthæc Inſtrumentum pacis Principum curia confirmat, prout Electoribus perinde ſua Jura corroborat Aurea bulla & ſubſecutæ conſuetudines uſu oriûndæ, quæ Inſtrumentum pacis de hisce non expreſſe limitat aut reſtringit. Ea hodie quæ Electores inoffenſa tenent atque illæſa, idque ſeorſim & cum principibus incommunicabiliter.

Principe igitur loco Status ſunt Electores poteſtatem habentes præconſultandi de Republica, tum ut Cæſarem ad indicenda comitia exhortentur vel ea differant vel dijudicent & quando & quoties ea poſtulet utilitas publica & quodnam in Comitiis per Cæſarem proponendum ſit, jus proinde ſoli habent Comitia Cæſari ſuadendi, quin contra ſine ipſorum aſſenſu nulla edicere poteſt. Hic reſervatus fuit receſſu noviſſimo 1654. adeoque poſt Inſtrumentum pacis ipſe Hyppolitus a Lapide Electoralium Jurium minime amans addit, ſi Cæſar Comitia viſa Electoribus neceſſaria nolit, Collegium Electorale ea poſſe convocare; Ergo & in Interregno, ſi diutius ſolito & patriæ ea ſit neceſſitas, ut ſine Comitiis ſtare nequeat, Electores vi legis Aureæ Bullæ omni & Comitiorum aliarumque Diætarum Imperialium & reliquo quoque tempore omni ſemper & ubique totale, perpetuum & impermixtum, per ſe ſubſiſtens, peculiari unione ſolidatum proprium ac ſingulare Corpus & Collegium, adeoque ſupremum Senatum habent atque conſtituunt. Huic ex legis & obſervantiæ ordine inædificatum & ſtabile & efficax pactum Unionis, quale Principes ac cæteri Status conficere jure nequeunt, quoniam extra Comitia & extra ordinariam Deputationem nullum habent Collegium legitimum, quin Principes extra Comitia nullum omnino habent; in deputatione enim cum reliquo Prælatorum, Comitum, Urbiumque Cætu ſunt conjuncti.

Electo-

Electores jus habent quotannis & quoties volunt congregandi se. In Comitiis (ubi jura Majestatis exseruntur auspicio Cæsaris, Electorum & Ordinum) septem voces tantùm esse; quanti reliquum Imperii Corpus totidem momenta in septenario appendi, quot in cætera Statuum communitate numeri putantur. Id enim vero eximium & præcipuum quid est, Electores soli seponunt creantque Cæsarem, Regem Romanorum, tam nolente Cæsare superstite, quam volente exclusis cæteris Statibus, adeoque penes eos est Summi Magistratus constituendi Jus independens, jus eligendi vero sine facultate præscribendæ capitulationis nullum est. Ita soli Electores separatim leges quoque pragmaticas condunt nempe Capitulationes. Hoc pacto geminum iis jus in legislatione Germanica: Universale in Comitiis Imperii, cujus primarii cum Cæsare Electores sunt, dein Capitulatione. Capitulatio autem est consectarium indeclinabile Electionis, utramque tam Capitulationem quam Electionem ipsam soli Electores habent Principibus exclusissimis, modo nil fiat contra constitutiones & Jura Statuum reliquorum Imperii, qualia nempe in §. 8.vo Instrumenti pacis enumerantur, Cæteris Statibus cum Electorali Collegio communia. Omnis circa Capitulationis & Electionis negocium controversia remissa est ad Comitia, non quod statim in favorem principum quorundam paucorum, qui rem urgent, decidi debeat, sed quod divisiones inter Electores & quosdam Principes sub pondere tractatuum evitarentur, simul ne conclusio pacis sufflaminaretur, denique ut abstraherentur a tricationibus exterorum, quorum judicationi non erat subjicienda. Idem factum, ut ejusmodi irritabiles materiæ Instrumenti pacis simpliciter ac inde finite insererentur, hoc est ut in futuris Comitiis de Regis electione & constante Capitulatione agendum sit: puta dissidentes in deliberationibus Electorum & Principum sententias Osnabrugis impulsione Coronarum exortas expediendas esse. Non utique quasi continue permitti oporteat, ut anne, vel ita, vel quomodo eligendus Rex vel capitulatione convinciendus sit cæteris præter Electores adeoque minoribus Ordinibus definire integrum sit. Hoc etenim ipsum erat in quæstione atque cum determinari nequiret, neque hujusmodi res armatarum exterarum Coronarum arbitrio subdere conveniret, sic ad Comitia relatio facta est, ubi quippe Electorum cum Cæsare maxima, Principibus vero ex patriis legibus moribusque auctoritas & res in eo sita est, ut si agi Comitiali consensu & ordine debeat, non soli Principes, qui Capitulationis quam vocant perpetuæ negotium perurgent, hic valeant, minima quippe Imperii pars, sed Cæsar & Electorale Collegium tum Prælatorum, Comitum, Baronum, quin reliquorum Principum tam secularium quam Ecclesiasticorum perpetuam istam hoc sensu non perinde urgentium numerus, tota denique Urbium Curia : Hæc simul & præcipuo nomine in considerationem veniant, utpote sine quorum assensu res nullo modo vel tangi nedum confici, quin nequidem proponi potest.   Verum circa Capitulationem duum generum res occurrunt, semel 1.) ipse Imperii status, ejus constitutiones & jura omnium Statuum publica, aliaque legibus comprehensa & moribus usitata, tum 2.) Status eligendi, temporum conditio vicinorum & reliquarum circumstantiarum ratio.   Quod ad primum merito capitulatio hoc modo esse debet perpetua : puta Electores tenentur in libero capitulandi usu illibate servare leges patriæ & cæterorum Statuum jura & in specie §. Instrumenti pacis 8vum quo non quædam quasi concapitulatio pari auspicio suffragiove sancienda Principibus datur, sed eorundem saltem indemnitati perpetuæ vel ut auctoritati perpetuæ pragmaticæque & capitularia lege cavetur.

De reliquo &, quod alterum caput attinet, in inperturbabili exercitio juris sui capitulandi Electores sunt relinquendi.   Si quid ergo in hodierna capitulatione contra jura quæ cum Electoribus Principes habent communia, continetur, emendatur id juxta Regulam Instrumenti pacis, maneant Electores in possessione plenaria jurium suorum præsertim capitulandi.

Soli quoque Electores una cum Cæsare vectigalia tribuunt, sed fieri id debet salvo jure tertii, denique solis Electoribus officia competunt reale in Reipublicæ gubernationem spectantia &c. reliqua Electorum & quidem minorum gentium præcipua cum primis cærimonialia huc non pertinent.

Num. 19.

Kayserl. Diplom für Herzog Eberharden zu Würtemberg, daß ihm in den Kayserl. Canzleyen das prædicat Durchleuchtig gegeben werden soll. d. d. 6. Martij. 1664.

Wir Leopold von Gottes gnaden Erwölter Römischer Kaiser, zu allen Zeiten Merer des Reichs ꝛc. Bekennen offentlich mit disem Brieff.

und

und thuen kunkt allermenniglich, Wiewol Wir aus Kayserlicher Höhe und Würdig-
keit, darein Uns der Allmächtige nach seinem göttlichen Willen gesetzt und verordnet
hat, auch angeborner Güette und milkigkeit allezeit geneigt seindt aller und jeder Unserer und des Heyl. Römischen Reichs Unterthanen und getrewen Ehr, Nutz, aufnehmen und Bestes zu betrachten und zu befördern, So ist doch Unser Kayserlich
Gemüeth mehr bequerlicher denen Unser Kayserliche Gnad und Saufftmüetigkeit mitzutheilen und Sie mit sondern Vortheilen, præ rogativen und Freyheiten zu begaben, deren Voreltern und Sie in Uhralt Herzog-Fürst-Graff-Freyherr-und adelichen Geschlecht, Wesen und Tugenden herkommen und Sich gegen Uns, dem Heyligen Reich und unserm Löblichen Haus Oesterreich in Gehorsam, stett-und williger
Dienstbarkeit vor andern trew und empsig halten, beweisen undt erzeigen.

Wann Wir nun gnädiglich angesehen, wahrgenommen undt Betrachtet des Hochgebornen Eberhardens Herzogens zu Würtemberg und Teck, Grauens zu
Mümpelgartt, Unsers lieben Vettern und Fürstens uhraltes Fürstliches und Herzog-
liches herkommen, auch die nahe Anverwandtnus undt Sippschafft, darinnen sowohl
inner des Reichs mit Uns und Unserm Löblichen Ertzhauß Oesterreich, als auch mit
denen Löblichen Churhensern Bayren, Sachsen, Brandenburg und Pfaltz, auch ausser
des Reichs mit einigen Cronen Seine Lden undt dero Vorforbern begriffen undt zugethan gewesen, auch derenthalben so von Uns undt Unsern Löblichen Vorfahren ain Kayserlichen Regiment, als an gemelten Cronen undt Chur-Heusern jederzeit mit dem
Freundschafftitul eines Vettern beehret undt solchermassen getractiert worden, auch
darneben die trewe stattliche und ansehentliche gehorsambste Dienste, so weyland Unsern hochgeehrten Vorfahren am Heyligen Reich Römischen Kaisern undt Königen
und Unsern Löblichen Haus Oesterreich, wie auch Uns erstermelt Seiner Lden Vorfahren, Dero gantzes Fürstliches Haus und Sie selbst in underschiedliche weeg, sonderlichen aber bey denen vorgewesenen höchstgefährlichen Türckenkriegen und dahero nöttig
erforderten und ersuechten Reichshülsen und Anlagen dero betroffenen starcken contingent vor vielen andern jederzeit gantz wohlergäbig und hochrühmblich geleistet, erzeigt und bewiesen haben.

Hierumb so haben Wir mit wohlbedachtem mueth, guetem Rath und rechtem
Wissen gedachtes Eberhardtens Herzogen zu Würtemberg Lden und allen dero ehelichen Leibserben und derselben Erbenerben als künfftig regiereuden Herren absteigender Linien dise besondere erkantliche Kaiserliche Gnade gethan undt Freyheiten
gegeben, Thuen das und geben Ihnen dieselbe auch hiemit von Römischer Kayserlicher
Macht-Vollkommenheit wissentlich und in krafft diß Brieffs also und dergestalt, daß
nun fürbaßhin Wir und unsere Nachkommen am Heyligen Reich Römische Kayser und
Könige vorgedacht Seiner Lden und dero ehelichen Leibserben als regierender Her-

(H) 2   zogen

zogen zu Württemberg anß allen Unsern und Unserer Nachkommen Cantzleyen in Unsern und ihren Reden, offenen und beschlossenen Schrifften und Brieffen, so von Uns undt Unsern Nachkommen am Heyligen Röm. Reich an Sie oder sonst, darinnen Sie benennet und bestimbt werden, außgeben würden, den titul, prædicat und Ehrenwort Durchleuchtig geben, schreiben und folgen lassen sollen und wollen, in massen Wir dan solches alles zugeschehen bey Unsern Cantzleyen allbereit bestellt und gnädigst anbefohlen haben.

Und gebietten hierauf den Hochwürdigen, auch Durchleuchtigen Ertzbischöffen zu Meintz, Trier und Cöllen, Unsern lieben Neven und Vettern, alß Unsers undt des Heyligen Reichs durch Germanien, Gallien, das Königreich Arelat undt Italien Ertz-Cantzlern und Churfürsten, auch allen unsern Cantzlern, Cantzley-Verwaltern undt Secretarien gegenwertigen und khünfftigen ernstlich und vestiglich mit disem Brieff und wollen daß Sie fürter Befelch und Ordnung in Unsern undt Unserer Nachkommen Cantzleyen geben, schaffen und befehlen, auch mit Vleiß undt ernst daran sein und darob halten, daß nun hinfübro mehrbenanntes Hertzog Eberhardts zu Württemberg Lden, dero ehelichen Leibserben undt derselben Erbenserben khünfftig regierenden Herren absteigender Linien ewiglich under Unsern titul undt nahmen den Durchleuchtigen geschriben und gegeben werde. Versehen uns undt gebietten auch nicht weniger allen übrigen des Heyligen Römischen Reichs Churfürsten, Fürsten, Prälaten, Grafen, Herren, Stätten, Communen und menniglich, daß Sie sambt und sonders vielgedachtes Eberhardts Hertzogs zu Württemberg Lden und allen dero in der Regierung folgenden Hertzogen zu Württemberg nach Inhalt solch unsers Kaiserlichen Seiner Lden ertheilten Diplomatis ebenmässig gebührlichen beehren und tractieren sollen. Das meinen Wir ernstlich.

Mit Uhrkunt diser Brieffs besigelt mit unserm Kaiserlichen anhangendem Insigel, der geben ist in unserer undt des Heiligen Reichs Statt Regenspurg den Sechsten tag des Monats Martij nach Christi unsers lieben Herren Erlösers und Seeligmachers glorwürdigen undt gnadenreichen Geburt im Sechzehenhundert vier und sechzigsten, unserer Reiche des Römischen im Sechsten, deß Hungarischen im Neunten und des Böhaimbischen im Achten Jahren.

Leopoldt.

    Joh. Philip.   Ad mandatum Sac.æ Cæs.æ
    Vf. Wilderich von Waldendorff. Majestatis proprium.

                          Wilhelmb Schröder.

                                  Num. 20.

Num. 20.

Würtemb. Schreiben an die Kay. May. wegen erfochtenen
Sieges und Versorgung der Reichs-Armee. d. d. 10. Aug. 1664.

E. Kay. May. zwey unterschiedliche den 8. Julii des nechsthingelegten und 6. ten dieses instehenden Monats an mich abgelassene allergnädigste Handschreiben hab ich
mit allerunterthänigsten respect zu recht empfangen und aus deren beederseitigem Inhalt gehorsamst vernommen, welchermassen E. Kay. May. in dem ersten die zu Anschaffung und Bestellung einer Feld-Artigleria erscheinende hohe Nothwendigkeit beweglichst remonstrieren und in dem andern nechst allergnetigster Communication deroselben beeder Herrn Feld-Marschallen des Graven von Montecucoli und des Graven von Souches wegen deren kurzauseinander von Gott den Christlichen Waffen wider die Türkische Macht verliehenen glückhafften progressen eingeschickten allerunterthänigsten relationen, auch der allerseitigen Auxiliar-Völker zeitliche recroutie-
rung und den deßwegen nöthigen Verstärkungs-werckungen ohneslaumber Anstell-wie auch
der Völcker behöriger Lebens-Mittel Anschaffung instäntigst urgieren.

Nun gebühret billig vorderist dem allmächtigen Gott vor desselben seiner Christenheit nun in kurzer Zeit hero schon zu unterschiedlichen mahlen anscheinlich erwiesenen Gnaden-Beystand inbrünstiger Danck, damit Seine Göttliche Allmacht
durch solche unsere schuldigste Dankbarkeit dero hülfreichen starken Arm ferner wider
disen grimmigen Feind außzustrecken und seinen Hochmuth zu der ganzen Christenheit
Consolation und Wiederberuhigung zu brechen veranlasst werden möge. Und ist keines-
weges auch E. Kay. May. als dem höchstgeachtesten Oberhaupt unsers geliebten Vaterlands Temtscher Nation zu solchen von Gott deroselben, des Reichs und der Alliierten conjungierten Waffen bescherten Siegen herzinniglich zu congratuliren, welches Ich dann an meinem Orth hiermit nicht allein mit allerunterthäniaster Gebühr
abgelegt, sondern auch gegen E. Kay. May. mich gehorsamst bedanket haben will,
daß deroselben allergnädigst gefallen hat mich auch in particulari einer so hocherfreu-
lichen avisation vermittels dero angenehmesten allergnädigsten Handschreibens theil-
hafft zu machen.

Gleichwie nun E. Kay. May. auß allen meinen bißherigen Bezeugungen von
selbsten in Kayserl. Gnaden erkannt und befunden haben werden, daß Ich bis dato deroselben in gegenwertigem Feldzug wider den Türcken nach eussersten meiner noch von
denen hievorigen Kriegs-Jahren ganz erarmten und durch unterschiedliche jüngste auf-
einander gefolgte Miß-Jahre vieler Orten in höchster affliction stehenden-Untertha-
nen-Kräfften allergetreuest unter die Arm gegriffen: Also werde Ich auch nicht anße-

ten sowohl wegen der Feld-artiglerie als recruten nach meines Landes müglichster Erträglichkeit noch ferner in diser annoch nicht gar überstandenen allgemeinen Noth zu bezeugung meiner allerunterthänigsten devotion getreuwilligst mit Hand anzulegen und derentwillen bey nechstangestellter anderwertiger Craißversammlung zu Ulm als mitausschreibender Fürst dises Schwäbischen Crayses meinen Mit-Crayß-Stän- den die allerseitige hohe Notwendigkeit beweglichst repræsentieren zu helffen. Ich ma- che mir auch danebens ab E. Kay. May. biß auhero höchstrühmlich fürgeleuch- teter Vigilanz die zuversichtliche allerunterthänigste Hoffnung, dieselbe werden die nachdrucksame Verordnung aller gehöriger Orten allergnädigst ergehen zu lassen, weilen gleichwohl, wie Deroselben vorhin ohnverborgen seyn würdt, die so- wohl in nach-und zuführung dessen von denen Ständen, sonderlich an dises Schwäbi- schen Crayses seiten biß in dero Kayserl. Residenz-Stadt Wien in zimblicher quan- titæt verschafften proviants, als an ammunition und deren durch so unaußgesetzte travaglien erkranckten auch sonst abgematteten und verwundten Soldaten behöriger accommodier-und refrechierung bißhero erschienene Mängel nicht weniger, als der Feind selbsten die allerseitige armeen zu so grossem Abgang und ruin gebracht, daß dergleichen defect fürohin müglichst abgestellt und sonderlich auch an denjenigen Orten, allwo ein und andere aus Hunger und Kranckheit zuruckgebliebene arme Sol- daten auf das unbarmherzigste ermordet worten, scharffe Straff-exempla statuiert werten mögen, weilen E. Kay. May. höchstvernünfftig von selbsten allergnädigst er- messen können, daß in Eurstehung dessen nicht allein die jetzo noch würcklich zu Feldli- gende Völcker volleud crepieren, sondern auch die neue Werb-und recrutierun- gen sich allerdings stecken dörfften, ganz gehorsamist bittend, E. Kay. May. wollen dise meine aus allerunterthänigster devotion treuist gemeinte Auerinnerung nicht an- derst, als in Kayserl. Gnaden wohl aufnehmen und mich und mein Hauß sich fortwäh- rig zu stets beharrender Kayserl. Huld bestens befohlen seyn lassen. Datum Stuttgar- ten den 10. Aug. 1664.

Num. 21.

Königl. franz. Schreiben an Herzog Eberharden wegen der an Chur-Maynz wider Erfurt überlassener Hülfsvölker. d. d. 25. Jul. 1664.

Mon Cousin, L'Electeur de Maynce m'ayant requis en vertu du traitté de nostre alliance de l'assister d'un corps de trouppes de Cavalerie & d'Infanterie pour luy donner moyen de reduir ses sujets rebelles de la Ville Erfort, qui ont eté mis au ban de l'Empire, le
quel

quel leur à desja esté signiffié par un des herauts d' armes de l' Em-
pereur, J' ay volontiers embrassé cette occasion de tesmoigner a un
Prince mon allié combien les Interests de mes confederez me sont tousjours a coeur & avec quelle bonne foy & pontualité J' observe tousjours toutes les conditions aus quelles Je me trouue engagé par mes
traitez. J' ay donc commande un corps de troupes que J' envoye au
dit Electeur de Mayence pour le servir & agir sous ses ordres a la re-
duction de la ditte Ville declaré rebelle & mise au ban de l' Empire
& J' ay voulu en mesme temps vous donner aduis de ma resolution
comme a mon bon amy & allié & mesme pour la part que vous deuez
auoir comme Prince de l' Empire si considerable de tout ce qui se passe
dans l' estendue du dit Empire à fin, que vous soyez informé de sa
sincerite de mon Intention & que bien loin que cette marche de troupes doive donner a personne aucun ombrage ou Jalousie, Je n' ay ay
autre but que de protegir une cause si juste & de satisfaire aux obli-
gations de mes traittez, A quoy Je ne doute nullement que vous ne
donnerez vostre approbation & vos louanges considerant d' ailleurs que
Je serois bien volontiers pour vous la mesme chose, si jamais vous en
aviez le mesme besoin, sur ce Je prie Dieu que vous ayt, mon Cousin en sa sainte & digne garde. Escrit a Fontainebleau le 25. Juillet
1664.

Louis.

De Lionne.

Num. 22.

**Königl. Schweb. Instruction an den Comitial- Gesandten Schnoilz-
ty wegen der Erfurtischen Execution. d. d. 8. Nov. 1664.**

Carl ꝛc.

Unsern gnädigen gruß ꝛc. Edler und vöster, besonders lieber getreuer; Wir haben
aus Eueren nach und nach eingelangten Schreiben mit mehrerm vernommen, welcher massen das von Chur-Maynz begangene Unwesen mit der Statt Erfurt von einem Theil der dort beym Reichstag anwesenten Stänbe und Dero Abgesandten zwar
anfangs in gute consideration genommen, deßfalls auch ein und anderer bießsamen
Orten so mundlich, als schrifftlich remonstrationen gethan, nun aber, da solches
auf die bewuste allem Ansehen nach zu gewelter Statt gänzlicher Unterdrückung gereichende Art ausgeschlagen, ein jeglicher die Hände sincken und sich damit quasi re-
bene

bene gesta contentieren lassen , daß ihrer geschehenen repræsentation nur relative im concluso des Fürsten-Raths gedacht werde , ohne ferner sich zu bemühen, daß die Stadt wider das gegen sie geschehene unrechtmässige Verfahren in integrum restituiert , dadurch diß allen Stänten zur höchsten Gefahr gereichende præjudicium abgethan , auch damit dergleichen nicht mehr andere schädliche Exempel nach sich ziehen , eine genugsame præcaution veranlasset würde. Nun müssen Wir sothane eines Theils Chur-fürsten und Stände recht befremdende kaltsinnige consilia zwar an seinen Ort gestellet seyn lassen , gestalten sie mehr beklaget , als geendert zu werden können scheinen , indem sie dem heilsamen einrathen , welches Wir so vorhin , als in sonderheit bey dem noch instehenden Reichstag durch Euch und Eueren collegen zu des Reichs Sicherheit und beständigen Ruhe an die Hand geben lassen, kein besser Gehör und Beyfall ertheilet und dannenhero das Werk in der confusion gelassen , daß einem jeglichen frey bleibet ohne respect auf den fridenschluß und andere des Reichs wohlgefasste Satzungen , ja directe wider deroselben Inhalt nach seinem wohlgefallen zu schalten und zu walten und der stärcker den schwächern impune zu untertrucken: Allein weil Wir gleichwohl die Sach von mehrer Wichtigkeit halten und dabey ein gröseres Interesse haben , kann das Wir gleich andern so gar durch die finger sehen und nicht einmahl einig Mißfallen darüber vermerken lassen sollten , in Betracht Wir dabey nicht nur als ein Mitstand , sondern auch qua Rex & eo respectu tanquam pars pacifcens principalis und ein garant und custos des friedens concurrieren , deßfalls auch sothane unsere hohe Pflicht erfordert zu beobachten und Sorge zu tragen , damit die friedens-Puncten nicht gekränckt und alles , worinnen in denenselben wider gehandlet , in zeiten remediiret werde: Nun aber ja offentlich am tage , daß der gegen der Stadt Erfurt gebrauchte Process scheinlich wider sothanes friedens-Instrument und bevorab achten und Siebenzehenden Articul , in deren jenem der Unfug des banni , in disem aber dergleichen verfahren pœna fractæ pacis dictiert wird , dann auch wider die executions-Ordnung und andere wohlgegründete Reichs-satzungen lauffe , zugeschweigen so vieler andern erheblichen motiven , durch welche man anfangs die in lauter Thätlichkeiten beruhende Sach dem französischen Abgesandten Gravelle an seiten der Evangelischen Stände fürgestellet, So haben Wir Euch demnach mittelst disem zu vernehmen geben wollen , auf was weise Wir die Sache ansehen und daß Wir gar nicht mit denenselben einig seyen , welche so gar kaltsinnig sich bezengen und nun , da es unrechtmässiger weise vollbracht , schweigen und zufriden seyn wollen , besondern Wir halten vielmehr nöthig , daß Ihr bey ein und andern , wo Ihr es wohlangelegt seyn wisset , obiges alles gleichwohl mit einer solchen Manier , die darinn Euer vernünfftigen dijudication nach erbaulich , zu Gemüth geführet und mit denenselben überleget , so wohl ob nicht noch ein Mittel zuerfinden , wie gemeldter Statt auf

ein

ein und andere Art einige Rettung zu verschaffen und sie auf's wenigste von gänzlicher
Unterdruckung ihrer Policey und Gewissens-Freyheit zu salvieren, als auch unter gesambten Reichs-Ständen dergleichen Schranken hinfüro gesetzt werden mögen, daß
nicht einem jeden frey stehen möge wider die leges Imperii also frey und ohne Ahndung zu mißhandlen, gestaltsam sie ja gnugsam voraus sehen können, was für eine
Verwirrung und confusion darüber sonst entstehen und wie ungewiß ein jeglicher seiner habenden Lande und Gerechtsame seyn dörffte. Darüber Ihr auch fürnemlich mit
gemeltem Gravelle Unterretung pflegen und bey demselben erwehnen werdet, wie
Wir Uns nicht wohl darinn zu finden wissen, daß der König in Franckreich in seinen
an Uns abgelassenen Schreiben und durch Ihne Gravelle auch dort zu Regenspurg
verheissen allein die Stadt Erfurt in so weit zu nöthigen, daß sie sich nach dem Einhalt des
Fridenschlusses gleichwohl mittelst ungekränckter Beybehaltung ihrer privilegien gegen Chur-Mayntz der Gebühr anschicken sollte, nun aber selbige des Königs Waffen
gebraucht würden die Stadt ganz und gar umb ihre Freyheit zu bringen, welches aber
beyder Crouen Schweden und Franckreich interesse umb so viel mehr schaden würde,
als sie dardurch die Gemüther der Evangelischen Stände gar und ganz von sich ab und
dem widrigen theil zuwenden, davon mit der zeit noch allerhand schädliche Würkungen
zu besahen seyn dörfften. Ihr werdet solches alles mit guter Sorgfalt und moderation fürbringen und dahin Euer Augenmerck fürnehmlich richten, daß durch dergleichen Ouverture den wohlmeynenden Ständen kund werden möge, daß Wir an dem
so obigermassen wider den Fridenschluß geschehen, und noch ferner zubefahren seyn möchte, ein sonderbares Mißfallen haben und es gern auß beste remediert sehen. Im übrigen
seyen Wir Euch nebst Empfehlung ic. Gegeben Stockholm den 8. Novembris 1664.
Im Namen und von wegen ic.
Hettwig Eleonora.

Num. 23.

Kayserl. Danckschreiben an Herzog Eberharden für den von sei-
nen Hülfs-Völckern wider die Türken erwiesenen tapfern Beystand,
d. d. 25. Oct. 1664.

Leopoldt von Gottes Gnaden Erwöhlter Römischer Kayser.
Durchleuchtiger Hochgeborner lieber Vetter und Fürst, Aus unserm an D. Eben
unter dato den Fünfften dises zu eudt lauffenden Monaths Octobris abgelassenen notificationschreiben haben Dieselbe seithero ungezweifelt vernommen, wasmas-
sen der zwischen uns und dem Erbfeind Christlichen Namens vor disem
geschlossene Stillstandt der Waffen durch die vorgeweste Handlung auff zweinzig Jahr
prorogiert und dardurch der entstandene Krieg in so weit auzgehebt worden. Weilen
sich

ſich dann ſolchergeſtalt gegen vertiger Beldtung auch geendigt und allerſeits hohe Befelchs-
haber über die Unß, dem heyl. Reich und der ganzen Chriſtenheit zu Dienſt und beſtem
von unſers freundlich geliebten Vetters des Königs in Franckreich Eben ſowohl, als
Chur-Fürſten und Standen des Reichs wider beſagten Erbfeind zu hülff geſchickte
Völcker entſchloſſen und im würcklichen Auffbruch begriffen ſeindt, ſolche Ihren hohen
Principalen, Committenten und Obern wieder zuzuführen, und unter demſelben auch
Dr Eben Officier und Befelchshaber neben denen Ihrem Commando anvertrauten
Völckhern zu Roſſ und Fuß ſich befinden.

Alſo haben Wir dieſelbe mit diſem unſerm Schreiben an D. Eben zu beglaiten und
Ihnen ſambt und ſonders das Zeugnus beyzulegen nicht underlaſſen können, daß Sie
ſich in denen mit dem Erbfeind vorgangenen actionen zu ihrem immerwährendem
Ruehmb und unſerm gnedigiſten gefallen bapffer und wohl verhalten. Dr Eben aber
ſagen Wir umb die unß Ihres Orths geleiſtete wohl erſprießliche aſſiſtenz ganz gne-
tiglichen Danckh und werden nicht ermanglen diſe Willfährigkeit umb dieſelbe jederzeit mit
aller beliebigen gegen-Bezeugung würcklich zu erkennen, Dero Wir benebens mit Kayſerl. Gnaden und allem gueten wohl beygethan verbleiben. Geben in unſer Statt
Wien den fünff und zweinzigiſten Octobris Anno Sechzehenhundert vier und Sechzig
unſerer Reiche deß Römiſchen im Siebenden, des Hungariſchen im Zehenden und des
Boheimbiſchen im Neunten.

Leopold.   Ad mandatum Sac. Cæſ. Majeſtatis
  Vt **Wilderich von Waldendorff.**   proprium
                                   Wilhelmb Schröder.

Num. 24.
Schreiben an Kurmaynz und Kurpfalz von Herrn Eberhardens,
Herzogens zu Würtemberg Fürſtl. Durchleucht, d. d. 18. Maji Anno 1665.

P. P.

Wiewol Wir Uns die geſicherte Hofnung gemachet, es würden die zwiſchen Ener
Liebten und einig andern Mitintereſſirten Kurfürſten und Standen des Reichs
eines-und des Herrn Kurfürſten Pfalzgrafen Liebten andern Theils (des Herrn Kurfürſten zu Maynz Liebten und einig andern mitintereſſirten Kurfürſten und Standen
des Reichs eines-und Ewr. Liebten andern Theils) eine Zeit bevo ſich ereianete Diſ-
ferentien entweder durch einiger disintereſſirten benachbarten Stande Interpoſition oder
rechtlichen Austrag ſich erörtern, und mithin größern Weitläuftigkeiten den Weg abſchneiden laſſen; So-müſſen Wir jedoch mit nicht geringer Gemütsbeſtürzung vernehmen, daß ſothane Mishelligkeiten nun vielmehr zu wirklichen Extremitäten ausbrechen und die Waffen ſtatt der gütlichen Wege gegeneinander ergriffen werden wollen.

Nun

Nun laſſen Wir zwar unſers Theils die Hauptſach an u. vor ſich ſelbſten, welche beede hohe Parteyen des Orts miteinander zu vergleichen haben, an ihren Ort
geſtellet, und begehren dießfalls niemanden in ſeinen prätentirenden Juribus zu prä-
judiciren: weniger Uns mit einzumiſchen und mit intereſſirt zu machen: Indeme aber
gleichwol einem jeden chriſtlichen Regenten bey Entſteh- und Aufgehung eines in der
Nachbarſchaft brennenden Feuers vor ſeine von Gott anvertrauete Land und Leute zu
wachen, und zumal auch communem ſecuritatem Imperii mit erhalten zu helfen,
höchſt obgelegen: So haben Wir auf die uns dieſer Tagen zugelangte Benachrichtigung,
das allbereits von 2. bis in 3000. Mann allerhand conjungirten geworbenen Völker
zu Roß u. Fuß, gegen der Bergſtraß herauf marchiret ſeyen, und dem erſchollenen
Gericht nach mit Eroberung der Stadt Ladenburg, allſchon einen Anfang an der Thät-
lichkeit gemacht haben ſollen, Unger nicht anſtehen können, um Unſerer Lande näher Angelegenheit und der gemeinen Reichs-Beruhigung willen, welche ſolchen Falls durch
ein- und andere auswärtige Hülfe leichtlich periclitiren dörfte, die Uns hierüber nicht
unbillig mit zu Herzen gehende Sorgfalt Euer Liebden aus hergebrachten Wohlmeinen
nicht allein zu erfreuen, ſondern auch zu Bezeugung Unſers Friedliebenden und auf aller-
ſeitiger Land u. Leute Conſervation, vornemlich aber auf Vermeidung aller höchſt be-
daurlich und ſchwer verantwortliche Blutſtürzungen reflectirenden aufrichtigen Gemüths Unſere ohnparteyiſche Interpoſition zu gütlicher Vereinbarung hiermit zu ferriren.

Wie Wir nun an Euer und des Herrn Kurfürſten Pfalzgrafen Liebden (und
des Herrn Kurfürſten zu Maynz Liebden auch übriger Intereſſenten) gutwilliger Acceptirung dieſer Unſerer auch anderer benachbarten Fürſten offerirenden Mediation
nicht zweifeln, und eine Willfährige Erklärung erwarten, alſo wollen Wir auch im
Gegentheil Uns die zuverläſſige Hoffnung machen, daß man bey ſo wirklichen Ueber-
ziehungen und Angriffen gleichwol Unſere Land und Leute von allen Einquartirungen
Durchzügen u. andern Thätlichkeiten, allerſeits gänzlich verſchonen, und Uns oder
den Unſrigen hierunter einigen Schaden zuzufügen, nicht gemeint ſeyn werden. Verbleiben im übrigen Euer Liebden Stutgard, den 18. Maji Anno 1665.

Num. 25.

Schreiben, von Herrn Eberhardens Herzogens zu Würtemberg Fürſtl. Durchlecht an Herrn Landgraf Ludwigen zu Heſſen-Darmſtadt
Fürſtliche Durchlecht, ſub dato 18. Maji Anno 1665.

P. P.

Gleichwie Wir nicht zweifeln, es werde Euer Liebden Unſer am nechſtverwichenen
Freytag bey der Poſt abgegebenes Schreiben wohl zu handen kommen ſeyn, in
welchem Demſelben Wir Unſere ohnmaaßgebliche Gedancken dahin eröfnet, ob nicht

am beren zwischen Kurmaynz Liebben & Consorten eines- und des Herrn Kurfürsten Pfalzgrafen Liebben von Tag zu Tag sich beschwerlicher anlassenden Mißhelligkeiten willen, von Ewr Liebden und Uns einige Mediation beeder hohen Theilen anzubieten seyn möchte; Also ist Uns auch mit weniger mit gestrig eingelangter ordinari Post dasjenige wohl zugelanget, was Euer Liebden Deroselben vom 12. hujus an Uns leztmals aufzugeben beliebig gewesen.

Weilen Wir dann daraus mit sonderbarer Gemüthsbestürzung vernehmen, daß die bishero zu gütlicher Composition geschöpfte Hofnung gar erlöschen, und es hingegen nunmehro zur Extremität ausbrechen wolle, indeme bereits unterschiedliche Treuppen von 2. bis in 3000. Mann stark geworbener Kurmaynzisch-Lothringisch-Kurtrier und Köllnischer Völcker zu Roß und Fuß durch Euer Liebden Lande am Rhein und an Dero Bergstraße hinauf, und zwar auf ein von des Herrn Kurfürsten zu Maynz Liebden deswegen vorher an Euer Liebden abgegangenes Gebührendes Ersuchschreiben, marchieret, und wie das zugleich miteingeloffene Gerücht anhero gebracht, Ladenburg eingenommen haben sollen; So will Uns dannenhero um so viel mehr bedencklich- und bey Unsern von Gott Uns anvertrauten Landen u. Leuten nicht wohl verantwortlich fallen, bey Aufgehung eines so nahe angezündeten Feuers länger still zu sizen, sondern werden dardurch billig zu behöriger Wachsamkeit animirt, und insonderheit zu nunmehriger wirklicher Vollziehung Unsers Euer Liebben vor 8. Tagen überschriebenen Intents einer nachbarlichen Interponirung und den allerseits alibereit vermög des erzeylichen Inschlusses abgegebenen schrifftlicher Oblation vor allen Dingen veranlasset, zu Euer Liebden hochvernünfftigen Nachgedeucken stellend, weilen Dieselbe Ihres Orts ratione Situationis Deroselben Landen nicht weniger hoch interessirt- und anbey die Exempla, wie leicht aus einem kleinen ein großes Feuer entstehen und ein- u. anderer auswärtiger mächtiger Potentat sich bey dergleichen innerlichen Unruhe mit immiscieren könne, nicht von langen Jahren herzuholen, sondern in diesen Unsern Zeiten erlebt worden seyn, ob nit auch Dieselbe neben Uns Ihre gleichmäßige Interposition mit zu offeriren freundlich belieben wollen.

Wie man nun, wessen sich hierauf beede Theile gegen Euer Liebden und Uns entschliessen werden, gleichwol zu erwarten hat; Also mögte auch indessen nichts destoweniger Unsern beederseitigen Gesandschafften zu Regensburg, allermassen Wir bey nächstabgehender Post zu thun bedacht, zu befehlen seyn, Sie sollten sowol bey dem Kaiserl. Principal-Commissario des Herrn Erzbischoffen zu Salzburg Liebden als auch bey nechstanstellender Fürsten-Raths-Consultation von Unsertwegen die dem ganzen H. R. Reich ab dieser Diffensionen wirklicher Ausbruch zu befahren stehende unüberdenkliche Inconvenientien, und sonderlich Unserer beederseitigen Land u. Leute nicht geringe Gefahr, zumalen auch dieses beweglichst remonstriren u. zu bedeuten geben

ten, wann auf solche Weise, und in conspectu totius Imperii wider dessen klare Con-
stitutiónes und das Instrumentum Pacis, ein jeder de facto verfahren, sein Jus
mit Ergreiffung der Waffen versechten, und mithin die hohe Tribunalia u. Judicia
vor einen blossen Schatten halten wolte, was man dann nach anscheinender Endschaft
dieses langwührig u. kostbarlichen Reichstags zu Festhaltung des Instrumenti Pacis
und der allgemeinen Beruhigung Unsers geliebten Vaterlands sich vor sonder Hoffnung zu machen, und ob nicht vielmehr desselben gänzliche Zerfall und fremder Völcker Hereinbrechung dahero zu befahren seyn werde, indem bey solcher Bewandsame
kein Stand des Reichs sich auf die securitatem publicam im wenigsten mehr verlassen kan, mit angefügten Ersuchen u. Bitten, daß sowol die Römisch Kayserliche
Majestät Unser allergnädigster Herr rc. als all übrige disinteressirte Kurfürsten u.
Stände des Reichs, zu Abwendung dieser auf das gefährlichste anscheinenden neuen
motuum mit gesamter Hand cooperiren, und beede Theil durch ernstliche Inhibitoria
und Erinnerungsschreiben zu güt- oder rechtlicher ihrer Differenzien Austragung anhalten mögten. Weilen auch Euer Liebden bishero Ihre Inclination zu so vertraulichen und nachbarlichen Correspondenz rühmen und im Werk selbsten bezeiget; So
vergewissern Euer Liebden Wir der Reciprocation hingegen nochmalen, und geben aus
freund Vetterlicher Wohlmeinung dieses Mittel zu solch Unserer Correspondenz mehrerer Beschleunigung unvorgreiflich an die Hand, ob nit etwa derentwillen, und bis zu
Gott gebe ehister Stillung dieser in Unserer Nachbarschaft sich anspinnenden Unruhe
eine und lezte Post nach Kärnbach anzustellen seyn mögte, und verbleiben in Erwartung
Euer Liebden fernerer hochvernünstiger Gemüthsmeinung. Stutgardt, den 18. Maji 1665.

Num. 26.

Extractus Reichstags-protocolli über den art. 3. der capitulationis
perpetuæ. d. d. $\frac{24}{14}$. Junij 1665.

Magdeburg. Man erinnere sich diesseits ebenfalls guter massen, welchergestalt von
dem Churfürstl. Collegio ein unmaßgebliches Capitulations-Concept vor geraumer Zeit Fürsten und Ständen sey extradiert und per dictaturam publicam
communiciert worden, habe auch aus dem anjetzo von dem Oesterreichischen Directorio mündlich gethanem Vortrag mit mehrerm angehört, daß der dritte Articul des
gedachten Churfürstl. Capitulations-projects vor bißmal in Umfrag und proposition gestellet sey. Gleichwie man nun gern sehe, daß nach so langem Verzug der Capi-
tulations-punkt reasumiert und wieder in deliberation gebracht worden: Also hal-
man auch davor, und wolle hoffen, daß nicht allein darinnen so lang werde fortgefahren

worden, biß derselbe gänzlich ausgemacht, sondern daß auch hernach die übrige in dem
letstern Reichs-Abschiet und jüngsten Kayserl. Proposition enthaltene materiæ remissæ würden erlediget und den auswärtigen compaciscirenden Cronen würklich gezeiget werde, daß dasjenige, so bey Aufrichtung des Westphälischen Fridenschlusses sanc-
te versprochen, auch treulich vollzogen und aufrichtig beygehalten werde. Wordurch
dann nicht allein unter Chur-Fürsten und Ständen ein gutes Vertrauen gestifftet,
sondern auch ein guter Grundstein geleget würde, darauf die allgemeine Wohlfart,
Ruh und Sicherheit des Röm. Reichs gebauet und festgestellt werden könnte. Und
weilen hierzu ein jeder Stand des Reichs fleissig zu cooperiren verbunden, als wolle
man an gutem Fortgang nicht zweifeln, damit die Jura Statuum ungeschmälert bleiben und einem jeden dasjenige gelassen werde, was Ihme nach Anleitung des so theur
erworbenen Fridens zukomme und gebühre. Vernehme dannenhero gern, daß auch
in dem Salzburgischen Voto auf der conservation der Jurium Statuum sey angezie-
let worden und habe kein Bedenken sich mit seinen monitis über besagten dritten articul des Capitulations-projects vernehmen zu lassen, halte disem nach dafür, daß
die Wort: und von hohem praejudiz und weitem Aufsehen seyen 2c. auszulassen. Post verbum: der güldenen Bull 2c. addatur: Jedoch dem Fridenschluß ohne Abbruch 2c. sich deßfalß mit Oesterreich und Salzburg conformi-
rend. Wenig Zeilen hernach, wo da stünde: und sondern Rechten, Hoheiten, praeeminentien und praerogativen 2c. omittatur verbum: præeminenti-
en. Es könnte etwa solches Wort an einem andern Ort translociert werden, wo
von den Ständen insgesambt gehandlet wird, und die Formalia des Instrumenti pacis
gebrauchet werden. Post verba: Auch seines theils approbiren und confirmi-
ren 2c. seye, wie von Salzburg und Oesterreich auch erinnert worden, hinzuzusetzen:
Jedoch dem Instrumento pacis und andern Reichs Satzungen, auch denen von Fürsten und Ständen hergebrachten Juribus, Hoheiten und
privilegiis unabbrüchig.
    In dem §. wo de Electione Regis Romanorum vivente Cæsare gehandelt
wird, halte man dafür, daß pro verbis: auf einen deshalb angestellten Collegial-Tag 2c. zu setzen: Fürsten und Stände. Post verba: Der regierende Röm. Kayser will auch 2c. addatur: Der Churfürsten Amtsverwesern
und Erbämtern ihre von altero hergebrachte verrichtungen ungeschmälert lassen und sie dabey handhaben, weniger nicht 2c. & paulo post pro verbis: Wann der Churfürsten Amtsverweier und Erbämbter 2c. ponatur:
Wann dieselbe 2c. Dann es müssten sonsten dise Worte tædiose repetiert werden.
    Und dises seye also, was man bey dem in Umfrag gestellten 3.ten art. des Chur-
fürstl. Capitulationis-projects zu erinnern gehabt, und wolle man auch der Herren
nach-

nachstimmenden Gedancken darüber vernemmen und sich alle Notturfft, im Fall Ihre Fürstl. Durchl. ihm etwas mehrers befehlen würden, vorbehalten.

Pfalz-Neuburg. Disseits habe man gleichfalls verstanden, was von dem Löbl. Oesterreichischen Directorio in puncto capitulationis nunmehr wieder in Umbfrag gestellet und von den Herrn Vorsitzenden darüber votiert worden. Nun werden Ihre Durchl. zu forderist gern vernemmen, daß man in dieser abermahl so lang ausgestellt gewesenen materi auf so viel und manigfaltiges erinnern und anmahnen der Stände entlich wieder einen Anfang gemacht, nicht zweifelnd, es werde damit den unterschied-lichen Reichs-conclusis, Kayserl. Versprechen und Instrumento pacis gemäß ferner verfahren, mithin auch die übrige in der Kayserl. Reichstags Proposition begriffene und auf disen Reichstag gehörige materien gebührlich vorgenommen und erörtert werden, damit man nach so viel aufgewandten Kosten und Zeitverlust den allgemeinen Zweck des Reichs-Wohlfahrt, Sicherheit und Bestens bey disem langwürigen Reichstag dermaleins erlangen möge.

So viel bey jetzt in Umbfrage gestellten 3.ten art. des ad deliberandum vorgebrachten Capitulations-projects antraichet, da befindet man, daß in demselben unter andern unterschidlichen Sachen (weßwegen man die schon vorlängst ausgestellte, auch von Oesterreich am 21. und 22. Nov. 1664. per dictaturam publicam communicierte monita der maisten weltlichen Fürstl. Häuser und ihnen beygetrettener mit Magdeburg und gleichstimmenden anhero widerholet und sich damit nochmals verglichen haben will) auch der punctus Electionis Regum Romanorum vivente Cæsare berühret worden. Wiewohl nun derselbe, als ein per Instrumentum pacis, wie bekannt, absonderlich auf den nächsten damahls innerhalb 6. Monath nach ratification des Frittenschlusses pactiert und zu halten versprochenen Reichstag verwiesene und also billich specialiter und separatim zu tractiren und zu erörtern stehende materia seye, über welche, wann man anderst dem Instrumento pacis seinen effect zu geben und demselben eine Genüge zu leisten bedacht, in allen dreyen Reichs-collegiis libero & communi Statuum suffragio separatim etwas gewisses zu handlen und zu statuiren. Weilen gleichwohl dieselbe in gedachtem Aufsatz der beständigen Wahl-Capitulation mit eingerucket worden, können Ihre Durchl. (da es den andern Ständen auch also beliebet) Ihres Orts, jedoch salvo per omnia Instrumento pacis wohl geschehen lassen, daß solche zu Gewinnung der Zeit und beförderung des Wercks bey diser occasion zugleich mit tractiert werde. Gleichwie nun höchstgedacht Ihre Fürstl. Durchl. keines Weegs gemeynt einigen dero Mit-Ständen in deffen habenden Juribus im geringsten zu præjudiciren, vielweniger in Sachen, so eines jeden jura, Statum & interesse betreffen, einander vorzugreiffen: Also wolle Sie sich eines gleichmäffigen auch hingegen verlassen und hoffen, daß ihro niemand ver-

verdenken würde, wann sie in dieser Materj ihre Meynung frey eröffnen und berge-
stalt votiren lassen, wie Sie es vor Gott, der Welt und ihrer Fürstl. posteritæt
zu verantworten getrauen, massen dann keiner dem andern aufzutragen gemeynt seyn
wird, was er selbsten zu thun sich beschweren möchte. Wie viel und gefährliche motus
nun im Heil. Röm. Reich unserm geliebten Vaterland hiebevor entstanden, wann die
Wahl eines Röm. Königs bey Lebzeiten eines regierenden Kaysers wider dessen und
der Stände willen vorgenommen worden, solches ist aus den Geschichten der vorigen
Zeiten mehr als genugsam bekannt und allhier unnötig anzuführen, wann man allein
bedenket und aus den Actis revolviert, was bey vorgegangener Wahl weyland Kaysers Ferdinandi I. Christlöbl. Angedenkens passiert und was deswegen von den damahligen Chur-und Fürsten zu Sachsen, Herzogen in Bayern, Herzogen zu Braunschweig-Lüneburg, Landgraven zu Hessen, Fürsten zu Anhalt und mehr andern vornehmen Reichs-Ständen dargegen stattlich an-und ausgeführt worden, Was sich auch
hernachmals occasione anderer Wahlfälle bey Lebzeiten der Röm. Kayser zugetra-
gen, so ist leicht zu ermessen, auch denen, so den Westphälischen Fridens-Tractaten
beygewohnet, und andern aus selbigen Actis erinnerlich und bekannt, aus was erheblichen Ursachen dise materia unter andern dem art. 8. Instrumenti pacis so deutlich
und bedächtlich inseriert worden, scilicet ut provisum sit, ne posthac in Statu
politico controversiæ saboriantur. Dann wann dergleichen erfolgen sollten, die
übrige Stände (welche gleichwohl die Jura belli ac Pacis, legumque ferendarum
& interpretandarum, vigore dicti articuli 8. cum Electoribus communia und
solchen falls propter interesse proprium wohl so viel, als andere, ja offt mehr dabey zu verlieren, also sich und den ihrigen billich zu vigiliren haben) nothwendig,
wiewohl ohn ihr Verschulden und wissen, mit involviert werden könten und müsten, solchemnach haben Ihre Durchl. nebenst andern Fürstl. Häusern und Ständen dafür gehalten, wie noch, im Fall es dazu käme, daß wegen eines regierenden
Römischen Kaysers hohen Alters, Leibs-indisposition, langwüriger Abwesenheit
oder anderer erheblicher Ursachen halber dem Heil. Röm. Reich nothwendig und nützlich befunden würde bey Lebzeiten eines Röm. Kaysers die Wahl eines Römischen Königs vorzunehmen, daß solches nach inhalt obgedachter dissitiger monitorum mit einrathen und Vorwissen der übrigen Reichs-Stände secundum Instrumentum pacis
vorzunehmen sey. Und obzwar seithero ein und andere Vorschläge ins Mittel gebracht
worden, wie dieser §. einzurichten seyn möchte, dabey Ihre Durchl. so wohl, als die
übrige bey Ihro stehende Fürstl. Häuser und Stände jedermahlen bezeugt, daß Sie
gern alles miteingehen wollten, was zu stiff-und Unterhaltung guten Vertrauens
und Einigkeit immer gereichig, so ist doch bekannt, daß solches alles biß hierzu nichts
verfangen wollen, sondern was heut für gut angesehen und beliebet, morgen wieder
geän-

geändert worden, weßwegen dann auch Jhre Durchl. noch zur Zeit bey den obgedachten monitis und dem Instrumento pacis bestehen und contestiren müssen, daß es
dißfalls anjetzo nicht erwunden oder gehaffet, wiewohl die Herrn Churfürsten berge-
stalt bey ihrer freyen Wahl eines Röm. Königs jederzeit verblieben und, wann nur
die quæstio an? erst entschieden, quoad personam eligendam ihr Wahlrecht allerdings frey und in Händen behielten, Fürsten und Stände aber dardurch der Beysorg
einer innerlichen Zerrüttung und Unruhe im Reich umb so viel mehr enthaben, dem
Instrumento pacis einig würcklicher effect gegeben und de ejusmodi electione Regis Romanorum vors künfftige zu Verhütung der Jrrungen und Zwispalts etwas
gewisses agiert und statuiert würde, wie dann dem Instrumento pacis, in welches
dise Wort gleichwohl nicht otiose oder umbsonst hineingesetzt seyn könnten, ein würcklicher effect gegeben werden müßte, und Zweiffelten bisen nach Jhre Durchl. nicht, es
würde das hochlöbl. Churfürstl. Collegium, wann es dergestalt noch an dasselbe
gebracht und man sich darüber nur recht vernehmen würde, gegen dises hochlöbl. Fürstl.
Collegium sich dißfalls willfährig und also bezeugen, daß man zu einer guten einmüetigen
Vergleichung und beständiger harmoni im Reich gelangen könne, die übrige Fürsten
und Stände aber sich hierüber dergestalt vernemmen lassen, daß männiglich verspüren möge, wie ein jeder die Wohlfart des Reichs, die alte Teutsche Freyheit, der
Reichs-Fürsten und Stände Gerechtsamen und sonderlich die Observanz und Execution des Instrumenti pacis ihme angelegen seyn lassen, solches auch hindangesetzt
aller anderer respecten und Interesse beständig vor Augen halte, massen man disseits
dabey fest zu bestehen u. sich daraus in keinerley Weiß noch Weege setzen zu lassen gemeynt.
Und wolle man im übrigen Jhrer Durchl. seinem gnädigsten Fürsten und Herrn nach
anlaitung dero weiter ergebenden gnädigsten Befelchs, wie auch der hiebevor diß Orts
allbereits beschehener contestationen und Bedingnussen in omnem Eventum hiemit alle fernere Nottnrfft außdrucklich reserviert und vorbehalten, solches auch ad
Protocollum zu nemmen gebeten haben.

 Hette sonst aus dem jetzt abgelesenen vortrefflichen Salzburgischen Voto gar gern
vernommen, daß Jhre Fürstl. Gn. das von Jhro und andern vorgeschlagene temperament quoad consensum vel dissensum Cæsareum in quæstione an? circa e-
lectionem Regis Romanorum dahin verstanden und außgelegt, daß es in alle Weege salvis Instrumenti pacis tabulis & Principum Juribus zu geschehen, worinnen man sich dann, wie auch mit allem, was sonsten in sothanem Salzburgischen Voto dem Fürstenstand zum Besten mehr enthalten, ingleichem mit Salzburg, Oesterreich und gleichstimmenden in dem conformire, was Sie wegen der Erbämter erin-
uert haben.

 Bremen. Wann man bisen jetzo proponirten dritten Articul des Chur-fürstl. Capitulations-projects in puncto Electionis Regis Romanorum mit dem Instu-r

X. Theil,   (R)   men-

mento pacis, darauf man disseits strictissime instruiert, collationiret, so erscheinet eine zimlich grosse contrarietæt daraus, indem das Instrumentum pacis disen puncten pro materia comitiali hält, davon communi Statuum suffragio agiert und ein gewisses statutum Imperii gemacht werden solle. Obgedachtes Churfürstl. Concept aber zielet dahin, daß dise materi, als des Churfürstl. Collegii præcipuum nicht ad communia statuum suffragia in Comitiis, sondern auf einem Collegial-Tag für die Herrn Churfürsten allein gehöre und daß weder der Römische Kayser, noch die übrige Stände hierunter etwas zu agiren oder zu statuiren haben, allermassen Sie dann auch, wie es das Ansehen hat, eben darumb dises importante Reichs-negotium, welches sonsten das Instrumentum pacis von der Wahl-Capitulation separiret, auch seiner Natur nach als eine Constitutio Imperii in den Reichs-Abschied gehöret in disem dritten Articul ihres Capitulations-projects mit ter ihre prætendirende absonderliche Hoheiten, præeminentien und prærogativen in disem 3ten articul nochmals zu widerholen, sonsten ohne das unnötig gewesen wär, nachdem vorhero in dem ersten articul nicht allein wegen der samtlichen Reichs-Stånden, sondern auch zuvordrist der Herrn Chur-Fürsten, als des Reichs vorderster Glieder Hoheiten, geist- und weltliche Würde, Gerechtigkeit, Macht und Gewalt genugsame Versehung geschehen ist. Sollte es nun bey den Herrn Churfürsten einen solchen Verstand haben, daß sie sich dises Geschäfft ganz allein attribuiren oder man möge in dem FürstenRath vor die lange Weil davon agiren, was man wolle, daß es doch bey ihrer constitution verbleiben müsse, was wär dann nutz hievon viel zu reden? zu was End hätten die Herrn Churfürsten ihre project extradiert? und möchte man von den Herrn Churfürsten gern vernemmen, was sie dann vermeynen, daß endlich auch der effectus des so mit ganz sonnenklaren Worten redenden Fridenschlusses, welchen aber die Churfürsten so wenig umbzustossen, als auch Fürsten und Stände und andere hohe interessierte selben keines Weegs umbstossen zu lassen, vielmehr sich kräfftigst dabey zu manuteniren gemeint sein werden. Man kan auch nicht wohl begreiffen, was die Herrn Churfürsten dadurch suchen, daß sie sich selbsten eine solche schwere gefährliche Verantwortung aufbürden wollen per majora in ihrem Collegio invito Imperatore & insciis Statibus einen Römischen König zu erwählen, daraus ja nichts anders, als Krieg, Jammer, und Noth im Reich entstehen kan. Ist aber diß nicht ihre Meynung, So ist es dann nur umb ihre potestæt oder Hoheit und der andern Stände Verkleinerung zu thun, daß sie es so fest behaupten, es möge auch der Fürsten Stand, Reichstag Fridenschluff darüber zergehen, brechen und crepiren. Es könnte aber ein casus kommen, daß ein Römischer Kayser zu seiner assistenz oder sonsten dem Reich vorträglich hielte einen Römischen König zu haben und das Churfürstl. Collegium wollte etwan nicht consentiren, solte wohl da der gesunten Vernunfft gemäß seyn, wann auch das Instrumentum pacis nichts davon statuierte, daß Für-

ften

ſten und Stände, deren Wohl und Wehe davon dependiert, nichts darzu zu ſagen
haben ſollen. Ohne iſt es nicht, daß das Inſtrumentum pacis de Electione Regis Romanorum nichts ſtatuire, ſondern allein melde, daß communi ſtatuum
ſuffragio davon geredet werden ſollte und dahero beſagtem Inſtrumento pacis nicht
zuwider ſcheine, wann Fürſten und Stände ſtatuiren, daß ſie von diſem punct
nichts ſtatuiren, ſondern ſelbigen den Herrn Churfürſten lediglich heimſtellen wollen,
gleichwie es in des geſambten Reichs-Machten Künde, wann ſie das ganze Wahlnego-
ti um aufheben und das Kayſerthum erblich machen wollten, welches villeicht einige darumb den Fürſten und Ständen zuträglich erachteten, daß es beſſer wäre der Hoheit und
Majeſtät eines Kayſers, als Ihrer Mit-Stände ſich zu ſubmittiren. Wer wollte
aber glauben möglich zu ſeyn, daß jemand gutwillig ſich ſeiner libertæt begeben und
daß ein Fürſt oder Stand des Reichs ſeine durch den Fridenſchluß ſo theuer recuperierte
Jura anjetzo gleichſam mit Füſſen von ſich zu ſtoſſen, ſich ſelbſt unmündig und andere zu
ſeinen Vormundern zu machen gemeynt ſeyn ſollte. Gleichwie aber ſolches von keinem
Edelmann oder Bauren, vielweniger von einem Fürſten zu præſumiren: Alſo dörffte beſorglich ein anders dubium erwachſen, was in diſem unſerm ſo genannten Fürſten-Rath eigentlich helffe communi Statuum ſuffragio etwas ſtatuiren? Ob es
die Meynung ſey, wann die Herrn Churfürſten mit denjenigen Fürſten, ſo ihre Diener und dependenten, auch anderer Fürſten Landſaſſen ſind und theils wenig oder
nichts zum Reich præſtieren, zuſammentretten oder den gröſten Hauffen machten, ob
diſer numerus zu attendieren? und ob dasjenige, ſo ſelbige ſtatuiren, für ein
Fürſtl. Concluſum pro dignitate Principum zu halten? ſo man bißmals an ſeinen
Ort geſetzt ſeyn laſſet. Diß Orts ſchlieſt man dahin, wann auch gleich das Inſtrumentum pacis den geſambten Fürſten und Ständen das Jus de electione Regis
Romanorum etwas zu ſtatuiren ſo expreſſe nicht tribuirte, daß es doch als eine von
den wichtigſten Sachen des Reichs unter diejenige billich zu rechnen, darvon das Inſtrumentum pacis in genere meldet, nihil horum aut quicquam ſimile poſthac
unquam fiat vel admittatur, niſi de comitiali, liberoque omnium Statuum
conſenſu; item zu folge man ſich dißfalls mit Magdeburg und Pfalz-Neuburg con-
formiret, daß ohne Vorwiſſen der Stände Sie Churfürſten vivente Imperatore keinen Römiſchen König zu erwählen, und läſt man es auch wegen der übrigen in diſem
3ten articul des Churfürſtl. projects bey dem à parte Magdeburg und Pfalz-Neuburg beſchehenen Erinnerungen, allerdings bewenden. Im übrigen habe man aus
dem Löbl. Salzburgiſchen voto vernommen, daß alle ſelbige monita auf die conſervation des Inſtrumenti pacis und jura Principum reflectiert. Weil man dißſeits
auch keine andere intention hat und wann der articulus darauff eingerichtet daß das
Inſtrumentum pacis und Jura Principum ſalviert würden, wäre es dasjenige,
ſo man dißſeits verlanget.

(K) 2   Num. 27.

Num. 27.

Literæ Caroli Regis Angliæ ad Electorem Palatinum de Bello Mona-
steriensi Protestantibus non periculoso. d. d. 15. Jan. 1666.

Carolus Dei gratia Magnæ Britanniæ, Franciæ & Hiberniæ Rex, Fidei defensor &c. Serenissimo Principi Domino Carolo Ludovico Comiti Palatino ad Rhenum , Sac. Rom. Imperii Archi - Thesaurario & Principi Electori, Duci utriusque Bavariæ &c. Cognato & Consanguineo Nostro charissimo salutem. Serenissime Princeps , Cognate & Consanguinee charissime , Literæ Celsitudini Vestræ 23. Decembris scriptæ, ut felicem anni nuper elapsi exitum obsignarunt, ita gratissimum ineuntis præsagium Nobis attulerunt. Nec enim aliud quidquam (excepta solum propitii Numinis benedictione) novimus , quo Principum tempora consecrantur, quam piis amicorum votis & sinceris gratulationibus. Nos igitur eosdem affectus erga Celsitudinem Vestram libentissime proferimus referimusque. Et quamvis mallemus , ut crederetur hasce bonæ voluntatis significationes à Nobis sponte profluxisse , quam reciprocæ amoris Vestri imitationi tribuendas esse , tamen prioris officii laude Celsitudini Vestræ relicta gratitudinem saltem Nostram esse merito contendemus. Verum & aliquid etiam de proprio expromamus & novi anni augurium peculiari quadam amicitiæ tessera illustremus , Celsitudinem Vestram in partem Consiliorum Nostrorum vocabimus & fatebimur Episcopum Monasteriensem Nobis scientibus annuentibusque arma sumpsisse , Ejusmodi tamen fundamentis hæc Confœderatio Nostra subnixa est , ut verbo Regio affirmare , adeoque in Nos suscipere audeamus, dictum Principem nihil ad minimam Religionis Protestantium ejusve professorum noxam molitum vel moliturum esse. Quod ut omni suspicione amota certissime credat Celsitudo Vestra atque hanc sponsionem Nostram vicinis Principibus Evangelicis , Amicisque communibus Nostris imperiri velit amice rogamus, Celsitudini autem Vestræ & annum recentem prosperum labi & longam insequentium seriem cum felicitatis incremento superaddi indesinenter optabimus. Dabam in Civitate Nostra Oxoniensi 15. die Januarij 1666. · *Celsitudinis Vestræ*   Bonus Cognatus

Guilielmus Morits.   Carolus R.

Num. 28.

Würtemb. Antwort auf solch von Chur-Pfalz communiciertes
Schreiben. d. d. 23. Martij. 1666.

Gleichwie E. Lben Ihrer zu fortsührung ter hergebrachten nachbarlichen correspondenz tragente gute inclination sonderlich auch in beme würcklich contestiert ,

bas

daß Dieselbe uns de dato Heydelberg den 26. Februarii jüngsthin von der Königl.
May. in Groß-Brittannien an E. Lden auf Dero abgelegten Neuen Jahrswuntsch
vom 15. Jan. zuruckgelangten Antwort umb deſſen darinn befindlichen auf gegenwärtige conjuncturen reflectierenden ſonderbaren Anhangs willen parte zu geben belieben
wollen: Alſo legen Wir auch vor ſolche verträuliche communication gegen E. Lden
hiemit gebührenden Danck ab und vernehmen zwar aus berührtem Königl. Schreiben
gar gerne, daß die von des Herrn Biſchoffen zu Münſter Lden ergriffene Waffen nicht
zu Schaden und Nachtheil des gemeinen Evangel. Weſens angeſehen ſeyn ſollen; Indem ſich aber gleichwohl bey ſolchem neuerregten Krieg nunmehro auch andere Poten-
täten, wie nicht weniger einige Chur- und Fürſten des Reichs (inmaſſen ſonderlich
die in copiis beygehende von des Herrn Churfürſten zu Brandenburg und Herrn
Herzog Georg Wilhelmen zu Braunſchweig Lden Eben Uns diſer tagen zugekommene
weit ausſehende notificationsſchreiben clärlich zu erkennen geben) mitimmiſcieren
und mitbin diſe Kriegs-Flammen ſich noch immer weiter ausbreiten wollen, ſo haben
geſambte diſintereſſierte Chur-Fürſten und Stände des Reichs umb ſo viel mehrere
Urſachen zu deren zeitlicher Dempfung und deren dabey höchſt periclitierenden allgemeinen Reichsruhe ſtabilirung getreulich zuſamen zu ſetzen.

Wie nun E. Lden auſſer Zweifel durch ihre bey noch fürwährender Reichs-Verſamblung zu Regenſpurg habende Geſandtſchafft zu diſes Zwecks Erreichung mit cooperieren zu helffen von ſelbſten geneigt ſeyn werden, alſo hat auch unſer annoch allda
anweſender Abgeſandter ein ſolches gleichmäſſig zu thun von uns im Befehl und E. L.
verbleiben Wir anbey zu Erweiſung angenehmer freund-vetterlicher Dienſte ſtets bereit und willig, Stuttgard den 23. Martij. 1666.

Num. 29.

Chur-Brandeb. Schreiben an Herzog Eberharden zu Würten-berg wegen der mit den Holländiſchen Staaten gemachten Allianz.
d. d. 4. Martij. 1666.

Unſern Freundlichen Dienſt und was Wir mehr liebes und gutes ver-
mügen zuvor, Hochgeborner Fürſt, freundlicher Lieber vetter
und Gevatter.

Wir haben Ew. Lden in freundvetterlichem Vertrawen nicht bergen wollen und wird
Deroſelben vermutblich auch bereits vorhin bekant ſeyn, wasgeſtalt Wir eine
geraume Zeithero mit denen Herrn Staaten der vereinigten Niederlanden wegen re-
novation und prorogation der zwiſchen unß und unſerm Churfürſtl. Hauße und Ihnen von vielen Jahren her aufgerichteter allianz gewiſſe tractaten gepflogen, deren

(R) 3 Schluß

Schluſſ bißhero nur allein beſchwiegen von uns retardiert worden, daß Wir der Hoff-
nung gelebet, es würden ſich noch Mittel und Wege finden, die zwiſchen des Herrn
Biſchoffen zu Münſter Lten und vorgedachten Herrn Staaten diſer entds entſtandene
Krieges-Unruhe in der Güte beyzulegen, allermaſſen Wir auch zu Erreichung ſolchen
Zwecks bishero treweyfferig und auſs fleiſſigſte gearbeitet und nicht allein bey des Herrn
Biſchoffs Lten, ſondern auch bey denen Herrn Staaten durch verſchiedene Schickun-
gen Uns dahin bemühet, daß die entſtandene Unruhe durch gütliche Handlung verglichen, alle mißverſtände und irrungen æquis modis beygeleget und der ſo theur erworbene Friede in unſerm lieben Vaterland erhalten werden möchte. - Ob Wir nun
zwar bey mehrgemelten Herrn Staaten es endlich mit groſſer Mühe dahin gebracht,
daß dieſelbe ſich erklehret alle ihre wider den Biſchoff wegen des Ihnen zugefügten faſt
unerträglichen Schimpfs und Schadens habende prætenſiones fallen zu laſſen und
deſsfalls die geringſte Satisfaction nicht prætendiren, ferner auch das Stifft Münſter in ſeiner consistenz zu laſſen und ſich damit zu vergnügen, das alles in vorigen
Stand, in welchem es ante hosce noviſsimos motus geweſen, wieder geſetzt werden ſollte. Ob Wir auch zwar der gewiſſen Zuverſicht und Hoffnung gelebet, Ihr
Lden würden diſe Offerten nicht ausſchlagen und einem ſo repürlichen und gutem
Friden, bey welchem Sie auch nicht einen Fußbreit Landes, noch ſonſten das geringſte verlieren thäten, gern und willig annehmen, zumahlen Ihro ſolches nicht allein
von Uns, ſondern auch von denen Kayſerl. Miniſtris, ſo im Haage und bey Unſerm
Hofflager ſich befinden und verſchiedenen andern des heiligen Reichs Chur- und Fürſten
trewlich und wollmeinend gerathen, So iſt doch alle deſsfalls angewandte Mühe und
Sorgſalt bis dato vergebens geweſen, wadurch dann das Werck allgemach weitläuff-
tiger und ſchwerer geworden, indem ſich nicht allein einige fürnehme Stände des Reichs,
ſondern auch die Crohn Franckreich ſich dieſer Sache mit ernſtlichem Nachdruck angenommen, mit denen Herrn Staaten in eine enge Bündnus eingelaſſen, und denſelben
zum beſten anſehnliche trouppen auf die Beine gebracht, auch theils derſelben würcklich ihnen bereits zugeſandt, wie dann Unſere Clevi'ſche mit der Herrn Staaten Gar-
niſonen beſetzte Stätte mit Franzöſiſchen Völckern faſt angefüllt ſein, wodurch Unſere Unterthanen und diese Unſere Lande in ſo groſse Ungelegenheit und anwiderbring-
lichen ſchaden gerathen, daß Wir endlich nichts anders als e ue völlige deſolation und
total ruin an diſen Orten für Augen geſehen, Welchem allein fürzukommen und den
entlichen untergang nicht allein Unſern, ſondern auch anderer in dieſem Creyß belege-
nen Landen zu verhüten, Wir kein ander Mittel erſinnen können, als die vorberührte
mit denen Herrn Staaten eine zeithero gepflogene tractaten zum Schluſſ zu beförbern,
geſtalt dann ſolcher auch für wenig tagen usque ad ratificationem erfolget und Wir
Uns dabey mit demſelben feſt verbunden den Friden auf alle billigmeſsige Wege zu be-
forbern und diejenige, welche ſolche einzugehen ſich wider vermuthen verweigern möch-

ten,

ten, mit nachdruk und durch die Waffen darzu zubringen, wie wenige Luft und Belieben Wir aber zu allen extremitæten tragen und wie herzlich Wir die restabilierung
des Fridens und Verhütung alles Landverderblichen unwesens wünschen, solches werden verhoffentlich sowohl E. L. als auch sonsten alle unpassionierte daraus erkennen,
daß Wir noch biß dato frene Hände haben durch unsere Vermittelung den Friden zu
befordern, allermassen auch der ganze tractat in seiner andern intention gemacht ist,
und haben Wir anitzo nochmahlen gleichsam den letzten effort gethan und jemand von
Unsern Geheimen Räthen für wenig Tagen an des Herrn Bischoffs Lden abgefertiget
mit solcher Instruction und Befehl, Ihret Lden das aus continuation des Krieges
ohnausbleiblich erfolgendes Unheil nochmahlen zu remonstrieren und dieselbe auß be-
weglichste zu annehmung eines reputierlichen und billigmässigen Fridens zu ermahnen,
der Hoffnung Ihr Lten solche unsere und vieler andern zu gleichmässigem Zweck zieh-
lenden guten Erinnerungen entlich statt geben und als ein fürnehmer geistlicher stand
und Fürst des Reichs der in hoc bello aggressor ist und denen Herrn Staaten und
deren Landen bereits viel Ungelegenheit und Schaden zugefüget, an der von ihnen intendierten revanche sich vergnügen lassen und einen raisonabeln und gewissen Verglich dem ungewißen Ausschlag der Waffen fürziehen werden, zumahlen deroselben
und Ihrem Stifft gegen dem Sommer eine solche Macht auf den Hals kommen möchte, deren Sie, wenn Wir gleich in der bißherigen neutralität blieben, schwerlich
gewachsen seyn, das heilige Röm. Reich und insonderheit dieser und angräuzende Creyße
aber dadurch in gewiße und für Augen schwebende Gefahr und vorige Kriegs-Unruhe
wieder gestürtzt werden dürfften, welches alles Wir hiemit Ew. Lten desto weitläuf-
tiger fürstellen wollen, damit dieselbe nicht allein von wahrer Bewantnus diser Sache
eigentliche information haben und Unser unverweißliches comportement und gute
intention (welche besorglich von ein oder andern widerwertigen ungleich gedeutet und
traduciert werten möchte) darauß vermercken, sondern auch an Ihrem hohen und
wolvermügenden Ort dasjenige, was zu abwendung alles besahrenden Unheils und
conservation des so theur erkaufften Fridens gereichen kan, befordern helffen möchten, wie Wir dann Ew. Lden bey unserm Churfürstl. Wort hiermit versichern, daß
Wir einzig und allein dahin ziehlen und sonsten keine andere intention bey diser Sache
haben. Wir versehen uns auch schliesslich zu Ew. Lden, ersuchen Dieselbe auch darumb freund-vetterlich Unß zu Erreichung eines so heilsamen Zwecks, woran die Beruhigung und Wolfarth nicht allein dises Creyßes, sondern auch des gantzen Röm.
Reichs dependiret, mit raht und that zu assistiren und neben Uns dahin arbeiten zu
helffen, daß Friede und Einigkeit im Vaterlande erhalten und niemand seiner sich
unterstehen möge, dasselbe eignes gefallens in Unruhe und gefährliche weitaussehende
Kriege mit denen Benachbarten zu impliciren. Und Wir sind im übrigen Ew.
Lten

Eben alle angenehme freund-vetterliche Dienste zu erweisen geflissen. Geben zu Cleve am 4ten Martij st. nov. Anno 1666.

Von Gottes Gnaden Friderich Wilhelm, Marggraff zu Brandenburg, des heiligen Röm. Reichs Erz-Cammerer und Churfürst ꝛc. ꝛc.

Ew. Lden

dienstwilliger Vetter
Friderich Wilhelm Churfürst.

Num. 30.

Extract Herzog Eberhards Antwort auf obiges Schreiben.
d. d. 21. Martij. 1666.

Ew. Lden angenehmes schreiben de dato Cleve den 4.ten hujus neuen Calenders haben Wir diser Tagen zurecht erhalten und darauß umbständlich vernommen ꝛc. ꝛc.

Gleichwie nun E. L. durch dise gefaßte beroselben mitangeßagter Churfürstl. sinceration nach einig und allein auf stabilierung der allgemeinen Reichs-Ruhe angesehene höchstrühmbliche resolution ihre zu unserm leyder auß neue in nicht geringer Gefahr stehenden Vatterland Teutscher nation tragende innigliche Liebe und preißwür-
digste Sorgfalt mit realität bezeugen: Also wollen wir auch sowohl vor solchen E. L. seits erweisenden Christfürstl. Eyfer, als beroselben unß hierumb beschehene vertrauliche notification hiemit allervorderist dienstgebürenden Danck abgelegt und dabene-
bens dieselbe, wie hiebevor mehrfältig geschehen, nochmalen versichert haben, gleichwie Wir jederzeit und sonderlich bey gegenwärtig noch immer fürwährender langwüriger Reichs-Versammlung alle Unsere consilia und actiones einig und allein dahin re-
flectieren und zielen lassen, daß der so mühesamb erhebte allgemeine Reichs-Friden in seinem Valor auf die liebe posterität ohngekränckt fortgepflanzt und durch keinerley weiß, noch weege, sie mögen auch Namen haben, wie sie wollen, demselben con-
traveniert, vornehmlich aber die in den vereinigten Niderlanden erregte weitanssehen-
de neue Kriegsmotus wieder gestillet werden mögten, daß Wir auch dise unsere auf-
richtige intention noch fürterhin ohnaußgesetzt beharren und an Unß niemalen ichtwas ermanglen lassen werden, was zu erhalt- und festsiellung dieses allen getreuen patrioten gemeinsamen intents immer fürträg- und zulänglich erachtet werden mag. Wor-
zu dann die continuation der von E. L. jetzmals zu sonderbarer Unserer Vergnügung realisumierten und zumahl bey gegenwertig sorgsamen Zeiten höchstnöthigen vertraulichen correspondenz nicht wenig den Weeg bahnen kan und E. L. verbleiben wir au-
ben alle freund vetterliche Dienstgefälligkeiten zu erweisen jederzeit ganz willig und bereit Datum Stuttgard den 21. Martij 1666. Num. 31.

Num. 31.

Memorial der mehrern weltlichen Fürstl. Gesandten an den Kayst. Principal-Commiſſarien um Beſchleunigung des Reichstags und der Capitulations-Materie. d. d. 13. Jan. 1666.

Der Röm. Kayſerl. May. höchſtanſehnlicher *Plenipotentiarie!*

Hochwürdigſter Fürſt, Gnädigſter Herr. E. Hochfürſtl. Gn. können Wir in unterthänigkeit fürtragen zu laſſen nicht geübriget ſeyn, Sie erinnern ſich auch von ſelbſt gnädigſt, was maſſen Sie zu jederzeit, auch bey neulichſter ihrer glücklichen Wiederanberokunſſt lobwürdig conteſtiert, wie nicht mehr verlanget werde, dann daß die Reichsnegotia mit mehrer Beſchleunigung vor ſich gehen und dabey fleiß und Mühe angewendet werden möge, damit ein heylſamer baldiger Schluß zu Wohlfart des heyl. Röm. Reichs erfolgen könne. Geſtalt dann bey unterthänigſter Empfah-und Bewilligung auch die Stände des Reichs dergleichen vermitteln zu helffen von E. Hochfürſtl. Gn. beweglichen erſucht und ermahnet worden. Gleichwie Wir nun zu würcklicher Ablangung diſes ſehr heylſamen Zwecks gemeſſen befehlt ſeyn, auch je und allwegen gefaſſt und bereit geweſen, E. Hochfürſtl. Gn. rühmlichſt führente intention zu ſecundieren und dasjenige, warum diſer Reichstag ausgeſchrieben worden, ausmachen zu helffen: Alſo iſt aber erinnerlich und bekandt, was geſtalt durch einmiſchung anderer Materien noch zur Zeit das von dem hochlöbl. Churfürſtl. Collegio ausgeſtellte Project über die beſtändige Kayſerl. Wahl-Capitulation in dem Fürſten-Rath nicht ausgemacht, noch zu Ente beſördert werden mögen. Wer hiebey und an ſolcher Verzögerung ſchuld trage und Urſach habe, wollen E. Hochfürſtl. Gn. Wir mit beſchwerlicher Weitläufftigkeit nicht verdrüßlich fallen, ſondern Ihro ſolches vielmehr gnädigſt zu judiciern überlaſſen haben, zumahl Wir im Gewiſſen genugſam verſichert und der Hoffnung gelebt von E. Hochfürſtl. Gn. das warhaffte Gezeugnus zu haben und zu erlangen, was maſſen Wir uns nichts mehr angelegen ſeyn laſſen, dann daß die Reichs-negotia in viel ſchnellern Lauff, als bishero leyder geſchehen iſt, von ſtatten gehen möchten, zu dem Ende dann an E. Hochfürſtl. Gnaden bewuſter maſſen verſchiedene Deputationes verordnet worden, durch welche mit inſtändigem beweclichem Fleiß geſuchet iſt, die Materiam Capitulationis und andere auf diſen Reichstag remittierte Sachen nicht allein würcklich anzugreiffen, ſondern auch darinn dergeſtalt zu progrediren und fürzuſahren, taß darüber ein gewünſchter Schluß glücklichen gefaſſt werden könne, Und ob man wohl öffters mit groſſem Verdruß müſſen geſchehen laſſen, daß andere materien eingemiſchet worden, die gleichwohl in weniger Zeit und etlichen Tagen abſolviert und abgethän werden mögen, So iſt doch ſo eine geſtrackte Zeit darüber mit ſonderbarem Verdruſſ und Beſchwerlichkeit zugebracht,

X. Theil. (L) bracht,

bracht, daß Wir Uns darüber sehr betrübt, es aber nicht ändern können, weil weder sagen, erinnern noch remonstriren helffen und zulangen wollen. Und weil gleichwohl die Röm. Kay. May. Unser allergnädigster Kayser und Herr dem Kayserlichen an die Reichs-Stände abgegangenen Erforderungs = Schreiben die außdruckliche clausul einverleiben lassen, daß jeder seine anhero verordnete Gesandte dergestalt mit gnugsamer Instruction versehen solle, damit in denen auf disem Reichstag remittierten materien und andern tringenden Ursachen ohne einige Ruckfrag der hohen Herrn Principalen Meinung bey fürgehenden deliberationibus eröffnet werden könne. So würde sich um so viel destoweniger ein oder der andere mit Instructions-Mangel mit Fug und Bestand zu entschuldigen haben, sonderlich in der Capitulations-materi, dessen project am $\frac{25. \text{ Aprilis}}{5. \text{ Maji}}$ anno 1664. und also fast vor 2. Jahren von dem hochlöbl. Churfürstl. Collegio allbereit außgestellet worden, worüber ein oder der andere Gesandte überflüssige Zeit gehabt sich darauff zulänglichen und der Notturfft nach zu instruiren zu lassen. Wie Wir dann niemahlen in diser Capitulations-materi einigen Instructions-defect fürgeschützet, und deßwegen die Protocolla reden und attestiren lassen.

Disem allem nach ersuchen E. Hochfürstl. Gn. im Namen Unserer hohen Herrn Principalen Wir hiemit beweg = und gebührlichen, vor unsere Personen aber unterthänigst bittende, Sie wollen ihrem hohen Valor nach es in die zulängliche Weege richten und einvermitlen helffen, auf daß die Capitulations-Materi wiederumb fürgenommen, das nachständige in dem Fürstl. Collegio, wie zum theil schon würcklichen geschehen, anderweit proponiert, dasselbe deliberiert und darüber ein gewisser Schluß verzüglichen werden möge. Wie dann zu E. Hochf. Gn. Wir das sonderbare zuverlässige Vertrawen in Unterthänigkeit geschöpffet, es werden dieselbe, wie biß anhero preißwürdig geschehen, fernere sorgfältige Bemühung anwenden, daß mit Nutz und fruchtschaffung aus disem Werk zu gelangen und man einen solchen Schluß ergreiffen könne, wordurch das heyl. Röm. Reich in guter erbawlichen Einigkeit, ruhigem Wohlstand und harmonie beständiglich zu erhalten. Allermassen nun E. Hochfürstl. Gn. so wohl das ganze heyl. Röm. Reich, alß unsere gnädigste und gnädige Herrn Principalen hiemit nicht wenig obligiren; Also werden sie es auch mit sonderbarer Dankhnehmigkeit erkennen und mit wohlgefälligen Diensten zu ersetzen Ihnen mit Fleiß angelegen seyn lassen.

Und weil verlauten wollen, ob sey an dem Kayserl. Hof an = und fürgebracht worten, als wären die Stände an Verlänger= und Auffziehung dises Reichstags selbsten Ursach, woran Ihnen gleichwohl unzüthlich geschicht und E. Hochf. Gn. ein anders wissen und warhafftig bezeugen können; So haben Wir nöthig befunden den beschehenen mundlichen unterthänigsten Vortrag in ein Memorial zu verfassen, dasselbe

E.

E. Hochfürstl. Gn. zugleich gebürlichen übergeben zu lassen; Mit unterthänigstem Ersuchen solches zu unserer exculpation und dardurch viel ein anders zu demonstriren ter nechsten an die Röm. Kay. May. unserm allergnädigsten Herrn abfassenten allerunterthänigsten Relation mitbeyzuschliessen, und was dißfalls Wir fürzubringen gemüessiget worden, nicht anders dann in Gnaden zu vermerken und verbleiben E. Hochfürstl. Gn. zu underthänigsten Diensten bereitwilligst und stets gestissen. Datum Regenspurg den 13. Januarij anno 1666.

E. Hochfürstl. Gnaden.　　　　　　Unterthänigste
Der mehrern Weltlichen Fürsten und Stände
anwesende Räthe, Pottschafften und Gesandte bey instehendem Reichstag allhier.

Num. 32.
Bittschrifft der geistlichen und mit ihnen haltenden weltlichen Fürsten an die Kay. May. wegen ihres mit den mehrern weltlichen Fürsten in ter Capitulations = Materie habenden Mißverstands.　d. d. 13. Junij 1666.

Ewer Kay. May. wird aus denen seithero von den Geistlichen und Ihnen beygetrettenen wegen des puncti Capitulationis in verschiedenen separatim angestellten congressen gehaltenen Protocollen und darauff erfolgten conclusis, so durch Ew. Kay. May. allhiesige Gesandtschafften alleruntertänigst referiert worden, mit mehrerm allergnädigst vernommen haben in was terminis die zwischen den Geistlichen und consorten samt denen mehrern Weltlichen Fürstlichen obschwebenden Mißhelligkeiten stehen und welchergestalten man dißseits sich eyferigst angelegen seyn lassen dises Werck dergestalt zu incaminiren, damit sowohl Ew. Kay. May. dem höchstgeehrtesten Oberhaupt der von männiglich Ständen geführende hohe respect und Kayserl. authoritet, als auch gesambter Chur- Fürsten und Ständen wohlbefugte Gerechtsame unperturbiert und ungekränckhet verbleiben möchten. Gleichwie man dann auch nicht unterlassen solche testfalls führente fritselige intention und in der particular-Zusamentrettung einmüthig beliebte Schlüsse denen mehren weltlichen Fürstlichen zu hinterbringen in Meinung die mehrere Fürstliche dermassen sich herauslassen würden, daturch zu einem völligen comportement beederseits zu gelangen und tises hochwichtige Werck zuerheben. Wir haben aus dero uns wieder antwortlichen kurzen Erklärung so viel vernommen müssen, alß suchten sie nicht allein auf ihren postulatis unwidertreiblich zu beharren, sondern auch alle Mittel zuergreiffen, damit durch sothane Ihrer seits gesuchten tardativen und unterdessen gefährlich führenden Consilien ein oder andern Mit- Stand von seinen guten Gedancken irre gemacht und mithin ihr Vorhaben par force durchgetrieben werden möchte.

(L) 2　　　　　　　　Wans

Wann aber E. K. M. dero höchstbeywohnenden Verstand nach von selbst allergnädigst ermessen können, was sowohl E. K. M. alß dero hochlöbl. Erzhauß Oesterreich vor schädliche inconvenientien zustossen, wann sothane der Weltlichen consilia zu würcklichem effect gereichen. Wie man dann so viel Nachricht eingenommen,
als sollen die vielgemeldte mehrere Weltliche das von E. K. M. offtmals gethones al-
lergnädigstes Versprechen die Capitulations-materie mit gutem der Stände con-
tento zur Richtigkeit zu stellen, dahin ausdeuten, gleich ob sich E. K. M. gegen die
mehrere Weltliche verbindlichen gemacht Ihnen auf ihr Begehren (ungeacht ob es der
Billigkeit gemäß oder nicht) in allem zu gratificiren.

Als gelangt im Namen unserer hohen Herrn Principalen und Obern an E.
K. M. die allerunterthänigste Bitte Sie geruhen unsere copeylich hiebey gehende endliche Erklärung gegen deren mehrern Weltlichen allergnädigst zu ratificiren und be-
ro hochansehnl. Herrn Commissario Ihro Hochfürstl. Gn. zu Salzburg den allergnädigsten Befelch zu ertheilen sich in dero Untermittlung also zu guberniren, damit
denen geistlichen und Ihnen zugetretteuen nichts versängliches zuwachsen möge. Da
aber Seine Hochf. Gn. Bedenken tragen sollten sich fernerweit mit derer andererseits
capitulirenden einzulassen, würden die Geistliche und Weltliche mitstimmende Ihnen
für die höchste allergnädigste Kayserl. Huld und glückseligkeit erachten, wann E. K.
M. die Fürstliche Directoria dahin disponierte die Ausmachung dises Wercks allein
auf sich zu nehmen oder falls die mehrere weltliche sich nit darzu verstehen wollten,
nothdrungenlich Dero Kayserl. Amt ins Mittel zu legen und also durch Dero allergnädigste resolution diser concertirenden capitulations-materie seine Erledigung
zu geben sich allergnädigst erklären möchten. E. K. M. werden sich nit allein durch
sothane allergnädigste deferirung der Geistlichen und consorten desiderien einen unsterblichen Nachruhm erwecken, sondern es werden ꝛc. ꝛc. Regenspurg den 23. Junij.
Anno 1666.

　　　　　der geistlichen und beyhaltenden zu ge-
　　　　　wertigem Reichstag verordnete Räthe,
　　　　　Pottschafften und Gesandte.

Num. 33.

Memorial des Schwedischen Gesandten an dem Kay. Hof wegen
Ausmachung des Capitulations-Puncten und Beschwerden der Reichs-Stände,
sine dato 1666.

Sacra Caesarea Majestas!

Non satis laudare possum & debitis encomiis depingere Sacræ Regiæ Majestati Regi ac Domino meo clementissimo-Sacræ Cæsareæ Majestatis
　　　　　　　　　　　　　　　　　　　　　　　　　　Ve-

Veſtræ animi teſtificationem, qua apparere voluit Inſtrumento Pacis, fundamento pacis publicæ & ſecuriſſimo ad ulteriorem amicitiam, & ſante inhærere velle & obſervantiſſimum executorem ſe præbere. Igitur ſi quæ ipſius executionem concernentia omittantur, aut contra illud agantur, omnia contra Saeræ Cæſareæ Majeſtatis Veſtræ ſcitum fieri totus mihi perſuadeam. Debiti officii mei eſt Sacræ Cæſareæ Majeſtati Veſtræ per quam humilime & ardenter demonſtrare. Cum ipſi optime conſtet, virtute Inſtrumenti pacis conveniri debere & ſtabiliri cum Principibus Imperii de Capitulatione perpetua, quæ etiam a longo tempore præſentium Comitiorum objectum & materia extitit, ſed non ſperato quidem a tot annis ſucceſſu languens adhuc trahitur.

Dignetur Majeſtas Veſtra Cæſarea tam illuſtri & neceſſariæ ad quietem materiæ tandem debitum adhiberi finem, Jura Statuum ſancte obſervari, Et ut ſummis Statuum expenſis a tot annis protractis comitiis parum adhuc ſolidi & ad Imperii quietem collatum videtur, proſpicere dignetur Majeſtas Veſtra Cæſarea ut in dictis punctis ut & puncto Gravaminum Statibus ſatisfiat, ne inutilia imo hactenus Statibus damnoſa Comitia ſolvantur, nullo ad pacem Imperii ſerviente ſcopo obtento.

Quæ benevolentia & Inſtrumenti pacis obſervantia ut verum & unicum omnis ſolidæ amicitiæ & correſpondentiæ fundamentum eſt; ſic ſinceriſſimum Majeſtatis Veſtræ affectus erga Regem meum documentum optatos æternæ in Imperio tranquillitatis fructus & mutuo inter ſe benevolentiæ, certantisque affectus ſpecimina gignet & indies magis magisque effloreſcere faciet.

Sacræ Regiæ Majeſtatis Sueciæ nomine

M. Balbizki.

Num. 34.

𝕭egriff jener Monitorum, ſo die Fürſtl. Herrn Stånde über das Churfürſtl. Capitulations = Concept verfaßt und zu Handen der Fürſtl. Directoriorum geſtellt und über welche inſkünfftig vermög der erfolgten Reichs = Schlüſſe in pleno zu deliberiren.

Monita der Herren Geiſtlichen Fürſtlichen und deren zu ihnen getretenen Weltlichen Fürſtlichen.

Ad Prœmium.

𝕲edachte Stånde wollen thunlicher zu ſeyn erachten, daß dermahlen von tem Prœmio völlig abſtrahiert und ſelbiges biß ad Epilogum verſchoben und für dißmal zu den Materialibus und übrigen punctis immittels verfahren werde.

Ad

Ad Art. 1.

1.) Poſt verba (den Reichs - Ständen) möchte geſetzt werden , Chur - Fürſten und Ständen.

2.) verba und ohne der Churfürſten usque ad verbum auſſchlieſſen ꝛc. omittantur & remittantur ad Art. 20.

3.) die Wort zuvorderſt aber die unter Chur - Fürſten und Ständen aufgerichte wären auszulaſſen.

4.) Und für das Wort (Pfandſchafft) könnte geſetzt werden Pfandſchaffts-Contract.

Ad Art. 3.

Man will diß orts ermeſſen rathſamer zu ſeyn , daß die materia de Electione Regis Romanorum vivente Cæsare noch dermahlen nicht in deliberation geſtellt , ſondern zu End diſer Capitulations - ſach würcklich neben andern hierunten ausgeſetzten Puncten vorgenommen werden ſolle.

Ad Art. 4.

1.) poſt verba (ohne Unterſchied) ponatur im Fridenſchluſſ zugelaſſen.

Ad Art. 8.

1.) Poſt verba (darüber gehöret) addatur Jhre darwider habende Bedencken gebührend erwogen und nach Billichkeit beobachtet.

2.) Bey den Worten (aufſetzen würde) addatur : Falls auch jemand einige Zolls - Conceſſion , die er von einem Römiſchen Kayſer auf ſich und ſeine Leibs - Erben erlangt , hinnach ohne ihr der Churfürſten Bewilligung auf andere Erben hette extendiren und bewilligen laſſen.

3.) Nach den Worten (nachricht erfordern und alſdann dieſelbe) ponatur Wie nit weniger am Rhein und andern ſchiffbaren Strömen oder auch auff dem Land und ſonſten geklagte newlich und zur Ungebühr vor oder unter wehrendem 30. jährigem Teutſchem Krieg auffgerichte oder erhöchte Zoll und Licenten die ſeithero nit rechtmäſſig erhalten worden ſeyn.

4.) Poſt verba (zu verfahren anbefohlen) ponatur: geſtalten auch jener Chur - Fürſten und Stände , ſo ſich der habenden Zollsgerechtigkeit mißbraucht und diſe mehrer oder weiter , als er befugt , erſtreckt oder erhöcht und fürohin erſtrecken und erhöben wird , diſer mit der that ſelbſten , wann er nicht alſobalden ſolchen exceſs auff zuvor beſchehene der Creyß - ausſchreibenden Fürſten mit Ernſt abſtellen würd , ſo lang ein ſolcher Chur - Fürſt oder Stand im Leben ſeyn wird , würcklichen verfallen und verwürckt , es auch in obigem allem ein gleiche meinung und Verſtand haben ſoll , wann ſchon der über-

übertretter kein *immediat*, sondern ein mittelbarer und Land-Stand
wäre.

5.) Zu enbbesagtem 8ten Articul ponatur: Nachdeme auch die Billichkeit
erfordert, daß Chur-Fürsten und Stände und dero Abgesandten,
so sich auff Reichs-*Collegial-Deputations*-und Craystägen befinden
oder alldahin verfügen, ihre an das orth angeregter Zusamenkunfft
abschickende *Mobilia* und *Consumptibilia*, als Wein, Bier, Getreyd,
Viche und andere notturfft ohne Zoll, Mauth, uffschlag oder einigen andern dergleichen entgelt, wie er auch nahmen haben mag,
auf fürweisung beglaubter mit Ihr der Chur-Fürsten und Stände
oder ihrer Abgesandten Unterschrifft und Sigill bekräfftigten urkunden *passiert* und *respective repassiert*, zugleich wann jemand von
disen ableibete, den Erben und Nachfolgern, ingleichen angeregte
mobilia ohne Zoll, Mauth, auffschlag oder anderwertigen entgelt zuruck und durchgelassen werden, alß will und soll der Römisch Kayser die würckliche Vorsehung thun, daß deme allem nachgelebt,
und hierwider kein Chur-Fürst und Stand noch deren Gesandten
und die Erben in obangeregten Fällen auff einigerley weiß beschweret werden.

Ad Art. 11.

Post verba (auff sein Hauß zugleich richten) addatur: Wann auch ein
Chur-Fürst, Fürst oder sonst unmittelbarer Stand und Lehenmann des
Reichs mit Tod abgehet und minderjährige Lehens-Erben hinterläßt
und deren von dem Reich habende Regalien und Lehen bey noch wäh-
render minderjährigkeit von dem Reich empfangen worden, so sollen
zwar selbe nach ihrer erlangten volljährigkeit angedeute Lehen und
Regalien wiederumb zu empfangen und das gewöhnliche *jurament* abzulegen schuldig seyn; Hingegen aber soll und will der Röm. Kayser die
Vorsehung thun, daß wegen diser andern Belehnung kein Tax von der
Reichs-Canzley an die also belehnte erfordert werde, welche meynung
es dann auch haben soll mit jenen Lehen, welche die Reichs-*Vicarii* in
Crafft der guldenen Bull verleihen können, daß nemblich die *Vasalli*, so
von den Reichs-*Vicariis investiert* worden, zwar dieselbe von dem hinnach erwählenden Kayser wiederumb empfangen, aber derentwegen
keinen neuen tax zu bezahlen schuldig seyn sollen.

Ad Art. 12.

1.) Post verba (Ergänzung des Reichs Creyß) addatur: wann es in-
mittelst nit beschehen.

2.) post

2.) poft verb. (**Beförderung**) addatur, und zu dem ende den Creyß-ausschreibenden Fürsten die würckliche Hand biethen.

3.) pro verbo (**Creyßordnung**) ponatur *Executions-ordnung.*

Ad Art. 14.

Erstbesagten Articul betreffend behalten Ihnen die Herrn Catholische bevor, sich noch unter währender deliberation diser Capitulationssach mit ihren monitis, wie solcher Articul zu stylisiren, vernehmen zu lassen.

Ad Art. 15.

1.) Nach dem Wort mitbegriffen, addatur erwan ꝛc.

2.) poft verbum **vorgenommen** addatur seyn und fürohin **vorgenommen werden.**

3.) die Worte und die hinfüran geschehen, omittantur.

Ad Art. 16.

1.) Dieweilen die Statt Rothweil die Ursachen, warumb ersagtes Hofgericht nit zu cassiren in Druck gegeben und den Directoriis eingehändigt, als erachtet man thunlicher zu seyn, daß vorderist angedeuter Auffsatz den Ständen communiciert und erst alßdann, was hierinnen zu thun, deliberirt werden solle. So viel auch die Oesterreichische Landgericht berühret, weilen die mehreste intereſſierte selbsten die abolition deren nit, wohl aber die Abhelffung gewisser Beschwerden auch die Gestattung der freyen appellation an das Kayserl. Cammergericht oder Reichs-Hofrath begehren, also sollen besagte gravamina specificiert und darüber hinnach befindender Dingen die weitere Notturfft berathschlagt werden.

2.) Verba (oder sonsten in einige weg) omittantur.

Ad Art. 17.

1.) Poft verb. (**Verzögerung** und) addatur oder Beobachtung einiger den Rechten nach wider die *executiones* nit zuläſſige *exception.*

2.) Ad verba (noch gestatten) addatur: mit der im Reichs-Hof-Rath an statt der *Revision* gebräuchigen *Supplication*, auch nach Inhalt des *Inſtrumenti Pacis art. V. §.54. vers. quoad Proceſſum judiciarium* und nach der Reichs-Hofrathes-ordnung allerdings verfahren und darob seyn, daß demselben ein benüegen geleistet und darwider keines wegs gehandelt werden möge. Er solle auch die *res judicatas Imperii* gegen allen auswendigen Gewalt kräfftig schützen und *manuteniren,* auch auff begebenden Fall einiger *Potentat* oder *Republic* die ordenliche *Execution* des Reichs verhindern, sich derselben einmischen oder widersetzen würder, solches nach Anleitung des *Inſtrumenti pacis,* der *Executions-ordnung* und der Reichs-*conſtitutionen* abkehren und alle Mittel dagegen vorwenden.

Ad

Ad Art. 18.

Allda wird besser zu seyn erachtet, daß nach dermahlen, wie diser Articul in ein und anderm einzurichten nichts gehandelt, sondern die Sach mit und neben andern außgesetzten Puncten vorgenommen und außgemacht werden soll.

Ad Art. 20.

Es wird allda in simili für quet gehalten, daß die deliberation dises articuls biß zu End dises Capitulationswercks zu verweisen seye.

Ad Art. 26.

Post verba (oder einen Stand desselben) addatur nit. Et post verb. ge= meint addatur oder angesehen.

Ad Art. 27.

Post verba Brabant und an *omittatur* andere.

Ad Art. 29.

1.) Bey dem Wort: Freyheit addatur, doch daß dabey kein Unterschlaiff gebraucht werde bey dem Verlust der *Consumptibilium.*

2.) Nach dem Wort der Posten *omittatur* an dem Ort, da ers bißhero ge= habt und hergebracht anordnen.

3.) Nach den Worten (*proportiniertes* Postgeld) addatur: massen noch un= ter disem währendem Reichstag von Reichswegen ein gewisser *tax* zu bestimmen.

4.) Zu End berührten Articuls ist zu setzen: Doch solle das Kayserl. Erb= Land=Hof=Postamt bey seiner *anno* 1724. erlangter *Investitur* und des *General=Reichs=*Postmeisters auf dieselbe ertheilte *revers* in den Erb= landen unbeeinträchtiger verbleiben und dabey geschützt werden.

Ad Epilogum.

§. Disem nach und so viel aber ꝛc.

Es wird ermessen, daß erst alßdann von dem Epilogo zu reden sey, wann die Materialia Capitulationis *verglichen* seyn werden.

Ad Appendicem.

Den Appendicem hat man diß Orts weiters zu dictiren für unnöth erachtet.

Monita der theils Herrn Weltlichen Fürstlichen.

Ad Proœmium.

Monitum 1.) *Post verbum* Fridenschluß *addatur* und des Reichs=Ab= schieds de anno 1654.

2.) Pro verbis Handlung vorgefallen *ponatur* gehandelt.

3.) Pro verbis So ist selbige ꝛc. *usque ad verba* gebracht worden *ponatur:* Als ist dieselbe dergestalt verglichen, beliebt und disem Reichsab= schied einverleibet worden.

X. Theil.   (M)   Ad

5.) Pro verbis (dem Churfürſtl. Collegio zu des Reichs Verſicherung) ponatur dem Reich zu deſſen Verſicherung.

Ad Art. 11.

1.) Poſt verba (Fürſten und Stånden des Reichs) addatur auch der Reichs-Ritterſchafft und andern Reichs-Vaſallen.

2.) Poſt verba (auf ſein Hauß zugleich richten) addatur: Wann auch ein Chur-fürſt, Fürſt oder ſonſten unmittelbarer Stand und Lehenmann des Reichs mit Tod abgehet und minderjährige Lehens-Erben hinter ſich verläſſt und derer von dem Reich habende Regalien und Lehen bey noch währender Minderjährigkeit durch die Vormünder empfangen worden, ſo ſoll und will der Röm. Kayſer die alſo belehnte nach erlangter ihrer majorennität zu anderweiter Empfängung ſolcher Lehen und Regalien nicht anhalten, ſondern ſie bey obgedachter erſter Belehnung allerdings laſſen.

3.) Poſt verba (ohne Vorwiſſen der Churfürſten) addatur: Fürſten und Stånde.

4.) Poſt verba (Bewilligung der Churfürſten) ponatur: Fürſten und Stånde.

5.) poſt verba (zum Reich ziehen) addatur: und zu deſſen Nuß anwenden.

6.) pro verbis (zur Maynß. Churfürſtl. Canßley) ponatur: zu der Chur-Maynß. Reichs-Canßley zu fernerer communication an die Stånde.

7.) Ad verba (mit rechtmäſſiger Collegial-Bewilligung der Churfürſten) addatur. Fürſten und Stånde & deleatur Collegial.

Ad Art. 13.

1.) Poſt verba (hernach aber) addatur: zum wenigſten alle 6. Jahr und ſonſten.

2.) Ad verba (da Ihm die Churfürſten) addatur: oder einige Reichs Crayſe.

3.) verba (und des Reichs propoſition) omittantur.

4.) Poſt verbum (Collegialiter) addatur: oder ſonſten.

Ad Art. 15.

1.) Poſt verbum (Proceſſen) addatur: Commiſſionen, reſcripten und dergleichen.

2.) poſt verb. (der benachbarten) add. Stånde.

3.) poſt verba (Sie zum gehorſamb zu bringen) addatur: oder andern benachbarten oder ſonſt intereſſierten Stånden ohne Schaden und Nachtheil.

Ad Art. 16.

1.) Ad verb. (heiſchen und laden) addatur: oder auch wegen der Lehen-Empfängnus dahin zu kommen begehren.

2.) Poſt verba (und entſcheiden laſſen) add. Es ſoll und will auch der Röm. Kayſer kein alt Reichsgericht verändern, noch ein neues anrichten, es wäre dann daß Chur-Fürſten und Stånde ſolches auf einem allgemeinen Reichstags vor gut befinden. Und als demnach von Chur-Fürſten und Stånden ſchon vor langen

geu

gen Jahren hero sowohl wider das Kayserl. Hofgericht zu Rotweil, als das Wein-
gartische und andere Landgerichte in Schwaben allerhand grosse Beschwehrungen
vorkommen, auf unterschiedlichen hievorigen Reichs-Conventen angebracht und
geklaget, dahero auch in dem Münster- und Oßnabrügischen Friedenschlüssen deren
abolition halber allbereit veranlassung gegeben, so sollen Chur-Fürsten und
Stände sampt dero angehörigen obermehnten Kayserl. Hofgerichts zu Rotweil,
wie auch des Weingartischen und anderer Landgerichte in Schwaben befreyet, er-
melete judicia hiemit aufgehoben, auch Chur-Fürsten und Stände sampt den
ihrigen zu pariren nicht schuldig seyn.

3.) post verb. (auch wider) add. dise seine Zusage.

4.) post verb. (und auch ob) ponatur: zu oder.

5.) pro verbo (vorgemelte) ponatur: in diser Capitulation enthalten.

6.) post verb. (vor dem Reichs-Hof-Rath) omittitur particula allein.

7.) post verba (inmassen dorinnen) addatur sich einmischen oder 2c.

8.) post verba (Proceß, Mandata) add. Commissiones, rescripta, promoto-
riales.

9.) post verb. (wo auch) addatur der sachen Nottürfft und wichtigkeit erfordert,
daß 2c. & postea verba illa (wann es der Sachen Wichtigkeit erfordert) omittantur.

10.) pro verb. (in Anwesenheit) add. in keines andern beyseyn, als 2c.

11.) post verba (sich mit denselben) addatur: allein und sonsten mit keinem andern seiner Räthe und Bedienten.

12.) post verba (in erstgemeltem seinem Reichs-Hof-Rath) add. oder Cammergericht.

13.) pro verb. (der in offtgemeltem Friedenschluß usque ad verb. revision)
ponatur revisionis vel supplicationis.

Ad Art. 17.

1.) post verba (Verzögerung und) add. den Rechten nach wider die executiones
unzuläßige.

2.) Illa verba (auch nach vollstreckter execution) omittantur.

3.) post verb. (beneficium revisionis) add. & supplicationis.

4.) Ad verb. (solcher revisionen) addatur: des Kayserl. Cammergerichts.

5.) Ad verb. (noch gestatten) add. mit der im Reichs-Hof-Rath an statt der
revision gebräuchlichen supplication auch nach dem Inhalt des Instrumenti pacis art. V. § 20. vers. quoad processum judiciarium &c. und nach der
Reichs-Hof-Raths-Ordnung allerdings verfahren und daran seyn, daß beim
selben ein Genügen geleistet und darwider keineswegs gehandelt werden möge.

6.) post verba (der guldenen Bull verbleiben) addatur: vermög deren von seiner

6.) Belehnung , wann gleich verschiedene Lehen empfangen werden , mehr nicht als eine einfache tax zu entrichten.

7.) ad verba final. (noch beschwehren laſſen) add. auch nicht geſtatten , daß von denen Chur = Fürſten und Stånten, welche vermög des Oßnabrüg = und Mün= ſteriſchen Fridenſchluſſes Lånder haben abtretten und andere loco ſatisfactionis annehmen müſſen , eine newe Lehengebühr , tax , Regaliengelder oder ſonſten in einigerley weiſe etwas geſordert , viel weniger , wann wegen der durch die Vormünder, wie obgedacht, empfangene Lehen die præſtanda anmahl præſtiert worden , nach erlangter Majorennitæt der alſo belehnten die Lehengebühr , tax und was demſelben anhångig , nochmals und alſo getoppelt entrichtet werden ſolle.

Ad Art. 18.

1.) Verba (der die Exemtion &c. usque ad verba erfunten wird) omittantur.

2.) poſt verba (de non appellando) add. & evocando ſowohl in Civil = als Criminal = und Fiſcal = Sachen.

3.) poſt verb. (unter was ſchein und vorwand) add. alß continentiæ cauſæ und dergleichen.

Ad Art. 19.

1.) Ad verb. (Grafen , Herrn) add. von der Reichs = Ritterſchafft.

2.) Pro verbis (und die Benachbarte) ponatur : und ohne mitbewilligung der Benachbarten.

3.) Pro verbis (ehe und bevor ſelbige) ponatur : nach laut jetztgedachten Abſchieds §. Benebens ſollen Cammer = Richter ꝛc. und §. Was kann Chur = Fürſten und Stånde ꝛc. zu vorderſt die Auſtråge in acht nehmen , wo aber die juriſdictio fundiert , dennoch ehe und bevor die mandata &c.

4.) Verſiculus : der Regierende Röm. Kayſer ſoll und will ꝛc. usque ad finem Articuli omittatur & ſubſtituantur ſequentia : In Straff = fållen ſoll und will der Röm. Kayſer die Straffen denjenigen , ſo in der Sachen cognoſciren oder denen darinn Commiſſion aufgetragen worden , nicht zu wenden , noch appliciren laſſen.

Ad Art. 20.

Hic Articulus ex priore Capitulatione & monitis Principum ita poſſet concipi : Es ſoll und will auch der Röm. Kayſer fürkommen und keines wegs geſtat= ten , daß hinfüro jemand hohen und nidern Standes , Churfürſt , Fürſt , Stand oder andere ohn rechtmåſſige und genugſame Urſach auch ungehört und ohne Verwiſ= ſen , Rath und Bewilligung des heyl. Reichs Chur = Fürſten und Stånde in die Acht und Aberacht gethan , gebracht oder erklåret , ſondern in den Caſibus darinnen nach Beſchaffenheit des Verbrechens uff die Acht oder privation entweder von des Kay= ſerl. Fiſcal = Amts wegen oder uff anruffen des lædierten und klagenten Theils zu

                                                   pro-

procediren und in Rechten zu verfahren und darüber der Kayser entweder an dem
Reichshof = Rath oder Cammergericht pro Adminiſtratione juſtitiæ angeruffen und
imploriert wird, zuvorderſt in decretir = und außlaſſung der auf die Reichs = Acht
oder privation gebettenen Ladungen und mandaten, ſo dann in der Sachen weitern
Außführung biß zum Beſchluß uff des heyl. Röm. Reichs hierüber vorhin verfaſſte Ge=
ſetze und Cammergerichts = Ordnung genaue und ſorgfältige Achtung gegeben, damit
der angeklagte nicht præcipitiert, ſondern in ſeiner habenden rechtmäſſigen defen=
ſion der Notturfft nach angehöret werde. Wann es dann zum entlichen Schluß der
Sachen kommen, ſo ſollen die ergangene Acta uff offentlichen Reichstag gebracht,
durch gewiſſe abſonderlich veraybete Stände aus allen dreyen Reichs = Collegiis glei=
cher Anzahl der Relizion examiniret und überleget, deren Gutachten an geſampte
Stände referirt, von denen der entliche Schluß gefaſſet und das alſo verglichene Ur=
theil in des Kayſers Namen publiciert, auch die execution ſowohl in diſen, als
allen andern Fällen anterſt nicht, als nach Inhalt der Executions = Ordnung durch
den Crayß, darinnen der Aechter geſeſſen und angehörig fürgenommen und vollſtreckt
werden. Was nun dem in die Acht erklärten Stand alſo abgenommen wird, das
ſoll und will der Kayſer Ihm und ſeinem Hauſe nicht zueignen, ſondern es dem Reich
verbleiber, vor allen dingen dem Beleydigten Theil darauß ſatisfaction thun laſſen,
Jedoch ſo viel die particular = Lehen, ſo nicht immediate von dem Kayſer und dem
Reich, ſondern von andern berrühren, betrifft, dem Lehenherrn, auch ſonſten der
Cammergerichts = Ordnung und einem jeden an ſeinen habenden Rechten und gerech=
tigkeiten dißfalls unbeſchadet.

Ad Art. 21.

Poſt verb. (beſchweret werden) ponatur oder da dergleichen Vergwaltigung von
ihm oder ſeinem Hauſe gegen einen oder andern Reichsſtand vorgenommen würde,
ſo ſoll und will er alſobald nach Autrettung ſeiner Kayſerl. Regierung die ſichere Aus
ſtalt machen, daß die beleydigte Stände ohnverlängt reſtituiert und der zugefügte
Schaden nach unpartheyiſcher Erkantnus auf einem Reichs = oder deputations=
tag erſetzet werde.

Ad Art. 22.

1.) Poſt verb. (Im Fürſten Rath) addatur oder Gräffl. Collegiis.

2.) Poſt verb. (Mit decretis) addatur : promotorialien, diplomatibus und
dergleichen.

3.) Pro verbis (untergebene Güter) ponatur: die ihm zugehörige und in ſolchen
Landen gelegene Güter.

4.) Verba (weilen auff des Reichs Cantzley taxam, usque ad finem) omittantur.

Ad Art. 23.

1.) poſt verb. ſchleunige addatur Audienz und ꝛc.

2.)

2.) verba (so viel immer möglich usque ad verba Nuß erachtet werden) omittantur.

3.) post verb. (guten tapfern Herkommens) add. und des Reichstvesen kuntig.

Ad Art. 24.

1.) pro verbo (aus dem Reich) ponatur: aus dem Reichs-Crayßen.

2.) post verb. (mit absonderlicher Pflicht) add. Besallung oder Gnadengeld.

3.) ad verb. (Besag Fritenschlusses) add. mit Zuziehung eines Churfürsten, wie
auch eines geist- und weltlichen Fürsten nach der Ordnung, wie sie bey Reichs-
Conventen sißen, in gleicher Anzahl der Religion uff Maaß und Weiß, wie die
deßhalben verfaßte Visitations-Ordnung besaget. NB. Hieben ist der Herrn
Grafen desiderium bekannt.

4.) Post verb. (zum Prasidenten oder Vice-Præsidenten) ponatur: unter denen
beeden jederzeit einer der Augspurg. Confession zugethan seyn solle.

Ad Art. 25.

1.) Pro verb. (dißfalls zustehenden) pon. dißfalls gebührenden, jedoch gegen dem
Kayser und Reich zu verantworten stehenden.

2.) Post verb. (daß der Reichs-Canßley) add. wider die Reichs-hof-Raths und
Canßley-Ordnung.

3.) Post verb. (allerdings befreyet seyn) add. So soll und will Er auch unweigerli-
chen verstatten, daß die Reichs-hof-Räthe ingleichem der Chur-Fürsten und Stände Gesandte, Räthe, Residenten, Agenten und sollicitanten und Bediente, auch
dero Weiber, Wittiben, Kinder und Gesind das exercitium ihrer Religion an seinem Kayserl. Hof und jederzeit befindlichen Hoflager haben, zu information ihrer Kinder Præceptores, wie auch zum Predigen, Copulationen, Admini-
strirung der heyl. Sacramenten und was dem Gottesdienst weiter anhängig,
Priester samt anderen dabey erforderten Personen halten mögen, denen dann in
Verrichtung ihres Amts und Ihnen allerseits insgemein an ihrer Religions-Uebung,
auch ehrlicher Begräbnuß ihrer Todten kein Einhalt, verbott oder andere Verhinderung geschehe, vielmehr gebührender nachdrücklicher Schuß gehalten und
zu obgedachten Begräbnussen ein bequemer Ort angewiesen werden.

Ad Art. 29.

Diser Articul könnte folgender gestalt eingerichtet werden: der regierende Röm.
Kayser will keineswegs gestatten, daß Chur-Fürsten und Ständen einige ausländische und Ihnen zumahl unverpflichtete Personen zu Postmeistern, Posthaltern und
Postbedienten in ihren Landen und Stätten wider ihren Willen aufgetrungen oder
dieselbe von des Landesherrn oder der Obrigkeit Jurisdiction und Beytragung genui-
ner Beschwerden eximiert und befreyet oder auch durch sie dem Herkommen und
Potten gebrauch und insgemein denen von Chur-Fürsten und Ständen in jedes Lan-
ben

ten und gebieten crafft Landesfürstl. und herrlicher Obrigkeit der Posten halber gemachten Verordnung einiger Eintrag oder Behinderung nicht zugefüget werde. Wollen auch einige Mandata, decreta oder inhibitiones darwider nicht ergehen laffen,
fondern es follen eißfalls alle und jede Stände bey ihren zuftehenden Rechten, Freyheiten, wie auch freybefißlichem Gebrauch, Privilegien und zum Theil deßwegen vorgegangenen fonderbaren pacten und Verträgen unperturbirt gelaffen, weniger
nicht Ehr-Fürsten und Stände und deren fonderlich uff Reichs-Conventen habende Gefandschafften mit dem Brief-und Postgeld über die verglichene Reichs-tax
nit beschweret, noch übernommen werden.

Post Art. 29.

ponatur: Auf den Fall auch ein Röm. König bey Lebzeiten eines Röm. Kay-
fers erwählet würde, so soll difer Capitulation nachfolgender Articul difes Orts eingerücket werden: Nemblich es soll und will der Röm. König fich feiner Regierung und
Administration im heyl. Röm. Reich weiter oder anderst unterziehen, dann so viel
Ihme das von Kay. May. vergönnet und zugelaffen wird, auch Ihrer Kay. May.
die Zeit ihres Lebens an Ihrer Hoheit und Würden des Kayferthumbs keine Irrung,
noch Eintrag thun.

Ad Art. 30.

verb. (geheimen) ominatur.

Ad Epilogum.

1.) Pro verb. (hat das Churfürstl. Collegium fich erkläret) ponatur: Soll.
2.) Pro verb. (den eligendum usque ad verba Reichs-Constitutionen unabbrüchig) ponatur: der eligendus verpflichtet werden.
3.) pro verb. (außer dem, was in difer Capitulation &c. usque ad verba: allerhöchstgedachte Kay. May.) ponatur: So weit Sie difer beständigen Capitulation conform, gelaffen, worüber Sie aber an die in gegenwärtiger Capitulation geänderte oder aufs neu constituirte puncten, nicht weniger, als ob diefelbe bereits der Franckfurtischen wörtlichen inferiert gewefen, auch uff folche Aen-
derungen und neue constitutiones &c.

Erinnerungen der Herrn weltlichen Fürstlichen über der Geistl.
Fürstl. Abgesandten jüngst per dictaturam communicirte monita in puncto Capitulationis perpetuæ.

Dictiert per Magdeburg den 19. Nov. 1664.

Demnach der Herrn Geistlichen Fürsten hochansehnliche Gefandten in voriger
Wochen die Ihnen zugefallene monita in puncto Capitulationis Cæfareæ außge-
stellt und folche per dictauram communiciert, so hat man diffeits nit ermanglet
X. Theil. (N) die-

dieſelbe zu verleſen und zu erwegen, auch der geſtalt beſchaffen befunden, daß man ſich
biſſeits in dem maiſten damit conformiren kau, auſſer gar wenigem als

Art. 1. bey dem monito 2. erwartete man aigentliche Erklär- und Erleuterung, weil biſſeits die Meynung ſeye, daß ſolcher paſſus ad art. 20. geſüglichen möchte gezogen werden können. Wegen des britten und vierten moniti hielte man dafür, daß
es bey dem Churfürſtl. ausgeſtellten Cupitulations-project wohl verbleiben könne.

Art. 8. præſupponiret man bey dem monito 1. die Erleuterung, ſo in diſſei-
tigem monito 2. enthalten. Ad monitum quintum aber könne man tiſſeits wohl
indifferent ſeyn, ob es in die Kay. Wahl-capitulation oder nit vielmehr in ten
erfolgenten Reichs-Abſchied zu bringen.

Art. 11. lieſſe man bey tiſſeits gethonem monito 2. wobey man gleichwol erbietig ſey, darüber ſich miteinander nochmals zu vernemmen. Was aber die von dem
Reichs-Vicariis ertheilte Lehen anbetreffe, habe man tiſſeits kein Bedenken ſich darüber mit den Herrn Geiſtlichen zu conformiren.

Art. 12. monito 2. wäre pro verbis (Ausſchreibende Fürſten) zu ſetzen:
hohe Crayß-Aemter. & 3. pro verbo: Crayßordnung, könnte unmaßgeblich geſetzt werden: Crayß-und Executions-Ortnung.

Art. 16. monito 2. lieſſe man es biſſeits bey dem Churfürſtl. Auffaß.

Art. 29. hielte man dafür, daß es bey tiſſeits gethonen monitis ad hunc articulum zu laſſen und von der in dem Churfürſtl. project enthaltenen materi in capitulatione zu abſtrahiren.

Und weil man wahrgenommen, daß die Herrn Geiſtliche nachgeſetzte wichtige
7. puncta noch zur Zeit ausgeſetzt, als 1.) das proœmium. 2.) in Art. 3.
Electionem Regis Romanorum. 3.) articulum 14. 4.) in articulo 16.
das Principium wie auch 5.) in art. 18. den Anfang. 6.) den articulum 20.
und 7.) den Epilogum, ſo hätte man ſie freundlich zu erſuchen, Jhnen belieben zu
laſſen, ſich auch hierüber fürderlichſt zu erklären. Im übrigen widerholete man die
diſſeitige monita und dafern denen Herrn Geiſtlichen darüber noch weiter etwas zu
erinnern beyfiele, wolle man daſſelbe ebenfalls gerne vernemmen in Hoffnung, daß
man mit Gottes Hülff nunmehr aus diſem Werk glücklich gelangen möge.

Num. 35.

Chur-Pfälziſch Schreiben an Herzog Eberharden wegen der Naſ-
ſauiſchen Reſtitution wider Lothringen. d. d. 28. Nov. 1667.

Unſern Freundlichen Dienſt und was wir mehr liebs und guts vermögen jederzeit zuvor, Durchleuchtig Hochgeborner Fürſt, freundlicher lieber
Vet-

Vetter, Bruder und Gevatter. Wir mögen E. L. in hergebrachter vertrawlicher
correſpondenz wohlmeynend nicht verhalten, welcher geſtalt Wir aus dem in der
Gräfflichen Naſſau und Sickingiſchen reſtitutions, Sach uff gegenwertigem Reichstag per majora außgelauffenem concluſo, daraus ein Reichs-Gutachten nunmehr
abgefaſſet werden ſoll, mit höchſter Verwunderung erſehen, daß es uff reaſſumirung
der vormahls mit des Herzogs von Lottringen Lden von Reichswegen vergeblich gepflo-
gener gütlichen Handlung und nochmaliger offerierung der angebottenen Gelt-Summ
ankommen wolle. Nun zweifflen Wir nicht, E. L. dero erleuchtetem Verſtand nach
ohnſchwer von ſelbſt ermeſſen werden, zu was groſſer Verkleinerung und Abbruch
des biß noch erhaltenen reſpects dem Römiſchen Reich es gereiche, daß nach dem-
mahl vor diſem uff jetziger allgemeinen Reichs-Verſamlung und ſonſt wegen erhalt-
und handhabung deſſelben authoritæt ſo groſſe conteſtationes geſchehen und zu ſolchem
Ende anſehnliche Kriegs-Verfaſſungen gegen angränzende mächtige Potentaten ver-
anlaſſet, man anjetzo von ſolchen tapfern reſolutionen widerumb zurückfalle und von
einem Herzogen von Lottringen ſich dahin bringen laſſe, daß man in einer ſo claren in
dem Weſtphäliſchen Frieden-Schluß und Nürnbergiſchen executions-Receſs gegründeten und von allen pacifcirenden Theilen würcklich zu guarantiren ſtehenden
reſtitutions-Sach Ihm gleichſam ein Friedens-Geldt anzubieten kein Bedenkens trage. Gleichwie aber über, daß es des Röm. Reichs Ehr und Anſehen allerdings abbrüchig, deſſen Sicherheit in nicht geringe Gefahr geſetzt wird (darzu Wir
durch unſere Beyſtimmung Anlaſs zu geben ſo wenig gemeint, als Wir deſſen in un-
gutem Verdacht zu werden verhoffen) Wann des Herzogs von Lottringen Lden uff ſolche Maaß noch mehr Mittel in die Hand geſpielt werden ſeine Gränze zu anderer Benachbarten Schaden, Nachtheil und immerwährender Unruhe zu erweitern und ein
Stück nach dem andern von dem Reich ab- und an ſich zu ziehen und ſeinen Landen (allermaſſen er mit der Grafſchafft Falkenſtein zu thun vorhabens) zu incorporieren;
Alſo wird unſers ermeſſens diſem allem gar wohl können geſtewret und vorgekommen
werden, wann denen in guter Verfaſſung und armatur ſtehenden Crais-Ständen
vermög der Reichs-conſtitutionen, arctioris modi exequendi die execution
wider Lottringen uffgetragen würde; welche dann bey der, Gottlob, diſes Jahr
wohl eingebrachter Erndte und Herbſt vermittelſt guten Anſtalts dergeſtalt ins Werck
gerichtet werden könnte, daß die Nachbarſchafft nicht viel Schaden dabey zu leyden
hätte. Und da ja des Herzogs Lden dadurch zur ſchuldigen reſtitution ſich nicht bewegen laſſen wollte, wäre Ihre Lden in dero Landen gnugſam geſeſſen, umb ſich krafft
executions-Ordnung des Schadens weniger nicht, als uffgezogener executions-
koſten an deroſelben haben zu erholen. Wir halten aber davor, daß Ihre Lden
den extremiteten, wann ſie den Ernſt verſpühren, es nit kommen laſſen werden
indem Wir nit glauben, daß einiger Potentat, vielweniger diejenige, we   Fri-

Fridenſchluß zu guarantiren gehalten, gegen deſſen ſo claren Buchſtaben Ihrer Lben aſſiſtieren, ſondern vielmehr, wann Sie des Reichs eigentlicher intention darunter in Zeiten verſtendiget und geſichert, das Werck ſelbſt mitzutreiben und zum intendirenden Zweck bringen zu helffen ſich vermögen laſſen würden. Wir haben nicht Umbgang nehmen wollen gegen E. L. uns vertrawlich hierunter auszulaſſen und Dieſelbe dienſtfreundlich zu erſuchen, nachdem aus Lottringens Lben bißheriger Bezeugungen und dabey einzelauffenen Umſtänden gnugſam erhellet, daß mit der gütlichen Handlung und darauff abgefaſſtem concluſo der Sachen nicht geholfen ſeyn, noch den gravierten die verlangende höchſtbillige ſatisfiction gegeben werde, Sie geliebe in fernerer Erwägung der Sachen Bewandtnus und Wichtigkeit nach dem höchſtrühmlichen Eyfer, welchen Sie bißhero vor des Reichs Ehre, reſpect und ſecuritæt bezeuget und erwieſen, durch Dero Geſandſchafft dahin cooperiren und andere Stände zur Mitwirkung diſponiren zu laſſen, damit durch einhelligen Schluß zulänglichere Mittel zu Erlangung des abzielenden Zwecks ergriffen werden mögen. Daran erweiſen Ew. Lben ein lobwürdiges zu des H. Reichs Ruhm und Nutzen ſtreckendes Werck und Wir verbleiben Ew. Lben angenehme Freund, vetter, und brüderliche Dienſt zu erweiſen iederzeit bereitwillig Heidelberg den 23. Nov. 1667.

Carl Ludwig von Gottes Gnaden Pfalzgraff bey Rhein ꝛc. ꝛc.

E. Lben   dienſtwilliger treuer Vetter
                          Bruter Gevatter und Diener
                                Carl Ludwig.

Num. 36.

Herzog Eberhards Antwort an den Churfürſten auf obiges Schreiben. d. d. 6. Dec. 1667.

Aus Ew. Lben de dato Heydelberg den 23ten des zuruck gelegten Monats Novembris in der Gräfflich Naſſaw und Sickingiſchen Reſtitutionsſach an uns abgelaſſenen Freund Vetterlichem Schreiben haben Wir die Ihro hierunter zugehende hochvernünfftige und ſorgfältige Gedancken, daß man nemlichen bey diſer noch fürwährenden Reichs Verſammlung zu Regenſparg zu Erlangung deſſen in ſolcher Reſtitutionsſach ſuchenden Zwecks durch einen einhelligen Schluß zulänglichere Mittel zu ergreiffen haben möchte, umbſtändlich vernommen.

Wie nun E. Lben wegen ihres zu der hierinnfalls gravierten würklicher und Fridenſchluſſmäſſiger ſatisfacirung und mithin zu des Reichs Ehre, reſpect und ſecuritæt ſo beharrlich bezeugenden preißwürdigen Eyfers vor allen dingen ſchuldiger hoher Danck gebühret; alſo zweiflen Wir auch nicht, es werden Ew. Lben diſe Ihre vereinigte Sorgfalt bey obangeregter Reichs Verſammlung durch die ihrige nicht allein

allein benen übrigen anwesenten Churfürstl. Gesantschafften, sondern auch derselben hohen Herrn Principalen selbsten ebenmäßig beweglichst vorzustellen sich umb so viel mehr angelegen seyn lassen, damit in solchem hochangelegenen negotio hernachmaln auch in beeden andern Reichs-Collegiis mit desto besserm Nachtruck die Nothturfft weiter überlegt und ein allerseitig einmüthiger dem Instrumento pacis und des Reichs reputation gemässer Schluß entlich gefaßt werden könnte. Wir wollen auch nicht ermanglen unserm allda habenten Abgesandten über die ihme hierunter schon zu verschiedenen mahlen gegebene, auch von Ihm jederzeit der gebühr nach beobachtete Ordre ebenmässig weitern gnädigsten Besehl, daß Er hierunter nach eusserster Möglichkeit concurrieren helffen solle, zu ertheilen: Allein ist E. Lbten hiebey von selbsten ohnverborgen, daß es mit diser Sach schon bey vorigem Reichstag durch die damahligen des Herrn Herzogen von Lothringen Lbten angebottene starke Geldsummen zu weit kommen und bey gegenwärtig noch fürwehrendem Reichs-Convent, als selbige bereits zu verschiedenen mahlen reassumirt worden, die Majora jedesmahls wider fürgedrungen, welches uns dann neben deme, daß auch in allen übrigen Evangelischer seits annoch ex Instrumento pacis rechtmässig zu suchen habende Restitutions-Fällen mit denen darunter je länger je härter bezeugenden Herrn Catholischen Ständen überein und zu würcklicher restitution kommen zu können fast alle Hoffnung zerrinnen will, die nicht unzeitige Beysorge machet, es werde eben schwer daher gehen die bißher in eingangs-erwehnter restitutions-sach abgefaßte conclusa zu ändern und anderwertige von E. L. intendirende zulänglichere Mittel zu ergreiffen, dero Wir anbey zu erweisung Freund-vetter-und brüderlichen Dienste stets willig und geflissen verbleiben. Stuttgard den 6. Dec. 1667.

Num. 37.

Herzog Eberhards Resolution auf des von der teutschen A. C. verwandten Gemeinde abgeordneten Pfarrers Ansuchen um eine Beysteur zu ihrem Kirchenbau in der Teutschen Sloboda zu Moscau. d. d. 17. Oct. 1667.

Gleichwie Unser Gnädigster Fürst und Herr beständig dafür hält, es bestehe der Grund des ganzen Christenthums vornemlich darinn, daß man in allen dreyen Haupt-Ständen auf die Ehre des grossen Gottes allervorderist das Absehen unabwendlich richten muß und soll; also erachten sich auch Ihre Fürstl. Durchl. billich um so viel glückseliger, daß eben in Zeit Ihrer durch Gottes Gnade annoch führender Regierung Deroselben dise erwünschte Gelegenheit an die Hande gebet, Ihrer Fürstl. Durchl. Glaubensgenossen der ungeänderten Augspurgischen Confession zugethaner Evangelischen Gemeine in dem Teutschen Städtlein Slobodda vor der Tzarlichen Residenz-Stadt Moscau bey Ihrem angelegten und vermittels göttlichen Beystands (N.) 3 schon

schon so weit gebrachtem Kirchenbau dero Mildfürstliche Hand bieten und durch einige Beysteur die Ehre des Allerhöchsten und seiner in so weit entlegenen Landen blühenden reinen Evangelischen Kirchen noch mehrere Ausbreitung befürdern helffen zu können, Ihnen es dannenhero mit desto grössern Freuden, und wollen hiemit gnädigst resolviert und bewilligt haben, daß in denen Stätt und Aemtern Stuetgart, Tübingen, Urach und Kirchheim vor dise Evangelische Gemein zu ihrem Kirchenbau eine Christliche Beysteur eingesamblet und das eingehende von der Fürstl. Rent- Cammer und Kirchen-Rath jeden Orts zur Helffte bis auf Sechshundert Reichsthaler erhöhet und solche Summa nachgehends durch die Calwer Handelsleut nacher Leipzig an denjenigen Mann, welchen der bevollmächtigte patent benennen wird, übernachet, deßwegen auch die Nothdurfft in einen kurzen Begriff dessen mit- producierten Buch einverleibet werden solle; Worüber dann Ihrer Fürstl. Durchl. Geheime- Obere- Consistorial- Rent- Cammer- und Kirchen- Räthe die allerseitige weitere Gebühr, sonderlich aber auch darinn zuverfügen wissen werden, daß an jedem Ort bey publication solcher angestellten collect die producierte beede patenta (nemlich der Gemein deselbst und das Chur- Sächsische) die Leute dardurch zu desto reichlicherer Beysteur zu animieren abgelesen werden möchten. Decretum Stuetgart den 17. Octobris, anno 1667.

Num. 38.

Dankschreiben der Kirchen- Vorstcher der Evangel. Gemeinde zu Sloboda. d. d. 1. Jul. 1668.

Durchleuchtigster, Hochgeborner Fürst, Gnädiger Herr.

Ew. Hochfürstl. Durchl. wündschen wir an disem Orthe wallende Christen von Grund unserer Herzen Gottes Gnade und Segen, glückliche, friedliche und langwirige Regierung auf Erben und Erbens- Erben, damit in dero Hochfürstl. Hause nicht allein dero fromme Untherthanen, sondern auch unsere Christliche Gemeine allhier allezeit haben mögen ein Haupt dessen sie sich trösten, einen Schutz, dahin Sie fliehen können und einen Vater der vor sie sorgen möge.

Gnädigster Fürst und Herr etc. Gleichwie es scheinet, daß Gott der Höchste Ew. Hochfürstl. Durchl. meistentheils darumb der Christlichen Welt geschenket, damit ein Hochgeborner Fürst sein möchte, dessen wahre Gottes- Furcht das fast sinkende Christenthumb noch stützen und erhalten und als ein Morgenstern unter denen ietzo tunklen Christen leuchten möchte, Also hatt Sie die Stralen Ihrer Christlichen Liebe auch biß hieher nacher Muscovien werffen müssen. Uns tröstet und ergötzet nicht so sehr allhier die mildreiche Beysteuer, so Ew. Hochfürstl. Durchl. an 600. Reichsthaler durch unsern getreuen Seelsorger und Pastoren; Herrn Mag. Johann Gottfrid Gregorij

rij ju Forthbauung und Erhaltuug unfrer Kirchen und Schulen herein geschikt und wiewohl tiß ein so verwunterliches exempel ist, deme antere Christliche Potentaten, Fürsten und Herren mit grossen unsterblichen Ruhm folgen können und noch zum Ueberfluß Ihre Fürstl. Gnateu die Sache an antere Fürstliche Heupter und Reichs-Städte gerecommendiret, welches dann auch erklächliches getragen; Als uns vielmehr tröstet die hohe und Hertzliche Freute, so Ew. Hochfürstl. Durchl. über teu Wachsthuuß unsrer noch jnngen und zarten Kircheu haben Uud die gnätigste Hohe Versprechungen welche Sie zu künfftiger Pflegung und Aufferziehung solcher neu anwachsenten Braut Christi gethau nnd turch erwehnten unsern Seelsorger uns wissen lassen.

Gnätigster Fürst und Herr, wir wünbschten von Hertzen, daß Ew. Hochfürstl. Durchl. uur iu tero gnätigsten Einbiltungen könte vorgestellt werden, mit was vor Thräuen uufre liebe Augsburgisch-Evangelische teutsche Christen allhier solche unvermuthete gnätigste Anerbiethungen frölich aufgenommen, als Sie unser offtgeneunter lieber Pretiger iu ber ersten Antritts-Pretigt ihnen offentlich angekündigt, so würde villeicht Ew. Hochfürstl. Durchl. solches auch mit Freuden-Thränen beliesben. Und wie uicht? Es ist ja bißher vor ein grosses Wunder allhier gerechnet worben, daß Gott Ihrer Tzaar. May. unsers allergnätigsten Herrschers und Herrns höchstzepriesenes Christliches Hertze zur Verwunderung der ganzen Christenwelt so weit gelenket, daß Sie uns ausländische fremde mit alleu unsren religions-Freyheiten und Glaubensübungen iu ihren gnätigsten Schoß gleichsam so hegen, als wenn Wir in unserm Vaterlande glorierten. Aber tas ist nicht ein geringeres Wunderwerk vom Himmel itzo bazu gekomnen, taß Gott der wunderbare auch ausser Lauts so viele hobe Heupter und Fürsten tahin erreget, daß Sie von solcher ferne wie großmächtige Väter und Pfleger sich unserer seufzenten Kircheu als eines Waußigens künfftig annehmen wollen.

Durchlauchtigster gnätigster Fürst und Herr. Nnu wir bedanken uns insgesampe unterthänigst nnd temütbigst vor tie Hohe Gnade, daß Ew. Hochfürstl. Durchl. unfre unvermögliche Kirche mit nicht nnr Ihrer freygebigen Hochfürstl. und Christlichen Beysteuer so gnetigst besegnen, sondern auch turch Ihre Hochfürstl. Gnätigste Vertröstungen uns den Ruhm und Zuversicht machen und gönuen wollen, daß wir offentlich preisen können, Ew. Hochfürstl. Durchl. sey nunmehro unserer sonst entwaisetem Kirchen gnätigster Vater und Versorger, tiß ist alles weit über unsern Dank. Doch soll tiß ten Mangel unsrer Danckbarkeit ersetzen, daß, gleichwie Christus Jesus nuser Heyland einem fromnen Weibchen, welche ein köstliches Wasser auff sein Haupt gosse, die Versicherung gab, daß, wo das Evangelium in der Welt geprediget würte, auch ihrer Gutthat barbey gedacht werden sollte, so auch Ew. Hochfürstl. Durchl. hohe Gnade und Miltthat, womit Sie Christum alhier gesalbet, in offentlichen Kirchengebethen und Seuffzen gedacht werden soll, so lange das Evangelium in

teuts

teutscher Sprache unter Augsburg-schen Christen gepreyset wirdt. Gott verleyhe Ew. Hochfürstl. Durchl. langes Leben und alles Hochfürstl. Wohlergehen. Sie seyen so unser gnädigster Fürste, Herr und Vater, als wir seyn und bleiben wollen

Durchl. Fürst und Herr
    Ew. Hochfürstl. Durchl.

Muscou den 1. Julij.
    anno 1668.

Unterthänigst - demütbige und gehorbschaltige
    Diener Kinder und Knechte.
Nicolaus Baumann, General und Obrist.
G. von Kampen Oberster.
Friederich Mayer Oberster.

Num. 39.

Fœdus defensivum inter Cæsarem & Domum Auſtriacam ex una & Coronam Sueciæ ex altera parte. d. d. 6. Maji 1668.

1.) Sit utrinque vigore Transactionis & Pacis in Weſtphalia anno 1648. die $\frac{24}{14}$ Menſis Octobris initæ vera, ſincera & perpetua amicitia inter Sacram Cæſaream Majeſtatem & Domum Auſtriacam ab una & Sacram Reg. Majeſtatem Regnumque Sueciæ ab altera parte, eaque utrinque poſthac mutuis officiis, Studiis & ſincera correſpondentia ſerio & quidem ita colatur, ut pars altera alterius honorem & commoda provehat, pericula vero & damna, quæ Regnis & provinciis alterius imminere videbuntur, amica & matura communicatione vel quovis alio poſſibili modo avertere ſtudeat.

2.) Confœderati etiam ſollicita opera & indefeſſa cura, quantum in ipſis eſt, procurabunt, ut Pax Weſtphalica quoad omnia requiſita ſancte & religioſe ab omnibus obſervetur.

3.) Quælibet ergo pars pro viribus & officii ratione allaborabit, ut dictæ Paci in omnibus & ſingulis ſuis punctis plene ſatisfiat, contra illos vero, qui aut eidem jam facto contravenerunt aut in futurum contraventuri ſint, ſociatis conſiliis & viribus usque ad reſtitutionem & præſtationem cum pleno effectu pro modo in Inſtrumento pacis & hoc fœdere præſcripto procedatur.

4.) Tollantur autem juxta ejusdem Inſtrumenti pacis præſcriptum debito modo Statuum Imperii gravamina & permittatur cuilibet rerum illarum poſſeſſio ac fruitio, quas vigore ejusdem a tempore concluſæ pacis debuiſſet aut adhuc deberet poſſidere.

5.) Quod ſi aliquid in Imperio vel alienum vel plane contrarium Pacificationi Weſtphalicæ agatur, tum utraque pars ſociatis conſiliis eo collaboret,

ret, ut illud secundum genuinum Instrumenti pacis tenorem in ordinem redigatur.

6.) Ut vero Imperii Status antiquis suis juribus Art. 8. Instrumenti pacis enumeratis gaudere possint, Imperator authoritate sua Cæsarea promovebit, quantum fieri poterit, ut non tantum libere jura illa, quæ jam legitime possident, exerceant, sed etiam omnia illis permissa, quæ neque in præcedentibus Comitiis, neque ad præsens hoc tempus determinata sunt, quantocyus executioni mandentur.

7.) Quo itaque majori cum fructu & securitate hæc a Confœderatis præstari possint e re visum fœdus-hoc defensivum pangere, quo reciproce teneantur Confœderati alter alterius provincias, Ditiones & terras, prouti infra describuntur, si contingat eas armis inimicorum infestari, uti propria sua tueri ac defendere, nempe a parte Sacræ Cæs. Majestatis omnes ditiones & Provincias, quas Ferdinandi I. Successores post pacem Westphalicam in Imperio Romano realiter possederunt & adhuc quiete possident (Regnum Bohemiæ cum incorporatis Provinciis in specie sub hac dispositione comprehendendo) pari ratione à parte Sacræ Regiæ Majestatis omnes Provinciæ & ditiones, quas vigore ejusdem Pacis Instrumenti S. Regia Majestas ac Regnum Sueciæ possidet, comprehendentur.

8.) Quod ut eo tutius fieri possit, tenebitur in Regnis & Provinciis Confœderatorum Exercitus quatuordecim millium paratus ad defendendas supradictas ditiones.

9.) Ad hunc numerum Sacra Cæs. Majestas decem, quatuor vero millia Serenissimus Rex & Regnum Sueciæ submittit eo in loco congreganda, quem pars requirens pro necessitate temporis duxerit commodiorem.

10.) Conventum insuper, ut dicti Exercitus tertia pars in Equitatu, reliqua vero in peditatu consistat.

11.) Cum consteterit vero bellum parari fœderato, tum alter Fœderatorum primo per literas & Ministros suos summa cura eundem ab omni vi & via facti dehortetur, contra eos vero, qui alterutrum confederatorum de facto vi armata aggredi ausi fuerint, alter alteri prædefinitum numerum statim post factam requisitionem transmittat, junctisque consiliis & armis usque ad plenariam satisfactionem contra lædentem procedatur.

12.) Fiat autem requisitio & determinatio loci, in quo dictus Exercitus congregandus, tribus mensibus antequam copiæ cuiusque debeant uniri, ut cuilibet spatium detur suum numerum dicto loco & tempore sistendum, ita tamen, ut Sacra Cæs. Majestas quando per aliorum territoria & fines Exercitus Suecicus sit ducendus, procuret innoxium & liberum tran-

X. Theil.   (D)   situm, fitum, prout XVII.° Artic. Inftrumenti pacis §. Quoties autem &c. indigitatur.

13.) De tormentis minoribus, vulgo Feltftücken, five campeftribus dictis, quælibet pars juxta proportionem fuis provideat, majoribus à parte requirendæ procurandis.

14.) Quando itaque ad requifitionem Sac. Cæf. Majeftatis vigore fœderis prædictas auxiliares copias S. Regia Majeftas miferit, conventum eft, ut aufpiciis Sacræ Cæfar. Majeftatis militent.& Duci, qui fuprema cum poteftate militiæ Cæfareæ præerit, pareant, hac tamen conditione, ut Dux copiarum fuecicarum adhibeatur confiliis bellicis &'quantum fieri poffit, expeditiones bellicæ communicatis confiliis peragantur. Pari etiam modo cum copiis auxiliaribus, quæ S. Cæfarea Majeftas fuæ Regiæ Majeftati fubmittet, procedatur.

15.) Supradictum numerum una cum tormentis minoribus quælibet pars requifita, licet aliis effet bellis ifto tempore diftracta, convento modo præftabit & fuis quoque fumtibus & ftipendiis tam intra, quam extra expeditionem fuftentabit, exceptis tamen hofpitationibus & Serviriis, vulgo Service, aliisque juxta confuetudinem loci propriis militibus dari confuetis.

16.) Quamdiu in hoftico confœderatorum Exercitus fubfiftet, omne illud, quod ad fubftentationem & fubfiftentiam militum illis in prædam cedit, æqualiter fecundum copiarum proportionem dividatur.

17.) Quamdiu vero in Provinciis Confœderatorum manferit, ne tum neceffariis requifitis deftituantur milites, habeantque occafionem deferendi figna, procurabunt Confœderati, ut in Civitatibus, oppidis, locisque aliis opportunis neceffariæ ad militum fuftentationem fint in prompru, ut pro æquo pretio haberi poffint.

18.) Difciplina militaris & juftitia fumma cura conferventur & fi qui ex officialibus vel gregariis militibus licentia militari fubditos Confœderati vexaverint vel alio aliquo modo damno affecerint, cum fummo rigore fecundum leges militares in illos advertendum.

19.) Quæ quisque Confœderatorum loca armis in hoftico feparatim occupaverit, ea durante bello retineat, nec hofti, nifi communi confenfu reftituat. Captivi vero illuftriores in ufum permutationis aut aliam belli neceffitatem afferventur.

20.) Si quæ Provinciæ, Civitates, Fortalitia, arces aut oppida Auguftanæ Confeffioni addicta durante bello in poteftatem Sacræ Cæf. Majeftatis ventura fint, fruantur fine omni impedimento, perturbatione aut immutatione integro fuæ Religionis & in Ecclefiafticis ftatu relicto tamen copiis militaribus liberæ fuæ religionis exercitio; Idemque vice verfa obferveverur in locis Catholicæ Religioni addictis per S. Reg. Majeftatem Sueciæ durante bello occupandis.

21.) Liceat utrique parti militem in alterius Provinciis in Imperio Romano fitis , citra ullum tamen alterius partis ejusque fubditorum gravamen conducere , ut & omne armorum genus equiosque coëmere , curetque Imperator, quantum in ipfo eft , ut S. R. Majeftati Sueciæ ubivis in Imperio eadem libertas juxta leges Imperii concedatur , Inimicis vero utriusque fœderati in Provinciis hoc fœdere comprehenfis illis denegetur.

22.) Neuter confœderatorum ab hoc fœdere recedat , nec pacem, fœdus aut armiftitium aliquod ullo modo huic amicitiæ contrarium tractet vel ineat , nifi cum utriusque partis notitia & confenfu.

23.) Præfens fœdus utriusque partis hæredes & fucceffores comprehendat & ad quinquennium a die commutatarum ratihabitionum duret , quo finito cuilibet partium licitum efto de eodem prorogando mentionem injicere , ut iterum in quinquennium vel ultra, aut aliud communi confenfu definiendum tempus extendatur.

24.) Invitentur etiam alii Principes ad hoc fœdus , quorum conjunctio pro fecuritate Imperii communi confenfu expedire cenfebitur , ita tamen, ut de perfonis ipfis , modo ac ratione receptionis primo conveniatur. Sereniffimo & Potentiffimo vero Hifpaniarum Regi Catholico libera femper maneat huic fœderi accedendi facultas.

25.) Quo autem in pofterum firma fint mancamque hæc pacta , tum a Sacra Cæf. Majeftate tum a Sacra Regia Majeftate Domino noftro Clementiffimo intra duorum menfium fpatium a die fubfcriptionis firmabuntur & ratihabita hic Holmiæ commutabuntur.

In majorem omnium præmiſſorum certitudinem & robur, hoc fœdus Nos Sacræ Regiæ Majeftatis Sueciæ Commiſſarii Plenipotentiarii fubfcripfimus ac figillorum noftrorum impreffione munivimus, illudque cum Domini Plenipotentiarii Cæfarei itidem fubfcripto Ejusque figillo firmato Exemplari commutavimus. Dabantur in Arce Holmenfi die 6. ftyl. vet. Maji anno 1668.

Num. 40.

Memoriale ad S. Imperii Rom. Electorum, Principum & Statuum Legatos in Comitiis Ratisbonenfibus a Regis Galliæ Plenipotentiario ob ditiones in Belgio Hifpanico adquifitas. d. d. 11. Sept. 1668.

Sacri Rom. Imperii Electorum , Principum ac Statuum Reverendiffimi , Excellentiffimi & Ampliffimi Domini Legati & Confiliarii, Domini honoratiffimi. (D) 2 Cognof-

Cognofcent ex Literis his junctis, quid Rex Dominus meus omnium Clementiffimus in mandatis mihi dederit, ut exponerem ordinibus hifce in Imperii comitiis congregatis, ftatuiffe S. Majeftatem religiofe nunc adimplere verbum fuum Regium de confervandis Imperii juribus in Ditiones, quæ fibi à Chriftianiffima Regina Conjuge in Belgio obvenerunt, quomodolibet competentibus & quæ poftmodum eidem cellæ per Transactionem Aquisgranenfem inter Coronas Galliæ & Hifpaniæ media ribus inter alios Dominis Electoribus ac Principibus nonnullis eo curas & oficia fua utiliffime impendentibus.

Sacra fua Regia Majeftas ulterius exponit defiderium fuum non folum confervandi hoc ipfo candide & fincere concordiam inter Regnum fuum & Imperium per Tractatus Weftphalicos ftabilitam, fed & obfirmandi eandem adhuc arctius recenti hoc obligationis nexu, quo harum Ditionum refpectu in quarum nunc poffeffione eft, Imperio jungi defiderat, prout S. S. Majeftas optima cum ratione fibi merito perfuafum habet, declarationem hanc fuam in ipfa æquitate fundatam & nonnifi in Imperii commodum tendentem acceptatiffimam fore, ita pariter nullatenus dubitat, quin præfentibus in Comitiis ejusmodi defuper capientur confilia, quæ judicabuntur convenientiffima. Et notificare debeo Dominis magnum intereffe S. S. Majeftatis, utquam primum in his poffit habere informationem, utfciat, quæ fibi cum Imperio obfervanda intuitu earumdem ditionum in Belgio acquifitarum five cenfeantur ad modum Regis Catholici poffidendæ (ad quod, ut fupra dictum eft, S. Majeftas difpofita eft & manus præbebit faciles) five è re fore duxerint, ut præfatæ Ditiones Eidem cum fupremo Jure maneant. Pofteriori hoc cafu Dominis judicatu non erit difficile, neceffarium fore, ut Majeftati fuæ in forma valida & convenienti (prout obfervatum in Tractatu Monafterienfi) cedantur omnia jura generaliter quæcumque, quæ Imperatori & Imperio competebant vel competere potuerant in dictas Ditiones, quo ipfa confuetas legitime poffet adhibere formalitates ad incorporandas & uniendas eas Coronæ fuæ, quod ipfum fua Majeftas recufari fibi poffe haud credit præfuppofito oblationem modo factam ab Imperio non acceptari. Expectabit defuper illa refponfum, quod promovendum mihi in mandatis dedit, tanquam neceffarium ex caufis fupra notatis. Dedit Ratisbonæ die 11. Septembr. anno 1668.

Num. 41.

Num. 41.

Literæ Regis Galliæ ad Status Imperii supra allegatæ in eadem
materia. d. d. 17. Aug. 1668.

Dilectissimi & magni Amici, Socii & confœderati.

Certiores jam ante Vos fecimus tam per literas nostras, quam per diver-
sas a Domino de Gravel Consiliario nostro in consiliis secretioribus,
Equite Ordinis nostri S. Michaelis & Plenipotentiario factas ex mandato nostro declarationes, quod nostra fuerit intentio Status, qui nobis in Belgio
ex parte Reginæ Conjugis nostræ obvenerunt, iisdem possidere conditionibus erga Imperium, quibus à Regibus Catholicis possessi fuerunt, cum nunc
auxiliante divino Numine nos in quieta illarum Belgii partium possessione
conspiciamus, quibus mediante pacificatione Aquisgranensi, cui operam
vestram tanto cum fructu contulistis, contenti acquievimus per præsentes
denuo significare Vobis voluimus, paratos nos esse ad religiose adimplen-
dum verbum nostrum Regium & hac ipsa demonstratione essentiali testatum
Vobis facere, quam fovemus inclinationem non solum ad conservanda ea,
quæ sunt Imperii, verum etiam ad arctiorem vobiscum ineundam obliga-
tionem pro ejusdem defensione contra quoscunque jurium ejus infractores
aut tranquillitatis suæ turbatores, magnopere nobis persuasum habemus
novam hanc confirmationem sententiæ nostræ erga dictum Imperium tanto
gratiorem Vobis fore, quanto firmius debetis esse certiores finem propositi
nostri non alio tendere, quam ad confirmandam ulterius per hanc obstri-
ctionem nostram animorum perfectam unionem & concordiam mediante
tractatu Westphalico inter Nostrosque Status & dictum Imperium tam bene
stabilitam. Cæterum nos remittentes ad ampliorem intentionum nostrarum.
informationem pro Nobis a memorate Domino de Gravel communicatum.
Interim Deum precamur, ut Vos, Dilectissimi magni Amici, socii & confœderati, sancta ac digna sua protectione conservet. Datum apud S. Germanum 17. Aug. 1668.

Num. 42.

Gutachten der Wurtemb. Räthe über solch Französisch zwisa-
faches Begehren. d. d. 27. Oct. 1668.

Gnädigster Fürst und Herr. Es hat an E. Fürstl. Durchl. Dero zu dem
fürwehrenden Reichstag in Regenspurg bevollmächtigter Abgesandter Bybem-

(D) 3   bach

bach sub dato 14. Sept. jüngsthin unterthänigst berichtet, welcher massen eusserlichem Verlaut nach an seiten Ihrer Röm. May. in Frankreich durch Dero Plenipotentiarium Mons. de Gravel vom Röm. Reich eine Erklärung, ob man Seiner Röm. May. ratione deren im letzten Spanischen Friden acquirirter Burgundischen Niderlanden gleich vorige possessores vor ein Mitglied des Röm. Reichs erkennen und selbiger beneficien auch geniessen lassen, oder im Gegensatz vor einen absoluten Herrn derselben, umb selbige seinem Gefallen nach seiner Cron haben zu incorporiren halten wolle, begehret und deßwegen ein bereits abgefasstes Memorial dem Chur-Maynzischen Reichs-Directorio umb solches in behörige Umbfrag zu stellen übergeben werden solle, bey welcher so haickel und stachelichten alternativfrag dann man nicht allein am Kayserl. Hof sehr betretten, sondern auch den Oesterreich- und Burgundischen Ministris nicht allerdings wol zu muth seyn solle, weilen zu besorgen, daß Franckreich ratione des ersten Membri alternativi bey seinen in den Reichs-Collegiis habenden Favoriten zimlich Gehör finden dörffte, welches aber dem Erz-Hauß Oesterreich höchst schätlich ausfallen würde.

Weilen nun solche beede Fragen und postulata dergestalten beschaffen, daß selbige wol reiffer Ueberlegung ein solch expediens und Effugium zu finden, das nicht grosse Gefahr, Nachtheil und Schaden nach sich führen möge, bedürfftig seyn will: Als haben subsignirte in Anwesenheit sein Abgesandtens Bytenbachs von diser materie collegialiter und sorgfältig zu deliberiren nicht ermanglet, da dann folgende rationes umb deren willen man Franckreich als einen Constatum Imperii wegen solcher Burgundischen Niderlande anzunehmen nicht wohl publice repediiren oder rejiciern werde können, vorkommen, Alß 1.) daß in der Wahl-capitulation ausdruckenlich versehen und einem Röm. Kayser obgelegen, daß alle zu dem Heyl. Röm. Reich von Alters her gehörige Lande und Reichsgüter zu selbigem wieder herbeygebracht, auch 2.) vermöge und in krafft deren Reichs-Abschieden die Craysse wiederumb redintegriert werden sollen, womit 3.) das Instrumentum pacis übereinstimmet. Hingegen befinden sich auf der andern Seiten nachfolgende ebenmässig sehr bedenk- und erhebliche rationes, um deren willen Franckreich in numerum Constatuum Imperii nicht zu recipieren, sondern darvon abzuhalten seyn möchte, weilen 1.) zu besorgen, daß durch herbeytrettung eines so potenten Catholischen Stants dem allgemeinen Evangelischen Wesen sehr übel gerathen und grösster Gefahr unterworfen seyn müsste, zum 2.) Reichskündig seye, was für periculose principia & Consilia ex parte Franckreich geführt werden, sonderlich aber, wann selbiger König inter Constatus Imperii aufgenommen würde, man wol künfftiger Zeit daher ansam nehmen und in krafft Aureæ Bullæ die Röm. Cron alß ein Teutscher Fürst zu ambiren oder gleichsam de jure zu prætendiren sich untersangen dörffte. Durch desselben reception auch 3.) Ihre Kays. May. die Cron Spanien und das Erzhauß Oesterreich, alß be-

TES

ren Interesse mercklich hierunter versiert, höchlich offendirt und vor den Kopf ge-
stoßen, dardurch aber grosse motus in Imperio zu besorgen oder wohl gar das H.
Röm. Reich in grundverderbliche Krieges-Flammen und eußersten Ruin eingestürzet
werden könnte.

Bey welcher der Sachen hinc inde gefährlicher und höchstbeschwerlicher Beschaffenheit sublignierte der unterthänigsten, doch unmaßgeblichen Meynung seyn,
daß man sich ex parte Statuum sehr behutsam werde zu verhalten haben und weilen
noch nicht eygentlich bewußt, ob solches Französische Memorial bereits dem Chur-
Meynzischen Reichs-directorio übergeben worden seyn möge oder nicht? so will man
der guten Hoffnung geleben, es werden an seiten des Erzfürstl. Hauses Oesterreich
noch wol Mittel ersonnen werden können, daß von selbiger materie zu reden quovis
modo decliniert und abgezogen, vom Chur-Maynzischen Directorio selbige gar
nicht in proposition gestellt, sondern viel ehender der Reichstag darüber abrumpiert
oder dissolviert werden möge. Allenfalls aber und da je solche sehr haickele und stachelichte materie wider alles Vermuthen in Umbfrag gestellet werden sollte: So
wären sublignierte der unterthänigsten unfürschreiblichen Meynung, es möchte dem
Abgesandten zu Regenspurg zu rescribiren seyn, daß er sich bey proponirung diser
materi mit dem defectu Instructionis entschuldigen, es ad referendum annehmen und in dem übrigen fleissig, wohin sonderheitlich die übrige Evangelische Vota
ausschlagen und abzielen möchten, inachtnehmen und an E. Fürstl. Durchl. es für-
dersamst unterthänigst berichten wollte. Welches E. Fürstl. Durchl. sublignirte zu
unterthänigstem Gutachten anzubringen eine Notturfft ermessen und stehet demnach ꝛc.
Stuttgart den 27. Octobr. 1668.

Christoph Manteuffel.
G. W. Bidenbach.
Nicola Muller:
Joh. Ulrich Zeller.

Num. 43.

Decretum des Kayserl. Interims-Commissarii Graven von Weissenwolff an das Chur = Mayz. Reichs = Directorium die Erlängerung des
Reichstags betreffend. d. d. ⁷⁄₁₇ Febr. 1669.

Demnach der von Reichswegen angesetzte und von Ihrer Kay. May. allergnädigst
approbierte terminus zu Endigung des Reichstags nunmehr zu End lauffet
und die außliesige Reichs = negotia dato noch nicht ausgearbeitet, noch eingerichtet,
daß man zu Abfassung des Reichs = Abschieds schreiten möge; Allerhöchstgedacht Ih-

re Kay. May. unser allergnädigster Herr aber solche gebührender massen besürdert und absolviert zu sehen allergnädigst verlangen. Alß haben Ihre Kay. May. dero zu gegenwärtigem Reichstag ad interim gevollmächtigten Commissario dem hoch- und Wohlgebohrnen Graven und Herrn, Herrn David des heyl. Röm. Reichs Grafen und Herrn von Weissenwolf ɾc. allergnädigst anbefohlen der allhier anwesenden Reichs-Versamblung Gutachten zu erfordern, wie die Comitia noch umb etwas zu prorogieren seyn möchten, damit vor End derselben wenigst die angriffene materiæ principaliores erlediget und darüber ein Reichs-Abschied (weil sonst gleichsamb zu der ganzen Teutschen Nation Schimpf und disreputation gereichen würde, wann man ohne solchen und also ohnverrichter Dingen von einander gehen sollte) verglichen werden möge. Womit Se. Excellenz dem hochlöbl. Chur-Mainz. Reichs-Directorio solches zu gebührender Nachricht und Anstalt hiemit anfügen wollen und verbleiben demselben angenehme Freundschafft und Willfärigkeiten, auch sonsten alles liebs und guts zu erweisen jederzeit geflissen. Signatum Regenspurg den 26. Febr. 1669.

Einem hochlöbl. Chur-Mainz.　　　(L. S.) David Graf von Weissenwolf.
Reichs-Directorio einzuliefern.

Num. 44.

Würtemb. Votum wegen Fortsetzung des Reichstags.
d. d. 10. Martij 1669.

Man habe nicht unterlassen das jüngsthin von des ad interim bevollmächtigten höchstansehnlichen Kayserl. Herrn Commissarii Excell. erfolgtes und den $\frac{13}{23}$. Febr. per dictaturam communiciertes Decret die prorogirung des Reichs-Tags betreffend Ihrer Fürstl. Durchl. Seinem gnätigsten Herrn behöriger massen zu überschicken, auch zu berichten, was deßhalben allbereits bey der den $\frac{26. \text{ Febr.}}{8. \text{ Martij}}$ jüngsthin gehaltener Fürsten-Raths-deliberation in einigen Votis erwehnet worden und vorkommen seye. Gleich dann nun Ihre Fürstl. Durchl. forderist auch dafür halten, daß der Röm. Kay. May. unserm allerseits allergnädigsten Herrn für die hierunder tragende allergnädigste und Vätterliche Vorsorg alleruntergnätigster Danck zu erstatten: Also möchten Sie auch Ihres theils nichts liebers sehen und vernemmen, alß daß bey deme nun so überlange Zeit und Jahr gewehrten Reichstag vor dessen Entigung gleichwohlen auch in einiger bißhero vorgewesener materie ein nutzlicher Schluß gefasset, mithin der Beschluß des Reichstages mit mehrerm Nutzen und respect des ganzen Reichs gemachet werden könnte. Nachdemmahlen aber die nun sechsjährige Experienz dises gegenwärtigen Reichstags überflüssig bezeuget hette, sonderlichen aber auch

in

in deme eben jetzo schon so lange herumb getriebenen jedoch höchstwichtigen puncto securitatis communis annoch täglich sich erweisen thäte , daß man in allen bißhero
vorgenommenen hochwichtigen Reichs negotiis zu keinem Schluß habe gelangen können oder wollen , auch in puncto restituendorum nicht ein einiger casus zu der noch
destituierten billich und Friedens ∙ schlußmässiger Vergnügung erlediget worden wäre ,
mit dergleichen deliberiren und verfahren aber vor der ganzen Welt sich nur mehrers
in Verachtung als einige consideration gestellet hätte und nicht wohl abzusehen , daß
da man in Sechs ganzen Jahren keinen einigen von denen bißhero unter Händen gehabten auf gegenwärtigen Reichstag remittierten Haupt ∙ puncten und zwart bey die-
bevorigen noch gewesener stärkerer Anzahl der Reichsgesandschafften völlig auszumachen und zu erheben vermöcht ; wie nun bey eretst in einer etwa auf etliche Wochen
oder Monat Zeit erfolgender prorogierung ein mehrers auszumachen und zu erhalten
einige zuverläffige Hoffnung zu schöpfen sollte seyn können , Dannenhero höchstermelt
Ihrer Fürstl. Durchl. sentiment und Meinung auch ertheilte befehliche gnädigste Instruction mehrangeregter prorogation halber vielmehr dahin gehet , daß man bey
angeführter all solcher Bewandtnuß mehr Ursach habe auf die Endschafft , als fernere
prorogierung dises Reichs ∙ convents abzuzihlen und dahin anzutragen , damit man
gleichwohl endlich der continuation bißheriger so grosser spesen und fernerweiter
prostituierung so inner ∙ als auffer Reichs sich entfreyen möge.   Ihro Fürstl. Durchl.
wollen aber anbey sich verwahrt haben , wann kürnehst aus deme , daß nicht allein in
denen zu des Reichs innerlicher besserer Einigkeit und Zusamensetzung , sondern auch
zu des durch den Fridenschluß erlangten Ruhestands stärkerer und nachdrucksamer
Versicherung höchstnötigen puncten und materien nichts ausgemacht , ja auf solche
Weise die Stände unter sich selbsten fast in Vermehrung der diffidenz , auch das ganze Reich in grössere Unsicherheit und Gefahr gesetzet worden , einige stärkere Mißver-
ständnuffen und Ungelegenheit entstehen sollte , daß Sie ihres theils daran allerdings
entschuldiget seyn wollen , als die Ihrerseits zuversichtlichen , bißhero alles dasjenige
wohlmeynend mit helffen einrathen und vorstellen laffen , sich auch anbey zu allem deme
erbietig gemacht hätten , was zu Erheb ∙ und Feststellung ein und anderer solcher puncten und materien vorträglich und zulänglich gewesen seyn würde , wann man nur
allerseits auch dahin gleichermassen anzutragen hätte belieben wollen.

Num. 45.

Kayserl. Resolution auf das Reichs ∙ Gutachten wegen Proroga-
tion des Reichstags.

per dictaturam communiciert den 5/7 April. 1669.

Der Röm. Kay. May. unserm allergnädigsten Herrn hat Deroselben
zu gegenwärtigem Reichstag ad interim gevollmächtigter Kayserl. Com-

miſſarius, der Hoch-und Wohlgebohrne Graff und Herr, Herr. David des Heyll-
gen Römiſchen Reichs Graff und Herr von Weiſſenwolff ꝛc. Allerhöchſtgedacht Ihrer
Kayſ. May. würcklich geheimber Rath, Cammerer, Obriſter Erb-Landhofmeiſter
und Lantshauptmann des Erzherzogthumbs Oeſterreich ob der Ens ꝛc. gehorſamſt ein-
geſchicket, was Seiner Excell. des Heyl. Reichs Chur-Fürſten und Stänben gevollmächtigte Räth, Pottſchafften und Geſanbten in puncto prorogandi termini
finiendorum comitiorum für ein Reichs-Bedenken de dato Regenſpurg den 27.
Martij einlüfern laſſen, damit Ihrer Kay. May. allergnäbigſtem Geſinnen nach we-
nigſt vor End deſſelben, die angegriffene materiæ principaliores erlebigt und darüber ein Reichs-Abſchied verfertigt werden möchte.

Ob nun wohl allerhöchſtgedachte Ihre Röm. Kay. May. auch Ihres orts der
allergnäbigſten Meinung ſeyn, daß erſtberührte angegriffene materiæ principaliores auf den 1ſten ſchierſtkünfftigen Monats Junij wohl außgemacht werden könnten;
So laſſen Sie jedoch, damit kein Urſach genommen, werden möge die Handlung zu
abrumpieren, wann biſer terminus zur abſolvierung nicht ſo genaw zureichen würde, Ihro der höhern Collegiorum Meinung nicht weniger Dero allerhöchſten Orts
gnäbigſt gefallen und allerſeits Directoria und Geſanbtſchafften angelegenlich erinnern
und ermahnen, die deliberationes in allen Collegiis mit ſonderm Fleiß zu befördern, zu rechter Zeit zuſamen zu kommen, in dero votis ſich der Kürze möglichſt zu
befleiſſigen, was der vorſtimmende ſchon geſagt nicht wiederumb verdrüßlich zu wie-
derhohlen, die re-und correlationes zu beſchleunigen, nicht gleich über ein jedes
incidens auf den andern Rathstag Bedenckzeit zu nehmen, ſondern nach dem Exempel der bey vorigen Reichstägen geweſten Geſanbten (welche nicht nur die deliberationes und Umbfragen, ſondern ſo gar die re-und correlationes in wichtigen materiis in einem Rathstag angefangen und beſchloſſen) ſich nit weniger rühmb-
lich zu verhalten, werden auch gnäbigſt gern ſehen, daß gleich jetz alſobalden mit Anſ-
ſehung des Reichs-Abſchidts ein Anfang gemacht, doch vor Beſchlueſſung deſſen und
ohne Ihrer Kayſexl. May. ausbrucklicher Bewilligung nicht von einander getretten
noch der Reichstag aufgehoben werde.

Und wie Ihrer Kay. May. vorhin guter maſſen bekant iſt, daß beſagte Directorien in allen dreyen Reichs-Collegiis zu Beförderung der Sachen mächtig viel
thun können: alſo haben Sie zu denſelben das abſonberliche Gnäbigſte Vertrawen,
Sie werden dißfalls an Ihrem Fleiß und Eyfer nichts erwinden laſſen, ſondern andern
mit gutem Exempel vorgehen.

Was die löbliche Stänbe hiebey auch wegen Beförberung Ihrer Kay. May.
allergnäbigſter Erklärung auf ihr eingeſchicktes Reichs-Bedenken im Münzweſen an-
gezegt, werben Sie die verlangte Kayſerl. reſolution vor einhieferung biſes ſchon ein:

pſam

pfangen haben, geſtelt dann Ihre Kay. May. noch in alle weeg anerlaſt, gemeint ſeyn
und wollen deßwegen die Stände insgemein ſonderlich aber die wegen der Vaſallen der
drey Stiffter Metz, Thull und Verdun, auch der Zehen Verein-Stätt im Elſaſ und
der Reichs-Ritterſchafft im untern Elſaſ angebrachter Gravaminum halber von dem
Reich und der Cron Franckreich erkläſfte Arbitros hiemit gantz beweglich erinnert
und angemahnet haben, allen möglichen Fleiß vorzukehren, damit noch in dieſem wäh-
rentem Reichstag alle Strittigkeiten gebührend beygelegt werden.

Laſſen Ihro ſchlueſflichen wegen des prorogirten Reichstags an dero höchſten
Ort nicht zuwider ſeyn, daß die auf den 1ſten nächſtkommenten Monats Maji veran-
laſſite Viſitatio Cameræ für dieſmahl verſchoben, jedoch noch vor Endigung dieſes
Reichstags hierzu ein andere gelegene Zeit beſtimbt und angeſetzt werden. Welches
hochwohlgedachten Herrn Kayſerl. Commiſſarii Excell. Ihrer der Churfürſten und
Stänten gevollmächtigten Räthen, Pottſchaften und Geſandten aus allergnädigſtem
Kayſ Befelch zu verlangter reſolution hinwider anzufügen nit ermanglen wollen. Und
verbleiben denſelben reſpective freuntwillige auch angenehme Dienſt und willfährige
keiten zu erzeigen jederzeit willig und gefliſſen. Signatum Regenſpurg den 15. A-
prilis Anno 1669.

David Graff von Weiſſenwolff.

Einem hochlöbl. Chur-Meynziſchen Reichs-   (L. S.)
Directorio einzuhändigen.

Num. 46.

Des Churfürſtl. Collegii Gutachten an die Kayſ. May. wegen
Beförderung des beſtändigen Wahl-capitulations-puncten.
d. d. 17. Junij. 1669.

Der Röm Kayſ. May. unſers allergnädigſten Herrn zu gegenwertigem Reichstag
Bevollmächtigtem hochanſehnlichem Commiſſario ꝛc. ꝛc. ruhet in wohl erinnerli-
chem Angedencken, waßgeſtalen aus allergnädigſtem Befehl allerhöchſtgedachte Ihre
Kayſ. May. von Ihro Excell. am 22. Julij des nächſtverſlitten en 1668. Jahres dem
Chur-Mayuziſchen Reichs-Directorio einige Erinnerungen in puncto der perpe-
tuierlichen Kayſerl. Wahl-capitulation über den 3. 16. 18. und 20. Articul, wie
auch appendicem ad Epilogum mit dem Begehren zugeſtellt worden, damit ſolche
nicht allein bey denen mit den mehrern Weltlichen im Fürſten-Rath über erwehnte
Capitulations-Sach angetrettenen particular-Tractaten möchten beobachtet, ſon-
tern auch allerhöchſternannter Kayſ. May. mit einem allerunterthänigſten Gutachten,
auf was weiſe und dem alten üblichen Reichs-Stylo am wenigſten præjudicirlichen

(P) 2   wie

vorgedachtes Capitulations - Werk hienächstens zwischen den Reichs - collegüs zum Beschluss zu befördern an Hand gegangen werden möchte.

Allermassen nun von gedachtem Churfürstl. Collegio ein und anders in gehörige deliberation gezogen worden und vortexistiefst allerhöchstgedachter Kays. May. für die so höchstrühmlichste Sorgfalt allerunterthänigster Dank erstattet, auch gehorsamst entschuldigt würd, daß man mit einer Antwort nicht ebender eingekommen; Also hat man so viel besagte Erinnerungen und zwar erstlich bey obangezogenem Art. 3. anbetrifft, sich damit in so weit, als die Beylag (*) mit mehrerm nach sich führet, verglichen; auch haben an dem, was ad Art. 16. 18. und 20. moviert worden, die mehrere im Churfürstl. Collegio kein sonderbares Bedenken und kan nicht weniges geschehen lassen, daß von gemeltem appendice ad Epilogum abstrahiert werde.

Was nun aber den modum, wie nämblich in mehrberührter Capitulations Sache weiters zu verfahren und dermahl zur Entschafft zu bringen seye, anbelangt, Nachdemahlen solchs annoch darauf bestehet, daß der Löbliche Fürsten - Rath auf den von offternanntem Churfürstl. Collegio bereits den 5ten Maji 1664. demselben zugestellten Aufsatz sich zu erklären hat und das Werk dergestalten præpariert ist, daß hoffentlichen in erstermehntem Collegio ohne sonderbare difficultæt dermahlen zu einem beständigen concluso zu gelangen seyn wird: Alß wollte man ohnmaßgeblichen darfürhalten, daß Ihre Kays. May. an dero hohem Ort und dero Directorium dahin zu sehen geruhen wollten, damit offterwehntes Capitulationswesen in erstbesagtem Fürstl. Collegio fürderlichst wieder vorgenommen, folglich durch gewonliche re - und correlation ein gemeines conclusum gemacht und darauf an Ihre Kayserl. May. zu dero allergnädigsten approbation gebracht werden möge. Massen ex parte des Churfürstl. Collegii auch solches zu befördern und zu treiben sich besser massen angelegen seyn lassen und, wann dißfalls etwas weiters an dieselbe kommt, man auch alle fernere Notturfft vorbehalten haben will.

(*) die allegierte Beylag ist ein Extract aus dem den 11. Martij nächsthin überschickten Churfürstl. Project über alle bißhero obgeschwebte und zwischen den Churfürstl. und mehrern Weltlichen Fürstlichen abgehandelte differentien, benantlich ad artic. 3. moniendum 3.

Num. 47.

Kayserl. Resolution auf obiges Gutachten d. d. 15. Julij. 1669.

Der Röm. Kay. May. unserm allergnädigsten Herrn hat deroselben zu gegenwärtigem Reichstag ad Interim verordnete gevollmächtigte Commissarius der Hoch- und Wohlgebohrne Graff und Herr, Herr David des beyl Röm. Reichs Graff und Herr von Weissenwolff rc. gehorsambst eingeschicket, was

was Seiner Excellenz das Chur-Maynzische Reichs-Directorium im Nahmen des gesambten Churfürstl. Collegii über die Kayserl. monita ad Art. 3. 16. 18. und 20. item ratione Appendicis ad Epilogum der perpetuirlichen Wahl-capitulation unterm 17. Junij nächsthin für eine schrifftliche Erklärung zugestellet des Innhalts: daß man ansehen des Churfürstl. Collegii so viel berührte Kayserl. monita bey dem Art. 3. anbetrifft, sich damit in so weit, als solcher Erklärung beygefügte Abschrifft ausweiset, verglichen und der mehrer Theil an deme, was ad Art. 16. 18. und 20. erinnert worden, kein sonderbar bedenken habe und benebenst geschehen lassen könne, daß von ermeldtem appendice ad Epilogum abstrahiert werden möge.

Wie nun Ihre Kay. May. so viel erstbesagten Art. 3. oder die Wahl eines Röm. Königs bey Lebzeiten eines regierenden Kaysers anbetreffen thut, auch ihres Orts, damit man in disem Capitulationswerk besto förderlicher zu einem fridsamen Reichsschluß gelangen möge, bey disem passu kein absonderliches Bedenken haben, sondern geschehen lassen können, nachdeme darüber vermög Instrumenti pacis auch andere Stänb zu vernehmen seyn werden, daß das Werck communi Statuum consensu diser Churfürstl. Erklärung gemäß eingerichtet werde: Also würd Ihro nicht weniger zu gnädigstem Gefallen gereichen, wann die Churfürstl. Herrn Principales vermittelst der ihnen auch im Fürsten-Rath zustehender votorum dero allergnädigste intention Ihrer Vielvermögenheit nach zu secundieren sich belieben lassen werden, allermassen allerhöchstgedachte Röm. Kay. May. wider Ihre der Herrn Churfürsten Erklärung ad art. 16. 18. & 20. eben so wenig einig absonderlich Bedenken haben und solche dahin verstehen und aufnehmen, daß, wann die Churfürstliche ihnen nicht zuwider seyn lassen werden, solche Ihrer May. intention auf die erklärte weiß im Fürsten-Rath ebener gestalten zu secundieren und zugleich von dem appendice ad Epilogum beständig zu abstrahieren, man desto eher zu dem vorgezielten Zweck werde gelangen können.

Was aber dieselbe hiebey wegen des modi, wie in der Capitulations-Sach weiters zu verfahren, damit solche dermahl einsten zur Endschafft gebracht werden möchte angeregt, daß der Fürsten-Rath sich auf des Churfürstl. Collegii denselben am 5. Maji anno 1664. zugestellten Aufsatz zu erklären hätte, thun hiebey Ihre Kayf. May. gnädigst erwägen, wie viel dem gesambten Reich an deme gelegen, daß weder die Collegia miteinander, noch eines unter sich selbst in einige collision gerathe und daß alles ehe und bevor die Sache wiederumb ad publicum gelanget, wohl præpariert werde. Und demnach bey solcher Bewandnus die Hauptsache nicht so sehr an dem modo, als Vergleichung der materialium selbst hafftet; so befinden Ihre Kay. May. am besten und zulänglichsten zu seyn, daß man sich förderisten zu bemühen habe in materialibus einen Verglich zu treffen, darbey dann das Churfürstl. Colle-

gium

gium hauptſächlich viel thun kan und Ihre Kay. May. zu demſelben Ihr freund = und
gnädigliches Vertrauen ſetzen , es werde ſich auf allen Weeg dahin bemühen , daß
man vor reaſſumption diſer matérie in publico ſich allerſeits , wo es nur müglich,
nach Außweiſung Ihrer Kay. May. gnädigſten Intention vereinbare.

Welches hochwohlgedachte Ihre Excell. löblich geachtem Chur = Mäynziſchen
Reichs = Directorio auff empfangenen allergnädigſten Kayſerl. Bevelch zu dem Eud
gebührend aufügen wollen , damit daſſelbige es zu des geſambten Churfürſtl. Collegii
fürterlichen Wiſſenſchafft gelangen laſſen möge ; und verbleiben denenſelben angeneh=
me Freundſchafft und ſonſt alles Lieds und gutes zuerwiſen jederzeit willig und ge=
fliſſen. Signatum Regenſpurg den 15. Julii. Anno 1669.

　　　　　　　(L.S.)　　　　　David Graff von Weiſſenwolf.

Num. 48.

Vortrag der mehrern weltlichen Fürſtlichen deputierten bey dem
Biſchoff von Aichſtett wegen der von den Geiſtlichen Fürſtlichen nicht an=
genommenen capitulations = tractaten. d. d. $\frac{2.}{12.}$ Dec. 1669.

Es ſey den mehrern Weltlichen Fürſtlichen allhie ſubſiſtierenten Geſandſchafften
umbſtändlich hinterbracht worden, welchergeſtalt Er. Hochfürſtl. Gn. in der
Ihnen beeden deputirten den $\frac{2. \text{Dec.}}{22. \text{Nov.}}$ nechſthin ertheilten audienz nicht allein den
gethanen Vortrag ganz gnädigſt angehört und zugleich ein Exemplar von demjenigen
Auffſatz, welchen die mehrere Weltliche Fürſtliche über die mit dem löbl. Churfürſtl.
Collegio eine zeitlang in materia Capitulationis gepflogene Tractaten fideliſ=
ſime begreiffen und Er. Hochf. Gn. aus ſchuldigſtem reſpect unterthönigſt über=
reichet , gnädigſt angenommen , ſondern ſich auch darauff zu aller beſtmöglichſter Be=
förderung gnädigſt erbotten und anneben wegen diſſeitiger hohen Herrn Principa'en
Ihro zutragenden guten Vertrauens ſich bedanckt haben. Gleichwie uun erwehnte
mehrere Weltliche Fürſtliche darob Er. Hochfürſtl. Gn. höchſtrühmliche begierte zu
des Heyl. Röm. Reichs Wohlfart , ſodann dero zu ihren der mehrern Weltlichen
Fürſtl. Geſandten Hohen Herren Principaln gefaſſte ſonderbare confidenz und da=
bey Er. Hochfürſtl. Gnaden gegen Sie die mehre weltliche Fürſtl. Geſandſchafften
hobe Fürſtl. gnädigſte Gewogenheit mit groſſer conſolation unterthönigſt zu ver=
reu gehabt und daher Ihrer unterthänigſten Obligenheit zu ſeyn erachtet, Er. Hochf.
Gn. über ein und anders, ſowohl vorderiſt im nahmen der hohen Herren Principalen
den ſchuldigen Danck gebührend , als auch für ſich ſelbſten hiemit unterthönigſt zu er=
ſtatten und Sie ganz angelegenlichſt zu erſuchen die Beſchleunigung deren zu erle:igen

　　　　　　　　　　　　　　　　　　　　　　　　　　　　　　　　　　　　　　ſte

stehenden Reichs Materien und darunter fürnemblich die gewisse und perpetuirliche
Kayserl. Wahl-Capitulation sich in Jhrer von höchstansehnlicher Kayserl. Commission wegen und auch eigener Hochfürstl. Vermögenheit noch weiters recommen-
diert seyn zu lassen, nicht weniger gegen die hohe Herrn Principales in solcher guten
affection zu verharren und in dero Hochfürstl. Gnade Sie Gesante ferners gnädigst
zu erhalten: Also können Sr. Hochf. Gn. die mehrere weltliche Fürstliche in Unterthänigkeit nicht bergen, daß zwar vorgemeldten 2ten biß, wie es Sr. Hochfürstl.
Gn. in damahlen gegebener gnädigster Audienz die dißseitige deputierte zuvor unterthänigst bedeutet, in dem Fürsten-Rath ebenmäßig eine auf den bißherigen Verlauff kürtzlich eingerichtete proposition an die löbl. Fürstl. Directoria mehrer weltlichen Fürstl. seits abgeleget und dieselbe neben Ausstellung eines Sr. Hochfürstl. Gn.
vorhin schon unterthänigst extradiertem Auffsatz gleichlautenden Exemplars umb
fürdersame reassumirung und reproposition offtberührten Capitulation. Geschäffts in nahmen und aus Befelch der hohen Herrn Principalen gebührend und
gantz freundlich belanget worden; Es habe aber die gute Hoffnung, deren die mehrere
weltliche Fürstliche mit so wohlgemeynter auffrichtigen intention und freundlicher
communication bey den löbl. Fürstl. Directoriis zu finden sich umb so viel mehr
getröstet, weilen Sr. Hochf. Gn. ein so fürnehmes Mitglied des löbl. Fürstl. Collegii in Person allhie dergleichen unterthäuigste communication nicht nur nicht de-
digniert, sondern daß Jhro grosses Gefallen hierinn geschehen, mit sonderbaren sincerationen gnädigst contestiert, bey wohlbesagten löbl. Fürstl. Directoriis hingegen soweit gefehlt; daß die acceptirung des exhibierten nachrichtlichen Exemplars in nahmen Jhrer der löbl. Fürstl. Directorien mit Anziehung der Herrn
Geistlichen und einiger Herrn Weltlichen ganz unvermuthet verwaigert und mit solcher schimpflichen hindanweisung der dißseits zu aller freundlichen Verständnus aus guter Wohlmeynung intendierte Weg wider bessers versehen abgeschnitten wurde.

Nun setze man ausser allen Zweifel, daß weder Sr. Hochfürstl. Gn. noch vorderist Jhre Kay. May. oder der mit interessierten Herrn Geistlichen, auch einiger
weltlicher Herrn Gesandten hohe Herrn Principales selbst oder sonst jemand anderer
unpassionierter sothane widrige Begegnus, wann sie mit rechtem Grund vorgekommen, billichen, wohl aber sehr grosses Mißfallen darob empfinden werden in Erwegung, daß keiner aus der an die löbl. Fürstl. Directoria gethanen proposition
mit gesundem Verstande ein anders erzwingen werde, als daß darinn allein der wahre
Verlauff in geflissenster Kürze angeführt, das nachrichtliche Exemplar obangezoge-
nen Auffsatzes ad nudam notitiam offeriert, dabey, daß den Mehrern Weltlichen
Fürstlichen, wie theils der Herrn Geistlichen, die mit dem löbl. Churfürstl. Collegio fürgangene particular-tractaten zu ihrer præterition oder exclusion appre-
hen-

hendiert, niemals zu Sinn gewesen, mit begründeten motivis remonstrirert und letzlich die Löbl. Fürstl. Directoria umb schleunige reproposition und Beförderung eines einhelligen collegial-Schlusses freundlich und glimpflichst ersuchet; Worzu die mehrere Weltliche Fürstliche umb so viel mehr bewogen worden, daß Seine Hochf. Gn. so Ihnen mehrern Weltlichen Fürstlichen desto erfreulicher zu vernehmen war, kurz vorhero denen Löbl. Fürstl. Directoriis die reproposition und reassumtion der Capitulation höchstrühmlich erinnert und berowegen die mehrere weltliche Fürstliche denen Löbl. Fürstl. Directoriis und mit interessierten Herrn Geistlichen ihre hierunter führende aufrichtige intention gleichfalls im Collegio candide eröffnen und, was privatim verhandelt, auch publice communicieren wollen, damit der künfftig inter unius Collegii Constatus machende Schluß durch vorhergehende freundliche sincerationes und daraus erfolgendes gutes Vernehmen desto mehr facilitiert werden möge; Gestalten man sich gänzlich versehen die löbl. Fürstliche Directoria würden in consideration ziehen, daß in causis Imperii jeder Gesandter in eigener Person nichts, sondern alles im Namen und aus Instruction der hohen Herrn Principalen, deren Stelle man allerseits gebührend vertretten solle, allhie zu negotiiren, auch deroselben Jura und respect schuldigst zu beobachten und wie die hohe Herrn Principalen, bevorab auf Reichs-conventen, einander mit aller Bescheidenheit und respect umb auch ihrer eigener darunter versierenden reputation willen freundlich begegnen, sich auch also derselben Gesandschafften unter sich zu bezeugen haben. Und seye ab Exemplis ac ipsa rei exigentia unfehlbar, wann allerhöchsternannt Ihre Käy. May. selbst gegenwärtig gewesen wären, daß Sie von dergleichen Aufsatz ein Ihro allerunterthänigst überrreichtes Exemplar von dero und des heyl. Röm. Reichs allergehorsambsten Ständen allergnädigst angenommen, umb so viel weniger auch der Löbl. Fürstl. Directorium und mitinteressierten Herrn Geistlichen hohe Herrn Principales falls sie sich ebenmäßig in Person allhie eingefunden, diese von ihren Constatibus einig und allein zur Nachricht und freundlicher intelligenz wohlgemeynte communication dergestalt recusiert, sondern sowohl, als Sr. Hochfürstl. Gn. selbige acceptirt hätten, jedoch dessen allen ungeacht und, obschon von denen hohen Herrn Principalen keinem privato dergleichen beschehe und die löbl. Fürstl. Directoria, deren Amt unter andern auch sey, der Stände anbringen mund- und schrifftlich anzuhören und anzunehmen, bißher solches keinem particular-Stande versaget, man gleichwohl so viel vornehme alte Fürstl. Häuser des löbl. Fürstl. Collegii nicht geringste Mit-Stände in sothanem importanten und gemeinem negotio also schimpflich zurück zu stellen sich nicht gescheuet habe. Bey welcher Beschaffenheit wären die mehrere weltliche Fürstliche Gesandten in keine Weeg zu verdenken gewesen seyn, wann sie zu unterthänigst schuldigster Beobachtung ihrer hohen Herrn Principalen hierinn allzugenau getrettenen hohen Fürstl. respects

nach

nach so unfreundlichem tractament auch alsobalden gegen die hierunter intereſſiert^e alle communication auß gleichem Recht aufgehoben und wider ſolche inter Conſtatus ganz ungewönliche procedur daßjevige, so ſich in bererley Fällen geziemete, ohne Verzug fürgekehret hätten. Demnach Jhnen aber vielmehr zu Gemüth gegangen, daß das bonum puclicum umb etlicher und bevorab, wie nicht wohl anders zu præſumieren, auſſer willen und Beſehl ihrer hohen Herrn Priucipalen ſelbſt angemaſſten befremdlichen comportements willen, keine man in andere Weege begegnen köune, hierunter nicht zu leßten, sondern ante omnia das allgemeine Reichsweſen und deſſen Wohlfart zu prævalieren habe: Alß wollten die mehrere Weltliche Fürſtliche durch ſothane witrige Bezeigung, ob ſie ſchon, wann man ſogar das Papier wegen der darinn verzeichneten materien nicht anſehen oder berühren mag, den ſchlechten Luſt und Eyfer zu eines ſo ſchwerwichtigen und hochnöthigen negotii freundlicher Vereinigung genngſam vermerket, keineu Abbruch oder Verzögerung des endlichen Schluſſes verheugen sondern, jedoch mit ausdrucklicher reſervation ihrer hohen Herrn Principalen hiergegen behöriger Nothurfft in allen fürgehenden deliberationen nicht weniger fürterohin als bißhero der ſachen beſörderung habenden gnädigſten und ernſtlichen Beſelchen gemäß, ſich nach beſtem Vermögeu angelegen ſeyn laſſen, entzwiſchen aber Sr. Hochf. Gn. ben Verlauff unterthänigſt zu erkennen geben und Jhro benebenſt gehorſam anheimſtellen, was Sie etwan für ein zulängliches expediens Gnädigſt ermeſſen möchten, daß vermittelſt dero hohen authoritæt diſe ohne einige Urſach zugezogene Beſchimpfung mit einer ſolchen gnugſamen ſatisfaction zu redreſſieren, damit die hohe Herrn Principalen nicht gemüſſiget würde, die weitere Jhnen in omnem eventum reſervierte Gebühr, wie es dero hoher Fürſtl. reſpect erfordert, ſelbſten wacktzunehmen; zu welchem Ende mau Sr. Hochfürſtl. Gn. gehorſambſt nicht berge, ob zwar die löbl. Fürſtl. Directoria iu ihrer unfreundlichen Erklärung die Herrn Geiſtliche in genere und auch einige Herrn weltliche mitangezogen, daß jedoch die mehrere weltliche Fürſtliche ihre propoſition allein an die löbl. Fürſtl. Directoria gethan und die Communication auch nur au ſie und diſe Herrn Geiſtliche beren hohe Herrn Principalen in benen particular-tractaten nicht mit geſtauden, gemeint war, Eintemahln diejenige Geiſt- und Weltliche Herrn Geſandten, welcher hohen Herrn Principalen in beeden löbl. höhern Collegiis zu Votieren gebühre, in dem löbl. Fürſten-Rath keines anderu Sinues ſeyn würden, als ihre hohe Herrn Principales zuvor iu dem löbl. Churfürſtl. Collegio geweſen ſeyen, und man alſo biſſeits dafür halten thue, daß erſtbeſagte Herrn Geſandte bey ſolcher unternommenen averſion ſo wenig concurrieren, alß auch der löbl. Fürſtl. Directoriorum und übrigen Herrn Geiſtlichen hohe Herrn Principalen ſelbſt nicht das geringſte davon gewußt haben.

Num. 49.

Relation, was der mehrern weltlichen Fürstlichen deputierten für
eine Antwort erhalten. d. d. $\frac{10}{?}$. Dec. 1669.

Haben zu des höchstansehnlichen Kayserl. Herrn Commissarii Hochf. Gn. Pfalz-
Neuburg und Schweden-Brehmen sich gegen die Ihnen den Tag vorhero zu verlangter Audienz bestimmte 3te Nachmittagsstunde begeben und alda im Namen der
mehrern weltlichen Fürstlichen Häuser die verglichene proposition præmissis curi-
alibus abgelegt, welche Sr. Hochfürstl. Gn. auch ganz gnädigst angehört und darauf geantwortet: Sie thun sich vorderist gegen die mehrere Weltliche Fürstliche,
daß ihro dieselbe den weitern Verlauff mit solchem absonderlichen guten Vertrawen so
wohlmeynend zu erkennen geben wollen, ganz freundlich bedanken. Und gleichwie
Er. Hochf. Gn. sich gar wohl erinnerten, was deroselben Sie beede Deputierte
den $\frac{2.\,Dec.}{12.\,Nov.}$ nechsthin im Namen der mehrern Weltlichen Fürstlichen für einen
Aufsatz in puncto Capitulationis Cæsareæ überreicht und dabey zu der Sachen
Beförderung weiters angebracht, auch welchergestalten S. Hochfürstl. Gn. sich dargegen erklärt und erbotten: Also haben Sie gleich-damahlen die in dem Fürstl.
Collegioverwaigerten annehmung eines von gemeltem Aufsatz gleichlautenden Exemplars sehr ungern verstanden und ihrem Gesandten, dem Herrn Dom-Probsten,
der solches nach dem Rath referirt, auch andern Tags dem Oesterreichischen Dire-
ctori, Herrn Speydeln gesaget, es sey hiedurch ein grosser Fehler geschehen. Dann
Er. Hochf. Gn. keine erhebliche Ursachen finden können, warumb und zumahlen
auf solche zuvor beschehene proposition die offerierte communication hätte recu-
liert werden sollen, Es wäre doch dem andern Theil, wie noch, freygestanden,
wann sich derselbe in dem Aufsatz ersehen, ob er sich damit vergleichen oder auch seine
monita darüber an Hand geben wollen. S. Hochf. Gn. haben gleich anfangs ge-
wünschet, daß den disseitigen hohen Herrn Principalen von sothaner emergenti
nichts möchte hinterbracht werden, dann nicht anders zu erachten, als daß auch denen andern hohen Herrn Principalen hievon nichts wissend und sie hieran ganz unschul-
dig seyen und doch hierdurch leichtlich miteinander in Mißverstand gerathen und eine Offension verursachen dörfften. Weilen es aber nun eine geschehene Sache und der
Stände Einigkeit und gute Intelligenz höchstnöthig seye: So wollen Er. Hochf.
Gn. welche schon vorhero besorgt, wo nicht etwas an Ihre Kay. May. selbsten,
jedoch an des andern theils hohe Herrn Principalen oder wenigst an Sr. Hochf. Gn.
deßwegen gelangen werde, sich besonders angelegen seyn lassen, daß hierinnen ein solch
Mittel gefunden werde, damit man alle besorgende Weiterung verhüten und wieder
eine

eine rechte Verſtändnuß ſtifften möge, und vermeynen Sie demnach, es werde ſich gleich folgenden tags den $\frac{24}{14}$. Dec. die Gelegenheit ereignen; dann beede Herrn Für-ſten - Raths Directores zu Sr. Hochfürſtl. Gn. zu kommen begehrt haben, mit welcher occaſion Sie ſich bemühen wollen bey erwehnten Herrn Directoribus es bono modo dahin zu bringen, daß dieſelbe in etwa ehiſter propoſition im Fürſten-Rath deßenthalben ſo viel ſuavi modo mit einlauffen laſſen ſollen, man habe es nemblich nicht dergeſtalt, als es dem Verlaut nach aufgenommen werden wollte, gemeinet, damit durch eine freundliche declaration und Entſchuldigung das vorige redreſſiert und der hohen Herrn Principalen reſpect beobachtet, auch unter den Herrn Geſandten gute Freundſchafft erhalten werde, welches vor allem den höchſt-erwünſchten endlichen und freuntlichen Schluß beſchleunigen könne. Sr. Hochf. Gn. wollen gern alle ihre Kräfften anſpannen und da Sie auch ſchon darüber ſterben ſollten, wann nur dem Bono publico etwas zum beſten gerichtet würde, wie Sie dann an ihrem Ort nicht ſeyen werden die negotia beſtmüglichſt zu beſördern. Die-ſelben verhofften hingegen, die mehrere Weltliche Fürſtliche Herrn Geſandte werden auch an ihrem Ort dem gemeinen Weſen zu gutem nichts erwinten laſſen. Die De-putierten replicierten hierüber nebſt unterthänigſter Danckſagung für ſolches gnädig-ſte Auerbieten. Sie haben nicht anderſt gekönnt, als ihren hohen Herrn principa-len, deren hohen Fürſtlichen reſpect es betreffe, den Verlauff gehorſambſt zu re-ferieren, kann alles im Namen und aus Befelch derſelben geſchehen, würden auch ſonſten die protocolla mangelhafft geweſen ſeyn. So ſeyen Sie nach Anlaß ih-rer gethanen propoſition gleicher Meynung, daß der löbliche Fürſtl. Directoriorum und Mitintereſſierter Herrn Geiſtlichen Geſandten hohe Herrn Principales damah-len nichts davon gewuſt, deßwegen auch diſſeits ſelbige hohe Herrn Principales in beſagtem Vortrag nicht weiters berührt worden, als daß Ihnen ſolche unfreundliche Bezeugung ſelbſten mißfallen werde; So ſeye auch ohne einige dißſeitige Maßgebung Sr. Hochf. Gn. unterthänigſt heimgeſtellt, was Derſelben für ein zulängliches ex-pediens zu gnugſamer ſatisfaction gnädigſt anzuſetzen belieben werde. Welches man mit Vorbehalt der hohen Herrn Principalen weiterer Notturfft zu erwarten ha-be. Recommendierten anneben die reaſſumierung des Capitulations - Geſchäffts nochmalen unterthänigſt mit gehorſambſter Verſicherung, daß man mehrer Weltli-chen Fürſtlichen theils ſo wenig fürohin als bißhero, deßwegen man ſich ad Protocol-la & retro - acta remittiere, einigen Augenblick verſaumen werde.

S. Hochfürſtl. Gn. wiederhohlten ihr voriges gnädigſtes erbiethen und vertrö-ſteten die deputierte, daß man nach allerſeits geentigten Ferien die negotia mit al-lem Ernſt angreiffen und diſen Sibenjährigen Reichstag mit der Gnade GOttes verhoffentlich zu einem freundlichen und vergnüglichen Schluß bringen wolle. Beede
De-

Deputirte bedanckten fich deffen und begab der ertheilten gnädigsten audienz unterthänigst und nahmen mit gehorsambster recommendation ben Abschied.

Num. 50.

Judicium ominosum

de creato novo Gallico equite ordinis S. Michaëlis Gallici Plenipotentiario fc. Regis Galliæ , Domino de Gravell plenis in Comitiis Ratisbonenfibus à Principe Germano , Duce Megapolitano , itidem Equite Gallico
ordinis S. Spiritus Regii Sacra Regiæ Majestatis Gallicæ vicem tenente.
circa initium Anni 1670.

Magna femper fuit inter Gallos Germanosque controverfia , an Imperium
Romanum in perfonam Caroli Magni collatum pertineat ad Francos
occidentales feu Gallos , an vero Francos Orientales feu Germanos. Gallici fcriptores plerique , ut ex veteribus Bodinus , Gregorius Tholofanus ,
ex recentioribus vero Dominus Charron , Dominus Baradius & Ludovicus
Cartellus mordicus defendunt Imperium Romanum Carolo Magno Galliæ
Regi à Pontifice beneficii loco attributum effe , eoque fimul præter alia e-
molumenta dignitatem & præemihentiam præ omnibus Christiani Orbis Principibus acquifiviffe , hacque ratione femper Scriptores Gallici putant Reges
Galliæ Jus quoddam in Imperium Romanum prætendere poffe , irridentque
Germanos fcriptores gloriantes Imperium Romanum virtute Caroli Magni
in Germanos effe transplantatum. Cum enim Carolus Magnus non fuerit
Germanus , non itaque per illum ad Germanos potuiffe pervenire Imperium
& quia tempore inveftituræ Carolus Magnus non Germaniæ fed Franciæ
aut Galliæ Rex fuerit , populosque Germanos tum temporis tributarios ha-
bebat , non ad tributarios Populos Germanos fed Gallos potius transtuliffe ,
abfurdum fiquidem effe , fi Regnum Galliæ transmittatur in Hifpanos & poftmodum Belgæ Regis Hifpaniæ tributarii in fe translatum contenderent &
eum Imperium Romanum Carolo Magno collatum fit propter beneficia Pon-
tifici & Ecclefiæ Romanæ præftita , Germanos autem plerosque tum temporis Ethn icæ fuperftitioni obnoxios fuiffe , præfertim Saxones & Bavaros ,
qui propterea à Carolo Magno oppugnati & devicti fum , quomodo itaque ad
Germanos delatum effe potuerit Imperium , non obftante , quod anno 1536.
Dominus Bellæus Legatus Galliæ expreffe dixerit , Celfitudinem facri Rom.
Imperii per Regis Galliæ Anteceffores à Græcis ad Germanis tranfiiffe. Et
licet aperte Reges Galliæ , poftquam Ottonis I. tempore devicto Berengario
Imperium Romanum per Pontificem Johannem XXII. ad Germanos pervene-
rit.

rit & in persona Ottonis I. qui Anno Christi 962. in festo Nativitatis Christi
Romæ à Pontifice & Populo magnis elogiis acceptus & in Cæsarem corona-
tus est, radicatum fuerit, jus quoddam non magis prætendant in Imperium,
nunquam tamen defuerunt omnem intendere operam, ut tempore sedis va-
cantis ad thronnm Cæsareæ Majestatis evehi possint, uti exemplum Fran-
cisci I. Regis Galliæ fat luculentum est, ne dicam ea, quæ in nuperis Comitiis electivis Francofurti à Gallicis Legatis clam tentata sunt contra sere-
nissimum Imperatorem Leopoldum, ne eligeretur in Imperatorem Romanum, verum nequaquam spei suæ fieri potuit compos Rex Galliæ. Postquam itaque sub specie libertatis juriumque Statuum per Instrumentum Pacis, uti Coronæ compaciscenti convenit, statuminandorum, seque erga A.
C. & Catholicæ Religioni addictos pari affectu gerat, justitiæque tenacissi-
mus sit, plurimos maximæque potentiæ Principes & Electores præsertim
potiores in sui favorem contraxit, quibus etiam & pecunia & milite & consiliis liberalissime succurrebat, factum est, ut Principes Rheni præsertim,
aliique primitus apertum fœdus inierint cum Rege Galliæ, jam vero illo
abolito plurimi Principes extra Rhenum tacitam fovent correspondentiam
pro stabiliendo Instrumento Pacis, quo se suaque conservarent. Illi enim,
qui vicini & his propinqui erant Galliæ Regi, ita concludebant: Sie sässen an
der Spitz und größten Gefahr, es würde heissen, Friß Vogel oder stirb und besser sey,
das selbige facto cum Gallia secreto fœdere zu erhalten, also anzusetzen. 2.) Frankreich sey in solcher Postur, daß er ihnen mehr schaden könne, als von andern der Nutz
zu hoffen. 3.) Biß am Kays. Hof oder auffm Reichstag die auxilia decerniert und
zu wegen gebracht, sey man schon übern hauffen geworfen, dann es nicht allein langsam hergehe, sondern auch in Consilio secreto Cæsareo viele rationes status in con-
fideration zu ziehen, an sit & quomodo succurrendum, damit man am Kays.
Hof keinen Schaden, sondern Nutzen zu hoffen und wären zwar gute Ordnungen in dem
Reichs- Abschieden begriffen, aber cum leges non armatæ nil proficiant, vanas
esse, Excitatoria, Dehortatoria & Executorialia præter literas nil habere,
derowegen 4.) weilen Frankreich ein Nachbar, sey er parat ad succurrendum,
hätte auch 5.) Geld und Volck genug, so Frankreich auff ereigneten Fall mildiglich
hergeben werde. 6.) Ob er wohl Catholischer Religion, so seye seine affection sowohl gegen die Evangelische, als Catholische in Imperio gleich, wie dann sowohl
beym vorigen Krieg, als auch noch in fortwährenden Comitiis denen A. C. Verwandten grossen Vorschub gethan und sey es noch zu thun erbietig, ja gleichsam ein
Asylum aller zu Ihro Majestät fliehenden betrangten, welches Chur-Mayntz in
causa Erfurtensi, Münster in causa Münster contra die Stadt Münster und jetzo wieder in seinem Vorhaben Chur-Pfaltz wider Lothringen erfahren. So wäre

auch

auch in puncto Capitulationis aufm jetzigen Reichstag durch die vortreffliche condui-
te des Herrn Gravells zu Beförderung der mehrern Weltlichen hieben befindlichen
interesse viel bey manchem harten angewendet worden und bemühe man sich noch eyferig sowohl durch Herrn de Gravell. als Chur-Bayern und Straßburg, ne libertas
Imperii Statuum illorum jura & pi ivilegia per Instrumentum pacis confirma-
ta damnum patiantur, zumahlen der Fride im Instrumento pacis confirmiert
müßte in effectu Fried seyn und nicht apparenter, auch der Städte Gerechtsame
ungeschwächt erhalten werden, es würde auch die harmonie des Reichs und das gute
Vertrauen unter den Städten anderst nicht, als nach dem Instrumento pacis völl
gestellet werden. Dann man wohl gesehen, wie wenig die in den alten Reichs-Abschieden gemachte Ordnungen genützet, wie viel gravamina dabey ohnentledigt erwachsen, bis durch
des Instrumentum pacis das alte Vertrauen reduciert und Haupt und Glieder gegeneinander vinculiert worden. Wann nun dises Instrumentum pacis in allen Articuln gehalten werte, so hätte man sich keiner irruption ab Exteris zu befahren.
Hæc & alia à Rege Galliæ Germanis largiter præstita maxime illos ad redho-
stimentum tanto Rege dignum obligarent, cum ecce ex nupero in Burgun-
dia & quidem feliciter à Rege Galliæ gesto bello in nonnullorum etiam oìm
fidelissimorum amicorum incurrit Rex innocentissimus odium juxta illud:
solenne est hominibus, ut ipsis beneficia læta sint, dum videntur exsolvi
posse, ubi multum antevenere, pro gratia odium redditur. Senserunt enim,
quod felix temeritas raro inveniat modum & raræ esse prudentiæ modum &
limitem ambitioni ponere, sistere cupidinem & firmare potius sibi quæsita
pace, quam bella ex bellis serendo novis incrementis inhiare. Cumque
nonnulli Galliæ vicini Principes primi sint, ideoque & hi primum de fide
Gallica rursus diffidere cœperunt, rati numquam fore tutiores, quam si totum Imperium milite perpetuo se communiat & sic propriis viribus se su-
stentet, ita enim Chalcondylom de Germana Republica judicasse: Invictam
eam gentem fore, si concors maneret. Fœdera cum Gallia magnum esse
negotium & facilius incipi, quam terminari in emolumentum Imperii ejusque Statuum. Nemo enim adeo prodige liberalis est, ut non plus recupe-
rare tentet, quam erogarit. Consanguineos item fœderatos & socios inania
esse nomina, nisi Imperium per se propriis viribus instructum per se stare
vel resurgere possit, judicabant alii. Laudabile certe consilium pro refri-
gerando Imperio, cum sit Reipublicæ utile, statibus gloriosum, at non
promptum effectu & nimis certe arduum. Patet hoc certe ex Comitiis Ra-
tisbon. & malo rerum in illis agendarum modo ex quo non nisi consusus fi-
nis præsumendus. Tot diversæ opiniones, sollicitudines, respectus, di-
versa consilia, quæ in unitatem vix redigi possunt, quo quid magis aut
ab uno diversum est, eo minus habet virium. Unde recte Sallustius: Ego
ita

ita comperi, omnia Regna, Civitates, Nationes usque eo prosperum Imperium habuisse, dum apud eas vera consilia valuerunt, ubicunque gratia, timor, voluptas ea corrupere, paulo post imminutæ opes, deinde ademptum Imperium, postremo servitus imposita est. Rex Galliæ postquam Ordinum in se diffidentiam eo magis, quod nunc Moguntinus partes Galliæ reliquerit, prævidisset, non destitit opera Principis de Furstenberg apud plerosque, maxime Bavarum potentissimum Principem se insinuare, quod ita feliciter successit, ut Bavarus & Galliæ Rex quasi unum habeant interesse & sicut Rex Hispaniæ olim per Aurei velleris ordinem multos sibi Principes Germaniæ Regesque obstrinxit, ita nunc Galliæ Rex felicior æmulus ordine S. Spiritus in Principes nonnullos Germaniæ, præsertim Ducem Megapoli. vanum collato majorem amicitiam nanciscitur. De cætero assecurabat Rex Galliæ, sicuti servando Instrumento Pacis semper operam dederit, ita in posterum facturum, jura Statuum milite & pecunia conservaturum nulla spe præmii, sed potius gloriæ recuperanda, cujus, ut generosum animum decet, avidissimum esse.

Ad propositum ut veniam, certe si actiones rerum & facta penitius introspiciamus & quam male ubique res in Imperio Rom. succedant, mutationem magnam præsertim in hoc anno 1670. ariolor, si verum est illud Velleji Paterculi, quod Deus cujuscunque fortunam mutare constituat, consilia corrumpat & quæ fato manent, quamvis significata, non vitari possint,
&   ubi non est pudor
      nec cura juris, sanctitas, pietas, fides
                   instabile Regnum,
certe Imperium Rom. obnoxium erit mutationi, judicent illi, qui in Comitiis Ratisbonensibus deliberant, ne Respublica detrimenti quid capiat. Nec negari potest, quod Deus in usum ampliandumque decus Regum & Regnorum certos homines peculiaribus dotibus ingenii animique instruere, eorumque, quas sub auspicio Imperioque Dominorum obeunt, actiones prosperare & quomodo per illos gloriæ Regum & saluti Regnorum consulere atque providere soleat. Nonne hoc in Gallia videre est, in Rege regilsque Ministris. Cum in magni Principis aula de lento in Comitiis rerum agendarum progressu differeretur, Vir magnæ prudentiæ non Legatis, sed Cæsareis Ministris hoc imputabat. Si ipsis Reip. utilitas curæ cordique esset, non intermissuros majori cum favore & alacritate rem promovendi, ut scilicet securitas interna cum externa junctis viribus propediem sarta tecta constitueretur, cur autem hoc non agant, interesse, quod Aulæ Cæsareæ exinde exsultaret, nondum maturum prohibere. Non posse satis autem
                                    mi-

mirari, cur orba Imperiali Majeftate fobole mafcula, nec fpe reliqua futuræ prolis, ipfoque Cæfare non bene difpofito, de novo eligendo Roman.
Rege, Electores, quorum officium potiffimum eft, in tempore de falute
Imperii profpiciendi non cogitent, qui certe nullus alius effe poffet, quam
Rex Galliæ, his rationibus adductis: 1.) Propriis viribus cum minores Status contra aliorum infultus non dempta libertate & territoriis fine pretio ad-
juverit, multo magis totum Imperium ita confervaret. 2.) Effe opulen-
tiffimum Regem & multis exactionibus, quæ vulgo Römer - Monath vocan-
tur, Status non emungeret. 3.) Cum ipfe enixiffime in Capitulatione ad
mentem Statuum facienda operam dediffet, nullum inde Electoribus aut
fecularibus Principibus fcrupulum facturum, fed cum gloriæ cupidiffimus
magis contentus foret, quod in Status Imperii, ut Reges, ficuti Maximi-
lianus Imperator dicere folebat, imperaret & præeminentiam fuper omnes
Reges Chriftianos haberet. 4.) Cum Juftitiæ fit & æquitatis tenaciffimus,
nullo habito refpectu Religionis erga omnes indiftincte exercebit. 5.) Cum
fit prudentiffimus Princeps & bello peritiffimus & fciat non cafu fed arte di-
micare, qui non aperto marte prælium, in quo commune verfatur pericu-
lum, fed ex occulto femper attentet, ut integris fuis, quantum poffit, fu-
perior evadat, dum hoftes terret, aut minimo fanguinis difpendio vallat.
Jamque etiam bello maritimo clarus, ut nec Hollandi, nec Turcæ hifcere
auderent, exinde nil nifi requiem & aurea fecula fibi promittere poffet Imperium. Secretioribus rationibus pro intereffe Imperii militantibus hic o-
miffis. Etfi enim in inquilinos Principes hoc rerum ftatu fceptrum transfe-
rendum effet, impares effent fumptibus ferendis, qui neceffarii fint ad au-
thoritatem Cæfaream decore fuftinendam. Et quid dixiffet vir magni illius
judicii, fi ominofo fato in plenis Comitiis præfentibus & adfpicientibus Legatis Electorum & Principum in einem Reichsfreyen weltlichen Adelichen Stifft
Niderr-Münfter, fo eine vermählte Herzogin aus Bayern fundirt, vidiffet à Rege
Galliæ per Principem Germaniæ, Ducem Megapolitanum Suerinenfem,
Statum Imperii & in numerum ordinis S. Spiritus Gallici cooptatum, Dominum de Gravell, Plenipotentiarium fuum in ordinem S. Michaëlis Gallici
inter tympanorum, tubarum & aliorum Muficalium inftrumentorum plus
quam barbara magnificentia in Germania affumptum effe, eo præfertim
die, cum nuntius Viennæ adferret, defperari de reconvalefcentia Cæfaris
Leopoldi & de felici uxoris Cæfaris puerperio, quæ jamjam abortum fe-
ciffe dicebatur.

Voluit hoc fpectaculo Legatis Reipublicæ Germaniæ Rex Galliæ ficut
olim Ludovico XIII. Cardinalis Richelieu par un ballet fecerat, præfigurari

&

& fic Legatos alloqui: Non defpero conclamato ubique rerum in Germa-
,, nia ftatu me Regem Galliæ ex multis nominibus vobis effe devinctum &
,, ficut in Germania Gallum Legatum meum per Principem Germanum ex
,, ordine Gallico de Sancto Spiritu , mihi charum , plenis in Comitiis in
,, Equitem 'S. Michaëlis creavi in ædibus facris à Batava fundatis , fic me
,, vos Reipublicæ fulcra Electores adminiculantibus Bavaris , Electore Ba-
,, varo , Colonienfi & Palatino cum applaufu Legatorum & Populi Imperii
,, Romani in Regem Romanorum coronaturos & ficuti *fpiritus vertiginis*
,, *inter vos per inftigatores in confiliis & actionibus circumfunditur, ita*
,, *fpiritus meus Gallicus, qui eft fpiritus unitatis, vos in pulchram har-*
,, *moniam rediget* , ut Electoribus fua præeminentia, Principibus fua pri-
vilegia & jura cum majori fplendore , Civitatibus fua libertas , toti Imperio
vero falus , victoria & libertas inconcuffa maneat. 'Et cum non fine omine
Dux vicem tenens Regis in creando novo Equite nomen habeat à Burg , nil
aliud fignificari , quam Rege Galliæ in Regem Germanorum electo prom-
ptiffima auxilia & paratiffimum afylum ad illum fugientibus adferri , non
minus , quod in einem Reichsfreyen Stifft Niber-Münfter und zwar in einem ade
lichen Frawenftifft novi Equitis creatio facta fit , denotari Regem Galliæ in
Regem Romanorum creatum immenfo Amore Status Imperii profecuturum,
inque Regni negotium majori cum libertate affumpturum , ut fua antiqua
Reipublicæ adminiftrandæ maneat forma , neque aliud erit ac fi ftatus ipfe
regnent. , . . .

Juftæ enim Legi & optimo fervire Princi regnare eft.

Quod vero Domino de Gravell ab imo gradu ad fummum dignitatis Regii
fecreti miniftri culmen evecto ob fideliffima in Regem Galliæ merita extra-
ordinarius hic honos confertur & quidem S. Michaelis Angeli tutoris , nec
hoc fine omine eft , fpes in vos præfertim Legatos in his Comitiis Ratisbonenfibus præfentes fovebit pulcherrima , utpote quorum confiliis & mini-
fteriis Rex Romanorum & Imperium protegetur , ut & vobis aditus ad S.
Michaëlis ordinem , immo majora non præcludetur , digno fcilicet veftris
officiis merito. Cæteris minoribus vero calcar additur fe perficiendi , quo
fi alacri ftudio Regis & imperii intereffe pro poffe promovere didicerint, ut
nec illi a beneficio regio relegentur.

X. Theil.   (R)   Num. 51.

Num. 51.

Kayserl. Schreiben an seine Commiſſarien und bevollmächtigte die Aufſtoſſung des Reichstags zu verhüten. d. d. 25. Aug. 1670.

Ehrwürdiger Fürſt, lieber Andächtiger, auch Ehrſamer, gelehrter, lieber Getreuer.

Demnach Uns, die faſt verläſſliche Nachricht, ſamb einige und zwar vornehme Geſandtſchafften ihren Abforderungs-befelch des Inhalts allbereit erlanget hätten, daß
ſie ſich in bälde ohnerwartet des Reichs Abſchieds von Regenspurg hinweg begeben
hätten, darauff nun erfolgen könnte, daß weder die materia Capitulationis, noch
der punctus ſecuritatis publicæ zu einem beſtändigen Ende befördert und gebracht
werden dörffte: als ſind Wir im Werk begriffen gehöriger Orten und allwo es von
nöthen, auch in particulari die Erinnerung zu thun und derſelben Principalen zu
zuſchreiben, aus was für erheblichen Urſachen Sie mit Abforderung Ihrer Geſandten dermahlen und biß man ſich zu Regenspurg in Unſer und der geſambten Chur-
Fürſten und Ständen nahmen eines formlichen Reichs-Abſchieds verglichen, an ſich
zu halten. Deine Andacht und du aber wollen unterdeſſen die daſige Geſandſchafften
für ſich erfordern, und denſelben mundlich und gleichwohl mit allem Glimpf ſo viel
remonſtrieren und zu Gemüth führen, daß, wie Wir diſen Reichstag nicht eigens-
gefallens allein für Uns, ſondern, wie herkommens, mit behörigem conſens und
Einrath eines geſambten Churfürſtl. Collegii dem allgemeinen Weſen zum beſten
ausgeſchrieben, die darzu beruffene Chur-Fürſten und Stände des Reichs auch vermittelſt ihrer Gevollmächtigten Räthe, Pottſchafften und Geſandten gebührender
maſſen erſchienen und denen ad deliberandum vorgeſtellten materiis geſtalten ſachen nach abgewartet haben, Alſo ſich diſe ſo weit gebrachte Reichstagshandlung ohne
Unſern und der Stände gemeinen Vorbewuſſt und belieben alſo gleich nicht zertren-
nen laſſen könne, ſondern auch alle andere bey diſem allgemeinen Werk intereſſierten Chur-Fürſten und Stände darüber vernommen werden müſſen, wie der dißfalls
in Unſerer Reichstags propoſition mit mehrerm angeführte zweck erhoben und die
ſich dawider ereignete Newerungen beyſeits und aus dem Weg geraumet werden
möchten; dabey kann deine Andacht und du in unſerm nahmen umbſtändlich anzuführen habet, daß Wir die Beförderung angeregter materien gar nicht gehemmet,
wohl aber mit groſſer Langmüthigkeit geſchehen laſſen, daß in vornehmen materiis
abermahls der defectus inſtructionis und daß in dieſer oder jener materi ohne habenden newen und weitern befelch nicht fortgeſchritten werden könnte, allegirt und
vorgewendet worden. Sollte man aber nichts deſto weniger zu diſſolution beſagten Reichstags wider unſere gnädigſte zuverſicht einigen ortes geneigt ſeyn; So werden

den Wir und Chur-Fürsten und Stände nicht verdacht werden können, wann man sich dieser seits gegen allen auß so gestalter separation entstehenden widrigen erfolg und dem Reich darauß erwachsenden Schaden sich besser gestalt zu entschuldigen und jenen so an der dissolution schuldig seyn werden, die ursach alles unheyls und der ganzen teutschen Nation bey allen fremden Republiquen darauß entspringendem schlechten reputation heimbzuweisen gemässigt sein werden. Dahero Wir auch Chur-Fürsten und Stände auch dero Räthe und Pottschafftere gnädiglich erinnern nach laut unserer schon etlichmahl abgegebenen vätterlichen Anmahnungen die angefangene und so weit gebrachte materias zum gebührenden Schluß zu bringen, die Deliberationes zu befördern und Ihre Gesandten also zu instruiren, damit Sie sine gravi novo emergenti einige weitere dilation zu begehren nicht Ursach haben, Allermassen Wir nicht zweiflen, es werden Chur-Fürsten und Stände insgemein und jeder insonderheit des gesambten Reichs bestes gebührend beobachten und darneben unß nachdrucklich dergestalt an die Hand geben, damit Wir unsere rühmliche intention wegen glücklicher Endigung dises Reichstags erreichen könnten. An deme vollbringt deine Andacht und du ꝛc.

Geben in unserer Statt Wien den 21. Aug. 1670.

  Leopold.

Num. 52.

Kayserl. Schreiben an Herzog Eberharden wegen verhütender Aufflösung des Reichstags. d. d. 21. Aug. 1670.

Durchleuchtiger hochgebohrner, lieber Vetter und Fürst. Ob mir schon vorhin gutermassen bekannt ist, daß Ew. Lbden von gegenwärtigem zustand der Regenspurgischen Reichstagshandlung fast verläßliche Nachricht beywohne, So hab Ich doch deroselben in zuverläßlichem vertrauen nicht bergen wollen, was massen mir von beglaubten orthen die Nachricht eingelanget, samb einigen daselbst subsistirenden vornehmen Gesandtschafften von Ihren Principalen gemessener Befelch diß Inhalts zukommen, daß Sy sich in Bälde und zwar mit Endt diß Monats Augusti unerwartet des Reichs-Abschieds von Regenspurg hinweg begeben sollten. Wie nun darauß erfolgen könnte, daß weder die materia Capitulationis perpetuæ, noch der punctus securitatis publicæ zu einem beständigen Schluß und ende befördert und gebracht werden dörffte: Also hab Ich zwar Meinen Kayserl. Commissariis auffgetragen nit allein der Chur-Fürsten und Stände Gesandtschafften daselbst zu fernerer subsistenz anzumahnen, sondern bin auch Meines orths im würck begriffen, Ihren Principalen selbst zu schreiben und zu remonstrieren, aus was für erheblichen motiven und Ursachen dieselbe mit abforderung Ihrer Gesandtschafften dermahlen und so lang ahn sich zu halten, biß man sich in Meinem und der gesambten Chur-Fürsten und Stände nahmen eines formblichen Reichs Abschieds verglichen haben würde mit weiterm ersuchen obbesagten Ihren Gesandten benebens nachdrücklich zu befehlen mit allem Fleiß dahin zu concurriren, damit die angefangene und so weith gebrachte materien zu gebührendem schluß und endt befürdert werden möchten; hab aber daben nebens nicht umbhin gekönnt ahn Ew. Lden hiemit gantz guedig und angelegentlich zu gesinnen nit allein Ihre selbst eigene Gesandtschafft zu Regenspurg zu beharrlicher subsistenz biß zu erhebung obberührten Reichs Abschieds zu weisen, sondern auch andere Chur-Fürsten und Stände dahin disponiren zu helffen, die ihrige zu einem ebenmässigen und dergestalt zu instruiren, daß Sy ohne nothdringliche Ursach einige weitere dilation zu begehren nicht bemüessiget werden, sondern die consultationes in denen angefangenen und so weit gebrachten materiis dermahl eins zu gebührendem Schluß befürdert und mithin auch Meine intention zu glücklicher endigung bißes Reichstags erreicht werden möge. Ahn deme erweisen Mir Ew. Lden ein sonder angenehmes gefallen und Ich verbleibe deroselben mit Kayserl. Gnaden und allem gutem wohl beygethan. Geben in meiner Statt Wienn den 21. Augusti Anno 1670.

E. Lden

　　　Guetwilliger Vetter
　　　Leopold.

Num. 53.

Veridicus Gallus

Ad Sacri Romani Imperii Principes ablegatus. *circa* Sept. 1670.

Surgite mortui, venite ad judicium, feralem tubam insonat Gallus, extremum libertatis diem Imperio, Belgio, totique Europæ nunciat Gallus. Heus iterum ad judicium mortui Reges, Principes, Respublicæ, quos omnes, quis non mortuos dixerit, siquidem ad extremum Gallicinium neque expergiscantur, neque exsurgant! Silet enim Aquila, stupet Leo, marcescit Rosa, oculos habent & non vident Imperii Principes, nonnulli auri scilicet fulgore excæcati, cæteri seu ensem stringere minentur seu audactius attollant caput, statim ad Galli aspectum tanquam gorgone terrefacti aut veluti in petram conversi obmutescant aut ad Galli cantum etiam Leones silent, aut sicut Barjona negant illum, pro quo mori decorum videbatur. Dii immortales, quantum immutata rerum facies? ubi nunc Belgarum fortitudo? Germanorum fides & Imperii concordia? cui

nun

nunquam non notæ fuerunt Gallorum noſtrorum inſidiæ? & utinam non ex-
pertæ? Iam olim Gallos mobilitate & levitate ingenii novis ſemper Imperi-
is ſtudere dixit Cæſar (lib. 2. in princ. de Bello Gall.) & nihil quam fidem
Gallicam odiſtis Germani, dum vobis curæ fuit Germana fides, heu, du-
dum exul. De fide Gallica ita Beſoldus veſter: Gallorum aſtutis ingeniis
prætextus ſpecioſ, quibus id, quod moliuntur, palliare ſolent, deeſſe
non conſueverunt. (Theſ. pract. verb. Franzoſen) Et poſtquam exemplis
dicta hæc probavit, ſed cordati, inquit, & prudentes rerum æſtimatores
prætextus illos execrantur, æſtimantes ejusmodi velamentis, tanquam ma-
litioſis dolis ſcelus perfidiamque deteriorem reddi. At ubi nunc cordati
illi rerum æſtumatores? ubi prudentes ? ubi Gallorum noſtrorum in Imperium perfidiæ? proh dolor! nota nimis memoria? quæ iſtum Chriſtianæ
Reipublicæ hoſtem hoſte illo deterior toties ad arma excitavit & adhuc exci-
tat. O nunquam ſatis deprædicanda Germanorum conſtantia (ſi ad noſtra
usque tempora duraſſet) dum Gallum omnis diſſidii authorem anno 1544.
in Comitiis, eoquod Turcam in Cæſarem concitaſſet, hoc elogio dignata
eſt: So achten Wir, auch Chur = Fürſten und Stände des heyl. Reichs und der
abweſenden Räthe und Pottſchafften gedachten König in Frankreich nicht weniger dann
den Türken für einen gemeinen Feind der Chriſtenheit zu halten und derowegen gegen
Jhne gleichwie gegen dem Türken mit thätlicher Handlung und ſtraff zu haublen und
umb ſo viel deſtomehr, daß darab andere Chriſtliche Potentaten urſach ſchöpffen mögen ſich künfftiglich ſolcher unchriſtlichen Handlung zu enthalten; Und demnach ſich
Chur = Fürſten und Stände und der abweſenden Räthe Pottſchafften und Geſandte
entſchloſſen ſich gegen gemelten König in Frankreich nit allein mit Worten, ſondern
auch mit der That zu erklären ꝛc. Quid ad hoc , Vos Sacri Rom. Imperii Pro-
ceres, annon modo pares, immo aſtu longe majori cuniculos agit Ludovicus XIIII. Teſtis Cretæ Regnum nuperrime ſuppetiis Gallicis (ſcilicet)
Venetis ereptum. Teſtis Colignius poſtremum in Hungariam exitiales quoque ſuppetias laturus, niſi à Feulladeo Regis noſtri mandati inſcio ad pugnam
apud S. Gothardum etiam invitus abductus fuiſſet. Teſtis haud mediocri
honore exceptus & ipſe Regii exercitus apud Pariſios non ita pridem ante
diſceſſum eximius Luſtrator, Legatus Turcicus , Muſta Feraga, quid?
quod Rex noſter ipſum Solimannum induiſſe videtur. Eloquar an ſileam?
Eloquar, dum pacem ſimulat, bellum infert, ne quidem ut Gentium
jura volunt, prius indictum. Dum vicinis ſe amicum ſpondet, obruit,
pellit, ſpoliat, dum mulcet, percutit, quod enim nequit aſtu, nummis &
toxico conatur. Huic aliena rapere virtutis, fidem frangere ingenii, ob-
ruere providentiæ, Gentium jura violare ſolertiæ & innatæ Regibus no-

(K) 3 ſtris

lud: Dum Romæ deliberatur, Saguntum perit. Imo vos Archimedi comparare liceat, qui dum Circulos in arena effingeret, cervici gladium irati militis imminere non fentiebat. O deplorandum Imperii veftri ftatum, o cæcitatem capiti veftro luendam! dum Gravellius in Comitiis, Gremonvillius in Aula Cæfaris, Gaumontius ad Rheni tractum, Chaffanus apud Saxones & horum affeclæ in veftimento ovino quaqua verfum ablegati oculos fascinant, licet vobis cuncta eripienda videatis, non minori tamen ad præcavendum conatu, quam illi nonnunquam, qui rem familiarem in confpectum afferri vident, ftupent, mirantur, torpent, dum præftigiis eluduntur oculi, & vox faucibus hæret.

Interim fi quis vos aliter, quam liberos Imperii ftatus compellet, nefandum dicit, cum tamen in Vobis liberi nil reliquum fit, fi quidem unice Gallo potius quam Aquilæ pareatis, licet unica Germanorum libertas inexpugnabilis fere Romanis fuerit, quippe Regno Arfacis acrior fuit Germanorum libertas, ait Tacitus. At nunc cum vobismet jugum ipfi imponitis pro torque vincula, pro armillis manicæ & compedes ornamenta videntur.

Expergifcimini tandem, excutite fomnum, maturate confilia, apprehendite arma, ne ultra vobis illudat Lionius nofter Regi fcribens nihil ab Imperii Magnatibus metuendum effe à caufe de la lenteur des deliberations de l'Empire. EduciteGermanas acies pro libertate pugnantes, ne forte eadem vos pœna maneat, quæ Lotharingi fubditos pro Espinaldo pro Duce certantes ad triremes tamen damnatos ob fpretum Creguij juffum vetantis ne fubditi arma in Domini hoftem Gallum capefferent. Ecquis mortalium hæc vidit uspiam, ubi Gentium quis audivit talia? in hoftem pugnare jure Gentium licet, hoc vetat Gallus alienis fubditis eodem Imperio, quam fi totus ipfi pareret Orbis, ac omnes fubditos non fuos fibi ut obtemperent, pœnis ad libitum adftringere liceret. Sed quo Iure nifi Gallico, quæ horum ratio, nifi ratio ultima Regum, quo lemmate velut belli teffera tormentis æneis infcripto gloriamur. Sileo alia his non abfimilia, unum addo quod monetæ æneæ, cum vix fesqui annum Rex nofter ageret, incufum fuit: Effingebatur in ea puer Regius capite laureato inftar Herculei pueri dextra lævaque ferpentem premens pede dextro Leonis, finiftro Aquilæ caput culcans hac epigrapha: *Vincendi funt hæc præludia mundi.* Præluferunt jam vobis, culpa tamen veftra, ab illo tempore calamitatum veftrarum mox infequentis Tragœdiæ. Et quis nefcit Richelium Ludovici XII. effigiem Herculeam indutam & pelle Leonis Belgici fcilicet coopertam Hydram feptemcipitem, qua vos Imperii feptemviros fignificabat, vinctam ducentem in Aula Parifienfi fpectandum præbuiffe? O digna ani-

animis veſtris ludibria! O mira animorum veſtrorum torpedo! O lethalem
Imperii lethargicum morbum, fi hæc Vos hoſti obviam ire non impellant,
magnumve videtur nonnullis Veſtrum tanti Regis adhuc captare amicitiam,
dum incautos in caſſes cogit & vos Imperii membra primum à capite avellit ,
avulfos dilaniat vos invicem in vosmet ipſos concitando, prout Regi noſtro
ſuadebat idem qui ſupra Lionnius , poſtquam aliquos ad excludendum ab
Imperii auxiliis Circulum Burgundicum induxerat , cum ajebat: Il femble
que le Roy ne peut que continuer ce qu'il a commençé, qui eſt, d'acque-
rir des amis dans l'Empire , qui le divifent (fcilicet ut Regnum in fe divi-
fum defoletur) payer ponctuellement leurs trouppes, affin qu'ils n'ayent
aucun pretext de changer de fentiment & de party & intereſſer tous ceux que
l'on pourraſt a protifer eux mesmes dans juſte conjonćture & leur offrant
quelque party de conqueſte.

    Attendite vaferrimum & in capitis veſtri exitium fuggeſtum confilium,
dum vos dividendos & in diſſidia concitandos fuadet, ut alteri auferat, quod
juſte poſſidet & homo homini lupus fiat. Plura dicerem, nifi vobis ipſis jam
plura innotuiſſent & quandoquidem innotucrunt. Quid hæretis vecordes vim
vi, cuniculos aperto Marte, amicum hoſtem ut inimicum & fidem Gallicam
Germana fide repellere? Hannibal ad portam clamabant Romani. Hannibale
pejor hoſtis imminet. Contemnenda hæc forte & à conſpectu noſtro arcen-
da dicet aliquis, cum nimium habeant dicacitatis. Actum eſt de vobis, con-
clamatum eſt. Unicus non fum Natione Gallus, qui Regis nimium Imperium improbet. Timendum enim, ne dum Gentium jura violet, pœnam
luat nobis fubditis deplorandam ob non fervatam fidem & dum alienis inhi-
at propriis ejiciatur & utinam itaque imo corde infixum haberet illud
Claudiani:

> Definat elatis quisquam confidere rebus
> Inſtabilesque Deos & lubrica numina difcat.

Faſtum ejus indignantur prudentes & non pauciora, quam dixi, in Aula
regia, in Caſtris, in ipfo Regis conspectu feu joco & ridendo verum dicen-
do vel etiam ferio aliqui Veſtrum vel ex Legatis veſtris acclamari & canta-
ri audiverunt, non minori, quam olim Romani folebant milites licentia
curſus triumphantium infequentes & Imperatori quidquid obvium & fæpe
verum accinentes. Cæfari enim de Gallis triumphanti acclamatum fuit:
Urbani fervate uxores veſtras, mœchum calvum adducimus, aurum in
Gallia effudiſtis, hic fumpfiſti mutuum. Regis mai veneror facratum caput,
fed laudanda in eo omni laude, vituperanda omni vituperio pronuncio. Ab-

fit tamen , ut fimile primum de Rege meo ficut de Cæfare dictum afferam, de altero vero timendum immo dubitandum non eft , ne quod in Germaniam per aliquot abhinc annos effudit aurum , non ut mutuum , fed cum fœnore , non in ære fed etiam in cute , immo captivitate veftra exacturus fit.

Ad judicium iterum Vos compello , judicate ipfi , an contemnenda dixerim, mementote ô fida olim Germanorum pectora illius Livii, Gallorum prima prælia plus quam Virorum , poftrema minus , quam fœminarum effe. Ne vos terreant ingentes belli apparatus noftri faftu Gallico conflati, veftes auro argentoque pictæ , pilioli criftis onufti , gladei aureis argenteisque capulis inferti & fimilia crepundia , Germanis viribus impares & ad prædam ficut Alexandri in Darii milites excitantes illorum primus impetus, fi paulum reftitum fit, non magis metuendus conftanti animo , quam fedeciæ Medici infignis fub Ludovico Imperatore Magi illuforiæ artes , qui hominem in aëre jactitabat , in membra difcerpebat , & ea recollecta redunebat & currum fœno onuftum cum equis & agitatore coram toto populo abforbebat , ut fcribit Trithemius. Terriculame n erant hæc vecordibus, idem Vobis de Gallis judicium fit, quibus fubjectis non parcere , fugientes infequi, deprecantes non exaudire, cordatos vero pertimefcere , fi refiftas, flectere , fi vincas fubmiffum effe proprium eft longe grandiori Hieram quam Sedecias , ille fœnum devorans jam in fpe ab Egoniftis addita in idea fua devoravit Rex nofter & in frufta jam difcerpfit omnia & faciet mehercule, ni concordiores & cordatiores fitis. Cavete igitur à falfis Prophetis , Egoniftas dico , rumpite moras , refiftite fortes , immo obviam ite & an fub Aquila aquilæ , cum Leone leones , vel fub Gallo gallinæ effe malitis , eligitote & valete.

Num. 54.

Pfalz-Neuburg. Schreiben an Chur-Brandenburg wegen der dem letztern beygebrachten widrigen Meynungen in puncto capitulationis.
d. d. 20. Jan. 1671.

Wir haben ab E. L. freundvetterlichem Schreiben vom 4. biß aus Cölln an der Spree erfehen , über was deroselben in materia Capitulationis perpetuæ mit uns zu communiciern und anbey an uns zu defideriern gantz vertreulich gefallen wollen. Nun sagen Wir verbriß E. L. für solche und zutragende abfonderliche gute confidenz und daß Sie anneben dasjenige , so Ihro in angezogenem negotio widrig beygebracht werden will , und freund-vetterlich zu eröffnen

öffnen beliebt, ganz dienstlichen dank. Wir müssen aber bekennen, daß uns anfangs der Inhalt sehr zu Gemüth gegangen, weilen Wir darab vermerkt, daß E.
L. den verlauff und jetzigen Statum zu Regenspurg, wie Ihro selbiger vorgekommen,
in etwas empfinden und in die Gedanken gerathen, als ob man den Juribus,
so dem Churfürstl. Collegio competiren, zu derogiren gemeint wäre. Nachdeme Wir aber hingegen auch mit unserer consolation wahrgenommen, daß E. L.
dero von Uns vorhin gefaßter opinion, was maßen Wir Unsern Eyfer zu Erhalt-
und Bestärkung guter Verständnus im Reich bißhero bezeiget, sich freunt-vetter-
lich erinnern, dessen Wir dieselbe nit weniger dann fürohin als ein getreuer aufrichtiger Fürst und Mitglied des Reichs ohnveränderlich versichern, So leben Wir
der freunt-vetterlichen zuversicht, E. L. werden angeregter unserer Begierd und
bevorab unserm zu Ihro habenden sonderbaren freunt-vetterlichen und Brüderli-
chem Vertrauen nit verüblen, daß Wir E. L. die uns von besagtem Capitulations-
Geschäfft wißlicher Beschaffenheit zu Dero höchsterleuchtem Nachdenken bester
Wohlmeinung, und nach letzigem zustandt etwas außführlich zu erkennen geben, damit Sie nach dessen Ersehung desto besser finden mögen, daß man nicht gemelter
seye denen Juribus, so E. L. und andern Dero Mit-Chur-Fürsten zustehen zu
derogieren, sondern das Reich allein in eine gute harmoniam zusetzen, das schädliche Mißtrawen, so layder allzuviel eingerissen, zu heben und durch eine rechte Einigkeit und confidenz auch stabilierung der einem jeden Chur-Fürsten und Stand
competierender Jurium obangezogene wahre und bey jetzigen conjuncturen höchstnöthige harmoniam zu befestigen und mit solcher das Reich im Friden zu conser-
vieren gesuchet hat. Und zwar so viel das ganze Werk betrifft, würdet E. L. von
Ihrer vortrefflichen Gesandtschaff vorlängsten referiert worden seyn, wie die Ca-
pitulations-tractaten über die differentias inter conclusa des Fürstl. Collegii und der mehrern weltlichen Fürstlichen bey solchen conclusis præterierte Monita zwischen dem Churfürstl. Collegio und Ihnen den mehrern Weltlichen Fürstlichen durch beederseits hierzu verordnete Deputierte ihren Anfang genommen und
man Sie mit großer müh und angewandter vieler zeit so lang continuiert biß
dieselbe über von zeit zu zeit nach Hauß gethonen relationen und eingehohlten instructionen, darauf außer etlicher weniger aus den Kayserl. hinnach gefolgten
monitis nach unerledigten discrepantien denen das Churfürstl. Collegium per
majora zu deferieren gewilet ware, zu schließlicher Vereinigung getreten und sowohl das Churfürstl. Collegium als die mehrere Weltliche Fürstiche erwelnte
Vergleichshandlung in ein formliches project abgefaßt, der Chur-Mainz Gesandter Hettinger dasselbe in seinem quartier gegen der mehrern weltlichen Fürstlichen gleichfalß aufgesetztem project mit unserm gesambten collationiert und berührter Hettinger, deme sonsten als privatæ personæ in dererley materiis co-

(S) 2   mittimitialibus etwas vorzunehmen nit gebührte, solch seines Nahmens des Churfürstl. Collegii projectierten und collationierten Auffsatz dem Kayserl. Herrn Commissario extradiert und auch die Mehrere Weltliche Fürstliche vorberegtes Ihr project den $\frac{2.\ Dec.}{29.\ Nov.}$ Anno 1669. hochgedachtem Herrn Kays. Commissario zu gleicher Nachricht überreichet, Er Kayserl. Herr Commissarius aber bald hernach das von dem Chur-Maynz. Gesandten Hettinger Ihme zugestelltes Project selbiges als eine zwischen dem Churfürstl. Collegio und den Mehrern Weltlichen Fürstlichen verglichene Sach neben andern Beylagen den geistlichen und mithaltenden weltlichen Fürstlichen zu communicieren vermittelst eines Kayß. Commissions-Decrets denen Fürstl. Directoriis zugeschickt, die auch offtbesagtes project gleichbald dictiren lassen und bedeute Geistliche sambt Ihren beygetrettenen weltlichen über alle in selbigem von Articul zu Articul enthaltene puncten unter sich deliberiert und nach deren vollendten consultationen einen Auffsatz ihrer bey dem zwischen dem Churfürstl. Collegio und den Mehrern Weltlichen Fürstlichen verglichenem project führenden Meynungen begriffen, solchen dem Kayß. Herrn Commissario hinwiederumb durch die Fürstl. Directoria überraicht, selbigen hernach der Kayserl. Herr Commissarius den $\frac{7.\ Junij.}{28.\ Maij.}$ Anno 1670. den mehrern weltlichen Fürstlichen communiciert, über welchen der Geistlichen und mithaltenden Weltlichen Auffsatz das Churfürstl. Collegium seine weitere Erklärungen abermahl zu Papir gebracht und unter dem titul Resolutio Collegii Electoralis durch den Chur-Maynz. Gesandten Hettinger den $\frac{3.\ Sept.}{24.\ Aug.}$ vorigen Jahrs denen Mehrern Weltlichen Fürstlichen ausgestellt, wie nit weniger Sie mehrere Weltliche Fürstliche ihre schriftliche Gegen-Erklärung den 17. ejusdem Chur-Mainz und Chur-Bayern als jederzeit in diesem negotio gewessten Churfürstl. Deputierten durch unsere Gesandten und Schweden-Brehmen und dann den 28. dicti mensis per cosdem denn Kays. Herrn Commissario ausgehändigt haben, welche zwischen dem Churfürstl. Collegio und mehrern weltlich-Fürstlichen dermahlen auch an die Geistlichen & consorten des Fürstl. Collegii erwachsene und hinc inde weiters gepflögene Haudluugen nach und nach dahin ausgeschlagen, daß man respective allerseits und bevorab in dem Fürstl. Collegio biß auf noch 5. in den Kayserl. monitis bestandene Discrepantias einig und deßhalben von den mehrern Weltlichen Fürstlichen dahin angetrungen worden, daß die materia Capitulationis in Collegio wieder publice reasumiert und obige 5. aus den Kayserl. monitis noch übrig gewesste von den Fürstl. Directoriis nach zuvor schrifftlich beschehener communication in Collegio proponierte discrepantiæ eben-

mäfe

mässig applaniert werden, damit man einstens die Fürsten-Raths-conclusa
und verschiedene monita observato Imperii stylo per re et correlationem an
das Churfürstl. Collegium bringen könne, wie dann in gedachtem Fürsten-Rath
selbige 5. Kayserl. monita abgehandelt und per Conclusa resolviert, auch von
den Fürstl. Directoriis aus den vorberigen Fürsten-Raths-Conclusis so weit sie
nit geändert, so dann ab der Churfürstl. und mehrern weltlichen Fürstlichen und
hernach mit eingetrettenen Geistlichen vergleichs-tractaten und vereinigten Kayserl. Aneurimmerungen ein vollständiger Auffsatz abgefasst und allbereit den 18. diß
durch das Oesterreichisch Directorium denen Fürstlichen Ständen per publicam
Dictaturam communicirt worden umb nechstens im Rath miteinander collegialiter darüber zu reden und beregte Re-und Correlation mit dem Churfürstl. Collegio zu befördern. Und dieses ist in substantia derjenige Verlauff, welchen
E. L. Wir sorterisi aus getrewem Herzen und warzu uns unser zu E. L. und
bekantten genereusen und rechtliebendem Gemüth vest gesetztes Vertrauen, wie
auch der erster, so Sie allezeit zu des gemeinen Wesens bestem und sicherstellung,
auch beseftung alten beständigen guten teutschen Vertrauens und einigkeit im Reich
erzeigt und höchstrühmlichst erwiesen, antreibet, freund-vetter-und brüderlich vorstellen und Sie darob beständig assecuriren wollen, wie uns nicht wissend, auch
weder aus den protocollis noch unsers Gesandten-Berichten vernehmen können,
daß jemand in dem ganzen Fürsten-Raths-Collegio unter-Geist-und-Weltlichen
einige andere Consilia oder postulata führe, als alles dises, so nunmehr mit grosser Sorge, Mühe und Arbeit in & extra Collegium durch viel Jahr hero bo-
na fide abgehandelt, verglichen und abgemacht worden, und daran dem Heyl.
Röm. Reich und sambtlichen Chur-Fürsten und Ständen so viel gelegen, zu
völligem Reichs-Schluff bester-wohlmeinung zu befördern und mithin dem Instrumento pacis sein schuldiges Genügen zu laisten.

Betreffend nun den Epilogum, darauf E. L. in Ihrem freund-vetterlichem
Schreiben denten, ist derselbe unter obigen zwischen dem Churfürstl. Collegio und
den mehrern Weltlichen Fürstlichen transigierten, auch hernach von den Geistlichen mitbeliebten puncten begriffen. Und hat es mit selbigem mit wentiger folgende Bewandnuß, daß, gleichwie die mehrere Weltliche Fürstliche bey denen mit
dem Churfürstlichen Collegio angetrettenen tractaten expresse bedingt, daß solch
Ihre vorhabende particular-hontia, allein auf die differentias inter conclu-
ja & monita und consequenter kinetwegs auf die communia und unbestrittene
Conclusa des Fürstl. gemeinet; also auch gedachte mehrere Weltliche
Fürstliche, wie Ihnen hernach den Epilogum ebenfalls anzugreiffen von des Churfürstl. Collegii deputierten zugemuthet worden, sich hierzu auf keine weiß ver-

(S) 3   ste-

ſtehen wollen und ob ſie ſich ſchon mit dem billich entſchuldiget, daß der Epilogus, über welchen in dem Fürſtl. Collegio ein commune concluſum ohne contradiction obhanden kein theil der veranlaſſten tractaten ſeyen, ſo wurde Ihnen
doch deſſen allen ohnerachtet angezaigt und die vorher bereits verglichene differenz-
puncten auf gleichmäſſige Arhandlung des Epilogi hergeſtalt conditioniert, wann
ſich die mehrere Weltliche Fürſtliche über den Epilogum nicht einlaſſen, daß man
an ſeiten des Churfürſtl. Collegij an die gepflogene tractaten auch nicht gehalten
ſeyn wollte. Wordurch die mehrere Weltliche Fürſtliche umb allein amore pacis
und der ganzen Welt zu zaigen, daß Sie nichts anders ſuchen, als Stiftung
guten Vernehmens und beſtändiger Einigkeit in ſo weit nachgegeben, daß ſie von
dem gemeinen Fürſten-Raths-Schluß, wiewohlen dabey noch der gröſte Theil
ſelbigen Collegii mit-intereſsiert, Ihres Orts ab und mit den Churfürſtl. deputierten auch hierüber in tractaten getretten und nachdem die conferentien über
ein Jahr gedauret und faſt alle Wort gegeneinander ad trutinam examiniert
worden, hat man ſich endlich desjenigen Epilogi beederſeits miteinander vereinbaret, der in oballegirten drey dem Churfürſtl. Collegio und den mehrern weltlichen Fürſtlichen aufgeſetzten und von beeden theilen der Kayſerl. Commiſsion extradierten project nit in einigem Wort different, ſondern ganz gleichlautend enthalten, von den Gaiſtlichen mit amplectiert und von dem Churfürſtl. Collegio
in ſeiner auff der Geiſtlichen über das ganze project heraus gegebenen Erklärung
weiterer ſchrifftlicher reſolution witerhohlt, placidiert und beſtätiget worden.
Daß nun E. L. auch der Bericht geſchehen, theils der Fürſtl. Geſantten haben ſich
vernehmen laſſen, ſie wollten weder in puncto ſecuritatis publicæ, noch ſonſten
in andern ſachen ſich zu einigem ſernern Schluß oder Abhandlung verſtehen, wann
nit die Capitulation wieder reaſsumiert und ausgemacht ſeye, haben Wir aus
unſern Geſantten Protocollis gleichfalls erſehen, daß jedoch nicht erſt jetz, ſondern
ſchon vor geraumer Zeit von den mehrern weltlichen Fürſtlichen um repropoſition der Capitulations-Materi, als welche vorher in dem Fürſtl. Collegio unter ſelbigen Ständen ajuſtiert werden muß und ſalvo Imperii ſtylo ohne ein
Collegial-Schluß die res und correlation mit dem Churfürſtl. Collegio nit ergriffen werden kan zum öfftern laut Ihrer den andern Conſtatibus ad Protocollum ſchrifftlich gegebenen Erinnerungen inſtändig, gleichwohlen auch dergeſtalt
angemahnet, daß ſie hingegen erbietig ſeyen mit und neben der Capitulation nicht
weniger über andere materias deliberiren und ſchlieſſen zu helfen, woraus dann
beßhalben nit allein keine mora oder Aufhalt der Conſultationen entſtauden, ſondern von den mehrern weltlichen Fürſtlichen in denjenigen Materien, welche die
Fürſtl. Directoria in propoſition gebracht vermög der Protocollen unweiger-
lich mitvotiert und auch, wie obgedacht, zugleich alle Capitulations-differen-

                                                              tien

...ien im Fürstl. Collegio debattiert worden. Dannenhero Wir der guten Hoffnung gelebet, E. L. werden in beliebiger Erinnerung derjenigen bey jüngsten sich
erbetenen Türcken-Krieg gemachter conclusorum, krafft deren punctus capitulationis & securitatis publicæ pari passu und concomitanter tractiert werden sollen, an deme ein sonderbares Gefallen tragen, daß man in dem Fürstl.
Collegio vielmehr auf rechte und dem Reich angelegene wichtige, als andere schlechte weder der zeit noch des kostens-würdige materien, die jezuweilen verzögerlich
eingeschoben werden, getriben und dahin gesehen habe, alles zu einer festen zusamensetzung und einmütigen intelligenz nach vermögen zu præparieren, seitemahlen
securitas externa und interna sich in einer solchen connexitæt und dependenz
befinden, daß keines ohne das andere mit respect und effect subsistiren mag, darzu noch kombt, daß fast die mehreste anß dem Churfürstl. Collegio selbsten vielfältig und löblich urgiret, man möchte doch einest bey dem Fürsten-Rath die
Capitulation in solchen stand richten, daß man zu der re- und correlation
schreiten könne. E. L. ersuchen Wir freund-vetterlich, Sie geruhen Ihro den
Epilogum ad litteram vorbringen zu lassen, Wir halten uns versichert, daß
Dieselbe Ihrem höchsterleuchten Verstand nach von selbsten ohne einiges unser wei-
teres anführen erkennen werden, ob darinnen diejenige intention, so man andert-
wertig hiervon muthmasset, zu finden seye, dann ja ein und anders Chur- und
Fürstl. theils so betachtsam versehen, daß einem Churfürstl. Collegio auf künfftige Begebenheit und Nothfall des Reichs daran hafftender Wohlfarth zu vigiliren und dem Vaterland heilsame fürsehung zu thun das wenigste benommen und
wäre uns herzlich leyd, wann E. L. gegen uns die ungleiche impression gemacht
werden sollte, daß Wir einigem der Herrn Churfürsten, bevorab Ihro oder dem
ganzen Churfürstl. Collegio an Ihrer Gerechtsame das geringste zu restringiren
der zu præjudiciren gesinnet, welches von uns so ferne, daß Wir nichts meh-
ers verlangen, als dahin kräfftiglich zu cooperiren, damit unserm allerhöchst-
geehrten Oberhaupt, auch sambtlichen Chur-Fürsten und Ständen conjunctim
und divisim jedem seine Jura ungekränct und ungeschmälert verbleiben und alles, was denen nachtheillig seyn kan, abgewendet werden möge, zumahlen E. L.
vorhin bewusst, wie bald nach jeder fürgangener Wahl ein Reichstag gehalten
werden solle und daß die dem Electo aufgetragene Capitulation ohne dem public
würdet, beneben auch, wa je wider alles verhoffen etwas zu erinnern vorfiele,
das Churfürstl. Collegium wider in corpore dabey und mithin in sothanem verbindlichen Epilogo einmahl nichts præjudicierliches enthalten. E. L. eben ist auch
unser Gemüt gungsam bekannt und wissen, daß Wir allezeit das bonum publicum sorgfältig respiciren und zu dem Ende nit weniger auf Conservation der
Churhäuser dergestalt wohlmeynend reflectiren, daß Wir das starke Vertrauen
                                                                    haben,

haben, man werde vielmehr die gute Meinung von uns schöpffen, daß Wir so
wenig andern Chur- und Fürstlichen Häusern als unserm aignen mit unserm Willen was schädliches verhengen zu helffen jemahlen gemeinet, gleich Wir uns getrösten, Ew. Lden und das ganze Churfürstl. Collegium werden biß dato unsere
actiones also eingerichtet gefunden haben, daß man darab auch nur an der geringsten Newerung, unsug oder unbillicher prætension nit einiges gefallen oder Mitwürkung, wohl aber dises verspühren mögen, wie tieff uns zu Herzen getrungen
und Wir noch bedauren, wann Wir gesehen und noch täglich erfahren, daß die
gute Arbeit zu besserer festhaltung des laider sehr geschwächten Bandes freundlichen
vernehmens und linceren Vertrauens im Reich unter den Ständen offt wenig
fruchten und hingegen die schädliche diffidenz je mehrers und mehrers einreissen
will. Wir geben derowegen E. L. freund-vetter- und brüderlich zu bedenken, da
man anjezo dasjenige, so nit mehr in Handlung stehet, sondern von so vielen Jahren hero durch lang gewährte Tractaten in verglichene Richtigkeit gesetzet, dasselbe dem Kayserl. Commissario Namens allerseits hoher Herrn Principaln in
Schrifften offenbar gemacht, an die geistliche und übrige weltliche Fürstliche per
publicam Dictaturam und, nachdeme auch Sie der vereinigten puncten con-
sortes und folglich die sametliche Fürstl. Stände muinteressiert worden, in das
Fürstl. Collegium vermittelst offentlichen und ordentlichen reproposition gebracht,
erst auß new in zweiffel ziehen und anderwerts Tractaten darüber anstellen wollte, welches doch ohne grosse verlängerung des vorhin unerhörten acht Jahr lang kost-
bar und aber bißher mit schlechtem Nutzen continuierten Reichstags nit geschehen
könnte, was es unter den Ständen für Gedancken erwecken, wie es mit jetzigen
mit wenig gefährlichen conjuncturen eintreffen und welcher gestalt das laider mehr
als zu viel überhand genommene Mißtrawen sich fast irreconciliabel ergrössern
und letzlichen der allerseits so hoch verlangte Reichs-Abschied nicht nur sehr schlechten Trost, sondern neben unwiderbringlichem Schaden und grosser Gefahr eine merckliche prostituirung bey den exteris gebähren dörffte. Und sollen E. L. Wir in
unserm hergebrachten freund-vetterlichen Vertrawen nit bergen, daß Wir in erstberührter unserer treumeinenden sorg umb so vielmehr confirmiert werden, weilen Wir be-
raits durch unsern Gesandten bey Geist- und Weltlichen Fürstlichen unter der Hand
ganz circumspecte sondieren lassen, wohin ein oder anderer auf das von E. L.
angezogenes expediens, so von unsers Vettern des Herrn Churfürsten zu Pfalz
Lden vorgeschlagen seyn solle, mit seinen Gedanken abzihlen möchte und darauf
disen Bericht erhalten, daß man erstens fast insgemein erachtet allen Theilen bedenklich zu seyn sothane viel Jahr getriebene allerseits bedächtlich untersuchte und
endlichen sub tanta fide zu höchstnöthiger restablirung des vorigen alten teutschen
und aufrichtigen Vertrawens verglichene materi erst wieder in neue handlung ein-

zuleiten und daß man zum andern mit begreiffen könne, wie ohne unglimpfliche im-
Impreſſion transacta & firmiter approbata mit newen Vorſchlägen aufzuhalten und daß drittens bey diſem negotio nunmehr auch das ganze Fürſtl. Collegium mitintereſſiert und dahero wann ſchon einer oder der ander ein anders räthig
ermeſſen könnte oder ſollte, jedoch weder ſolches noch ein drittes newes expediens
in re utpote per ſe liquida & non amplius dubioſa zu erheben ſeyn würde,
wohl aber alles, woran man ſo lang gebauet und ausgemacht, zu des Reichs und
der Stände höchſter Verwirrung gefährlich zerfallen könnte. Anreichend letzlichen
die von E. L. allegirte Leopoldinam iſt uns bißhero niemahlen vorkommen, daß
zu Regenſpurg von den Fürſtlichen Ständen wegen derſelben Leßzehlung was angebracht oder geſonnen worden, haben derowegen unſerm Geſandten allda beſoh-
len, weilen hievon weder in den Capitulations-Articuln noch in dem Epilogo etwas befindlich, uns ausführlichen zuberichten, ob vielleicht dergleichen durch ein
oder andern in dem Fürſtl. Collegio und von welchem auch auf was weiß geſuchet werde, damit Wir E. L. mit aigentlicher Nachricht freund-vetterlich dienen
können. Inmittelſt iſt uns nicht anderſt wiſſend und ſtehen Wir annoch in denen Gedancken, es beruhe auf deme, daß ein Churfürſtliches Collegium, wie
Wir gehört, durch ein geſamt-Schreiben Ihrer Kay. May. zu erkennen gegeben,
was maſſen Seine Kay. May. der Frankfurtiſchen Ihro von dem Churfürſtl. Collegio aufgetragenen Capitulation nit entbunden ſeyn mögen, bey welcher notification es auch dieſelbe gelaſſen und nichts dagegen replicirt haben ſollen.

E. L. verzeihen uns, wann Wir dero Gütigkeit und uns verſichert halten-
der freundvetterlicher affection Ihro aus getrewer Sorgfalt unſer teutſches patrio-
tiſches Gemüth gegen alle E. L. etwan beygebrachte witrige opiniones recht of-
ſenherzig zu eröffnen mit unſerer weitläufftigen freund-Vetterlichen Antwort mißbrauchet hätten. Die Wichtigkeit der materie und E. L. hochlöbliche intentiones, womit die Ihre ſonderbare vigilanz und groſſe Begierd zu aufnehmung des
allgemeinen Reichsweſens, beſtärkung guter intelligenz und der Stände Jurium,
auch mithin des lieben Fridens conſervation zu Ihrem ewigen Nachruhm aller
Orten erweiſen, hat uns hierzu angefriſcht und erſuchen demnach E. L. freund-
vetterlich und ganz dienſtlich, Sie glauben uns, daß uns nichts erwünſchters fallen kan, als Gelegenheit zu haben, was Wir mit Worten conteſtiren, ſolches
im Werck zu bezeugen, geſtalten eben zu dem Ende unſer Geſandter zu Regenſpurg gemeſſen befehlt iſt, wo Ew. Lden Intereſſe und Deſideria Er entweders
ſelbſten gewahr würde, oder Dero Geſandtſchafft Ihne darvon zeitlich parte gibt,
in unſerm Namen möglichſt zu ſecundiren ꝛc. ꝛc. Neuburg den 20. Jan. 1671.

X. Theil.   (T)   Num. 55.

Num. 55.

Unvorgreiflicher Vorschlag der mehrern weltlichen Fürstlichen,
wie die von den Churfürstlichen den 23. Maj. jüngsthin in puncto Capitula-tionis erfolgte Erklärung zu beantworten seyn möchte. d. d. $\frac{16.\text{Maji.}}{5.\text{Junij.}}$ 1671.

Ad Rubricam.

Es scheinet, die Herrn Churfürstliche wollen obgedachten des Fürstl. Collegii per Directoria ausgehäubigten Auffatz für bloße monita und keine concluſa anſeh-m n, da doch ex protocollis bekannt, daß nit allein über alle articulos mit und in Gegenwart derjenigen Herrn Gesandten, welche auf der Geist-und weltlichen Bank verschiedene von den Herrn Churfürsten dependierende Vota zu vertretten haben, collegialiter deliberiert, sondern auch ordentliche concluſa abgefaßt und publicirt worden, ja theils von denen Herrn Churfürstlichen in der Herrn Geistlichen Confe-renzien selbst erinnert, daß man von den Conclusis nit abgehen könne, theils auch öffters urgirt und gefragt, was man dann mit den Fürsten-Raths-conclusis an-fangen werde? consequenter dieselbe Fürstl. Concluſa erkeunt haben. Daß man aber Fürstl. theils in der rubric gesetzet: concluſa und verglichene monita rc. ist solches darumben geschehen, weilen man, wie sonsten auf diesem Reichstag fast täg-lich passiert, diejenige monita, darüber man noch different war, erst hernach al-lerseits verglichen und einfolglich solche vereinigte monita nit weniger pro conclusis zu halten, zumalen auch wider den Stylum Imperii lauffen würde, wann beede hö-here Collegia nur über monita oder Erinnerungen und nicht über formliche conclu-ſa mit einander re- und correcerieren sollten. Könnte derowegen diser Beschaffen-heit mit wenigem und glimpflich bey künfftiger Gegen-Erklärung des Fürsten-Raths berühret werden umb dardurch der præsumption in etwas zu begegnen, ob hätte das Fürstl. Collegium, wie man hiebevor bey jüngster Kayserl. Wahl zu Frankfurt da-für halten wollen, bey der gewissen und beständigen Kayserl. Wahl-Capitulation nichts anders zu thun, alß nur seine Monita zu eröffnen und an hand zu geben.

Ad Prologum.

Wäre zu præmittieren, daß abstractio à prologo nit nur in Vorschlag ge-kommen, sondern allerseits & quidem cum causa für gut befunden worden, daß nemlich von dem Prologo dermahlen zu abstrahiren wäre, weilen bey Abfassung des Reichs-Abschiedts die connexion der vorgehenden materie sich schon von selbsten in allerseits beliebigen terminis ergeben werde, daher es auch das Fürstliche Colle-gium in so weit dabey gelassen und nur zur Beförderung der Sachen eine solche con-

ne-

nexion, welche dem Instrumento Pacis in substantia ganz gemäß ist und weder
in formalibus, noch materialibus Capitulationis das geringste touchiert, guter
Wohlmeinung vorgeschlagen hat.

Anreichend aber des Churfürstl.Collegii anderwärtig proponirten Prologum,
befindet man denselben also eingerichtet, daß er in keiner bloßen connexion, umb
die es doch abgeredter maßen allein zu thun ist, bestehet, sondern das ganze Haupt=
werk dergestalt angreifft, daß summa rei, so man nunmehr von so vielen Jahren
her successive abgehandelt und verglichen, auf einmahl vernichtet und aufgehebt wür=
de, wohl erwogen, wann besagter Churfürstl. Prologus in conceptis terminis zu
verbleiben hätte, wäre der über Jahr und Tag abgehandelte und verglichene Epilogus
auf einmahl wieder gefallen und cassiert, gleichwie das Churfürstl. Collegium selb=
sten schließet, daß stante hoc Prologo von dem Epilogo zu abstrahiren. Dero=
wegen lässt man es aus denen ad Prologum bekanten Ursachen noch allerdings bey
des Fürstl. Collegii vorgeschlagenen kurzen und keinem Theil præjudicirlichen Con=
nexion verbleiben und kan nit sehen, wie solche mißfallen und hingegen des Churfürstl.
Collegii proponierter Prologus salvo Instrumento pacis möge behauptet werden.

Ad Artic. 2.

Verbleibt man dabey, daß die Wort: oder ordinari Deputations=Tag ꝛc.
zu omittieren und zwar darumb, weilen selbige wichtige materien billich nur auf ei=
nem allgemeinen Reichs=Convent vorgenommen werden sollen. So zeigen auch die
retroacta, als die Herrn Geistliche und mithaltende Herrn Weltliche vermög Ih=
rer auf des Churfürstl. Collegii und der mehrern weltlichen Fürstlichen über die ver=
glichene differentias abgefaßtes Project herausgegebener und von des höchstansehnli=
chen Kayserl. Herrn Commissarii Hochfürstl. Gn. den $\frac{28. \text{ Maji.}}{7. \text{ Junji.}}$ 1670.ten mehrern
weltlichen Fürstlichen ausgestellten Erklärung dafür gehalten, daß beedes der Reichs
oder ordinari Deputations Tag zu omittieren, daß das Churfürstl. Collegium in
seiner den mehrern weltlichen Fürstlichen den $\frac{23. \text{ Aug.}}{3. \text{ Sept.}}$ dicti anni darauf communi-
cierten resolution sich selbst hat dahin vernehmen lassen, daß die Wort auf einem
Reichstag ꝛc. zu verbleiben und von der ordinari=Reichs=Deputation abstrahiert werden könne, warmit sich die mehrere weltliche Fürstliche in ihrer den 7. Sep.
ejusdem Anni beeden Churfürstl. Herrn Deputierten extradierter Gegen=Erklä-
rung conformiert, dabey es auch die Herrn Geistliche in ihrer den 5. Oct. hero ad
dictierten weitern Erklärung bewenden lassen. Verba enim ita sonant: Art. 2.
Ist man durchgehends einig.

Ad

Ad Art. 3.

Die mehrere Weltliche Fürstliche könten Ihres Orts noch, wie vor in Auslassung des Worts: gnugsame ꝛc. willigen, wann auch das Churfürstliche Collegium damit zufriden. Nachdem man aber allda auf solchem Wort bestehet, so kan man leichtlich erachten, daß wider des Churfürstl. Collegii mitbelieben von deme, was zwischen beeden theilen einmahl verglichen, abzugeben sich nicht wohl schicken, noch räthlich, ja in andere Weeg sehr schädlich seyn würde, wann man Gelegenheit hätte, die mehrere weltliche Fürstliche zu arguieren, daß Sie denen verglichenen Tractaten contraveniret hätten. Betreffend den Appendicem wegen des erwählten Römischen Königs vivente Imperatore &c. findet man daran keine contrarietæt. So ist auch diese addition nichts newes, sondern es zeigen sich dergleichen zu verhütung leichtlich entstehender Jrrungen wohlgemeinte præcautiones schon in vorigen Kayserl. Wahl-Capitulationen und in specie Maximiliani II. Rudolphi II. Ferdinandi tertii & quarti, könte dahero obiger appendix umb so vihl mehr verbleiben.

Ad Art. 4.

Obwohlen man sonsten in allegierung des Instrumenti Pacis niemahlen Bedenkung trägt und auch keinem verwehrt sich der Disposition Instrumenti pacis ohne dem zu gebrauchen, weilen jedoch selbige addition: gegen dem Münster und Osnabrüggischen Fridenschluß ꝛc. ein ganz newes monitum ist und das gemeinsame Interesse betrifft: So wird man sich hiernächst, wann es bey allem übrigen, was allbereit verglichen, sein ungeändertes Verbleiben hat, noch wohl darüber miteinander weiters vernehmen und vereinigen können.

Secundum monitum: Vihlweniger Jemanden in deß andern Landen ꝛc. ist zwar auch new: Nachdeme es aber eine bloße Erleuterung deßen, was vorhin schon sub priori textu implicite zu verstehen, alß kan man sich auch wohl damit conformiren.

Ad Art. 8.

Befindet man die retro-Acta folgender Gestalt instruirt, daß quoad allegatam parenthesin das Churfürstl. Collegium und die mehrere weltliche Fürstliche vermög Ihres projects sich miteinander dahin verglichen, daß loco verborum vor disem ꝛc. zu setzen, vor auffgerichtet diser perpetuirlicher Capitulations-Formul &c. Worauf die Herrn Geistliche in Ihrer Erklärung die in denen extradierten Conclusis und verglichenen Monitis enthaltene Erleuterung vorgeschlagen darüber das Churfürstl. Collegium in seiner resolution gemeldet, es bleibe bey dem Aufsatz (id est bey der Herrn Churfürstlichen und der mehrern Weltlichen Fürst-

lis

ichen Project) weilen man doch in intentione einig. Die mehrere weltliche Fürstiche haben auch in ihrer Gegen-Erklärung gedacht, weilen man, wie es von dem
Churfürstl. Collegio gleichfalls befunden werde, in intentione einig, so würde dise
id est der Herrn Geistlichen Erleuterung nit undienlich seyn, wann Sie dem Chur-
ürstl. Collegio mit belieben thäte.

Hierüber hat das Churfürstl. Collegium in seiner weitern Resolution Ad Art. 8.
zanz nichts mehr erinnert, wohl aber im §. finali folgende formalia angeführt: Und
demnach in allen übrigen puncten kein discrepanz vorhanden, sondern
man darinn mit einander einig, alß ist auch in diser Erklärung etwas
weiters davon zu melden vor ohnnötig erachtet worden. Welches die Herrn
Geistliche in ihrer weitern Erklärung für richtig und ihre Erleuterung für angenommen gehalten und dahero ad Art. 8. gesetzt: ist man einig rc. salva reservatione
ad monitum 6. Und wann man den letztern Churfürstl. Auffsatz über die discrepan-
ias Capitulationis ansiehet, so scheinet, daß es das Churfürstl. Collegium auch
darbey gelassen, welches alles dem Churfürstl. Collegio remonstriert werden könnte.

Bey dem Monito: Es seye dann rc. läßt man es bey der omission usque
ad verba: zu keinem stand bringen rc. exclusive bewenden.

Verbum: Also rc. findet sich nit. Wo es aber in einem exemplar sich zeigen sollte, kan es ausgelassen werden. In Monito post verba: auffsetzen
würden rc. Haben die Wort und Beobachtung jedesmaliger requi-
siten rc. billich zu bleiben, weilen die allegirung jedesmaliger requisiten niemand
beschwerlich fallen kan, als einem, der alle requisita, quorum semper quædam fuerant, hintan gesetzt haben möchte, quod non est præsumendum.
Massen auch das Churfürstl. Collegium obberührte Wort nit für unzuläßig, sondern nur für überflüßig hält. Abundans autem cautela non nocet.

Ad Art. 10.

Wäre dem Churfürstl. Collegio zu remonstriren, daß es bey den Worten:
dem Reich zu dessen Versicherung rc. zu lassen, weil das gantze Reich dabey interessirt und daß der Revers und recognition dem Reich gegeben werde,
niemand præjudiciren kan, eum Imperium omnes status comprehendat.

Sonsten aber hat man in nochmaliger ersehung der Acten gefunden, daß in
dem den 6. Febr. dem Churfürstl. Collegio extradirten Auffsatz ein gewisses Fu-
sten-Raths concluso de dato den 24. Aug. 1665. begriffenes monitum, vermuthlich per errorem scribentis übergangen worden. Dann in selbigem concluso findet sich folgendes Monitum post verba: Beystand der Si-

bent

ben Churfürsten ꝛc. addatur Fürsten und Stände ꝛc. Doch und so viel die Italiänische Lehen anbelangt, stehet die Sach auf mehrerer Erleuterung, welches Monitum hernach den 31. Januarii dieses lauffenden Jahrs, als obgedachter Aufsatz der Fürstl. conclusorum und verglichener Monitorum in dem Fürstlichen Collegio abgelesen und der Stände Erinnerungen darüber vernommen wurden, mit allerseits belieben in so weit geändert worden, daß prima pars Moniti, nemblich add. Fürsten und Stände ꝛc. verbleiben, reliqua vero als überflüssig ausgelassen werden sollen, welches dahero in der Gegen-Erklärung an das Churfürstl. Collegium noch zu ersehen wäre.

Ad Artic. 11.

Pro primo läßt man es allerdings bey deme verbleiben, wie das Fürsten-Raths Conclusum lautet und hat man auch pro 2do kein Bedenken, daß dem tenori Aureæ Bullæ nachgegangen werde, allein will sich selbiger textus tit. 5. hieher nit wohl schicken. Dann das Fürsten-Raths Conclusum geht in substantia dahin, wann die Vormünder nach angetretter Administration für ihre Pupillen Lehen empfangen, daß der regierende Kayser denen sub Curatela gestandenen Vasallen nach erlangter majorennität keine anderwerte Lehen-Empfangung solcher Lehen und regalien, wie auch Lehens Eyd, vielweniger eine doppelte oder weitere Entrichtung des Lehen-Taxes zumuthen solle. Hingegen aber disponirt die allegierte Aurea Bulla dicto tit. 5. ein ganz anders, daß man nemblich diejenige Lehen, welche die Reichs-Vicarii tempore Interregni verleihen können, dem Römischen König, der hernach erwählet wird, zu seiner zeit erneuren und Apd schwöhren solle. Ex quibus differentia per se patet.

Belangende das letzte Monitum, daß post verba: Fürsten und Stände ꝛc. zu addiren: wie obgedacht ꝛc. kan man nit eigentlich veruehmen, was hierunder wolle verstanden werden und hielte demnach unvorgreifflich dafür im Namen des Fürstl. Collegii möchte durch die Fürstl. Directoria das Churfürstl. Collegium umb Erleuterung zu belangen seyn, wornach man sich alsdann mit mehrerm Bestand zu erklären hätte, wie dann die mehrere Weltliche Fürstliche nit zweifeln von dem Churfürstlichen Collegio werde die desiderirte Erleuterung gar gerne ertheilt werden.

Ad Artic. 13.

Hat man sich zwar wegen Anordnung eines Supplication-Raths in der Capitulation nit aufzuhalten, weilen es keine dahin gehörige materie ist. Man will aber dise denen Ständen aus vielen Ursachen nöthige Anstalt extra Capitulationem annoch fürzunehmen und zu resolviren sich ausdrücklich vorbehalten.

Ad

Ad Epilogum.

Man kan aus denen ad Protocollum bekanuten gründlichen rationen von dem über Jahr und Tag tractierten und verglichenen Epilogo nit abtretten, weißt sich auch deßhalben in keine fernere tractaten einzulassen, sondern lebet der guten Hoffnung, das Churfürstl. Collegium werde habenden bessern Vertrawen nach bonam fidem reciproce datam sub qua omnia transacta sunt, und alles so wohl vorberist an Ihre Kay. May. und dero höchstansehnlichsten Herrn Commissarii hochfürstl. Gnaden, als ad publicam Dictaturam und folglich in das Fürstl. Collegium öffentlich gebracht, auch selbiges allda, was zwischen denen Herrn Churfürstlichen und mehrern weltlichen Fürstlichen hierunder verglichen und nachmaln in resolutione Collegii Electoralis reiteratò confirmiert, collegialiter mit beliebt worden, annoch agnoscieren gleich man von seiten der mehrern weltlichen Fürstlichen dictam bonam fidem getrewlich und aufrichtig observiren und niemahlen davon abweichen wird.

Waß wegen deß Worts: perpetuirlich rc. erinnert, ist es zwar dergestalt verglichen worden, man wird aber, wann man bey allen übrigen, wie disseits, verbleibt, sich hierunter leicht vergleichen können.

Welches alles Pfalz-Neuburg und Schweden-Brehmen als Eingangs gemelter mehrern Weltlichen Fürstl. Gesandtschafften über des Churfürstl. Collegii Erklärung führende Gedanken denen Fürstl. Directoriis anzaigen sollen, damit besagte Fürstl. Directoria auch mit denen übrigen Herrn Gesandten des Fürstl. Collegii daraus conferiren und man sich dergestalten allerseits einer Meinung miteinander vergleichen möge. Regenspurg den $\frac{\text{26. Maji.}}{\text{5. Junii.}}$ Anno 1671.

Num. 56.

Chur-Bayr. Schreiben an Würtenberg wegen der Chur-Cöllnischen Waffen-Ergreiffung und schlechten Kayserl. Beystands d. d. 14. April. 1672.

Unser Freundlich Dienst, auch alles guets zuvor, Durchleuchtig, Hochgebohrner Fürst, freundlicher lieber Vetter. E. L. ist unverborgen, was die Staaben der vereinigten Niderlanden wider unsers Vettern des Herrn Churfürsten zu Cölln Lben wegen gewisser zu Ihres Erzstiffts Sicherheit und Beschützung an sich gezogener auswertigen Bunds-Völker sowohl bey dem noch wehrenden Reichs-Convent zu Regenspurg, als auch bey Ihre Kay. May. selbsten für memorialia eingebracht, welche mit dem darüber ergangenen Kayl. Decret zu dem Ende ad-

Dicta

Dictaturam gegeben worden, damit daryber deliberirt und Ihr Kay. May. ein ge=
meines Reichs=Gutachten erteilt werden mög, wie man sich von des Reichs wegen
bey dem besorgenden Hollendischen Unwesen comportiren und die restitution der von
besagten General=Staaden gewisen Stenden des Reichs witer. Fueg und Recht vor=
enthaltenen Pläz und in specie der Statt Rheinberg durch eine Reichs=deputati=
on zum effect bringen möchte, daryber man zwar in den Reichs Collegiis allbe=
reit eine Umfrage angestellt, der Consultation aber, darumben in etwas anstand
geben müssen, weil der mehrere theil der Gesandten in disem wichtigen Werk
von Ihren hohen Herrn Principalen eine mehrere special=Instruction einzuholen
für nöttig befunden.

Nun ist zwar Ihrer Kay. May. vätterliche Sorgfalt, damit das Röm. Reich
bey disem in der Nachbarschafft aufgebendem Feur nit mit eingeflochten, sondern
in seinem Frid und Ruhestand erhalten werde, billich hoch zu rühmen und von al=
len treuen Chur=Fürsten und Stänten kräfftiglich zu secundiren: Es will aber
unsers Vetters des Herrn Churfürsten zu Cölln eben dises sehr schmerzhafft und
beschwerlich fallen, unencht Sie Ihre Kay. May. zum öfftern schrifftlich und durch
eigene schickung mündlich mit allen Umständen vortragen lassen, warumb Sie ge=
nöttiget worden, wider der General=Staaden vielfältige heimb, und offentliche,
ja so gar under Churfürstl. Augen getbonne und mit Verlegung der Hollänischen
Völcker an Ihres Erzstifft Gränizen nur gar zu scheinbar gemachte Bedrohung
Ihre von GOtt anuertraute Landt und Leuth durch an sich ziehung einiger Hilff=
und assistenz=Völker von Dero Bundts=Verwandten in mehrere gewahrsambe
und Sicherheid zu stellen, daß doch von solcher allem und sonderbar denen bey
Churfürstl. traw und Glauben mit beschehenen kräfftigen teutschen und aufrichtigen
sincerationen in dem Kayserl. Decret nit einiges Wort gemeldet, weniger etwas
zu den Reichs=Directoriis eingeschickt oder ad Dictaturam gebracht, sondern
das blose Holländische memorial zur consultation vorgestellt und so gar in dem
Kayserl. Decret der punctus wegen restitution der Städt Rheinberg von dem
ersten Puncten der Chur=Cöllnischen an sich gezogenen Bundtsverwandten Hilf,
da sie doch eine unseparierliche dependenz haben, abgesintert und zween antere
Puncten, als die Beförderung des Reichs securitets=Wesen und Abstellung frembd=
der oder ausländischer Werbungen im Reich in die Mitte eingemischt worden, da=
hero Seine Chur=Cölns Lben uns freund=vetterlich ersucht bei Ew. Lben und an=
dern unsern Herrn Mit=Chur=Fürsten und Stenden die Erinnerung zu thuen, daß
Sye gleichwohln nit übereilt, noch hierinn etwas bey dem Reich vorgenommen oder
geschlossen werde, ehe Sie vorhero auch gennegsamb angehört werden. Massen Sye
des erbiettens hiernechstens mit einer außführlichen remonstration bey den Reichs=
Directoriis einzukommen.

Die

Dieweilen dann unsers erachtens dieses ein ganz billiges begeren und verlangen ist und Wir nit glauben wollen, daß die Staaten von Hollandt so dem Reich wider alle Billichkeit das seinige vorenthalten, einen mehrern favor verdienen, als ein trewer aufrichtiger Churfürst des Reichs, So setzen Wir zu Eur Lden das freundvetterliche beste Vertrawen, sie werden Irer zu Regenspurg anwesenden Gesandten gemessenen Beuelch ertheilen unsers des Herrn Churfürsten zu Cölln Lden intention in so weith secundiren zu helffen, daß in diser wichtigen sach so lang ingehalten werte, biß Er Lden dem Reichsherkommen und aller billichkeit gemeß mit Irer Notturfft vernommen werden. Wir können annebens Euwer Lden woll versichern, daß Er Chur-Cölns Lden mit allen benachbarten Standen des Reichs in rechtschaffner aufrichtiger Freundschafft zu stehen begeren und durch die Irige die geringste Ursach oder Gelegenheit nit geben laßen werden, dardurch der Frid- und Ruhestand im Reich gekränkt oder eine billichmäßige Beschwerde wider Sie geführt werden köndte, wie Sie dann auch die costbare Verfassung und an sich ziehung frembder Bundshülf, so vermög Instrumenti pacis einem jeden freyen Reichsstand zu seiner und seiner Laute defension und Sicherheit erlaubt ist, woll würten unterlaßen haben, wann die Staaten vielmehr die vor Gott und der Welt schuldige und von dem ganzen Reich schon vor 5. Jahr für billich erkannte restitution der Stadt Rheinbergen cum omni causa gethon, als aufander verhetzung solche Betrohungen hetten ergehen laßen, daß wann Iren Feinden der Paß durch den Erzstifft, welchen Chur-Cölns Lden zuverwehren nit vermögen oder die erkauffung und Niderlegung der Viactualien und munitionen, die besagte Holländer so gar ihren selbsteignen Unterthanen dahin zu verkauffen zugelaßen, verstattet werten solte, Sie wider den Erzstifft mit sengen und brennen verfahren wollten. In deßen Beisorg dann, weil besagte Staaden solche Leuth sein, die Ire Betrohunaen wahr zu machen pflegen und allbereith zur execution gegen dem Erzstifft die Disposition verspüren laßen, keinesweeg aber zu einiges Menschen, weniger eines Mitglied des Reichs offension oder Beleitigung, wohlgedacht unsers Vettern des Herrn Churfürsten zu Cölln Lden sich in solche Verfassung gestellt haben; bey welcher Beschaffenheit Wir der freundt-vetterlichen Hoffnung sein, Thun auch Eur Lden darumb ganz angelegentlich ersuechen, Sie wollen die mit mehr wohlgedacht unsers Wettern des Herrn Churfürsten zu Cölln Lden bißhero gepflogene guete Verständnuß und vertrewliche correspondenz, darzue sie auch Irer seits reciproce erbietig sein, bestendig continuiren, auch sich dergestalten auß dem Holländischen weesen halten, damit die auswertige Cronen nit Ursach nemmen Ire Waffen auf des Reichs boden zu wenden und den lieben Ruhestand zu betrüben. Verbleiben darbey Eur Lden angenemme freundt-vetterliche Dienst zu bezaigen

gen bereit. Geben in unferer Haubt = und Refidenz = Stadt München den 14. April anno 1672.

Von Gottes Gnaden Ferdinand Maria in Obern und Niedern Bayern, auch der Obern Pfaltz Hertzog, Pfaltzgraf bey Rhein ꝛc. ꝛc.

Ew. Lden

freundtwilliger Vatter
Ferdinandt Maria Churfürst *m. pria.*

Num. 57.

Kayferl. Schreiben an Chur = Bayern wegen Rechtmäffigkeit feiner Waffen wider die Frantzöfifche Gewaltthaten. d. d. 20. Julij. 1673.

Aus E. L. Schreiben vom 29. Junii nechfthin, hab ich mit mehrerm Gnädigft wohl wahrgenommen, was mir Sie auf mein Antwortfchreiben vom 20. Junij wegen der vorhabenden expedition meiner Völker in das Reich weiters überfchrieben und was für Urfachen darwider, fonderlich mit Vorftellung des Königs in Frankreich Lꝛen anerbiethens feine Völker auffer des Reichs über Rhein abzuführen gegen denen darwider bemelten Bedingungen abermahlen anführen wollen mit beygefügtem Anhang, daß im widrigen niemanden zu verdenken, daß er zu Abwendung eines fo unnothwendigen Kriegs und der daraus entftehenden böfen confequenz feine confilia dergeftalt einrichte, damit der Frid im Reich ungekränckt erhalten werde und ein jeder bey dem feinigen verbleiben möchte, da E. L. fich dann auch folchergeftalt nicht davon nehmen könnte und was in befagtem Dero Schreiben mehr in ein und anderm weitläufftigen begriffen. Nun beziehe ich mich vorderift auf mein Schreiben vom 20. Junij jüngfthin und die darinn angezogene Bewegnuffen, worunter höchftnothwendigft, daß ich zu Abkehrung weitern Übels, auch confervation meiner Kayferl. authoritæt und tentfchen libertæt behörige refolution zu ergreiffen und das übrige alles dem Allmächtigen anheimb zu geben habe und hette dahero wünfchen mögen, daß E. Lꝛen dero begehrte Gemüthsmeinung auch über felbige etwas eigentlicher mir anvertrawen und nicht nur fich auff tifes, daß die Holländer umb das Röm. Reich unverdient, beziehen wollen, indeme es allda nicht die Frage ift, ob gedachte Holländer difes oder jenes meritierten, fondern ob es mir mit Fug zuzumuthen, daß ich nicht allein die mir und dem gantzen Röm. Reich zugefügte befchwerliche præjudicia anjetzt und in futurum übertragen, fondern auch zum beften der Cron Frankreich zu folchen Dingen, zu welchen ich nullo jure aditringiert, mich verbinden und demjenigen, was der Weftphäl. Fride erfordert; und die den 1. Nov. 1671. befchloffene Convention vermag, zu Verkleinerung meines gegebenen Kayferl. Worts renuncieren und von frembden gleichfamb ex præfcriptis verbis, nicht anderft, als ob ich und das

Röm.

Röm Reich schon überwunten wären, Satzungen, Maaß und Ordnung, was ich
als Röm. Kayser in dem Reich zu thun, annehmen und hingegen denen fremdten
und andern mit ihnen corsœderletten darinnen im Röm. Reich nach delleben zu lauf
fen verstatten und also zu allem und jedem schweigen und still seyn solle, solang und
biß ein und andere benachbarte Potenz überwältiget und sodann die rechte Zeit und Gelegenheit seyn würde, dasjenige in das Werk zu setzen, was jetzo wider mich und mein
gesammtes Erzhaus, wie zumahlen wider das Röm. Reich und dessen teutsche libertæt durch so viel verbottene und unzulässige heimbliche Verbündnussen veraulasset worden und habe Ich E. L. in gedachtem meinem Schreiben zeitlich genug vorgestellet,
warumb wegen berührter General - Staaten Sein Königs in Frankreich Orten weitere declaration zu begehren nicht noth, ich aber dringende Ursach habe auf deme zu
beharren, daß S. L. ohne weitern Anschub ihre wider allen Fug in das Reich geführte Völcker nicht nur übern Rhein, sondern von dem völligen Reichsboden -abzu-
führen und alle darinn einhabende Plätze abzutretten schuldig; von welchem mich alles
das, so E. L. zum besten gedachter Cron Frankreich anziehet, nicht abwendig machen
kan. Gott der allmächtige aber, ein Erforscher aller Herzen und ein treuer Beystand
der mit Unrecht betrangten wird schon zu seiner Zeit eines und das andere recht zu
thun wissen. Und lasse E. L. als einen so vornehmen und vernünfftigen Churfürsten,
auch einen so nahen Anverwandten und so lieben Vettern selbst erachten, ob ich dann
nicht Ursach über Ursach habe zu Erhaltung meiner und meines Erzhauses, zu Erhaltung meines mir von Gott durch die einmüthige Churfürstl. Wahl verliehenen Kay-
serthumbs zu Erhaltung des Röm. Reichs und dessen libertæt, auch des Instrumenti Pacis, eigener Capitulation und anderer Reichs-Constitutionen, wie zumahlen aber zu hülfflommung so vieler betrangten Reichs, Stände mich in die möglichste
postur zu setzen und zu dem Ende meine Völcker eilfertigst nacher Eger anmarchieren
zu lassen, indeme onterlich mir nicht allein durch die Franz. Ministros, sondern auch
von andern Mit- consöderierten auff den offentlichen Reichs-und Kreyß-Tägen
unter lähren und ganz unergründetem prætext mit dem ersten Ueberfall in meine
Erbländer andedrohet, ja von E. L. selbst die nechste Gefahr meiner Erbländer so offt
widerholet wird, und ob dann dises ein unnötiger Krieg zu nennen? Wann einer den
man so offt beleydigt und so viel widriges mit Gedult biß dato vertragen, zu Anwendung seines gänzlichen Unterganges sich in die gezwungene postur setzet und es mir mit
Vernunfft das aus der Natur und aller Völker Recht erlaubte Jus defensivum zu
ergreiffen nicht verwehret und hingegen zugemuthet werden kan, daß ich das wider die
Capitulation, wider das Instrumentum pacis und andere Reichs-constitutiones und Fridenschlüsse lauffendes jus offensivum ändern, dessen sie, wie erwehnt,
keineswegs befugt, ohne einige Bewegung und antung zulassen solle?

Und gleichwie E. L. melden, daß ich mit wenigen Worten den Friden noch län-

(U) 2

ger

ger erhalten könne , also glaube Ich, daß auch Sie selbigen mit wenigen Worten be-
kräfftigen können, wann Sie sich nemblich erklären mit und bey mir zu stehen und zu
Erhaltung des Röm. Reichs und dessen Teutscher Freyheit allen kräfftigen Beystand
zu leisten, wie ich mich dann allerdings versehe, E. L. werden sich durch keine Consilia von mir abwenden und wider mich verleiten oder etwas von dem verändern lassen, was Sie mir durch meinen geheimen Rath, Cammerern und Reichs-Vice-
Canzlern den Graven von Königseck mit münd- und schrifftlichem widerholen versprochen haben, und dahero bey denenjenigen motivis, die dero verstorbenen Vaters seel.
Eben beständig geführt, und bey welchen dieselbe sich allezeit gar wohl befunden und
also bey dessen Vertrawen gegen mir und meinem Ertzhause beharrlich verbleiben,
gleichwie Sie sich eines gleichmässigen von mir hinwiederumb zu versehen. Ich meines theils widerhole mein zu einem Universal-Friden habendes geneigtes Gemüth
nochmalen und verbleibe zugleich bey deme, daß ich aus denen jetzt und zuvor ange-
führten, E. L. auch selbst mehr als zu viel bekannten Ursachen bemüßiget bin, mich
zu oben weitläufftig gemelltem Ende in die möglichste postur zeitlich zu stellen, für
das Röm. Reich und dessen Teutsche libertæt das meinige trewlich auffsetzen und alles
das widrige, dessen sich einer oder anderer anmassen sollte oder würde ohne respect
erafftmöglichst abzutreiben und abzuwenden, Solches alles aber denenjenigen zu ihrer
künfftigen und schweren Verantwortung in die Ewigkeit zu überlassen, welche am
Anfang dises Uebels heimblich oder offentlich die Ursacher und Urheber sind. Im übrigen werde Ich E. L. an mich abschickende Gesandte erwarten, dieselbe gern anhören
und mich darauff weiter erklären. Verbleibe 2c. Wien den 20. Julij. anno 1673.

NB. Sowohl dises Schreiben, als auch die vorhergehende zwischen dem Kayser
und den Chur-fürsten;gewechselte Schreiben stehen zu lesen in Petri Valckeniers
verwirrte Europa u. dessen Beylagen num. 82. pag. 92. seq.

Num. 58.

Geh. Rath Manteufels Schreiben an den Bischoff von Straß-
burg wegen der Fürstl. Wittib zu Ostfriessland und der Vermittlung bey der
Cöllnischen Fridenshandlung. d. d. 15. Oct. 1673.

Was Ew. Hochfürstl. Gn. de dato Cölln den 12. diß neuen Calenders an mich
abgehen zu lassen gnädig beliebet, das habe ich mit geziemender veneration
zu recht empfangen und darauß so wohl deroselben vor das allgemeine nothleydende
Wesen und des beyl. Röm. Reichs unsers geliebten Vaterlands periclitirenden
Ruhe-und Fridenstand, als auch meines gnädigsten Fürsten und Herrn Leibes-
disposition und der Fürstl. Frau Wittib und Regenten in Ostfriessland interesse

bey

bey gegenwärtigen zu Cölln annoch fürwehrenten Fridens-Tractaten hochrühm-
lich tragente Vor.orge mit mehrerm vernommen.

Gleichwie ich nun nicht ermanglet Ihrer Hochf. Durchl. meinem gnädigsten
Fürsten und Herrn solches in Unterthänigkeit vorzutragen: Also thun sich auch
Dieselbe neben Dero Freund und brüderlichen Grusses vermeltung gegen Ew.
Hochfürstl. Gn. vor Dero so wohl gemeynte nicht allein auf Ihre Durchl. selbsten, sondern auch ben Ost = Frießländischen Staat gerichtete freundliche Angetechts-
ung und mitangesüegte gute oblation höchlich betancken und befinten sich durch
die Gnate Gottes ter zeit noch bey zimlich gesundem Wohlstand.

So viel nun das Ostfrießländische Interesse bey obangeregter Cöllnischen Fritenshandlung betrifft, da nimmt zwar mehr höchstermelter Mein gnädigster Fürst
und Herr mit aller Danckuehmigkeit Ew. Hochfürstl. Gn. hierinnfalls Sr. Durchl.
hiebevor hochvernünfftig beschehene an Hand getung auf, Sie sind aber dereut-
willen weder Ew. Hochf. Gn. noch niemand anderst weiter zu belangen allein der
Ursachen angestanden, weil sich eine nun geraume zeithero solche Tractaten eben
zimlich schwer und zumahl die Holländische Herrn Plenipotentiarii gegen tem abgeschickt gewesenen Bedienten mehr witrig, als favorabel angelassen.

Anreichend nun gegenwertigen des Röm. Reichs sorgsamen zustand und daß
sonderlich an seiten der Königl. Schwetischen Herrn Mediatorn bey angeregten
Fritens-Tractaten auch mehr auderer Chur- und Fürstl. Häuser und unter denselben auch Ihrer Durchl. Meines gnädigsten Fürsten und Herrn accession ver-
sangt werden solle, so seind zwar Ihre Durchl. ganz geneigt, wie Sie bißhero
auf ter noch fürwährenden Reichs- und denen allgemeinen, auch particular Crays-
Versammlungen alle ihre actiones und consilia einig und allein auf ohnvertrüch-
liche Erhalt- und Feststellung der gemeinen Reichs-Ruhe und Sicherheit gerichtet, auch noch füraus tiefe Reichs-patriotische aufrichtige intention beständig beyzubehalten und aller Orten tasjenige getreulich mit beytragen zu helffen, was immer zu tiefes heylsamen zwecks Erreichung tienlich und in Irem Vermögen seyn
wird. Weil aber bekanter massen ter anfangs in das Mittel gebrachte numerus
Mediatorum numb etwas contrahiert, ein solches auch von des jetzigen Herrn Churfürsten zu Maynz Churf. Gn. meinem gnädigsten Fürsten und Herrn notificirt
und seithero tise Fridenshandlung auf solche eingezogene weise fortgeführet worten:
So müssen Ihre Durchl. nicht ohntüilich anstehen sich ohne behörige requisition
daben selbsten einzufinden. Dasern aber von gemeines Reichs wegen hierunter auf
eine weitere vermehrung der Reichs-Mediatorn etwas gewisses geschlossen und neben andern auch auf Ihre Durchl. einige reflexion gemacht werden wollte, so begehren Sie sich davon so wenig, als von allem dem, was zu conservation des

edlen

eblen Fridens und einer allgemeinen Widerberuhigung fürträglich seyn wird, zu entziehen.

Welches Ew. Hochfürstl. Gn. ich also gnädigst bevelchter massen zu gehorsamb-ster Antwort überschreiben und deroselben mich anbey zu stetswehrender Fürstl. Hul-de und Gnaden in Unterthänigkeit empfehlen sollen. Datum Stuttgard den 15. Octobr. 1673.

Num. 59.

Würtemb. Antwort auf zwo Kayſ. Erinnerungen der Chur-Pfalz
mit Crayß-Völkern zu Hülf zu kommen. d. d. 25. Fcbr. 1674.

Gleichwie E. Röm. Kay. May. aus demjenigen, was deroselben von mir in Zeit bißheriger bey disem Schwäb. Krayß fürgewährter höchst schädlicher Trennung bereits zu unterschiedlichen mahlen allerunterthänigst remonstriert und zu Gemüth ge-führt worden, gnugsam werden abgenommen und allergnädigst erkennt haben, daß ich als Mitausschreibender und zumahl das Directorium in disem Crayß führender Fürst bißher mit desto grösserm Eyfer die höchstnöthige einstimahlige reunion des ge-samten Crayses unausgesetzt urgiert, jemehr die jetzmalige höchstgefährlich und weit aussehende conjuncturen und Zeiten zu Aufrechterhaltung der allgemeinen Reichs-Ruhe und Sicherheit eine recht einmütig Zusamenjetzung erfordern: Also hätte ich auch wohl von ganzen Herzen wünschen mögen, daß erstlangerzte Crayß-reunion nach meinem und meiner der Angſp. Confeſſion verwanten Mit-Stände innniglichem Verlangen eheuder hätte obtiniert und mithin die allgemeine Reichs und dises Cray-ses particular-Wohlfarth besser beobachtet, insonderheit aber E. Kay. May. de dato Wienn den 10. Dec. nechst abgewichenen Jahrs an meines mit ausschreibenden Crayß-Fürsten des Herrn Bischoffen zu Costanz Eden und mich wegen dern von des Herrn Churfürsten Pfalzgraven Eden den 14. Nov. vorher von diesem Crayß ge-suchter Völckerhülff wider die von denen Franz. Völkern schon damablen erlitte-nen hostilitäten ergangenen Kayserl. allergnädigsten befelch ein allerunterthänigstes Genügen geleistet werden können. Weilen aber die Wieder-zusammentrettung ge-samter dißseitiger Crayß-Stände aus denen E. R. M. bereits allerunterthänigst reprasentierten Ursachen gegen meinen Willen bißhero noch unterblieben und indessen gleichwohl die Catholische Stände dises Crayses auf der Angſp. Confeſſions-Verwanten Stände jüngste billigmässige und friedliebende Erklärung eben jetzo wie-derumb einen Particular-Convent zu Ueberlingen halten und darbey auſſer Zwei-fel occaſione beſſen jeſeithero vom 31ten Jan. jüngſthin an das diſſeitige Crayß-Ausschreib-Amt weiter eingelangten Chur-Pfälziſchen monitorii nicht allein we-gen solcher beharrenden gemeinsamen Crayßhülse eine gewürige endliche Entschlieſſung

faß

saffen, sondern auch zugleich sich verhoffentlich einsten gefallen laſſen werden, Evangelischer ſeits verlangend und an die Hand gegebener maſſen zu töltiſter Wiederaufſtellung eines allgemeinen Craißtags zu condeſcendieren, So hab ich deren Umgang nehmen können dise Bewendnuß und wie mir auf solche weiſe E. K. M. ergehten allergnädigſten Kayſerl. Reſcriptis ein allerunterthänigſtes Genügen zu thun die Hände gleichsam gebunden ſeyen, deroselben allein in anteceſſum hiemit allerunterthänigſt vorzustellen und anbey die allergehorſamſte Verſicherung zu thun, so bald nur meines Mitausschreibenden Fürsten des Herrn Biſchoffen von Coſtanz Lden von dem jetzmals zu Ueberlingen an ſeiten der Catholiſchen Stände faſſenden Schluß mir communication geschehen, und man ihres theils eines allgemeinen Craißtags haltung mit belieben wird, daß ich alsdann an mir nichts erwinden laſſen werde, was zu müglichſter Beſchleunigung solcher je länger je mehr höchſtnöthigen Craißreunion wiederbring- und feſtſtell- ſonderlich aber der allgemeinen Reichs-Wohlfart und der heylſamen Reichs conſtitutionen behöriger Beobachtung immer dien- und fürträglich ſeyn würd.

E. Kön. May. fortwäriger Kayſ. Hulde und Gnade mich und mein Hauß anbey allergehorſambſt empfehlend. Datum Stuttgard den 25. Febr. 1674.

Num. 60.

Kayſerl. Schreiben an Herzog Eberharden zu Würtemb. die Stadt Straßburg nicht hülfloß zu laſſen. d. d. 6. Martij 1674.

Leopold von Gottes Gnaden erwählter Röm. Kayſer, zu allen zeiten Mehrer des Reichs.

Durchleuchtiger, Hochgebohrner, Lieber Vetter und Fürſt. Nachdem uns die Nachricht eingelanget, als wann die von dem underm commando des Franzöſiſchen Generals de Vaubrunn, jüngſt, in Burgund gethanem Straiff zurückgekehrte trouppen in völligem Anzug gegen dem Elſaß begriffen wären und dahero nicht ohnzeitig zu beſorgen iſt, es dörfften dieselbe ein und andern nechſt angelegenen Ort und mithin etwan auch unsere und des Heyl. Reichs Stat Straßburg feindlich anzufallen und ſich deren unversehens zu bemächtigen intentionirt ſeyn: So unterlaſſen Wir zwar nicht Meiſter und Rath daselbſt nachdrücklich zu ermahnen, daß Sy ſowohl Ihrer ſeits die ohnfehlbare Verfügung thuen, damit man vor allem feindlichem Anfall und Vergwaltigung umb ſo viel mehr geſichert bleiben möge, als mit deiner Lden aus dem Werck vertrewlich communicirn, wie dergleichen Vorhaben durch behörige gute Anſtalt und Fürſehung zu begegnen ſeye? Haben aber anbey der Notturfft zu ſeyn ermeſſen deine Lden als einen ſo nahenden Anverwandten und vornehmen Stand des Reichs auch ſelbſten ganz an-

gelegentlich zu erſuchen, Sy wolle Ihrer für das allgemeine weſen tragender rühmb-
licher Sorgfalt und unſerm zu deroſelben geſtellten abſonderlichen Vertrawen nach
obermeldte Stadt keines Wegs hülfloß laſſen, ſondern Ihro auf den Nothfall und
gebührende Erinnerung mit einer erklecklichen Mannſchafft ohnverlängt an hand ſtehen und ebener geſtalt mit derſelben fleiſſig correſpondiren und überlegen, was etwa weiters zu beobachten ſeyn möchte, zumahlen ohnſchwer zu ſchlieſſen iſt, wann
der Feind ſich biſes ſo importanten Orths und Paſſes bemächtigen ſollte, was dardurch nicht allein berührter Statt, ſondern auch den benachbarten Churfürſten und
Stäuden, ja ſo gar dem ganzen Röm. Reich für groſſes Ungemach und unwi-
derbringliches præjudiz zugezogen würde.

Wie wir nun an der Eben willfärigen Bezeugung im geringſten nicht zweiflen: Alſo wolle dieſelbe ſich verſichert halten, daß Wir auch Unſers Orts nicht ermanglen werden noch ferner aller möglichſten Kräfften nach mit beyzutragen, was
zu conſervation mehrgedachter Statt ſowohl, als dem Reichs-Ruheſtand zum beſten gedeyhen mag und verbleiben der Eben anbey mit beharrlichen Kay. Gnaden
und allem gutem zumahlen wohl beygethan. Geben in unſer Statt Wienn den 6.
Martij 1674. ꝛc. ꝛc.
        Leopold.
            Vt. Leopold Wilhelm Graff
                von Königſeck.

                            Ad mandatum Sacræ Cæſ.
                            Majeſtati proprium
                            Wilhelm Schröder.

Num. 61.

Decretum Cæſareum de relegando Legato Gallico à Comitiis Imperi-
alibus. d. d. 19. Mart. 1674.

Sacræ Cæſareæ Majeſtatis Domini noſtri clementiſſimi nomine Sereniſſimi
Galliarum Regis Chriſtianiſſimi ad Comitia Imperialia Ratisbonæ præſen-
ti Legato Plenipotentiario Domino Roberto de Gravelle hisce intimandum,
quem in modum cum alte memorata Majeſtas ſua Cæſarea hactenus obſer-
varit, eundem de Gravell toto, quo ibidem commoratus eſt, tempore, in
id unice intendiſſe atque allaboraſſe, quo Sacri Romani Imperii membra
atque Status non ſolum per frivolas ſiniſtrasque informationes à ſupremo
ſuo capite abſtraheret, ſed per doloſas etiam ſuggeſtiones inter ſe collideret,
nihilque de cætero in ſe reliquum faceret, quod ad totalem ſtatus publici
confuſionem Sacrique Imperii everſionem quoquo modo conferre poſſet.
                                                    Cum-

Cumque ad hæc in propatulo fit supradictum Regem, ejus Dominum, contra Pacis Monasteriensis & Osnabrugensis pacta multifariam egisse atque agere, dumque copias suas suapte sponte & marte proprio per Imperium ducit, in quartiria seu hospitia distribuit, contributionum onera imponit & exigit, omniaque ferro flammaque devastat, urbes item munitaque loca vi armata occupat demoliturque atque evertit, nec non alias insuper enormissimas hostilitates exercet, dictamque Pacem Westphalicam manifeste ac irrefragabiliter violasse, sicque re ipsa Cæsareæ suæ Majestatis Sacrique Imperii hostem factum esse; Et vero rei totius Germaniæ publicæ summo præjudicio, vituperio ac universali etiam scandalo cessurum esset, si manifesti ejusmodi hostis Minister in præsentibus Comitiis Imperialibus Ratisbonæ diutius toleraretur, Eadem Sacra sua Cæsarea Maiestas his aliisve gravissimis ex causis ad relegationem Instrumenti adeo nocivi juste permota fuerit. Quæ proinde eidem Roberto de Gravell vigore præsentis Decreti intimari serio voluit, ut intra spatium ter viginti quatuor horarum illico à præsentatione hujus Decreti sibi facta computandarum Ratisbona, utpote Comitiorum loco, se proripiat atque abscedat; quem in finem eidem adjacente hic salvo conductu provisum esse voluit, hac cautione addita, quod si Decreto huic debite ita haud paruerit, præscripto abitus sui termino effluxo omnis ipsi securitas (cujus postmodum impos sit) simul sit expiratura.

De quo eidem notum esse voluit hujus Decreti vi, quod signabatur in Cancellaria Imperiali Aulica sub sigillo Sacræ Suæ Cæsareæ Majestatis Secreto. Viennæ 19. Martij. anno 1674.

Num. 62.

Allianz zwischen Kayser Leopolden und Herzog Eberharden zu Würtemberg. d. d. ⅓⅔. Maji. 1674.

Wir Leopold von Gottes Gnaden erwölter Römischer Kayser ꝛc. Fügen hiemit zu wissen; Demnach zwischen Uns und dem Durchleuchtigen Hochgebornen Unserm lieben Vetter und Fürsten Eberharden Herzogen zu Würtemberg und Teck, Graffen zu Mömpelgart, Herrn zu Haidenheimb in consideration dermaliger so gefährlicher Zeiten und weit aussehenden conjuncturen wegen beyderseitigen unserer Ober- und Vorder-Oesterreichischen- und Ihrer des Herzogens zu Würtemberg Eben Landen zu deren mehrerer Versicherung von unsern hierzue Gevollmächtigten und Sr. des Herzogens Eben darzue deputiert gewesenen Geheimben Räthen auf Unsere und deroselben erfolgende Ratificationes sich nachfolgender Vereinigung und fœderis defensivi verglichen worden, als folget:

X. Theil.   (X)   Zu

Zu wissen, demnach nicht allein gegenwertige conjuncturen sich je länger beschwer= und gefährlicher anlassen, sondern auch ain jeglicher Ursach hat sorgfältig zu seyn, damit jetzo und künfftighin der so thewr erworbene Frid und Ruhestandt im Reich restabliert und erhalten, auch Jeder Standt in particulari bey deme, was er so wohl vermittelß angeregten Fridenschluß erlanget: auch vorhero an Laudt und Leuthen rubiglich gehabt, vor allen feindlichen und gewalthetigen invasionen und Ruin geschützet werde, daß zu dem ende zwischen der Röm. Kay. May. unserm allergnädigsten Kayser und Herrn an einem, und des regierenden Herrn Hertzogen zu Wirtemberg Fürstl. Durchleucht unserm auch gnedigsten Herrn anderntheil, wegen beyder, alß Ober= und Vorder= Osterreichischen= wie auch Würtembergischen Laude nahen situation durch die hierzu Gevollmechtigte, auf beyder allerhöchst= und Hochgeachter Herrn Principalen aller= und gnedigste Ratification nachfolgende Vereinigung und foedus defensivum geschlossen und verglichen worten.

1.) mo Solle diese Verbündnuß zu Niemands offension und Beleitigung, sondern alleinig und hauptsächlichen zu beschirm= und erhaltung Ihrer Kay. May. angehörigen Ober= und Vorder= Oesterreichischen Lanten, auch Ihrer Fürstl. Durchl. besitzenden Lanten und Leuthe, ganz nichts weder in Ecclesiasticis, noch Politicis davon ausgenommen, auch zu Abwentung der einem und anderm Theil in erst gedachten Lanten wider das Instrumentum Pacis und Reichs Constitutiones lauffenden Contraventionen, gewalthetigen Durchzügen, Einquartierungen, Plönterungen und andern dergleichen Kriegs=preßuren und Beschwerdten, wie die immer nahmen haben mögen, angesehen und verstanden sein, auch nicht anderst verstandten und aufgenomben werden.

2.) Solle zu dem Ente zwischen beyden Theilen vertrewliche und reciprocierliche aufrechte Verständnuß, Correspondenz und communication gepflogen werten, damit man zur conservation beyderseits angeführter Laud und Leute umb so vill mehr zusambentretten und die gemeine Consilia darnach richten könne; sonterlich aber und weilen dises foedus defensivum zu niemands offension, sonderu alleiniger defension beyderseitiger darinn kenahmster Lande angesehen und gemeynet; so sollen und wollen auch beyde Theile aus solchen Ihren Lanten gegen Niemanten mit einigen feindlichen Bezeugungen verfahren, noch den Ihrigen dergleichen zu truuten und sich zu unternehmen gestatten und darduch den offendierten zu hinwitriger feintlicher Erweiß= und Angreiffung ein oder antern theils angehörigen Landen Ursach geben, sontern allerseihts in solchen terminis, gleich es bishero geschehen, sich balten und beobachten; maßen dann von beyden Allerhöchsten und hoh. u Herrn Principalen beßhalten an die, der örther und Landen habente Regierung, Commendanten u. Kriegs= Officirer expreßer und ernstlicher Befehl ertheilt werten solle.

3.) Wann aber Ire Kay. May. in obgedachten Dero Ober=und Vorder=Oesterr=

sterreichischen Landen von jemandten, unter was Vorwand es auch immer geschehe, angegriffen werden sollen, versprechen und verbünden sich des Herrn Herzogen von Würtemberg Fürstl. Durchl. Jrer Kay. May. in obgemelten Erblanden mit Fünff-zehenhundert zu Fueß und vierhundert zu Pferde zu assistieren und hierzue dero Crays, quantum nach belieben abzufordern und mit zu gebrauchen.

4.) Dargegen versprechen und obligiren sich Jre Kay. May. hochgedachter Jrer Fürstl. Durchl. zu Würtemberg, falls dieselbe jemands unter einigem prætext, wie solcher Namen haben mag, feindlich überziehen: oder in dero Territorio und Landen einige hostilitat und Gewaltthat, wie solche verhero angeführt, zu ver-üben sich unterstehen würde, mit zwey Tausent fünffhundert zu fuß und Fünffzehenhundert zu Pferde zu assistiren.

5.) So fern die Notturfft erfordert einander mit einer mehrern und stärckern Anzahl Volcks zu hilffe zu khommen, sollen sich deretwegen beyde Theile unverlengt und förderlichst miteinander vergleichen.

6.) Beyde Theile sollen Fleiß ankehren, daß disem fœderi die Fränck-und Schwäbische Crayse mit Ihren zur Reichsverfassung bewilligten quantis einverleibt werden, auch

7.) andere Chur-Fürsten und Stände ohne Unterscheidt der Religion beytretten mögen, mit welchen man sich der conditionen halber mit beyder Theilen Einwilligung zu vergleichen.

8.) Es solle auch die hülfflaistung auf jedes theils Unkosten geschehen, gute ordre und disciplin gehalten, und das Proviante von deme, der die Hülffe empfangt, umb einen billigen und leidentlichen Preiß beygeschafft, auch alles vleissig und unwaigerlich bezahlt werden.

9.) Das Ober-Commando über die Völcker solle demjenigen, in dessen Lan-den die operation geschicht und deine die Völcker zugeschickt werden, gebühren; die zu solchen Völckern aber behörige Bestellung der hohen und anderer officirer jedem Theill anheimb gestellet verbleiben.

10.) Jeder Theil solle seine Trouppen mit den kleinen Feldstücken, wie es die proportion der schickenten Hülffe erfordert, versehen, und die artiglerie und mu-nition nach erstgedachter Anzahl der Mannschafft auf gemeinen Kosten einrichten und alles redtlich bezallen. Und ist dise Hilfflaistung nach beschehener requisition lengist in 14. Tagen würcklich zu laissten und dem hilffsuechenden unfehlbar zu stössen.

11.) Entlich solle dise Bündtnus (es mögen sich auch die jetzige Zeiten ändern oder nicht) auf zehen Jahr währen und gelten und die ratification allerhöchst und hoch-bemelten Herrn Principalen innerhalb vier Wochen ertheilt, auch zu Wienn gegen einander außgewechßlet werden. Dessen zu wahrem Urkhundt haben beyder-seits hierzue bevollmächtigte und verordnete dises unterschriben und ihre Pittschafften

(X) 2 *vor-*

vorgebracht. So geschehen in Stuttgardt den 18/28. Maji des Eintausent Sechshundert und vier und Sibenzigsten Jahrs.

Carl Freyherr von Stein. Christoff von Manteuffel. G. W. Bydenbach.
(L. S.)   (L. S.)   (L. S.)

Und nun zu dessen ratification sowohl Wir Uns nach immittels erfolgten Ableiben oberwehntes Herzogens Eben seeligen Angedenckhens gegen des jetzigen dero Successoris des Durchleuchtigen hochgebornen unsers lieben Vetter und Fürstens, Wilhelm Ludwigen, Herzogens zu Wirtenberg und Teckh, Graffens zu Mümpelgard, Herrns zu Heydenheim rc. und Sie sich hingegen gegen Uns durch erwehnten Baron von Stain lauth dero an Uns durch Ihne unterm 16. Augusti negsthin abgegebenen schreibens auerbotten haben, daß auch Sie solchemnach bemeltes zu beeferseitigen Landen-besten und mehrerer Sicherheit angesehene fœdus defensivum bestättigen wollen: Als thun auch Wir erstgesetzten Recess hiemit auf das Kräfftigste, als solches immer geschehen kan und mag hiemit ratificirn und Uns für Uns und Unsere Erben verbündtlich machen, selbigem in allen seinen puncten und articuln nachzukomben und zugeleben bey unsern Kayserlichen wahren worthen, Trau und glauben. Dessen zu mehrerer Bekräfftigung haben Wir Uns mit aigenen Handen unterschriben und Unser grösser Kayserl. Insigl hiefür trucken lassen. So geschehen in Unserer Statt Wienn den sechsten Monatstag Septembris im Sechszehenhundert vier und Sibenzigsten: Unserer Reiche des Römischen im sibenzehenden, des Hungarischen im Zwainzigsten und des Böheimischen im achtzehenden Jahrn.

Leopoldt.

Num. 63.

Lettres du Marchall de Turenne au Cercle de Suabe de ne s' entrainer dans la guerre contre la France. d. d. 18. Jun. 1674.

Messieurs,

Ayant sceu que Vous deviez vous assembler dans peu de jours à Ulm, j'ay jugé a propos de vous representér que le Roy avoit fait connoitre bien clairement a un chacun dans l'assamblé de Cologne (excepté a ceux, qui ont attiré l'Espagne dans le parti des Hollandois & qui veulent encor y entrainer tout l'Empire) comme non seulement son intention n'estoit pas rien faire, qui y prejudiciast, mais mesme de faire une Paix fort raisonnable auec les Hollandois: De sorte que l'on decouvre clairement que cette suite de guerre qui menasse l'Empire n'est que l'interest de peu de particuliers. C'est pour-

quoy,

quoy, Messieurs, je me sens obligé suivant l'ordre du Roy de ne point entrer sur les Terres de ceux, qui n'envoyeront point des Troupes pour luy faire la guerre, de vous en avertir affin que vos resolutions soient prises avec une entiere connoissance, ayant devant les yeux, que tout ce que ses armes ont entrepris contre des Electeurs n'a esté que dans la connoissance, certaine des Traittez qu'ils avoient avec les Ennemis de sa Majesté pour porter la guerre dans les frontieres de France. Vous sçaurez mieux des Ennemis, que de moy, ce qui s'est passé a la bataille de Sintzem il y a deux jours dans la quelle il n'y avoit pas la moitié de la Cavallerie de l'Armee du Roy destinée du costé d'Allemagne & aussy tres peu d'Infanterie composée seulement de quinze cent mousquetaires de la dite Armée & de quelque Infanterie de la garnison de Philippsbourg. Ainsi, si vos resolutions tendent au repos de l'Empire, je peux vous assurer de la part de sa Majesté que ses Troupes n'entreront point dans votre Cercle. De quoy j'ay cru vous devoir avertir, vous suppliant de me croire.

Messieurs

au camp de Sintzem   Votre tres humble Serviteur
ce 18. Juin. 1674.   Turenne.

Num. 64.

Schreiben Herzog Eberhards zu Würtemberg an den Culmbachischen Canzler von Stein am Kayserl. Hof wegen des Kayserl. Commissarii zu Ulm übertriebenem Betragen. d. d. 30. Junij. 1674.

Unsern freundl. Gruß zuvor, Würdiger, Wohlgeborner lieber Besonder! Derselbe wird sich sonder Zweifel zu erinnern wissen, was Wir an denselben sub dato Hirsaw den 22. Junij jüngsthin wegen deren jetzo seither dessen bey uns gewesten Anwesenheit merklich veränderter Läufften gelangen lassen, darbey denselben ersucht haben, Er möchte dise und andere Begebenheiten so wohlen Ihr Kays. May. selbs, als auch deren hohen Herrn Ministris muntlich dahin vortragen, daß nunmehro dem bereits unzweiffenlich eingeloffenen Berichten nach die Französ. Armée sich in viel 1000. verstärckt über den Rhein und Neggar gegangen und der gantzen Länge nach an unsern Lanten und Leuten stehe, dahero Wir uns tag-und stündlich nichts anders zubesahren haben, als daß im Fall Wir das geringste monvement, worburch selbige einige ombrage nehmen könnten, in 24. Stunden dermassen ruiniert, daß auch einige Hülf in der Welt nicht zu gewarten wäre. Dahero uns so viel betrübter vorkommt, daß aller so hochwichtigen am Tage ligenten

(X) 3   Ur-

Urſachen ohngeachtet der Kayſ. zu Ulm ſich befindende Commiſſarius, wie die an=
dere der Gefahr entlegene Crayß=Stände, alſo auch uns, die Wir obgedachter
maſſen alle Augenblick der Gefahr unterworffen, zu ſolchen unbilligen und intem-
peſtiven conjunctionen und andern zumuthungen obligiren, verbinden und faſt
zwingen will, welche vorgedachter maſſen wider die jetzige conjunctur der Leufften
durchaus und ſchnurſtracks lauffen und nichts anders, als eine unausbleibliche ruin
und verderben nach ſich ziehen. Wann aber das Reichs=Concluſum ratione
ſecuritatis publicæ kein anders Abſehen hat und haben kan, alß daß diejenige,
welche der Gefahr zum nechſten gelegen, beſchützt und guarantirt werden ſollen, und nun kein mit geſunder vernunfft begabter anderſt ſchlieſſen kan, alß daß
der Schwäb. Crayß, bevorab aber Wir und Unſere Land und Leuthe der Gefahr
dermaſſen exponirt, daß auch unſere Feinde bey jetzigen conjuncturn Uns nicht
rathen könnten oder würden, als daß Wir von andern Crayſen Reichs wegen Hülf
begehren, keines wegs aber andern, die bereits Hülf haben, fernere Hülf zu ſchi=
cken, Uns aber dardurch ganz blos ſtellen und der Gefahr unterwerffen ſollten.

    Wir wiſſen, daß ein ſolches Ihrer Kay. May. allergnädigſt und gerechtiſter
intention durchauß und durchumb zuwider und erinnern uns noch mehr alß
zuwol, was uns der Herr Canzler ſelbſt deßwegen im Namen Ihrer Kayſ. May.
vor Verſicherung gegeben, daß ſo wenig Ihr Kayſ. May. als dero hohe Herrn
Miniſtri anderſt ſuchten und verlangten, als die conſervation diſes Creyſes, bevorab unſerer Land und Leuten, dahero und deßwegen Uns auch durchaus keine zumuthungen, welche dawider lauffen könnten, thun, ſondern allezeit dahin ausge=
ſtellt ſeyn laſſen würden, daß, wann die Gefahr von dem Crayß, auch unſern
Land und Leuthen entfernt und die in particulari gegebene Verſicherung der uns
ſo ſchwer druckenten Nachbarſchafft würde benommen ſeyn, alßtann Wir auch nud
nicht ehender concurriren möchten und Uns vorhero nichts zugemuthet werden ſolle. Auf welches Wir uns nochmahlen verlaſſen und dahero verſichert ſeyn, deß
diſes harte Beginnen des Kayſerl. Commiſſarii zu Ulm wider Ihrer Kayſ. May.
und dero hohen Herrn Miniſtrorum intention, ſeine habente Inſtruction, und
auch all dasjenige, was gleichwohl raiſonablement hierbey beobachtet werden ſolle,
durchaus lauffe, anerwogen Wir ſichere Nachricht erlangt, daß Ihrer Kay. May.
Ober=Deſterreichiſche und Breyßgawiſche Breyſach nechſtgelegene Landen mit der alda
befindlichen Franzöſiſchen Guarniſon ſelbſt ein armiſtitium bißhero gehalten und beederſeits gegen einander nichts feindliches teuthlt haben. Und wann ſolches armiſtitium
alſo ferner (des Franzöſiſchen Commendanten in Breyſach eigenem erbiethen gemäß) alſo continuiert würde, der Enden keine Gefahr zu beſorgen iſt. Dahero wir den Herrn
Canzler nochmalen erſuchen, Er wolle nebenſt Verſicherung unſerer allerunterthänigſten Ihme ſelbſtwiſſenden allergehorſamſten devotion gegen Ihrer Kay. May.
und das Reich deroſelben diſes nebenſt remonſtrirung obgedachter motiven und
                                                                   Ur=

Urſachen allerunterthånigſt vertragen und darbey bitten, Dieſelbe allergnådigſt geruhen wollten einem und anderm unſern witrigen und Liſt in das Unglück mit zu ſtůrzen ſuchenden keinen Glauten zuzuſtellen, beſondern unſer redlich wahrhaffte trewgemeinte intention und devotion bey ſich allergnådigſt vortringen laſſen, daß ſo bald nur ſich die möglichkeit ereygt und Wir der Geſahr obgedachter maſſen zu unſerer Sicherheit in etwas befreyet, Wir als ein getrewer teutſcher Fúrſt in allem concurriren werten.

Weſſen nun Ihr Kayſ. May. auf ſolchen von demſelben abgelegten Vortrag allergnådigſt ſich vernehmen laſſen werden, wollen Wir deſſelben ſúrderlichſten Berichts gewertig ſeyn und verbleiben demſelben ꝛc. Datum Stuttgartt den 30. Junij. 1674.

Num. 65.

Berichtſchreiben Herzog Wilhelm Ludwigs zu Wúrtemb. an
den Landgrav Ludwig zu Heſſen-Darmſtatt ſeinen Schwåher wegen des Verlauffs des Schwåb. Crayßtags puncto conjunctionis armorum.
d. d. 14. Julii. 1674.
Freundlich vielgeliebt und Hochgeehrter Herr Vetter, Vater und Gevatter.

Uns iſt von dem vöſten, unſerm Rath, Cammerern, Hofgerichts-Aſſeſsorn und lieben getrewen Georg Ehrnreich von Cloſen unterthånigſt referiert und vorgetragen worden, welchermaſſen Ew. Gn. von demſelben einen außführlichen und grúndlichen Bericht, was bey dem zu Ulm annoch fúrwåhrenden Schwåb. Crayß-Convent haubtſåchlich ratione puncti conjunctionis armorum zwiſchen der Röm. Kayſ. May. Unſers allergnådigſten Herrn Abgeſandten Herrn Baron von Wittenbach und beſagten Crayß-Stånden concludirt und verhandlet worden ſey, zu vernehmen verlangen. Allermaſſen nun Ew. Gn. wir in allen möglichen Dingen annehmliche Dienſtgefålligkeiten zu leiſten uns ſchuldig erkennen: alſo mögen Deroſelben Wir zu bezehrter freund-våtterlicher Nachricht ohnverhalten, daß nachdeme oberwehnter Punct Conjunctionis armorum principaliter in das Crayß-Ausſchreiben gebracht, auch anterfolgte zuſamenkunfft geſambter Crayß-Stånde von allerhöchſtermeldts Ihrer Kay. May. Abgeſandten gleichbalden bey erſter zuſamenkunfft und Verſamlung ſo mund-als ſchrifftlich ſehr ſtarck urgirt und darauf getrungen worden, das Crayß-concluſum zwar anfangs per majora auf beſagte conjunction ausgefallen. Nachteme aber bald darauff, indem der Königl. Franzöſ. General Feld-Marchall Tourenne mit ſeiner unterhabenden Armee úber Rhein und bald hernach úber den Neggar gangen, die Kayſerliche und alliierte Armee aber ſich zurúck und úber den Mayn gezogen ſich facies rerum mercklich geåndert und man die groſſe Geſahr, darein der Crayß geſetzet wúrde, wie auch die impoſſibilitåt der Conjunction

ction, indeme durch dartzwischen stehende Königl. Französische Armee sich mit
denen Kayserlichen und alliirten Völkern dieser zeit zu conjungiren ohnmöglich
fallen wollte, an seiten gesambter Crayß-Stände offentarlich apprehendirt, hat
sich das Werck umb etwas und in so weit geändert, daß, wie gerne man auß
Ihrer Kays. May. allergnädigster intention, nach dem zu Regenspurg außge-
fallenen Reichs-Concluso zu allerunterthänigster und respective schuldiger Folge
sothane so hoch verlangende Conjunction vor sich gehen lassen wollte, man jedoch
zu derselben noch zur zeit und biß diser Crayß deren evidentissime vor Augen stehenden grundverderblichen Gefahr besser entfernet und befreyet seyn würde, unmöglich würde gelangen können. Wobey es auch, ohngeachtet so wohlen des Kays.
Herrn Plenipotentiarii, als auch Chur-Pfältzischen Abgesandtens mehrmahligen
beweglichen remonstrirens und ansuchens offtgeachte conjunction ohnverzöglich
vorgehen zu lassen, verblieben, jedoch dabey verabschiedet und geschlossen worden,
daß ratione simpli es bey dem gemachten Reichs-concluso sein ohngeändertes
Bewenden haben und sobalden die offenbare Gefahr umb etwas cessiren, auch andere Crayß Ihr contingent ebenmässig zusamen führen, alßdann auch tises Schwäb.
Crayses Völker würklich mit conjungiert, Nicht weniger ratione des zu Besetzung der Frontier-Stätte und festen Plätze in tisem Crayß bewilligten dupli
sich gesambte Stände dergestalt in Bereitschafft halten sollten, daß selbige biß gegen den 14. dises fürlauffenten Monats in Bereitschafft stehen, auch die Völker
gegen dem 15. schierst künfftigen Augusti auf den Muster-Platz zu Söfflingen,
nechst bey Ulm gelegen, zusamen führen könnten. Da dann gesambtem Crayß
tieselbe schwören, die in den Guarnisonen zu Offenburg und Heylbronn ligende
Mannschafft denen hierzu verordneten Commissariis Ihre schuldige Pflichten abzulegen angewiesen, auch wohin solches simplum verleget, damit man auf allen
Nothfall dasselbe umb so viel ehender zu der würklichen conjunction bringen
könnte, verhandelt werden solle. Und ist man jetzo von übrigen Neben-Puncten,
als Vorstellung der hohen und nachgesetzten officiers, Bestellung gewiser Crayß-
Commissarien, Anschaffung der benöthigten Geld-Mittel, Proviants, artolle-
rie, munition, Aufrichtung eines Magazins und dergleichen sich miteinander
zu unterreden und zu vergleichen beschäfftiget.

Es ist zwar auch von dem Kays. Herrn Commissario Baron von Wittenbach wegen einer zwischen Ihr Kays. May. ratione Dero Vorder- und Ober-
Oesterreichischen Landen und tisem Schwäb. Crayß Allianz-Auffrichtung einiger
Vortrag beschehen und ein Project derselben communiciert worden. Weilen aber
tises eine Sach liberi arbitrii gewesen, davon auch nichts in das Crayß-Ausschrei-
ben gebracht und wol so viel vermerckt worden, daß eben nicht alle Stände so sonderbare grosse Lust in solche Allianz mit einzutretten, wie gerus es auch von einigen
beschе-

beschehen wäre, von sich verspüren lassen: als ist bey tiser Crayß-Versammlung von selbiger nichts hauptsächliches verhandelt, weniger einig Crayß-Conclusum hierunter gemacht, sondern das Werck zu fernerem nachgedachten an sgestellt und differirt worden, der Kays. Herr Commissarius auch nunmehr wieder von Ulm ab, und in andern Verrichtungen nacher München verreyset.

Welches Ew. Gn. Wir zu Dero verlangenden Nachricht in Söhnlichem Gehorsam zu überschreiben nicht unterlassen wollen, Dero Wir zu Erweisung angenehmer Freund-Vetter, und Söhnlicher Dienstgefälligkeiten jederzeit ganz willig und beflissen verbleiben. Datum Stuttgard den 14. Julij. 1674.

Num. 66.

Schreiben Herzog Wilhelm Ludwigs zu Würtemberg an den Herzogen von Sachsen Lauenburg als Reichs-General-Lieutenant wegen Abführung der Reichsvölker und Verwahrung der Gränzen.
d. d. 11. Junij. 1675.

Aus Euer Lben sub dato den 10. dises st. n. an Uns abgelassenem freund-Vetterlichen Schreiben haben Wir mehrern Inhalts ersehen, welchergestalten Dieselbe bey der Anlangung daselbsten wenig officirer und Mannschafft von des Schwäb. Crayses Evangelischen Ständen contingent, vor sich gefunden und daß Sie derentwegen nicht ermanglet hätten ernstliche monitoria an die Officier ergehen zu lassen, deren Stellung zu beschleunigen, wie Euer Lben auch auf das von Herrn Reichs-General-Feld-Marschallen, Herrn Marggraven zu Baaden-Durlach Lb en erhaltenes Uns mit dem Beyschluß des von Herrn General-Lieutenant Grafen von Montecuculi Exc. an Seine Lben abgelassene communicirte Schreiben in der Beysorg stünden, daß, wann 300. Mann von den Craiß-Völkern in Heylbronn sollten ligen verbleiben, deroselben von deren Evangelischen eine schlechte Mannschafft übrig verbleiben möchte, dahero Sie die Zuversicht zu uns trägen Wir würden mit unsern geworbenen gedachtes Heylbronn zu besetzen uns nicht entgegen seyn lassen, auch anbey Unsere Gemüths-Meynung über angeregtes von des Herrn Reichs-General-Feld-Marschalls an Euer Lben wegen Beschaffung nöthigen Provianks für gesamte Craiß-Völker anjenige Ort, wo sie in operatione werden zustehen haben, zugelangtes Begehren zu vernehmen gewärtig seyen.

Nun ist ohne Unsere weitere Anführung Euer Lben der Uns beywohnende grosse Eyfer und aufrichtige Liebe zu Beförderung des gemeinen wesens zur genüge bekandt, deßwegen Wir der mehisten Evangelischen Stände Mannschafft so langsame Stellung zu dem Rendevous sehr ungerne verstanden, woran zwar bey theilen die weite

X. Theil.   (D)   Ent-

Entlegenheit, theils aber wohl auch die bekandte morositæt schuldig seyn mag, wollen aber verhoffen, Sie werden vor Einlangung dises auf E. L. so enferte Anmahnung die ihrige abgeschickt haben. An Unserm Contingent wird kein Mangel erschienen seyn, indem Wir selbiges zeitlich genug dahin zu gehen beordret. Berührend nechst disem die Besetzung Heylbronn, können Euer Lben Wir nicht verhalten, daß uns des Herrn General Lieutenant Herrn Grafens von Montecuculi Exc. in einem sub dato $\frac{8\ Junij.}{29.\ Maji.}$ uns zukommenen Schreiben erinnert, daß bey jetzt fürgehenden gefährlichen conjuncturen Sie nöthig befindeten, daß Wir Unsere Land-Päß mit gnugsamer Mannschafft besetzten. Weilen Uns nun immittelst auch Bericht zugelangt, daß die Französ. Völcker den Rhein soweit herunter gegangen, daß nicht wohl 6. oder auch weniger Stund von Unsern Pässen zu Freudenstatt, Hornberg und Schiltach diese Französische Völcker sich sehen lassen, also, daß selbige in gröster Gefahr stehen, hingegen bekant, was sowohl der Kayserl. Armee wegen der Zufuhr, als auch Unsern Landen selbsten an erwehnten Pässen gelegen, so haben Wir solcher wohlmeynenten Erinnerung billich statt geben müssen und Unsere Mannschafft neben einigen Compagnien Unserer Lands-defensions-Völcker zu deren müglichster Erhalt und offener Beybehaltung, damit die Zufuhr nicht abgeschnitten werden möchte, dahin commandiert, derentwegen Uns nicht wohl müglich fallen will, dise von solchen Pässen wieder zu nehmen, selbige blos zu stellen und in Heilbronn zu legen, Sondern müssen zu E. Lben weiterm nachgedencken und Verordnung stellen, wie Sie es wegen berührter Besetzung Heylbronn anordnen wollen, allein unmaßgeblichen freundvetterlich gedenckend, ob eben Heylbronn zu jetziger Zeit, da sie von der Philippsburgischen guarnison, weil wir äusserlich vernehmen, daß Turenne die mehiste daraus gezogen, keine besondere Gefahr zu besorgen, einer so starken Mannschafft von 300. Mann sollte vonnöthen haben. Damit aber Wir im Werck erweisen, wie hoch uns die allgemeine Wohlfart angelegen seye, so erbieten Wir uns, im fall E. Lben für die höchste Nothwendigkeit erachten, dasjenige, was von Evangelischen Craß-Völkern auf das Rendevous zusammen kommt und in specie die bishero in Heylbronn gelegene auch mit sich zu nehmen, Unsere zum duplo gehörige übrige compagnie zu fuß, welche der Hauptmann Chapert commandiert, in Heylbronn zu legen, weßwegen Wir dann demselben bereits Befelch gegeben sich in stündlicher Bereitschafft zum march fertig zu halten. Dieweilen aber bisher sowohl die officier, als gemeine Soldaten sich zum höchsten beschwehrt, wie unfreundlich und ungütlich dieselbe sowohl von dem Magistrat, als Bürgern zu Heylbronn tractirt worden; als werden Euer Lben von uns ersucht beßwegen gegen obgedachten Magistrat einige Andungen zu thun und dieselbe zu beßerm comportement zu disponiren, bevorab weil Wir durch obiges dasjenige thun, was

was kein einiger Stand dieses Craises nicht geleistet, auch noch sobald nicht thun
wird. Wir wollen anbey nicht ermanglen unsere gegen Hailbronn am nächsten gelegene Landsorte mit unsern defensions-Völckern so viel möglich zu besetzen. Wegen der erinnerten Proviant-Anstalt müssen Euer Lben Wir erinnerlich anführen,
daß zwar bey letztem Craiß-Convent zu Ulm sowohl wegen Bezahlung der Völcker,
als Beyschaffung erwehnten Proviants die Gebühr verabschiedet, aber von denen
Ständen deme, was verglichen worden, bißhero schlechte Folge geleistet worden, deßwegen kein ander Mittel seyn wird, wie Euer Lben sich selbsten haben vernehmen lassen,
als daß nunmehr gegen den morosen die execution wird fürgenommen werden müssen.
Wir haben an unserer seiten biß Orts gethan, was nur immer möglich gewesen, indeme, wie Euer Lben bekannt, wir nicht allein zu dem Kayserl. Proviant-Ambt eine grosse Anzahl Früchten ohne Bezahlung verwilligt, sondern auch, nachdem sowohl von
Herrn General-Lieutenant Herrn Grafen Montecuculi Exc. als Herrn General-
Kriegs-Commissario Freyherrn von Caplier erst vorgestrigen Tags weitere Schreiben vermittelst aigener Abordnung uns zugelangt, daß Wir, weilen die Kays. Armee von denen Orten, worin das bewilligte Proviant geliefert worden, abgehen
müssen und so eilig an die Ort, wo der march dermahlen hingerichtet, nicht verschafft
werden könnte, noch ein mehrers einwilligen und liefern lassen wollten rc. Wir hierauf uns weiters angegriffen und noch eine quantität Früchten in unsere Gränzorte
am Schwarzwald gratis beyführen zu lassen bewilligt, also, daß man selbsten besorglich in unserm Land mit dem übrigen wenigen Vorrath biß zu erwartender
Erub schwerlich wird ausreichen können. Damit jedoch ferner in dem Werk verspürt
werden möge, wie sorgfältig Wir uns das gemeine Wesen und, ungeachtet
Wir die Beyschaffung des Proviants niemahlen einseitig übernommen, auch die conservation der Kraiß-Völcker angelegen seyn lassen: So haben Wir gleich jetzo die
Verordnung gethan, daß bey particularen in dem Lande eine Nachfrag beschehen
solle, ob und wie viel Früchten noch anzubringen seyn möchten umb selbige auf den
Fall der Noth zur Subsistenz der Craiß-Völcker anwenden zu können, wie ingleichem auch einige von den nächstgesessenen Craißständen hieber beschrieben ihnen zuzu-
sprechen, daß sie ihrer seits concurriren und eine Anzahl Früchten in Bereitschaft
halten, so dann auf begehren solche auf künfftige Abrechnung hergeben wollten. Euer Lben thun Wir hiebey auch freund-vetterliche Nachricht geben, daß zu Pforzheim
annoch etwas von Früchten, so dem Craiß zuständig, liget, welches anfänglich und
biß auf andere Anstalt vor die Craißvölcker könnte angewendet werden. Welches alles Euer Lben Wir in Antwort freund-vetterlich anfügen wollen und können Dieselbe im übrigen sich versichern, daß Wir Ihro zu angenehmen Diensterweisungen
allezeit geflissen verbleiben werden. Datum Stuttgart den 11. Junij 1675.

(D) 2   Num. 67.

Num. 67.
Schreiben Herzog Wilhelm Ludwigs zu Würtenberg an Hessen-Darmstadt wegen suchender Vorbereitung zum Nimwegischen Friten.
d. d. 30. Junij. 1676.

Euer Gnaden freund-väterliches schreiben vom 17. hujus ist Uns wohl zugelangt, aus dessen Inhalt Wir unter anderm mit mehrerm ersehen, was deroselben wegen des nerlich zu Regenspurg von einigen wiederumb in etwas geretzten Universal-Fridens zu förderlicher tranquillierung des gemeinen Vaterlants vor hochvernünfftige Gedancken beygeben und welchergestalt selbige für ein zulängliches expediens halten wollen, wann es dahin zu bringen, daß, wo nicht von allen, doch von den meisten oder etlichen der vornehmsten Stände ministris zu Regenspurg und sonsten nähere Vorschläge zu Erlangung des intendierten Zwecks, zum wenigsten nur præparatorie auf die Bahn kommen möchten, deßwegen auch Wir sowohl bey Unsern Mit-Crayß-Ständen, als auch andern hierinnen eyferig cooperiren möchten.

Wie nun Ew. Gn. vor die Eröffnung solcher dero hochvernünfftigen Gemüts-meinung, auch getreue Vorsorge zu Beförderung der gemeinen Wohlfart freunddienstlichen Danck erstatten, also mögen deroselben Wir nicht verhalten, daß Wir uns gar gern damit conformieren. Sintemahl aber bißher zu verspüren gewesen, daß ob zwar zu gedachtem Regenspurg von einem und anderm wegen diser hochwichtigen materie erinnerung geschehen, solche jedoch noch zur Zeit von wenigen secundiert worden und also stecken geblieben, dahero und weilen zu besorgen, wann nicht ein und andern zu Regenspurg subsistierenden Gesandten von dero hohen Principalen zu etwas mehrern und nähern Zusamensetzung und treibung solchen Werks specialer Bevelch ertheilt werden möchte, das Werck zu Regenspurg schwerlich zu erheben seyn dörffte. So haben Wir umb vorderist, wohin tißials eines und andern der Fürstlichen weltlichen sonderheitlich Evangelischer Häuser hierunter führender intention abzielen möchte, in etwas zu sontieren, für nicht unthunlich zu seyn erachtet sowohlen an des Herrn Administratoris zu Magdeburg und Herrn Marggrasens zu Brandenburg-Onoltzbach, als an gesambt Herrn Herzoge zu Braunschweig-Lüneburg, nicht weniger des Herrn Herzogs zu Mecklenburg-Güstrow, auch an der Fraw Landgräfin zu Hessen-Cassel Eben Ebben ꝛc. nach besag des copenlichen Beyschlusses zu schreiben und wollten, (jedoch ganz unmaßgeblich) dafür halten, wann auch Ew. Gn. an gedachte hohen Orten das Werck gleichergestalten zu recommendieren gefällig seyn sollte, es ein und andern solcher Ohrten umb so viel mehr in consideration kommen und zuverlässige Antwort erfolgen möcht, nach deren beziubender Beschaffenheit so dann etwa weiter zu entschliessen zu seyn werden können, was auch pro re nata fernern zu thun seyn möchte, womit Dero zu angenehmen Dienstlerweisungen stets willig und bereit. Stuttgard den 30. Junij. 1676.

Num. 68.

Num. 68.

Deſſelben ferner Schreiben an Magdeburg, Braunſchweigiſche
Häuſer, Heſſen-Caſſel und Anſpach wegen obgemeldter materie.
d. d- 1. Julij. 1676.

Ew. Lben iſt ohne weitläuffiges Anführen vorhin guter maſſen bekandt, welcher
geſtalten das Röm. Reich mit denen beyden Cronen Franckreich und Schwe-
ten in einen höchſtverberblichen Kriege gerathen und involviert, auch was beßwegen bey der noch fürwehrenden Reichsverſamlnng zu Regenſpurg für concluſa
erfolget und von der Röm. Kay. May. auch ſolchermaſſen approbiert worden ſeyen.
Nachdemmahlen aber nunmehr die von allen kriegenden theilen beliebte Fritenshandlung wiederumb angetretten werden, auch zu dem Ende ſchon von theils deren
ihre Geſandtſchafften zu Niemögen alß loco tractatuum angelangt ſeyn und die
übrige auch bald dahin folgen ſollen: Wir aber und auch von Reichswegen (als
welches ja nicht allein pars belligerans mit iſt, ſondern auch zeit ſolchen fürge-
wehrten Kriegs allſchon viel Millionen Golds an Koſten und Schäden mit zuſe-
tzen und leyden müſſen) entweder per deputatos ex Collegiis oder auff andere
weiß ſolcher Fritenshandlung mit beyzuwohnen und beſſen dabey mit einlauffendes
Intereſſe gebührend zu beobachten haben ſollten, bißhero aus Regenſpurg nicht
vernemmen können, auch faſt ſo viel verlauten wollen, als ob wohl von einigen die concurrenz des Reichs bey ſolcher Fritenshandlung nicht eben für nöthig
erachtet werden ſollte. Wann nun aber gleichwohlen in dem Inſtrumento pacis,
ſonderheitlichen Art. 8. §. Gaudeant &c. ſich klar diſponiert und verordnet befindet, wie und welcher maß in dergleichen hochwichtigen allgemeinen Reichs negotiis und Handlungen verfahren werden ſolle, E. L. aber ſowohlen pro Communi publico, als auch und ſonderheitlich pro Conſervatione der Fürſten und
Stände Jurium tragender hochrühmblichen Eyfer und Sorgfalt uns wohl bekandt:
ſo haben bey ſogeſtalten Sachen Wir für nöthig erachtet mit E. L. aus deroſelben
zutragender ſonderbarer confidenz zu communiciren und anbey dieſelbe freund-
vetter-und dienſtlich zu erſuchen ſich gefallen zu laſſen, Uns deroſelben hochvernünfftige Gedanken zu eröffnen, wie ſie vermeinen möchten, daß es ratione ſolcher vorſeyender Fritenshandlung in ſolche Weege zu bringen und zu vermögen
ſeyn ſollte können, auff daß Fürſten und Stänben (unb Willen ſonder allen zweifel das hochlöbl. Churfürſtl. Collegium ſeiner admiſſion halber ſich wohl proſpi-
ciert und keineswegs ſich davon außſchlieſſen laſſen würtet) durch deren præterition nicht ein dergeſtalten hohes und berwehrten Poſterität zu hohem Nachtheil und
Schaden außreichendes ſchweres præjudiz zugezogen und Sie deßjenigen: was ih-

nen vigore deß angezogenen Fridenſchluſſ mit zu gaudiren und zu exerciren gebühret und zukomme, ſolcher maſſen fruſtriert und daß Inſtrumentum pacis hier-
naber infringiert werden möchte. Womit ꝛc. ꝛc. Datum Stuttgardt den 1. Julij. 1676.

Num. 69.

Würtemberg. Schreiben an die Herzoge zu Regenſpurg Wol-
ſenbüttel und Zell wegen der Fridens-Tractaten zu Nimwegen und ſtrittigen
Prædicatß der Fürſtl. Geſandten. d. d. 23. Aug. 1676.

Aus Ew. Lden Uns wohl zugelangtem freund-vetterlichem Antwortſchreiben de
dato Wolffenbüttel den 27. deß hingelegten Monats Julij haben Wir in mehrerm ableſend vernommen, wohin dero hochvernünfftige Gedanken wegen Beſchi-
ckung der bevorſtehenten General-Fridens-tractaten zu Nimwegen und wie man
ſich an ſeiten der Stände des Reichs dabey zubezeugen haben möchte, abzielen, benebens Unſere Meinung wegen des denen nacher beſagtem Nimmegen abſchickenden
Fürſtl. Geſandten von den Cronen biß noch verwaigerten prædicatß Legati oder
Ambaſſadeurs verlangen. E. Lden erſtatten Wir vor die Eröffnung dero bierom-
ter führenten ſentimens freund-dienſtlichen Dank und mögen dero ferner nicht verhalten, daß Wir zwar auch unſers theils vor ein zulängliches expediens erachten,
wann zu Regenſpurg vermittelſt Entſchlieſſung einer extraordinari Reichs-Depu-
ration ex toto Imperii corpore ſolches Werk gehoben und auf ſolche art und weiſe verglichen und eingerichtet werden könnte, damit nicht ſonderheitlich dem Fürſtenſtand
darunter einig beſchwerlich præjudiz zuwachſen möchte. Alltieweilen es aber nicht
allein ratione Entſchlieſſung dergleichen Reichs deputation beſorglichen allerhand
difficultæten ſich ereignen und damit ſchwerlichen zu vergleichen, ſondern auch ratione der von außwertigen Cronen und Republiquen erlangendes Paſſeporten und
darein inſerirenden Prædicatß-Ambaſſadeurs oder Legaten für die zu ſolchen
Fridens-tractaten von Fürſten abſchickende Geſandte das Werck zu Regenſpurg
nicht wohl zu erheben ſeyn, ja ſolche Fürſtlicher ſeits führende intention von einigen
biß Orts wohl mehrers ſchwer gemacht und gehindert, als beſördert werden dörffte,
ſo wollten Wir unſers theils auch dafür halten, es möchte diſer Zweck leichter und
eher erreichet werden können, wann E. L. Geſamtkauß neben uns und einigen andern Fürſten ſich auf eine Abſchickung an Ihre Königl. May. in Engelland als Mediatorn zu vereinigen und alldorten das Werk dahin negocieren zu laſſen ſich gefallen laſſen möchten, daß das denen Fürſten vigore Inſtrumenti pacis eben ſo wohl
als denen Herru Churfürſten competirendes JusLegationis durch dergleichen von den
fremden Cronen gegen die Fürſten intendirenden ſehr verfänglichen Unterſchied zu-

ſe

so groſſem præjudiz des geſambten Fürſtenſtands und künfftiger hochbeſchwerlicher conſequenz nicht weiter in diſputat nnd ihnen damit entzogen werden möchte, was ihnen vermög angezogenen Inſtrumenti pacis eben ſowohl als den Churfürſten darinn
zukommen thät, in mehrer Erwägung, daß man Fürſtl. ſeits von ein und anderer
ſolcher außwertigen Cronen und Republiquen ſo wenig eine dependenz, als die
Herrn Churfürſten hat, alſo für ihre zu den tractaten abſchickende fürſtl. Räth und
Miniſtros eben ſo wohl das prædicat Ambaſſadeur oder Legaten auch billich zu
prætendieren und zu beharren hat. Und könnte unmaßgeblich mit E. L. erlaubnuß
Dero dermahlen im Haag ſich ſchon befindende Abgeſandte, weil doch gedachtes Fridens-
negotium zu Nimmegen noch nicht den Anfang genommen, auch allem anſehen nach
ſo bald zu einiger würklicher Handlung nicht gelangen dörffte, hierunter gebraucht werden. Wann nun ſolches allerſeits belieben möchte, werden Wir unſers theils dabey
zu concurrieren nicht ermangeln. Erſuchen derowegen E. L. freund-vetter-und
dienſtlich, Selbige wollen von dero hierüber weiter zugebenden hochvernünfftigen Gedanken und ſentiments uns auch weitere vertraute apertur zu thun ſich gefallen laſſen,
Dero Wir zu angenehmen Dienſterweiſungen ſtets willig und bereit verbleiben. Stuttgard den 23. Auguſti 1676.

Num. 70.

Heſſen-Darmſtättiſches Schreiben an die Landgrävin von Heſſen-Caſſel wegen Beſchickung Fürſtl. ſeits der Nimwegiſchen Fridens-Hand- lungen. d. d. 4. Oct. 1676.

Uns iſt nicht allein von Unſern ohnlängſt zu Caſſel geweſenen Rath und Ober-Amtmann zu Umbſtatt, Philipps Adolph Rauen von Holtzhauſen nach ſeiner wie-
der-zuruckunfft gebührend referiret worden, daß Ew. Lden Unſere durch Ihne
in einem und anderm beſchehene wohlmeynende communication zu unſerm hohen
Dank freund-bäßlich im beſten aufgenommen, ſondern es ſeindt uns auch E. L. angenehme beede Schreiben vom 15. und 30ten diſes zukommen und haben Wir ra-
ſpective aus denenſelben, ſo dann denjenigen, ſo Sie vorgedachtem unſerm Rath
und Ober-Amtmann hinwieder aufgetragen, vernommen, was ſo wohl dieſelbe an
Dero Herrn Brudern des Churfürſten zu Brandenburg Lden wegen der Beſtung
Philippsburg geſchrieben, als auch, was das Fürſtl. Samthauß Braunſchweig wegen einiger bey Ertheilung der Paßporten für die zu dem Fridenswerck nach Nimmegen abſchickende Miniſtros bey denen beeden Cronen Frankreich und Schweden der
qualification der Fürſtl. Geſandten vorfallenden difficultæten an König in Engelland
als Mediatorem vor ein Schreiben abgelaſſen und welchergeſtalt Ew. Lden mit Uns
in hergebrachtem guten Vertrawen darauß zu communiciren und Unſer ſentiment darüber zu begehren gefällig geweſen.

Nun gebühret E. L. vor die beſchehene vertrawliche communication und dero
hochrühmliche vigilanz und Sorgfalt zu Erhaltung des Reichs Fürſtenſtands jurium
bil-

billich hoher Dank, welchen Jhro Wir Unsers Orts auch hiemit freund-vetterlich erstatten und Deroselben Unß darfür obligirt befinden, auch im übrigen der vertrösteten vertrawlichen apertur, wessen hochgedachtes Herrn Churfürstens zu Brandenburg
Lden auf obverwehntes Ew. Lden schreiben wegen der Vestung Philippsburg sich hinwieder werden vernehmen und was sonsten etwan weiter hierunter und in andern pu-
blicis vorgehet, zu Deroselben guter Gelegenheit freundlich erwarten.

Und gleichwie Wir bey Unserer newlichen Anwesenheit zu Stuttgard nicht ermanglet haben mit Unsers freundlichen lieben Vettern und Sohns, Herrn Hertzog
Wilhelm Ludwigs zu Württemberg Lden aus den Sachen vertrawte communication
zu pflegen und daselbsten so viel verspüret, daß Seine Lden mit Ew. Lden und Unß
nicht weniger als dem Fürstl. Hauß Braunschweig dißfalls einerley Meinung seind
und zu conservirung der jurium Principum das Jhrige jederzeit thun und beytragen
werden: also halten Wir unmaßgeblich dafür, Es sey das Fürstl. Hauß Braunschweig
nechst erstattung gebührender Dancksagung vor dero patriotische gemeinnützige Sorgfalt benebenst Pfalz-Newburg, Sachsen, Würtenberg und andern zu dergleichen
bestmöglichst ferner zu animiren, auch darbeneben dahin zu sehen, daß das Werck
solcher vorhin schon exprimierten guten intention nach vornemlich auch zu Regenspurg, wo nicht durch erlangende Bestimmung aller, jedoch zum wenigsten der wohlgesinnten in deliberation gezogen und so viel möglich mit gemeiner Zusammensetzung
pro juribus principum vigiliert, auch solchen Behufs die jetzo ermanglende vota, wo
nicht durch absonderliche Abschickungen, dannoch zum wenigsten durch anderweitegnug-
same Auftragungen ersetzet werden mögen. Was unsers Orts Wir zu Beförderung
des dißseitigen hohen interesse und Abwendung alles annehmlichen præjud. tes werden
beytragen können, darzu sind Wir in alle wege willig und bereit. Wolten Ew. Lden
freundlich ohnverhalten zc. zc. Darmbstatt am 4. Octobr. 1676.

Num. 71.

Würtemb. Antwort-Schreiben an König in Schweden wegen
Beschickung der Nimweglschen Friedenshandlungen. d. d. 3. Maji 1677.

Durchleuchtigster, Großmächtigster König. Euer Kön. May. seyen Unsere
freundwillige Dienste jederzeit zuvor, freundlich geliebter Und Hochgeehrter
Herr Vetter und Gevatter.

Daß E. Königl. May. Unß mit dero schreiben zu beehren und dero zu Unß und un-
serem Fürstl. Hauß tragende beständiger Freund-Vetterlicher affection zu versichern benebenst dero zu Wiederbringung und stabilierung des allgemeinen höchst-
erwünschenden Reichsfridens tragenden hochrühmlichen Eyfer zu contestiren, unß
auch zu solchen hochheylsamen Fridens-Zwecks erlangung cooperiren zu helffen und
neben Unsern wohlmeynenden Mit-Reichs-Ständen darumber getrewlich mit Hand
anzulegen zu ermahnen und zu excitiren sich belieben lassen wollen, ein solches haben aus Ew. Kön. May. sub dato Hauptquartier Wäd den 12. Febr. jüngsthin abgelassenen, den 9 April. Unß behändigtem Schreiben Wir alles mehrern Jnhalts oblie.
send wol vernommen.

Aller-

Allermaſſen nun E. Kön. May. vor ſolche beſchehene Conteſtation zu Uns habender guter affection Wir ſchuldigen Danck zu ſagen, auch umb deren Continuation
freund-vetterlich zu bitten hohe Urſach haben: Alſo werden wir ſo viel in unſerm vermögen immer ſtehen wird mit und neben übrigen Chur-Fürſten und Mit-Reichs-Ständen gerne äuſſerſtem Fleiß nach unſerem Vermögen anzuwenden uns angelegen ſeyn
laſſen, daß ſolcher hochheylſame zu Gottes Ehre, des geſambten Heyl. Reichs und
anderer benachbarter Cronen ſelbſt eignem Heyl und Wohlfart und conſervation der
ganzen liebwehrten Chriſtenheit gereichender Zweck der reſtabilierung des edlen höchſt-
erwünſchten allgemeinen Fridens erlanget und feſtgeſtellet werden möge. Ew. Kön.
May. verbleiben Wir aber zu Erweiſung angenehmer freundvetterlicher williglter
Dienſtgefälligkeiten jederzeit ganz williglt und befliſſen. Datum in Unſer Fürſtl. Reſi-
denz-Stadt Stuttgard den 3. Maji 1677.

Num. 72.

Schreiben Herzog Wilhelm Ludwigs an Herzog Sylvium Fri-
berichen zu Wirtemberg-Oelß wegen Beſorgung der Mömpelgartiſchen reſti-
tution zu Nimwegen. d. d. 7. Junii. 1677.

Uns iſt Ew. Lben ſchreiben de dato Oelß den 6. hingelegten Menats Maji wohl zugelangt, aus deſſen verleſung Wir mehrern Inhalts vernommen, was an Uns Selbige wegen Dero Herrn Schwäher-Vatters, des durchleuchtigen Fürſtens Unſers
freundlich lieben Vetters und Gevatters, Herren Georgens, Herzogs zu Wärtemberg
und Teck ꝛc. Lben zugeſtandenen Beträngnuß und Vertreibung von Land und Leuten,
auch daß Wir bey denen vorſeyenden Fridens-tractaten zu Nimmegen, wie auch ſonſten cooperiren wollten, daß Seine Lben völlig reſtituirt werden möchten, gelangen
laſſen wollen. Mögen hierauff Ew. Lben nicht verhalten, daß obgedacht Dero Herrn
Schwäher-Vatters Lben Uns von dem ganzen Verlauff ausführliche Nachricht gegeben und benebens in gleichmäſſigen terminis Uns umb Unſere benräthige Gedanken, auch
möglichſte aſſiſtenz zu wiedererlangung des Ihrigen erſucht; Gleichwie aber kein Mittel ſolcher Gewalt der Waffen und unbillichem Verfahren zu ſteuren und zu dem abgenommenen widerumb zu gelangen erſcheinen will, als ein billigmäſſiger Fridensſchluß:
Alſo ſeind Seine Lben umb ſo viel mehrers etwa biß dahin
des Ihrigen ermanglen müſſen, womit es allem Anſehen nach noch eine zeitlang Anſtand haben dörffte, indem es ſich mit denen tractaten zu Nimmegen noch zimlich ſchwer
anläſſet; Wir werden aber nicht ermanglen ſo wohl wegen der nahen Anverwandnuß,
als auch Unſers Fürſtl. Geſamt-Hauſes daben verſirenden intereſſe nicht allein zu gedachtem Nimmegen bey fortſetzender Fridenshandlung, ſondern auch ſonſten aller
dienlicher Orten die verlangende reſtitution Sr. Lben nach Möglichkeit beſter maſſen
zu recommendiren und zu ſecundiren. Womit Wir Ew. Lben zu angenehmen dienſterweiſungen ſtets willig und bereit verbleiben. Stuttgard den 7. Junii. 1677.

X. Theil.   (3)   Regi-

Register

der Beylagen, wo solche in der Materie angeführt worden.

I. Register.

Zweytes Register.

II. Register.

II. Register.

X. Theil.

(Aa)

Kayser

Mos.

Reichs-

II. Register.